# LES DOSSIERS EXTRAORDINAIRES DE PIERRE BELLEMARE

JACQUES ANTOINE
PIERRE BELLEMARE
MARIE-THÉRÈSE CUNY

# LES DOSSIERS EXTRAORDINAIRES DE PIERRE BELLEMARE

TOME 3

Editions N°1
Fayard

# FINI JIJI

Le monde moderne est devenu un monde d'objets. Nous sommes environnés d'objets. Ce ne sont plus des outils de survie, ce sont des instruments utilitaires, de confort, de rapidité, de facilité d'exécution. Ils ont changé nos vies. Ils changent aussi le crime et la folie de certains.

Un téléphone par exemple. Objet noir sur le bureau du docteur Enzo Limiti à New York. Objet pratique, indispensable, porteur de nouvelles et véhicule d'informations, il peut devenir objet d'angoisse. Objet maléfique.

Tout dépend qui est à l'autre bout. Anonyme.

– Allô! Docteur Limiti?

Une voix d'homme rapide qui attend tout juste la confirmation : « Oui », répond machinalement le docteur Limiti.

– Ne quittez pas.

Enzo Limiti est médecin anesthésiste. Sa journée est terminée, il est vingt heures, heure à laquelle à New York les hommes provisoirement seuls comme lui se demandent s'ils vont commander une pizza par téléphone ou sortir avaler un hamburger dans un bar ou encore extirper un plat surgelé du congélateur et le réchauffer deux minutes au micro-ondes.

Madame Limiti est en voyage à Chicago, elle a pris l'avion ce matin pour aller voir sa mère. La femme de ménage a emmené leur fils, Jiji, cinq ans, chez son beau-frère. Enzo Limiti est donc seul. Américain d'origine italienne, la quarantaine, cheveux gris, dents blanches, teint mat et joues creuses, Enzo Limiti est un bel homme, et un anesthésiste de renom. Un mari et un père sans problèmes extraordinaires.

Il entend dans l'appareil la voix de l'homme dire en s'éloignant légèrement :

– Parle... c'est ton papa.

A l'autre bout l'écouteur change de main et le docteur entend la petite voix claire de son fils :

– Allô! Papa? Bonjour, papa...

Le fait que la voix précédente est inconnue et que cette voix a dit « ne quittez pas » fait pâlir brusquement le père.

– Jiji ? Où es-tu ?

– Tu m'entends, papa ?

L'objet téléphone pour un petit garçon de cinq ans des années quatre-vingt est un objet familier, sans magie particulière, et Jiji, comme tous les gosses de son âge, l'utilise déjà avec aisance, pour peu qu'on lui fasse le numéro.

– Bonjour, papa... tu m'entends, papa ?

– Oui, je t'entends, Jiji, réponds-moi, où es-tu ?

L'écouteur change à nouveau de main. La voix d'homme, calme, froide, un peu traînante, parle à nouveau :

– Ne vous inquiétez pas, docteur. Pour le moment votre fils est avec nous, dans de bonnes mains...

Il y a un court silence voulu, pour accentuer l'expression « bonnes mains ».

– Il vous sera rendu très vite si vous faites ce qu'on vous demande.

Le docteur Limiti a compris. Un kidnapping. Cette chose qui arrive toujours aux autres lui arrive à lui. Il a compris, mais n'analyse pas encore.

La stupéfaction, l'angoisse, l'incrédulité se mélangent dans son cerveau. Aucun son ne peut sortir de sa bouche.

– Allô ! Vous êtes là, docteur ?

– Oui, je suis là... Je suis là, j'écoute.

– Bien. Écoutez. Brice Hamilton est actuellement dans votre hôpital ?

– Oui.

– Il doit être opéré demain ?

– Oui.

– Vous allez vous débrouiller pour qu'il meure, et votre fils vous sera rendu.

Un déclic, quelques secondes de silence grésillant, puis le docteur entend la tonalité dans l'appareil. On a raccroché sans autre détail. Sur cet ordre abrupt et complètement fou. Enzo Limiti, lui, met un moment avant de reposer le combiné qu'il contemple machinalement, comme si l'objet noir pouvait lui en apprendre plus. D'où vient l'appel ? Qui est cet homme ? Où est son fils ?... Hélas, les objets n'ont pas d'âme et sont limités à leur fonction. Le téléphone noir a transmis, un point c'est tout.

Le docteur repose enfin l'appareil. Comme foudroyé. Puis une série de jurons le libère un peu. Un instant il essaie de croire à la mauvaise plaisanterie : la blague idiote, horrible. Mais il a les mains moites, et une boule au creux du ventre. La secousse met du temps à parcourir son corps, les phrases à s'imprimer dans sa tête. Ce n'est pas une blague. On ne lui demande pas d'argent, on lui demande de tuer un patient, Brice Hamilton. Pourquoi lui, pourquoi ce malade en particulier ? Comment peut-on oser se servir d'un gosse de cinq ans pour exiger un crime ? Qui a parlé ? Un fou ?

Et que faire ? Que fait-on dans ces cas-là ? On appelle la police ? Non, d'abord vérifier. Appeler chez son beau-frère. Il a deux fils, des adolescents nourris de télévision et de cinéma, ce sont eux peut-être qui ont inventé cette sale blague... Pourtant il n'a pas reconnu leurs voix.

Enzo Limiti hésite devant l'objet noir quelques secondes encore, afin de retrouver un peu de calme, et la sonnerie de l'appareil le fait sursauter. Il décroche avidement :

– Oui ?

– Docteur Limiti ?

– C'est moi, oui, oui...

Il reconnaît la voix froide un peu traînante.

– Excusez cette interruption, nous avons dû changer de cabine téléphonique. Mais je n'ai pas grand-chose de plus à vous dire en fait. Ai-je été assez clair ?

Les idées se bousculent dans le cerveau du médecin. Que faut-il dire ? Comment réagir ? Garder son calme ou exploser ? Menacer ou supplier ?

– Vous m'écoutez, docteur ?

– Oui, je vous écoute. Qui êtes-vous ?

Il y a un court éclat de rire dans l'appareil.

– Ne soyez pas idiot, docteur. Et ne vous occupez pas de savoir qui je suis. Vous allez vous contenter de faire ce qu'on vous demande. C'est facile pour vous. Très facile. Demain Brice Hamilton doit être opéré d'une valvule mitrale déficiente... Vous voyez, je connais le diagnostic... C'est vous qui devez l'anesthésier. Il ne doit pas se réveiller. C'est facile. Simple. Et c'est tout.

Le docteur Limiti cherche désespérément à reconnaître cette voix, à mettre un visage ou un nom dessus. Ce qu'on lui demande est tellement dingue. Mais cette voix lui est totalement inconnue. L'homme n'essaie même pas de la transformer, de parler dans un mouchoir, ou de se pincer le nez.

– C'est tout, docteur Limiti.

– Ce que vous demandez est impossible ! Je ne peux pas !

La voix traînante se fait hypocrite, insinuante :

– Bien sûr que si vous pouvez... C'est parfaitement possible. Ce genre d'incident arrive tous les jours, n'est-ce pas ?

– Écoutez, si c'est une blague... elle est absurde. Qu'est-ce que vous cherchez à me faire dire ? Vous faites une enquête ? Vous êtes journaliste ? Je ne sais pas, moi... tout ça est ridicule, on ne demande pas à un médecin de tuer un malade !

– On peut. Si on a son enfant entre les mains. Et ce n'est pas une blague, docteur. Ça s'est passé il y a moins d'une heure. Votre femme de ménage a conduit votre fils chez son oncle. Une... disons une « collaboratrice » l'a intercepté, en se faisant passer pour la nouvelle bonne de votre beau-frère. Et votre fils nous a suivis gentiment. Nous lui avons promis de lui montrer une collection de robots, il est fasciné par Goldorak, votre fils. Je lui ai dit qu'il en aurait un très beau, super... si son papa qui l'aime beaucoup faisait ce qu'on lui demande...

– Vous êtes complètement fou ! C'est un kidnapping ! Vous savez ce que vous risquez ?

– Moi, rien. C'est Brice Hamilton qui doit mourir demain sur la table d'opération. Demain matin. C'est très court, docteur.

– C'est impossible, les assistants surveillent l'anesthésie, le chirurgien aussi...

– Vous connaissez trop bien votre métier pour ne pas trouver le moyen d'agir sans que les assistants s'en aperçoivent.

– Et après ? Il y aurait une enquête, il y en a toujours en cas de décès opératoire.

– Et alors ? Un accident... au pire une faute professionnelle... évidemment c'est ennuyeux pour votre carrière, mais il faut choisir. Vous aimez mieux votre carrière ou votre fils ?

– Vous êtes monstrueux et complètement fou !

– Si demain Brice Hamilton ressort vivant de la salle d'opération, vous ne reverrez plus votre fils, docteur... votre petit Jiji... Fini Jiji... plus de Jiji... Compris ?

Enzo Limiti cherche un argument, impossible à imaginer d'ailleurs. Que pourrait-il dire de plus à ce fou ?

– Compris, docteur ? Il vaudrait mieux que je l'entende...

– Compris.

Dans la maison déserte, un nouveau déclic qui résonne à l'oreille du médecin. Un nouveau silence grésillant, suivi de la tonalité stupide...

Le téléphone à la main, Enzo Limiti ferme les yeux d'impuissance, de désespoir, de colère. Il voudrait bien reprendre le contrôle de lui-même, réfléchir. Quel moyen utiliser ? La police ? Comment pourrait-elle retrouver son fils quelque part dans New York d'ici demain matin ? New York illuminée dans la nuit, immense jungle terrifiante qui a avalé Jiji. Giuliano... Jiji... tout petit, dans les mains d'un fou. Il faut gagner du temps avec les fous. Se raccrocher à quelqu'un, mais pas la police pour l'instant. Qui ? Doug, le directeur de l'hôpital. C'est avec lui qu'il faut parler maintenant, tout de suite, pour trouver une idée. Mais il ne faut pas mettre la vie de Jiji en danger...

Le téléphone noir à la main, le docteur Limiti réfléchit très vite à présent... Gagner du temps, c'est la seule issue immédiate.

La tonalité stupide n'a pas cessé. Enzo Limiti raccroche le combiné, deux secondes, le temps de mémoriser le numéro de Doug. Et la sonnerie résonne à nouveau.

– Allô! docteur? Vous téléphoniez... ce n'est pas intelligent. Qui que ce soit, vous allez le rappeler pour lui raconter n'importe quoi sauf la vérité... d'accord? Ne rien dire à personne... Vous l'aviez compris de vous-même, non? J'avais oublié de le préciser.

– Mais je n'ai appelé personne... J'avais oublié de raccrocher, c'est tout...

– J'espère pour vous. Nous verrons bien. Dites-vous que je serai informé, heure par heure, que je serai au courant de tous vos gestes.

La voix traînante va raccrocher, le médecin le sent, s'affole. En perdant à nouveau le contact, il va peut-être laisser passer une chance.

– Attendez... ne raccrochez pas... ou alors rappelez-moi très vite...

Si l'homme craint de se faire repérer, s'il veut changer de cabine à chaque fois, il doit regarder sa montre. Et c'est idiot, car Enzo Limiti n'a pas eu le temps matériel de prévenir la police, et s'il l'avait fait en l'espace de quelques minutes, aucune table d'écoute n'aurait pu être installée si rapidement. L'homme joue au kidnappeur professionnel.

La voix froide et traînante, sur un ton légèrement prétentieux, accorde la demande :

– Nous pouvons parler encore quelques secondes...

– Vous dites que vous êtes informé, vous devez donc savoir que l'opération de Brice Hamilton n'est pas obligatoirement pour demain.

– Qu'est-ce que vous me racontez! La salle d'opération a été retenue et le personnel convoqué!

– Oui. Mais je crains que tous les examens n'aient pas été faits. Je n'aurai confirmation que vers vingt-deux heures, le chirurgien doit m'appeler.

– Docteur... si vous cherchez à gagner du temps, c'est maladroit...

– Je vous assure que non. Nous avons parfois ce genre de problème...

– Vous prenez un grand risque, docteur. Je vais me renseigner!

Le déclic. Le silence, la tonalité... cette fois le docteur Limiti ne perd pas une seconde. Ses doigts volent sur les touches :

– Doug? Allô! Doug? C'est moi, Enzo. Écoute, l'opération de demain matin, la valvule mitrale... il faut absolument la remettre.

– Qu'est-ce qui se passe?

– Je t'en prie ne me pose pas de questions. C'est une question de vie ou de mort... Surtout n'en parle à personne... Non, non je ne peux rien te dire, Doug... Je t'expliquerai plus tard. Il faut que tu préviennes l'hôpital maintenant, il faut que la décision ait l'air de venir de toi, et de toi seul. On n'est pas à deux jours près pour ce malade... Fais ça pour moi, Doug, je t'en prie, je vais raccrocher maintenant... Okay?

– Okay.

– Merci.

Clic. Le front en sueur, Enzo Limiti décolle sa main de l'appareil noir. Objet maudit, infernal. Il est devenu son obsession. Il faut aller vite, cette saloperie d'appareil doit obéir, trouver les gens qu'il cherche.

– Allô ! Je voudrais parler au lieutenant Jung. Alexandre Jung, c'est urgent, le docteur Limiti à l'appareil.

Jung... il l'a connu il y a quelques années, à la suite d'une enquête que le lieutenant de police menait à l'hôpital. Un drôle de type, mondain, le chauve élégant, assez riche... des ressources un peu obscures, un cynisme souvent gênant.

Enzo Limiti et sa femme l'appelaient « le fétide ». Ils ne l'aimaient pas au début. Enzo disait « le fétide a fait ça », ou « le fétide a dit ceci... » « le fétide a téléphoné ». Et puis il s'est lié d'amitié avec lui. Finalement « le fétide » ne l'était pas tant que ça. Il était flic dans l'âme, malin, méfiant et rapide. Le métier dans le sang. Son cynisme était parfois drôle, parfois cruel, mais souvent juste. Et ce soir « le fétide » peut rendre service. L'ami peut porter secours.

– Alexandre ? Enzo Limiti...

« Le fétide » vient de s'arracher aux délices d'un dîner mondain et snob, où il écoutait pérorer un ancien truand devenu écrivain et une milliardaire vieillisante et mécène. Il est surpris par le ton.

– Qu'est-ce qu'il y a ? On dirait que vous venez de marcher sur la lune !

– Alexandre, il faut que je vous voie maintenant. Pas une seconde à perdre. Pas chez vous, et pas chez moi. Vous connaissez l'adresse de mon beau-frère ?

– Oui. On n'a pas le temps de parler avant ?

– Non. S'il vous plaît... Nous n'aurons qu'un quart d'heure, une demi-heure au maximum.

– J'arrive.

Clic. Le téléphone noir redevient silencieux. Objet inanimé. Mais toujours menaçant. Il faut le quitter, s'absenter pour agir. Et c'est affreux pour le père de rompre le seul lien qui le relie à son fils.

Enzo Limiti attrape son pardessus et file au garage. La maison est encore plus déserte, meublée de tous ces objets en attente. Les jouets de Jiji dans la chambre, son lit, le robot sur la commode. Son peignoir minuscule dans la salle de bains, tout bleu avec un lapin brodé dessus, accroché entre le rose de sa mère, et le blanc de son père.

Et le téléphone noir, muet, silencieux sur le bureau.

Qui attend son heure.

Enzo Limiti est arrivé chez son beau-frère deux minutes avant le lieutenant, qui écoute, attentif, sans poser de questions, l'exposé de la situation. Puis il remarque :

– J'admire votre présence d'esprit. Le plus important était de gagner du temps en effet.

– J'ai fait en sorte que la décision de retarder l'opération vienne de Doug, de la direction elle-même, mais j'ai l'impression que le kidnappeur est au courant de ce qui se passe dans l'hôpital.

– Il y aurait travaillé ?

– Pas l'air d'un toubib. D'un infirmier non plus. A mon avis il n'appartient pas au corps médical, ni de près ni de loin, mais il est renseigné par quelqu'un qui travaille avec nous.

– Renseignement précieux. Quoi d'autre ?

– Rien, sinon que ce type est fou.

– Tous les kidnappeurs sont un peu fous. Il n'a pas dit pourquoi il voulait la mort d'Hamilton ?

– Je n'ai pas pensé une seconde à le demander. C'est idiot.

– Il n'aurait pas forcément répondu, mais s'il rappelle, et il va rappeler, essayez de lui tirer les vers du nez là-dessus. Retenez-le au maximum, évidemment.

– Ça ne marchera pas. Il change de cabine. Il a appelé déjà trois fois, et ça n'a pas duré plus de deux minutes à chaque fois.

– Essayez quand même, c'est parfois une question de seconde pour repérer un appel, ou localiser au moins un quartier. Moi, je vais voir les fiches du personnel à l'hôpital.

– Et si vous ne trouvez rien ?

– Il faudra repousser l'opération à nouveau.

– On ne peut pas le faire indéfiniment... Quelle raison invoquer ? Auprès du malade, du personnel surtout ?

– Il faudra en trouver une, docteur... n'importe quoi, s'il le faut, vous serez renversé par une voiture au dernier moment... Okay ?

– Okay.

– Rentrez chez vous.

New York, la nuit. Des milliards de lumières, des milliards de zones d'ombre. Jiji est là quelque part. La voiture du docteur Limiti retrouve son garage. Il est dans l'ascenseur, dans le couloir, il ouvre la porte de l'appartement désert, où trône le téléphone noir. Muet.

Il le reste toute la nuit. Noir, muet et stupide. A force de regarder cet objet stupide, Enzo en devient malade. Une envie de le casser, de le briser en miettes, de le pulvériser. Détruire ce symbole d'angoisse. Plus jamais il ne pourra regarder un téléphone de la même façon. Il n'avait jamais regardé un téléphone avant cette nuit. Il s'en servait, le méprisait plus ou moins. « Appelez-moi », ou « je vous rappelle », ou « vous avez eu untel au téléphone ? »

Et voilà que cet objet a le droit de se taire ou de parler. Droit de vie ou de mort. Cette boîte de bakélite ridicule, au design prétentieux. Ce noir de laque faussement chinois. Il trône. L'important c'est lui pour l'instant.

Et il se tait jusqu'au lendemain à treize heures trente.

– Docteur Limiti ?

La voix traînante, toujours calme, froide.

– L'opération n'a pas eu lieu...

– Non. Je vous avais prévenu. Le chirurgien l'a annulée hier soir.

– Pourquoi ?

– Il avait besoin d'une radio de contrôle, elle n'avait pas été faite la veille, et...

La voix interrompt le médecin, mauvaise :

– Je n'aime pas ça, et ne parlez pas tant. Je sais que l'opération a été remise à demain. J'espère qu'elle aura lieu. Pour vous, pour Jiji... sinon fini Jiji... plus de Jiji...

Clic.

Tout un après-midi. Toute une nuit devant cet appareil, sans rien d'autre que ce dernier clic.

Mardi matin, sept heures. Dans la maison déserte, les reliefs d'un repas en conserve, dans la cuisine. Un lit dont le docteur n'a même pas tiré la couverture. Il a dormi, un peu, par intervalles, sur le canapé de cuir. Près de la table basse, où il a posé le téléphone noir.

Enzo Limiti a mal dans la nuque, mal dans le dos, les jambes en coton. Il s'habille, prend sa sacoche, ouvre la porte, appelle l'ascenseur, se retrouve au garage, monte dans sa voiture, met le contact. Tout cela mécaniquement, en se servant de tous ces objets sans les voir. Il roule. S'arrête devant un drugstore, traverse la rue, achète des cigarettes, en allume une, retraverse, et une moto freine trop tard devant lui, il tombe. On le ramène chez lui. On l'installe sur son canapé. Une foulure, ce n'est pas grand-chose. Il reste devant le téléphone noir.

Le reste de la matinée dans le silence noir. Tout l'après-midi. Et la nuit. Avec ce bandage stupide du coude au poignet.

Mercredi matin, huit heures.

– Docteur Limiti... je vous passe votre fils.

– Allô! Papa? Tu m'entends, papa? C'est Jiji, papa...

– Je t'entends, mon fils... comment vas-tu? Tu vas bien?

La voix enrouée du docteur Limiti s'efforce de ne pas inquiéter l'enfant.

– Je vais bien, papa... Je m'ennuie, dis... Le monsieur il a dit que tu devais faire ce qu'il te demande. Il a dit que c'est la dernière fois. Tu es là, papa?

L'appareil change de main avant que le docteur ait pu répondre à son fils. La voix traînante se fait menaçante, le débit rapide :

– C'est la dernière fois. Votre accident, j'y crois pas du tout. Alors attention, si demain Brice Hamilton est mort, on retrouvera Jiji quelque part dans New York, vers midi. Mais si l'opération n'a pas lieu, ou qu'il en sort vivant, vous retrouverez Jiji quelque part dans la flotte. Je n'appellerai plus.

Clic. L'appareil noir devient inutile. Le docteur Enzo Limiti n'a plus de délais. L'hôpital a programmé l'opération pour demain matin. Il doit se reposer, dormir, se contrôler, se relaxer. Demain sera le jour le plus difficile de sa vie. Le plus long. Celui qu'il n'oubliera jamais. La petite voix de Jiji résonne encore à son oreille : « Il a dit que c'est la dernière fois, tu es là, papa ? »

– C'est toi, mon chéri ?

Ludmilla appelle de Chicago. Elle ignore tout. Ce maudit téléphone se mêle à nouveau de la vie des gens.

– Tout va bien ? Je n'ai pas pu appeler hier soir, il était trop tard... Comment va Jiji ?

– Bien, tout va bien... Pardonne-moi, chérie, je suis en retard ce matin...

– Tu es sûr que ça va ? Tu as l'air enrhumé ?

– Un peu, rien de grave... Ludmilla ? Écoute, j'ai un travail fou jusqu'à demain soir... et un remplacement cette nuit...

– Encore ?

– On se rappelle demain soir, d'accord ? Il faut que j'y aille... Je t'embrasse.

Clic.

On se rappelle demain soir. Comment sera la vie demain soir ?

Le docteur Limiti avale un comprimé, un verre d'eau. Il s'allonge. Il doit être calme, il le faut jusqu'à demain matin. Et demain matin aussi. Il répète dans sa tête les gestes, les produits. Il doit réussir. Tout doit être parfait. Insoupçonnable. Un jeu dangereux.

Jeudi matin. Huit heures.

Brice Hamilton est amené sur une civière dans la salle d'opération. Le docteur Enzo Limiti, en blouse verte, calotte verte, prend la tension du malade. Trois électrodes reliées à l'électrocardiogramme ont été placées la veille, l'une dans le dos du malade, les deux autres sur sa poitrine. Tout est prêt, le chirurgien attend, les mains tendues devant lui, dans les gants de plastique si fins que l'on voit au travers les poils sur les phalanges. Les assistants se taisent. L'anesthésiste se met au travail avec précision, calme et rapidité.

Le patient est déjà à moitié endormi par une prémédication. Qui est ce Brice Hamilton ?

On le dit très riche. Il a des hôtels un peu partout dans le pays, mais ici tout le monde s'en moque. Ici ce n'est qu'un homme velu et gras, à la chair blanche sur une ossature de bûcheron, massive. Un corps qu'il faut opérer à cœur ouvert, d'une valvule mitrale déficiente. C'est tout. Une question de technique et d'efficacité.

Dans la salle d'opération silencieuse, on n'entend que le bruit des appareils et des instruments qui s'entrechoquent. Les objets, les outils du progrès médical. La pointe de la recherche.

Enzo Limiti prend une seringue intraveineuse de Penthiobarbital, applique un masque à oxygène, plus oxyde nitreux, plus fluotane. Le masque est relié à l'appareil d'anesthésie par un tube de caoutchouc noir et flexible.

Enzo Limiti prend une autre seringue, emplie de Flaxedil, une drogue paralysante. Une seringue est un objet inquiétant, un objet de vie ou de mort.

Le docteur Limiti introduit la seringue dans la même veine utilisée pour le Penthiobarbital. Il injecte.

L'effet se fait sentir presque aussitôt. La respiration du malade s'arrête. Ses muscles se paralysent. L'anesthésiste ouvre la bouche du patient pour insérer profondément dans la trachée un tube de respiration. Il s'assure avec un stéthoscope que le tube est bien placé, puis le relie au tuyau noir et souple, après avoir retiré le masque. Il s'écarte.

– A vous... dit-il au chirurgien.

Son intervention personnelle n'a pas duré cinq minutes.

Le chirurgien opère, et l'anesthésiste contrôle ses appareils en permanence. Concentré, l'esprit vidé de tout ce qui ne concerne pas directement son travail. Tout se passe bien. L'opération terminée, le chirurgien-chef s'étire, recule, et laisse son premier assistant recoudre l'incision de la poitrine. Puis il s'en va.

Dans le couloir, Alexandre Jung, le lieutenant « fétide », dit simplement :

– Toujours rien. On a encore besoin d'une demi-journée.

Dans la salle d'opération, brusquement, le cœur du malade commence à présenter des anomalies. Le bip-bip calme et régulier s'est transformé en un son faible, un bêlement triste, plat et continu. Sur l'écran, un tracé plat et rectiligne. Arrêt cardiaque.

Toute l'équipe se met aussitôt en action. Le docteur Limiti met en place un fibrillateur électrique, son assistant envoie les premières secousses. Le corps de Brice Hamilton se convulse, une fois, deux fois, rien. On attend. On recommence. Nouvelles secousses, nouvelle attente. Rien. Encore et toujours rien.

– Pas de respiration... dit un assistant.

Le docteur Limiti fait une autre piqûre, tente une autre méthode de réanimation. Rien.

Enfin il redresse ses épaules fatiguées dans la blouse verte, visage pâle, transpirant. Il annonce :

– Nous l'avons perdu.

Les assistants effondrés, les infirmières reculent devant ce corps inerte.

Enzo Limiti demande d'une voix éteinte, enrouée :

– Que quelqu'un prévienne la morgue.

Une heure plus tard, aux environs de midi trente, dans la cohue d'une rue de New York, un taxi, en attente près d'une station de métro, est abordé par un homme en imperméable, aux cheveux longs et poisseux. Au regard invisible sous des lunettes noires. Il installe un petit garçon de cinq ans sur la banquette. L'enfant tient dans ses mains un énorme Goldorak rutilant. L'homme tend de l'argent au conducteur qui demande :

– Je l'emmène où ?

– L'adresse est sur le papier.

Et l'homme en imperméable disparaît aussitôt dans l'escalier du métro.

Le petit garçon sourit au chauffeur, qui déchiffre l'adresse et compte les dollars.

– Tu as vu mon Goldorax?

– On dit Goldorak...

– Il est beau mon Goldorax, hein?

Jeudi. Dix-sept heures.

Le docteur Enzo Limiti regarde son fils Jiji, jouer avec son Goldorak... Il ne semble pas avoir souffert de sa détention. Le monsieur l'a gardé pendant que maman était à Chicago. Inutile de le traumatiser avec des questions pour l'instant. Même s'il pouvait décrire son kidnappeur avec précision, la police n'a plus besoin de son témoignage.

Le lieutenant Jung « le fétide » investit avec ses hommes l'appartement de Franck Neel. Un homme à la voix traînante, aux cheveux poisseux et trop longs. Fils bâtard de Brice Hamilton, non reconnu, paranoïaque, interné à plusieurs reprises, il a voué à son père une haine mortelle. Une haine qui s'est cristallisée depuis le suicide de sa mère. Une haine qu'il n'avouait pas à sa demi-sœur, Mary, infirmière à l'hôpital. Elle le renseignait innocemment sur l'état du malade : diagnostic, opération, jour et heure.

Après l'intervention, elle est allée retrouver son frère pour déjeuner avec lui, ainsi qu'ils en étaient convenus tous les deux.

Mary, enfant légitime, avait pitié de son demi-frère bâtard. Elle devinait bien l'obsession qui le tourmentait, sans penser qu'elle irait si loin, bien entendu.

C'est ainsi qu'elle a annoncé à Franck Neel :

– Tu vas peut-être te sentir soulagé. Ton père est mort.

Franck s'est levé aussitôt, il est allé libérer Jiji, enfermé dans une remise sur le toit du building.

« Le fétide » lui annonce :

– Ton père n'est pas mort, salopard. Mais comme t'es pas son fils, tu t'en tapes, non? On t'a réservé une jolie cellule... bien capitonnée... tu verras.

Devant les journalistes, le docteur Enzo Limiti a fait le soir même la déclaration suivante :

– A la fin de l'opération, j'ai attendu que le dernier point de suture soit achevé, et j'ai injecté au malade le reste du Flaxedil. C'est un produit paralysant. La respiration s'arrête en apparence, avec un effet légèrement retardé. Puis j'ai retiré l'électrode placée dans le dos du malade. Personne n'a rien vu. C'était le seul moment dangereux pour moi. Le tracé est devenu plat, comme si le cœur s'était arrêté. Ensuite j'ai utilisé une technique appelé « ADO ». Oxygénation par diffusion apnéique : si l'on donne de l'oxygène sous pression suffisante, il passe dans le flux sanguin par les poumons, même si ces derniers ne respirent pas. C'est-à-dire sans participation apparente du patient. Donc, malgré les apparences, le cœur battait toujours, et le sang oxygéné irriguait le cerveau. Les piqûres que j'ai pratiquées n'étaient qu'une solution saline, et le défibrillateur était sans effet, à sa plus basse intensité. Quand je me suis retrouvé seul dans la salle d'opération, en attendant soi-disant la morgue, j'ai injecté un antidote au Flaxedil. Il ne restait plus qu'à attendre le réveil du malade. Que nous avons isolé jusqu'à la libération de mon fils. Tout ceci n'a été possible qu'avec l'aide du lieutenant Jung. Il avait besoin de temps pour localiser celui ou celle qui renseignait le kidnappeur à l'extérieur.

Fin du cauchemar.

Maman appelle de Chicago, affolée, soulagée, sur les nerfs, elle emplit le téléphone noir d'un flot de questions sur Jiji.

Jiji dort avec son Goldorak.

# SOUS LE SOLEIL DE MINUIT

L'Esquimau est un mangeur de poisson cru. C'est ce que veut dire son nom, et c'est à peu près ainsi que se résumait l'intérêt des Européens, au dix-neuvième siècle, pour cet habitant étrange de l'Arctique, des rivages de la baie de Baffin au cap de Glace. De savants ethnologues avaient décidé de les classer, de loin, car ils s'en approchaient avec prudence, dans la race mongole, et décrivaient ainsi leur physique :

« Les hommes sont de taille au-dessous de la moyenne, ils ont les yeux noirs, petits et perçants, les pommettes saillantes et le teint cuivré. Les femmes ont les yeux noirs, relevés à la chinoise, leur figure est douce et parfois jolie. Ils se ressemblent tous... »

Qu'en termes succincts ces choses-là furent dites!

En réalité, les habitants du Groenland, qu'ils soient Esquimaux ou Indiens, ont une culture remarquable, et à l'époque où les dignes représentants de l'ethnologie du dix-neuvième siècle les considéraient comme une race « naïve et inférieure » *(sic)*, ces gens-là avaient déjà institué chez eux la régulation des naissances et l'avortement, découvert un médicament contre les maladies pulmonaires, utilisaient le sauna et pratiquaient volontiers l'union libre.

Nous sommes en 1964, dans les territoires du Nord-Ouest canadien.

Forêts immenses, marécages, rivières tumultueuses, torrents déchaînés, un paysage de rocailles stériles et de toundras, parsemé de lacs, entouré de hautes montagnes, ou de côtes découpées, orné de prairies parfois, où l'herbe ondule sous le vent glacial. La terre et la mer sont si intimement mêlées qu'il est difficile de déterminer la côte. Trois millions et demi environ de kilomètres carrés...

C'est là que la police montée canadienne assure l'ordre, mais aussi l'assistance.

Sur l'une des îles de l'océan Glacial Arctique, la terre de Baffin, longue de 1 600 kilomètres, ils sont cent vingt policiers pour surveiller ce territoire immense du Nord-Ouest canadien.

Le 30 décembre 1964, une patrouille de deux traîneaux, tirés par des chiens, progresse lentement en direction de Iglukjuak. C'est le plein hiver, la période la plus rude, les hommes sont en route depuis des jours, et leurs visages sont marqués par les brûlures du froid. Le sergent Van Norman dirige cette patrouille, et il est inquiet. Sa mission n'est pas celle d'un policier ordinaire. Elle consiste habituellement à apporter aux habitants isolés secours, médicaments, aide administrative, allocations familiales, études sur la densité du gibier de chasse, courrier, offres d'emploi... et une multitude de choses qui seraient normalement du ressort d'une dizaine d'administrations différentes. Le sergent Van Norman, comme ses hommes d'ailleurs, doit se transformer en médecin, en notaire, en facteur, en percepteur, en garde-chasse et garde-pêche, en saint Louis sous son igloo, ou en père fouettard. Il est le seul intermédiaire entre le gouvernement canadien et la plupart de ces tribus, qui ne parlent pas le même langage : il est donc considéré. Être détaché dans le Nord, pour un policier canadien, constitue un privilège car le choix est sévère. Il faut des qualités morales et physiques exceptionnelles. Car il faut des hommes d'exception pour faire face à toutes les situations qu'une société humaine peut engendrer sur un territoire qui ne pardonne aucune faiblesse.

Le sergent est donc un homme d'exception. Et il est inquiet pour l'un de ses ressortissants et ami, le chef Kolitalikk, qu'il na pas vu depuis l'été dernier. Or, l'été dernier, Kolitalikk était malade. Il est rare que les Esquimaux et les Indiens contractent des maladies contagieuses. Leur isolement les protège, et les microbes ne résistent pas aux glaces. Mais, l'été dernier, Kolitalikk a attrapé la rougeole. Une maladie bénigne en Occident, réservée en principe aux enfants, mais dont le vieux chef a eu du mal à guérir. Sa solide carcasse de chasseur, de voyageur infatigable, s'en est trouvée amoindrie. Le sergent a du respect pour cet homme intelligent, devenu très tôt le chef de sa tribu. Il a l'art du commandement. D'ailleurs, sur ce territoire, les mensonges et les faux-semblants ne sont pas de mise. Un chef est un chef parce qu'il a l'âme d'un chef, parce que les hommes sont confrontés en permanence à la difficulté de survivre, aux conditions extrêmes, et qu'ils choisissent toujours le meilleur d'entre eux pour les diriger. La civilisation arctique devrait servir de modèle à nos démocraties souvent hasardeuses...

Kolitalikk a près de soixante-dix ans. Et au nord de la terre de Baffin, il est estimé des Blancs comme des Esquimaux.

Si le sergent est inquiet, c'est que la saison de chasse a été mauvaise, que les vivres pourraient bien manquer déjà à la tribu, et qu'il n'est pas sûr que l'état de santé de son ami soit aussi bon qu'il voulait bien le laisser entendre à la fin de l'été : « Innuk Pinngnoertsotit... Tu as guéri l'homme », avait souri le chef.

La nuit est permanente en hiver. Les deux traîneaux franchissent les derniers kilomètres, au grand soulagement des trois hommes et des huit chiens. Iglukjuak est en vue. C'est un ensemble d'igloos que l'on devine à peine sous l'énorme manteau de neige qui recouvre uniformément la banquise et la terre ferme. Il y règne un calme et un silence insolites. De rares aboiements de chiens, personne ne vient à la rencontre du sergent Van Norman et de ses deux hommes de patrouille. C'est d'autant plus curieux que l'hospitalité est sacrée chez les Esquimaux et que d'habitude ils sont accueillis avec enthousiasme.

Ce silence est anormal. Les trois policiers attachent les chiens et font le tour des igloos. Quelques visages se montrent aux ouvertures basses, puis disparaissent aussitôt.

Le sergent parle le dialecte de la tribu, et d'autres encore. La police montée n'a pas d'école pour cela, mais les hommes apprennent sur le terrain.

Il se penche aux portes des igloos et demande où se trouve le chef, son ami Kolitalikk. La plupart des habitants, qui le connaissent depuis longtemps, disparaissent alors comme des serpents de fourrure, dans leurs igloos, sans répondre à la question.

Une femme parle enfin. Elle est vieille, le sergent la connaît depuis bien des hivers, il se souvient même que voulant prendre un jour sa petite-fille en photo, une enfant ravissante, la vieille a refusé en lui disant :

– Elle est trop belle, si tu la montres à ton président du Canada, il voudra l'épouser...

Et elle était sérieuse...

– Où se trouve mon ami Kolitalikk ?

– Il est mort.

Le sergent s'apprête à demander des détails sur cette nouvelle affligeante pour lui, et surtout pour la tribu, lorsqu'un homme se présente. Il parle avec assurance et semble se considérer comme le successeur de Kolitalikk.

– Il est mort ce matin.

Le sergent observe l'homme. Son visage impassible, aux petits yeux noirs, n'a pas d'expression particulière.

– Où est son fils Amah ? demande le sergent.

– Amah est parti.

Et le nouveau chef montre, d'un geste du bras, la trace de deux traîneaux, à la sortie du village.

Deux traîneaux, cela signifie qu'Amah n'est pas parti seul.

– Qui est avec lui ?

– Avinga et Nantalik...

Le sergent réfléchit un instant. Il a l'impression de quelque chose de bizarre, d'anormal. Un mystère... Pourquoi le fils du chef défunt a-t-il quitté le village alors que son père vient de mourir ? La tradition exige le contraire. Et pourquoi deux hommes avec lui ? Le sergent les connaît; Avinga a vingt et un ans, Nangalik vingt-trois, des jeunes gens. Alors que le fils du chef, Amah, est un adulte de quarante-six ans.

Le sergent ordonne à ses deux compagnons d'examiner les traces des deux traîneaux. Elles sont fraîches.

– Une heure à peine, Sergent... Qu'est-ce qu'on fait ? On les rattrape ?

– Non. Je veux d'abord savoir ce qui se passe.

Le sergent doit aussi s'incliner devant la dépouille de son ami. Il en demande l'autorisation au nouveau chef, qui semble hésiter. Mais il ne peut pas refuser cela au policier, il le sait.

Le sergent avance donc en sa compagnie jusqu'à l'igloo de Kolitalikk. L'entrée n'a pas encore été murée par des pavés de glace. La mort doit être récente. Traditionnellement, l'igloo du défunt doit lui servir de tombeau provisoire et conserver le corps jusqu'à l'été. Il est ensuite inhumé sous un tumulus de pierres.

Le sergent doit se mettre à quatre pattes pour pénétrer dans l'igloo, par le tunnel de glace. Dans la pièce unique, à la lueur d'une lampe à huile de phoque qui empeste l'atmosphère, il distingue le cadavre du chef.

Cette lampe à huile représente l'unique source de lumière et de chaleur. La température intérieure est en dessous de zéro. Le sergent se sert de sa propre lampe électrique pour éclairer le défunt. Il détaille d'abord une théière, une tasse de thé vide, un mégot de cigarette dans le couvercle d'une boîte de fer. Puis le visage de son ami.

Du sang, gelé, a coulé de plusieurs blessures à la face. Le sergent se penche, étonné et ému. Il s'attendait à retrouver le visage tranquille de son vieil ami philosophe, calme dans la mort comme dans la vie. Mort de maladie, ou d'usure.

Or il s'agit de blessures par balles. Et la lampe électrique permet au sergent d'apercevoir, appuyé contre la paroi de l'igloo, un petit fusil de 22 mm. L'arme du crime, de toute évidence.

Qui a bien pu assassiner le chef Kolitalikk ? Et pourquoi ? Un homme si vénéré, si respecté. Pourquoi une telle boucherie ? Plusieurs balles ont été tirées, de si près qu'il est impossible au sergent de déterminer les points d'impact, et donc impossible de savoir avec précision combien de coups ont causés la mort. Le visage de Kolitalikk est un masque de sang et de glace coagulés. Une vision horrible.

Le sergent l'examine encore de plus près, et parvient à repérer trois sorties de balles. Une par le nez, une autre par la joue, une dernière qui semble avoir traversé le cou pour ressortir par la base du crâne. D'autres projectiles ont dû endommager le cerveau.

Le sergent ne perd pas de temps à jouer plus longtemps au médecin légiste. Il a compris. Trois hommes ont quitté le village, il y a moins d'une heure, puisque les traces sont fraîches. Cela veut dire deux choses. Comme le village est situé sur un promontoire, les habitants ont vu arriver, de très loin, la patrouille, ils ont entendu les chiens, et les trois hommes se sont enfuis, parce que la police montée arrivait. Donc ils étaient coupables.

Il faut reprendre la route et les poursuivre. Le sergent se glisse à nouveau dans le tunnel de glace et ressort, face au nouveau chef :

– Tu as quelque chose à dire ?

Il sait bien que l'homme ne dira rien de plus qu'une banalité de circonstance :

– Nous sommes très malheureux que Kolitalikk soit mort. C'était un grand chef. Mais où il est, il est en paix, et tu ne le feras pas revivre.

Le sergent donne l'ordre à ses hommes d'atteler les chiens, sans perdre un instant. La tribu est à présent dehors, visages emmitouflés de fourrure de phoques, petits yeux noirs emprunts de mystère. Le sergent s'adresse au nouveau chef, à voix haute et forte, afin que tous entendent :

– Vous êtes des Inuit, mais vous êtes canadiens. Et il y a une loi pour les Canadiens. Tous les Canadiens, qu'ils soient blancs, indiens, ou esquimaux.

La longue lanière de cuir claque devant l'attelage des chiens, l'animal de tête tire sur le harnais, pour déssouder les patins du traîneau de la glace qui les a déjà recouverts. Le sergent est furieux. Furieux d'être arrivé trop tard, furieux de ce crime abominable. Kolitalikk était un allié inappréciable. Et la chasse à l'homme ne sera pas simple. Les chiens sont fatigués, les hommes aussi. Alors que les fuyards ont dû partir frais et dispos. Mais ils seront rattrapés. Car ils n'ont pris ni vivres ni matériel dans leur précipitation. Les traces de leurs traîneaux sont trop légères sur la glace. Ils ne tiendront pas une longue course et, de toute façon, ils n'ont qu'une heure d'avance. Le sergent Van Norman connaît aussi bien qu'eux la conduite des traîneaux de chiens. Ils ne pourront pas s'arrêter pour chasser, leurs traces sont parfaitement visibles, il les rattrapera.

Deux heures plus tard, en effet, au sommet d'une falaise, sur une piste étroite, le sergent montre à ses hommes, au loin, un point minuscule, en bas, sur la rive.

Dans la lumière étrange de ce paysage crépusculaire, il repère à la jumelle les silhouettes de trois hommes et deux traîneaux. Ils sont arrêtés. Ils scrutent la falaise au-dessus d'eux, immobiles près de leurs chiens. Dans cette immensité blanche, aux lueurs noires du soleil de minuit, poursuivants et poursuivis s'observent. Les policiers ont l'avantage des jumelles. Le sergent comprend, à la direction des traîneaux, que les fuyards s'apprêtaient à quitter le rivage pour la banquise. Ils hésitaient, pesant le pour et le contre, et les chiens éssoufflés s'étaient assis. Mais ils ont vu, là-haut sur la piste, les traîneaux de la police montée. Ils font voltiger leurs longs fouets de cuir pour réveiller l'attelage. Les chiens rechignent, aboient, se mordent entre eux, ou bâillent en secouant mollement le givre de leur fourrure. Ils se croient à la chasse, et les hommes s'énervent. Finalement les traîneaux s'ébranlent et glissent brutalement sur la neige, en prenant trop rapidement de la vitesse, sous les hurlements des conducteurs.

Le sergent, lui aussi, lance ses deux attelages et, pour gagner du temps, choisit un champ de neige qui descend abruptement de la falaise.

La distance qui sépare les deux convois se réduit de minute en minute car les fuyards se sont engagés sur un mauvais terrain et décident de faire virer les traîneaux. Ils frappent, démêlent les traits, accrochent de leurs fouets les chiens de tête, les forcent à tirer de côté. Peu habitués à ce traitement brutal, les chiens renâclent, puis bondissent pour un demi-tour trop rapide. L'un des traîneaux est déséquilibré, il va basculer. L'un des hommes le retient d'une voltige acrobatique, qui n'empêche pas le léger chargement de choir dans la neige. Ils sont presque rejoints par les policiers, le nez du chien de tête du sergent vient frôler le pantalon en peau d'un homme qui court désespérément derrière son traîneau, après l'avoir remis d'aplomb sur ses patins. Il bondit enfin dessus et le choc fait courber l'échine des chiens. C'est un vacarme de hurlements, de coups de fouets, d'appels dans le grand silence de la banquise. La course folle se poursuit, le terrain est à présent meilleur, mais les chiens des fuyards sont tout à coup indomptables. Le poil hérissé, le museau écumant de fatigue, le sang à la bouche, ils hurlent comme des loups et n'avancent plus que sous la menace.

Malmener son attelage est une faute grave. L'homme et son traîneau ne peuvent compter que sur les chiens. Or ces chiens ont un caractère particulier, ils s'entre-tuent parfois pour un os, ils se haïssent, et si on les assemble à la hâte, sans tenir compte du chef habituel, de ses femelles, si on frappe trop, si on punit au lieu d'encourager, c'est le désastre.

A quelques centaines de mètres, devant la police montée, les fuyards l'ont compris. Et le sergent les voit s'arrêter, se concerter un instant, et s'asseoir. Ils attendent. Le sergent est tout près, ils auraient été rejoints de toute façon. La fuite est devenue non seulement impossible, mais inutile.

Le sergent Van Norman vérifie l'armement de son fusil avant de stopper son traîneau à quelques mètres des trois hommes. Il les connaît, il sait leur honnêteté et leur droiture. Jusqu'ici il leur faisait une confiance totale, mais ce sont probablement des assassins. Tout change.

Le crime est rare chez les Esquimaux. Il n'existait quasiment pas avant l'intégration obligatoire, le mélange des races, le démantèlement des tribus et des familles. En 1964, le crime est encore exceptionnel. Et le sergent trouve la mort de son ami Kolitalikk assez inexplicable.

Amah, le fils du vieillard assassiné, est assis sur le premier traîneau. Les deux autres en arrière, sur le second, discutent encore. Amah a agi en chef, c'est lui qui a décidé d'abandonner la course. La sagesse lui est donc revenue. Il a posé son arme bien en évidence à ses pieds, dans une attitude pacifique. Et les autres sont bien obligés de l'imiter.

Le sergent approche, mètre par mètre, s'arrête au niveau d'Amah. Ses deux compagnons restent en arrière.

– Amah, tu t'es enfui à mon approche. Est-ce que je dois t'accuser du meurtre de ton père Kolitalikk ?

Amah relève la tête, non comme un coupable, le regard en dessous, mais comme un homme fier, qui regarde son adversaire en face.

– Je n'ai rien fait de mal. Tu es blanc. Et les Blancs, je le sais, ont des idées différentes sur les choses que nous décidons de faire ou de ne pas faire. J'ai espéré que tu ne poursuivrais pas le fils de ton ami. Mais tu l'as fait, alors je vais te dire la vérité.

– Sois prévenu, Amah. Tu vas me dire une vérité que je devine. Mais comme tu l'as dit je suis blanc, canadien, et policier. Je dois faire respecter la loi.

– C'est une loi qui n'est pas pour nous. Mais je l'accepte.

– Ce n'est pas moi qui te jugerai, Amah. Mais tu dois me suivre.

Lentement, les traîneaux se remettent en route, vers le village. Deux heures de cheminement dans la nuit, vers les igloos du village, où le chef Kolitalikk est mort, assassiné, certes, mais d'une bien étrange façon.

On dirait, de nos jours, qu'il s'agit là du choc de deux cultures. Que les traditions d'un peuple sont respectables, mais qu'il est du devoir de la civilisation de condamner celles qui apparaissent comme inhumaines, basées sur la superstition et l'ignorance.

Comme des Occidentaux ne peuvent admettre la tradition de l'excision des petites filles dans certaines tribus africaines, ils ne peuvent admettre l'ancienne croyance qui a fait mourir le vieux chef Kolitalikk.

C'est au village, à la lueur des lampes à huile de phoque, dans l'igloo du nouveau chef, que le sergent Van Norman écoute le récit des trois hommes. Amah parle pour les autres. Il revendique cette parole, en tant que fils.

Il y a trois jours de cela, Kolitalikk était au plus mal. Il a fait venir les hommes dans son igloo et a parlé ainsi :

– Prions Dieu. J'ai été très malade, et je suis très vieux. Parce que certains deviennent très vieux, leur esprit devient très fort. Vous obéirez à mon esprit. Si vous ne le faites pas je serais très malheureux. Si vous m'obéissez, je serai très heureux et, du ciel, je pourrai vous aider. J'ai bu l'infusion de wissekapuka, qui ne m'a pas guéri. J'ai bu le bouillon de shaggamitir, fait des meilleurs poissons, il ne m'a pas guéri... J'ai la maladie qui se déplace de l'estomac à la tête, elle fait mourir les Inuit. Elle est sous mon épaule, aujourd'hui, demain elle sera dans mon cou, et demain encore dans ma tête. Mes souffrances sont grandes et ne me quittent pas. Je suis fatigué de souffrir. Je vais mourir. Autrefois, ils étaient rares ceux qui avaient peur de mourir. Et je n'ai pas peur. Mais je veux cesser de souffrir. Vous obéirez à mon esprit. Il est fort, et mon corps, lui, ne vaut plus rien. Quand je serai mort il ne sera plus ma demeure, je ne m'en servirai plus. Vous m'enterrerez auprès de la grosse pierre. Je vais prendre mon petit fusil avec moi, et je resterai seul. Je m'en servirai demain.

Amah dit qu'alors le père s'est tu car il souffrait beaucoup. Et les hommes ont pleuré, ils étaient tristes. Mais tous savaient que Kolitalikk allait se servir de son fusil pour mourir.

– Mon père disait toujours que ceux qui ont des enfants ont de la chance, car ceux qui n'en ont pas doivent demander le service de la mort à leurs amis, et ils peuvent refuser car ils n'y sont pas obligés. Mon père disait aussi que l'esprit fort, s'il le peut, doit se donner la mort lui-même, car nous avons maintenant des fusils.

Le sergent se doutait qu'il aurait un jour à arbitrer ce genre de drame. Chez les Esquimaux, la tradition ancienne voulait que lorsqu'un homme – ou une femme – était devenu trop vieux, et qu'il ne supportait plus de vivre, il ordonnait à ses enfants de l'étrangler. On plaçait alors le vieillard dans une fosse qui lui servirait de tombeau, il y demeurait un moment à parler à ses enfants, à fumer une pipe, ou à boire avec eux. Puis, deux d'entre eux l'étranglaient avec une lanière de cuir, en l'enroulant autour de son cou et en tirant chacun de leur côté. C'était ainsi que mouraient les vieillards. Ensuite on le recouvrait de terre, en saison d'été, et l'on plaçait sur sa tombe un monticule de pierres, appelé « cairn ».

Amah n'a pas eu à préparer la tombe ce jour-là car il fallait attendre la saison d'été et garder le père dans son igloo jusque-là. Cela voulait dire aussi que la police montée découvrirait sa mort. Mais avec un peu de chance, une fois l'igloo refermé, personne ne saurait que la tradition avait été respectée.

Ce que ne comprend pas le sergent, c'est pourquoi le chef a été littéralement troué de balles. Il est impossible qu'il ait fait cela lui-même.

Amah raconte alors l'horreur.

Ils sont allés chercher le fusil, et l'ont placé longtemps au-dessus de la lampe à huile, pour qu'il dégèle.

Puis Kolitalikk a dit :

– Je veux rester seul.

Les hommes sont allés dans l'igloo voisin et ont attendu. Avec tristesse et sans crainte. Car Kolitalikk allait rejoindre directement le ciel, d'où il aiderait ceux restés sur la terre. Le suicide n'est pas une chose effrayante pour eux. C'est une tradition morale. Quiconque devient une charge et ne peut plus exister de lui-même, que ce soit par l'âge ou la maladie, a l'obligation morale de se suicider.

Et les hommes du village d'Iglukjuak ont attendu, ce soir du 29 décembre 1964, le suicide de leur chef vénéré.

Ils ont attendu longtemps. Si longtemps que Amah, le fils, et ses amis, Avinga et Nangalik, sont allés voir.

Le vieillard avait essayé de charger l'arme, sans y parvenir, car il était trop faible. Il leur a donc demandé d'armer le fusil pour lui.

Un homme a mis une balle dans le canon, a fermé la culasse, et a rendu l'arme à Kolitalikk.

Puis ils sont ressortis. Ils se devaient de l'aider. Même si la tradition évolue, et qu'ils ne sont plus obligés d'étrangler, ils se doivent d'armer le fusil.

Un coup de feu a retenti, et deux hommes sont rentrés dans l'igloo.

Kolitalikk vivait encore. Il avait tiré sous le menton. Ce n'était pas suffisant.

Il a ordonné encore, de sa main trop faible, et un homme a rechargé le fusil. Puis ils sont ressortis, et ne sont revenus qu'après avoir entendu le deuxième coup de feu. Or, chose incroyable, Kolitalikk vivait encore. La deuxième balle avait suivi presque la même trajectoire que la première. Et Kolitalikk s'est ainsi tiré quatre balles dans le menton sans parvenir à se suicider.

Alors il a fait signe aux hommes de le tuer. Il a même dit : « Tuez-moi », dans un murmure.

Mais ils n'osaient pas. Ils n'osaient plus. Tout à coup, il semblait que la mort ne voulait pas du vieux chef, que ce n'était pas le moment. Qu'il avait encore à vivre.

Ou alors ils avaient peur, devant l'échec de cette tradition terrible.

Kolitalikk est resté sans bouger, sous sa couverture, un long moment. Puis il a bu une tasse de thé, et fumé une cigarette. Enfin il est mort, de son suicide, le 30 décembre, quelques heures avant l'arrivée de la patrouille.

Amah, Avinga et Nangalik se savaient complices d'un crime interdit par la loi canadienne. S'ils n'avaient pas tué eux-mêmes, ils avaient aidé au suicide. Alors ils ont fui. Pris entre le piège du respect de leur culture et des volontés du chef, et de la civilisation qui arrivait sous les traits du sergent de la police montée.

Ils sont donc inculpés, par le sergent, selon l'article 212 du Code pénal, et seront jugés par le juge Sissons.

Le sergent Van Norman connaît bien le juge. Il est assez confiant. C'est un excellent juge pour ce pays. Il préfère condamner un jeune voleur esquimau de seize ans à habiter dans la famille d'un policier de la patrouille, plutôt que de le coller en prison pour trois mois.

C'est au mois d'avril, à la saison d'été, que le juge Sissons a écouté

Amah (quarante-six ans), fils de chef, Avinga (vingt et un ans) et Nangalik (vingt-trois ans), chasseurs et pêcheurs de phoques, lui raconter le suicide de Kolitalikk.

– Vous plaidez coupables ou non-coupables ?

– Non-coupables.

Le juge a regardé l'avocat de la défense un instant, puis il a déclaré :

– Pas de plaidoyer pour la défense, Maître.

Et il a donné son verdict. Un an de prison avec sursis, pour chacun.

Quelque part sur la terre de Baffin, dans l'océan glacial Arctique, près d'un village nommé Iglukjuak, près du cap Thalbitzer, est un tumulus de pierres, un « cairn », où repose en paix le vieux chef Kolitalikk.

S'il surveille du haut du ciel son territoire menacé par la pollution des hommes étrangers, espérons qu'il lui vienne en aide.

# IMMORTELLE SABRINA

Miss Sabrina est morte. C'est irréfutable. La jolie maison aux rideaux de cretonne et aux meubles cirés, les plantes vertes et les géraniums alanguis près des fenêtres à petits carreaux, le canapé Victoria, le grand tapis indien, et le chat sur les coussins de soie du Cachemire ont du mal à prendre le deuil. Tout était si vivant, si harmonieux, si anglais, que la mort ne semblait pas devoir faire partie un jour du décor. Miss Sabrina vivait, à quarante-cinq ans, une vie d'équilibre et de raison. Point trop d'amants, l'amour nuit à la santé. Point trop de gourmandises non plus. Un doigt de cherry, de temps à autre, suffisait au désordre nécessaire à une vie bien rangée. Ainsi se préservait la beauté pure et simple de Miss Sabrina, son teint translucide, à peine rosé, sa haute taille, sa chevelure d'une blondeur ensoleillée.

Toutes les Anglaises sont rousses, a dit un humoriste ; Miss Sabrina est blonde.

Et sur son lit de mort, en noyer du Sussex, cette chevelure étincelante est comme un défi par-delà la mort.

La famille veille ainsi qu'il était, jadis, convenable de le faire. Le frère de Miss Sabrina en a laissé le soin aux femmes, tantes et cousines, se réservant le salon, où il commente ce deuil avec l'ordonnateur des pompes funèbres. Un observateur discret aurait du mal à distinguer les deux gentlemen, en costume aussi sombre que la mine qu'ils arborent. Soames, le frère, hoche la tête en contemplant le portrait de sa sœur, jeune fille ravissante qu'aucun homme n'a su retenir.

– Elle était si belle, et d'une santé...

– Mes condoléances, monsieur Soames, c'était un accident stupide...

Pléonasme. Tous les accidents étant par essence d'une stupidité évidente.

– Elle sortait pour sa promenade... qui eût cru...

– La vie est faite de tant de hasards...

Autre évidence. Mais il fallait en effet un hasard redoutable pour qu'en ce jour de printemps la charrette du laitier et son cheval emballé rencontrent la promenade de Miss Sabrina.

– Il est arrivé dans un bruit d'enfer, elle n'a pas eu le temps de traverser, de se jeter de côté, le soleil l'aveuglait... elle qui l'aimait tant...

– L'homme n'a pas freiné, bien entendu...

– Trop tard. Le cheval l'a renversée, la roue s'est arrêtée sur elle...

– Quel drame... Si vous vouliez bien m'indiquer votre choix, monsieur Soames ? Érable ? Chêne rouvre, ébène ? Nous avons là le meilleur choix... Si je peux me permettre, feu votre grand-oncle avait une préférence pour l'érable...

Accroché au mur, figé pour l'éternité par la main d'un peintre local et conventionnel, le regard bleu de Miss Sabrina assiste au choix de son dernier repos.

Dans la chambre mortuaire, Miss Sabrina assiste également aux conversations à peine murmurées qui commentent sa disparition.

– C'est bien tôt pour mourir... Elle qui faisait tant attention, qui menait une vie saine...

– Quarante-cinq ans, ma chère, c'est la fleur de la vie d'une femme, elle ne se sera pas vu vieillir...

– Elle adorait la vie, la lumière...

– N'a-t-elle pas été fiancée à ce cher Edouard ?

– On le disait... avant qu'il ne parte aux Indes...

– Prendrez-vous du thé, cousine ?

– Dieu vous bénisse, je ne dis pas non... Le chagrin est une chose...

Mais l'heure du thé en est une autre. Non que la douleur familiale ne soit une réalité, mais l'Angleterre est un autre monde.

– Qu'a dit le médecin ?

– Mon Dieu, rien, ma chère... Que vouliez-vous qu'il dise ? Il a constaté le décès... Cette pauvre chère est morte sur le coup. Lorsqu'on l'a retirée de dessous la roue, elle ne bougeait plus...

Miss Sabrina a effectivement fait l'objet d'un examen classique de la part du médecin de famille, elle ne respirait plus, ne bougeait plus, ne parlait plus, bien entendu... Elle était donc aussi morte que possible. Le certificat de décès était une pénible formalité.

– La mort nous fait réfléchir, cousine... Que devient-on, mon Dieu...

– Dieu seul le sait...

– Peut-être nous entend-elle encore ? Peut-être nous voit-elle ?

Or, de ces deux suppositions entièrement gratuites, l'une est une réalité. Miss Sabrina entend. Elle n'a pas cessé d'exister en tant qu'entité spirituelle. Elle entend et comprend chaque mot que l'on prononce à côté de son prétendu cadavre. Mais son corps est prisonnier. Elle ne peut ni parler, ni faire un signe quelconque. Mais elle entend. Elle sait même qu'elle est morte un jeudi, que le digne gentleman en noir qui se penche sur elle en prenant discrètement des mesures prépare son enterrement pour le samedi, et samedi c'est demain. Que son frère, ce cher Soames, si guindé, a choisi évidemment un cercueil d'érable, des poignées de bronze et des écrous de bronze. Elle a également entendu que sa chère cousine avait décidé de la tenue mortuaire. Une lourde robe de satin parme, qu'elle n'a mise que deux fois, tant elle serre à la taille et empêche les poumons de respirer librement.

– Le parme lui allait si bien... Prenons-nous les gants de dentelle noire ?

La nuit est longue. Les veilleuses endormies. Parfois, une main pieuse vient redresser la bougie dans le candélabre d'argent. Miss Sabrina ne respire plus, et la robe n'est pas faite pour stimuler ce souffle au ralenti que personne ne perçoit. Pas même elle. Elle se dit donc, intérieurement, qu'elle est indubitablement morte. Que la mort ce doit être cette immobilité de pierre qui ne concerne que le corps, et que son esprit va errer éternellement dans cette prison, écoutant tout sans pouvoir y répondre.

Puis elle se dit, toujours intérieurement, qu'elle n'est peut-être pas morte... qui sait... Ce médecin stupide a-t-il fait tout le nécessaire ? Il a passé bien rapidement le miroir sous son nez. Il a soulevé bien vite une paupière trop lourde pour résister.

Et voici que le croque-mort, s'inclinant d'abord devant les vivants, afin de soutenir leur douleur discrète, s'approche du cadavre de Miss Sabrina. Il a un recul outré :

– Personne ne lui a fermé les yeux ?

Ce cher Soames, agacé, et qui déteste autant les enterrements que la cuisine française, s'exclame :

– Évidemment voyons !

– Si vous le dites, monsieur Soames... Mais alors, ils se sont rouverts ?

Ce cher Soames est bien obligé de pencher une barbe pointue sur le cercueil d'érable, à fond de satin ivoire, où repose sa pauvre sœur. Quel désagrément, se dit-il... et il avance deux doigts écartés dans ses gants noirs, pour abaisser à nouveau les paupières de sa sœur bien-aimée, en un geste d'une rare élégance douloureuse. Puis il s'écarte et fait un geste, afin que ce croque-mort en finisse.

L'habit noir s'approche à nouveau, le tournevis à la main, et demeure une seconde en arrêt. Il n'ose... le dire, mais il le pense fortement : « Par saint Charles, quelle étrange défunte, elle a des paupières à ressort ! »

C'est qu'il a cru, vraiment, que les yeux grands ouverts le fixaient à nouveau. Va-t-il retarder la cérémonie pour un détail ? Il se souvient de défunts réfractaires, dont les mains refusaient de se joindre pour l'éternité, d'autres que l'on ne pouvait empêcher de sourire en montrant les dents... et il se souvient également que s'il n'active pas la cérémonie, il sera en retard pour le déjeuner. En regardant ailleurs, il ordonne à ses assistants de présenter le couvercle.

Mais ce cher Soames a remarqué son hésitation. Que diable, tout ne serait-il pas convenable ? Il importe que Sabrina soit inhumée décemment, que pas un détail ne vienne troubler la sérénité de ce visage. Il lève un gant, s'approche, regarde, et quelques secondes plus tard appelle le médecin de famille, présent aux obsèques.

– Venez voir... mais venez voir...

Enfin, se dit intérieurement Sabrina. Enfin... ce médecin stupide a enfin constaté que ses pupilles bougeaient faiblement. Mais qu'elles bougeaient. Le diable l'emporte...

C'est ainsi que quelques semaines après sa mort annoncée, et quasiment entérinée dans un cercueil d'érable à six pieds sous terre, Miss Sabrina se porte comme un charme. Elle est sortie de sa léthargie depuis longtemps, a remisé l'affreuse robe de satin parme dans un placard, et se sent, à quarante-cinq ans, plus séduisante que jamais. Le notaire qu'elle a convoqué lui en fait force compliments.

– Quelle mine superbe, ma chère...

– Maître... j'ai rédigé mon testament...

Miss Sabrina a devant elle, posée sur son secrétaire, une liasse de feuillets couverts d'une écriture serrée.

– Votre testament ? Alors que vous revenez à la vie plus jeune que jamais ?

– Vous en prendrez connaissance, il comporte plusieurs dispositions qui vous paraîtront sans doute étranges, mais je tiens expressément à ce qu'il en soit tenu compte...

– A votre gré, chère amie...

Et le notaire lit. Et relit, car la stupeur lui brouille les yeux, et il doit frotter son monocle à plusieurs reprises, pour être sûr de ce qu'il lit.

Il est dit qu'en cette année de grâce 1868, Miss Sabrina soussignée, désire être allongée après sa mort dans un cercueil sans couvercle. A ses vêtements, qui devront être confortables, on aura soin d'accrocher des grelots, et soin également de disposer, à côté de sa main, une grosse cloche de cuivre, telle qu'en ont au cou les vaches du Sussex. Et à son cou à elle, une chaînette pourvue d'un sifflet.

Le caveau, qui ne sera pas familial, mais construit pour elle, ne sera pas fermé, il comportera au plafond une ouverture suffisant à une bonne aération du lieu.

Si elle émerge à nouveau d'une léthargie, elle sifflera six fois par minute. Ce signal est le S.O.S. des alpinistes.

Un domestique sera chargé de la surveiller, moyennant un salaire confortable, et ce durant une année. Il lui apportera chaque jour de la nourriture, et l'observera soigneusement afin de constater si elle présente ou non les signes visibles d'un retour à la vie.

Le notaire retire son monocle, pensif, et, de bon conseil :

– Chère amie, il serait éminemment étonnant qu'un si regrettable incident se reproduise. Vous pensez bien que les médecins et moi-même, nous serons particulièrement attentifs à constater, pardonnez-moi... la réalité de votre décès... qui n'est pas pour demain, votre mine florissante m'en persuade. D'autre part, je crains que dans le village ces dispositions peu habituelles ne posent quelques problèmes. Pensez au prêtre... La solennité d'une cérémonie d'enterrement en souffrirait.

Miss Sabrina, nantie d'un caractère autoritaire et d'un tempérament vif, lève les bras au ciel :

– Notaire, je me moque de la solennité. Et je sais mieux que vous ce que c'est que d'être morte... Je tiens absolument à ce que les choses se passent comme je l'ai prévu dans ce testament. Ce sont mes volontés. Débrouillez-vous pour lever les obstacles le moment venu!

Le notaire s'incline avec déférence. Miss Sabrina représente une certaine fortune et sa position l'autorise à certaines exigences. Elle règne sur cette immense propriété de Bircher Bower, quasiment comme la reine Victoria sur l'Angleterre. De plus, il faut la comprendre. Elle a vécu sa mort, si l'on peut dire. On a failli refermer sur elle, à tout jamais, le couvercle d'un cercueil, et qu'il soit d'érable et de satin ivoire ne change rien à la claustrophobie qu'il engendre.

Le notaire se dit également qu'elle n'est pas près de rendre l'âme, et qu'il aura bien le temps, s'il est lui-même encore de ce monde, d'envisager le problème.

Or il se trompe.

Deux années plus tard, Miss Sabrina, toujours en pleine forme à quarante-sept ans, reçoit en sa jolie maison des invités à déjeuner. La conversation roule sur la crise ouvrière qui occupe les esprits à Londres, et sur ce fameux droit de grève dont tout le monde parle dans les salons. Le déjeuner, fort délicieux au demeurant, est composé essentiellement d'un plat de champignons.

Dont l'assimilation s'avère impossible. Les quatre invités se traînent lamentablement en vomissant et hoquetant, jusque chez eux. Ils se rétabliront. Miss Sabrina succombe à cet empoisonnement assez rapidement.

Et la voilà de nouveau allongée sur le grand lit de sombre noyer, dans la maison aux meubles cirés, aux plantes vertes, et aux géraniums aux fenêtres. Le chat fait triste mine sur les coussins du Cachemire, et le médecin de famille se penche sur la défunte avec circonspection. Pour plus de sécurité, il appelle à son secours deux confrères des environs. Il s'agit de ne pas se tromper. La morte est-elle morte ?

Quatre jours s'écoulent avant que l'Académie ne se décide à entériner le décès. Toutefois, la femme de chambre confie au médecin :

– Miss Sabrina est si belle, si fraîche... C'est étonnant après quatre jours...

– Nous sommes en hiver, et la chambre est glaciale, je l'ai recommandé... C'est tout à fait normal.

La cérémonie d'inhumation se passe donc selon les dernières volontés de la défunte. Une magnifique robe de dentelle souple, une chaîne et un sifflet, des grelots, une cloche à portée de main... et les fossoyeurs font lentement glisser le cercueil d'érable et de satin ivoire au fond du caveau à toit ouvrant...

Les visiteurs se pressent dans le cimetière durant plusieurs jours, chacun prêtant une oreille attentive à un éventuel son de grelot, ou un coup de sifflet. Une curiosité morbide attire irrésistiblement le public, toute la semaine qui suit la cérémonie.

Vient le deuxième dimanche après la mort indubitable de Miss Sabrina. Le gardien du cimetière, dont la maison jouxte les premières tombes, est un homme marié. Et, en tant que tel, il a deux fonctions à remplir. La surveillance de son cimetière et son devoir conjugal. La surveillance est quotidienne, diurne et nocturne, le devoir conjugal ne se remplit que le dimanche en matinée. Ce dimanche matin donc, remplissant son devoir conjugal, il se trouve dans la chambre conjugale, dont la fenêtre donne sur le cimetière. Est-ce la proximité de tous ces corps glacés pour l'éternité ? L'épouse semble glacée elle-même. Le regard fixe, exorbité, elle ne participe en aucune manière aux événements. Elle regarde devant elle le miroir de la chambre, ce dont l'époux s'inquiète avec une mâle consternation :

– Hélène... tu es ailleurs...

Hélène ne répond pas. Elle fixe toujours le miroir devant elle, en silence, ce qui coupe les effets du mari, et permet au gardien d'entendre comme un léger bruit de grelots. Suivant le regard effaré de sa femme, il se retourne, et voit ce qu'elle voit.

Dans le miroir, le reflet de la fenêtre, et par cette fenêtre, une image cauchemardesque. Une silhouette blonde, promenant au milieu des tombes une magnifique robe de dentelle froissée... un sifflet à la bouche, une énorme cloche à la main...

Le traumatisme conjugal est à la mesure de cette vision extraordinaire.

Et le récit du gardien court le village, au détriment de sa vie privée, sans doute, mais pour l'édification des foules. Si le malheureux homme était le seul témoin du prodige, on eût pu croire à un fantasme particulier.

Mais la chose est constatée, peu de temps après, en un lieu au-dessus de tout soupçon : l'église.

A Bircher Bower il existe une importante minorité catholique. Le dimanche suivant, après les génuflexions qui précèdent l'Élévation, l'abbé de la paroisse se retourne vers l'assemblée des fidèles, les yeux clos sur sa prière, et frémit légèrement en entendant la cloche de l'enfant de chœur. Elle n'a pas le son discret habituel, le tintement solennel adéquat. C'est une cloche désordonnée, bruyante...

L'abbé se promet de tancer le gamin et procède à l'Élévation du ciboire. Tous les fidèles devraient courber la tête devant le mystère du corps du Christ. Or, ils la lèvent au contraire, et se détournent; un véritable sacrilège. L'abbé suit le regard de ses infidèles, droit devant lui dans l'allée centrale de la nef, et reste ainsi les bras levés, avec son ciboire, tremblant devant un tel spectacle.

Dans un bruit léger de grelots, un somptueux fantôme en robe de dentelle froissée se glisse dans l'Église et avance lentement, un sifflet entre les lèvres et une cloche à la main...

La célébration de la messe s'en trouve considérablement perturbée. Puis le fantôme disparaît comme il est venu, par la porte semble-t-il, et le bruit de grelots s'éteint.

Vivante. Miss Sabrina est vivante. Elle est rentrée chez elle, après une léthargie mystérieuse, grelottant de tous ses grelots, passablement froissée et décoiffée, mais vivante une deuxième fois.

Tout le village cette fois en est traumatisé. La mort de Miss Sabrina devenant un feuilleton à épisodes, chacun envisage désormais sa propre mort d'une toute autre manière. A Bircher Bower on ne meurt pas comme ailleurs. Et il est décidé que chaque défunt sera l'objet d'examens réitérés de plusieurs médecins, avant d'être déclaré officiellement cadavre. Une exposition dudit cadavre est obligatoire durant un minimum de cinq jours. Et lorsque l'administration civile se résigne à entériner un décès, elle le fait en des termes qui dégagent son entière responsabilité. Du genre : en cas de mort ressuscité, l'état civil et le médecin constatant ne pourront être poursuivis, vu l'état de la science en la matière...

Miss Sabrina, elle, prend le taureau par les cornes et change de médecin. Complètement obsédée à l'idée qu'il lui faudra retourner un jour ou l'autre dans ce damné cimetière, dans un damné cercueil, elle se met en quête d'une perle rare, un homme de science, qu'elle institue son légataire universel, à condition qu'il remplisse très exactement les stipulations de son nouveau testament.

Car elle a eu du mal à s'extirper de son tombeau, Miss Sabrina. Rien n'est simple quand on est mort sans l'être.

L'homme de science, la perle rare, un gentleman anglais en bonne et due forme, à la David Niven, moustache fine et redingote tout en longueur, assure à sa patiente qu'il a trouvé la formule. Il est bien obligé d'affirmer quelque chose, s'il veut devenir l'héritier de Miss Sabrina.

Laquelle atteint la soixantaine gaillardement après deux morts ratées.

Elle exige de bénéficier de la paix éternelle, si Dieu la lui accorde un jour (et elle semble avoir le droit d'en douter) au-dessus de la surface de la terre.

Ressortir d'un caveau est une entreprise fatigante pour un défunt. En surface, la chose est plus aisée.

Bien entendu, son corps ne devra être ni incinéré, ni enterré de quelque manière que ce soit.

Elle le rappelle presque quotidiennement à son médecin :

– Mon héritage est à ce prix...

C'est compliqué. Si Miss Sabrina meurt, qu'il l'enterre rageusement, la surplombe de trois dalles de marbre par exemple, dans l'espoir de profiter de son héritage, et qu'elle en ressort malgré tout... c'est raté !

Si Miss Sabrina meurt, et qu'il la dépose à l'air libre, en respectant son désir, et qu'elle s'en sort à nouveau... c'est raté aussi...

L'homme de science affirme cependant avoir trouvé la solution, du moins être en passe de la trouver... il fera son office, Miss Sabrina peut en être certaine. Et le notaire aussi, qui a enregistré le nouveau testament.

Ni incinérée, ni enterrée de quelque manière que ce soit.

Pour l'instant, Miss Sabrina est alitée. Malade. Ce sont des choses qui arrivent à son âge, et la vieille dame autoritaire, plus obsédée que jamais, fait mander son notaire et son médecin. Il ne lui reste guère de famille, elle a enterré successivement ce cher Soames, ses cousins, ses cousines, après les avoir longuement examinés, on s'en doute.

– Je vais mourir...

– Mais non... dit le médecin, hypocrite... Vous savez bien que vous n'y arrivez jamais...

– Je suis malade et mes forces me quittent... La vieillesse est à ma porte, la porte s'ouvre devant la mort, je la vois venir...

Effectivement, la vieille dame décline. Et cette fois cela n'a rien d'accidentel : ni cheval emballé, ni champignons empoisonnés. La fin d'une vie, tout simplement.

Durant cinq jours, respectant les lois régionales, le cadavre de Miss Sabrina est exposé au public, après sa troisième mort, naturelle. Constatée, indubitable, effective, aux yeux de tout le village.

Et cette fois encore, on dit qu'elle est d'une fraîcheur insolite...

Et cette fois encore, elle ressuscite.

Un villageois affolé prétend l'avoir vue assise à sa fenêtre. Le facteur aussi. Il rameute la foule, et le village se presse aux portes de la grande et belle maison, où, par la fenêtre, encadrée de géraniums et de plantes vertes, Miss Sabrina contemple le monde.

Silencieuse, immobile, vêtue de sa plus belle robe de dentelle, impeccablement repassée, son regard bleu grand ouvert sur l'incrédulité humaine. Mais elle ne répond pas au salut. Et pour cause.

L'homme de science a effectivement trouvé la solution. Durant plusieurs jours, des spécialistes ont procédé à l'embaumement du corps de Miss Sabrina, à la manière des pharaons de l'Égypte ancienne.

Le seul désagrément est que l'Église a refusé de se prêter à cette cérémonie païenne. Mais qu'importe, elle a eu lieu en privé. On a installé Miss Sabrina dans un fauteuil roulant. Le visage n'a pas été touché par les embaumeurs, et il est d'une fraîcheur tout à fait impressionnante. Devant les familiers de la maison et les domestiques, le médecin a ainsi promené Miss Sabrina sur les parquets cirés afin de lui faire faire une dernière fois le tour du propriétaire. Puis il s'est arrêté devant une fenêtre, et y a disposé la momie, entre les rideaux grands ouverts. Miss Sabrina peut ainsi contempler la place du village, et les toits des maisons des mortels.

Trois années après cette mort officielle, elle n'a pas changé. Le visage, certes, s'est un peu émacié, desséché, et il a fallu placer des yeux de verre dans les orbites, mais, de loin, l'effet est toujours aussi impressionnant. A tel point que les habitants du village, au lieu de s'accoutumer à cette présence, d'être enfin sûrs que la morte est bien morte, la voient vivante dans tous les coins. Les apparitions sont de plus en plus fréquentes, de plus en plus effrayantes. Miss Sabrina surgit dans l'imagination des villageois à tout moment.

Même les animaux refusent de fréquenter certains endroits de la ville. Lors du marché au bétail annuel, par exemple, les taureaux et les vaches refusent de traverser la place. Et si on les y oblige, ils se mettent à mugir, à se débattre et s'enfuient en arrachant leurs chaînes. Un jour même, on retrouva plusieurs bêtes affolées, réfugiées dans le grenier d'une maison ! Il fallut utiliser des palans et des poulies pour les faire redescendre par le trou d'un mur.

Miss Sabrina est devenue le loup-garou. On dit aux enfants de Bircher Bower :

– Si tu n'es pas sage, elle viendra te prendre.

La femme empaillée, comme l'appellent les habitants, ne fascine plus. Elle fait peur, et elle gêne. Les autorités du village convoquent donc le médecin, héritier de la fortune et de la maison de Miss Sabrina, comme de sa momie :

– Elle est morte ?

– Je vous l'assure...

– Alors enlevez-la... Trois ans d'exposition c'est suffisant. Nous avons de sérieux problèmes... Une femme se plaint d'avoir fait une fausse couche à cause d'elle, une autre l'accuse de lui avoir pris son mari au cimetière pour le faire revivre, elle le voit toutes les nuits... Les chiens hurlent à la mort, et les enfants sont terrorisés au moindre courant d'air qui agite les rideaux de la fenêtre...

– Mais je ne peux pas l'enterrer... encore moins l'incinérer...

– Docteur, nous avons des pétitions. Miss Sabrina doit quitter le village.

Placé devant cet ultimatum, l'héritier trouve une autre solution. Il installe Miss Sabrina, baptisée la « momie européenne », dans un musée, où durant plusieurs années elle verra défiler les curieux. Jusqu'en 1930, semble-t-il, si l'on en croit le très sérieux *Manchester Guardian* qui rapporte le prodige. C'est à cette époque de modernisme échevelé où naissent le jazz, le nazisme, et toutes ces sortes de choses qui bouleverseront le monde, que Miss Sabrina est enfin enterrée.

Car l'Église a eu le dernier mot. Grâce à l'intervention de l'abbé du village de Bircher Bower, convaincu que ses ouailles ne trouveraient la paix, et Sabrina la vie éternelle, que lorsqu'elle serait là où Dieu le veut : en terre. Afin de poussière redevenir, ainsi qu'il est de bon ton et de bon usage sur cette planète provisoire.

Miss Sabrina fut donc enterrée en grande pompe, un matin d'été, devant la foule des villageois rassemblés, et un reporter du *Manchester Guardian.*

Il existe une tombe où « ci-gît pour l'éternité, Sabrina Beswick ». Trois fois morte et enterrée.

Une croix surplombe le caveau de marbre cimenté, inviolable.

Un poète disait en ce temps-là : « Il est des morts qu'il faut qu'on tue. »

Qu'en pense Miss Sabrina ?...

# LA VOIX DE LUCY

Les aborigènes d'Australie étaient environ 350 000 en 1788, lorsque l'Angleterre décida de mettre le pied chez eux et de les exterminer systématiquement. Parmi les quelque 80 000 qui survivaient en 1950, certains, comme Tuga, sont métis de Blanc et de Tasmanien. Il n'y a plus de Tasmaniens. Plus du tout. La dernière représentante de la race s'est éteinte en 1877. C'était une femme du nom de Truganina.

Tuga est balayeur dans un garage de Sydney. Quelque part en lui il porte les gènes du premier homme du monde, un Australopithecus, qui mesurait 1 m 25, et avait une capacité cérébrale de 600 $cm^3$, disent les ethnologues. C'est-à-dire à peu près celle d'un gorille.

L'homme actuel dispose de 1 600 $cm^3$, au mieux de sa forme.

Henry Foster, par exemple, Australien blanc, d'origine anglaise. Sa maison est en face du garage où balaie Tuga.

Henry Foster est un inventeur génial et reconnu. Plusieurs de ses inventions ont servi aux Anglais et aux Australiens pour des essais atomiques communs sur la base de Woomera. Il s'est spécialisé dans les robots. Henry Foster est un homme riche, heureux, qui poursuit ses recherches scientifiques dans son propre laboratoire privé à Sydney. Juste en face du garage où balaie Tuga. Qui lui n'a rien inventé. Ses ancêtres étaient chasseurs, cueilleurs; ils ne sont plus. Ceux qui restent, les aborigènes, ont de nos jours un quotient intellectuel égal à celui des Blancs, disent encore les ethnologues. A niveau de vie égal, bien sûr, ce qui est extrêmement rare. Tuga, par exemple, ne peut prétendre au même quotient intellectuel qu'Henry Foster. Il est pauvre, inculte, un traîne-misère sur sa propre terre, dont il est devenu le sous-développé balayeur.

Tuga s'appuie sur son balai et dresse l'oreille. Il renifle aussi, et gratte sa chevelure laineuse avec perplexité. En face, la jolie maison de briques des Foster sent le feu. Et il perçoit une explosion.

Un panache de fumée s'élève, et Tuga, comme les autres employés du garage, se précipite au-dehors. Quelqu'un appelle les pompiers. Les sirènes de police hurlent, l'ambulance s'arrête devant Tuga.

Le descendant du plus ancien des hommes regarde passer sur une civière le représentant des plus évolués des hommes. Un homme mince, grand, aux tempes argentées, au visage finement dessiné sous un front immense et bombé, couvert de sang.

– C'est le savant, dit-il à un policier.

– Écarte-toi de là... Allez, du vent... Laisse passer.

C'est le savant qui passe. Sa femme à ses côtés lui tient la main. Lucy, une grande femme blonde aux yeux bleus, le type même de l'Australienne actuelle dirait encore un ethnologue. Ils s'aiment depuis vingt ans, ces deux-là. Lucy est la collaboratrice attentive et fidèle de son savant de mari. Ils n'ont pas eu d'enfants, mais tant de robots...

Un policier demande à Tuga :

– T'as vu ce qui s'est passé ?

On craint un attentat peut-être, une vengeance, une histoire d'espionnage.

Tuga répond :

– Boum... fumée...

Et il retourne à son balai. Il n'est pas savant mais détenteur d'une sagesse ancestrale qui lui recommande de se tenir éloigné de la folie des Blancs.

Dans l'ambulance, Lucy a du mal à contenir son angoisse. Les blessures sont graves, Henry est dans le coma. Touché à la tête. Le médecin aussi est inquiet.

– Que s'est-il passé ?

– Il travaillait sur une fusion, j'ignore laquelle. Le laboratoire a explosé alors que j'étais dans le jardin. Mon Dieu ça devait arriver un jour ou l'autre...

C'est ce que rapporte la presse dès le lendemain. Un jour ou l'autre, Henry Foster irait trop loin. Installer un laboratoire privé dans sa maison, en plein centre de Sydney, c'était le privilège de l'homme riche, du chercheur reconnu, mais c'était dangereux. A force de travailler seul, Henry Foster négligeait certaines règles de sécurité.

A l'hôpital, le médecin-chef qui donne chaque jour à la presse un bulletin de santé est pessimiste. On craint sérieusement pour sa vie.

Des mois durant, Lucy demeure à son chevet. Infatigable. Il vivra. En partie grâce à elle, à son obstination, à son amour. Il sort du coma, il retrouve la parole, peu à peu. Accroché au regard de sa femme, il retrouve son intelligence, ses fonctions cérébrales et physiques.

Mais quelques mois après l'accident, alors qu'il semble avoir récupéré complètement, il se met à souffrir de névralgies faciales, de maux de tête insupportables, qui l'obligent, souvent pendant plusieurs jours, à rester cloîtré dans une chambre obscure, à demi fou de douleur.

Lucy a peur. Henry n'est redevenu normal qu'en apparence. Il a subi une commotion profonde, dont elle ignore les conséquences, que les médecins ne peuvent eux-mêmes déterminer. Une fêlure, dans ce formidable cerveau. Laquelle ?

Henry Foster reprend ses travaux. Mais il perd l'ouïe. Lentement d'abord. Il se contente de faire répéter certaines phrases. Puis le processus s'accélère, et il doit se rendre à l'évidence : il est devenu pratiquement sourd. Au point que même en utilisant les appareils les plus perfectionnés il éprouve la même difficulté à percevoir la voix humaine. Les spécialistes ne comprennent pas. Nous sommes en 1950 et, en trente ans, d'énormes progrès ont été faits dans ce domaine. Mais il semble bien, de toute façon, que l'infirmité d'Henry Foster ne relève pas d'un problème mécanique auditif. Lucy s'en est aperçue la première.

Un matin, Henry sort de son laboratoire pour demander :

– Lucy, tu as commandé les barres de vanadium ?

Le vanadium est un métal réputé pour sa dureté.

– Oui, on les recevra à la fin du mois.

– Parfait...

Henry Foster retourne dans son laboratoire, reconstruit, où il passe les trois quarts de ses journées. Puis il s'arrête sur le pas de la porte.

– Lucy... Toi, je t'entends. Mal, mais je t'entends. Je n'ai pas besoin d'appareil, je n'ai même pas besoin de suivre le mouvement de tes lèvres...

– Je sais, j'ai remarqué...

– C'est extraordinaire...

– Je crois que si tu faisais attention, tu entendrais aussi les autres. Non ?

Henry Foster s'énerve.

– Tu ne comprends pas. Je te dis que j'ai observé le phénomène depuis des jours. Je suis tout de même capable de faire une analyse de la situation. Je n'entends et je ne perçois que ta voix... la tienne, pas une autre.

– J'ai du mal à le croire... Comment expliquer ça ?

– J'ai une explication possible. Un phénomène purement physique de fréquence. La fréquence de ta voix doit être la seule accordée à mon entendement.

Lucy aime son mari, elle éprouve non seulement de l'admiration pour le savant, mais une tendresse profonde pour l'homme. Elle lui a consacré sa vie. Sans prétendre devenir une collaboratrice scientifique, ou même une assistante, elle l'a toujours aidé de son mieux, dans ses recherches. Secrétaire, archiviste, régisseur, elle gère le laboratoire avec efficacité depuis leur mariage. Elle avait dix-neuf ans, et lui vingt-six lorsqu'ils se sont connus. Et rien ne les a jamais séparés. Pas même une dispute.

Alors Lucy est d'abord heureuse de ce phénomène insolite. Elle le considère comme un début de guérison, au moins d'amélioration. Elle le met sur le compte de leur entente profonde, et de tous ces mois épuisants passés au chevet d'Henry, à lui parler, parler... pour le réveiller, pour l'aider à retrouver sa lucidité, sa motricité, sa santé. Elle y est parvenue. Sa voix est donc devenue un lien précieux. Henry ne cesse de répéter que cette voix lui donne le courage de persévérer, de continuer à vivre et à travailler. Et Lucy trouve la force de supporter la situation que cette exception engendre. Une situation qui devient de l'esclavage. Henry ne veut plus s'éloigner d'elle. Plus exactement il ne veut plus qu'elle s'éloigne de lui. Il préfère se servir de sa femme comme moyen de communication avec l'extérieur. Il refuse de porter une prothèse qui n'améliore rien, dit-il, ce que constatent en effet les spécialistes, sans pouvoir l'expliquer. Dans la rue, en société, pour son travail, c'est Lucy qui écoute et retransmet. Lucy qui décroche le téléphone. Lucy qui répète inlassablement les conversations. Parfois elle en est lasse. Et se confie à son frère Edouard. Edouard est médecin. Il suit le couple d'assez près. Avant l'accident d'Henry, il était son ami le plus proche, passionné par les recherches de son beau-frère. Il venait souvent dîner, et passait la soirée à discuter avec lui. Depuis l'accident, Henry ne voit plus grand monde. Il prétexte la fatigue, et surtout la surdité.

Au début de 1955, une étrange idée s'enracine dans ce cerveau d'infirme intelligent. La voix de Lucy est si précieuse dans le silence de coton qui l'entoure. Elle est la seule à percer le mur qui le sépare des autres. C'est un trésor qu'il veut ménager, protéger à tout prix. Et réserver pour son seul profit.

Dans la rue, il s'énerve :

– Tu as besoin de parler à cette imbécile ?

– C'est notre voisine, Henry, voyons, elle prenait de tes nouvelles...

Au cours d'une soirée, il se met en colère :

– Ne parle pas tant... Viens là, près de moi.

– Henry, je t'en prie, il faut bien que je réponde à nos amis... Ils nous ont invités...

– Je me fous de nos amis. Je te dis de ne pas parler autant.

– Henry, soit raisonnable, je ne peux pas passer mon temps uniquement à te servir d'interprète.

– Si. Ta voix m'appartient, Lucy. Elle est à nous deux, à personne d'autre...

Un soir, sortant de son laboratoire, il entend Lucy parler au téléphone avec son frère Edouard.

– Raccroche.

– Je n'ai pas fini, Edouard me disait que...

– Je me fous de ton frère, raccroche.

Lucy n'en peut plus. Appartenir à quelqu'un à ce point, ne plus pouvoir adresser un mot à un autre... C'est une torture éprouvante.

Edouard trouve le comportement de son beau-frère parfaitement sadique.

– Écoute, Lucy, ça devient fou cette histoire. On est obligés de se cacher dans la cuisine pour discuter maintenant ?

– C'est comme ça. Je préfère éviter une crise.

– Ta voix ne lui appartient pas ! Je l'observais tout à l'heure, il me donnait l'impression d'un avare à qui on vole son trésor sous ses yeux... Je ne parle pas à la légère...

– Je sais. Je sais bien mais que faire ? Il a vu tous les spécialistes, il a subi tous les tests. Moi aussi. C'est inexplicable, mais c'est ainsi. Il n'entend que moi. Et je n'en peux plus...

– Il y a sûrement une explication autre qu'une infirmité physique. Une explication qui nous donnerait un espoir de guérison. Je crois, moi, qu'il s'agit d'une maladie purement psychique. Henry refuse tout simplement d'entendre une autre voix que la tienne...

– Je le lui ai suggéré, il parle de fréquence...

– Sornettes... J'ai discuté de son cas avec un psychiatre. Il pense à une forme délirante de misanthropie... C'est-à-dire qu'il ne veut entendre que toi, pour n'avoir de relations humaines qu'avec toi. Il refuse les autres. Certains s'enferment chez eux, pour ne pas rencontrer leurs semblables, et être contraints de leur parler, ou de les écouter, de les voir vivre... Lui, il a fermé ses oreilles au reste du monde. Pas à toi.

– Tu parles de lui comme s'il était fou !

– Pas fou... malade seulement. Psychotique... ce genre de maladie est du ressort d'un psychiatre, ou d'un psychanalyste...

– Il n'acceptera jamais.

– Je vais lui parler. Et tu ne seras pas là. S'il le faut, j'écrirai chaque phrase, mais je veux un entretien seul à seul.

Edouard aime son beau-frère, aime sa sœur, de plus il est leur médecin, il estime avoir le droit d'intervenir.

Henry Foster le regarde de travers à la première tentative de conversation.

– Où est Lucy ?... N'essaie pas de discuter avec moi, tu sais bien que je ne te comprends pas sans elle.

Edouard crie :

– Fais un effort, c'est trop important. Approche-toi, je parlerai lentement, dans ton oreille.

Mais Henry recule, le regard méchant.

– Je ne supporte pas qu'on me traite comme un infirme. Fais venir Lucy. Je n'entends rien, et je n'entendrai rien tant qu'elle ne sera pas là pour traduire. Ou alors fiche le camp... et laisse-moi tranquille. Qu'est-ce que ça peut te faire à toi que je vive dans le silence, le brouillard, le coton... Tu entends, toi ! Tu n'as besoin de personne. Moi, si.

Edouard cède. Il le faut bien, mais il est encore plus inquiet par la violence et l'agressivité dont Henry fait preuve. Lucy se fait l'interprète de leur conversation.

Prudemment, il procède par étapes :

– Henry, tu as de plus en plus de migraines... et elles sont de plus en plus douloureuses... J'ai l'impression que ces crises sont provoquées par un travail intellectuel trop intense.

– C'est une impression ou une certitude ?

– Une certitude. Tu as repris tes recherches trop tôt, et un travail comme le tien, huit ou dix heures par jour, c'est trop...

– Qu'est-ce que je dois faire selon toi ?

– Je te conseille de renoncer à tes recherches.

– A ce point ?

– Ta raison est en danger, Henry.

– Il n'en est pas question.

– Alors... va voir un neuropsychiatre...

– J'en ai vu douze à l'hôpital...

– Un psychiatre, ou un psychanalyste...

– Nous y voilà... C'est dans ma tête que ça se passe... C'est moi qui ne veut plus entendre ? C'est ça ? Tu me prends pour un imbécile ? Tu crois que s'il y avait la moindre chance que ce soit ça, je ne l'admettrais pas ? Tu n'es pas dans ma tête, Edouard. Ce n'est pas toi qui perçois la rumeur du monde, comme si tu étais au fond de l'océan, à des kilomètres au fond de l'océan... et à travers ces kilomètres liquides, infranchissables, la voix de Lucy passe. Assourdie, douce, mais elle passe... Une fréquence, comme celle des dauphins entre eux, tu vois ? Une fréquence unique. Un jour on comprendra, on saura... on expliquera. Tout s'explique un jour ou l'autre, et l'homme découvre alors ce qui existait déjà et qu'il ne comprenait pas, tout simplement. Je n'irai pas perdre mon temps chez un psychiatre. Nous ne parlerions pas de la même chose.

La décision d'Henry Foster est irrévocable. Mais la surdité s'aggrave, et les migraines sont plus nombreuses, au point qu'il est tout de même obligé d'accepter le repos. Plus de laboratoire. Fermé à clé le laboratoire. Henry Foster entre dans une période d'oisiveté forcée, et Lucy également. Il ne vivait que pour ses recherches, et pour Lucy. Lucy ne vivait que pour lui et son travail. Désormais ils sont face à face, oisifs, et cette oisiveté rend Henry encore plus tyrannique.

Lucy a quarante-cinq ans. Elle est pleine de vie et de force. Elle a toujours été active. Ce face à face improductif avec son mari la rend dépressive.

Edouard se rend compte alors que le remède est pire que le mal. Que sa sœur en souffre inutilement, puisqu'elle ne peut rien pour Henry, rien d'autre que d'écouter à sa place, et il n'écoute presque plus rien.

– Travaille, Lucy, fais quelque chose, n'importe quoi...

– Mais quoi ? Je n'ai jamais travaillé qu'avec lui...

– Alors travaille avec moi. Il te faut une occupation, puisque tu ne peux plus avoir de vie normale. Je fais des travaux en ce moment, tu pourrais m'aider...

– A quel titre ?

– Ma secrétaire. Je sais que cela t'intéresserait. Et il te faut absolument un dérivatif. Henry te mange, il te ronge, il t'étouffe.

– Il ne voudra jamais.

– Cette fois c'est assez, Lucy. Je suis ton frère. Henry et moi sommes amis depuis des années. Je comprendrais à la rigueur qu'il ne veuille pas te laisser travailler avec des étrangers, mais avec moi ? Il doit accepter sans faire d'histoires... du moins pas trop. Mais tiens bon... Insiste, c'est ta vie qui en dépend...

Le soir même, Lucy entreprend de convaincre Henry. Il refuse d'abord d'en discuter davantage. Mais cette fois, c'est sa femme qui perd patience. Pour la première fois depuis des années, elle s'oppose à lui.

– J'ai quarante-cinq ans, je ne suis ni vieille, ni jeune, et je veux rester près de toi. Mais je veux aussi essayer d'être heureuse. Tu dis que tu m'aimes, alors tu dois souhaiter mon bonheur. J'ai besoin d'une activité personnelle. Je ne peux pas me contenter d'être ta voix et tes oreilles, tu comprends ?

Henry n'insiste pas. Il semble comprendre en effet sur le moment, et Lucy prend son poste dans le cabinet de son frère. La joie de vivre renaît. Henry est calme, Lucy heureuse. Ce dérivatif lui suffit, et elle passe le reste de son temps auprès de lui.

Juillet 1956. Henry Foster a une bonne nouvelle pour sa femme :

– Je me sens mieux, définitivement mieux. Je vais en profiter pour retravailler un peu. J'ai réfléchi pendant tous ces derniers mois à un appareil. Si mes calculs sont exacts, adapté à un moteur de voiture, il devrait réduire la consommation d'essence de moitié. Il faut que je profite de cette période de répit pour fabriquer le prototype.

– Tu vas te fatiguer à nouveau...

– J'en ai pour quatre semaines, pas plus. Mais j'ai besoin de toi.

– Henry... Écoute... Ça ne peut pas attendre un peu ?...

Lucy hésite, alors Henry la prend dans ses bras. Il est si joyeux, si sûr de lui. S'il croit à ce point à son idée, qui pourrait en douter ? Tout ou presque lui a réussi dans sa carrière. Une invention de ce genre représente un marché considérable.

– J'y tiens beaucoup. Nous avons toujours collaboré. Je te dois une bonne partie de mes réussites. Si je devais aboutir à celle-là sans toi, je ne serais heureux qu'à moitié.

Il a touché la corde sensible. Il parle comme avant. Et il parle aussi de réussite financière, ce qui est nouveau depuis l'accident.

– Si ça marche, Lucy, et je suis sûr que ça marchera, nous n'aurons plus aucun souci pour l'avenir.

Leurs finances ne sont plus ce qu'elles étaient, évidemment. La situation commence même à devenir inquiétante. Lucy, en fait, n'a aucune raison de bouder la visible amélioration physique de son mari et un retour au confort de naguère. Elle a bien envie aussi de retrouver l'intimité ancienne, celle du temps où ils s'enfermaient tous les deux dans le laboratoire, leur monde à part.

Edouard n'est pas aussi enthousiaste, mais il demande à voir et propose même de se passer de sa sœur plus longtemps, afin qu'Henry ne se surmène pas. Mais l'inventeur refuse.

– Je te la prends un mois, pas plus. Après je vous laisse tranquilles. Et quand je dis un mois, c'est un mois, j'ai toujours tenu mes délais, Lucy le sait bien. Un mois pour assurer l'avenir, vous vous rendez compte ? Plus de soucis, ni pour toi, ni pour ton frère.

Lucy s'étonne.

– Edouard ? Il n'acceptera jamais rien. Il se suffit à lui-même...

– Il sera bien obligé d'accepter. Je le convaincrai...

Personne ne remarque dans l'œil d'Henry Foster la petite lueur inquiétante qui s'est installée. Ce pourrait être une lueur de renouveau, le plaisir de se remettre au travail, l'excitation d'avoir construit, dans sa tête, une nouvelle invention.

Il s'agit bien d'une invention. Mais le cerveau humain est capable du meilleur comme du pire. Cette fois Henry Foster a inventé le pire. Et il va le mettre au point avec le sourire, dans la joie et la bonne humeur retrouvées. Comme si les migraines avaient disparu.

Il est toujours lié à la voix de sa femme. C'est elle qui passe les commandes dont il a besoin à un laboratoire de Sydney. C'est elle qui convoque les artisans. Pour la réalisation de son prototype, Henry a besoin de leur faire fabriquer les pièces essentielles. Dans le laboratoire il a épinglé un plan, auquel Lucy ne comprend rien. Lorsque son frère lui en parle, elle ne peut que répondre l'essentiel :

– Un truc pour économiser l'essence de voiture. Il a l'air d'avoir trouvé. Je le connais, tu sais. Quand il est sûr de lui, comme ça, c'est que ça va marcher.

Lucy reprend son travail aux côtés de son mari le 11 juillet 1956. Le 11 août, le prototype est terminé.

C'est une sorte de cylindre de vingt-cinq centimètres de long, et de six de diamètre. Henry a expliqué à sa femme le fonctionnement du matériel, plutôt deux fois qu'une, mais c'est trop compliqué. Elle se contente de penser que cette petite chose est révolutionnaire et que, adaptée à un moteur à essence, elle lui fera économiser 50 % du carburant.

Si l'on songe au marché du pétrole, cet engin est fabuleux.

Le 11 août donc, Henry décide de l'essayer. Il veut installer le prototype en grand secret sur leur propre voiture.

– Tu comprends, Lucy, je dois être prudent. Ne pas trop en parler avant d'être sûr de la mise au point. Et puis je ne veux pas qu'on puisse m'accuser de trucage. Après l'avoir essayé sur la nôtre, si tout va bien je tenterai l'expérience avec une autre voiture...

Pour installer son invention, Henry a besoin de trois jours de bricolage sur leur voiture. Lucy peut donc retourner travailler chez son frère, sa présence n'est plus nécessaire.

Il va faire ostensiblement le plein d'essence au garage d'en face. C'est ainsi que Tuga, le représentant du plus ancien des hommes, accroché à son balai, voit passer devant lui le représentant du plus intelligent des hommes. Monsieur le savant est un homme que l'on respecte. Tuga balaie autour de lui avec respect. Il nettoie le pare-brise avec respect. Il reçoit un pourboire distrait avec le même respect.

Henry Foster rentre chez lui, le soir du 13 août, pour annoncer triomphalement à sa femme :

– Ça marche, Lucy. Ce matin j'ai mis vingt-cinq litres d'essence dans le réservoir de la voiture. J'ai roulé cent kilomètres, et la jauge m'a indiqué qu'il restait dix-sept litres. Je n'ai consommé que huit litres au cent kilomètres, Lucy, sur une voiture qui en dévore facilement 15... J'ai réussi tu te rends compte ?

Il y avait bien longtemps qu'Henry n'avait pas serré sa femme dans ses bras aussi fort. Bien longtemps qu'il ne l'avait aimée autant. Avec une passion retrouvée, un enthousiasme qui met les larmes aux yeux de Lucy.

– C'est formidable, Henry... Je suis si heureuse... Qu'est-ce que tu vas faire maintenant ?

– Maintenant, Lucy je vais suivre un protocole d'expérience rigoureux. D'abord il faut que je monte l'appareil sur une autre voiture. Sans que le conducteur le sache... C'est important pour que la démonstration soit parfaite, irréfutable... Il faut que le conducteur se dise de lui-même : « Ma consommation d'essence a diminué de moitié... Que se passe-t-il ?

– Comment faire ?

– J'ai pensé à ton frère. C'est facile. Il vient te chercher à la maison le matin. En général, il s'attarde devant un café. J'ai besoin d'un quart d'heure pour monter l'appareil, pas plus... Et puis c'est sentimental, Lucy. J'aimerais tant que ça reste en famille, que les deux êtres qui m'ont toujours aidé soient les premiers à étrenner cette invention majeure. Parce qu'elle est majeure, Lucy... Peut-être la plus importante de ce quart de siècle. Tu te rends compte ? Est-ce que tu te rends compte, Lucy, que c'est génial ? Que ça représente une fortune ? Cet essai, je veux que ce soit Edouard qui le constate. Il verra lui-même que j'ai retrouvé toute ma créativité.

Lucy est emportée par l'enthousiasme de son mari. Il rit ! Lui qui ne riait plus, il saute de joie, et dit des bêtises :

– Toi, Edouard et moi, réunis dans l'immortalité !

La gloire et la fortune, c'est ce que pense Lucy, pour son mari. Et la grandiloquence qu'il affiche, son petit air ironique, lui font plaisir. Une petite inquiétude tout de même à le voir si tendu, si excité... si excessif... Il ne tournait pas rond depuis l'accident, c'est vrai. Mais de là à imaginer ce qu'a pu concevoir le super-cerveau d'Henry Foster... il y a un monde.

Le 14 août 1956, Edouard vient chercher sa sœur en voiture, comme d'habitude. Il est huit heures quarante-cinq.

Lucy le retient, comme promis. Elle n'est pas tout à fait prête, Edouard n'a qu'à prendre un café dans la cuisine pendant ce temps.

Edouard ne se fait pas prier. Et, de la fenêtre de la chambre, Lucy peut voir son mari bricoler sous la voiture de son frère. Il lui fait un grand sourire.

Sur le trottoir d'en face, Tuga et son balai observent la scène. Et Tuga se dit que le savant n'a même pas besoin d'un garagiste comme son patron pour s'occuper d'une voiture. Il est fort cet homme-là.

Un quart d'heure plus tard, Henry Foster rabaisse le capot de la voiture. Il a terminé et fait signe à sa femme que tout est prêt.

A neuf heures moins dix, Tuga voit monter dans la voiture la femme du savant et son frère. Il voit aussi le savant, caché derrière le pilier du portail, fumant nerveusement une cigarette. Tuga s'appuie sur son balai et allume lui aussi une cigarette. Il entend claquer la portière, le ronronnement du démarreur... L'allumette lui brûle les doigts au moment où se produit une explosion déchirante. Un bruit infernal qui vrille le silence matinal, résonne longtemps aux oreilles de Tuga.

Il voit des débris de métal, des débris de chairs projetés dans toutes les directions. Il se jette à terre, le pauvre Tuga, tandis que les morceaux du véhicule et de ses occupants lui passent au-dessus du corps, dans un rayon de cent mètres.

Henry Foster n'est plus derrière le portail. Il est rentré chez lui, il décroche le téléphone, compose le numéro de la police et parle :

– Ici Henry Foster. Écoutez-moi bien, car je suis sourd. Ne m'interrompez pas, je ne pourrais pas vous répondre.

Et il explique calmement ce qu'il a fait. Une bombe de son invention. Pour détruire Lucy et son frère. Parce que son frère a kidnappé la voix de Lucy. Et que Lucy était consentante. Et qu'il ne peut le supporter. Ils seront réunis tous les trois dans le silence de l'immortalité.

Henry Foster pose le téléphone afin que le correspondant entende bien ce qu'il va faire. Il sort un revolver et se tire deux balles dans la tête.

Au-dehors, la voiture déchiquetée fume encore, et Tuga, abruti par le choc de l'explosion, terrorisé, se relève et court avec son balai... court...

Fuir devant l'orage et se cacher de la foudre est pure sagesse, ainsi la tribu a toujours un fils.

Proverbe.

# LA PIQÛRE

Été 48. La voix de Piaf résonne sur les toits de Paris. Une cloche sonne, elle annonce la naissance, l'amour et la mort de Jean-François Nicot. Paris l'a reprise en chœur, cette chanson, et la voix fracassante a donné le frisson au public.

Verdier Michel, il se nomme. Né à Paris, 16e arrondissement, profession : comptable, demeurant 12, bd Saint-Jacques.

Les berges de la Seine sont émaillées de quelques pêcheurs placides. C'est l'heure matinale où les gardons font le gros dos dans l'eau grise, sous le soleil léger.

Un vieux monsieur en casquette tire sur sa ligne en grommelant. Il a dû accrocher une épave quelconque.

C'est Michel Verdier. Le corps athlétique du jeune homme brun de vingt-cinq ans, vêtu curieusement d'une canadienne usagée et d'un costume de qualité, dérive au bout d'un hameçon ridicule. Les cheveux bruns collés au front, haut et large, sont mêlés à des algues verdâtres.

Le vieux monsieur, tout pâle d'émotion, appelle à la rescousse, en maintenant sa ligne. Il a peur de perdre prise. Bientôt le corps alourdi est hissé dans une barque, puis sur la berge. Michel Verdier porte ses papiers dans la poche intérieure de son costume bleu marine. Son portefeuille contient mille quatre-vingts francs (anciens, bien sûr) et sa montre remplie d'eau indique deux heures quinze.

Sur un chariot de la morgue, le corps dénudé est examiné. Il ne porte aucune trace de violence. La mort remonte, selon le légiste, à environ un mois.

Le commissaire Gilles tient son feutre à la main. Un mouchoir sur la bouche, il fait signe au légiste qu'il en a assez vu.

– Suicide ?

– Suicide, ou accident... mais je n'ai pas trouvé de traces d'alcool. Ni de blessures apparentes. Il est évident qu'une bagarre, même violente, peut ne pas laisser de traces, surtout après un mois d'immersion dans la Seine. En plein été, ça va vite...

– La famille est venue ?

– Le père, ce matin. Il a signé la reconnaissance d'identité.

– Réactions ?

– Habituelles. Très éprouvé, le pauvre homme. J'ai cru comprendre que son fils est un ancien déporté. C'est bien la peine de sortir des camps pour finir dans la Seine à son âge...

Le commissaire Gilles remet son feutre et quitte la morgue pour retrouver avec délices l'air doux et frais de l'été parisien. Il va prendre l'autobus pour se rendre dans le 14e arrondissement, rue Saint-Jacques.

Dans un immeuble bourgeois, grisâtre, en pierre de taille, il repère le nom des Verdier sur les boîtes aux lettres.

Un paillasson, une sonnette qu'il faut tourner dans les deux sens pour la faire grincer. Une domestique en tablier bleu.

– Monsieur Verdier ne va pas tarder, monsieur le commissaire, si vous voulez patienter...

Salon aux meubles cossus, vieillots, entretenus avec peine, tapis persan aux couleurs fanées, rideaux pâlis aux embrasses de satin. Un décor un peu triste, conventionnel, des fauteuils Louis XV, copies dix-neuvième. Une poussière de bon aloi.

La domestique va se retirer, mais le commissaire la retient. Il aime bien parler d'abord aux domestiques, lorsqu'il y en a.

– Vous vous appelez ?

– Elvire, monsieur le commissaire, je suis dans la maison depuis plus de dix ans.

– Qu'est-ce que vous pensez de la mort de Michel Verdier ?

– Un drôle de malheur... Madame s'en remet pas.

– Mais vous... votre avis ? Vous croyez qu'il s'est suicidé ?

– Pour sûr que non ! Un garçon si rangé... si réservé, il venait de se fiancer en plus... Remarquez, ce que j'en dis... Des fois il était fatigué. Je crois qu'il aimait pas tellement faire le comptable. Avec tout ce qu'il a vu pendant la guerre, c'est dur de se remettre à la vie de tous les jours. Il causait pas beaucoup, mais je suis sûre qu'il aurait bien aimé vivre autrement.

– De quelle façon ?

– Ça j'en sais rien. Des voyages... Il aimait bien les livres de voyages... Mais suicidé, ça je suis sûre que non. Un garçon amoureux, content comme il était le jour de ses fiançailles. Ça c'est pas possible...

La domestique se retire à l'arrivée du père. La cinquantaine dépassée, moustache en brosse, les traits tirés, il se retourne pour aider sa femme à pénétrer dans le salon, et à s'asseoir. Leur chagrin est terrible. La mère surtout a du mal à retenir ses larmes. Plus jeune que son mari, elle paraît plus sévère, et plus effacée aussi. Chignon châtain sans coquetterie. Une alliance au doigt, aucun bijou.

Sa voix tremble :

– Je ne veux plus qu'on me parle de Michou... Je ne veux rien entendre, je ne le supporte plus, c'est trop dur, trop dur...

Le père a froncé la moustache en entendant le diminutif.

– Michel... il nous a si souvent effrayés. C'était la troisième fois que nous étions sans nouvelles de lui. La première fois, il s'est fait prendre dans une rafle en 1942. Quelques jours après on a su qu'il partait en Allemagne pour le travail obligatoire. La deuxième fois, c'était après le bombardement de Dresde. On est restés sans nouvelles de lui pendant six mois... On le croyait sous les ruines. Et puis il est revenu... dans quel état! Enfin il était là, c'était l'essentiel... Et cette fois encore, commissaire, ma femme était persuadée qu'il allait revenir. On s'était presque faits à l'idée qu'il trompait la mort... qu'il allait ouvrir la porte subitement... Au lieu de ça on le retrouve dans la Seine.

Madame Verdier, entre deux sanglots, ne cesse de répéter : « Ce n'est pas possible »...

– Ma femme veut dire qu'elle ne croit pas au suicide de Michel. Moi non plus. C'est tout à fait invraisemblable.

– Pourquoi, monsieur Verdier?

– Mais parce qu'il nageait dans le bonheur... Il venait de se fiancer. Cette jeune fille est charmante, sérieuse, attachante. Il répétait tout le temps que la vie était formidable, après ce qu'il avait connu en Allemagne. Qu'il aimait la vie, qu'il voulait la vivre au maximum... Le langage d'un garçon de son âge. Je devrais dire d'un homme. Son expérience en Allemagne l'avait mûri. Il voyait les choses d'une autre façon.

– C'est-à-dire?

– Il allait à l'essentiel, c'est en cela que je dis qu'il avait mûri. Le reste, les détails, lui paraissaient puérils.

– Il aimait son métier? Pas de difficultés dans ce domaine?

– Non. Pas de difficultés. Dire qu'il l'aimait serait beaucoup. Il était comptable dans une agence de voyages, rien de bien passionnant, à part les dépliants... C'est ce qu'il disait toujours... Mais il venait de passer des examens, brillamment, et il allait monter en grade. Il était tout à fait content de cela... Pourquoi le suicide alors qu'il venait d'atteindre un but?

– Comment est-il parti ce soir-là? De quelle humeur?

– Vous n'avez pas interrogé Corinne, sa fiancée?

– J'ai l'intention de le faire.

– Il était avec elle. C'était le soir de leurs fiançailles. Un samedi soir... Nous étions si heureux...

Le pauvre homme raconte, d'une voix tremblante, la petite fête dans l'appartement. Les petits plats dans les grands, les projets d'avenir, la jeune fille intimidée... la bague...

– Un solitaire, qui nous venait de la mère de ma femme. Michel était si fier... Ils s'attardaient tous les deux, on ne parvenait pas à les rendre raisonnables. Corinne devait rentrer chez ses parents, le dernier métro allait leur passer sous le nez. On ne voulait pas les mettre à la porte, mais il le fallait bien... Mon Dieu si on avait su...

– Il l'a raccompagnée jusqu'au métro ?

– Jusqu'au métro, et puis jusque chez elle, ensuite, elle vous le dira. C'est elle qui l'a vu la dernière... Nous, nous n'avons plus qu'un souvenir, là sur le pas de la porte. Il souriait en aidant Corinne à mettre son manteau. Il a dit : « A tout de suite, maman... Vous pouvez vous coucher, j'ai pris la clé... »

Pauvre madame Verdier qui répète « A tout de suite, maman... »

Le commissaire va prendre congé. Maladroitement, il sort une enveloppe de sa poche. La clé... coincée dans la poche du pantalon de Michel, avec son anneau et son saint Christophe. Elle s'est promenée dans la Seine pendant un mois avec lui.

Monsieur Verdier a du mal à la reprendre. Au bord des larmes.

– Vous voyez... il avait la clé, il allait revenir... Il ne s'est pas suicidé, c'est impossible, il s'est passé quelque chose que nous ignorons, vous comprenez ? Vous comprenez, commissaire ? Il ne s'est pas suicidé !

– Je comprends.

A l'autre bout de Paris, l'immeuble où demeurent Corinne et ses parents ressemble comme deux gouttes d'eau à celui des Verdier. Une époque. Cariatides pompeuses sur les balcons, façade en pierre grisâtre. Troisième étage.

Le commissaire Gilles pénètre alors dans un univers différent. Ici pas de Louis XV poussiéreux, mais du rustique luisant de cire et resplendissant au soleil qui entre largement par les fenêtres. Tapis marocains, hauts en couleurs. Le père de Corinne est médecin. Sa femme, d'allure jeune, porte un collier de perles, une robe seyante. L'appartement est immense et, du fond d'une lointaine cuisine, parvient une odeur réjouissante de civet.

Changement d'ambiance et de décor, donc, mais ici non plus on ne croit pas au suicide. Le père de Corinne, un homme actif, nerveux, a déjà réfléchi au problème.

– Bon. On ne peut pas savoir ce qui se passe dans la tête des autres, et encore moins dans celle d'un jeune homme qui a souffert de la déportation. Une crise de neurasthénie subite est toujours possible. Mais il y a des signes avant-coureurs, tout de même. Ni moi, ni ma femme, ni Corinne, n'avons remarqué quoi que ce soit. Quant à la dernière soirée, le récit que Corinne nous en a fait ne nous donne pas l'ombre d'une raison de croire au suicide...

Le commissaire Gilles écoute la démonstration avec intérêt.

– Voyons les faits concrets, commissaire. D'après Corinne, Michel avait trois mille francs sur lui. On en a retrouvé mille quatre-vingts.

Michel était fumeur, trop même à mon goût, un enragé... Enfin, il a été retrouvé sans le moindre paquet de cigarettes dans sa poche. Il en avait toujours un, à l'intérieur de sa veste. Vous me direz... dans l'eau... bref... c'est possible, mais le plus étonnant, à mon sens, c'est le vêtement. Il portait une gabardine beige, classique. On le retrouve avec une vieille canadienne... Ça ne vous a pas frappé ? Ça vous paraît normal ?

– J'ignorais ce détail. Ses parents ne m'ont pas parlé de gabardine.

– Ça c'est incroyable...

– Ils sont très affectés. J'ai l'habitude de ce genre d'omission, pour des parents en deuil, ce n'est pas le plus important sur le moment... De plus la disparition de Michel remonte à un mois environ...

– La mort aussi. Et il portait le même costume, les mêmes chaussures, la même cravate... Cette canadienne est anormale.

– Je suis d'accord. Je peux parler à votre fille ?

Corinne rejoint le commissaire qui s'attendait, sans trop savoir pourquoi, à découvrir une jeune fille timide, un peu fragile, un peu terne. La description du père de Michel sans doute... Sérieuse, réservée... intimidée...

Pas du tout. Corinne est une grande fille, superbe, d'allure sportive, regard direct, et qui ne doit sa réserve qu'à l'éducation reçue. Bourgeoise et stricte. Elle a beaucoup pleuré. Les paupières rougies en témoignent, mais elle répond d'une voix ferme, sans hésitation, aux questions du commissaire.

– Suicide ? Ça ne tient pas debout. Mon père a raison. Je le crois aussi. Michel était très heureux ce soir-là. Et moi aussi.

– Je vous crois volontiers, mais voyons... il n'a pas fait de confidence particulière ? Un souci, un ennui, un remords secret ? Tout le monde peut avoir un problème dans sa vie, sans le crier forcément sur les toits, et ne pas savoir comment le résoudre...

– Je ne vois pas. A moins que vous pensiez à une autre liaison ?

– Ça arrive.

– Non. Je ne peux pas imaginer ça. Ce n'était pas dans son caractère. Il m'en aurait parlé avant, ou je l'aurais su. Nous nous sommes connus à l'agence de voyages, je suis secrétaire là-bas... On a eu tout le temps de se connaître avant les fiançailles... Je dirais même que... enfin, ça peut vous paraître présomptueux, mais j'étais sûrement la première femme qui ait compté dans sa vie. Je l'ai ressenti. C'était mon cas. Michel est le premier garçon en qui j'ai eu confiance... Le premier, vous comprenez ?... Je n'aime pas les flirts, on m'a élevée dans le respect du mariage. Il était comme moi.

– Pardon d'insister, mais... si vous... enfin, si vous attendiez le mariage, il aurait pu avoir une liaison, sans importance... certes, comme beaucoup de garçons de son âge...

– Je suis presque sûre que non.

– Ah. Et que s'est-il passé quand vous êtes partis de chez ses parents ?

Corinne semble étonnée de la question :

– Mais rien. Nous sommes allés prendre le métro...

– Comment était-il ?

– Très gentil... comme d'habitude.

– Vous voulez dire... tendre ?

La jeune fille rougit légèrement.

– Oui... enfin nous étions pressés de nous revoir le lendemain... Quand on est fiancés, vous savez... les séparations quotidiennes paraissent longues...

– Et après le métro ?

– Nous sommes descendus Place de Clichy. Il m'a raccompagnée jusqu'à la maison.

– Jusqu'où exactement ?

– La porte cochère.

– Et là ?

– Eh bien... on s'est embrassés.

– Il n'a rien dit de spécial ?

– Non. Qu'il était un peu fatigué, mais il était gai. On s'est dit à demain...

C'est dur de se souvenir du dernier regard. « A demain »... Corinne se voit refermant la porte cochère sur ce lendemain qui n'est jamais venu. Cette fois la voix s'enroue. Pour l'aider à ne pas fondre en larmes, le commissaire demande très vite :

– Il avait sa gabardine ?

– Oui.

– Il fumait ? Il avait des cigarettes sur lui ?

– Oui. En sortant du métro, il avait encore un paquet presque entier.

– Et l'argent ?

– Je sais qu'il avait trois mille francs. Nous n'avons rien dépensé, j'avais des tickets de métro.

– Il retournait chez lui, selon vous ?

– Sans aucun doute.

– Quelle heure était-il ?

– Environ minuit et demi... à quelques minutes près.

– Si on se base sur la montre, et s'il s'est... noyé disons, ce soir-là, il était deux heures quinze... Qu'est-ce qu'il a pu faire pendant deux heures ?

Corinne lève les yeux, réprime son envie de pleurer. Presque deux heures de battement...

– Je ne sais pas. Ça me fait peur... de ne pas savoir... Il est parti comme ça tranquillement, il souriait... J'ai fermé la porte... Je regardais ma bague en montant l'escalier... et lui... Dieu sait ce qui lui est arrivé... pendant que je m'endormais comme une heureuse idiote... sans savoir. Il ne s'est pas suicidé... C'est complètement impossible.

Le commissaire se retire, avec une seule question en tête. Que peut faire un garçon de vingt-cinq ans qui vient de quitter sa fiancée, à minuit et demi, sur le pas de sa porte ? Rue d'Amsterdam.

Rue d'Amsterdam... Le commissaire s'y trouve, comme Michel ce soir-là... Une idée lui vient à l'esprit, bien sûr, en vieux policier... les prostituées...

Elles sont là, celles du jour, et de la nuit. Même visage quémandeur, soi-disant soumises, et toujours invaincues, provocatrices, agressives...

Rue de Liège, une fille blonde et fade, le visage tranché d'un trait de rouge à lèvres sanglant...

– La nuit ? On est cinq ou six dans la rue... Qu'est-ce que vous cherchez ?... On veut pas d'emmerdes, on n'en fait pas nous, des emmerdes...

Le commissaire sort une photo de Michel de sa poche. Une photo souriante, où l'on voit un visage aux traits fins, agréables, cheveux bruns indisciplinés. La photo confiée à la police au moment de sa disparition.

– Ça te rappelle quelqu'un ?

– Pas un julot en tout cas, commissaire...

– Un client... possible, dépêche-toi, ma fille, y'a de la mort autour... Tu l'aurais pas rencontré une nuit, vers minuit, une heure du matin ?

– Moi, je vois pas... Faudrait voir les autres... Ça craint quoi votre histoire ?

– N'aie pas peur, un suicide... probable...

– Ah bon... Faut voir Simone, alors, elle fait la nuit en régulière ici, pas moi, je tapine où on m'envoie...

Simone. Une chambre d'hôtel pour les passes au premier, une chambre pour dormir le jour au troisième. Au premier, elle loue à l'heure. Au troisième, elle paie au mois. Un visage d'enfant, un corps d'enfant ou presque, mais une voix rauque et lasse, déjà...

– Lui ? Ah ben ça...

Simone a une bonne raison de se souvenir de ce visage.

– Un jeune type... Il est monté avec moi, je m'en souviens, c'était le genre timide. Il me regardait comme si j'étais une poule qui aurait trouvé un canif... On en voit comme ça, des fois... J'aurais pas fait gaffe particulièrement, mais c'est tout de suite après... qu'il s'est barré.

– Comment ça ? Sans payer... Qu'est-ce que tu lui as dit ?

– Mais rien... j'ai dit « tu viens ? » Normal quoi... Et lui il se met près de moi, il enlève son manteau, il s'assoit, et pfuit !... le voilà qui se relève et qui fout le camp... Il en a même oublié sa gabardine...

Simone ouvre une penderie où se côtoient des robes chamarrées, une fourrure de lapin, et un fouillis de dentelles... Au milieu, une gabardine beige, impeccable, sur un cintre...

– Tenez... J'ai rien touché, hein... à part les cigarettes, y'avait rien, alors... juste un briquet. Je l'ai gardé, on sait jamais, je me disais qu'il reviendrait la chercher... Une gabardine comme ça, par les temps qui courent, ça vaut son prix à la Samaritaine...

– Il t'a payée ?

– Ah ça, on paie en ouvrant la porte ici... et le loquedu de l'hôtel, il tend la main au passage. Il a payé... et il s'est barré. Comme si j'étais le diable...

– Ça t'arrive souvent ce genre de truc ?

– Ça me gênerait pas si ça arrivait souvent... Empocher le fric et dormir un quart d'heure tranquille... non. Ça arrive des fois, avec des gamins, qui ont la trouille au dernier moment... ou des vieux qu'en peuvent plus... mais pas si vite... et sans même dire un mot... Je sais pas moi on dit : je m'excuse, ou salut, j'ai changé d'avis... ou t'es pas mon genre... Lui, rien. Il s'est couché une seconde, il s'est relevé aussi sec, il était dehors avant que j'aie réalisé.

Le concierge de l'hôtel, en maugréant, veut bien se souvenir que le type en question, dont Simone lui a parlé ce soir-là d'ailleurs, a filé dans le couloir, et qu'il l'a vu trotter dans la rue, sous la pluie, jusqu'au café du coin.

– Comme y'avait pas de pétard, j'ai pas insisté... J'avais juste regardé comme ça...

Au café du coin de la rue de Liège, murs sombres, zinc un peu gras, le patron se souvient aussi.

– J'allais fermer. Il est entré au moment où je mettais la main sur le rideau... Il s'était mis à tomber à verse, un orage d'été quoi... alors j'ai pas refusé, il était trempé. Je lui ai servi un grog... Là-dessus, c'est pour ça que je me rappelle, commissaire, voilà pas un Arabe qui rentre... avec son fourbi, des trucs à vendre, un tapis où je sais pas quoi, et des frusques, première main soi-disant... Il voit au zinc, mon client trempé comme une soupe, il lui propose un vieux machin, une canadienne, et l'autre lui achète comme ça, distraitement je dirai... Il écoutait même pas le baratin du type... C'est moi qu'ai fait la monnaie... sur mille francs... et puis il est parti avec ça sur le dos. Moi, j'ai fermé...

– Quelle heure ?

– Une heure et demie, à peu près... D'habitude je ferme plus tôt, mais avant lui j'avais trois rigolos qui décanillaient pas au whisky...

Bizarre, ce comportement, au soir des fiançailles, pour un garçon comme tout le monde le décrit. Ça ne colle pas. Une prostituée... pourquoi pas, il ne serait pas le premier à choisir l'anonymat du trottoir pour compenser le respect dû à la fiancée... Mais justement, la fuite...

Et une heure encore, avant le grand plongeon. Alors ? Suicide vraiment ? Les collègues de l'agence, les parents, les futurs beaux-parents, les copains... personne n'y croit. Une maladie cachée ? Une neurasthénie comme on dit alors, en 1948, où la dépression ne fait pas encore partie du vocabulaire ?

Près de l'agence, à deux immeubles de là, un médecin, que les collègues de Michel ont signalé comme étant leur toubib attitré.

Le commissaire sonne à la porte du cabinet, où il est inscrit « médecine générale, maladies infectieuses ».

Une salle d'attente modeste, un vieux toubib qui fronce les sourcils en voyant la carte de police barrée de tricolore.

Le commissaire le rassure :

– N'ayez pas d'inquiétude. Je ne crois pas que la règle du secret professionnel s'applique au cas dont je veux vous entretenir. J'ignore même si la personne en question était ou non votre patient, c'est probable, sans plus... voilà. On a retrouvé un garçon dans la Seine, il y a trois jours... Micher Verdier.

Le médecin s'exclame aussitôt :

– Oh non!

Il a l'air désolé. Les mains à plat sur son bureau, il répète encore : « Oh non... »

– Vous savez quelque chose, docteur?

– Bon dieu, c'est délicat... La famille ne vous a rien dit?

– Je n'ai pas posé de question précise dans le domaine médical. Pourquoi ?

– Bon. Je vais vous en parler, de toute façon, si vous posez la question à sa famille ou à ses camarades de déportation, on vous dira tout...

– Tout quoi ? Il était malade ?

– C'est pire que ça... Il était en Allemagne, au titre du STO... vous savez ?

– Je sais. Il a subi le bombardement de Dresde...

– Justement... Après le bombardement, dans le camp où il était, est arrivé un médecin nazi. Ce fou leur a parlé d'une vaccination générale. Tout le monde, dans ce camp, était vacciné contre toutes les maladies possibles... Enfin bref, le médecin... si on peut appeler ça un médecin, décide une vaccination générale. Tous en rang et pas de discussion, vous voyez le genre. Sur la nature du vaccin, on ne sait rien, rien non plus de l'infection qu'il serait censé éviter... Tout le monde a donc droit à une mystérieuse piqûre. Et on n'y pense plus. Seulement, quelques mois plus tard, Michel Verdier et ses camarades ressentent des douleurs au bas-ventre. Des douleurs étranges, paralysantes... Michel Verdier est venu me voir quand il est rentré de déportation. J'ai tenté de le soigner, il m'a parlé de ses camarades, certains sont venus me voir aussi sur ses conseils. Je ne peux pas grand-chose, j'essaie de soigner, certains ont l'air de se remettre, mais Michel Verdier était le cas le plus grave. Il est venu me voir récemment, il se fiançait... il avait peur.

– Et alors? de quoi ?

– Là commence le secret professionnel, commissaire. Je ne peux pas vous en dire plus. Sauf ce qui me concerne personnellement en tant qu'homme. J'ai été contraint, en tant que médecin, j'insiste, de lui dire que malheureusement je ne pouvais rien pour lui... médicalement. Ce que je regrette, en tant qu'homme, c'est de ne pas avoir compris l'autre homme. Ce garçon m'a donné l'impression de prendre la chose avec résignation... vous me comprenez, avec calme. Une façade. Et vous me dites qu'on l'a retrouvé dans la Seine, c'est que je n'ai rien compris.

– Auriez-vous compris... que ça n'aurait rien changé... Gardez votre secret médical, docteur. Je le connais. On m'en a parlé. Je n'y ai pas pensé tout de suite, mais une prostituée m'a dit qu'il s'était sauvé ce soir-là. Alors je comprends tout. Un garçon de vingt-cinq ans, rendu impuissant à vie par la piqûre d'un médecin nazi... c'est bien ça... Il tombe amoureux d'une fille superbe, vierge, impeccable. Il se fiance, il espère peut-être, puis il n'espère plus après sa visite chez vous... Il tente l'impossible, se donner une preuve, avec une fille des rues, regarder la réalité en face... la vérifier... Et il comprend brutalement qu'il ne pourra jamais... Vous savez ce que je pense ? A sa place, j'aurais fait pareil. Peut-être pas la Seine, mais... à vingt-cinq ans... savoir qu'on n'est plus un homme, qu'on ne le sera jamais... c'est la mort avant l'heure.

– La famille ?

– S'il n'a rien dit, et si on ne m'y oblige pas pour classer le dossier, pas un mot.

Et la famille savait. Sans savoir. Pas vraiment, pas dans le détail, pas l'irréparable... Tant il est difficile d'admettre l'horreur.

# JIMMY HOFFA A DISPARU

Eric Sanders, neuf ans, n'a pas encore toutes ses dents, et son sourire est charmant, mi-perle blanche mi-trou noir. Son copain de jeu, Mitch, pour quelques mois de plus, a deux dents de moins.

Les deux gamins sont en train de discuter de l'avantage qu'il y a à perdre des dents, pour avoir des cadeaux, comparé à l'inconvénient pour le masticage des hamburgers aux oignons. A Pontiac, dans le Michigan, comme ailleurs, les gamins en vacances s'ennuient le dimanche et échangent des considérations philosophiques de leur âge.

Ils s'ennuient tant ces deux gamins-là, au bord de la longue route qui borde l'immense plaine, au bout de laquelle est installée la ville immensément plate... qu'ils n'ont même plus envie de jouer aux cow-boys. Assis sur un monticule de terre, les bras ballants, ils voient arriver de loin une voiture noire, longue, qui stoppe à l'autre bout du champ. Trois hommes en descendent. Deux restent immobiles près de la voiture, et le troisième s'avance vers les enfants. Une vilaine tête de traître de cinéma, un chapeau bas sur les yeux, des gants de cuir, des bottes de cuir.

– Hé les gamins... allez jouer ailleurs!

Eric zozote :

– Ben quoi, on fait rien de mal!

– T'as entendu? J' t'ai dit d'aller jouer ailleurs...

Les bottes de cuir approchent d'un pas menaçant et Eric n'insiste pas, Mitch non plus, qui d'ailleurs, étant le plus trouillard des deux, enguirlande son copain en déguerpissant :

– T'es pas malade, ce bonhomme a l'air d'un gangster...

Eric disparaît avec Mitch derrière le mur démoli d'un ancien entrepôt et s'arrête :

– Viens... On va faire le tour, on verra bien ce qu'il magouille, ce type...

– Il va nous flanquer une raclée oui...

– Allez viens...

Eric entraîne son camarade de l'autre côté du mur, là où le remblai de la route est un peu plus haut. Aplati par terre, le nez au ras des mauvaises herbes, Eric jette un œil curieux...

– Ouah... regarde! Mais regarde...

Mitch n'ose pas lever la tête.

– Raconte.

– Ils sont remontés dans la voiture, ils attendent.

– Et alors qu'est-ce que ça a de terrible?

– Attend, y a un quatrième type qui est dehors, en blouson. Il a une pioche... il creuse un trou... Tiens y a un autre type qui sort et qui vient l'aider, il enlève sa veste... il prend une autre pioche... Ça fait une de ces poussières!

– Bon allez, viens, on rentre...

– Tu rigoles, c'est des gangsters... Je te parie qu'ils ont flingué un mec et qu'ils sont en train de faire un trou pour l'enterrer...

Mitch est trouillard, mais logique.

– Eh ben justement... Si les types s'aperçoivent que tu les as vus, c'est toi qu'ils mettront dans le trou...

L'argument allant dans le sens de l'imagination d'Eric, les deux gamins détalent, pour de bon cette fois-ci.

2 août 1975. La grand-mère d'Eric, Maggie Sanders, se laisse choir dans son fauteuil de rotin. Sa vieille bicoque de Floride sent le sable chaud, les vacances, et aurait bien besoin d'être repeinte. Mais depuis la disparition de Timmy Sanders, son époux, tout craque et se détériore lentement dans la maison. Il est là au mur, photographié en tenue de pêcheur, brandissant fièrement son dernier espadon. Maggie le contemple avec attendrissement lorsque le téléphone la fait sursauter :

– Mamy, c'est moi, Helen...

– Ah, alors quand arrivez-vous? Il est temps qu'Eric profite un peu de la mer...

– J'ai quelque chose d'important à vous dire, mamy, nous ne partirons peut-être pas tout de suite...

– Qu'est-ce qu'il y a? C'est grave?

– Mamy... écoutez-moi bien...

La voix de sa belle-fille a l'air si excitée que madame Sanders interrompt le balancement de son fauteuil de rotin. Elle écoute attentivement :

– Mamy, je sais où on a enterré Jimmy Hoffa.

– Mais de quoi parles-tu, Helen... C'est un jeu radiophonique?

– Mamy... Vous savez quand même qui est Jimmy Hoffa?

Madame Sanders a soixante ans, c'est une bonne Américaine, d'origine scandinave, qui vote, qui va à l'église, lit des romans anglais, fabrique des couvertures en patchwork qui font l'admiration de la famille, mais ignore jusqu'au nom de Jimmy Hoffa. Devrait-elle le connaître? Certainement. Jimmy Hoffa n'est pas n'importe qui, tous les journaux en parlent depuis deux jours, ceux du Michigan comme ceux de Floride.

– Vous avez lu les journaux quand même ?

Oui, madame Sanders a parcouru les journaux, mais elle ne s'intéresse à l'actualité que de très loin et à vrai dire se concentre surtout sur les nouvelles locales...

Jimmy Hoffa les déborde largement. Il est connu dans toute l'Amérique et dans le monde entier. Il est le président du plus grand syndicat des États-Unis et du monde. Le syndicat des transporteurs. « The International Brotherhood of Teamsters. » Cette puissante organisation professionnelle englobe d'autres activités, parmi lesquelles figurent aussi bien les hôtesses de l'air que les employés des pompes funèbres. En 1975, les « teamsters » comptent près de deux millions et demi de membres. De nombreuses personnes ont intérêt à adhérer au syndicat, ne serait-ce que pour pouvoir exercer leur profession. Car Jimmy Hoffa, caïd légendaire du syndicalisme musclé, comme on dit, n'a pas craint de s'allier à la Mafia, et il évolue maintenant dans les milieux financiers les plus troubles, et dans l'illégalité la plus totale.

Madame Sanders l'aurait plutôt pris pour un acteur de cinéma si on l'avait poussée dans ses retranchements.

– Ma chérie, tu peux toujours m'expliquer qui est Jimmy Hoffa, je ne vois pas le rapport avec les vacances... Je suis arrivée hier, j'ai tout nettoyé comme d'habitude... et tu me dis que vous ne venez pas ?

– Mais si, mamy, mais si, mais rendez-vous compte... je viens de vous dire que nous savions où il est enterré !

– Parce qu'il est mort ?

– Mamy lisez le journal... Vous avez le journal ? Bon je vous rappelle dans un moment.

Stupéfaite, madame Sanders cherche pendant quelques minutes le journal, qui lui a servi en fait à emballer son poisson. Rien de tel qu'un bon papier journal pour garder le poisson au réfrigérateur, il est à l'abri et il respire...

La lecture en est rendue difficile, évidemment.

Jimmy Hoffa... Mon Dieu un titre sur quatre colonnes...

« Jimmy Hoffa a disparu depuis le 30 juillet 1975. Son épouse Joséphine ne le voyant pas rentrer à dix heures du soir a alerté tous ses amis et, après une nuit sans nouvelles, s'est décidée à prévenir la police. La police a retrouvé la voiture du président du syndicat dans le parking d'un restaurant de luxe, à vingt-cinq kilomètres au nord-ouest de Detroit. Aucune trace de son propriétaire... La police ignore s'il s'agit d'une disparition volontaire, d'un kidnapping, ou d'un assassinat. Mais les conclusions des spécialistes sont déjà formelles : Cette entreprise a été menée par des professionnels. »

Madame Sanders examine la photo de Jimmy Hoffa, un homme robuste et trapu de soixante-deux ans. La légende dit : « Après sept ans d'efforts, Bobby Kennedy obtenait la condamnation de Jimmy Hoffa. Il restait pourtant à la tête du syndicat et n'était incarcéré qu'en 1967. Pendant deux ans, du fond de sa prison, et bien qu'évincé de la présidence, Hoffa a conservé une influence considérable sur son organisation. Rappelons que son poids électoral amena Nixon à le faire libérer. »

Bien, se dit madame Sanders. Ce Jimmy Hoffa est un homme important... Je me souviens effectivement que ce pauvre Timmy m'en parlait souvent, comme d'une sorte de gangster, me semble-t-il...

La photo de Joséphine, l'épouse du disparu, émeut un instant madame Sanders. Ce doit être horrible de ne pas savoir... Le journal dit que cet homme était très attaché à sa famille, qui vient de faire une déclaration et a lancé un appel aux membres du syndicat des routiers américains. Chacun doit apporter son aide à l'enquête. La famille offre deux cent mille dollars pour toute information crédible, et a créé un « fond de récompense Jimmy Hoffa » pour recueillir les donations qui viendraient s'ajouter à cette somme. La section des teamsters de Detroit offre déjà 25 000 dollars.

Maggie Sanders repose le journal et se lave les mains. Le poisson doit changer d'enveloppe protectrice. Et elle ferait bien de faire réparer cette fichue télévision. Elle n'a rien su de tout cela. Le départ pour les vacances, le voyage, le ménage, dans l'attente de l'arrivée des enfants, et cette télé en panne, et son voisin Paul qui lui tend un poisson frais pêché, qu'elle enveloppe dans son journal, en gardant la feuille locale. Maggie Sanders se morigène... Tu deviens vieille, Maggie, tu perds le contact avec l'actualité... Cet homme est d'une extrême importance aux États-Unis... et il a disparu, et Helen me dit qu'elle sait où on l'a enterré ? Mais comment ma belle-fille peut-elle savoir une chose que la police ne sait pas ?... Que personne ne sait... Une chose qui vaut deux cent mille dollars, plus vingt-cinq mille... et peut-être plus encore à l'heure qu'il est..

– Helen ? C'est mamy. Qu'est-ce que c'est que cette histoire ? Comment sais-tu ?

– C'est Eric, mamy... Il m'a raconté...

Eric, effectivement, a raconté ce qu'il a vu. Tout le Michigan étant sur les dents, puisque la voiture de Hoffa a été retrouvée dans une petite ville à vingt-cinq kilomètres de Detroit, Helen et son mari ont pensé que... pourquoi pas ?

– Helen, vous vous montez la tête, mon fils et toi. Eric a vu des hommes creuser un trou... et alors ?

– Mamy... avec une pioche et une pelle, et il y avait plusieurs hommes, et une voiture noire, et ils ont chassé les enfants ! S'ils enterraient quelque chose, pourquoi pas un homme ? Et si c'est un homme, pourquoi pas Jimmy Hoffa ? La date de sa disparition concorde. Eric a assisté à cette scène hier... Il a disparu avant-hier... De plus Eric m'a conduite à l'endroit...

– Et alors ?

– La terre a bien été retournée, sur près de deux mètres de long et un mètre de large... J'en ai eu des frissons...

– C'est pas Dieu possible... Est-ce qu'Eric en a parlé à quelqu'un d'autre ?

– Non, mamy, nous le lui avons interdit.

– Et son camarade ?

– Il n'a rien vu de précis, et il ne dira rien non plus. Alors, mamy, qu'en pensez-vous ? Que faut-il faire ? Vous avez vu ce qu'on offre ?

Depuis sept ans que Bobby, son fils, clerc de notaire à Pontiac, dans le Michigan, a épousé Helen, Maggie est toujours consultée sur les décisions importantes. Et celle-ci en est une... Deux cent mille dollars plus vingt-cinq mille...

– Il faut garder Eric à la maison. Laisse-moi réfléchir au reste...

Madame Sanders se dit que si Bobby se rend à la police, en déclarant tout de go qu'il sait où se trouve le cadavre de Jimmy Hoffa, sans apporter de preuve... les policiers vont déterrer le cadavre et demander à partager la prime, ils peuvent même l'exiger pour eux seuls... Ce qu'il faudrait, c'est se faire connaître de la famille Hoffa, fournir une preuve sans révéler l'endroit. C'est exactement ça qu'aurait fait son défunt mari... s'il était encore là. Lorsqu'on trouve un trésor, ne montrer qu'une pièce pour le négocier, et ne jamais dire où il est. En Floride, tous les chercheurs de trésor le savent. Et il y en a...

L'ennui c'est que Bobby n'a pas le côté malin de son père, il n'est pas assez dégourdi pour mener un jeu pareil. D'autant plus que s'il va voir la police et qu'il n'y a rien dans ce trou, la famille sera la risée de la ville...

C'est pourquoi Maggie Sanders dit à sa belle-fille :

– Bon, ne faites rien pour le moment, attendez-moi, j'arrive.

– Tout de suite ? Maintenant ?

– Oui... Ça n'a rien d'extraordinaire, j'appelle un taxi, je file à l'aéroport, je serai là vers minuit, prépare-moi ma chambre...

– Mais...

– Il n'y a pas de mais... J'arrive... Juste le temps de congeler mon poisson...

Maggie Sanders ne perd pas le Nord. Même si l'actualité et la politique surviennent brutalement dans sa vie, un poisson est un poisson.

En pantalon, le style Garbo et souliers plats, la grand-mère d'Eric Sanders fait ce qu'elle a dit dans l'ordre : poisson, taxi, aéroport, avion. Et la voilà aux environs de une heure du matin en face de son fils et de sa belle-fille.

– Alors, quelles sont les nouvelles, je n'ai pas pu suivre les informations dans le taxi, ce fichu conducteur écoutait du jazz...

– La télévision vient de dire que la police pensait à un assassinat. Le cadavre n'est toujours pas retrouvé.

– Eric ?

– Il dort, il n'est pas ressorti, mais j'ai bien l'impression que lui ou son camarade Mitch ont raconté quelque chose...

– C'est ennuyeux ça... Qu'est-ce qui vous le fait penser ?

– Le mieux est que tu viennes voir, si tu n'es pas trop fatiguée...

Maggie Sanders grimpe dans la voiture de son fils, une vieille Dodge, qui roule bientôt sur la route immensément plate, le long de l'immense plaine. Dans la nuit ils aperçoivent très vite des lueurs qui dansent comme des lucioles au-dessus d'un terrain broussailleux, à quelques centaines de mètres.

– Voilà, c'est bien ce que je pensais, ça a commencé tout à l'heure en fin de journée, et ils continuent...

– Qui sont ces gens ?

– Des habitants de Pontiac... Ils cherchent le cadavre... Tout le monde cherche le cadavre...

– Alors c'est fichu ! Ils vont finir par le trouver.

– Non, maman, pas encore. Je suppose que les enfants ne se sont pas bien expliqués, ou bien que ce qu'ils ont dit à d'autres enfants a été transformé... L'endroit où Eric nous a emmenés est de l'autre côté de la route... Tu vois... Eric était caché derrière ce talus, à proximité du vieux mur... et les hommes se sont arrêtés là-bas... presque à hauteur du vieux réservoir...

– Allons voir quand même...

La vieille Dodge roule à présent le long d'une file interminable de voitures garées au bord de la route. Les chercheurs de cadavres...

D'ailleurs un policier en uniforme stoppe la voiture, l'air fatigué et goguenard :

– Si vous venez pour le cadavre, c'est complet...

Le policier promène sa torche sur le visage du conducteur, puis effleure celui de Maggie Sanders.

– Vous pouvez chercher ailleurs, remarquez, c'est comme ça dans tout l'État...

Maggie grommelle :

– Permettez, votre cadavre, on n'en a rien à faire... Nous faisions un tour... pour prendre l'air.

– A cette heure-ci ?

– J'arrive de Miami, mon avion a atterri il y a vingt minutes. Vous voulez voir mon billet ?

Le policier a l'air d'un brave homme, tout simplement écœuré par cette foule armée de pelles et de pioches, en jeans et en bottes, transpirante, excitée, creusant espace par espace, et surveillant jalousement les frontières du territoire de fouille que chacun s'est attribué.

– Excusez, madame, mais regardez-les... Ils vont bientôt se battre pour un centimètre de terrain... On en a pour la nuit...

Maggie Sanders, qui ne perd toujours pas le Nord, profite de la présence bonasse du policier.

– Mon pauvre ami, je vous plains. Au fait j'étais dans l'avion et je n'ai pas entendu les informations. Il y a du nouveau dans l'affaire ?

– Ah, ma pauvre dame... Faudrait y comprendre quelque chose pour savoir s'il y a du neuf... Tout ça c'est Mafia et compagnie... et pendant ce temps, les camionneurs qui veulent prendre leur retraite ont des surprises... C'est moi qui vous le dis !

– Ah bon ? Pourquoi ?

Tout ce que le policier a retenu de l'histoire, c'est la vérité qui éclate enfin au grand jour, sur le fonctionnement du syndicat. Lorsqu'un retraité demande son dû, après avoir cotisé pendant des années, il se retrouve souvent grosjean comme devant. Il n'a droit à rien. Parce qu'il n'a pas rempli telle ou telle condition, dont on ne lui a même pas parlé. En fait, la colossale caisse de retraite des teamsters sert avant tout à prêter de l'argent à ses dirigeants, à leurs familles et aux familles de la Mafia, et à soutenir des campagnes électorales...

– Alors du neuf, ma pauvre dame, y en aura guère. Sauf qu'il faut pas s'étonner que des fripouilles s'entre-tuent pour un gâteau pareil... et que des bandes de fous retournent la plaine au milieu de la nuit...

– Vous croyez qu'ils vont le trouver ici ?

– Ici ou ailleurs... il est bien enterré quelque part...

Oui, quelque part... non loin du vieux réservoir, là-bas, devant lequel passe la Dodge.

Maggie Sanders décide :

– On ira voir demain. Ou après, quand il n'y aura plus personne, en tout cas.

Le 3 août, à quatre heures et demie du matin, il n'y a plus personne dans le grand champ broussailleux, retourné comme par un bulldozer. La folie des chercheurs de cadavres les a portés plus loin, un médium dit que c'est au nord, une voyante au sud, bref... Maggie Sanders, en bottes de caoutchouc, en robe de coton pour ne pas se faire remarquer, descend de la vieille Dodge avec son fils et sa belle-fille. Dans le coffre, deux pelles et une pioche. Les trois fouilleurs cheminent à travers champs, jusqu'au vieux réservoir abandonné, et Bobby indique l'endroit :

– C'est là, maman... tu vois ?

Effectivement, cela ressemble à une tombe hâtivement creusée et remblayée. On devine un rectangle que la poussière d'été recouvre déjà.

Tandis que les trois fouilleurs s'apprêtent à piocher, à Detroit, le chef de la police, entouré d'un représentant de la police de l'État et d'un membre du FBI, tient une conférence de presse.

Les journalistes sont avides, survoltés. L'Amérique entière attend de savoir ce qu'il est advenu du plus grand caïd du syndicalisme américain. Un personnage inquiétant, fabuleux, légendaire, et qui le restera.

– Nous avons plusieurs pistes. Il est trop tôt pour vous communiquer le nom d'un suspect, c'est tout ce que je peux dire...

– Quelles pistes ?

Le chef de la police énumère des noms que les journalistes accueillent, le micro blasé. Des noms qui ne sont pas inconnus, mais auxquels personne ne croit vraiment. Giacalone, un vieil ami de Jimmy Hoffa, homme de main du parrain de la Mafia de Detroit. C'est avec lui que Jimmy Hoffa devait déjeuner le jour de sa disparition.

Si la police s'intéresse à lui, c'est qu'il est également un vieil ami du nouveau président des teamsters, Franck Fitzsimmons, lequel était aussi un vieil ami de Jimmy Hoffa... qui aurait dû lui rendre son siège lorsque Hoffa est sorti de prison... et qui ne le lui a pas rendu... Une sombre histoire de vieux amis alors ? Fitzsimmons a pris le goût du pouvoir, mais ne disait-on pas que Hoffa l'avait laissé faire ?

Parmi les suspects aussi, un ancien compagnon de détention de Jimmy Hoffa. Un certain Tony Provensano. Tony avait exigé de Hoffa une rente annuelle d'un million cinq cent mille dollars... Une bagatelle, que Hoffa lui avait refusée. Ils s'étaient fâchés...

Les journalistes ne voient là rien de bien nouveau. Ces choses se savaient, se savent...

Comme on sait aussi que l'avocat de Chicago qui organise et gère le fonctionnement de la colossale caisse de retraite du syndicat n'est pas tout blanc. Du haut de son building de verre et d'acier, il domine les finances. Il a même la confiance du fils adoptif de Jimmy Hoffa... qui estimait que son père avait perdu sa réputation depuis son emprisonnement. Tous les deux se sont rapprochés de Fitzsimmons, le nouveau président...

Tous ces gens sont intouchables, trop organisés... La police peut toujours les aligner comme suspects... elle ne les aura jamais. Une bardée d'avocats se dressera immédiatement comme le mur de l'Atlantique pour les défendre et protéger toute atteinte à leur vie privée, comme on dit.

La disparition de Jimmy Hoffa est une affaire privée, dont les journalistes savent bien qu'elle fait partie des secrets du pouvoir. Et le pouvoir en question c'est d'abord la Mafia. Le pouvoir économique et politique de la Mafia est tel... que le dollar tremblerait sur ses bases, si elle tremblait elle-même...

Qui tremble en ce moment ? Maggie Sanders, son fils et sa belle-fille, près d'un vieux réservoir abandonné, dans la chaleur de la nuit. Ils creusent depuis dix minutes, et ne voient rien venir. Ils ont à la fois peur de découvrir quelque chose, et peur de creuser pour rien... Quelle aventure !

Soudain, au bout de la pelle, un morceau de tissu, c'est une manche de chemise... Bobby recule... Helen détourne la tête, Maggie pousse un peu la terre du bout de sa pelle, et découvre une main.

Elle ne perd pas le Nord, mais tout de même! L'émotion est forte...

Et pendant ce temps le chef de la police de Detroit répond toujours aux questions des journalistes.

– S'agit-il d'un kidnapping?

– Aucune demande de rançon sérieuse...

– Si c'est un crime, quel est le mobile selon vous?

– Il est clair que depuis sa sortie de prison Jimmy Hoffa se battait pour reprendre la tête de son syndicat... Il utilisait tous les moyens pour cela. On peut penser que ceux qui ne souhaitaient pas son retour l'ont fait supprimer.

– Alors qui ne souhaitait pas son retour?

– Beaucoup de monde... Jimmy Hoffa était grillé sur tous les plans. Il ne représentait plus un appui politique. Il pouvait même être un danger...

Tout le monde... Étrange destin que celui de ce petit homme râblé, puissant, parvenu au faîte du pouvoir, qui tenait les rênes de tant d'activités...

Est-ce le cadavre de Jimmy Hoffa que Maggie Sanders examine à la lueur de sa lampe-torche, dans une plaine près de Pontiac, Michigan...

– Mon Dieu, mes enfants... quelle horreur...

Maggie Sanders tient le journal à la main, avec la photo de Jimmy Hoffa en première page, et répète en regardant le cadavre :

– Mon Dieu, quelle horreur... il a une moustache, Jimmy Hoffa n'a pas de moustache...

Curieux tout de même que Maggie Sanders ait tout à coup le cœur retourné.

Elle l'explique à la police de Pontiac une heure plus tard :

– Si j'avais trouvé Jimmy Hoffa... bon, c'était une action spectaculaire... vous comprenez, quelque chose que mon défunt mari aurait apprécié... mais un pauvre inconnu, un malheureux enterré comme un chien... ça m'a retourné les sangs...

Le pauvre inconnu enterré comme un chien était un petit barman de la ville de Pontiac, compromis dans un trafic de drogue, et supprimé par ses fournisseurs, venus de Detroit pour lui régler son compte parce qu'il n'était pas régulier.

Et Jimmy Hoffa est toujours porté disparu.

La police suppose qu'il a été étranglé dans la cave d'une villa voisine du restaurant où il devait déjeuner. Elle suppose qu'on a coulé le corps dans du béton, et jeté le tout dans le lac Erie. Si son corps n'est jamais retrouvé, les assassins le seront peut-être un jour, qui sait?... C'est-à-dire que la police les fera mettre un jour ou l'autre en prison, mais pas pour ce crime, pour autre chose, pour une histoire de drogue, une agression quelconque... Car jamais un professionnel payé pour tuer ne parle, et s'il parle il est mort. Les véritables commanditaires, ceux qui ont payé, ne vont en prison que pour de sordides histoires d'impôts... et ils en sortent en général rapidement.

Maggie Sanders a posé pour une photographie dans un journal en Floride. Ce n'était pas pour sa découverte du faux cadavre de Jimmy Hoffa, mais pour le premier prix d'un concours de couvertures en patchwork.

# LES RAVIOLI

Ils sont tous là. Les cinq fils de Don Corato. Ils ont accouru à l'annonce de l'agonie du chef de famille. Alignés le long du mur lambrissé, dans la chambre sombre aux lourds rideaux cramoisis, ils contemplent leur père et son intérieur de riche commerçant génois. Un décor pompeux, baroque : tableaux indéfinissables dans de lourds cadres dorés, assiettes multicolores aux murs, christ de bronze doré, énorme, au-dessus du lit de noyer.

Sur la table de chevet, une lampe à pétrole, au pied de cuivre, au ventre de cristal bleu, laisse filer un mince cordon de fumée grise et une lumière de mort.

Couché dans les gros draps de lin, le corps de Don Corato, puissant, trapu, semble avoir rétréci soudain. Les deux mains fortes à la peau jadis sombre ont pris une teinte grisâtre. Elles reposent à plat sur le dessus-de-lit de satin épais. Sur le léger oreiller de dentelle, incongru dans ce décor sinistre, le visage est de marbre blanc, orné de sourcils noirs, d'une moustache noire. Il ressort tel un masque de théâtre lugubre.

Don Corato n'est pas un vieillard. A cinquante-huit ans il vivait encore comme un jeune homme, tapant sur l'arrière-train des soubrettes, honorant son épouse douze fois l'an, et les prostituées de la taverne du port, douze fois plus.

La maladie l'emporte. L'une de ces maladies qui dans les années vingt demeure mystérieuse encore. On dit qu'une bête noire ronge le corps de l'intérieur, avale le sang et les forces, détruit la chair. C'est ainsi que la masse solide et charnue du corps de Don Corato s'est rétrécie, au point de lui coller la peau sur les os, de creuser ses tempes, d'amenuiser ses épaules, d'enfoncer sa poitrine. Même sa voix, autoritaire et forte, a rapetissé jusqu'au souffle.

La main de Don Corato a bougé. Il a levé un doigt, pour faire signe à l'un de ses fils. Lequel ?

Il y a là Pietro, le cadet, au buste de chasseur, mais au regard veule. Il y a Luigi, le troisième, coquet, toujours à l'aise, à l'esprit négligent. Il y a aussi Fortuné, le quatrième, à la mâchoire carrée de prognathe de la préhistoire, le sourire fourbe. Et enfin Jéronime, le dernier, tête ronde d'éternel bébé, menton niais, lâche.

La main ne désigne personne en particulier, mais chacun sait qu'elle s'adresse à l'aîné, Joseph, maigre et sec, regard noir de pirate, le fort.

Le veule, le négligent, le fourbe et le lâche regardent donc, sans bouger, le plus fort approcher du père et se pencher vers lui.

Don Corato va parler. Les dernières paroles d'un agonisant en présence de ses fils sont sacrées. Ils devront les respecter jusqu'à leur propre mort.

– Joseph... regarde tes frères... ils ne sont rien, de la fumée... il faut prendre le pouvoir. Tu entends, Joseph ? Prendre le pouvoir. Être le chef. Tu seras dur, il le faut. Ma fortune ne doit pas disparaître. Prend le pouvoir, fils.

Joseph incline la tête jusqu'à la main du père, qui le bénit.

Dans le silence oppressant de la chambre mortuaire, la respiration de Don Corato se ralentit. Il ouvre la bouche en grand, comme pour donner encore un ordre. L'air ne passe plus. Il est mort.

A l'enterrement de Don Corato, quatre escargots s'en vont. Ils suivent le chef, Joseph, qui mène le deuil. Le commandatore Joseph... Petit, l'œil noir, maigre et sec, il appuie une main ferme sur l'épaule de sa mère, dont on devine déjà qu'elle ne survivra guère longtemps à son époux. Le printemps frileux inonde le port de Gênes d'une pluie en rideau ; elle accompagne le cercueil noir et or, bringuebalant sur le chariot des pompes funèbres tiré par deux chevaux emplumés de noir.

En cette année de grâce 1923, au mois d'avril, les catholiques du parti populaire italien démissionnent du gouvernement de Mussolini, et Don Corato rejoint sa terre natale. Ci-gît désormais le riche et puissant commerçant de Gênes. « Tu es poussière et tu retourneras poussière, marmonne le vieux prêtre... Deo gratias. »

Le lendemain de l'enterrement, Joseph, le fils élu, pénètre dans le bureau de son père défunt, où il a convoqué ses quatre frères. Il respecte ostensiblement le fauteuil de Don Corato et s'assied sur une chaise. La présence invisible l'aidera à assener les ordres qu'il a préparés.

– Assieds-toi, Pietro...

Pietro, le veule, s'assied de biais, un bras accroché au dossier comme pour éviter de regarder en face.

– Assieds-toi, Luigi...

Luigi, le négligent, croise les jambes, et donne un coup de manchette sur son soulier verni.

– Assieds-toi, Fortuné...

Fortuné, le fourbe, salue son frère sans le regarder, époussette la chaise et prend place.

– Assieds-toi, Jéronime...

Jéronime le lâche, inquiet d'être nommé le dernier, s'assied rapidement, épaules voûtées.

Alors Joseph, le fils élu, ouvre un tiroir du bureau de feu Don Corato, en sort un dossier de cuir, puis un document qu'il lit à haute voix, en exécuteur testamentaire des dernières volontés du père.

– Il vous est fait défense de toucher un sou, ou d'en dépenser un sans mon accord. Il vous est fait défense de contracter des dettes, ou de signer un acte quelconque qu'il s'agisse d'achat ou de vente. Il vous est interdit de divorcer, et de vous remarier en cas de veuvage. Il vous est interdit...

Tout est interdit, sans l'accord du chef. Et pour toute faute commise, des sanctions sont prévues, que le commandatore nouveau énumère dans un silence de mort. Puis il pose le document sur le bureau du père, face au fauteuil vide, avance une plume et ordonne :

– Vous signez ici, chacun votre nom, dans le respect de notre père vénéré et son souvenir éternel.

Quatre fois, dans le bureau silencieux, la plume crisse sur le papier. Puis le commandatore sèche le document à l'aide d'un tampon buvard à la poignée de corne, le repose sur le bureau, range le document dans le dossier de cuir, le glisse dans un tiroir du bureau qu'il ferme à clé. Alors seulement il repousse la chaise, prend place lentement et solennellement dans le fauteuil du chef, et dit :

– Voilà qui est bien. Je déposerai ce contrat au coffre de la banque. Nous pouvons passer à table, mon épouse a préparé pour vous des ravioli...

Ainsi passent les années, dans la tourmente fasciste, la guerre, l'après-guerre. La vie des hommes continue, chaotique. Nikita Khrouchtchev tape sur la table de l'ONU avec sa chaussure, les jeux Olympiques de Rome remplacent ceux de Munich, Adolph Eichmann est piégé par les services secrets d'Israël, et à Gênes, en Italie, les affaires du commandatore Joseph Corato se portent bien.

C'est au mois d'octobre de l'année 1960, c'est-à-dire trente-six ans et six mois après la mort de Don Corato, le père, qu'une chose étrange se produit dans le cabinet d'un petit avocat crasseux, non loin du port, au dernier étage d'un immeuble vétuste. Maître Galatzeo a la mèche brillantinée, une soixantaine d'années, et une pluie de pellicules orne le col de sa veste noire. Il incarne à lui tout seul le passé mercantile et souvent juridiquement tordu de la grande cité portuaire. Ce jour-là il raccompagne obséquieusement un client, en trottinant à pas menus dans un couloir encombré de mille dossiers poussiéreux. Autant de mystères sordides...

– J'arrangerai cette affaire, ne vous inquiétez pas...

Maître Galatzeo est un spécialiste des « affaires ». Sourire cauteleux, il trame des « arrangements » machiavéliques, embrouille les textes de loi avec dextérité, et vit d'honoraires souterrains.

Tout au fond de la salle d'attente de maître Galatzeo, se tient un vieillard, au visage rond de bébé sénile, aux cheveux blancs, frisés, qui le regarde d'un œil suppliant.

La vieille secrétaire glisse à l'oreille de maître Galatzeo :

– Il veut absolument vous parler, je ne sais pas qui il est.

Maître Galatzeo ne se fie pas forcément à la mauvaise mine de ses clients éventuels. Une affaire reste une affaire, même si elle sent mauvais.

– Vous désirez, monsieur... ?

Le vieillard ne donne pas son nom, il semble embarrassé, gêné, quémandeur aussi, mais de quoi ?

– C'est vous, Galatzeo ?

– C'est moi... de réputation en tout cas. Que puis-je pour vous, monsieur ?

– Je n'ose pas vous le demander...

– Allons, allons, ce n'est sûrement pas si grave... Je vous écoute...

– Je voudrais... avant... s'il vous plaît... avant... je voudrais... manger un plat de ravioli.

Stupéfait, maître Galatzeo reste un instant silencieux, ce qui est rare chez lui, puis il répète sans y croire :

– Un plat de ravioli ? C'est ce que vous me demandez ?

– Je voudrais le manger...

Le vieillard n'a pas l'air dément, ni ivre, il doit avoir quelque soixante-dix ans, peut-être un peu gâteux, sûrement gourmand, car il passe une langue rapide sur ses lèvres rondes, en répétant :

– Manger des ravioli... C'est ça que je veux... avant.

– Mais avant quoi, monsieur ?

– Les ravioli... s'il vous plaît... manger.

– Vous n'avez pas d'argent ? C'est ça ?

– Ah si, ah si, j'ai de l'argent... beaucoup d'argent... riche...

– Et vous ne pouvez pas acheter des ravioli ? Vous êtes peut-être malade ? Le médecin vous a ordonné un régime ?

– Malade, moi ? Le médecin ? Pas vu de médecin depuis trente ans...

– Alors pourquoi ? Je ne comprends pas ?

– C'est pour ça que je suis venu vous voir. Moi, je ne comprends pas non plus pourquoi j'ai pas de ravioli à manger quand j'en ai envie, alors que j'aime les ravioli... donc je suis venu vous voir... Vous avez des ravioli ?

Maître Galatzeo réfléchit. Vite. Un petit frisson vient de lui parcourir l'échine. Son sixième sens l'avertit que ce vieux bonhomme gourmand de ravioli représente peut-être une bonne affaire. N'a-t-il pas dit être riche ? Très riche ?

Dieu et le diable du commerce lui en sont témoins, maître Galatzeo a souvent flairé ainsi de sombres histoires de séquestrations de vieillards, de captations d'héritages, de piles de lires sous les matelas... Puisque ce vieux réclame des ravioli, pourquoi ne pas les lui offrir, et étudier l'affaire ? Car il y a sûrement une affaire derrière ces ravioli... sûrement.

Maître Galatzeo décide qu'il ira déjeuner en compagnie de cet étrange personnage. Il lui tape affectueusement dans le dos, en le traitant de « cher client », et l'entraîne vers un restaurant du port, à l'élégance et à la propreté douteuses, mais où les ravioli sont à la carte.

A peine installé devant le plat, le vieillard s'empare d'une fourchette, inonde son assiette de parmesan râpé, lève les yeux au ciel comme en prière et s'empiffre aussitôt. Avec une régularité et un appétit stupéfiants, il avale les ravioli, les engouffre, prenant à peine le temps de faire glisser le tout d'un verre de vin. Il est affamé, grotesque, tragique, et il en redemande...

Maître Galatzeo le prend en pitié :

– Il y a longtemps que vous n'avez pas mangé ?

– Je mange. Mais pas beaucoup. On me donne de moins en moins à manger...

C'est à la deuxième assiette de ravioli que maître Galatzeo en apprend davantage :

– Pas beaucoup à manger, mais à manger... Seulement les ravioli... il y a longtemps que je n'en ai pas goûté, très longtemps... si longtemps...

– Mais pourquoi puisque vous êtes riche ?... Parce que vous êtes riche ?

– Je m'appelle Corato... fils de Don Corato... vous savez ? Les magasins, les entrepôts... les docks... Corato...

Maître Galatzeo en reste pantois. Ce vieillard en haillons serait l'héritier de la fortune Corato ? Il en serait réduit à mendier un plat de ravioli comme un vieillard échappé de l'asile ?

– Vous ne me croyez pas maître Galatzeo ? Venez... je vais vous montrer.

Ayant fini d'avaler les derniers ravioli, le vieillard entraîne l'avocat vers un grand immeuble bourgeois, à la façade ornée de cariatides.

– Voilà, c'est ici, je vais vous présenter mon frère, Pietro, il doit être là, j'entends l'aspirateur... Moi c'est Jéronime...

Dans le hall imposant de l'immense immeuble, Jéronime appelle :

– Pietro ? Tu es là, Pietro ?

– Au cinquième...

Alors Jéronime Corato guide l'avocat vers l'ascenseur :

– Montez au cinquième, moi, je dois prendre l'escalier de service.

Maître Galatzeo doute un peu de son flair. L'aurait-on pris pour un pigeon ? Pourquoi un Corato prendrait-il, chez lui, l'escalier de service... Ce doit être un laveur de carreaux, qui l'a embobiné pour un bon repas.

Au cinquième, en ouvrant la porte de fer forgé de l'ascenseur, maître Galatzeo se trouve face à un homme d'une soixantaine d'années, aux maigres épaules, vêtu d'un costume rapiécé, qui range un aspirateur dans un cagibi.

– Je suis maître Galatzeo, vous êtes Pietro? Pietro Corato?

– Oui... où est Jéronime, il va être puni...

– Je suis avocat. Jéronime est dans l'escalier... Je ne comprends pas, cet immeuble vous appartient?

– C'est vrai...

– Et l'immeuble voisin aussi?

– C'est vrai, et celui d'en face...

Jéronime Corato, essoufflé et se tenant l'estomac, parvient enfin au cinquième étage et attire maître Galatzeo vers un balcon:

– Regardez, maître, regardez. Les magasins, en face, se sont les plus chics et les plus chers de la ville, vous voyez... L'échelle, vous voyez celui qui est sur l'échelle, avec les bottes, et le seau... c'est mon frère Fortuné. Il faut venir le voir aussi.

Dans la rue, devant Fortuné, au regard oblique, à la mâchoire presque dépourvue de dents, maître Galatzeo se présente. Il a retrouvé confiance en son sixième sens.

– C'est à vous ces magasins?...

– Oui...

– Mais alors ceux de la rue Principe-di-Parme...

– Ils sont à nous aussi... Et vous devez voir le grand garage Fiat...

Au grand garage Fiat, maître Galatzeo fait la connaissance de Luigi, qui transporte les poubelles.

– Vous êtes Luigi Corato?...

Pour en avoir le cœur net, tout de même, l'avocat avise un contremaître, dans un bureau vitré, et se présente seul.

– Vous connaissez les quatre frères Corato?

– Évidemment, monsieur...

– Le garage est vraiment à eux?

– Ils sont propriétaires, monsieur. Pourquoi?

– Mais... c'est Luigi qui s'occupe des poubelles?

Le visage du contremaître se ferme.

– Ça, c'est leurs affaires. Ces gens-là s'organisent comme ils veulent, moi ça ne me regarde pas...

Après un conciliabule avec les quatre frères, maître Galatzeo fait quelques vérifications rapides, et se rend à la police de Gênes, le sourire aux lèvres, la mèche gominée et conquérante.

Le lendemain, suivi de deux policiers, il frappe à la porte du bureau du commandatore Joseph Corato. Le commandatore est en rendez-vous, affirme une secrétaire moustachue et sans âge, vous désirez?

C'est une perquisition. Sur plainte déposée par maître Galatzeo au nom de ses quatre clients Corato. Pietro, Jéronime, Luigi et Fortuné.

– Mais le commandatore n'est pas là!

Les policiers n'ont pas besoin de lui. Légalement les quatre frères sont domiciliés ici, ils ont le droit d'autoriser la perquisition.

C'est Jéronime le gourmand qui mène la visite, à travers le dédale cossu de la grande maison bourgeoise. Tentures, couloirs, salons, chambres, tableaux... Bibelots, salle à manger somptueuse, bibliothèque, fumoir...

– C'est là que vit Joseph, il y a des cuisines, et la cave aussi...

Puis Jéronime guide les visiteurs vers le dernier étage, un couloir sombre, un escalier étroit, humide, lugubre :

– Nos chambres sont là. Nous avons chacun une chambre, nous mangeons dans notre chambre, quand il nous donne à manger, mais il en donne peu, il dit que notre entretien lui coûte cher.

Quatre chambres de bonne : un lit de fer, une table de bois et deux chaises, une armoire.

Les quatre frères Corato partagent le même domaine sous les toits, la même pauvreté.

Depuis trente-sept ans, ils travaillent sans toucher le moindre salaire. Joseph, le fils élu, ne restitue jamais à ses frères la moindre part de leurs revenus.

Et pourtant ils sont milliardaires.

Les locataires des immeubles dont ils sont propriétaires leur octroient souvent des pourboires, pour avoir lavé l'escalier, rangé les poubelles, fait les vitres, distribué le courrier. Car ils savent tous, que l'aîné ne leur donne rien, alors qu'il porte les frais d'entretien des immeubles sur les quittances de loyer des locataires. On leur donne même des vêtements usagés.

Depuis une bonne dizaine d'années, Joseph refuse même de recevoir ses frères, de leur parler, et lorsqu'il les croise, il passe au large. Jéronime explique :

– Il nous trouve bêtes et sales. Quand il a quelque chose à nous dire, il glisse un billet sous la porte de la chambre.

Ils sont là les derniers billets du commandatore Joseph Corato, à l'intention de ses frères :

A Jéronime : « Tu seras privé de nourriture pendant vingt-quatre heures, tu as volé deux œufs durs à la cuisine... »

A Pietro : « Tant que tu n'auras pas signé ce papier, demi-ration de nourriture. » (Le papier est un certificat destiné à l'administration et mentionnant que Pietro est à sa charge.)

A Luigi : « Tu as réclamé des pommes de terre alors qu'on te donnait une soupe. Pas de soupe pendant trois jours. »

A Fortuné : « Ton costume ne mérite pas d'être changé. Tu n'as pas fait le ménage hier soir au magasin. Demi-ration pendant une semaine. »

L'essentiel des punitions porte sur la nourriture, les vêtements.

L'avocat attend patiemment dans l'antichambre du bureau directorial. Les deux policiers ont fait leurs constatations, les quatre frères se sont enfermés dans leurs chambres, terrorisés, accusant Jéronime d'avoir soulevé la tempête. Ils craignent les représailles.

L'avocat, lui, voit briller des paquets de milliers de lires.

La silhouette autoritaire du frère élu se dresse devant lui, à cinquante centimètre au-dessus du bureau, jadis occupé par son père Don Corato.

– Qu'est-ce que vous venez me raconter? Je suis le chef de famille, il en fallait un. J'ai agi pour le bien de tous. Pietro est veule, Luigi négligent, Fortuné est un fourbe et Jéronime un lâche. D'ailleurs c'est lui, ce lâche, qui est allé vous trouver. Si je n'avais pas pris le pouvoir, il y a des années, que seraient-ils devenus? Que seraient-ils aujourd'hui? Des vauriens, des clochards, des voleurs, des fainéants...

Maître Galatzeo a un sourire de fouine :

– Est-il vrai que vous leur avez fait établir, à chacun, un testament en faveur de votre fils unique?

– C'est exact! Et alors? Ils y ont consenti, ils savent que j'ai raison, afin que notre patrimoine ne soit pas dispersé.

– Jéronime et votre frère Pietro m'ont dit que pour les y obliger vous les aviez mis au pain sec et à l'eau?...

– Bobards...

– Est-il vrai que vous avez fait partir, sous la menace, une jeune fille que Luigi voulait épouser?

– Mensonge! J'ai simplement expliqué à cette fille qu'elle se conduisait très mal en incitant mon frère à rompre le contrat qu'il avait signé.

– Est-il vrai que vous avez contraint Fortuné à renoncer à avoir des enfants?

– Ce n'est pas ma faute s'il ne peut pas en faire...

– Que vous l'avez pour cela enfermé dans sa chambre durant trois mois?

– Il était malade.

– Que vous avez dit à sa femme qu'il était atteint de syphilis?

– C'est lui qui le disait...

– Commandatore... vous connaissez les affaires?

– Je connais les avocats... Vous ne prouverez rien...

– Vous connaissez les lois?

– J'ai la loi pour moi, les dernières volontés de mon père...

– Est-ce que les dernières volontés de monsieur votre père exigeaient, entre autres, de faire interner vos frères pour démence?

– Ils sont libres...

– Le docteur San Giani n'a-t-il pas déjà établi un certificat à propos de Pietro? N'a-t-il pas ordonné des médicaments à Luigi... à Fortuné... et déclaré que Jéronime était sénile, gâteux, et devait être placé sous tutelle?

– Ils sont débiles tous les quatre...

– Combien auriez-vous payé le juge qui aurait entériné ces diagnostics ?
– Mensonge, infamie... Je prouverai qu'ils sont fous!

La procédure fut longue, longue... avec de beaux honoraires pour maître Galatzeo, à qui ses quatre clients, futurs multimillionnaires après partage, lui avaient promis un excellent pourcentage.

C'est devant le juge qui lui demandait pourquoi, après trente-six années d'esclavage, lui, Jéronime, le lâche, s'était enfin décidé à accuser son frère de captation d'héritage, que Jéronime a déclaré innocemment :

– Les ravioli... Monsieur le juge. La veille... j'ai senti l'odeur des ravioli. La femme de Joseph les faisait si bien. La dernière fois que j'en avais mangé c'était le lendemain de l'enterrement du père. Et ceux-là n'étaient encore pas pour moi. Ils étaient pour Joseph... Alors j'ai eu une envie terrible de manger des ravioli, je suis allé voir maître Galatzeo, parce qu'il habitait au-dessus d'un restaurant où il y avait des plats de ravioli tous les jours sur les tables... Je les voyais en passant, j'attendais le soir, mais je n'en trouvais jamais dans les poubelles... jamais.

# JE SOUSSIGNÉE

Miroir, mon beau miroir... dis-moi que je suis la plus belle...

Lorsqu'elle était une petite fille en Bavière, dans les collines couvertes de fleurs, Ida savait déjà qu'elle était la plus belle. Tout le monde le disait, et c'était vrai. Le boulanger lui donnait une brioche, avec un fruit confit dessus, et du sucre glace en pluie qui croquait sous ses dents blanches. Parce qu'elle était la plus belle. La couturière du village aurait payé pour l'habiller d'une robe bleue avec un col de dentelle et des poignets plissés, parce qu'elle était la plus belle. Et dans la cour de l'école, les gamines aux cheveux raides admiraient chaque jour la somptueuse chevelure brune, bouclée d'or, qui dansait le long de son dos.

Le hasard génétique donne tout à certaines, des yeux bleu marine, de longs cils, un teint de nacre, un petit nez, une jolie bouche rose, et un corps de petite fée qui danse.

A dix ans, Ida est la plus belle, le miroir du regard des autres ne cesse de le lui dire. A vingt ans, si elle avait rencontré un producteur de cinéma, Ida serait restée la plus belle. Une Sissi impératrice, une reine de Bavière, elle aussi, en diadème et robe longue.

Mais à vingt ans, elle a rencontré Walter. Un géant blond, fort et beau, taciturne, qui la serrait trop fort en valsant, la soulevait comme une poupée, l'admirait comme un bêta.

La ressemblance entre Walter et Ida venait de leur beauté. La différence aussi. Ida se savait belle, vivait belle, à chaque minute de son existence. Walter ignorait sa beauté, sa force, sa haute taille. Il avait autre chose en tête. Quelque chose que le premier psychiatre venu qualifierait de personnalité rigide.

Fils naturel d'une servante de ferme, ce grand gaillard blond aurait fait fantasmer la propagande nazie, quelques années plus tôt. Fort heureusement pour lui, il n'avait que dix ans à la fin de la guerre. Mais durant ces dix années-là, les plus graves du siècle, il avait appris à l'école que la mort était parfois une question d'honneur, que l'honneur était intransigeance, et qu'il devait assimiler ces deux notions essentielles pour être un homme, un chevalier teuton en quelque sorte, un Bavarois de bonne lignée. Walter avait donc grandi dans l'honnêteté, acceptant le monde sans le discuter, ne demandant ni pourquoi ni comment, ne s'insurgeant contre aucune règle. Puisqu'il y avait des règles elles étaient respectables.

Ouvrier, manœuvre sur des chantiers de construction, puis conducteur d'engins, il est, à vingt ans, ce que la société qui l'a élevé a fait de lui. Un bon garçon, scrupuleux, ignorant le mensonge, travailleur, honnête et sentimental.

Leur rencontre a lieu dans un bal, à Landshut, en Bavière. Ida la belle a dix-sept ans. Dix-sept printemps est une formule classique qui lui convient parfaitement. Elle n'est que printemps, beauté, et volupté d'être belle. Elle rayonne, elle brille, cette petite fille qui danse mieux que les autres. Il est impossible de lui en vouloir lorsqu'elle étale cette beauté, car elle le fait avec innocence. Une fleur superbe doit-elle se sentir coupable d'être éclose ?

En trois années de mariage, Walter s'est ingénié à offrir à sa belle ce qu'il pouvait trouver de mieux pour l'abriter, selon ses moyens. Un appartement de trois pièces, dans la petite ville médiévale aux toits d'ardoise grise, aux fontaines bruissantes, aux balcons fleuris. Ida y a installé sa panoplie de beauté, ses robes, bleues, toujours bleues, qui rehaussent ses yeux bleus, comme une symphonie. Sa coiffeuse, ses brosses, ses peignes, le rouge pour ses joues, pour ses lèvres, les dentelles de ses dessous.

Et Walter y a installé sa bibliothèque. Sa précieuse bibliothèque, faite de plus de trois cents livres de chevalerie. Chansons de geste, romans médiévaux, histoires de seigneurs en armures caracolant sur des chevaux de combat, et s'inclinant devant de belles dames soumises et calmes, dans des jardins clos, où l'on rêve d'amours éternelles.

Walter est passionné de chevalerie, et c'est sans doute la raison qui l'a poussé à habiter ce joli quartier de Landshut, aux maisons anciennes, aux rues pavées, où l'on s'attend la nuit à entendre la voix du chevalier du guet faisant sa ronde, en criant : « Dormez en paix, bonnes gens, il est quatre heures... »

L'aube se lève, il est quatre heures du matin, une belle journée de juin s'annonce, quelques traînées de brume blanchâtre s'effilochent sur les toits, et un pas résonne sur les pavés. Un pas léger, de plus en plus léger, qui tente de se faire silencieux.

Ida lève un visage inquiet vers la façade de la maison où une fenêtre est éclairée. La seule fenêtre derrière laquelle brille encore une faible lumière.

Elle le devine, assis dans son fauteuil, aux aguets, son grand corps fatigué par une nuit de veille écrasant le dossier de tapisserie, sa grande main posée sur l'accoudoir de bois, inquiet, désespéré sûrement. Le rideau de la fenêtre bouge, il a dû entendre son pas. Il doit se pencher à la fenêtre basse pour apercevoir la silhouette de sa jolie femme rasant les murs. Elle a couru dans la nuit tiède, elle a chaud, sa lourde chevelure brune ruisselle sur ses épaules nues, la robe bleue voltige sur ses longues jambes, ses hanches rondes, enserre sa taille. Son cœur bat plus vite, et fait palpiter le décolleté, la gorge blanche...

Elle monte l'escalier, pieds nus. Dans quel espoir ? Puisqu'il est là derrière cette porte. Mais elle ne l'entend pas. Peut-être est-il allé se coucher, pour ne pas écouter de nouveaux mensonges. Elle lui en a tant raconté. Des heures supplémentaires, une amie d'enfance, une histoire de famille, un talon cassé, un tramway raté.

Ida ouvre la porte, doucement, ses chaussures à la main, glisse dans le couloir, met sa petite oreille contre la porte du salon-bibliothèque, et la porte s'ouvre.

La haute silhouette de son chevalier de mari s'y encadre, un mètre quatre-vingt-cinq, quatre-vingts kilos de muscles parfaits. Il penche sur elle sa tête blonde et bouclée, son regard est triste. Elle est si belle sa femme, essoufflée, il est si ravissant ce diable qu'elle a dans le corps.

Et ce doit être si difficile... de porter toute cette beauté, à vingt et un ans, de l'assumer face au regard des hommes, à leur admiration permanente.

– Je savais que tu m'attendais, dit-elle, j'ai vu la lumière...

Il attend, il espère inconsciemment qu'elle va mentir. Durant des mois il s'est montré d'une crédulité incroyable, d'une confiance aveugle. Il a fallu que de bonnes âmes lui ouvrent les yeux. De bonnes âmes en salopettes sur le chantier :

– Tu ferais bien de l'attacher un peu ta femme... Un jour elle va s'envoler...

– Tu sais qui j'ai vu avec Johann, hier à la taverne ? Devine...

– Hé Walter... sors de tes bouquins, chevalier... On n'est plus au Moyen Âge... T'as pensé à la ceinture de chasteté ?...

Va-t-elle mentir ? Les sauver tous les deux encore une fois ? Hélas, les magnifiques yeux bleu marine se remplissent de larmes, Ida baisse la tête.

– Je t'ai fait de la peine, hein ?

– Oui.

– Je m'en doute. Tu vois, j'ai recommencé. C'est plus fort que moi, je n'ai pas pu résister. Tu veux savoir ?

– Non.

Walter tient un papier dans la main, soigneusement plié en quatre. Il le déplie, tourne le texte manuscrit, le place sous les yeux bleus embués :

– Tu reconnais ça ? C'est bien toi qui l'as écrit ?

– Oui.

– C'est bien toi qui l'as signé ?

– Oui, Walter, c'est moi.

– Alors ?
– Alors il faut me tuer, Walter, parce que je recommencerai...
Walter demeure silencieux. Machinalement il prend le châle sur les belles épaules dénudées et va le ranger dans une armoire, il le plie, le respire, l'abandonne à regret sur l'étagère. Puis il prend les chaussures fines à talons, les range aussi, et revient avec des chaussons. Ida s'assied dans le grand fauteuil où elle disparaît presque, si menue, si fragile. Il glisse les chaussons à ses pieds, et reste un instant courbé devant elle, la tête basse. Elle sait qu'il réfléchit, lentement, que les idées se succèdent dans son cerveau, traversent un labyrinthe, sans précipitation, sans violence. De la réflexion uniquement.
– Je suis incorrigible, Walter...
Mais il répond :
– Tu as faim ?
– Un peu.
– Tu veux des saucisses ? Tu adores les saucisses.
Ida fait un mouvement vers la cuisine, mais il l'arrête :
– Laisse, je vais le faire.
Tandis qu'il allume le gaz, sort les saucisses du réfrigérateur, met des assiettes sur la table, des verres, des couverts... Ida vient s'appuyer contre le chambranle de la porte, et l'observe.
– Walter ? Tu vas me tuer ?
Il aligne de petites tranches de pain noir sur un plat. Sans répondre.
– Est-ce que tu vas me tuer, Walter ?
Il dispose des petits fromages, et emplit une carafe de vin.
– Walter ? Tu vas le faire ?
– Oui.
– Tu as raison.
Le silence s'installe dans la cuisine, à peine troublé par le bouillonnement de l'eau dans une casserole. Walter y jette les saucisses blondes, et les contemple.
Ida rompt ce silence :
– Je vais mettre mes affaires en ordre, dit-elle calmement.
Dans la chambre conjugale, Ida fait ce qu'elle a dit. Elle range méticuleusement sa coiffeuse, la débarrasse de tous ses petits flacons, parfums, brosses, peignes, rouges à joues, barrettes à cheveux, rubans de soie. Elle place le tout dans une boîte. Le miroir lui renvoie son image, belle, encore et toujours belle. Miroir, mon beau miroir... Tu mourras belle, répond le miroir.

Ida décroche ses robes bleues, de tous les bleus, et les plie dans une malle. Ses châles, ses manteaux, ses chaussures, sa lingerie, le col de fourrure soyeuse qui la faisait princesse des neiges en hiver, le joli maillot qui la faisait reine du lac en été.

Elle se met nue sous la douche, laisse l'eau courir et la laver de cette nuit trompeuse et factice qu'elle a passée dans d'autres bras, dans un autre lit. Pourquoi ne peut-elle pas résister à l'amour des autres hommes, à ce désir qu'ils montrent en permanence ? Elle l'ignore, c'est ainsi.

Puis elle revêt une longue chemise de nuit bleue, brosse une dernière fois ses cheveux, ils recouvrent son dos jusqu'à la taille.

Elle s'assied, et écrit deux lettres. Une pour sa mère, une pour sa sœur.

Elle y écrit avec application la raison de sa mort prochaine :

« Je suis consentante. Non seulement j'ai voulu cette mort qu'il va me donner, mais elle est nécessaire. Par ma faute notre vie commune est devenue un enfer, et se serait mal terminée de toute façon. Il faut remercier Walter, car il aurait pu se contenter d'un divorce. Mais il m'aime, et il sait qu'un divorce n'est pas une solution. Il sait, que ce soit lui ou un autre, que je rendrais malheureux n'importe quel homme, et que je serais malheureuse aussi. La tentation est trop forte, je ne peux résister à l'amour des autres, à leur passion charnelle. C'est comme une maladie, et je ne pourrais pas vivre dans le mensonge. Je mens, c'est une manie, jusqu'au jour où je déteste ces mensonges. J'aime Walter, il m'aime, ma mort est la seule solution. »

Ida signe. Date. Plie les lettres dans des enveloppes, inscrit les adresses, et attend, seule devant ce miroir qui la reflète jusqu'à l'ivresse.

– Tu peux venir, Ida, le souper est prêt.

Ida rejoint son mari, lui tend les deux lettres.

– Pour ma mère et ma sœur. Tu pourras les poster, Walter ?

Walter met les lettres sur une étagère de la bibliothèque où sont alignés ses beaux livres. Il les caresse un instant, puis vient s'asseoir en face de sa femme. Ida est habituée au silence de Walter. Il a toujours été taciturne, presque muet. Lorsqu'ils se sont rencontrés il y a trois ans, dans ce bal, les filles n'avaient d'yeux que pour lui, il était beau et fort, ni brillant ni prétentieux, et pourtant elles ne voyaient que lui. C'est pour cela peut-être qu'Ida a épousé Walter. Parce qu'elle avait le sentiment qu'elle pourrait faire de ce grand corps naïf et pur ce qu'elle voulait. Puis elle s'est mise à l'aimer, et il a donc été heureux quelque temps. Six mois environ. Le soir, il lisait ses précieux romans de chevalerie, et Ida essayait de jouer à la jeune épouse sage. Elle reprisait les chaussettes, pliait les torchons, repassait les bleus de travail. Puis elle s'est ennuyée. Elle voulait sortir, retrouver le monde, ce miroir magique. Mais Walter bâillait dans les bals, s'endormait dans les tavernes. Alors elle a saisi tous les prétextes pour sortir sans lui, et il y a cru. Peut-être y croirait-il encore s'il n'y avait pas eu les bonnes âmes ?

Un chevalier, est-il écrit dans ses livres d'histoire, se doit d'abord au culte et à l'adoration de la dame, fondement principal de la chevalerie...

Le culte et l'adoration que Walter manifeste pour Ida ne peuvent s'accommoder de mensonges et de tromperies. C'est pourquoi, une dernière fois, il tend le papier à la dame de son cœur, et Ida le relit :

« Je soussignée, Ida Wilckens, née Goldbrunner, autorise mon mari, Walter Wilckens, à me donner la mort quand il le voudra, par tous les moyens qu'il jugera bons, si je lui suis encore une fois infidèle.

Fait à Landshut, Bavière, le 9 juin 1961. »

Et sa signature. Un joli paraphe un peu fou et aérien. Celui d'une femme infidèle qui promet toujours et ne tient pas ses promesses.

Le jour est complètement levé lorsque Walter, ayant vidé son dernier verre de vin, se lève et regarde Ida dans les yeux. Elle est très calme, elle ne pleure pas, elle se contente de demander :

– Maintenant ?

– Oui. Maintenant.

– Je vais ranger d'abord.

– Non, laisse, je le ferai moi-même.

– Où allons-nous ?

– Sur le lit.

Le lit, un grand lit très bas, avec un dessus de peluche blanche et des coussins bleus. C'est là qu'elle est la plus belle. C'est là qu'ils ont été heureux souvent.

Sont-ils heureux, en ce matin d'exécution, alors qu'ils s'allongent l'un près de l'autre sur le grand lit blanc ? Lui si grand, elle si petite. Lui si blond, elle si brune. Il faut tenir compte de leur logique, de leur engagement réciproque, de la chevalerie et de ses règles. Ils ont mûrement réfléchi cet acte, ils doivent s'y tenir, l'accomplir. C'est ainsi. Peut-être l'envisagent-ils tous les deux comme un acte libérateur, désintéressé, pur et beau...

Ils s'embrassent. Ils se regardent, et soudain Ida demande :

– Qu'est-ce que tu vas devenir ? Walter... qu'est-ce qu'on va te faire ?

– Je pense qu'on me mettra en prison. C'est la loi.

Walter est respectueux des lois, des règles, des institutions, des conventions, des us et des coutumes, il respecte tout ce qu'il peut respecter.

Ils s'embrassent à nouveau. Le soleil pointe un rayon dans la chevelure d'Ida, le bras protecteur de Walter se glisse sous cette chevelure, sans la déranger, entoure le cou blanc avec une grande délicatesse.

Elle dit :

– Adieu, Walter, ne me fais pas trop mal, mon chéri.

Il ferme les yeux. Il referme le bras, serre, de plus en plus fort, vite... C'est fini.

Ida Wilckens est morte ainsi, à vingt et un ans, très vite et presque sans souffrir, en tout cas sans se débattre, le 27 juin 1961. Dix-huit jours auparavant, elle avait écrit et signé de sa main ce document qui va poser à la justice allemande un problème insoluble :

« Je soussignée, Ida Wilckens... autorise mon mari... à me donner la mort... quand il le voudra, si je lui suis encore infidèle. »

Walter a respecté cet engagement.

Il est neuf heures du matin, il s'habille d'un pantalon propre et d'une chemise blanche pour se présenter dans un commissariat de Landshut.

– Je viens de tuer ma femme...

Le policier en uniforme qui recueille cette déclaration insolite appelle aussitôt un inspecteur en civil, et Walter répète qu'il vient de tuer sa femme. Il est grave, calme, un peu triste, n'a pas l'air dément, et l'inspecteur pense aussitôt à la première explication logique :

– Un accident ?

– Non, je l'ai tuée volontairement.

– Comment ?

– Je l'ai étranglée.

– Vous êtes sûr qu'elle est morte ?

– Bien entendu.

– Écoutez, on ne sait jamais, vous n'avez pas appelé un médecin ? une ambulance ? Vous étiez affolé, vous n'avez pas vérifié...

– Je n'étais pas affolé, et ma femme était consentante.

Stupeur de l'inspecteur, qui se pose aussitôt la question : Ce type est-il fou ?

Il accompagne Walter jusqu'à l'appartement, où tout est propre, calme, en ordre. Le soleil envahit les pièces, des fleurs s'épanouissent dans un vase. Il est difficile d'imaginer qu'un drame s'est produit là.

La chambre est également en ordre. Sur le grand lit de peluche blanche, parmi les coussins bleus, un corps de femme est allongé, ravissant, les cheveux soigneusement déployés. Le visage est calme, elle a les yeux clos, elle paraît dormir. Une comparaison s'impose au policier : Ida ressemble à la Belle au bois dormant attendant le prince charmant pour le baiser du réveil.

Mais elle est bien morte, il le constate. La mort remonte à peu de temps d'ailleurs, Walter n'a pas traîné pour se présenter à la police.

Vient alors le moment des explications :

– Pourquoi l'avez-vous tuée ?

Walter tend le papier à l'inspecteur, qui lit, en se frottant le menton, en se grattant les cheveux, en tapant sur la table :

– Vous n'allez pas me faire croire que c'est à cause de ça?

– Elle m'a trompé une fois de plus.

– Mais bon dieu, si tous les cocus tuaient leur femme où en serions-nous?

– C'était entendu entre nous, elle m'autorisait à la tuer... Vous le voyez, c'est écrit de sa main.

– Et c'est vous qui avez inventé ça?

– Nous en avons discuté, elle l'a écrit et signé.

– Je vois que c'est signé... et alors? Parce qu'une femme, la vôtre, signe ce bout de papier, vous vous croyez autorisé à la tuer? C'était peut-être un jeu pour elle? Non? Elle n'y croyait sûrement pas! On ne peut croire à une chose pareille, on ne peut pas croire que parce qu'on signe un bout de papier autorisant sa mort, elle va se produire!

– Ce n'était pas un jeu, elle était consentante. C'est son écriture, vous pourrez le vérifier. Elle a aussi écrit à sa mère et à sa sœur...

– Quand?

– Cette nuit, après que nous eûmes décidé de le faire.

– Où sont les lettres?

– Je les ai postées en allant au commissariat, elle me l'avait demandé.

– Sans les lire?

– Elles ne m'étaient pas destinées...

– Mais vous êtes monstrueux!

– Non, je ne suis pas monstrueux. Ce qui est entendu est entendu. Je vous répète qu'elle était consentante. Elle me l'a dit elle-même, cette nuit encore : il faut me tuer, Walter, parce que je recommencerai. Il n'y a rien de monstrueux là-dedans. J'ai agi pour notre bien commun, et j'en assume les risques, je suppose que vous allez m'arrêter.

– Ce n'est pas une supposition, c'est une évidence.

A ce moment, l'inspecteur ne croit pas qu'Ida ait pu être consentante. Il ne croit même pas qu'elle ait écrit ce contrat stupide, ni les lettres, ni rien. Il croit tout simplement que Walter lui raconte des histoires, qu'il a écrit lui-même ce « contrat » de mort. Ou alors il est fou. Le premier geste de la défense est évidemment de soumettre Walter à l'examen des psychiatres. Il en ressort que le jeune homme a un excès de fantasmes et d'imagination, qu'il écrivait des poèmes à sa dame et pensait un jour publier des romans. Que sa personnalité est rigide... mais qu'il est sain d'esprit.

Si l'on peut dire. Car la frontière est immense entre le « sain d'esprit » des psychiatres et l'appréciation du commun des mortels.

Les juges du tribunal de Landshut se trouvent donc devant un cas hors du commun. L'atout de la défense étant évidemment le papier signé par Ida, et les lettres à sa famille, qui interdisent de considérer Walter comme un assassin ordinaire.

Il a pour avocat un très vieux ténor du barreau, si vieux qu'il plaide assis de sa place, avec l'autorisation du tribunal. Le jury est composé d'hommes et de femmes d'âge mûr. L'avocat s'est employé à récuser les plus jeunes. C'est donc à des jurés adultes qu'il s'adresse :

– Je suis sûr, mesdames et messieurs les jurés, que vous avez reconnu en l'accusé un homme d'une qualité rare. A mon avis vous pensez moins à le punir qu'à le comprendre. Et à comprendre surtout comment il est arrivé devant vous, dans ce box. Je vais vous l'expliquer :

« Pendant des années, mesdames et messieurs les jurés, vous avez dépensé beaucoup d'argent pour éduquer ce garçon. Des dizaines de personnes se sont relayées pour lui apprendre la nécessité d'être fidèle, la beauté du mariage, la grandeur du sacrifice, le respect de la parole donnée, l'honneur... Lui auriez-vous inculqué tout cela pour qu'il n'en tienne pas compte ? Non. Alors soyez satisfaits, avec lui votre argent n'a pas été perdu. Il a fait siens les enseignements de votre éducation. C'est si rare...

« Vous pensez bien sûr que j'oublie un détail. Il est vrai que la loi dit aussi : “ Tu ne tueras point. ” Hélas, justement, vous lui avez tout appris sauf cela. Parce que lorsqu'il était enfant, qu'il avait dix ans, c'était encore la guerre. Une guerre qui a causé trente millions de morts !

« Ce garçon que vous avez devant vous est conscient de sa force physique, mais il est dépourvu d'agressivité. Il est modeste, humble, il accepte le monde tel qu'il est, tel que vous l'avez fait ! Il n'invente pas des lois pour son plaisir. Mais à l'inverse il respecte celles qu'il connaît. Et je le répète, vous ne lui avez jamais démontré le prix que vous attachiez à la vie humaine, et vous seriez bien injustes de lui faire payer aujourd'hui votre carence... »

Le vieil avocat sut sans doute convaincre ce jury d'adultes, ces survivants d'une guerre meurtrière, ces parents d'une jeunesse qui n'avait peut-être pas, en effet, assimilé le prix de la vie humaine...

Le débat fut court. Walter Wilckens a bénéficié des circonstances atténuantes et n'a été condamné qu'à quatre années de prison, pour le meurtre de son épouse Ida. Si belle, que le procureur avait dit : « Il a tué la beauté pure. »

Est-ce une histoire d'amour ? Est-ce une histoire très bête ? Qu'en est-il du destin du chevalier Walter, l'assassin de la beauté pure ?

Il fut libéré en 1965, à trente ans. Le bel âge.

Un bon siècle et demi plus tôt, monsieur Voltaire écrivait :

« L'honneur est le diamant que la vertu porte au doigt. »

# CAPABLE DE TOUT

New York, été 1958.

Il règne sur la ville une chaleur effroyable, étouffante, incendiaire, que la nuit n'a pas réussi à éteindre.

A Staten Island, le central téléphonique est une étuve. La standardiste de nuit feuillette un roman-photo, dont les pages lui collent aux doigts. Elle promène un petit ventilateur devant son visage, sous ses bras, mais la fraîcheur artificielle ne parvient pas à percer la moiteur épaisse de l'atmosphère. Un orage silencieux et increvable menace la ville depuis deux jours.

New York connaît parfois, l'été, ce genre de climat insupportable. Les vieillards en souffrent, certains en meurent, les enfants aussi. Chaleur et tension presque électrique exacerbent les problèmes de santé. La standardiste a reçu une bonne dizaine d'appels demandant des médecins. Des asthmatiques, des cardiaques, des femmes enceintes.

Une nouvelle fois, la lumière clignote sur le pupitre, elle décroche, et entend mal.

– Répétez, madame...

Un cri de détresse lui parvient, un souffle rauque, une voix angoissée qui crie :

– On nous assassine! appelez la police... Je suis blessée...

Le reste se perd dans un bruit de combiné, qui doit dégringoler sur le sol.

La standardiste appelle :

– Madame... Madame...

C'était une voix de femme, elle en est sûre. A nouveau des bruits de chocs, quelqu'un manipule le combiné avec maladresse, et cette fois c'est une voix d'enfant, claire :

– Oui... il faut venir vite... venez vite...

C'est un petit garçon, et il répond à la demande de la standardiste d'un ton ferme, donne l'adresse, et ajoute même :

– J'attends les policiers devant la maison.

– Où est ta mère? Qu'est-ce qu'elle a? Tu m'entends?

– Je sais pas...

– Reste avec elle, ne bouge pas. Surtout ne la quitte pas...

Le téléphone est raccroché, et la standardiste ne perd pas une seconde pour composer le numéro du commissariat de Staten Island. En moins d'une minute une voiture de patrouille contactée par radio fonce à l'adresse indiquée par le gamin, sirènes hurlantes.

A l'intérieur, le sergent Elliot. Il connaît son quartier comme sa poche. On l'appelle Elliot le terrible, une masse de muscles pesant quatre-vingt-dix kilos, des épaules à soulever un bœuf, un gros nez et une moustache. Il est la terreur des petits voyous du coin, et plus d'un voleur à la tire se souvient d'avoir été soulevé par la peau du cou, comme un sac de patates, et trimballé sans ménagements à cinquante centimètres du trottoir, pour atterrir au fond de sa voiture.

Le sergent Elliot arrive donc le premier devant une petite maison d'aspect agréable, séparée de la rue par un petit jardin en pelouse. Construite en contrebas, elle a ceci de particulier que l'on peut y entrer de plain-pied par le premier étage. Il y a de la lumière aux fenêtres, mais tout paraît calme. Le sergent bondit lestement de son siège, malgré son poids, en terminant son message radio :

– Je suis sur place... Je vais entrer dans la maison... La voiture 26 est derrière moi, j'entends la sirène.

Et il avance sur la pelouse, l'arme à la main. C'est alors qu'une petite main le tire par le pantalon :

– Allez-y, maman et papa sont morts.

Le sergent se penche sur un gamin haut comme trois pommes, blond, les cheveux en brosse, le regard bleu parfaitement tranquille. Il n'a pas plus de huit ans, ce gosse, et il s'exprime avec un calme qui surprend le policier.

– Reste là, gamin, ne bouge surtout pas.

Le sergent Elliot s'élance vers la porte d'entrée, tandis que la deuxième voiture de police stoppe devant la maison dans un hurlement de pneus et de sirènes. Deux hommes en sortent précipitamment, deux inspecteurs en civil, Booth et Conrad, de la brigade de Staten Island.

Sans se retourner, le sergent leur crie :

– Gaffe ! C'est un assassinat !

Booth et Conrad dégainent leurs armes et se heurtent eux aussi au gamin, debout sur la pelouse :

– Il est dans la maison, l'assassin ?

– Non, m'sieur, il est parti.

Un peu interloqué, Booth, un grand escogriffe d'une quarantaine d'années, se retourne vers son collègue :

– Discute un peu avec lui, je couvre Elliot...

Booth avance prudemment vers la porte tandis que l'inspecteur Conrad se penche sur l'enfant.

– Tu es sûr qu'il est parti ?

– Oui, m'sieur!
– Qui est-ce? Tu le connais?
– Je l'ai jamais vu, m'sieur...
– Comment il était, tu peux me dire?
– Il a un survêtement bleu et un masque blanc.
– Monte dans la voiture et attends, ne bouge pas, hein?
– Mais je bouge pas, m'sieur. On n'arrête pas de me dire de pas bouger...

Drôle de gamin, se dit l'inspecteur Conrad, en fonçant à son tour à l'intérieur de la maison.

Au premier étage, donc au niveau de la rue, le sergent Elliot, qui progresse prudemment dans le hall, entend une voix de femme, faible, derrière une porte entrouverte.

– Ici... par ici...

Le sergent pousse la porte avec lenteur. La femme est allongée sur un lit. Elle se tient le ventre, un flot de sang a taché les draps, sa poitrine est ensanglantée. Elle parle avec effort :

– Le bébé... je vous en prie, le bébé... Est-ce qu'il a touché au bébé...

A ce moment, Booth déboule lui aussi dans le hall, rejoint par Conrad, et tous deux pénètrent dans la chambre où madame Baker répète dans un souffle :

– La chambre des enfants... le bébé... je vous en prie...

Le sergent Elliot s'y trouve déjà, pistolet au poing, face à un berceau dans lequel s'agite un bébé de quelques mois. Les yeux grands ouverts, vêtu d'une simple couche, il tire sur son orteil de ses deux petits bras dodus.

Le sergent crie :

– Il n'a rien, madame...

Booth et Conrad inspectent la chambre, puis conseillent au sergent de rengainer son arme :

– Le gamin dit qu'il est parti, tu peux rentrer ça...

Des gouttes de sang à l'extrémité du hall attirent l'attention de l'inspecteur Booth. Il en suit les traces jusqu'à l'escalier qui descend au rez-de-chaussée, se penche par-dessus la rampe et pousse un juron :

– Merde! Y'a quelqu'un en bas.

Il dégringole les marches, atteint le living-room et se penche sur le corps d'un homme affalé dans une mare de sang. Près de lui, un petit meuble où est posé le téléphone. Avec précaution, l'inspecteur passe une main sur le front de l'homme, qui ouvre péniblement les yeux :

– Ma femme? C'est grave?
– Le médecin arrive, monsieur, ne parlez pas trop...

Une autre sirène, d'ambulance cette fois, un crissement de pneus, et médecin et infirmiers se fraient un chemin parmi les curieux qui, en une minute se sont amassés sur la pelouse. Le médecin s'occupe de madame Baker en premier, dont les plaies ouvertes sont impressionnantes. Son sang coule sans discontinuer, mais elle semble garder toute sa tête, car en apercevant le visage d'une voisine à la porte, elle lui crie, en grimaçant de douleur :

– Le petit. S'il vous plaît, donnez-lui son biberon... du lait seulement, rien d'autre...

En bas, monsieur Baker est incapable de parler, et l'inspecteur Booth, qui a fait rapidement le tour des autres pièces, rejoint son collègue, tandis que les infirmiers préparent les civières.

– Où est le gosse ?

– Dehors, il a l'air drôlement calme...

– La mère d'abord... elle est consciente.

Les deux inspecteurs suivent la civière de madame Baker jusqu'à l'ambulance, en essayant de lui arracher le maximum de renseignements :

– Qui vous a frappé ?

– Je ne sais pas. Je ne le connais pas.

– Comment était-il ?

– Je n'ai pas eu le temps de voir grand-chose...

– Dites ce que vous avez pu remarquer, n'importe quoi...

– Un homme... plutôt fort... comme mon mari... Je crois qu'il portait un... survêtement bleu, et un masque... un masque blanc.

Sur l'autre civière, monsieur Baker a repris faiblement conscience, et l'inspecteur Conrad tente de l'interroger lui aussi :

– Vous connaissez l'assassin ?

Mais le médecin l'interrompt d'autorité :

– Pas maintenant, inspecteur.

Monsieur Baker fait un nouvel effort pour dire entre deux quintes d'une toux douloureuse :

– Je suis médecin... j'ai un goût de sang dans la bouche... œsophage perforé...

L'inspecteur Conrad insiste :

– Vous voyez qu'il peut parler...

– J'ai dit pas maintenant, inspecteur !

Et le médecin fait signe aux infirmiers d'embarquer les blessés, saute à l'intérieur de l'ambulance et avant de claquer la porte grogne à l'inspecteur Conrad :

– C'est une question de minutes, bon sang, occupez-vous du reste...

L'ambulance démarre, laissant les trois policiers sur la pelouse. Le sergent Elliot disperse les curieux, après s'être assuré que personne n'a vu l'assassin.

– Vous avez vu quelqu'un ?... Non, alors rentrez chez vous, nom d'une pipe...

Personne ne discute devant le sergent Elliot. On le connaît, il est îlotier depuis des années dans ce secteur de Staten Island. Le calme revient peu à peu, la maison est désertée, à part un couple de voisins qui s'occupent du bébé. Booth et Conrad se mettent à la recherche des premiers indices. A part le sang, ils ne voient rien de particulier. La maison n'est pas en désordre.

Les voisins, de braves gens d'une cinquantaine d'années, demandent l'autorisation d'emmener les enfants chez eux. Les deux inspecteurs hésitent, mais le sergent Elliot intervient :

– Allez-y. Il faut bien que quelqu'un s'en occupe cette nuit...

Booth intervient :

– Où est le gamin ?

Et Elliot grommelle :

– Le gamin ? Devinez... Il est dans le garage, il bricole son vélo...

– On le garde un peu, il faut l'interroger.

Les voisins insistent :

– Il est minuit, inspecteur... Il n'a que huit ans...

Et le sergent grommelle à nouveau :

– Possible, mais il bricole son vélo, alors je suppose qu'il peut discuter avec les inspecteurs...

Les voisins emmènent donc le bébé, tandis que Booth et Conrad interrogent le sergent :

– Qu'est-ce qu'il y a, sergent ?... On dirait que ce mouflet vous pose un problème.

– Justement. Il a pas de problèmes ce gosse... Jamais vu ça... Son père et sa mère à moitié morts, un assassin dans la maison, et il bricole son vélo !

– C'est un gosse...

– Ouais. C'est un gosse.

Le sergent Elliot ramène donc le « gosse » quelques instants plus tard. Conrad et Booth le font asseoir sur une chaise, au salon. Il balance ses petites jambes bien au-dessus du sol et se dandine pour décoller ses fesses, trempées de sueur sur la moleskine.

– J'ai chaud...

– On a tous chaud, mon grand. Comment tu t'appelles ?

– Jacky.

– Tu as huit ans, c'est ça... Ça va l'école ?

Le sergent Elliot se place derrière l'enfant et lui tape sur l'épaule :

– Dis donc, gamin... T'as pas été un peu vite ? Ils sont pas morts tes parents !

Conrad, étonné par l'attitude du sergent, l'interrompt :

– Allons, sergent... il a eu peur...

Jacky regarde alternativement les hommes, puis choisit l'inspecteur Conrad pour répondre :

– Je croyais que le bonhomme les avait tués.

Le sergent ne démord pas :

– Ça t'a pas empêché d'aller t'occuper de ton vélo !

– Sergent...

Les deux inspecteurs font une grimace significative, qui enjoint au terrible inspecteur Elliot de lâcher le petit témoin. Ce sont eux qui interrogent... Le sergent n'a qu'à rentrer au poste et faire son rapport.

Le gamin regarde le sergent, qui regarde le gamin. Affrontement curieux de quelques secondes. Puis le sergent se résigne à partir, non sans maugréer :

– Raconte tout aux inspecteurs... Monsieur je-sais-tout.

Une fois le sergent disparu, Conrad et Booth s'installent à côté de l'enfant.

– Il est toujours grognon, le sergent. T'en fais pas. Alors, tu l'as vu ce bonhomme ?

Jacky fait un récit limité des événements. Vu son âge, il ne s'en tire pas trop mal. Il s'est réveillé la nuit, parce qu'un « bonhomme » en survêtement avec un masque blanc est entré dans la chambre. Il voulait l'étrangler. Il a crié et sa mère est arrivée. Le « bonhomme » s'est alors jeté sur elle, et il l'a frappée avec un couteau de cuisine. Sa mère avait du sang partout, elle s'est traînée jusqu'à son lit, dans l'autre chambre, puis son père s'est battu avec le « bonhomme », il l'a traîné dans l'escalier jusqu'au téléphone, alors le bonhomme a réussi à se dégager et à frapper son père. Il l'a blessé, et il saignait.

L'inspecteur Conrad s'étonne :

– Il n'avait plus de couteau ton bonhomme ?

– C'est papa qui l'avait, il lui a pris.

– Mais c'est ta maman qui a téléphoné, et il n'y a pas de téléphone là-haut.

– Quand le bonhomme est parti, elle a réussi à descendre pour téléphoner.

– Et elle a remonté l'escalier ?

– Oui. Elle voulait voir mon frère.

– Et où tu étais pendant la bagarre ? Tu t'es pas caché ? Tu as tout vu ?

– Je peux aller dormir chez les voisins ?

– Réponds d'abord...

– J'ai sommeil, je veux aller dormir.

L'inspecteur Booth arrête son collègue :

– Il est une heure du matin, il faut le raccompagner, on verra le reste demain...

– J'ai sommeil, je veux dormir...

– Oui... d'accord...

Conrad voudrait bien poursuivre, car avec un enfant, les détails d'un drame comme celui-là peuvent s'évanouir très vite. Mais le gamin s'agite, il a chaud, et il ne manquerait plus qu'on les accuse de mauvais traitements. Les voisins sont là qui attendent, ils ont couché le bébé et s'impatientent. Jacky n'a que huit ans...

Jacky va donc dormir.

Pendant ce temps, dans la chaleur étouffante de la nuit, à l'hôpital, madame Baker meurt d'une hémorragie interne.

Son mari décède trois heures plus tard, à l'aube.

Il fait encore plus chaud, dans la matinée du lendemain, lorsque l'inspecteur Conrad revient pour interroger les voisins et faire ce que l'on appelle une enquête de voisinage dans le quartier.

Il apprend que la famille Baker était heureuse, paisible et sans histoire. Le père avait travaillé dur pour obtenir son diplôme de médecin, il venait de s'installer dans le quartier, après avoir vécu longtemps dans la famille de sa femme, à Orem, dans l'Utah. Le parcours assez classique de l'étudiant en médecine, marié, avec des enfants, et qui parvient enfin à l'indépendance. Il louait cette maison depuis quelques mois, et allait s'installer définitivement deux blocs plus loin, propriétaire d'un cabinet médical.

L'inspecteur Booth, lui, fait à nouveau le tour de la maison du crime. Il note des choses étranges.

La porte de la cuisine, celle du living-room au rez-de-chaussée, étaient fermées de l'intérieur. Les fenêtres également. Par cette chaleur, c'est assez logique. Mieux vaut boucler la maison. Il fait en général moins chaud dans une pièce fermée qu'ouverte aux courants d'air brûlants.

Le petit Jacky affirme que la porte d'entrée était également fermée de l'intérieur. Logique toujours. Dans ce quartier, en 1958, on ne laisse pas sa porte ouverte la nuit. Or il n'y a aucune trace d'effraction. Par où l'assassin est-il entré ? Personne n'a pu lui ouvrir la porte. Drôle d'assassin, d'ailleurs, car rien n'a été volé. Les meubles n'ont pas été fracturés, les tiroirs non plus. Le portefeuille du docteur est resté dans sa poche, ainsi qu'une centaine de dollars, dans son bureau. Il ne s'agit donc pas d'un crime crapuleux.

Reste le crime d'un fou. Il pose toujours un problème grave à la police, car si un fou se déchaîne de cette manière, il est susceptible de récidiver. Une soixantaine de policiers sont lancés sur l'affaire, on interroge plus de mille personnes, à partir des fichiers. Les sadiques, les drogués, les malfrats connus, les prisonniers récemment libérés, les malades de l'hôpital psychiatrique où le docteur Baker a travaillé comme interne. Sans aucun résultat.

Vient le jour où l'on arrête un Noir. Il y a toujours un Noir à arrêter quelque part, en cas de crime. Il a dix-huit ans, il est un peu dérangé, et a quitté New York le lendemain du double assassinat chez les Baker.

L'inspecteur Conrad se dit qu'un masque blanc pour cacher un visage noir, c'est une idée.

Le garçon est interrogé pendant des heures. Il nie. Il a un alibi. Le temps de le vérifier, il passe un mauvais moment dans la salle d'interrogatoire du poste de police de Staten Island.

Le sergent Elliot, le terrible, tournicote autour des deux inspecteurs en marmonnant.

– J'y crois pas à votre assassin noir... C'est un tic, chez vous les détectives de la criminelle. Quand vous pataugez, vous mettez la main sur un Noir... Moi, à votre place, j'irais cuisiner le gamin.

– Cuisiner un gosse de huit ans... C'est une obsession, Elliot... Un moutard de son âge ne peut pas être complice d'un meurtre!

– J'en ai vu des moutards... je commence à les connaître. Et celui-là me chiffonne la moustache. Écoutez, c'est pas normal... Quand je suis arrivé, il était là tout tranquille, assis sur le gazon, et il me balance comme si c'était rien : « Maman et papa sont morts »! Exactement comme il aurait dit : « Ils sont partis au cinéma. » Après ça je le retrouve en train de bricoler son vélo...

– Les enfants réagissent parfois curieusement, sergent. Un choc aussi terrible a pu lui faire adopter cette attitude faussement calme, qui vous intrigue. Une sorte de défense contre la peur.

– Moi, je vous dis que ce gosse n'avait pas peur. Que j'ai tort ou raison d'ailleurs, plus rien ne m'étonne dans ce boulot. On me dirait que Sophia Loren a zigouillé ses gosses, je répondrais : possible. Que le Président Eisenhower a empoisonné sa femme, je dirais pourquoi pas? Que le pape envoie des fléchettes de strychnine à ses évêques... ça ne m'étonnerait pas tellement. Depuis le temps que je traîne mes guêtres dans ce boulot de flic, j'en ai vu tellement de bizarres, que je me dis que tout le monde est capable de tout. N'importe qui de n'importe quoi... Faites-moi confiance, interrogez le mouflet... Qu'est-ce que vous avez à perdre?

Rien à perdre et tout à gagner en effet. Car le jeune Noir a un alibi en béton, et Booth et Conrad n'ont plus rien à se mettre sous la dent. D'ailleurs leur capitaine est d'accord.

– L'enfant a peut-être un souvenir... Quelqu'un qui serait venu chez eux, avant le crime... Sans aller jusqu'à l'idée fixe de ce brave Elliot, vous devriez reprendre l'histoire à zéro avec le gosse, puisque vous êtes au point mort et qu'il est le seul témoin.

– Le sergent demande à nous accompagner...

– Ce n'est pas une mauvaise idée. Il a l'air bourru comme ça, il joue les terreurs dans le quartier, mais si quelqu'un connaît bien les gens, c'est lui. Il m'a ramené plus d'un moutard à qui on aurait donné le Bon Dieu sans confession et qui en avait fait autant que la moitié des truands du coin.

Jacky paraît en bonne santé. Depuis la mort de ses parents, il a été confié à un pensionnat de l'administration, en attendant de retrouver ses grands-parents, qui ont demandé la garde des enfants. Il va retourner dans l'Utah avec son petit frère. Une question de jours.

L'éducateur le trouve intelligent, éveillé.

– Il a surmonté cette histoire sans problème.
– C'est normal ? demande le sergent Elliot.
– Oui et non. Ça dépend. Les enfants de son âge ne réalisent pas vraiment ce qu'est la mort.
– Son père et sa mère, tout de même... c'est différent de la mort d'un petit copain. Tous les malheureux gosses que j'ai vus confrontés à ce genre de drame pleuraient. Ce gosse n'a jamais pleuré.
– Vous n'en savez rien, et moi non plus.

Jacky dessine. Il fait des maisons, avec des arbres autour, le soleil par-dessus. Un chien devant la porte, et un petit bonhomme à côté.
– C'est moi là...

Il est attendrissant comme tous les mômes de son âge. Les cheveux en brosse, le nez en trompette, ce regard bleu tranquille, ouvert sur le monde, la bouche barbouillée de couleurs... Les deux inspecteurs s'apprêtent à l'interroger sans conviction.
– Alors Jacky, tu vas chez ton grand-père ?
– Ouais... chez ma grand-mère aussi...
– T'es content ?
– Ouais.
– Dis-moi, bonhomme... on va essayer de se souvenir, hein ?
– De quoi ?
– Eh bien... par exemple, cette nuit-là, quand ta maman est descendue dans l'escalier, tu étais avec elle ?
– Non.
– Ah bon ? Et comment tu l'as vue descendre ?
– Je sais pas. Je l'ai vue.
– C'est elle qui a téléphoné ?
– Oui.
– Et quand tu as parlé dans le téléphone, où était ton papa ?...
– Il se bagarrait avec le bonhomme.
– Ah ? Tu m'avais pas dit que le bonhomme était déjà parti ?

Jacky renifle. Il barbouille un dessin, puis déclare :
– C'est moi qui ai tué papa et maman.

Booth et Conrad sursautent. Les contradictions dans les déclarations de l'enfant commençaient à leur mettre la puce à l'oreille, mais ils ne savaient pas quelle puce. Ils sont interloqués par des aveux aussi incroyables. Le gosse doit mentir. Mais le sergent Elliot, lui, ne s'étonne pas. Il s'assied à côté de l'enfant, et lui retire ses crayons de couleurs :
– On va s'expliquer, gamin. Et on commence par le début. Ton papa t'as mis une raclée ? Ou ta maman... ?
– Oh non. Ils me battaient pas. Mais on se disputait tout le temps... et puis moi j'aimais pas la maison, d'abord...
– D'accord. Ils te battaient pas. Voyons, comment t'as fait pour les tuer ? Est-ce que quelqu'un t'en as donné l'idée ?
– J'ai vu dans le journal.

– Quoi ?

– Y'avait marqué un truc pour un cadeau, une publicité... C'était marqué « je pense à papa... »

– C'était quoi le cadeau ?

– Je sais pas. Je me rappelle plus. Mais y'avait un joli dessin à côté...

Jacky regarde le sergent Elliot, bleu innocent dans les yeux :

– Si tu me donnes le crayon, je le fais...

Sous les regards médusés des inspecteurs, Jacky dessine, maladroitement, en commentant et en tirant la langue d'application :

– Ça c'est une pomme, et là... c'est une main avec un couteau... tu vois... le couteau il coupe la pomme.

Le sergent Elliot, que rien ne surprend, l'est tout de même un peu, surpris...

– C'est ça qui t'as donné l'idée de tuer ton papa et ta maman ?

– Oui. Le couteau. J'ai un couteau de scout. Alors j'ai caché le couteau dans le journal. Et puis, le soir, j'ai changé de couteau. Y'en avait un dans la cuisine, il était plus gros, maman elle se coupait tout le temps avec...

Ainsi, le petit bonhomme Jacky se serait levé, dans la nuit, vers dix heures, il aurait pris le couteau de cuisine, et il aurait frappé d'abord sa mère, puis son père ensuite, au rez-de-chaussée.

Les deux inspecteurs n'y croient pas. Impossible. Qu'il frappe suffisamment fort pour causer des blessures mortelles, c'est encore possible, mais les parents étaient conscients lorsque la police est arrivée. La mère surtout. Pourquoi n'a-t-elle rien dit ? Elle a parlé, comme son fils, d'un homme en survêtement bleu avec une cagoule blanche.

Jacky hausse ses petites épaules :

– J'ai dit ça pour rire.

Pour rire. Le sergent Elliot attrape le gamin, le soulève, le pose sur la table, pour le mettre à sa hauteur :

– Et ta maman, elle a dit ça pour rire aussi ?

– Je sais pas. Peut-être elle a dit comme moi.

– Tu as dit ça à l'inspecteur dans le jardin. Ta maman ne le savait pas...

Le sergent Elliot essaie de faire dire à l'enfant qu'il n'était pas seul... qu'il ment, qu'il s'attribue le crime, pour faire l'intéressant comme on dit...

Lui qui soupçonnait cet enfant, l'horreur de ce qu'il entend à présent le pousse à trouver une autre explication...

Mais l'inspecteur Conrad dit tristement :

– J'ai dit ça dans la chambre devant la mère, je me souviens, elle était dans les vapes, mais elle a pu entendre.

– Mais pourquoi aurait-elle répété une bêtise pareille, si c'est le gosse qui l'a frappée...

– Pour le protéger... Mets-toi à sa place... Tu te rends compte de l'horreur ? Du scandale ? Un fils de médecin de quartier qui poignarde ses parents... La vie foutue...

– Elle en est morte, et le père aussi.

– Elle croyait s'en tirer. Protéger le gosse au maximum, et régler l'affaire en famille...

Les deux inspecteurs examinent l'hypothèse, elle pourrait tenir, si le gosse ne ment pas. Mais il reste une inconnue tout de même : L'arme du crime n'a pas été retrouvée, et comment un enfant de huit ans a-t-il pu frapper assez fort pour tuer ?

Reste aussi le mobile. Pourquoi un enfant de huit ans se décide-t-il à poignarder son père et sa mère avec autant de tranquillité ? Ce sont les psychiatres qui le révèleront.

Jacky ne supportait pas d'avoir été séparé de ses grands-parents, il était heureux dans l'Utah avec eux. Or papa et maman allaient s'installer définitivement à New York, à Staten Island. Ça ne lui convenait pas...

Aux États-Unis, les enfants de moins de douze ans ne peuvent pas comparaître devant un tribunal. Jacky est donc placé dans un hôpital psychiatrique. Il représente pour les médecins un cas latent de folie de persécution. Il s'est estimé persécuté quand on l'a séparé de ses grands-parents, quand il a dû quitter Orm, la maison, le chien... l'endroit où il avait toujours vécu, où il était né.

Le déménagement fut une cassure dans sa vie. Puis il y eut la naissance de son frère, et l'achat de la maison de Staten Island, où son père allait exercer son métier.

Le parricide pourrait alors s'expliquer. Mais tuer la mère... là, les psychiatres sont moins d'accord.

Et le crime de Jacky reste encore quelque temps une énigme. Invention, mensonge... il y a trop de détails étranges dans cette histoire.

Mais le sergent Elliot le terrible avait raison.

Les enquêteurs se rendront à l'évidence. Il le faudra bien, le jour où Jacky dira :

– Le couteau, je me rappelle où je l'ai mis. En dessous des pots de fleurs cassés, derrière le garage.

La maman du petit Jacky Baker adorait les plantes vertes, il y en avait beaucoup dans la maison. Elle avait un endroit à elle, derrière le garage, où elle empilait les vieux pots, après transplantation dans des jardinières ou des bacs.

Le couteau est là. Aussi grand que le bras du petit Jacky, à deux centimètres près. Pointu et tranchant, il servait à découper les côtes de bœuf, les jours de barbecue.

Il porte sur le manche les empreintes de l'enfant. Et le sang de son papa et de sa maman.

# DEUX SQUELETTES, VAUXHALL ROAD

C'est une vieille église, aux vitraux du dix-huitième siècle, à la charpente de bois, aux pierres vermoulues. Un escalier branlant mène au clocher, sous les poutres enchevêtrées. Tout autour, une galerie de bois, où la chorale s'installe le dimanche, près de l'harmonium. Dans l'abside, des bancs de bois; contre un pilier, une chaire de bois. L'autel est en bois, le tabernacle aussi. Tout est en bois dans la vieille église, en bois sculpté jadis avec amour par les artisans de Londres, et que dévorent aujourd'hui les vers, avec régularité.

Face à l'église, de l'autre côté de la place, la boutique d'Ursula. Thé, petits gâteaux, fruits secs, confits de gingembre, bâtons d'anis, et boules de gomme.

Ursula époussette les grands pots de verre emplis de friandises multicolores. Le soleil se couche sur Londres; elle a fermé boutique.

Un reflet rouge sur un bocal de menthe. C'est joli. Mais il est très rouge, d'où vient ce reflet? Ursula regarde à travers sa vitrine. La lueur vient d'un vitrail de l'église. Probablement un rayon de soleil couchant. Pourtant non... le soleil est parti. Ursula se tord le cou, pour déterminer la provenance de cette lueur étrange, si rouge, et voit qu'elle grandit derrière le vitrail. Elle éclaire la rue... et tout à coup, dans un fracas incroyable, tous les vitraux explosent.

Ursula cherche son téléphone partout. S'affole, le découvre enfoui sous des caisses d'amandes, et appelle enfin les pompiers, tandis que des flammes gigantesques jaillissent par les ouvertures béantes de l'église, grimpent sur les corniches, s'attaquent au clocher. C'est un véritable enfer tout à coup, et la panique dans le quartier.

Lorsque les pompiers arrivent, le feu a pris une telle ampleur qu'ils n'espèrent plus sauver la vieille église. Toute de bois vêtue à l'intérieur, un bon vieux bois sec et rongé aux vers, elle flambe comme une torche immense dans le ciel bleu nuit. Et le feu gagne le petit cimetière accroché au flanc de l'église. En une vision hallucinante, Ursula voit flamber les croix de bois.

Les pompiers se démènent pourtant. Notamment le caporal Meyer. Ruisselant de sueur dans la fournaise, sous son casque de cuir bouilli, il tire une lance vers un soupirail, en hurlant à son capitaine :

– Par ici, capitaine ! Par ce soupirail... on peut atteindre l'intérieur par là.

Effectivement l'idée est bonne. Si les lances pouvaient attaquer l'incendie à la base, on aurait plus de chances de réduire les dégâts. Mais la fumée est épaisse, le soupirail étroit, et le capitaine juge inutile de risquer la vie d'un homme. Celle du caporal est aussi précieuse que les autres, davantage même : il se montre toujours d'un courage étonnant.

– Pas question, Ronnie, trop dangereux...

Le capitaine hurle lui aussi, et fait de grands gestes de dénégation. Mais le caporal court vers lui, tout noir, dégoulinant, pour lui expliquer :

– Je vous jure qu'on peut, capitaine... Il y a un couloir qui débouche dans la nef...

– Vous êtes sûr ?

– Sûr, capitaine, j'y vais...

Mais le caporal Ronnie Meyer n'a pas le temps de s'engouffrer dans le soupirail, l'église s'écroule dans un fracas de poutres, de fumée, d'étincelles qui projettent sur les maisons environnantes des lumières superbes, comme celles d'un feu d'artifice.

C'est fini. La vieille église est morte. Longtemps encore dans la nuit, et le lendemain matin, de petites fumerolles s'échappent des ruines de l'incendie, inondées par les pompiers. Les croix noires du cimetière ont l'air de diables insolites. La cendre a recouvert les vieilles tombes, abandonnées depuis longtemps. Il y avait là presque un jardin de roses et d'arbres sauvages.

Le quartier est triste. Les pans de murs lézardés, les morceaux de poutres calcinés font un décor lugubre. Une église incendiée, c'est étrange. Comme une punition du ciel. Les enfants ne jouent plus dans le terrain vague qu'est devenu le cimetière. Les vagabonds ne vont plus se réfugier contre les murs et sous le porche, les chats se battent la nuit entre les tombes couvertes d'une cendre gluante qui se solidifie peu à peu.

Les mois passent. Et un jour arrive le bulldozer. Jaune, énorme, muni d'une pelle excavatrice aux dents acérées. Il fait un bruit épouvantable en s'attaquant aux ruines, mais les habitants du quartier sont très contents. Ursula, sur le pas de la porte de sa boutique, en discute avec un voisin.

– Pas trop tôt, depuis le temps qu'on attendait ça. Enfin la paroisse a réagi, si c'est pas malheureux tout de même... Vous savez que j'ai failli brûler aussi ?

– Je me demande quel genre d'église ils vont nous faire...

– Oh, du béton sûrement. Les gens ne jurent plus que par le béton...

Ursula aperçoit le chef de chantier qui hurle des ordres à une autre pelle mécanique, venue en renfort s'attaquer au cimetière.

Curieuse comme une pie malgré son âge déjà canonique, elle trottine jusque-là, pour se mêler de ce qui la regarde.

– Lui aussi vous allez le raser ?

Le chef de chantier fait signe qu'il entend mal, et Ursula montre les tombes déglinguées, les croix en miettes.

– Depuis le temps qu'il est abandonné ! Personne n'a fait de réclamation... On rase !

Ils rasent. Voilà. Tous ces pauvres morts d'au moins deux cents ans, abandonnés de tous, dormaient tranquilles jusqu'ici dans le fouillis des plantes et des fleurs. On ne voyait pas qu'il était en ruine, c'était un havre de paix.

Une odeur de vieille terre envahit l'atmosphère. La pelle mécanique, qui s'était attaquée au portail de fer forgé, vient de céder la place à l'énorme bulldozer jaune. Entre ses griffes, il ramène des gravats et des cendres qu'il balance dans une benne derrière lui.

Ursula dit à un badaud, un vieux monsieur amateur de thé de Chine qu'elle connaît bien :

– Les pauvres morts...

– Il n'en reste rien depuis longtemps, vous pensez. Le cimetière était encore plus vieux que l'église... Saviez-vous que la tombe la plus récente remontait à 1717 ?

Mais soudain Ursula lève une main affolée, et se met à crier :

– Arrêtez. arrêtez... mon Dieu...

Et elle court vers le bulldozer Elle vient de voir quelque chose, qui a échappé à l'œil du conducteur de l'engin.

L'énorme pelle dentelée tient un squelette entre ses dents.

Le chef de chantier siffle, un grand silence soudain envahit le chantier, et quelqu'un dit :

– Je croyais qu'il n'y avait plus rien là-dedans...

Un autre :

– Même le curé l'avait dit...

Et un autre :

– Moi, je vous dis que mon grand-père racontait qu'il y avait un autre cimetière sous l'église, un plus vieux encore...

Le conducteur de l'engin remet le moteur en route, descend doucement la pelle dentelée jusqu'au sol, l'ouvre, et dépose délicatement le squelette à terre. King-Kong manipulant une poupée...

Le chef de chantier fait prévenir la police, et l'entrepreneur râle.

– Toute une histoire pour un tas d'os...

Mais la police en fait toute une histoire aussi.

– Où creusiez-vous ? demande le surintendant Carliff.

Le conducteur de l'engin désigne l'endroit.

– Vous n'étiez même pas à l'emplacement des tombes...

Il se penche sur le squelette, ajuste ses lunettes, et fronce le nez.

– Ça ne vient pas du cimetière... C'est trop récent... Regardez...

Un lambeau de tissu accroché, des cheveux. Ursula, qui regarde avec les autres curieux, fait la grimace.

– Pauvre femme...

Son voisin s'étonne :

– Comment voyez-vous que c'est une femme ?

– Le bout de tissu, regardez... il y avait des fleurs là-dessus... C'est un morceau de robe !

Ursula est arrivée à la même conclusion que le surintendant Carliff, réputé pour la finesse de ses analyses et son intelligence policière.

Pour l'instant, le surintendant conseille à l'ouvrier de dégager son engin, et de fouiller, à la pelle, l'endroit désigné.

– Allez-y doucement, il peut y en avoir d'autres...

L'entrepreneur râle toujours :

– Et pourquoi pas une fosse commune... La municipalité le saurait, tout de même, j'ai des délais, moi... Ça me retarde...

Mais le surintendant est inflexible :

– Nous vous retarderons le temps qu'il faudra. Je suis désolé, mais on n'a enterré personne ici depuis des années. Et ce squelette est récent. Deux ou trois ans à peine...

Ursula ferme boutique et s'installe tranquillement sur une vieille pierre pour regarder l'ouvrier fouiller de sa pelle les débris de l'église. Car il s'agit bien du terrain sur lequel se trouvait l'église. En tout cas ses fondations. Le cimetière et les vieilles tombes commencent bien plus loin.

Sa patience est récompensée, car au début de l'après-midi, l'ouvrier, assez terrifié, ramène au bout de sa pelle un deuxième squelette.

Le spectacle est fini pour Ursula. Elle lira le reste dans les journaux.

Le travail commence pour le surintendant Carliff.

Quelques jours plus tard, à la morgue de Londres, il discute avec deux médecins légistes qui ont examiné les squelettes.

– Deux femmes... elles ont été étranglées toutes les deux... regardez... ici, la deuxième cervicale... pareil pour l'autre.

– Quoi d'autre ?

– Rien à voir avec l'incendie. La mort remonte bien avant. Elles ont été enterrées en même temps. Nous avons ici des prélèvements de terre, ils proviennent du sous-sol de l'église. C'est tout ce que l'on peut dire. Sauf que vous avez une chance inouïe, surintendant Carliff... L'une des deux portait une alliance, gravée à l'intérieur. Elle est restée accrochée à l'annulaire.

Le surintendant Carliff reçoit le précieux indice dans une pochette de plastique. Il examine à la loupe un anneau d'or, assez plat, et note le nom.

C'est effectivement une chance incroyable, car le nom est inscrit en toutes lettres. Alors que d'habitude, sur les alliances, on ne grave généralement que les prénoms des époux et une date. Or l'anneau d'or porte un nom et un prénom, plus une date.

Le registre de mariages confirme la date d'un mariage à Londres, qui correspond à celle inscrite sur l'alliance.

L'épouse... Susan... sans profession. L'époux Ronald, profession pompier.

Le surintendant reçoit dans son bureau le caporal Ronald Meyer, pompier, en uniforme. Il a l'air brave, mais pas tellement à l'aise. Il ne sait pas pourquoi on l'a convoqué.

– Caporal... vous avez été marié ?

– Oui, monsieur. Divorcé.

– Il y a combien de temps ?

Le surintendant sait. Il l'a vu sur le registre de l'état civil, mais il a pour principe de toujours poser une question dont il connaît la réponse. Pas pour la réponse, pour la manière dont elle est donnée.

Le caporal est un garçon costaud, à l'allure franche et loyale, qui approche de la trentaine, et qui regarde ses souliers pour dire :

– Deux ans et demi.

– Vous ne voyez plus votre femme ?

– Non, monsieur.

– Depuis combien de temps ?

– Depuis le divorce, monsieur.

Le surintendant Carliff ne fait aucun effet de voix ou de style, il annonce tranquillement :

– Eh bien, caporal, nous avons retrouvé votre femme.

Ronald Meyer, Ronnie pour ses camarades de caserne, ouvre des yeux ronds :

– Retrouvé ?

– Le squelette de l'église, c'est elle. Vous êtes au courant du squelette de l'église... caporal...

– J'ai vu ça dans les journaux, monsieur... mais... vous êtes sûr que c'est elle ?

– Elle portait encore son alliance. C'est pourquoi je ne vous demanderai pas de reconnaître Susan Meyer... Il en reste si peu... Mais il n'y a aucun doute, il s'agit bien d'elle...

– Si vous le dites, monsieur.

– Ça ne vous étonne pas, caporal ?

– Si, monsieur.

Le surintendant sourit légèrement :

– Quoi, caporal ?

Ronnie Meyer ne comprend pas.

– Qu'est-ce qui vous étonne ? Le fait qu'on l'ait retrouvée dans les décombres de l'église ? Ou bien qu'elle porte encore votre alliance, alors que vous étiez divorcés ?

Très malin le surintendant. En posant ces deux questions, il attend aussi une troisième réponse.

– Pour l'alliance... ma belle-sœur m'avait dit qu'elle avait disparu quelques jours après le divorce... Je suppose qu'elle ne l'avait pas encore ôtée...

Le surintendant incline la tête :

– C'est très probablement la raison... en effet.

Mais il constate, en silence, que le caporal ne s'est pas encore étonné du lieu de la découverte. Il aurait également pu dire : « Je ne savais pas qu'elle était morte. » Ou quelque chose d'approchant. Or il a cherché une réponse à la présence de l'alliance. C'est tout. Bizarre. L'homme est bien noté dans son corps, le surintendant s'est rapidement renseigné. Il est apprécié de ses amis, couvert d'éloges pour son courage. Ses voisins n'en disent que du bien. Son capitaine aussi.

– Pourquoi avez-vous divorcé, caporal ?

Ronnie Meyer regarde à nouveau ses pieds. Un timide, peut-être.

– Ben... on s'entendait pas, ma femme et moi.

Mais il regarde le surintendant en face pour ajouter :

– On était d'accord sur le divorce ; ça s'est fait sans histoires, et d'un commun accord.

– Merci, caporal.

Le surintendant ne soupçonne pas forcément Ronny Meyer d'avoir étranglé sa femme. D'abord il y a deux femmes. Un mari divorcé d'un commun accord n'a déjà pas tellement de raisons d'étrangler son ex, alors pourquoi une autre femme ?

Dans la même journée, le surintendant perquisitionne au domicile de l'ex-madame Meyer. Abandonné depuis la disparition de sa locataire, le petit appartement est resté en l'état, dépoussiéré de temps en temps par la sœur de Susan. Il est inhabité. Au mur, quelques photos. Le squelette était blond, Susan aussi, blonde décolorée. Une permanente soigneusement agencée. Des yeux agrandis par un maquillage voyant. L'air un peu bêbête, se dit le surintendant, mais sympathique. Des robes un peu suggestives.

Il fait le tour des penderies, des tiroirs et tombe devant un secrétaire, fermé à clé, qu'il demande à un agent d'ouvrir.

Le policier, qui a pourtant l'habitude, a du mal.

– On dirait qu'il a déjà été forcé, sans résultat.

Ce n'est qu'un petit secrétaire qui ne doit pas abriter la fortune de la banque d'Angleterre. Il ne contient, en effet, rien d'extraordinaire, sinon une enveloppe, portant une adresse : « Bridgett Claim, 18 Bradford Street. »

Il n'y a pas de timbre. Pas de nom d'expéditeur au dos. Et l'écriture, comparée à d'autres documents, est celle de Susan Meyer. Le surintendant décachette l'enveloppe, et en sort une simple feuille de correspondance, non datée, sur laquelle Susan a écrit :

« Bridgett, c'est toi qui a brisé mon ménage. Je n'aurais pas cru ça de ta part. Tout est fichu maintenant à cause de toi. »

C'est tout.

Au 18 Bradford Street, la concierge répond avec empressement que Miss Bridgett n'habite plus là depuis une bonne paire d'années. Elle n'a pas sa nouvelle adresse, et personne ne l'a, car Miss Bridgett a disparu justement depuis une bonne paire d'années...

– Comme ça, sans prévenir... qui aurait cru...

Au fichier des personnes signalées disparues, Bridgett a été enregistrée, sur demande de sa famille. La date de cette disparition correspond à celle de Susan Meyer.

Bridgett était sténotypiste, amie de Susan, maîtresse de son mari. Et elles sont mortes toutes les deux ensemble, probablement le même jour, à la même heure, étranglées de la même manière.

Le surintendant s'enferme avec le dossier, pour réfléchir. Le caporal pompier Ronald Meyer devient évidemment le suspect numéro un. Mais le mobile ? Quel serait son mobile ? Le divorce a été prononcé par consentement mutuel. Il avait tout loisir de vivre avec sa maîtresse sans pour autant supprimer sa femme. Une histoire d'argent ? Personne n'est riche dans cette histoire. Un comportement sadique ? Sa vie conjugale, ses amis, les femmes qu'il a connues avant et après, n'en font pas état.

Le caporal Ronald Meyer est un type normal, courageux. Un peu timide en dehors de son métier. Et pourtant c'est le suspect du surintendant Carliff. Pourquoi ?

– Parce que ça ne peut être que lui !

C'est la réponse du surintendant à son chef.

Pour mieux cerner le suspect, Carliff va discuter avec son capitaine de caserne.

– Courageux...

– Oui, ça, je sais.

– Quelle coïncidence...

– Quel genre de coïncidence ?

– L'église. Notre brigade a éteint l'incendie il y a quelques mois. Et Meyer s'est donné un mal fou, comme d'habitude. S'il avait su que sa femme était dessous...

– A mon avis il le savait, capitaine.

– C'est impossible. Ce n'est pas Meyer. Un élément comme lui, aussi dévoué. D'ailleurs, la nuit de l'incendie, il aurait pu y rester, si je ne l'avais pas arrêté.

– Arrêté ?

– Il voulait passer par un soupirail et atteindre les sous-sols pour attaquer le feu à la base. J'ai hésité, et il était trop tard. Mais finalement tant mieux, car je ne crois pas qu'il aurait eu le temps d'installer une lance. Il y serait plutôt resté.

– Il connaissait le sous-sol de l'église ?

– Peut-être. Aucune idée.

Le surintendant tient le détail qui lui manquait pour conforter son opinion. Pour cacher les deux corps il fallait connaître le sous-sol. Meyer le connaissait.

Mais le surintendant, lui, n'a pas idée du mobile. C'est agaçant un crime sans mobile apparent.

Faute de mobile, il reconvoque le caporal Meyer, pour tenter sa chance.

Mal à l'aise le caporal. Convoqué deux fois, c'est mauvais. Il se doute bien que le surintendant a quelque chose derrière la tête.

– Un détail, caporal... J'ai besoin d'un simple détail.

Il observe sa proie. Car, à cet instant, le suspect est une proie pour un policier comme le surintendant Carliff. Il faut être un chasseur malin. Prudent. Poser ses pièges sans en avoir l'air. Face à quelqu'un qui n'a aucune raison d'avouer, sans preuves matérielles contre lui, il faut être encore plus malin que malin. Renard.

– J'aimerais bien savoir, par quel hasard... enfin à la suite de quelles circonstances plutôt, vous avez...

Le caporal est attentif, le visage incliné, il attend. La suite ne vient pas immédiatement. Le surintendant plisse les yeux, tournicote son crayon, puis enchaîne :

– Parce que après tout... il n'y a aucune raison évidente à cela... n'est-ce pas ?...

Le caporal Meyer renifle le piège, ça se voit, et c'est bon signe.

– Bref... j'aimerais connaître les circonstances qui vous ont permis de vous familiariser avec le sous-sol de l'église.

Le visage du caporal s'éclaire. Il respire. Il est soulagé. Comme s'il se disait « ouf ». Mais il tarde un peu à répondre. Ce ne doit pas être si facile pour lui de répondre...

– Je vous écoute...

– Eh bien... en fait... j'ai aidé le pasteur autrefois...

– Ah. Dans les années ?

– Je ne sais plus... j'étais jeune, les années cinquante.

Le surintendant se lève, en souriant :

– Vous m'excusez une minute ?

Le caporal reste seul dans le bureau. Dans son dos, un agent garde la porte comme d'habitude, silencieux et maussade. Quelques minutes passent.

Le surintendant rouvre la porte, l'air un peu pressé, et s'adresse au caporal depuis le seuil :

– Je viens de joindre le pasteur. Il ne se souvient pas du tout de vous. Ni de quelqu'un d'autre en fait... Vous n'auriez pas une autre explication ?

Meyer en a sûrement une. Il devait se douter de la faiblesse de la première. S'il en a une, c'est que le piège fonctionne.

– Je crois que c'était à la chorale. Quand je chantais à la chorale.

Le surintendant vient se rasseoir en face de son suspect. Il est content.

– Je ne crois pas, caporal. J'ai la liste des personnes qui ont participé à cette chorale depuis la nuit des temps. Et vous n'y êtes pas. Par contre, j'ai le nom de votre femme, Susan, et aussi de Bridgett... votre maîtresse.

Le caporal blêmit. Son front se couvre de sueur sous le choc, il tente tout de même de se raccrocher à la perche que lui tend le policier :

– Ça doit être ça... c'est lorsque je venais les chercher à la chorale... enfin je veux dire... ça me revient...

– Les répétitions avaient lieu dans la sacristie... pas au sous-sol...

– Oui, mais c'est-à-dire que on a dû y aller quelquefois, comme ça, par curiosité...

– C'est inexact. Le bedeau dit qu'il en fermait toujours la porte... J'ai sa déclaration.

La proie s'est mise à découvert. Finalement c'était assez simple, cette chasse. Le caporal a compris qu'il est suspect, qu'il ne s'en sortira pas comme ça, que le policier va jouer avec lui indéfiniment au chat et à la souris. Alors il regarde ses chaussures :

– C'est moi qui les ai tuées.

Sa confession est assez simple elle aussi.

Il est venu chercher sa maîtresse à la chorale, un soir, alors qu'il était divorcé depuis quelques jours seulement. Et son ex-femme était là. Elle a voulu lui parler. Elle l'a entraîné dans le réduit attenant à la sacristie. Et là, elle lui a demandé une somme énorme, exorbitante, qui n'était pas prévue du tout dans les modalités du divorce. Il a refusé, elle s'est mise en colère, la dispute a dégénéré, et, de rage, il l'a étranglée. Sur place. C'est à ce moment qu'il s'est aperçut de la présence de Bridgett. Curieuse, elle avait voulu écouter ce que se disait le couple, et avait donc assisté au crime. Nouvelle dispute. Bridgett voulait le dénoncer à la police, il l'a étranglée aussi.

Il ne lui restait plus qu'à trouver les clés du bedeau, celles qui ouvraient la porte du sous-sol. Elles étaient bêtement accrochées au mur. Il a caché les deux cadavres, très vite. Sans même les enterrer, sans précaution. Une cachette dérisoire, qui aurait été découverte sans l'incendie de la vieille église.

Mais le pompier n'est pas criminel et incendiaire. C'est un cierge qui a mis le feu à une niche, sous laquelle se trouvaient d'autres cierges, rangés sur une étagère de bois. Et il y avait tant de bois.

Le caporal, une fois sur les lieux de l'incendie, a trouvé ce brasier providentiel. Il voulait courageusement pénétrer dans l'église par le soupirail, non pas pour y éteindre le feu, mais pour traîner les deux cadavres dans les flammes. C'était une chance formidable pour lui.

Hélas! Le capitaine a eu peur de risquer la vie d'un homme si courageux, d'un élément si dévoué, et il l'a retenu, au dernier moment.

Réclusion à vie pour le caporal Meyer.

Une nouvelle église a été construite en face de la boutique d'Ursula, de ses bocaux de thé, de gâteaux, de menthe, et de gingembre confit.

Elle est en béton, évidemment.

# A LA MANIÈRE DE...
## (Ils avaient lu Patricia Highsmith)

Nul n'a encore pu déterminer s'il existait ou non un gène propre à l'assassin. S'il y avait quelque part, enfoui dans le cerveau de ceux qui tuent, l'instinct du crime. Probablement parce que le fait de tuer est le résultat d'un mélange, de l'association de plusieurs éléments. Untel qui tue n'aurait peut-être pas tué si... la jalousie, la passion, l'ambition, la haine, le lucre, la faiblesse, la peur, la provocation n'avaient joué un rôle déterminant. Mais tel autre, placé devant les mêmes circonstances, ne tuera pas.

L'explication la plus simple d'un meurtre ou d'un assassinat, c'est que celui qui tue se débarrasse d'un problème vivant. S'il s'agit d'un meurtre, il s'en débarrasse de manière impulsive. Une réaction, en quelque sorte. S'il s'agit d'un assassinat, il s'en débarrasse après mûre réflexion. Avec préméditation. Et le meurtrier n'est pas condamné, en principe, aussi gravement que l'assassin. Le meurtrier a des circonstances atténuantes. L'assassin n'en a guère.

Prenons un homme exaspéré par sa femme, une harpie dotée de tous les défauts, une véritable pousse-au-crime. S'il l'étrangle dans un mouvement de colère... on le lui pardonne relativement. En revanche un homme qui veut se débarrasser de sa femme pour en prendre une autre, ou hériter, ou Dieu sait quoi d'autre, simplement parce qu'elle l'embarrasse ; s'il l'étrangle en disposant soigneusement un piège, en faisant croire, par exemple, qu'elle s'est pendue toute seule, on ne le lui pardonne pas.

L'assassin de madame Stephanie Cordelle, à New York, en 1968, et l'assassin de madame Elena Strauss, à Munich, en 1968, n'appartiennent pas à ces deux catégories. Il en est une troisième, rare heureusement. Exceptionnelle. Sauf dans les films d'Hitchcock ou les romans policiers. Les auteurs du crime parfait. Dont chacun sait en principe qu'il n'existe pas. Puisque chacun n'a en mémoire que des tentatives de crimes parfaits... qui ratent.

Voici donc, pour illustrer ce prologue, deux crimes parfaits.

Deux assassins. Deux victimes. Deux styles différents. Deux mobiles... ou le même ?

New York. Le ciel est noir, si noir que l'Hudson River a pris une couleur d'ardoise. Il fait froid, et l'assassin grelotte depuis trente minutes dans sa Chevrolet. Il a arrêté le moteur, il n'ose pas allumer de cigarette par peur de se faire repérer, il n'ose pas sortir de sa voiture pour faire les cent pas. En face de lui une villa de style californien, insolite sous ce ciel noir. L'homme est blond, en imperméable, d'apparence solide, la mâchoire carrée. Il fixe avec une attention soutenue l'extrémité de l'avenue, sursautant chaque fois qu'une voiture apparaît.

Cet homme est un assassin qui a prémédité son crime et qui attend de l'exécuter.

La victime arrive dans une petite voiture japonaise, rapide, nerveuse, et qui ralentit à peine devant la porte du garage automatique. C'est une femme, elle actionne une ouverture à distance et s'engouffre dans le garage de la villa dont le battant se referme aussitôt.

Il est 18 h 48. Dans sa Chevrolet, l'assassin surveille la pendule du tableau de bord. Il est nerveux car l'instant approche. Il a cinq minutes devant lui et, cette fois, il peut griller une cigarette, car ces cinq minutes vont lui paraître longues... et il ne risque plus d'attirer l'attention de sa victime puisqu'elle est à l'intérieur, au chaud, dans la grande villa californienne, vivante encore.

18 h 49. L'assassin tire sa troisième bouffée de cigarette.

A l'intérieur de la maison, la victime se débarrasse de son manteau. La quarantaine passée, une robe d'excellent couturier qui ne parvient pas à lui redonner l'élégance de ses vingt ans. Le corps est un peu flasque, gras, la chevelure d'un roux synthétique, trop flamboyant, les yeux marqués sous le maquillage agressif.

18 h 50, l'assassin fouille dans sa poche et crispe la main sur son arme. Doit-il retirer dès maintenant le cran d'arrêt?... Il hésite, renonce, et tire encore deux bouffées coup sur coup.

Dans la maison, la victime ôte ses chaussures de ville, aux talons trop pointus, et grimace de soulagement en posant enfin ses pieds douloureux à plat sur le carrelage. Stephanie Cordelle refuse de vieillir et de se regarder en face. Elle souffre à vrai dire pour rien, car elle serait plus agréable avec des cheveux auburn, des chaussures plates et un tailleur sport. Plus sympathique sans ce rimmel trop noir et ce rouge à lèvres trop rouge. Elle enfile des mules et passe au salon.

18 h 51. L'assassin écrase sa cigarette dans le cendrier de la Cadillac. Il n'a plus le temps d'en allumer une autre. Il surveille l'avenue, les phares d'une voiture qui passe le poussent à se glisser sur le siège afin de se protéger d'éventuels regards indiscrets.

Dans la maison, la victime allume le poste de télévision, fait le tour de tous les dessins animés de toutes les chaînes... C'est l'heure des enfants. L'heure où la télévision se charge de calmer les moutards, à la place des parents. Madame Cordelle n'a pas d'enfants, elle éteint le poste, agacée, et cherche un magazine sur la table basse.

18 h 52. L'assassin s'oblige à respirer calmement, lentement. Il frotte ses mains sur le tissu de son pardessus verdâtre. Une sorte de moiteur l'envahit. Il a des crampes dans les jambes, et ne cesse de surveiller la porte d'entrée de la villa.

Dans la maison, la victime feuillette un magazine de mode et se plonge dans un article détaillant les nouvelles techniques de lifting. L'arrêt des bombardements au Viêt-nam décidé par le Président Jonhson, qui est annoncé en première page, ne la passionne guère.

18 h 53. L'assassin ouvre la portière de la Chevrolet d'une main un peu tremblante. Il sort sans prendre garde à la pluie qui commence à tomber, marche rapidement vers la villa, monte les trois marches du perron et sonne. Il remet aussitôt la main dans sa poche, saisit l'arme, et ôte le cran de sécurité.

Dans la maison, la victime abandonne le magazine ouvert sur le canapé, se lève, traverse le salon, franchit le hall et ouvre la porte. L'assassin reconnaît la conductrice de la voiture japonaise, celle qu'il guettait.

– Vous êtes madame Cordelle ?

– Oui, monsieur.

– Votre mari ne vous a pas parlé de moi ?

– Ah c'est vous ! Entrez.

L'assassin et la victime sont en présence, il est 18 h 54. Madame Cordelle referme la porte d'entrée. L'assassin fait mine de retirer son pardessus derrière elle, mais lorsque la victime se retourne, il sort de sa poche le revolver, dont il vide le chargeur nerveusement, à bout portant, et en fermant les yeux à chaque détonation.

Munich. Cinq semaines plus tard. Il est 12 h 45.

L'assassin est dans la rue. Il fait froid et il est enveloppé d'un pardessus de cachemire beige, en contemplation devant la vitrine d'une boutique élégante de la Bayerstrasse. Il y a là des boîtes à cigares en loupe d'orme, des étuis à cigarettes en laque, des briquets de salon, des cendriers de cristal. La rue est animée, c'est l'une des plus élégantes de Munich.

Au troisième étage d'un appartement bourgeois, d'un immeuble bourgeois, de cette même rue bourgeoise, madame Elena Strauss examine le travail de sa femme de ménage, qui vient de partir. Un doigt sur les étagères de la bibliothèque... un doigt sur les disques... On ne se méfie jamais assez de ces femmes turques, qui n'ont selon elle qu'une notion approximative du lustrage des meubles.

Elena Strauss est une femme d'apparence froide et sèche, vêtue d'un pantalon et d'un pull. On pourrait hésiter sur le sexe, s'il n'y avait une vague ondulation dans les courts cheveux gris, et une ombre discrète de rouge sur les lèvres.

12 h 46. L'assassin observe dans la vitrine un pot à tabac en porcelaine, surmonté d'une pipe de bruyère. En réalité il regarde partir la femme de ménage turque, reconnaissable à son fichu colorié, à son cabas, et à sa mine fatiguée. Il la suit des yeux quelques secondes sur le trottoir, pour s'assurer qu'elle ne fait pas demi-tour.

Dans l'appartement, la victime se dirige vers une cuisine ultramoderne, pourvue d'un congélateur dont elle ouvre la porte. Après quelques secondes de réflexion, elle en sort un paquet fumant de froid. Des harengs surgelés qu'elle pose sur la table de formica blanc.

12 h 48. Dans la rue, l'assassin progresse d'une vitrine à l'autre, vers l'entrée de l'immeuble. Il stoppe devant une boutique de parfums, située juste en face de cette entrée. Le froid est si vif qu'il remonte le col de son pardessus, enroule son écharpe autour de son cou, très haut, jusqu'au menton, et baisse son chapeau sur ses oreilles.

Les parfums français sont hors de prix à Munich.

Dans la cuisine de l'appartement, madame Helena Strauss plonge les harengs surgelés dans une casserole design, émaillée de blanc et de noir, et tourne le bouton de la plaque électrique. Elle se rince les mains et choisit, parmi les boîtes de jus de fruit, un jus de pamplemousse en provenance de Jaffa.

12 h 49. Dans la rue, l'assassin se détourne de la vitrine, avance au bord du trottoir, un coup d'œil à gauche, à droite, il traverse rapidement, et se retrouve devant l'entrée de l'immeuble. Il s'assure que le couloir est vide, y pénètre, et examine les boîtes aux lettres. Il lit : Strauss, 3$^{e}$ étage gauche, et se dirige vers l'escalier.

Dans la cuisine de l'appartement, la victime enfile un gant de coton épais pour ouvrir la boîte de jus de fruit sans se blesser. Elle verse le jus dans un verre, retire le gant, jette un œil sur la casserole, et place sur la table de formica un plateau préparé avec une assiette, un couvert et une serviette de papier fleurie.

12 h 50. L'assassin est dans l'escalier. Petit, trapu, les cheveux noirs et courts, il a relevé son chapeau, et gravi en souplesse les marches du premier étage, puis du deuxième, et du troisième. Les escaliers ne sont pas très conséquents, il n'y a donc pas d'ascenseur, et les pas de l'assassin sont étouffés par une moquette épaisse. Il reprend son souffle tout de même, un souffle de concentration, et non de fatigue, vérifie dans sa poche droite la présence de quelque chose de mince. Et sonne à la porte.

Dans la cuisine de l'appartement, la victime fronce les sourcils. Elle n'aime pas être dérangée à l'heure du repas. Elle tourne le bouton de la plaque électrique, par sécurité, sort de la cuisine, traverse le salon bibliothèque-coin salle à manger, tire la tenture de la porte du couloir et ouvre.

– Vous êtes madame Strauss?
– C'est moi, monsieur.
– Votre mari vous a parlé de moi?
– Ah c'est vous? Entrez.

Tandis que madame Strauss referme la porte, l'homme passe devant elle, sort de sa poche une cordelette de nylon, se hausse sur la pointe des pieds pour la passer rapidement autour du cou de la victime. Ce n'est pas un expert en la matière, et la femme va se débattre longtemps avant qu'il ne puisse quitter l'appartement, en sueur, essoufflé, tremblant de tous ses membres, et le col de son pardessus de cachemire déchiré.

A New York, cinq semaines plus tôt, les voitures de police se sont garées devant la villa de style californien, sur les bords de l'Hudson River. Une armée de spécialistes a envahi la maison. Un policier en civil interroge Martin Cordelle, quarante-trois ans, dont la femme vient d'être assassinée.

– Vous n'avez aucun soupçon?

– Non. Comment voulez-vous? Nous ne sommes pas des gens en vue, ma femme n'avait pas de problèmes particuliers avec qui que ce soit... D'ailleurs ça me paraît clair, non?

Le veuf montre d'un geste épuisé le désordre de l'appartement, les meubles renversés, les tiroirs ouverts.

– Tout ce qui avait un peu de valeur a disparu. L'assassin cherchait de l'argent, sûrement, et il n'en a guère trouvé. Dans le sac de ma femme, c'est tout.

La table basse est renversée, le magazine sur le tapis montre toujours le « avant » et « après » du lifting du siècle, le sac est ouvert, son contenu répandu sur le sol, maquillage, boîte de poudre, rouge à lèvres, parfum, tout l'attirail d'une femme coquette. Et un porte-monnaie vide.

– Il a dû emporter une centaine de dollars... c'est tout. Ma femme se sert surtout de cartes de crédit. Et il ne les a même pas prises.

– Je sais, monsieur Cordelle, mais il arrive que les cambrioleurs soient des gens que l'on connaît. Le plus souvent, l'indicateur est un familier de la maison. Vous n'avez pas changé de domestiques? Une femme de ménage, une employée?

– Non...

– Il faut que nous parlions de votre petite amie, monsieur Cordelle...

Martin Cordelle regarde le policier, étonné :

– Je vous l'ai dit, je l'ai rencontrée il y a peu de temps, nous nous sommes connus pendant un voyage, et elle est à New York depuis trois semaines seulement. Elle est espagnole et ne connaît personne ici.

A Munich, les voitures de police ont envahi la rue. Les inspecteurs en civil et les policiers en uniforme font un va-et-vient incessant dans l'escalier de l'immeuble de la Bayerstrasse.

Albert Strauss, quarante-huit ans est effondré sur une chaise de la cuisine, devant le plateau du déjeuner de sa femme.

– Je n'étais pas sûr de rentrer, une conférence à l'agence de voyages. Je me suis décidé vers 13 h 30, et voilà...

Albert Strauss semble résister difficilement à une douleur insoutenable. La vision de sa femme, étranglée dans le couloir de l'appartement, l'a secoué.

L'enquêteur est intrigué. Rien n'a disparu dans l'appartement, qui est demeuré impeccablement en ordre. La femme de ménage a été entendue, sans résultat, elle est passée d'un ménage à un autre, dans un immeuble voisin, et la pauvre femme, maigre et fatiguée, aurait eu bien du mal à étrangler sa patronne avec une cordelette de nylon. Dans quel but d'ailleurs ? Quant au mari, il était à son agence de voyages avec ses employés, il est insoupçonnable.

Si l'enquêteur est intrigué, c'est que l'explication qui vient la première à l'esprit est celle d'un cambrioleur, dérangé après son crime, et qui n'aurait pas eu le temps de voler. Mais l'immeuble est d'un calme serein. Personne n'a entendu quoi que ce soit ou fait de bruit au premier étage. Au deuxième il n'y a personne, et au-dessus c'est le toit. Par qui et comment aurait-il été dérangé, ce cambrioleur ?

– Votre femme avait-elle une relation ? Disons clairement un amant ?

– Ma femme ?

Monsieur Strauss a un regard si étonné que le policier n'insiste pas. Le visage revêche que l'âme de la malheureuse Elena Strauss vient d'abandonner sur la moquette du couloir n'autorise guère de spéculations dans ce domaine.

– Et vous, monsieur Strauss ?... Pardon de vous ennuyer avec ça... cela n'a pas l'apparence d'un crime de femme, mais avez-vous une relation ?

Monsieur Strauss hausse les épaules avec découragement.

– Si l'on peut dire, oui. Une connaissance faite en voyage...

– Elle est à Munich ?

– Depuis trois semaines seulement... Nous nous sommes connus à Majorque, à l'hôtel Formentor. Elle s'occupait d'une agence de voyages, alors... Mais ça n'a plus d'intérêt, maintenant... D'ailleurs elle ne connaît personne ici.

A New York, l'enquête sur la mort de madame Stephanie Cordelle a piétiné. L'impasse. Ni indice, ni mobile, à part le vol. Pas d'empreintes, pas de témoignages. La police a entendu la maîtresse de Martin Cordelle, une jeune Espagnole de vingt-six ans, ravissante, aux yeux immenses et noirs. Maria Mendez n'a rien d'une scandaleuse. Elle a suivi les cours d'une école d'hôtesses et a connu Martin Cordelle lors d'un congrès des agents de voyages à Majorque. A l'hôtel Formentor. La jeune femme n'en est pas à sa première liaison, mais celle-ci semble plus durable, elle a prévenu sa famille à Barcelone de son intention d'aller vivre aux États-Unis. Elle ne peut en aucun cas être impliquée dans le meurtre de la femme de son amant actuel. Elle était en rendez-vous ce jour-là et à cette heure-là, avec un futur employeur à New York.

A Munich, c'est la même impasse. Indices nuls, pas de témoins. Enquête en rade. La « relation » d'Albert Strauss vivait à Rome, elle était employée dans une agence de voyages. Luisella Porta, une Italienne d'une rare beauté, aux cheveux blond vénitien et aux yeux pers, a connu Albert Strauss, ainsi qu'il l'a dit, lors d'un congrès. Elle l'a rejoint à Munich où, parlant allemand, italien et anglais parfaitement, elle a trouvé rapidement un job. Le jour et à l'heure du crime, Luisella Porta participait à une conférence internationale en tant qu'accompagnatrice et traductrice d'un homme d'affaires italien. Elle est totalement hors de cause.

Les deux crimes ne se ressemblent pas. Ils ont eu lieu l'un à New York et l'autre à Munich. Seules les professions sont les mêmes pour les deux maris des victimes. Agents de voyages. Et ils ont tous deux une maîtresse. Une Espagnole et une Italienne. Mais la police de New York n'a aucune raison d'être mise au courant d'un fait divers criminel à Munich, et vice versa. De même, les deux rencontres entre amants et maîtresses se sont produites à l'hôtel Formentor de Majorque. Mais chacun l'a mentionné sans hésitation, et comme les deux enquêtes ne sont pas parallèles, que rien ne les relie dans l'esprit de la police... cela n'a pas d'importance.

Le petit grain de sable vient d'un obstiné par principe. C'est un policier milanais, à qui la police allemande a demandé les renseignements d'usage sur la jeune et jolie Luisella Porta. Luisella, la maîtresse de Munich, est insoupçonnable. Il s'agissait seulement d'une enquête de routine. Il fallait bien mettre quelque chose dans le dossier du procureur.

La même demande a été faite, toujours par routine, pour Maria Mendez. Mais...

C'est à Rome que se trouve le grain de sable obstiné. Sans lui, cette histoire n'aurait jamais été révélée. Elle ferait partie de ces crimes parfaits que nous soupçonnons, mais auxquels nous n'assistons jamais en détail, et pour cause.

L'obstiné se nomme Nizzio. Inspecteur Nizzio. Petit, fouineur,

Romain dans l'âme et d'une obstination d'archéologue. C'est son tempérament. Il s'est rendu à l'adresse indiquée sur le passeport de Luisella, il a vu les parents dont il n'a pas appris grand-chose, il s'est rendu ensuite à l'agence de voyages, où on lui a confirmé que la jeune femme était un excellent élément, d'un professionnalisme parfait, et qu'elle avait vécu pendant trois ans, avec un jeune footballeur, des amours tumultueuses. Le footballeur était sicilien, et jaloux.

Jaloux, c'est un point commun à beaucoup d'Italiens. Mais lorsqu'un Romain entend parler d'un Sicilien, et qu'il s'agit de l'obstiné inspecteur Nizzio... Cela lui met la puce à l'oreille.

Nizzio va donc interroger le footballeur, alors que personne ne le lui a demandé. Alors qu'en principe un amant délaissé et jaloux s'attaquerait ou à sa maîtresse ou à son rival. Mais pas à la femme de ce rival. Nizzio y va quand même. Une idée comme ça...

L'apollon a les traits réguliers et la grâce du discobole. Beau comme un dieu du stade, mais un petit pois dans la tête.

Oui, il était amoureux, et oui, il était jaloux. Les dernières semaines de son union avec Luisella furent donc très mouvementées. Il ne refuse pas d'avouer qu'il s'est même rendu aux Baléares, à l'hôtel Formentor, où elle se trouvait pour son travail, afin de la surveiller et de la surprendre. Et il l'a surprise.

– Avec Albert Strauss ? demande l'inspecteur Nizzio, mine de rien.

– Exactement.

– Vous l'avez vu, lui ?

– Ça oui, je l'ai vu.

– Vous vous êtes bagarrés ?

– Une fois, au bar de l'hôtel. On a failli se battre, mais ça a tourné court.

– Vous étiez où, le 2 novembre 1968 ?

– A Milan, pour un match.

Alibi incontestable. Il y a les photos, les résultats du score, les interviews dans la presse. Il ne pouvait être en Allemagne en train d'étrangler, Dieu sait pourquoi, la femme de son rival, qui elle ne lui avait rien fait.

Évidemment, un Sicilien peut toujours commanditer un crime de loin, la Mafia est là pour ça. Mais là encore, c'était le rival ou Luisella...

– Donc vous avez failli vous bagarrer.

– Ben oui. J'étais tellement énervé qu'en entrant dans le bar la première fois, j'ai vu Luisella avec un type, un petit mec trapu, j'ai cru que c'était lui son amant, je me suis jeté dessus, sans rien écouter, j'étais mort de rage, et là-dessus voilà qu'un autre type arrive, un grand blond, avec des mâchoires carrées, des dents blanches, et c'était lui, le salaud... J'ai pas eu le temps de me retourner, les loufiats de l'hôtel m'ont viré. Je m'étais gouré de mec... J'avais pas l'air malin...

– Il s'appelait comment l'autre ?

– C'était un Ricain, un certain Cordelle... Un petit mec trapu, moins bien que l'autre... Ça les a pas empêchés de boire un coup ensemble tous les trois, et moi de me faire vieux sur la plage... J'ai laissé tomber.

Si le jeune footballeur a laissé tomber, l'inspecteur Nizzio, sans qu'on le lui demande, reniflant peut-être une sombre histoire de coucherie dans cet hôtel, décide de faire une chose qui va bouleverser les deux enquêtes.

Car, encore une fois, jamais les polices de New York ou de Munich n'auraient pu établir le moindre lien entre les deux affaires. Jamais la police de New York n'aurait dû s'inquiéter du fait qu'à Majorque, aux Baléares, à l'hôtel Formentor, six mois plus tôt, un certain Martin Cordelle avait rencontré un certain Albert Strauss. La police américaine n'a pas à savoir qui est monsieur Strauss, et la police allemande à savoir qui est monsieur Cordelle.

Mais, du fond de son petit bureau à Rome, l'inspecteur Nizzio, l'obstiné, expédie une demande d'information aux États-Unis. « Avons besoin de renseignements sur Martin Cordelle, qui se trouvait à l'hôtel Formentor à Majorque en septembre 1968, congrès des agences de voyages. Stop. »

Interpol est là pour ça. Washington transmet à New York, qui répond : « Martin Cordelle, agent de voyages, 43 ans, demeurant à New York, etc., épouse assassinée à son domicile, le 18 novembre 1968, vers 19 h 00 locale. »

L'inspecteur Nizzio a bien droit à son jambon de Parme, un de ses plats préférés. Et la ronde des télégrammes continue.

C'est ainsi que l'on apprend d'un côté et de l'autre de l'Atlantique, que :

Albert Strauss a débarqué à l'aéroport Kennedy d'un avion de la Lufthansa, le 17 novembre, veille du crime à New York. Il a loué une voiture, une Chevrolet, qu'il a rendue le lendemain. Il a séjourné trois jours à l'hôtel Belmont et a quitté New York par un vol Lufthansa. Le signalement suit : Blond, grand, mâchoires carrées, dents blanches.

Le seul témoin qui passait dans la rue à 19 heures a signalé un homme blond au volant d'une voiture.

Et l'on apprend aussi que Martin Cordelle s'est posé à Munich, le 23 décembre dernier. Qu'il a loué une voiture, qu'il a passé la nuit à l'hôtel Leopold. Qu'il a repris un vol pour New York en début d'après-midi, le lendemain.

C'est ainsi que les deux assassins sont démasqués. Parce qu'un petit inspecteur italien et obstiné a conclu dans son coin :

– Ces deux-là ont lu Patricia Highsmith, et ils ont vu le film d'Hitchcock, *L'Inconnu du Nord-Express*... Échanger son crime, d'un pays à un autre, face à des polices différentes, l'un tuant au revolver et l'autre à la cordelette de nylon, à cinq semaines d'écart. Impossible d'établir un rapprochement.

Et ils avouent, les deux auteurs de crimes presque parfaits. Martin Cordelle a eu le coup de foudre pour Maria Mendez, la belle Espagnole aux yeux noirs, la superbe hôtesse de l'hôtel Formentor. Et Albert Strauss a ravalé sa cravate de désir, devant l'inoubliable Luisella Porta, la blonde Romaine aux yeux pers, qui assistait au congrès.

L'un pour sa beauté, l'autre pour sa fortune, peu importent les mobiles de ces demoiselles, ils ne sont pas condamnables en justice.

Et les deux amoureux éperdus de la quarantaine, ayant chacun, à domicile, qui une rousse synthétique et fatiguée, qui une asexuée aux cheveux gris, se sont parlé. Leur destin semblable les a rapprochés. Ils se sont mutuellement confié leurs amours, et se sont découvert le même obstacle. Comment se débarrasser d'un obstacle vivant ? Comment se débarrasser des deux ?

Tu flingues la mienne, j'étrangle la tienne... ni vu ni connu, je t'embrouille avec les fuseaux horaires.

Préméditation : lourdes charges, lourdes peines. Les deux agents ne sont plus du voyage, ils tournent en rond chacun dans une cellule. D'un continent à l'autre elles se ressemblent tellement, que l'on y croupit de même. En bons faux jumeaux du crime presque parfait.

# LA MIDINETTE TARDIVE

Dans les ruines de l'Allemagne de l'Ouest, après la guerre, la jeunesse mâle est rare. Les derniers combattants du Reich avaient à peine seize ans pour certains lorsque l'ultime furie nazie les jeta dans la bataille.

Sutterlin s'en est sorti blessé. Il a vingt-cinq ans dans les années cinquante. Vingt-cinq ans, c'est jeune pour un ancien combattant. En fait il n'a connu que la guerre, et a du mal à s'insérer dans une vie civile normale. Dans une jeunesse normale. Quel métier pratiquer lorsqu'on a été élevé dans les Jeunesses hitlériennes à manier la mitraillette, à obéir aux ordres, à l'âge où l'on a des boutons sur le nez et où on devrait grimper aux arbres ? Les marques sont indélébiles.

Sutterlin n'a même plus de prénom. Dans l'armée, dans les camps, on a seulement un matricule et un nom. Sur la porte de l'appartement qu'il a loué, dans ce qui reste debout à Berlin, une plaque indique seulement Sutterlin-Photographe.

C'est un garçon de taille moyenne, brun, aux yeux noirs, aux sourcils épais, au front marqué d'un petit pli vertical qui lui donne en permanence un air soupçonneux.

Il sort de chez lui chaque matin vers dix heures, pour se rendre dans un café, où il lit les journaux en prenant son petit déjeuner.

Il ne s'en est pas aperçu, mais depuis plusieurs semaines un homme l'observe. Un agent de l'espionnage est-allemand sous contrôle soviétique, évidemment. Son métier de photographe indépendant, fournissant du matériel à des journaux et des magazines très différents lui permettant de rencontrer des gens également très différents, de fréquenter des lieux très différents... a attiré l'attention des services secrets de l'est. L'homme chargé de le surveiller a fait un rapport qui semble convenir.

– Cynique, sans scrupules, impulsif. Communiste sans passion. Il est aigri, selon lui la société allemande l'ignore, on ne reconnaît pas sa valeur, on ne fait rien pour ceux qui ont risqué leur vie pour l'Allemagne.

Autrement dit cet homme est bon à prendre. Le communisme peut lui offrir un chance de combattre cette société allemande. Une revanche en quelque sorte.

En 1955, Sutterlin est contacté par les services de l'Est qui ont jugé que ce jeune homme était prêt à tout, même à trahir, pour justifier sa vie, après les ruines et le désastre.

Deux ans plus tard, un individu fort important, Leonid Prokhorov, s'intéresse aux renseignements que fournit Sutterlin. Ce Prokhorov n'est que le deuxième secrétaire de l'ambassade d'URSS en Allemagne de l'Ouest. Poste en apparence peu extraordinaire. Mais dans les ambassades soviétiques de l'époque, et il n'y a pas si longtemps encore, les secrétaires d'ambassade ont toujours été des gens importants, secrètement.

Prokhorov fait engager l'agent Sutterlin par le KGB. Le saint des saints... où il prend le nom de code de Walter.

Et le KGB lui ordonne de devenir photographe mondain, d'accroître son activité dans ce sens, de militer dans la société qui réclame la réunification de l'Allemagne, de travailler pour les services de la protection civile et le contre-espionnage de la RFA – qui n'existe pas officiellement puisqu'on l'appelle pudiquement « Service de Protection de la Constitution ».

A la fin des années cinquante, Sutterlin est devenu plus qu'un ancien combattant. C'est un espion confirmé, prêt pour une mission importante. Il ne gagne pas énormément d'argent. Le KGB n'a jamais été généreux en matière de remboursement de notes de frais. Il s'en plaint, il voudrait briller, rouler en voiture de luxe. Prokhorov le sait. Un deuxième secrétaire de l'ambassade soviétique, où qu'il soit, sait tout de ses agents, même les plus minables. Or Sutterlin est le contraire d'un minable. Il est beau garçon. Ce qui donne une idée à son manipulateur.

– Mon ami, si vous voulez servir notre cause... et améliorer votre train de vie, il vous faut voler plus haut.

La cause communiste d'abord, l'argent ensuite, c'est dans la dialectique convenue.

Sutterlin ne demande pas mieux mais comment faire pour voler plus haut sans moyens ?

– Votre arme principale c'est la séduction... Vous êtes beau, mon vieux... Vous devriez vous essayer auprès des femmes.

– Quelles femmes ?

– J'ai trois objectifs en vue pour vous.

Le deuxième secrétaire sort d'une enveloppe verdâtre (on manque de papier en Allemagne de l'Est, en Russie aussi... et les enveloppes sont chères...) trois photographies de femmes.

Sutterlin les examine, en professionnel. De l'espionnage, car les photos ne sont pas formidables. Personne n'a posé, et pour cause : ce sont des documents pris dans la rue, par un espion, et au téléobjectif.

– Laquelle préférez-vous, Sutterlin ?

L'espion séducteur fait la moue sur la première... insignifiante ; la deuxième a l'air d'un dragon... et la troisième n'est vraiment pas jolie.

Prokhorov ramasse alors les deux premières photos, les remet dans son enveloppe verdâtre, et laisse la troisième sous le nez de son agent :

– C'est pourtant celle-là que je vous ai choisie...

– La raison ?

– C'est la plus inabordable, la plus incorruptible. Rien qui nous permette de penser qu'elle puisse devenir espionne. Rien dans son passé. Une bonne chose, cela écartera les soupçons du contre-espionnage.

– Elle fait quoi dans la vie, cette « beauté » ?

Sutterlin est décidément arrogant. Mais Prokhorov fait partie des individus mâles qui croient à l'efficacité de l'arrogance avec les femmes, surtout avec les laides. Déstabiliser les individus semble être son credo.

– Cette demoiselle travaille au cabinet du sous-secrétaire du personnel et de l'administration... au ministère des Affaires étrangères. A ce titre, elle a donc accès à un certain nombre de documents classés « confidentiels », « secrets », et « très secrets ». Nous savons que son chef de service se repose entièrement sur elle. Il a en elle une confiance absolue, et méritée d'ailleurs. De plus, elle a également accès au bureau du ministre de la Défense Franz Joseph Strauss...

Sutterlin examine encore la photo de la femme décrite par Prokhorov. Terne, vraiment. Sans aucun charme.

– Que savez-vous d'elle sur le plan personnel ?

– Sérieuse, ponctuelle, compétente. Elle vous paraîtra d'abord froide et distante. Nous pensons que ce comportement est dû à ses nombreux échecs sentimentaux. Il y a quelques années elle a connu un jeune homme, il s'est tué dans un accident. Et il y a trois ans elle était la maîtresse d'un homme d'âge mûr, d'apparence respectable. Cet homme respectable lui a avoué tardivement qu'il était marié. Rupture donc, et depuis elle vit en célibataire. Nous avons l'impression que la solitude ne la satisfait pas totalement, et l'effraie même un peu.

Prokhorov a fouillé la vie de cette femme, étudié son comportement, comme si le personnage lui appartenait, le dépouillant de ses secrets les plus intimes, de ses amours, de ses déceptions... C'est assez horrible, mais Sutterlin est devenu un espion modèle, froid, indifférent à cette indécence morale. La seule chose qui le préoccupe, c'est pourquoi on l'a choisi, lui.

– Sa psychologie, que nous avons étudiée pour déterminer les moyens de pressions utilisables, et ses réactions éventuelles face à des situations déterminées, nous a conduits à vous. L'acheter ? Il ne faut pas y compter. Trop honnête, et elle n'a pas de gros besoins. Trop courageuse pour céder au chantage. D'ailleurs, pour la faire chanter, il faudrait fabriquer un motif de toutes pièces, et ce serait très difficile car elle est intelligente, et méfiante. J'ajoute que le simple fait de la contacter comporte certains risques. Comme tout le personnel de cette administration elle est tenue d'informer immédiatement le service de sécurité de ce qui se passe dans sa vie sociale, familiale, de ses problèmes de santé, et des personnes qui entrent en relation avec elle...

Sutterlin fait la moue :

– Dans ces conditions je ne vois pas comment je peux réussir ?

– Le défaut dans la cuirasse de cette femme, le seul... c'est son sentimentalisme. L'un de nos psychologues a fait d'elle un portrait parfait, en la qualifiant même de « midinette tardive ».

– Quel curieux diagnostic... en clair ?

– L'unique chose qui puisse l'aveugler, lui faire perdre le sens du réel, c'est l'amour...

– L'amour ? Vous y allez fort...

– Beaucoup plus que vous ne semblez l'imaginer, mon cher Sutterlin... car votre mission est claire, et voici les ordres : vous vous rendez à Bonn, vous tombez amoureux de cette femme, en simulant évidemment, et vous l'épousez ! Elle s'appelle Eleonor Heinz. Mes félicitations Sutterlin !

Décembre 1959. Sutterlin vit donc à Bonn, capitale politique de l'Allemagne de l'Ouest.

Le don juan espion a alors trente-cinq ans, quelques cheveux gris sur les tempes qui ajoutent à son charme.

En ce mois de décembre, il fait un froid démoralisant, mais Sutterlin est en pleine forme. Un bouquet de roses rouges à la main, il sonne à la porte d'Eleonor Heinz. Il ne l'a pas encore rencontrée cette « midinette tardive » selon les critères du KGB.

La femme qui lui ouvre est entre deux âges, cheveux châtains ternes, taille moyenne, des lunettes. Une robe noire, un modeste collier de perles sur un décolleté chaste, une apparence austère.

– Oui ?

– Euh, excusez-moi, je cherche mademoiselle Eleonor Heinz.

– C'est moi, monsieur...

– Ah bon ? Il doit y avoir une erreur alors... excusez-moi...

– Quelle erreur ? Je suis Eleonor Heinz !

– Mais... bon... alors vous n'avez pas une sœur ?

– Non, monsieur.

Sutterlin, en homme courtois et galant, son bouquet à la main, semble très embarrassé...

– Je... pardon de vous poser la question, mais vous vivez seule ici ?

– Bien entendu...

– Alors je suis désolé. Vraiment désolé... C'est un quiproquo regrettable... Voyez-vous, j'ai rencontré hier une jeune femme qui m'a dit s'appeler comme vous... Je devais lui rendre visite aujourd'hui... et... oh je suis désolé, vraiment.

Eleonor Heinz a un sourire indulgent, amusé aussi. L'homme est charmant et il a l'air tellement penaud...

– Je suis navrée pour vous, monsieur. Ici il n'y a que moi. J'ai peur que vous ayez été victime d'une mauvaise plaisanterie...

Le bouquet de roses rouges pique du nez vers le sol, et Sutterlin à la mine d'un amoureux de Peynet éconduit.

– Je vois... excusez-moi alors... vous voyez, il y a peu de temps que je suis à Bonn... Je ne suis pas très au courant des usages... J'imagine que cette jeune femme a trouvé un excellent moyen de se débarrasser de moi...

Sur cette constatation humiliante, Sutterlin salue tristement en marmonnant :

– Décidément... les femmes et moi...

Il fait quelques pas sur le palier puis se retourne, brusquement, style « grand timide qui se jette à l'eau ».

– Si j'osais, mademoiselle...

Il tend le bouquet de roses rouges.

– Faites-moi le plaisir d'accepter ces fleurs, au moins elles ne seront pas perdues...

Bien joué, Sutterlin. Le coup du type sympathique et correct, qui connaît des avatars sentimentaux... Eleonor accepte les fleurs en souriant. Elle se voit instantanément invitée à dîner. Comment dire non à ce malheureux, perdu dans la ville, et qu'une femme vient de tourner en ridicule ?

Au service Z. B9 du ministère des Affaires étrangères, les collègues d'Eleonor observent un changement dans son attitude. Enjouée, chaleureuse tout à coup, c'est une autre femme que la secrétaire taciturne et froide qu'ils ont l'habitude de côtoyer. Eleonor se fait éclaircir les cheveux, change de robes, opte pour des couleurs gaies... et au bout de quelques jours encore, son bonheur devenant par trop évident, elle rend compte au service de sécurité, ainsi qu'elle le doit, de sa nouvelle fréquentation. Le service enquête ne découvre rien d'anormal dans le curriculum vitae du prétendant et, le 12 décembre 1960, un an plus tard donc, l'espion Sutterlin, nom de code Walter, câble à Leonid Prokhorov : « Adressez félicitations à votre protégé pour son mariage à Cologne. »

Manière d'annoncer la réussite de sa mission, et de demander de nouvelles instructions.

Instructions qui lui seront désormais données par un certain colonel Runge. Établi en Allemagne de l'Ouest depuis 1955, sur ordre du KGB, Runge est d'une efficacité remarquable, il est rapidement monté en grade, et manipule plusieurs réseaux. C'est le genre sympathique, un physique qui fait irrésistiblement penser à un acteur américain, grand spécialiste des comédies hollywoodiennes, Fred Mac Murray. Bonne humeur et sourire toujours agréable, humour léger, élégance classique, en costume bleu croisé et cravate de soie grenat. Il rencontre Sutterlin rapidement.

– Sutterlin, les ordres sont simples... extrêmement simples... Comme vous le savez votre épouse occupe discrètement un poste clé. Vous devez tirer d'elle tout ce que vous pourrez. Le maximum. Tous les documents qui lui passent par les mains doivent être photographiés par vous. Elle les emprunte pour un instant, et les remet en place ensuite... Vous voyez, c'est simple.

– Simple... non. Je dirais même que ce n'est pas si facile. D'accord nous sommes mariés, d'accord elle est très amoureuse de moi, mais elle n'est pas communiste du tout. Elle en est loin. Comment m'y prendre ?

– Nous y avons pensé pour vous. Il faut caresser cette femme dans le sens du poil. Puisqu'elle est plutôt dans le camp des nationalistes, et anticommuniste... c'est par là que vous devez la prendre, si j'ose dire... Voyons, vous faites partie vous-même de la Kuratorium Unteirlbares Deutschland... Vous devez donc vous faire passer pour un fervent partisan de la réunification allemande. Cette association, qui réclame la réunification, ne doit pas avoir de membre plus passionné que vous ! Vous en faites état, vous le glissez dans les conversations, et vous glissez également que pour que cet idéal ait des chances de se réaliser, il faut absolument que « Kuratorium » soit mise au courant des décisions politiques prises à l'Ouest. Autrement dit, le devoir de votre femme, et elle est une femme de devoir... son devoir de patriote est d'aider les anticommunistes en les informant ! C'est clair ?

– C'est clair...

Il faut admettre dans cette histoire que les « psy » du KGB connaissent affreusement bien leur métier... Car Sutterlin réussit parfaitement.

Durant six années, amoureuse, confiante, engagée, Eleonor écume le ministère des Affaires étrangères. Sa position exceptionnelle lui permet parfois de subtiliser des rapports d'ambassades allemandes, avant que le ministre lui-même en ait pris connaissance.

Et cette femme est heureuse en ménage. Heureuse en amour ! Les soirées avec Sutterlin, les petits dîners, l'amour avec Sutterlin, tout est parfait. Jamais elle n'aurait espéré refaire sa vie de cette manière. Eleonor est une femme comblée, et le KGB aussi.

Voyons quelques exemples de renseignements qu'il reçoit par l'intermédiaire de l'époux parfait d'Eleonor Heinz.

« Claf du système d'alarme de l'OTAN... » « Rapport sur les missions d'espionnage de l'Allemagne de l'Ouest à l'étranger... » « Rapport sur les manœuvres de l'OTAN de 1964 à 1966... » « Plan d'exception du gouvernement de... » « Rapport sur les procédés de chiffre et les codes du ministère des Affaires étrangères... » « Compte rendu du ministre des Affaires étrangères sur la réunion du Conseil des ministres de l'OTAN à Ottawa en 1963... » « Plan de l'OTAN en cas d'alarme à Berlin... »

Le procédé est effectivement simple, ainsi que l'avait affirmé le colonel Runge. Eleonor se sert parfois d'une serviette de cuir à double fond, parfois d'un journal, abandonné sur la table de la cantine où son mari vient la rejoindre pour déjeuner. Sutterlin photographie alors les documents qu'elle vient de subtiliser, et Eleonor les remet en place dès le début de l'après-midi. Absence courte, risques nuls. Deux mille neuf cents documents sont ainsi passés à l'Est, parmi lesquels mille classés « secrets », et cinquante classés « très secrets ».

Eleonor n'a pas une seconde le sentiment de trahir... Elle croit participer à la lutte anticommuniste, alors que son époux bien-aimé reçoit, en échange, beaucoup d'argent du KGB. Car il a atteint l'excellent niveau. Il est enfin riche, sa compétence reconnue, belle revanche pour le petit photographe qui errait dans les ruines de Berlin après la guerre, en maudissant cette société qui ne lui offrait aucun avenir...

C'est alors, paradoxalement, que le KGB prend peur. En effet les documents sont si importants et si nombreux... que le grand corps d'espionnage soviétique se demande si par hasard ils ne seraient pas faux! Si les grands « psy » et les grands manipulateurs ne seraient pas victimes d'une manœuvre d'intoxication! La mariée est trop belle en quelque sorte, et la maladie des espions, c'est l'espionnite. J'espionne qui m'espionne, et on m'espionne en train d'espionner...

Ordre est donné au colonel Runge de cesser tout contact avec le couple Sutterlin. Runge est furieux, son affaire marche si bien, et il proteste, sûr de la loyauté du couple. En vain. On ne proteste pas au KGB.

Sutterlin, lui, ne voit qu'une chose : sa source de revenus est tarie. L'argent est son mobile, l'argent est sa passion. Il se présente donc Prokhorov, sans préalable ni contact, ni intermédiaire, lequel le reçoit froidement.

– Vous commettez une erreur grave, Sutterlin. En venant me voir à mon bureau, ici, sans demande préalable, et sans précautions élémentaires.... Ne serait-ce que pour cela, le KGB ne reviendra pas sur sa décision. Les ponts sont rompus; nous n'avons plus besoin de vos services, vous ne figurez plus dans la liste de nos agents... Si vous tentez le moindre contact à l'avenir, votre dossier sera communiqué au contre-espionnage de l'Allemagne de l'Ouest. C'est clair?

Tout est toujours clair au KGB, dans ce genre d'affaires. Sombre et clair. Dans ce métier on ne fait pas de cadeaux. Jamais. Un ordre est un ordre, une fin de non-recevoir en est une, et une menace en vaut dix.

Le colonel Runge lui-même en fait les frais d'une manière inattendue...

En octobre 1967... le 10 exactement, le colonel et sa jolie femme Valentina, qui travaille avec lui, avertissent leur supérieur hiérarchique de ce qu'ils considèrent comme une bonne nouvelle...

– Valentina est enceinte, nous allons avoir un deuxième enfant.

Le supérieur hiérarchique répond aussitôt :

– Pas question ! Impossible. Que Valentina se fasse avorter !

Il est des interdits qui dépassent les bornes. Valentina veut cet enfant. Un enfant n'a rien à voir avec le KGB. Son ventre lui appartient... Mais le « niet » est sans équivoque.

Le colonel pousse son épouse à obéir.

Quelques jours plus tard donc, Runge vient déclarer à son supérieur que l'opération a eu lieu. Valentina a les traits tirés, elle a subi un choc. En compensation de cette obéissance absolue, Runge demande à être envoyé aux États-Unis. Une petite faveur pour un gros sacrifice...

Réponse du supérieur hiérarchique :

– D'accord, Runge, à une seule condition, élémentaire bien entendu : Que vous laissiez en Russie votre fils unique...

Sourire chafouin de l'officier...

– Il est jeune, il a besoin d'une éducation soviétique... Les États-Unis pour un enfant... Vous êtes d'accord, j'en suis certain...

En réalité et comme toujours, un élément de la famille sert d'otage, de garantie de retour... On ne le dit pas, on argumente logiquement.

Cette fois, Runge se révolte. Ce sont des choses qui arrivent, en dépit des grands discours des psychologues du KGB : à force de tirer sur la corde, elle se rompt.

Le 10 octobre 1967, Runge et son épouse Valentina demandent l'asile politique aux autorités américaines de Berlin-Ouest. Deux jours plus tard, après vérification de leurs dires, ils comparaissent devant le chef de la CIA, lequel s'est déplacé spécialement car la proposition est alléchante.

En échange de leur passage immédiat aux États-Unis, de leur liberté, et de leur protection, les époux Runge livreront les réseaux qu'ils contrôlent en Allemagne de l'Ouest. Or, dans ces réseaux, figurent deux des meilleurs agents du KGB.

L'un, Leopold Pieschel, n'est autre que l'élégant et discret maître d'hôtel de l'ambassade de France à Bonn.

L'autre, c'est le couple Sutterlin, qui ne font qu'un par mariage...

Une journée d'octobre, douce et rousse, la nuit tombe doucement sur le jardin de la ravissante villa des Sutterlin. Le maître de maison admire les dahlias et chrysanthèmes que son épouse y a plantés. Il est

17 heures lorsqu'une voiture s'arrête silencieusement devant la grille du jardin. Deux hommes encadrent Sutterlin : les policiers du contre-espionnage de Bonn viennent de s'emparer de l'agent « Walter ».

A la même heure très exactement, Eleonor est arrêtée, dans son bureau du ministère des Affaires étrangères. Le ministre, prévenu à l'avance, n'y croyait pas... Et Eleonor réalise, d'un coup, qu'elle travaillait pour le KGB. Le choc est si terrible que frappée de stupeur la pauvre femme reconnaît les faits, immédiatement. Sa seule défense étant qu'elle croyait renseigner les anticommunistes.

Eleonor n'est pas au bout de ses désenchantements. Elle apprend la vérité vraie, la seule en fait qui compte pour elle, quelques jours plus tard, de la bouche de son avocat.

– J'ai organisé votre défense... ce n'est pas si grave... En premier lieu, toute cette affaire repose uniquement sur le témoignage de Runge. Un témoignage écrit qui n'a qu'une valeur relative devant un tribunal. Runge est en Amérique, la CIA lui a promis protection et ne le laissera jamais venir en Allemagne pour témoigner directement à votre procès... D'autre part, on voit mal ledit tribunal se transporter au grand complet aux États-Unis pour y entendre son témoignage oral... donc il me sera relativement facile de faire valoir que les « aveux » du colonel sont suspects. Il avait évidemment tout intérêt à gonfler votre rôle, pour monnayer au mieux son passage à l'Ouest... De plus... et c'est l'argument le plus important...

Un instant l'avocat hésite devant le regard franc d'Eleonor. Sait-elle ? De toute façon, il faut en passer par là...

– Le plus important c'est que vous êtes une victime...

– Une victime stupide, j'ai cru aider à la réunification allemande en aidant cette association...

– Ce n'est pas ce que je veux dire... Vous êtes réellement une victime... Vous n'avez pas encore été confrontée à votre mari ?

– Non...

– A propos de votre mari, le colonel Runge est formel... Il était auprès de vous en mission...

Eleonor pâlit. Se cramponne à la table. L'avocat embarrassé se réfugie dans son dossier. Faire autant de mal à une femme pour assurer sa défense, c'est dur. Mais de toute façon, elle l'aurait su...

– Dites-moi la vérité, maître, cette idée me hante depuis que je suis en prison... je la refuse, je ne parviens pas y croire, toutes ces années... non, c'est impossible. Dites-moi que c'est impossible !

– Le colonel Runge est précis, madame Sutterlin, j'ai sa déposition écrite, il dit à ce sujet : « Les ordres du KGB pour Sutterlin étaient : " Vous vous rendrez à Bonn, vous simulerez l'amour et vous épouserez Eleonor Heinz. " »

Eleonor Heinz se tait. Elle n'est plus que silence.

Le lendemain, à cinq heures du matin, une gardienne la découvre pendue aux barreaux de sa cellule. Elle s'est servie de son pyjama.

Les « psy » du KGB avaient affreusement raison, son seul point faible c'était l'amour. Jusqu'à la mort.

Mais Sutterlin, lui, en apprenant le suicide de sa femme, éprouve un soulagement formidable.

L'horrible monsieur, le don juan du KGB, pourra assurer sa défense plus facilement en l'absence de son épouse. Vivante elle l'aurait accablé. Morte, elle lui permet de paraître moins traître qu'il ne l'est. De dire ce qu'il veut...

Il a de la chance l'espion Sutterlin. Effectivement, le tribunal n'ira pas entendre de vive voix le témoignage de Runge aux États-Unis...

Il a vraiment de la chance, l'espion Sutterlin. Car le KGB, estimant que ses déclarations peuvent se révéler embarrassantes, propose de l'échanger contre un espion occidental travaillant à l'Est...

Mais Sutterlin a appris son métier, et se méfie de la chance. Bien que les deux parties Est-Ouest soient d'accord pour cet échange, il refuse. Il préfère affronter les tribunaux de l'Ouest plutôt que le KGB. Pourtant, le KGB n'a pas grand-chose à lui reprocher... Il a fait son « boulot ». Ce n'est pas de sa faute si les grands manitous de l'Est ont eu peur que ce boulot soit trop bien fait. Ce n'est pas sa faute si Valentina Runge voulait un enfant...

Mais on ne sait jamais... Et puis peut-être aussi préfére-t-il vivre à l'Ouest du rideau de fer...

Le 28 novembre 1969, il est condamné à sept ans de prison par le tribunal de Cologne.

Sept ans de mariage, sept ans de prison... qu'une femme en soit morte n'a pas dû beaucoup l'empêcher de dormir.

# LE SECRET DE LA FALAISE

La vieille madame veuve Crock est insupportable. Infernale. Elle ne démord pas de son idée.

– C'est ici Scotland Yard, oui ou non ? Oui ? Alors je veux parler à un détective.

Le secrétaire qui lui barre le passage depuis une bonne demi-heure a les nerfs qui lâchent.

– Madame Crock, vous avez déjà parlé à trois détectives...

– Il le faut bien, personne ne m'écoute.

– Mais si, madame, on vous écoute, on ne fait même que ça depuis une semaine...

Madame veuve Crock tape du pied et de son parapluie en même temps, comme si elle inventait une nouvelle version de *Singing in the rain.*

– Bon sang !... Vous n'êtes qu'un sous-fifre... Qu'est-ce que vous pouvez comprendre à un assassinat ?

– Asseyez-vous, madame Crock, je vais voir ce que je peux faire pour vous...

Le pauvre secrétaire détale dans un couloir de Scotland Yard, à la recherche d'un supérieur quelconque. Qu'on lui dise de jeter cette femme à la porte, ou par la fenêtre, qu'un détective s'en occupe, qu'on prévienne les fous, qu'on appelle la police... mais qu'on l'en débarrasse.

Le détective de service à la criminelle lui tape dans le dos :

– Eh ben la voilà l'idée, mon vieux, appelez donc la police...

– Mais...

Nous sommes à Scotland Yard, en 1958. Appeler la police ? C'est une plaisanterie...

– Non, mon vieux. On va coller cette enquiquineuse à un commissariat local. Envoyez-la donc avec ce mot au commissaire Pick de Chesham. Pick s'ennuie, quand il n'est pas à la pêche. Ça l'occupera.

Madame veuve Crock est donc expédiée en bonne et due forme, mais sans mode d'emploi, au commissaire Pick. Avec ce mot :

« Débrouillez cette affaire. Le chef vous la confie. »

Scotland Yard se débarrasse ainsi de l'enquiquineuse. Il faut comprendre : L'immense bâtiment néo-gothique, ancienne résidence des rois d'Écosse, et qui abrite alors les services de police, traite environ cinq cent mille crimes ou délits par an. Le téléphone du Yard, le 999, sonne vingt-quatre heures sur vingt-quatre. Le C.I.D., Criminal Investigation Department, occupe trois mille inspecteurs. Ils n'ont pas le temps de chômer ni de s'occuper outre mesure d'une vieille folle comme madame Crock. Car elle est folle. Le premier, le deuxième et le troisième inspecteurs qui ont eu, chacun à leur tour, le plaisir de l'écouter, sont arrivés à cette même conclusion.

C'est une plaisanterie d'un goût douteux que d'expédier cette pauvre dame au commissaire Pick de Chesham, dont chacun sait qu'il va prendre sa retraite cette année, ne parle plus que de pêche au saumon et de serre d'orchidées.

Crâne chauve, luisant sous la lampe verte du plafonnier de son bureau, le commissaire Pick est grognon.

– Le chef... Sir Robert en personne ? Faites entrer cette madame Crock...

Parapluie et chapeau en avant, madame veuve Crock envahit aussitôt l'univers du commissaire Pick. Et il comprend, le vieux commissaire à qui on ne la fait plus. Ces petits sadiques du Yard se sont débarrassés sur lui d'une affaire minable, derrière laquelle il n'y a probablement que le délire de cette malheureuse veuve. Eh bien tant pis. Puisqu'on veut rire, puisqu'on lui offre, en cadeau de départ, la veuve Crock sur un plateau, il va s'en occuper. Après tout, ils en feraient une tête là-haut dans leur pigeonnier, les superflics du Yard, si elle avait vraiment assassiné son mari, cette dame au chapeau vert...

Car il est vert le chapeau. Vert le parapluie. Verte la rage :

– On se moque de moi, commissaire, c'est la quatrième fois que je donne les détails du crime...

– C'est la dernière, madame Crock... Donc vous auriez empoisonné votre mari, avec des pilules de morphine ? Ça existe les pilules de morphine, madame Crock ?

– Bien entendu...

– Et où vous les procuriez-vous ?

– A la pharmacie...

– Tiens, tiens... avec une ordonnance, je présume ?

– Bien entendu...

– Expliquez-moi ce détail, madame Crock s'il vous plaît ?

– Vous au moins vous êtes aimable, et vous vous intéressez à mon crime... Ça fait plaisir... Voilà... mon époux, Dieu ait son âme, souffrait d'une maladie incurable. Le docteur lui avait donné des pilules de morphine. Il ne devait en prendre qu'en cas de douleur insupportable... voyez-vous... et je vous avoue que le pauvre homme ignorait à quel moment la douleur était supportable ou ne l'était plus... vous comprenez ?

– Parfaitement...

– Il faut dire qu'il m'agaçait aussi...

– Votre mari ?

– Mais oui... il a prétendu être malade toute sa vie... Une maladie nouvelle tous les matins... Des médicaments de toute sorte dans toute la maison. Un jour c'était le foie, un jour l'estomac, ou la tête, ou le dos... Quarante ans de maladie imaginaire... et avec les progrès de la pharmacie... commissaire, vous imaginez son bonheur. Il achetait des pilules, comme vous des boules de gomme !

– Venons-en au fait. Il vous agaçait depuis quarante ans parce qu'il disait être malade, sans l'être... Pourquoi lui a-t-on délivré de la morphine alors ?

– Parce que cette fois il avait gagné !

– Gagné ? A la loterie ?

– Si l'on veut. Il était vraiment malade. Une vraie maladie incurable. Les os... tout s'en allait en poussière... Il en souffrait affreusement. La morphine était là pour ça...

– Donc vous l'avez empoisonné ?

– C'est cela.

– Racontez-moi le processus...

– Il y a trois mois de cela, c'était la nuit, il se plaignait depuis le matin. Il avait déjà pris je ne sais combien de morphine... J'en ai eu assez, je lui ai donné d'autres pilules. Je me disais, Mary Charlotte... tu fais une bêtise. Tu ignores la dose du jour, il va peut-être mourir, avec ce supplément. Et il est mort effectivement. Au matin, Dieu me pardonne, il était tout froid.

– Ah. Vous avez appelé un médecin ?

– Bien sûr, le docteur Mattews, qui s'occupait de lui.

– Et il a délivré le permis d'inhumer ?

– Cet imbécile a déclaré qu'il s'agissait d'une crise cardiaque.

– Votre mari était cardiaque ?

– Il le disait depuis des années.

– Il se soignait pour cela ?

– Il avalait des tisanes de je-ne-sais-quoi...

Le commissaire Pick réfléchit au cas de la veuve Crock. Le décès de son mari est peut-être normal. S'il ne l'est pas, et qu'elle l'a volontairement abreuvé de morphine, quel était son mobile ?

– Je vous l'ai dit, il m'agaçait. Je me suis dit : Mary Charlotte, il a envie de mourir depuis si longtemps, voilà tant d'années qu'il ne cesse de te répéter que sa mort est imminente... Aide-le une fois pour toutes et qu'on n'en parle plus... Vous voyez ? Je me suis conduite comme une meurtrière.

– C'était peut-être un accident. Le médecin n'a rien relevé d'anormal... Pourquoi vous dénoncer maintenant ?

– Ah commissaire... que faites-vous du remords ? Ça me tourmente la nuit cette histoire... Je me dis, Mary Charlotte, si tu ne lui avais pas donné ces deux pilules, il serait encore à se plaindre à côté de toi... Tu l'as tué... dénonce-toi.

– Parfait, madame Crock... Je vais ouvrir une enquête.

– Une enquête ? Pour quoi faire ? Je suis l'assassin... arrêtez-moi !

– Ce n'est pas si simple, madame Crock... Je dois entendre tous les témoins de l'affaire.

– Il n'y en a pas... Il n'y a que moi...

– Et le docteur Mattews, son ordonnance, le nombre de pilules, la pharmacie qui les a délivrées... vous comprenez ? Le dossier doit être parfait pour permettre au tribunal de vous condamner...

– Me condamner ? Ah ? mais c'est une autre histoire... On peut aussi me déclarer innocente j'espère ?

Folle, cette pauvre madame Crock... Mais le commissaire Pick a décidé de relever le défi. Après tout, c'est vrai qu'il s'ennuie. Depuis six mois on ne lui confie presque plus rien d'intéressant. Pas la peine, puisqu'il doit passer la main... Alors l'histoire de cette madame Crock va l'occuper jusqu'à la retraite.

Ça commence par une balade sur la lande, à quelque quarante kilomètres du bourg. Le docteur Mattews habite une ferme isolée. Le vent d'avril souffle si fort qu'il a dû tendre un grillage par-dessus le toit de chaume pour l'empêcher de s'envoler. Les arbres tournent le dos à la mer, arc-boutés vers le sol, pour résister. Devant la ferme, un énorme chien noir, debout à l'extrémité d'une chaîne, bat l'air de ses pattes avant en ouvrant une gueule énorme. Il doit aboyer furieusement, mais le commissaire ne l'entend pas. Le vent emporte ses rugissements vers la mer.

Le docteur Mattews ressemble à sa maison. Une touffe de cheveux gris sur la tête, comme un toit de chaume, le visage buriné à l'image des murs de sa vieille ferme. Il n'est pas si vieux pourtant. La quarantaine.

Il répète en hurlant dans le vent :

– Commissaire Pick ?

– De Chesham... Je peux entrer ? On ne s'entend pas ici.

Le docteur Mattews s'efface, à regret semble-t-il. Il a l'air un peu inquiet.

– C'est à quel sujet ?

– Oh, une simple question, pour une enquête.

– Une enquête ?

Décidément, il est inquiet ce docteur. Et il vit comme un sauvage. Sa ferme est meublée rustiquement, à l'ancienne. Des objets simples, un vieux fauteuil de cuir, une cheminée qui fume et un vieux chat qui crache. Pas aimable du tout.

– Il n'est pas à moi, il est entré là il y a quelques jours, au début de la tempête, et je n'arrive pas à m'en débarrasser.

– Vous vivez seul, docteur Mattews ?

– Oui. Bien entendu...

Pourquoi « bien entendu » ? se demande le commissaire Pick. Il aurait pu répondre « depuis longtemps », ou « malheureusement » ou oui tout court... ou non tout court...

– Dites-moi, docteur, il y a quelque temps, vous avez rédigé un acte de décès concernant monsieur Crock...

– Monsieur Crock ?

– Un de vos malades apparemment. Un entrepreneur de Chesham...

– Ah oui... en effet, effectivement...

– Vous vous souvenez ?

– Euh, oui... bien entendu...

– De quoi est-il mort, ce monsieur Crock ?

– D'une crise cardiaque...

– C'est cela. Eh bien, figurez-vous, docteur... que madame Crock s'accuse aujourd'hui d'avoir empoisonné son mari avec de la morphine... Qu'en pensez-vous ?

Le regard bleu-gris du docteur Mattews semble fuir celui du commissaire. Il cherche une réponse aux quatre coins de la pièce.

– Eh bien, c'est impossible... bien entendu... impossible. J'ai procédé à un examen minutieux. Il s'agissait bel et bien d'une crise cardiaque... voyez-vous. J'en connais les symptômes...

– Cette madame Crock s'accuse pourtant... A votre avis pourquoi ?

– Je ne sais pas... Elle est... parfois bizarre...

– Le besoin de se faire remarquer ?

– Possible...

– Deux pilules de morphine de plus... n'auraient pas provoqué cette crise cardiaque ?

– Pas à cette dose. Pas du tout. Non. Et les stigmates de la mort n'auraient pas été les mêmes...

– Bien, merci, docteur...

– C'est tout ?

– C'est tout. Au revoir, docteur...

Le commissaire Pick courbe le dos sous la tempête, passe devant le chien muet qui hurle dans le vent, les babines retroussées de fureur. Il ne doit pas voir grand monde celui-là...

Quelques jours plus tard, bien au chaud dans son bureau, devant une tasse de thé, le commissaire écoute le rapport d'un collaborateur chargé de se renseigner sur le docteur Mattews.

– J'ai vu le voisinage, discrètement... Il ne vit pas seul. Il y a une femme dans sa vie. July Popins, vingt-huit ans, plutôt jolie. Il lui fait la cour, mais tout le monde dit qu'elle ne veut pas l'épouser. Cette July a un frère de vingt-deux ans. Le docteur s'en occupe un peu comme s'il s'agissait de son fils. Il lui donne de l'argent assez souvent, le type m'a l'air d'en profiter. A part ça, rien de spécial. Une gouvernante s'occupe de lui, une vraie pimbêche, rien à en tirer. On dit que c'est un original mais un bon médecin.

– Zut.

Le commissaire Pick râle, comme un gosse à qui on aurait retiré son jouet. Ça tourne court trop vite, cette histoire. Pas moyen de se distraire encore un peu...

– Tu as fouillé son passé?

– Ah non, commissaire. Vous m'avez demandé une enquête de voisinage. De plus, le bonhomme a l'air normal... J'en dirais pas autant de votre cliente... Elle fait le pied de grue dans l'antichambre depuis ce matin. Complètement givrée la vieille, elle veut savoir quand on l'emmène en prison.

– Fais-la entrer...

Madame veuve Crock, son chapeau et son parapluie verts, pénètrent dans le bureau du commissaire Pick, façon tornade.

– Alors? Vous l'avez faite cette autopsie?

– Une autopsie? Où avez-vous pris qu'on faisait une autopsie comme ça?

– Quand il y a un crime, on fait une autopsie... Je sais ce que je dis, je l'ai lu encore ce matin dans *The Criminologist,* c'est un journal de Londres! Sérieux!

Après tout, se dit le commissaire Pick, si la veuve elle-même réclame une autopsie, ça facilite les démarches administratives. Pourquoi pas? Le docteur Mattews a pu laisser échapper le problème de la morphine...

– Nous allons procéder à une autopsie, madame Crock, je vous tiendrai au courant.

– Je veux signer mes aveux...

– Oui... oui... d'accord... mais après l'autopsie, hein? C'est la règle...

Madame Crock se retire à regret, avec son parapluie et son chapeau.

– Ne traînez pas... Je suis une criminelle!

La porte refermée sur elle, le commissaire Pick et son collaborateur poussent un soupir de soulagement.

– Appelle-moi le toubib... On va régler ça en vitesse.

– Vous poussez pas le bouchon un peu loin, commissaire? Elle est dingue, ça se voit...

– Être dingue n'empêche pas de tuer. Au contraire, non?

Argument valable.

Le corps du défunt monsieur Crock est donc exhumé en présence de sa veuve, du commissaire et du médecin légiste. Sont prélevés les éléments nécessaires à une autopsie pour recherche d'empoisonnement. Le défunt est alors remis en terre, et sa veuve en prière marmonne devant les fossoyeurs:

– Si tu avais su que la mort rendait les gens comme ça... Mon pauvre Herbert, tu aurais cessé d'être malade du jour au lendemain...

Vingt-quatre heures plus tard, le rapport du légiste parvient au commissaire Pick.

Pas de trace d'empoisonnement. Le malheureux est effectivement décédé d'une crise cardiaque, ainsi que le démontre l'examen du muscle cardiaque.

Bon, se dit le commissaire Pick. Il va falloir se débarrasser de la dingue.

L'histoire serait finie, en somme. Pas de crime, pas d'assassin...

Pas du tout.

Le commissaire n'a pas le temps d'affronter la terrible veuve Crock qu'une nouvelle étonnante lui parvient. La maison du docteur Mattews est en flammes, les pompiers sont arrivés trop tard pour éteindre complètement l'incendie, attisé par le vent de la lande. Il s'agirait d'un incendie criminel, et il y a un mort.

Le commissaire Pick contemple le désastre au petit matin, dans l'aube venteuse de ce printemps humide. Le chien furieux a disparu, quelqu'un a dû le détacher avant l'incendie. La gouvernante ne dort pas là, heureusement. Et le cadavre calciné dans les décombres est méconnaissable. S'agit-il du docteur Mattews ? Un confrère rassemble les indices qui permettront peut-être de le dire :

– Même taille, même corpulence, la boîte crânienne me paraît convenir. La mâchoire aussi... et on a trouvé ses lunettes à côté de lui. La monture est en métal, elle a résisté au feu.

Les pompiers, eux, ont trouvé les restes d'un bidon d'essence. L'hypothèse de l'incendie criminel doit être retenue. Qui en voulait au docteur Mattews ? Madame Crock ? Pour avoir nié son soi-disant crime... possible. Mais un suspect se dessine à l'horizon, beaucoup plus intéressant. Le frère de July Popins a disparu. On dit que ce garçon devait de l'argent au docteur Mattews. Qui le dit ?

La gouvernante. Acariâtre :

– Sous prétexte que le docteur était amoureux de sa sœur... il en prenait à son aise avec les économies du docteur... Un vaurien... je vous dis. Et la sœur... c'est de la graine de garce...

Le commissaire Pick lance un avis de recherche sur la personne de Dick Popins, incendiaire présumé. Et fait interpeller sa sœur.

July Popins tremble d'émotion. Une longue natte de cheveux blonds se balance derrière le dossier de sa chaise, chaque fois qu'elle dit :

– Non... Non... pas mon frère...

Le commissaire Pick la trouve assez jolie. Assez pour être naïve ou maligne. Allez savoir avec les femmes.

– Miss Popins, la gouvernante a déclaré que le docteur Mattews avait plus de dix mille livres dans son coffre-fort. Ces dix mille livres ont disparu. Nous n'avons trouvé dans le coffre, refermé sans combinaison, qu'un vieux journal à moitié calciné, qui a peut-être servi à envelopper l'argent. Ce journal est un journal de sport. Votre frère était passionné de sport... pas le docteur Mattews...

– C'est ridicule, Dick n'a pas pu faire ça...

– Miss Popins... Deux témoins l'ont vu hier soir à proximité de la ferme du docteur. La gouvernante affirme qu'il devait mille livres au docteur, et qu'elle les a entendus en parler tous les deux... On a retrouvé un bidon d'essence... Vous ne croyez pas que c'est beaucoup ?

– Dick n'est pas sérieux, il est étourdi, dépensier, et ne fait pas grand-chose pour gagner sa vie, c'est vrai, mais ce n'est pas un assassin.

– Alors pourquoi a-t-il disparu ?

– Mais je ne sais pas...

– Quels étaient vos rapports avec le docteur Mattews ?

– Que voulez-vous dire ? Quels rapports ?

– Il était amoureux de vous ? Il voulait vous épouser, et vous ne vouliez pas de lui... exact ? Est-ce que vous ne profitiez pas un peu, vous et votre frère... de cette admiration qu'il avait pour vous ?

– Vous pouvez considérer la chose ainsi... si vous ne tenez pas compte du reste...

– Quel reste ?

– Vous connaissez son passé, j'imagine... On n'épouse pas un homme comme lui. En tout cas pas moi.

Le commissaire Pick fait la grimace. Le passé du docteur Mattews... bon sang... il y avait bien pensé, mais c'était au moment de l'enquête sur cette vieille folle...

– Je vous écoute, Miss... J'aimerais entendre votre version du passé du docteur Mattews.

Le collaborateur du commissaire Pick se retire en silence, il a compris ce que voulait dire le regard furibond du commissaire : Renseigne-toi et vite !

Miss Popins raconte de son côté.

– Je connais son histoire depuis que je suis enfant. C'est un hasard. Le jour de son procès, j'étais en vacances au pays de Galles, et tout le monde en parlait. Je l'ai même vu sortir du tribunal. On l'avait jugé innocent, mais dans le pays les gens n'étaient pas d'accord. Ils ont hurlé après lui quand il est sorti. Ils le traitaient d'assassin...

– Et vous, qu'en pensiez-vous ?

– J'étais trop petite. Ma tante disait qu'il avait poussé sa femme de la falaise. Beaucoup de gens le disaient.

– Mais vous l'avez retrouvé des années plus tard, cet homme, et il est tombé amoureux de vous. Pourquoi ?

– Je n'y suis pour rien. Quand je suis venue m'installer dans le pays, le docteur Mattews y était déjà depuis neuf ans... Une coïncidence.

– Ah oui... une coïncidence... il s'installe dans une région où on ignore son passé, et vous, vous arrivez... une coïncidence... Combien vous a-t-il offert pour que vous vous taisiez ?

– Mais rien... Vous êtes monstrueux de penser une chose pareille... D'ailleurs, il ne savait même pas que j'étais au courant. J'avais neuf ans, je me souvenais vaguement de l'histoire et de son nom, mais je ne lui en ai jamais parlé ! Jamais !

– Et votre frère ? Comment expliquez-vous qu'il recevait si facilement de l'argent du docteur Mattews ?

– Si vous imaginez que mon frère le faisait chanter, vous vous trompez ! Il savait à propos du docteur Mattews. Et aussi qu'il était amoureux de moi... mais nous étions d'accord là-dessus. Il était gentil. Je n'étais pas attirée par lui, et il le savait. Je suis jeune, je n'ai pas encore choisi ma vie. Le docteur m'aimait bien, alors il aidait mon frère, c'est tout. D'ailleurs pourquoi voulez-vous que l'on ait fait chanter le docteur Mattews ? Il était innocent, le tribunal l'avait libéré... Il ne craignait rien.

– D'accord, Miss Popins... voyons les choses de cette façon. Où est votre frère alors ?

– Je ne sais pas. Et je suis inquiète. Il n'a jamais disparu ainsi, et la bêtise la plus grave qu'il ait jamais faite c'est d'oublier de payer le garagiste qui lui répare sa moto... C'est un gosse.

Le commissaire Pick a un doute affreux tout à coup...

– Miss Popins, je vais vous demander de m'accompagner pour identifier le cadavre du docteur Mattews, vous voulez bien ?

– Non. J'ai horreur des morts, ils me font peur...

– Miss Popins... et si ce mort, c'était votre frère disparu ?

La pauvre jeune fille doit reconnaître qu'il s'agit bien de son frère. C'est Dick Popins, ce cadavre calciné. Quelques détails le prouvent sans ambiguïté.

Bon sang, se dit le commissaire Pick. Quelle histoire !

Si Scotland Yard savait ça... Je commence par une dingue qui s'accuse faussement d'avoir empoisonné son pauvre mari. Je tombe sur un toubib bizarre, sa maison brûle, et de toute évidence c'est lui qui a fichu le feu, en supprimant probablement un maître chanteur...

Car le commissaire Pick s'accroche à cette idée de chantage. Même si le docteur a été déclaré innocent, il craignait sûrement pour sa réputation dans la région. Vient-on se faire soigner chez un médecin soupçonné d'avoir jadis tué sa femme ?

Le collaborateur du commissaire ramène les renseignements concernant le passé du docteur Mattews. Tout un roman.

– Alors voilà. Il est né en 1902 à Londres. Ses parents sont morts en 1927. Il fait des études de médecine brillantes. Il entre au sanatorium de Newquat comme assistant du médecin-chef de l'établissement. C'est là que l'histoire se complique un peu... Le médecin-chef est âgé, il a une femme plus jeune que lui... Cette femme est alcoolique, et le ménage est un désastre. Un jour, le médecin-chef meurt. La veuve reste alcoolique... Vous me suivez?

– Il reste le docteur Mattews dans cet établissement, et une jeune veuve alcoolique, c'est ça?

– En gros. L'établissement est un établissement privé avec un conseil d'administration... dirigé, entre autres, par le frère de la veuve alcoolique... Ce frère, qui n'est pas médecin, demande au docteur Mattews de prendre la direction de l'établissement. Mattews a alors trente ans. Il accepte.

– Et alors?

– Alors il fait désintoxiquer la jeune veuve, et il l'épouse...

– Une belle histoire, en effet. La suite?

– Je vous décris le paysage, commissaire. Le sana est à une bonne heure de la ville. Au bon air, comme on dit... Et le chemin le plus court pour y accéder suit une falaise qui surplombe de deux cents mètres la mer d'Iroise... Ça s'est passé un soir de juin. Le docteur Mattews attendait sa femme, elle était partie en ville depuis le matin. Il est allé à sa rencontre, sur le chemin qui borde la falaise... vous me suivez... et là il l'a rencontrée, titubant, ivre comme un Cosaque.

– Elle est tombée toute seule de cette fichue falaise?

– La thèse de l'accusation était la suivante : Mattews, fou de rage de la voir se remettre à boire, lui a flanqué une gifle magistrale, elle a perdu l'équilibre, et elle est tombée sur les rochers... en bas. Le docteur, lui, raconte qu'il est descendu en courant sur la plage, qu'il a constaté qu'elle était morte, qu'il a voulu chercher du secours, mais s'est affolé complètement. On ne l'aurait pas soupçonné d'ailleurs, si on ne s'était pas rendu compte, le frère surtout, qu'il était l'héritier par testament de sa femme, donc de l'établissement. On ouvre une enquête. On découvre des traces de pas sur le chemin qui domine la falaise : les siennes. Il passe devant un tribunal qui ne retient pas la thèse du crime, et le voilà libéré. Sous les huées de la foule. Là-dessus il vient s'installer à Chesham.

– Et le frangin Popins l'aurait fait chanter.

– Ça tient pas vraiment debout...

– Il en est mort, tout de même. Et Mattews a voulu faire croire que c'était lui, il a laissé ses lunettes, un journal dans le coffre, en se disant on va accuser le gamin, et moi je disparais, je me refais une nouvelle vie ailleurs...

Au fond, le commissaire Pick n'est pas vraiment satisfait de sa théorie. Il lui faudrait, pour la justifier, la trace de versements d'argent réguliers de la part du docteur.

– Tu as épluché son compte en banque?

– Sûr, commissaire. Il versait tous les mois, depuis dix-sept ans, une somme de vingt livres à un dénommé Swinger...

– Swinger? Qu'est-ce qu'il vient faire là celui-là, un nom d'emprunt de Dick Popins?

– Depuis dix-sept ans... commissaire. Depuis la mort de sa femme, ou l'accident, ou le meurtre... à ce moment-là, Dick Popins était au berceau...

Ça continue. Une histoire qui n'en finit pas. Le commissaire Pick a l'impression d'avoir pris le fil d'une pelote de laine par le mauvais bout, et de dérouler tout ça à l'envers. Mais si Scotland Yard savait ça...

Il faut retrouver ce Swinger.

L'enquête est assez rapide. Swinger, marin pêcheur à Newquai, pays de Galles... tiens tiens... même coin que le sanatorium dirigé par le docteur Mattews... Mais le nommé Swinger n'est plus marin. Il a quitté la région pour Londres avec sa femme et ses trois enfants. Il y est devenu chauffeur de taxi. Il a toujours reçu ponctuellement ses vingt livres du docteur Mattews. Chaque mois. Jusqu'à sa mort, indubitablement due à une longue maladie. C'était il y a deux ans. Sa veuve, madame Swinger, est partie pour le Canada il y a huit semaines, avec ses enfants et un homme qu'elle allait épouser en secondes noces.

Le commissaire Pick fronce le nez et se gratte le crâne... Cet homme, ce ne serait pas le docteur Mattews, par hasard ?

Manque de chance, c'eût été trop beau. Ce n'est pas lui. Et les vingt livres sont revenues à l'expéditeur, le mois dernier.

Pourquoi ces vingt livres pendant dix-sept ans ?

Madame Swinger raconte à un policier canadien, qui l'interroge pour le commissaire Pick, une nouvelle histoire.

Et le commissaire Pick la raconte à Scotland Yard. Il ne se prive pas d'ailleurs de remonter, pour ses collègues, toute la pelote à l'envers. Ça leur apprendra à lui confier un écheveau pareil...

– Alors voilà : le marin était sur son bateau en mer d'Iroise, en route pour Pembroak, où il devait déposer un chargement de briques. Il regardait dans ses jumelles, en haut d'une falaise, le manège d'un homme et d'une femme. Et dans ses jumelles il a vu très nettement l'homme pousser la femme. Volontairement. Quelques jours plus tard, notre marin malin, lisant le détail de l'affaire dans les journaux, se rend chez le docteur Mattews, lui explique ce qu'il a vu, et lui propose une rente de vingt livres par mois pour prix de son silence. Afin d'être sûr que le docteur les verserait ponctuellement, il lui fait signer la lettre que voici, la veuve du marin nous l'a rendue.

« Moi, docteur Charles Mattews, médecin-chef du sanatorium de Newquai, reconnaît avoir poussé ma femme Barbara, après une lutte prolongée, du haut de la falaise. Je ne pouvais plus la supporter. Signé Charles Mattews... »

Et le commissaire Pick d'ajouter :

– La délicieuse veuve du marin en question s'apprêtait à communiquer sa nouvelle adresse au docteur Mattews, afin qu'il lui adresse comme d'habitude les vingt livres de rente mensuelle... Elle est tout à fait désolée qu'il ait disparu dans la nature, ce bon docteur Mattews...

Le docteur Mattews est arrêté à Liverpool, au moment où il tente de s'embarquer pour la Nouvelle-Zélande, histoire de se refaire une existence toute neuve.

Il était temps. Dieu sait où aurait fini l'enquête du pauvre commissaire Pick.

Mattews était inquiet de la visite inopinée du commissaire. Il a cru à un piège, d'autant que les vingt livres venaient de lui revenir. Il a appris la mort du marin, témoin de son crime, et s'est inquiété pour sa lettre. En quelles mains allait-elle tomber ?

La visite du commissaire a renforcé cette inquiétude, il s'est persuadé qu'on allait l'arrêter. Il lui fallait disparaître. Son idée était d'incendier la maison. Il a entassé du bois de chauffage, versé de l'essence dessus. Il s'apprêtait à craquer une allumette, après avoir libéré le chien, lorsqu'on a frappé à sa porte. Le jeune Dick Popins venait discuter avec lui des mille livres qu'il lui devait... Et le docteur Mattews se moquait bien de ses mille livres. Il avait plus urgent à faire... Si seulement le jeune idiot n'avait pas crié derrière la porte :

– Qu'est-ce qui se passe là-dedans, ça pue l'essence ! Hé docteur...

Alors le docteur a ouvert. Son plan s'effondrait... mais l'idée lui est venue que non, rien ne s'effondrait, au contraire... Il n'avait qu'à assommer le jeune homme, le traîner au milieu de la pièce, l'habiller de ses vêtements, lui chausser le nez de ses lunettes... et hop !

En prison, le docteur Mattews. Hop ! Pour le meurtre de son épouse, il est trop tard. Mais pour celui complètement inutile du jeune Dick... il va payer. Alors qu'il n'avait finalement aucune raison de s'affoler, puisque madame veuve Crock était vraiment dingue...

– Madame Crock... vous devriez consulter un spécialiste... je vous jure que vous n'avez pas empoisonné votre mari...

Beau travail, commissaire Pick... Ils en ont fait une tête au Yard !...

# PATIENCE DE FLIC

Lorsque le vieil Horace avait encore une épouse, qu'il n'était pas à la retraite, et qu'il s'échinait tous les jours dans une usine de Chicago à monter des voitures, il n'avait pas le temps de voir vivre les autres. La retraite est venue, le deuil aussi, et l'ennui. Cet ennui terrible et quotidien qui pousse le vieil Horace à faire des choses inhabituelles. Cela n'a rien de bien méchant. Il y aurait bien la télévision mais, en 1959, il faut tout de même être riche, même à Chicago, pour l'avoir. Et puis ce ne sont que des histoires d'Indiens et de cow-boys. La vie, celle des autres, intéresse beaucoup plus le vieil Horace.

Sa bicoque, qui intéresserait sûrement un promoteur immobilier, domine le lac. L'emplacement est idéal, pas la bicoque. Le toit est de tôle rouge, les murs de briques. Et sur ce toit, justement, un vasistas, pour ne pas étouffer par les grandes chaleurs de juillet. Qui sert à monter sur le toit aussi. Depuis quelque temps le vieil Horace a inventé sa propre télévision. Il grimpe par le vasistas, difficilement, car la retraite a épaissi sa taille, il s'installe sur le toit, le dos appuyé contre la cheminée, reprend son souffle, et coiffe son chapeau de paille. Le soleil est ardent ce dimanche et les usines ne fonctionnant pas il transperce le léger brouillard, restant de la pollution de la semaine, avec une vigueur nouvelle. Horace craint le soleil et il a aussi besoin d'ombre pour pouvoir braquer confortablement ses jumelles sur le lac Michigan, ses voiliers qui étincellent comme des papillons blancs sur l'eau sombre, les promeneurs sur la digue, les arbres du parc, les amoureux du dimanche...

C'est cela la télévision du vieil Horace. Aujourd'hui il y a régate, il observe le départ, promène ses jumelles sur le quai : des badauds, rien de particulier. Alors il panoramique d'ouest en est, pour sonder le secret des feuillages du parc.

Horace n'est pas ce que l'on appelle virtuellement un voyeur, mais la vue de deux amoureux serrés l'un contre l'autre lui réchauffe le cœur. Entre deux arbres, justement, voilà qu'il cerne deux silhouettes, dont les ébats paraissent fougueux. Plus que fougueux même. Horace fronce les sourcils, fait le point, et ne quitte plus des yeux le couple. La femme se tortille, dans une robe marron. Elle se débat, dirait-on... Elle n'est pas très jeune de l'avis d'Horace, qui distingue même les chaussures plates et la lourdeur du corps. L'homme, par contre, est mince, grand, il étreint cette femme avec une ardeur bizarre, ce n'est pas naturel, cela ressemble à de la brutalité. C'est en effet de la brutalité pure. Car lorsque l'homme lâche brusquement la femme, elle s'effondre dans l'herbe, et au lieu de se pencher, l'homme s'acharne sauvagement sur elle à coups de pied. Puis il s'enfuit à toutes jambes et disparaît du champ de vision du vieil Horace, dont les cheveux se dressent sur la tête. Il en perd son chapeau, cherche à repérer l'homme à nouveau, l'aperçoit entre les arbres, quelques secondes, fuyant toujours, puis plus rien. Un instant les jumelles reviennent sur le corps de la femme, inerte dans sa robe marron, puis Horace se redresse sur le toit de sa bicoque. Il doit appeler la police, tout de suite, il le faut. En faisant vite elle pourra peut-être coincer l'homme grand, maigre et moustachu... Le parc est étendu, mais il est limité d'un côté par le lac, de l'autre par des grilles et le mur de l'université.

Mais faire vite, pour le vieil Horace, c'est se hâter lentement. Crapahuter sur le toit de tôle rouge, grillé de soleil, à quatre pattes pour ne pas glisser, redescendre par le vasistas, l'échelle est raide et fragile... courir au téléphone accroché dans la cuisine... Lorsque le vieil Horace parvient enfin à expliquer ce qu'il a vu, il est trop tard.

Horace est bien évidemment un témoin essentiel. Il a vu, de ses yeux vu, dans ses jumelles, un homme tuer une femme dans le parc.

Face au détective sergent Michael Kinusaga, il décrit l'assassin.

– Grand, mince, avec une moustache.

La femme a été retrouvée et identifiée rapidement, sans que soit éclairci le mobile du crime. Connaissait-elle l'homme ? Mystère.

Cecilia Bonn, cinquante ans, célibataire sans profession, traversait le parc ce jour-là pour se rendre à une partie de bridge chez des amis, comme chaque dimanche.

Horace a eu l'impression, dans ses jumelles, lorsqu'il a visualisé le couple à la première seconde, qu'ils étaient amoureux.

Amoureux n'est pas le mot. Selon l'autopsie il s'agit d'un viol. Et d'un viol brutal d'une extrême rapidité. Guère plus de trois ou quatre minutes. L'homme s'est attaqué à Cecilia Bonn et l'a étranglée presque au moment de l'acte de violence sexuelle. Autrement dit le vieil Horace a assisté aux deux dernières minutes, il n'a perdu que la première.

Le détective Kinusaga, Américain d'origine japonaise, reste impassible en apparence, alors qu'il raconte tout cela au vieil Horace, témoin précieux pour lui.

Horace, lui, n'en revient pas :

– Tout de même, tuer une femme pour trois minutes de plaisir...

– Cela veut dire que cet homme éprouve des pulsions irrésistibles, une sorte de maniaque, voyez-vous, et j'ai bien peur qu'il recommence si on ne l'arrête pas à temps. Votre témoignage est d'une grande importance, en cas d'arrestation d'un suspect, je vous contacterai.

Le vieil Horace s'est offert un dimanche mouvementé, mieux qu'à la télé. Et son feuilleton n'est peut-être pas fini.

Le détective Kinusaga, lui, voudrait bien réussir son enquête. C'est la première d'importance qu'on lui confie et, en 1959, il est aussi difficile à Chicago d'être un flic japonais que d'être flic allemand en France à la même époque. Les Américains se méfient. La naturalisation n'est pas suffisante, il reste le front haut, le teint ocre, les yeux bridés, et cette impassibilité orientale, le tout mêlé au souvenir de la guerre du Pacifique. Pas facile de faire ses preuves, pour le détective Kinusaga.

Durant trois jours, il étudie et réétudie le rapport d'autopsie, fouille dans les fiches des sadiques répertoriés, sans aucun succès. Grand, maigre avec une moustache, c'est assez vague, surtout vu à la jumelle. Pourtant le vieil Horace a bien précisé qu'il saurait reconnaître l'homme si on le lui présentait. Il est observateur.

Et le détective Kinusaga avait malheureusement raison de prévoir une récidive. Trois jours plus tard il se penche sur le corps d'une jeune étudiante de seize ans, même agression par-derrière par surprise, violence rapide et étranglement. L'homme est un malade sexuel, de toute évidence : une femme de cinquante ans, une adolescente de seize... viol identique pour les deux...

Quelque part dans Chicago, ce malade rôde dans la nuit. Il n'a pas frappé depuis trois semaines. Soudain, là, devant lui, marchant lentement, une grande et jolie femme d'une trentaine d'années. La rue est déserte, l'homme s'en assure rapidement, il accélère le pas, la femme accélère le sien. L'homme se rapproche, il marche plus vite, il est derrière elle, si près qu'elle peut en sentir l'haleine dans son cou. Soudain, un bras autour de son cou, rapide, brutal.

La réaction de la jeune femme est aussi rapide qu'imprévisible pour l'attaquant. De sa poche droite, elle a sorti un petit sifflet, de son coude gauche, parfaitement entraîné, elle paralyse l'homme d'un coup à l'estomac.

Helen est sergent de police. Le sifflet a rameuté ses collègues, et lorsque l'agresseur tente de s'enfuir, elle parachève son travail d'une prise de judo, qui lui fait faire un vol plané parfait au dessus du trottoir, avec retombée brutale sur le dos.

La lueur des lampes-torches de la patrouille de police, Dudley Dyllon, grand, maigre avec une moustache, fait pâle figure.

Le vieil Horace est accouru à l'appel du sergent. Il se retrouve dans le bureau du chef de la police de Chicago.

– Cette affaire est d'une importance extrême. L'homme n'avoue pas, votre témoignage est capital. Vous sentez-vous capable d'affronter le suspect ?

– Bien sûr. J'ai dit au détective que je le reconnaîtrai. Il est pas là le détective ?

– J'ai pris l'affaire en main. Alors ?

– Alors, allons-y, foi d'Horace, je reconnaîtrai ce type si c'est lui.

Dudley Dyllon pénètre dans le bureau du chef, menotté, encadré de deux gardes et agressif.

– Qu'est-ce qu'on me veut encore ! On n'a plus le droit de draguer dans la rue sans se faire traiter de criminel ?

Le vieil Horace a de bons yeux. Il regarde Dudley bien en face, il détaille les yeux bleus, un bleu glacial, sans âme, les pommettes enfoncées, le menton en galoche, la calvitie précoce, le rictus agressif sur des dents de loup prêtes à mordre.

Il fait un signe d'assentiment, que l'autre relève aussitôt.

– C'est ça votre fameux témoin visuel ? Le vieil imbécile qui a reconnu un type grand et maigre avec une moustache ? Et qu'est-ce qu'il reconnaît le vieil imbécile ? Ma moustache ? Le chef de police a aussi une moustache, et il est grand et maigre !

Horace s'indigne :

– Possible mais il a pas votre sale tête, et je la reconnais votre sale tête.

– Y'a cent mille types à Chicago qui ont ma tête.

Le chef de la police intervient.

– Ils n'agressent pas les femmes comme vous le faites, vous reconnaissez vous-même aimer la violence.

– Et alors, j'aime ça, c'est vrai, quand je vois une femme quelque part j'ai envie de lui sauter dessus, ça fait partie du plaisir, ça me regarde, c'est pas pour ça que je la tue !

– Mais vous la brutalisez ?

– C'est plus fort que moi, ça me fouette le sang.

– Combien de fois ?

– J'en sais rien...

– Vous en avez avoué, bien obligé devant les victimes, au moins une trentaine, et avec celles que l'on peut vous imputer, nous sommes aux environs de quatre-vingt-dix...

– C'est possible, et vous pouvez penser ce que vous voulez, mais j'ai pas tué votre bonne femme du parc, et la gamine non plus... d'ailleurs...

Froidement, avec un calme exaspérant pour le vieil Horace, Dudley continue après un sourire supérieur :

– Vous dites quatre-vingt-dix, et vous n'avez que deux mortes ? Vous ne croyez pas, monsieur le chef de la police, que si j'étais le criminel obsédé que vous dites, j'en aurais tué plus que ça ? Quant à cette histoire de vieux retraité sur son toit avec ses jumelles... laissez-moi rire... ce n'est pas un témoin oculaire que vous avez... c'est un vieux tromblon qui veut se rendre intéressant. Il vous en désignera d'autres, des moustaches...

Hélas. Le vieil Hector est pourtant sûr de lui, et on le croit à la police de Chicago, on est sûr que ce Dudley Dyllon est l'assassin. Mais encore une fois, hélas. Une certitude sans preuve ne sert à rien devant un tribunal. Pas de preuves matérielles effectivement, pas d'empreintes repérées, en ce qui concerne les deux cas mortels. Quant aux autres cas d'agressions sexuelles, Dyllon en a reconnu fort habilement plusieurs, il ne pouvait échapper à une trentaine de femmes qui, elles, heureusement, lui avaient échappé...

Alors il va en prison, en attendant d'être jugé pour ces cas précis, et le vieil Horace retourne à sa retraite et à ses jumelles, qui ne cernent plus que le lac qui poudroie, et l'herbe qui verdoie dans le parc.

Quant au détective Kinusaga, il est convoqué par le chef de la police de Chicago.

– Michael, je n'ai pas voulu de vous pour cette confrontation, il ne faut pas m'en vouloir. Ce n'est pas par ségrégation, mais parce que j'ai une idée... et cette idée, il n'y a que vous je pense qui puissiez m'aider à la mettre en train.

– Pourquoi seulement moi, chef?

– Pour plusieurs raisons. Vous êtes jeune, vous débutez, vous avez besoin de réussir, et de réussir brillamment, ensuite le rôle que je veux vous faire jouer, aucun de mes hommes ne pourrait le tenir. Ils sont trop vieux, ou trop timorés, ou trop connus, ça ne marcherait pas. Mais je vous préviens, ce sera dur...

Le détective, complet gris et cravate club, redresse la position.

– Je vous écoute, chef.

L'idée du chef de la police est machiavélique. Elle joue sur le fait que le détective Kinusaga rêve en effet d'une véritable intégration dans son métier, qu'il est travailleur, obstiné, droit, rusé, calme et prêt à beaucoup de sacrifices pour arriver. Il est marié à une jeune et ravissante Hawaiienne, il a deux enfants, une voiture à crédit, une maison dans un quartier bourgeois, il est américain de volonté.

Et il a la force de caractère nécessaire pour jouer le rôle imaginé par le chef de la police.

– Écoutez-moi bien, Michael. Ce Dyllon, nous ne l'aurons pas, et si je vous ne l'ai pas laissé même une seconde entre les mains, c'est que je veux vous l'offrir sur un plateau... Voici comment. Mais avant tout, vous ne devrez en parler à personne, même pas à votre femme.

Le plan imaginé par le chef de la police démarre dès le lendemain. Il se présente lui-même dans le bureau d'un Chinois de Chicago. Un Chinois caricatural, installé dans un fauteuil qu'il ne quitte jamais, son corps énorme et flasque lui interdisant plus d'un ou deux mouvements de ce genre dans une seule journée. Ce n'est qu'une tête, rase, aux petits yeux éteints, mais au cerveau malin. L'une des têtes pensantes des truands qui vivent sur le port, et l'un des principaux indicateurs de la police de Chicago. Le chef ferme personnellement les yeux sur certaines activités parfaitement illicites de ce Chinois-là. Derrière ce fauteuil-là, ce rideau-là, tout au bout du couloir là-bas, est un tripot enfumé, où se pratique un jeu d'enfer.

Le chef de la police passe distraitement devant le rideau, fait le tour du fauteuil et vient s'asseoir sur le coin du bureau laqué.

– J'ai besoin d'un service.

Le Chinois hoche la tête. Il n'aime pas les services, mais il faut bien...

– Je soupçonne un de mes détectives, Michael Kinusaga, de toucher des pots-de-vin par-ci, par-là... Vous allez m'aider à prouver la corruption. Vous connaissez le détective Kinusaga ? Un Japonais...

Le Chinois hoche encore la tête. Il semble que parler le fatiguerait. A moins que prudence chinoise exige... Toujours laisser parler celui qui vient à vous.

– Bien, nous allons procéder ainsi.

Lorsque le chef de la police de Chicago ressort du bureau, le Chinois hoche encore la tête comme un mandarin fatigué. Il pense certainement que, pots-de-vin ou pas, ce flic américain n'aime pas du tout ce flic japonais...

Le lendemain soir, le détective Kinusaga pénètre dans le tripot chinois, revolver à la main et regard mauvais. Trois douzaines d'individus embrumés et alcoolisés se disputent les quelques dollars étalés sur la table.

L'œil acéré du détective compte les joueurs, puis vient les examiner sous le nez, le revolver toujours menaçant. Cela fait, le détective Kinusaga va faire son devoir. Il fonce dans le bureau du Chinois, soulève violemment le rideau, fait claquer son arme à plat sur la jolie laque du bureau, et gronde à la masse inerte et mollasse :

– Cette fois vous allez trop loin... Je vous avais prévenu, pas plus de dix joueurs! Désolé, mais je ferme votre baraque!

Le Chinois tressaille et lève les bras au ciel, ce qui est insolite, il supplie, gémit, jure qu'il n'a pas compté, que ses hommes seront punis, qu'il ne le fera plus, mais qu'on ne le prive pas de son tripot chéri... source précieuse de renseignements précieux, d'ailleurs... ajoute-t-il faiblement.

Le détective reste inflexible, alors le Chinois énorme et flasque bouge un bras lentement vers le tiroir de son bureau, l'ouvre toujours lentement sous l'œil soupçonneux du policier, et en sort toujours lentement une liasse de dollars qu'il pose délicatement sur la laque, où le vert des billets se reflète joliment. Le détective fait l'étonné, le Chinois rajoute une liasse, puis une autre... Après un instant d'hésitation encore, le policier ramasse les billets, compte rapidement : dix mille dollars...

Le revolver du détective Kinusaga regagne alors son étui.

Dans le plus pur style Bogart, il marmonne :

– Okay. Mais rappelle-toi, pas plus de dix joueurs!

C'est alors que surgit le chef de la police de Chicago.

Le détective pourri est pris sur le fait, flagrant délit.

Ainsi Michael Kinusaga est condamné à six mois de prison, par un tribunal, et déshonoré, ce qui est la pire des choses pour un Japonais. Il est bien entendu expulsé de la police.

En écoutant son mari reconnaître les faits, en entendant le verdict, en public, devant tous les collègues de son mari, la jeune madame Kinusaga s'évanouit.

Tous les rêves qu'elle faisait avec son époux, leurs jeunes enfants à l'école américaine, la maison bourgeoise, la respectabilité, tout s'effondre.

Effectivement la vie devient rapidement intenable pour elle, dans le quartier, où l'on chuchote sur son passage, et à l'école, les enfants ne se privent pas d'insulter les rejetons du policier marron, du traître qui touchait des pots-de-vin. Pourtant, courageusement, la jeune femme attend que passent les six mois d'infamie. Elle ignore quel mari elle retrouvera. Le déshonneur est difficile à vivre pour Michael, encore plus orgueilleux que japonais.

Et elle a raison de s'inquiéter. En prison, Michael, le Jap comme l'appellent les autres prisonniers, n'est plus le même homme. Il semble habité d'une fureur permanente. Comme s'il n'avait plus rien à perdre, il provoque les autres détenus, les gardiens, casse tout dans sa cellule, braille à qui veut l'entendre que la seule vie possible dans ce pays pourri, c'est la vie de gangster, qu'il faut savoir prendre le fric où il est, qu'il formera son propre gang en sortant de prison, et que, cette fois, bien malin qui pourra le confondre. Sa violence est telle parfois qu'il faut le mettre en cellule spéciale, en isolement, et dès qu'il en sort, il se montre plus agressif encore.

Au bout de quelques semaines, le Jap est considéré comme un détenu dangereux, et le directeur de la prison l'affecte au quartier de ses pairs, dans la cellule de Dudley Dyllon, agresseur de quatre-vingt-dix femmes, soupçonné de deux meurtres, et dont la réputation de violence égale celle de l'ancien policier véreux...

Le jeu le plus dangereux commence alors. Tout ce plan compliqué, mis au point par le chef de la police de Chicago, avec la seule complicité du directeur de la prison, était destiné à cela. Enfermer face à face le détective Kinusaga et le meurtrier Dyllon. Un mouton dans la cage du loup.

Le Jap, ayant gagné l'estime de certains détenus par sa révolte permanente, s'efforce alors de gagner celle des autres, en utilisant ses compétences de droit. La plupart des hommes, conseillés par des avocats commis d'office, ne comprennent pas grand-chose à leur défense, et ils se pressent bientôt autour du Jap, devenu spécialiste, pour lui demander, qui une lettre au juge des appels, qui une demande de remise de peine, ou un pamphlet pour la presse, ou des recommandations à leurs avocats. Kinusaga ne se fait jamais prier, il prône la solidarité entre détenus, il se fait le chef de la lutte contre la société du dehors.

Bien entendu, à chaque demande de ce genre, le détenu est obligé de lui faire le récit des circonstances qui ont entraîné son incarcération. Le Jap est rapidement le confident de tout le monde. Le seul à ne pas bouger, c'est Dyllon. Son compagnon de cellule est d'une méfiance redoutable, il est dangereux aussi. Plus d'un prisonnier l'évite, un étrangleur n'est guère fréquentable, même en prison, surtout un étrangleur de femmes.

Les jours passent, le face à face continue, comme pendant une partie d'échecs, l'un observant l'autre. Les nuits aussi. Que Dyllon ait le moindre doute sur la « sincérité » de son compagnon de cellule, et le Jap pourrait bien se retrouver mort sur sa couchette. Mais si Dyllon est doté d'une froideur et d'un cynisme étonnant, Kinusaga a pour lui la patience et l'impassibilité japonaises. Il a investi son honneur dans cette histoire, il veut rester maître du jeu. Il ne tente même pas d'approche précise, il laisse venir le poisson.

Et un jour, alors que le Jap est occupé à rédiger le brouillon d'une lettre pour un prisonnier qui refuse le divorce à sa femme, Dyllon se découvre enfin. Il se lève de sa couchette, où il passe le plus clair de son temps à regarder le plafond, perdu dans un cauchemar intérieur, et s'approche de son compagnon, en silence, comme un chat. Il se place derrière son dos, et Kinusaga peut même sentir le souffle de sa respiration dans sa nuque. Va-t-il attaquer ? Non, il le regarde écrire. Le Jap tourne alors légèrement la tête, et fixe Dyllon. Regard noir contre regard bleu glacial. Pas un cil ne bouge.

Dyllon parle enfin :

– Hé, Jap! toi qui sais plein de trucs...

Il hésite tout de même. Parler est dangereux pour lui. Puis il se décide, l'air faussement dégagé. Son menton en galoche, ses pommettes creuses, sa bouche veule, tout dans son visage désagréable reflète l'hypocrisie.

– Si un type a commis un assassinat... et que ce type n'a été vu que par un vieux mec, à quinze cents mètres et avec des jumelles, tu crois qu'il risque quelque chose ?

– Ça dépend de ce que le mec a vu dans ses jumelles.

Kinusaga n'a pas frémi. Il se repenche sur sa lettre, comme si l'histoire de Dyllon ne l'intéressait guère. Pourtant, c'est l'amorce, le meurtrier est au bord du piège.

Dyllon retourne sur sa couchette et fait mine de penser tout haut :

– Qu'est-ce que tu veux qu'un vieux mec voie dans des jumelles ? La dégaine du type en question, s'il est grand ou petit, s'il a une moustache ou pas, s'il est gros ou maigre, s'il a un blouson bleu ou jaune, mais à part ça ?

– Qu'est-ce que tu veux que j'en sache ? Ça n'a pas d'importance qu'il ait vu avec des jumelles ou à l'œil nu. La valeur de son témoignage est la même. Ce qui compte c'est ce qu'il a vu. On appelle ça un témoin visuel, et, dans la loi, il en suffit d'un.

Il y a grand silence du côté de la couchette de Dyllon, et le Jap prend le risque de se retourner au bout d'un moment.

– Ce qu'il faut savoir, c'est si ce type a reconnu ton visage.

Dyllon se redresse comme un serpent devant une mangouste :

– Où tu vas là... j'ai pas parlé de moi, j'ai parlé d'un type.

Kinusaga hausse les épaules, et se remet à sa lettre comme si de rien n'était. Il sent la méfiance dans son dos : Dyllon se replonge dans la contemplation du plafond.

A chaque visite de son avocat, Dyllon revient du parloir un peu plus sombre. Il semble que le procureur fasse la vie difficile à son défenseur, et que son cas soit passible de la chaise électrique. Dyllon gronde après « son baveux », un bon à rien, qui ne lui explique rien, ne sert à rien, et malgré son arrogance il a manifestement la terreur de la chaise électrique. Le souvenir des condamnés qu'il a vus transférés dans le couloir de la mort, parqués dans des cellules grillagées, face à d'autres cellules grillagées, à d'autres visages de mort future... lui fait faire des cauchemars. Une ultime prudence le retient encore de demander son aide au Jap. Mais le temps passe, et ce dernier commence à parler de sa prochaine libération. Il compte les jours, affiche le calendrier au mur de la cellule, songe à des coups futurs, qu'il évoque sans précision.

Cette libération prochaine semble être le déclic nécessaire. Dyllon, qui le sait parfaitement, demande hypocritement au Jap :

– Tu sors quand ?

– Demain. C'est demain la quille, mec...

Dudley Dyllon serre les dents. Il serre les dents toute la nuit, elles grincent même de façon désagréable, comme s'il était en train de mordre quelque chose... ou quelqu'un.

– Écoute, Jap... Tu peux me sauver la mise.

– Je vois pas comment... je sors demain...

– Justement... j'ai pas besoin de bafouille ou d'avocat, tout ce qu'il me faut c'est un mec sûr, qui sort demain. A condition qu'il la boucle, sinon...

Les deux mains maigres et fortes du meurtrier se referment sur un cou imaginaire, dans un geste sans équivoque...

– T'énerve pas, Dudley... cool... c'est comme tu veux... moi je t'ai rien demandé.

A ce moment précis, Kinusaga joue son va-tout. Il le sait. L'autre aussi joue sa dernière carte. Mais l'ombre de la chaise électrique plane...

– Okay, écoute-moi. C'est super-simple.

Dudley parle à voix basse, dents toujours serrées.

– J'ai rétamé une bonne femme dans le parc de l'Est. En me barrant j'ai emporté son sac, pour lui piquer son fric. Après ça j'ai planqué le sac dans le creux d'un tronc d'arbre, près du bassin aux canards. Je pouvais pas faire autrement, y'avait des connards à proximité qui chahutaient... J'ai pas pu le reprendre, les flics ont quadrillé le parc pendant plusieurs jours. Ils l'ont pas trouvé, et ils ont rien trouvé d'ailleurs. Seulement j'ai la trouille de la reconstitution, ce pourri de procureur en a parlé, et si jamais ils fouillent encore dans ce coin, ou si quelqu'un le trouve.... y'a les papiers de la gonzesse, et tout son fourniment...

– Ça tu t'en fous, n'importe qui a pu le mettre là...

– Ouais, sauf qu'il y a sûrement mes empreintes sur le fermoir. Ce putain de fermoir est métallique, j'ai eu du mal à l'ouvrir... Alors écoute-moi, tu vas là-bas en sortant, tu prends le sac, tu fourres des pierres dedans, et tu le balances dans le lac... C'est pas compliqué ?

– C'est tout ?

Le Jap a l'air de trouver la chose si simple...

– T'es d'accord, hein ? T'es d'accord ?

– Okay...

Silence dans la cellule. Dudley Dyllon regarde toujours le plafond, où il est seul à voir quelque chose. De son côté le Jap dort.

A l'heure de la soupe, la roulante s'arrête devant leur porte comme d'habitude, et Michael Kinusaga renverse maladroitement sa gamelle. Il demande aussitôt une autre portion au gardien, qui la lui refuse vertement.

– T'avais qu'à faire gaffe, le Jap, t'as pas besoin de bouffer, tu sors demain, t'auras tout le temps de t'empiffrer de hamburgers américains...

Et il referme le guichet.

Ce qui a pour effet de mettre le Jap dans une colère démente. Il démolit tout dans la cellule, hurle des insultes, si bien qu'il se retrouve dans le couloir dûment encadré par deux gardiens, direction le bureau du chef et le mitard.

Mais avant de partir, le Jap ouvre le judas de la porte et encadre son visage impassible dans l'espace minuscule.

– Hé ! Dyllon...

L'autre se redresse, inquiet.

– Je suis navré, Dyllon, désolé... c'est fichu pour toi. Je suis toujours policier, je suis toujours assermenté, et tu viens d'avouer ton crime devant un policier assermenté, en lui donnant la preuve matérielle qui manquait au dossier... On se reverra à l'audience, Dyllon... Salut !

L'avocat de Dudley Dyllon lui a conseillé de plaider coupable, devant la solidité du dossier, et Dyllon a tout avoué.

Et le détective sergent Michael Kinusaga a été officiellement rétabli dans ses fonctions, le jour même, avec une conférence de presse du chef de la police à Chicago à l'appui.

Sous les flashes des photographes, la jeune madame Kinusaga s'est jetée dans les bras de son honorable époux, en lui chuchotant à l'oreille :

– Tu sais, j'ai compris le premier mois, quand ta solde est arrivée comme si de rien n'était. Comme si tu n'avais pas été limogé... J'ai compris que tu étais incorruptible, et chargé d'une mission difficile, mais je n'ai rien dit, pas même aux enfants... Est-ce que tu auras une récompense ?

Michael Kinusaga, en offrant son sourire à la presse, a marmonné dans le style Bogart :

– Chérie... les récompenses pour un flic... ça s'arrête là.

# LE TUEUR DE NOËL

Lundi 23 décembre 1957. Les quatre personnages principaux de cette histoire ne se livrent pas aux mêmes activités, deux jours avant Noël.

Le capitaine Mac Carthy, l'un des meilleurs de la brigade des homicides de Queens Village, cent pour cent de réussite dans ses enquêtes, est fier du policier qu'il est, mais pas de l'homme. Il se traite d'imbécile. Sa petite amie l'a flanqué à la porte, il a un cadeau sur les bras, et se demande pour la vingtième fois au moins en vingt ans de carrière pourquoi diable il ne tombe que sur des femelles impossibles. Le métier sans doute. Pas le temps, manque de délicatesse, oubli des anniversaires, dîner fichu sur un coup de téléphone, nuit de veille, planqué dans une voiture... Ça n'aide pas.

Le docteur Brussel, psychiatre et psychanalyste, est bien mieux dans sa peau. La nature l'a doté d'un calme remarquable, d'une aptitude à la réflexion, d'un sens de l'observation et de l'analyse qui ont fait de lui un homme célèbre. Il collabore souvent avec la police, et a connu dans ce domaine des réussites spectaculaires. Il écrit, donne des conférences, dispose d'un appartement agréable, et se sauve dans quelques jours en vacances pour la Jamaïque. Au soleil.

Madame Nerich, la quarantaine un peu lourde, n'est pas malheureuse non plus. Certes elle est veuve. Mais elle agrémente sa solitude en fréquentant des amis, et l'église régulièrement, elle s'occupe d'œuvres paroissiales, adore rendre service aux gens qu'elle aime bien, et qui le lui rendent bien. C'est une brave femme paisible, dont la vie n'a pas été particulièrement excitante ou aventureuse, mais elle en est contente. Elle est réceptionniste chez un médecin, habite une petite maison de bois d'un étage, où elle vit avec sa sœur et son beau-frère. Ce soir, elle revient d'une petite réception amicale et descend de l'autobus pour terminer le chemin à pied jusque chez elle.

Le quatrième personnage est inconnu. Sa vie, ses mœurs, ses ambitions, son sexe, son nom, son âge, sa profession, tout est inconnu.

Il marche dans une rue de Queens Village. Ce faubourg de New York est construit de petites maisons bourgeoises, bien rangées les unes à côté des autres. Parfois jumelles, parfois uniques. La faible lumière diffusée par d'antiques réverbères traverse mal le branchage des arbres qui bordent la rue et lui font un dais fantomatique. Silence et froid. Il est huit heures du soir.

« Il » marche donc dans cette rue, derrière madame Nerich qui rentre chez elle. Il va la tuer. On ne sait pas pourquoi.

Madame Nerich entend peut-être le bruit des pas derrière elle, sur le trottoir glacé. Elle se presse peut-être un peu. Elle a peut-être peur qu'un homme l'accoste, peut-être se retourne-t-elle un instant. Pas plus, car le crime est rapide.

Un bras lui enserre le cou, et une main armée d'un couteau la frappe rageusement dans la poitrine, l'abdomen, frappe et frappe encore, le sang coule de plusieurs blessures, et madame Nerich s'effondre sur le trottoir.

Le capitaine Mac Carthy est chargé de l'enquête. Il est expédié sur les lieux du crime, et tenu par son chef de rendre son rapport avant Noël, vu que ledit chef a l'intention de passer Noël en famille, avec sa femme, ses enfants, et son sapin enguirlandé.

Mac Carthy fait donc les constatations d'usage et l'enquête de routine.

Crime sexuel ? Non. Cette femme a été attaquée rageusement, se dit Mac Carthy, vu le nombre de coups frappés au hasard, mais visiblement sans intention de viol.

Par contre, une femme qui marche dans la rue, sortant d'un autobus pour rentrer chez elle, devrait avoir un sac. Elle n'en a pas, le mobile serait donc le vol. Deux heures plus tard, Mac Carthy et ses deux fidèles compagnons de nuit, Cohen et Sweethey, découvrent le sac sur une pelouse, dans la rue même. Il a été jeté par l'assassin, et ne contient pas ou plus d'argent.

Mac Carthy interroge la sœur et le beau-frère de la victime, braves gens en larmes devant leur sapin de Noël.

– On lui avait acheté un châle, en laine de cachemire... dit la sœur, effondrée.

– Avait-elle de l'argent dans son sac ?

– En général une cinquantaine de dollars.

– Voulez-vous vérifier s'il ne manque rien d'autre...

Mac Carthy attend patiemment que le chagrin permette à la sœur de s'exclamer :

– Qu'est-ce que c'est ? Qui a écrit ça sur son sac ?

– L'agresseur, je présume.

– C'est une obscénité !

– Nous avons retrouvé la même inscrite sur un mur, à côté du corps.

– Quelle horreur !

C'est une obscénité en effet. La traduction française en est à peu près : « Va te faire... Paul. » Pour les initiés, en anglais : « Fuck off Paul ».

Mac Carthy, qui fréquente des endroits peu recommandables de par son métier, en a vu d'autres. Mais il admet que sur le sac d'une dame tranquille, c'est assez étonnant. L'inscription a été réalisée avec le bâton de rouge à lèvres de la victime. Un étui doré et bon marché, rugueux, sur lequel il n'espère guère trouver d'empreintes, mais qu'il a conservé soigneusement dans sa poche, dans un mouchoir en papier.

– Il manque quelque chose à part le rouge à lèvres ?

– Oui ! Son permis de conduire.

– C'est tout ? !

– Oui. C'est bizarre...

– Elle l'avait toujours sur elle ? Même en prenant l'autobus ?

– Il lui servait de pièce d'identité, comme à tout le monde.

Mac Carthy présente ses condoléances, remercie, et rejoint Cohen et Sweethey dans la rue qui font le tour du quartier. Une enquête de voisinage est la première des choses à faire, en cas d'agression. Les voisins ont toujours quelque chose à dire. C'est long, fastidieux, on ne tombe pas toujours tout de suite sur les bons, ceux qui ont quelque chose à dire justement, mais il est rare que l'on revienne bredouille.

Cohen revient bredouille, Sweethey a une information.

– Je suis tombé sur deux femmes, dans deux maisons différentes, qui racontent la même chose. Elles se souviennent d'avoir vu, par leur fenêtre, un type rôder dans la rue la semaine dernière, tous les jours.

– Un type... jeune, vieux, grand, petit, gros, maigre ?

– Aucune idée. L'éclairage est mauvais, c'était toujours le soir, le type était habillé de sombre.

– En quoi avait-il l'air de rôder ?

– Il traînait sans but précis. Il faisait les cent pas. Et chaque fois qu'il passait sous un réverbère, il retirait les mains des poches de son manteau, et il les regardait.

– Elles l'ont vu ce soir ?

– Non, elles s'occupaient des sapins, avec leurs enfants.

Noël est partout dans New York, accroché en néons, en guirlandes, en messages lumineux, en Père Noël sur les trottoirs, en couronnes sur les portes.

Mac Carthy se fiche pas mal de Noël. Mais les journalistes pas du tout. Comme ils n'ont rien de précis à se mettre sous la dent, ils baptisent l'assassin le tueur de Noël. Un bon titre. Qui fait de l'effet sur les foules. Qui attire l'œil, et l'attention du chef de Mac Carthy, le 24 décembre au soir.

– Vous parlez d'une trouvaille. Tout le Queens téléphone. Les gens ont peur du sadique de Noël. Grouillez-vous, Mac Carthy, où est votre rapport ?

– Vous l'avez eu, chef.

– Quoi ? Rien d'autre ? Vous piétinez ? Et les empreintes ?

– Rien, chef.

– Et l'autopsie ?

– Une douzaine de coups de couteau portés avec un instrument de petite taille. Un canif ou une lame étroite et longue. Elle a pas eu de chance, un seul était mortel, et c'est probablement le hasard. Sinon elle s'en tirait.

– Je veux des résultats, Mac Carthy, pour le Jour de l'An... Trouvez une idée, foncez, vous êtes le meilleur oui ou non ?

– Merci, chef.

Aucune piste. Uniquement des conclusions provisoires. Le crime n'était pas prémédité. Sinon l'assassin se serait armé différemment. Il aurait pris un couteau plus grand. Et ce n'est pas un professionnel non plus, vu les efforts qu'il a dû fournir. Douze coups, c'est beaucoup pour tuer. Un maladroit peut-être. Sans rire. Il y a des criminels maladroits. En général ils ratent leur coup d'ailleurs.

Malheureusement, madame Nerich est bien morte. Et rien dans son passé ne permet de lui imaginer le moindre ennemi, la moindre rancœur. Pas de petit ami. Pas d'amant. Cette femme vivait comme une rivière tranquille.

Ce qui est bizarre c'est le permis de conduire. Pourquoi voler un permis ? Pour s'en servir comme fausse identité ? Il faudrait que l'assassin soit une femme. Or il est très rare qu'une femme assassine de manière aussi sauvage et sanglante.

L'homme a peut-être une petite amie. Mais dans ce cas, il lui suffisait d'assommer, de bousculer et de voler le sac. On ne tue pas pour un permis. Pour cinquante dollars, oui. Même pour moins. Mais un permis...

Mac Carthy passe un réveillon lugubre. Une semaine à piétiner sans avancer, un Jour de l'An sans éclat autre qu'une surveillance nocturne du quartier en compagnie de ses deux acolytes, à grignoter des cacahuètes, et à manger des sandwiches.

Et il se fait secouer les puces par son chef. On réclame des résultats en haut lieu. Les hauts lieux réclament toujours des résultats, sans savoir. Ils ne descendent pas dans la rue, eux.

Mac Carthy croise un collègue avec morosité. Il n'a pas l'habitude de répondre qu'il est au point mort sur une enquête.

L'inspecteur Finey qui travaille avec lui au département de la police a une idée :

– Une obscénité écrite au rouge à lèvres, sur un mur et sur le sac, un permis de conduire, un canif, douze coups nerveux... C'est un puzzle, ton histoire, tu devrais en parler au docteur Brussel...

Mac Carthy ne le connaît pas. Il n'a guère recours d'habitude aux psychiatres ou aux psychologues. Les avocats s'en occupent, c'est leur truc. Les tribunaux aussi. Mais lui, Mac Carthy, il a son flair, sa technique, ses indics, sa mémoire, son intelligence de flic rodée par vingt ans de métier.

Le collègue en convient, mais :

– Si toi tu n'as rien déniché, Brussel peut le faire, crois-moi. C'est un type étonnant. Appelle-le.

Mac Carthy se résigne à demander du secours et obtient le docteur Brussel au téléphone.

Il lui explique son cas et demande un rendez-vous.

– Capitaine, je suis désolé. Je pars demain pour la Jamaïque, je ne serai de retour que dans quinze jours.

Quinze jours de plus, c'est quinze jours d'engueulades. Mac Carthy insiste. Depuis le premier jour, il retourne l'histoire dans sa tête, sans savoir par quel bout la prendre. S'il racontait juste un peu au téléphone, le docteur pourrait peut-être l'orienter. Une petite piste, un morceau du puzzle qui colle à un autre... ce serait déjà ça.

– D'accord, essayons, dit le docteur Brussel.

– Comme ça, au téléphone ? Je peux ?

– Essayons...

Mac Carthy se dit qu'il est « gonflé » ce psychiatre. Mais après tout...

Or la conversation va durer vingt minutes. Et en vingt minutes Mac Carthy va se retrouver devant des déductions étonnantes, une succession de probabilités, certes issues de l'expérience des statistiques, mais qui vont recouper la réalité d'une manière incroyable.

Il n'y a là rien de divinatoire, aucun miracle, aucune coïncidence. C'est simplement le travail d'un psychiatre exceptionnel, en vingt minutes. Au téléphone. Et Mac Carthy sera bien obligé d'en convenir plus tard. « Ces types sont fantastiques. »

Le docteur Brussel a d'ailleurs écrit un certain nombre d'ouvrages, et notamment une psychanalyse du crime, dont on a pu trouver la traduction en France, il y a quelques années.

Mac Carthy est donc au téléphone ce jour-là avec un type « fantastique ». Il commence par évoquer l'arme du crime, un petit couteau, probablement un canif...

– Un canif... marmonne le docteur Brussel, ça c'est intéressant... Voyons, un canif c'est un objet de gamin. Ce n'est pas d'un canif que se sert un tueur adulte. J'associe un canif avec des jeux de gamins.

– Vous pensez qu'un enfant aurait pu faire ça ?

– C'est possible. Ou bien un adulte qui n'a pas connu de croissance émotionnelle... s'il s'agit bien d'un canif.

– L'instrument était petit. La lame étroite et pas très longue.

Il y a un petit silence, puis le docteur Brussel répète : « Étroite et pas très longue... m'oui... on verra ça plus tard. Des violences sexuelles ? »

– Aucune. Absolument aucune. On pourrait dire que le tueur s'est contenté de la laisser tomber sur le sol et de s'en aller.

– Voilà qui confirme mon idée de quelqu'un de jeune. Il a eu en main une femme sans défense, et n'a pas su quoi en faire.

– Il a volé son permis de conduire, et ça ne lui sert manifestement à rien.

– Ambivalence, capitaine...

Là, Mac Carthy reste coi un moment. Ambivalence. Qu'est-ce que c'est que ce machin ?

– Je dis ambivalence, parce que si vraiment ce permis ne peut servir à rien, il s'agit bien de cela. C'est un trait caractéristique des schizophrènes. C'est-à-dire coexistence, dans l'esprit de celui qui est atteint de cette maladie, de la haine et de l'amour envers la même personne. Je m'explique. Votre permis de conduire vous le portez toujours sur vous. C'est votre identité, votre personne, il est un peu défraîchi, jauni, patiné par le temps et le contact de vos doigts. Il y a votre photo, elle est ancienne, votre date de naissance, c'est un objet familier, très personnel, et en même temps utile. C'est un souvenir précieux. La personne qui a tué madame Nerich la détestait assez pour la tuer, mais elle voulait aussi s'en aller avec quelque chose de précieux lui appartenant, un souvenir précieux.

Mac Carthy annonce alors la couleur, si l'on peut dire, des deux inscriptions obscènes inscrites au rouge à lèvres.

– Pas de doute, capitaine, le mobile n'est pas le vol, on avance, on avance. Vous pouvez oublier vos cinquante dollars s'ils ont existé. Ce n'est pas le vol.

Et Mac Carthy n'a plus que le signalement, qui n'en est pas un pour lui, donné par les deux femmes, à propos d'un rôdeur.

– Qui sortait ses mains des poches de son manteau, et les regardait, à la lumière du réverbère... c'est tout. Plus rien.

– Ce n'est pas si mal, capitaine. Vous me laissez réfléchir ?

Les secondes s'écoulent. Mac Carthy entend la respiration du docteur Brussel au téléphone. Ce sont des minutes à présent. Il s'ennuie, Mac Carthy, il a l'impression d'être abandonné tout seul à son stupide téléphone de flic, pendant qu'à l'autre bout un autre téléphone intelligent respire.

Au bout de trois minutes, le docteur Brussel consent à répondre aux « allô » timides de Mac Carthy.

– Je réfléchissais, j'étais en train de façonner dans mon esprit une image du tueur. Si vous êtes prêt, je vous la livre.

Mac Carthy est prêt, tout ouïe.

– Physiquement, c'est un gamin maigrichon, d'assez petite taille. Il n'a pas plus de vingt ans. Un mètre cinquante-cinq de haut environ et cinquante kilos. Un petit schizo, chétif, pas beau, mal aimé, coléreux et poltron. Mauvaise circulation du sang. Il a probablement de l'acné, et sur les mains des ennuis de peau, eczéma par exemple.

Il habite non loin de la rue du crime, car il ne s'éloigne jamais beaucoup de chez lui. Si sa mère est encore vivante, il la suit partout. Il n'a pas d'amis, il regarde la télévision, lit des bandes dessinées. Il peut fréquenter une école secondaire, où il a du mal à réussir. A moins qu'il soit sur le point d'être recalé. Il peut même avoir laissé tomber ses études, pour s'éloigner des autres. S'il a travaillé, il a occupé des emplois insignifiants, à peine garçon de bureau. Et il a dû quitter ces emplois assez vite. Ou alors on l'aura renvoyé...

Le capitaine Mac Carthy n'en croit pas ses oreilles.

Tout ça ? Avec douze coups de couteau, un tube de rouge, deux inscriptions obscènes, un canif, et une silhouette qui regarde ses mains ?

Le docteur Brussel passe maintenant à la vie de famille du garçon dont il brosse le portrait.

– Il est possible que sa mère se soit remariée récemment. Ce n'est pas un morceau indispensable à la mosaïque, mais ça collerait bien. Notamment cela nous expliquerait pourquoi la crise s'est précipitée. Quoi qu'il en soit, l'homme de la maison est le rival du garçon et, d'une manière ou d'une autre, leurs relations ont atteint un point de crise. Ce gosse aime sa mère et hait cet homme, qu'il soit son père, son beau-père ou tout simplement l'amant de sa mère. Il est probable que cet homme a réussi dans sa profession, ou son métier, qu'il appartient au genre vigoureux, agressif, et qu'il est très autoritaire. Le gamin en est jaloux. Parce que cet homme détient l'amour de sa mère. Et lui n'a pas comme les autres jeunes de son âge ce qu'il faut pour sortir et se trouver une petite amie. Psychosexuellement il n'a pas atteint ce niveau de maturité. Il est encore agrippé à sa mère. Il l'aime, et il la hait à la fois parce qu'elle le laisse tomber, ou le délaisse. Voilà, capitaine... Je dirais pour terminer ce chapitre que le garçon a tué madame Nerich parce qu'elle symbolisait sa mère. On peut dire que ce soir-là cette femme a servi de substitut à la mère.

– Bon... eh bien... évidemment... mais...

– Vous doutez... Vous avez raison. Je vous rappelle que je joue sur la loi des probabilités. Je n'affirme pas que le tueur est tel que je le décris. Je dis qu'il y a des possibilités pour qu'il ressemble à ce portrait...

– Vous pouvez m'en dire plus ?

– Oui... par exemple. Disons que jusqu'à la crise, l'enfant a été lié si étroitement à sa mère, si retranché du monde, que je ne le vois pas comme une forte tête à l'école, ou ailleurs. Je doute même qu'il ait jamais commis un écart de conduite. Il n'en a pas la malice. Vous ne le trouverez pas dans les délinquants juvéniles ou les écoliers à problèmes.

– Et l'inscription ? S'il est asexué à ce point, comment a-t-il pu écrire une chose pareille ?

– Une manière à lui de dire tout simplement je me fous de vous.

C'est encore un gosse émotionnellement, tel que je l'imagine. Quelque soit son âge réel, il n'est pas pubère. Écrire des mots dégoûtants sur ce sac c'est la manière la plus vigoureuse qu'il a trouvée pour dire : « Maman va au diable ! » Vous comprenez ? Ce n'est qu'une expression grivoise qu'il a entendue à l'école...

– Mais alors où chercher ce gosse, docteur ?

Le pauvre Mac Carthy veut bien tout entendre dans le domaine de la psychologie, de la psychanalyse, mais lui, il cherche un assassin. Où le chercher ? C'est la question essentielle.

– Je vous ai dit qu'il ne s'éloignait jamais beaucoup de chez lui. Il doit habiter pas loin des lieux du crime. Faites aussi le tour des dermatologues du quartier. S'il a beaucoup d'acné, sa mère a pu l'envoyer chez un spécialiste. Cherchez aussi du côté de l'école secondaire locale. Faites-vous une liste des garçons qui ressemblent à ce portrait. Pas de chahuteurs surtout. Des nullités. Il y a autre chose aussi. Je vois assez cet enfant ressentir la nécessité de rendre public ce qu'il a fait. C'est probablement le premier acte important qu'il ait accompli de son propre chef. Il doit se dire en ce moment, « mon garçon, si le paternel se croit fort, regarde-toi... t'as fait plus fort ». Il n'est pas mûr, rappelez-vous de cela. Il éprouve un besoin infantile de se faire valoir, sans en comprendre les conséquences pour lui. Par exemple se vanter devant ses amis, s'il en a... ou alors recommencer à écrire sur les murs. Surveillez les environs, cherchez les graffiti révélateurs sur les murs... C'est à peu près tout, capitaine. Souvenez-vous qu'il s'agit d'une mosaïque de probabilités... bonne chance...

– Bonnes vacances, docteur.

La Jamaïque. Le soleil. Et New York en hiver, et le chef au téléphone qui réclame encore et toujours des résultats. Un cheveu, une puce, un clou, n'importe quoi.

– Alors, Mac Carthy, j'écoute ?

– Oui, chef. Le suspect est un adolescent de moins de vingt ans, il ne mesure pas plus d'un mètre cinquante-cinq, cinquante kilos, de l'acné, il est schizo, solitaire, sans copains, pas de vie sexuelle. Il habite pas loin de la rue du crime. Mauvais élève, pas chahuteur mais nul. Il n'a pas pu aller plus loin que garçon de bureau.

– Vous vous foutez de moi, Sherlock Holmes ?

– Docteur Brussel, chef... collaborateur génial du département d'État. Psychiatre officiel. Des tas de médailles, des tas de résultats avec les collègues.

– J'attends un tueur, Mac Carthy, pas un roman...

– Oui, chef.

Et revoilà Mac Carthy dans la rue, avec Cohen et Sweethey. Ils font le tour des écoles, des dermatologues, des médecins du quartier. Ils rasent les murs au sens propre du terme, le nez dessus, à la recherche de graffiti. Ils demandent aux voisins et aux flics de ronde de surveiller ces graffiti s'il en surgit de nouveaux.

Un soir, les deux acolytes, Cohen et Sweethey, arrêtent leur voiture près d'une cabine téléphonique, pour un appel de routine. Dans le Queens, en ce temps-là, les duettistes policiers n'ont pas de radio dans leur voiture. Heureusement. Pour cette fois.

Cohen pénètre dans la cabine pour téléphoner, et ressort :

– Hé Sweethey, viens voir ça...

Sur la surface polie de l'appareil téléphonique, deux mots écrits avec semble-t-il un crayon rouge, ou un bâton de rouge. Une de ces inscriptions comme on peut en voir des milliers dans les grandes villes et qui n'éveillent la curiosité que de certains amateurs. Pas de la police. Mais celle-là demande une enquête approfondie. Car la cabine est située à quelques blocs de l'endroit du crime. Et dans les caractères, Cohen et Sweethey repèrent quelque chose de familier. Sauf un changement d'importance. L'expression est la même, « Fuck off »... Mais le calligraphe a changé le prénom. Mary. Au lieu de Paul. « Fuck off Mary. »

Mac Carthy se dit : « Mary est le prénom de Madame Nerich. Paul le prénom de l'assassin. Donc Paul a tué Mary. Il vient de l'écrire, parce qu'il a besoin qu'on le sache. Le psychiatre commence à avoir raison, s'il a raison sur toute la ligne on doit trouver un Paul dans le coin qui ressemble à son portrait. »

– Cohen, Sweethey, les gars... on tient le bout du fil. Cherchez-moi un Paul dans les dossiers de l'école secondaire du quartier.

– Y en a trois.

Mac Carthy va examiner les dossiers des trois Paul. Fourchette d'âge correspondant, le premier est membre de l'équipe de base-ball. Bien vu des filles. Bon élève. A écarter.

Le deuxième se rapproche un peu plus du portrait du docteur Brussel. Notes de bien à assez bien. Pas très liant avec ses camarades. Pas très recherché par les filles. Mais il habite loin du lieu du crime, et il est gros et gras. A écarter.

Le troisième Paul. Il habite à six blocs du lieu du crime. A la même distance de la cabine téléphonique. Il est sans odeur, sans saveur, sans intérêt. Quasiment indescriptible, selon le directeur de l'établissement. Impossible de mettre un visage sur ce nom. Le genre de gosse que personne ne remarque. Qui ne laisse pas de traces. Les professeurs le décrivent timide, renfermé. Il n'a que des moyennes médiocres. Ne participe à aucune activité en dehors des cours. Jamais aux discussions organisées en classe. Il ne gêne personne. Il vient à l'école, s'assied, et retourne chez lui.

Mac Carthy le choisit.

La maison de Paul est bien entretenue, dans une rue agréable. La porte s'ouvre sur un jeune garçon, au teint blafard, gâché par de l'acné. Il est petit, mince.

Il s'appelle Paul et regarde nerveusement les deux policiers qui entourent Mac Carthy.

– Mon père est au travail.

Il regarde derrière son épaule et ajoute :

– Ma mère est pas là non plus et moi... je...

Il n'a pas le temps de finir, sa mère apparaît, jolie femme, ronde, la quarantaine. Vue de dos et dans le noir elle pourrait être madame Nerich. L'évoquer en tout cas.

– Qu'est-ce qu'il y a, Paul ? Que veulent ces messieurs ?

Mac Carthy est tout de même bien embarrassé. Comment faire, par où commencer ? Dire bonjour, madame, excusez-moi, votre fils est-il schizophrène, a-t-il un canif, déteste-t-il votre mari ?...

– Nous cherchons des renseignements à propos d'un crime dont vous avez peut-être entendu parler dans votre quartier... une femme, deux jours avant Noël... Madame Mary Nerich a été...

Et il n'a pas le temps de finir. Au nom de Mary Nerich, Paul explose :

– Je voulais pas la tuer... je voulais pas... ça m'a pris... je sais pas pourquoi... je voulais pas... je voulais pas, et j'avais envie...

Il a un canif dans sa chambre. Il reconnaît s'en être servi pour tuer madame Nerich. Et il y a aussi le permis de conduire. Un souvenir...

Il avait un tout petit travail de ramasseur de quilles dans un bowling, le samedi soir. Sa mère n'a pas divorcé, le père est toujours là, mais justement, ils se querellaient sans cesse à propos des résultats scolaires lamentables de Paul. Et, récemment, après une discussion violente, pour la première fois la mère s'est rangée du côté du père. Pour la première fois, car elle le défendait toujours, lui trouvait des excuses. Mais cette fois, elle a dit comme le père :

– Tu n'es qu'un bon à rien. Ton père a raison.

Ce père, ingénieur, sûr de lui et de sa réussite, ne pouvait absolument pas comprendre pourquoi il avait hérité d'un fils aussi médiocre.

De l'âge à l'acné, en passant par la médiocrité du sujet, la protection de la mère qui s'effondre, et le pouvoir paternel... le psychiatre avait raison.

En vingt minutes, un portrait de famille tout à fait ressemblant, et par téléphone.

Mac Carthy l'a dit aux journalistes.

– Je n'y croyais pas. Les psychiatres me faisaient l'effet de découper les mouches en morceaux, après les crimes. De tirer tous les vers du cerveau de leurs patients. Mais celui-là l'a fait sans filet et il a visé juste. Un bon point pour monsieur Freud.

# LE SECRET DE LA COCCINELLE

Rosa Gemen, vingt-cinq ans, est une jolie célibataire. Une silhouette sur laquelle les hommes se retournent plus que volontiers, un visage frais, lumineux, et un charme...

Ce matin du 12 septembre 1966, l'été indien s'est installé à Cologne. Rosa sort de chez ses parents, vers huit heures trente, vêtue d'une robe légère, et un laveur de carreaux ne se prive pas de siffler un compliment sur son passage. Rosa sourit, traverse la rue, et gagne l'emplacement de sa voiture, sur le trottoir d'en face. Une Wolkswagen, une coccinelle couleur ivoire, cuirs intérieurs rouges, qu'elle brique amoureusement depuis quelques années.

A Cologne, une coccinelle est une voiture banale, surtout dans les années soixante. Mais cette voiture rigolote et robuste a toujours eu ses amoureux, et les a encore, depuis qu'elle n'est plus fabriquée en série.

Rosa sort ses clés de son sac et contourne la voiture pour ouvrir la portière gauche.

Une voisine l'interpelle :

– Salut, Rosa, ça va ce matin ? En forme ?

Elle s'arrête une seconde, étonnée de ne pas recevoir de réponse.

– Hé Rosa ? Qu'est-ce qu'il y a ?

Rosa vient d'ouvrir la portière de sa coccinelle et a eu un geste de recul. Puis elle se penche à l'intérieur du véhicule et recule à nouveau en faisant la grimace, la main sur le nez, dégoûtée.

La voisine, intriguée par ce manège, se rapproche aussi, pour voir ce qui effraie son amie, ne voit rien... mais sent soudain, et se recule à son tour :

– Mon Dieu, quelle horreur, Rosa... Qu'est-ce qui est arrivé à ta voiture ?

– Je ne sais pas, c'est infect...

Rosa fait le tour pour ouvrir l'autre portière et établir un courant d'air.

– Tu as oublié quelque chose à l'intérieur ?

– Non... je ne m'en suis pas servie ce week-end... et c'est ma mère qui a fait les courses... Il n'y a rien à l'intérieur, je viens de regarder.

– Regarde dans le coffre... il y a sûrement quelque chose qui pue là-dedans...

Rosa ouvre le coffre, examine le petit désordre habituel qui y règne, une paire de bottes inodores, un parapluie, des chiffons, un bidon d'huile, un jerricane qui sent seulement l'essence, des vieux journaux... Rien qui explique cette odeur épouvantable qui l'a prise à la gorge en ouvrant la portière. D'ailleurs cette odeur ne vient pas du coffre où on la sent à peine. Elle vient bien de l'intérieur de la voiture.

– Impossible de rouler là-dedans... c'est infernal... je vais être en retard à la pharmacie...

La voisine ouvre son sac de tennis et lui tend un atomiseur de déodorant :

– Tiens, vaporise avec ça, je m'en sers pour les chaussures de tennis après le match, c'est efficace... Tu n'auras qu'à rouler les vitres ouvertes, ça passera... N'aie pas peur de vider la bombe... Je te la laisse, tu en as plus besoin que moi...

Tandis que la voisine s'éloigne, Rosa s'assied de biais dans la voiture, les jambes à l'extérieur, prête à ressortir à la première nausée, car cette odeur est écœurante, une odeur d'ail, un concentré d'ail, dirait-on. Elle bombarde l'intérieur de la voiture de déodorant au citron vert... Le mélange n'est pas une réussite, mais l'odeur est tout de même un peu masquée. Rosa hésite, regarde l'heure, elle pourrait prendre le bus, mais...

Passe un cycliste, qui aperçoit les jolies jambes sportives de Rosa, et siffle d'admiration lui aussi.

Habituellement Rosa sourit avec indifférence à ce genre de compliment canaille. Mais elle est énervée par ce mystère nauséabond. Alors elle se décide. Clac, fait la portière du côté gauche, et clac du droite, vitres ouvertes elle démarre en trombe. Rouler plus vite, pour faire plus vite rentrer de l'air dans la coccinelle transformée en boîte de conserve de jus d'ail. Rosa fonce vers la pharmacie où elle travaille comme préparatrice stagiaire. Mais elle se demande si elle tiendra le coup jusque-là... Elle a des nausées, l'odeur est toujours forte malgré le déodorant, tenace, vireuse, asphyxiante. Et il y a des embouteillages interminables. Elle en pleure, car ses yeux brûlent, comme si le relent d'ail pénétrait directement dans ses yeux, dans ses narines. Le cœur soulevé, à la limite du vomissement, Rosa se décide à s'arrêter dans un garage station-service. Elle sort de la voiture comme un diable de sa boîte, et hèle le garagiste :

– Vous pouvez nettoyer ma voiture, s'il vous plaît ?

L'homme fait signe à un jeune employé blond en combinaison orange :

– Le garçon va s'occuper de ça... mais je vous préviens, on est débordés... Vous pourriez pas repasser ?

Tout en parlant, le garagiste s'est approché, et se pince le nez avec dégoût.

– Qu'est-ce qu'il y a eu là-dedans?

Le garçon en combinaison fait lui aussi la grimace.

Rosa lève les bras en signe d'incompréhension :

– Je ne sais pas du tout ce qui s'est passé. Il faut surtout nettoyer l'intérieur... Elle était garée pour le week-end, fermée, rien dedans... Je n'y comprends rien, mais c'est intenable, vous pouvez la prendre tout de suite, s'il vous plaît?

– Maintenant que vous êtes là, dit le garagiste, j'ai intérêt... Elle finirait par empuanter tout mon garage. Allez, Martin, au boulot, débarrasse-nous de cette pourriture avant que les clients n'arrivent.

Martin Zeiger, quinze ans, apprenti, monte dans la coccinelle, avec dégoût, tandis que Rosa court vers sa pharmacie, à pied, heureuse de renifler, pour une fois, le gaz carbonique des pots d'échappement.

Au garage, la journée de Martin l'apprenti est longue. Entre le nettoyage de la coccinelle, et les odeurs d'essence, de graisse, de pétrole, il est tout barbouillé. En rentrant chez lui, il est très pâle, le visage défait, les yeux rouges. Sa mère s'en inquiète aussitôt :

– Tu es malade? Qu'est-ce qu'il y a? Où as-tu mal, tu as de la fièvre?

– Je sais pas, j'ai envie de vomir, regarde mes bras...

Il retrousse ses manches pour faire voir d'énormes taches rouges qui commencent aux poignets et montent jusqu'aux épaules.

Le médecin de famille les examine une heure plus tard. A la loupe, de biais, en dessous, par-dessus...

– Bizarre... bizarre... vraiment très bizarre, qu'est-ce que tu as tripoté aujourd'hui, Martin?

– Ben les produits habituels pour laver les voitures, la pompe à essence, comme d'habitude. Ça fait six mois que je suis là-dedans toute la journée, ça m'a jamais rien fait...

– Tu es sûr de n'avoir rien fait d'autre que nettoyer des voitures?

– Ben oui...

Si Martin ne fait pas allusion à la bizarrerie de la coccinelle, c'est que puanteur ou pas, il est passé entre ses mains une douzaine de voitures, à laver, aspirer, gratter, astiquer, et qu'il en a plein ses pattes de quinze ans. Et aussi que sa mère s'affole en se demandant s'il a eu la varicelle, la scarlatine, ou la rubéole, elle ne sait plus...

Mais le médecin est inquiet :

– Il faut analyser ça de près, je t'emmène à l'hôpital en dermatologie...

– Vous auriez pas quelque chose pour les nausées?

– On verra ça à l'hôpital, Martin, je ne veux rien te donner avant de savoir...

A l'autre bout de Cologne, Rosa est rentrée chez elle avant six heures, pour se précipiter dans la salle de bains. Elle en ressort deux minutes plus tard, affolée, en appelant sa mère :

– Regarde, maman... regarde!

Rosa est nue devant la glace de sa chambre, son joli corps sportif à la peau bronzée porte des marques inquiétantes. Les bras et le postérieur sont couverts de cloques énormes, rougeâtres.

– Tu as mal? Qu'est-ce que c'est? Qu'est-ce que tu as fait, tu es allée à la piscine à midi?

– Non... justement, j'étais mal fichue, envie de vomir... et j'ai mal, maman, ça brûle...

La mère de Rosa réagit comme celle de Martin appelle le médecin de famille, qui trouve ces cloques bizarres lui aussi, et lui aussi dirige la jeune fille vers la clinique dermatologique de l'hôpital de Cologne.

Une clinique de verre et de peinture blanche, à l'atmosphère aseptisée, où, malheureusement, Rosa et Martin n'entrent pas en même temps. Car s'ils se trouvaient au même instant entre les mains des cliniciens, s'ils partageaient le même dortoir cette nuit-là, s'ils se croisaient seulement dans le même couloir, tout irait très vite. La relation serait faite, forcément, mais ce n'est pas le cas. Ils sont entrés à des heures différentes, on les examine séparément, et ce n'est que le lendemain matin que le médecin-chef se rend dans le bureau du directeur de la clinique.

– Je suis inquiet. Je viens d'examiner un jeune garçon, un apprenti, il travaille dans un garage, et j'ai bien l'impression qu'il a été intoxiqué par de l'ypérite!

– De l'ypérite, bon dieu, c'est grave...

Les deux médecins retournent auprès de Martin pour l'interroger de manière plus pointue.

– Tu es en contact avec des produits chimiques?

– Je sais pas, moi, je lave des voitures et je sers à la pompe, c'est tout...

– D'accord, mais tu as été intoxiqué, sans doute, par un produit chimique, un gaz que l'on appelle ypérite...

– Je connais pas ce produit-là... Je me sers pas de gaz...

– Je m'en doute bien, l'ypérite est un gaz de combat, il a été utilisé pour la première fois pendant la Première Guerre mondiale et a fait des centaines de milliers de victimes... C'est un gaz asphyxiant, vésicant... c'est-à-dire qu'il atteint l'appareil respiratoire, et provoque aussi des irritations graves... Ce n'est pas le genre de produit qu'on achète chez le droguiste!

– Je sais pas, docteur, moi, je lave les voitures c'est tout... Je vais mourir?

– Mais non... tu ne vas pas mourir... mais il faut prévenir la police, et interroger ton patron... c'est urgent, une substance pareille qui traîne en ville, c'est insensé!

La police est donc prévenue par les médecins de la clinique de Cologne, tandis que le laboratoire s'active pour obtenir la confirmation du diagnostic.

Ce que n'a pas dit le médecin au jeune Martin, c'est que ce gaz est un danger terrible. En fait, il a été utilisé pour la première fois. en 1915, par les Allemands eux-mêmes, à Ypres, ce qui lui a donné son nom vulgaire d'ypérite. Il s'agit de sulfure de dichlorétyle S. Il a eu des petits frères depuis, aux noms encore plus compliqués, et fait partie de ce que l'on nomme les gaz toxiques généraux, car ils suffoquent et irritent à la fois, provoquent diarrhées et vomissements. Le pire étant qu'ils sont parfois mutagènes, c'est-à-dire qu'ils entrainent, on l'a testé par des expériences sur des animaux, des modifications génétiques transmissibles à la descendance... Une belle horreur, en principe interdite dans les combats, mais que certains pays ne craignent pas d'utiliser encore, sans le moindre complexe.

L'ypérite est un gaz plus dense que l'air, qui, s'accumulant dans les abris, les tranchées, les ravins, attaquait l'eau et les aliments.

Les combattants de la Première Guerre mondiale, les gazés, savent bien que le fameux masque qu'on leur distribuait ne suffisait pas à les protéger. Un endroit envahi par l'ypérite doit être assaini le plus vite possible, il faut désinfecter le matériel, le terrain, détruire les aliments, contrôler l'eau...

Le jeune commissaire Scheider qui pénètre dans la clinique de Cologne, le 13 septembre 1966, n'a pas fait la guerre, mais connaît l'ypérite de réputation.

On lui confirme au laboratoire qu'il y a bien deux victimes, intoxiquées par ce même gaz.

– Ils travaillent dans une usine?

– Non, le garçon dans un garage, la jeune fille dans une pharmacie.

– Une pharmacie? On peut trouver ça dans une pharmacie?

– Certainement pas... On ne voit pas quel produit pharmaceutique pourrait se rapprocher de l'ypérite. Et encore moins dans les produits automobiles.

– Est-ce qu'ils se connaissent?

– Apparemment non... enfin après tout on ne sait pas...

Le commissaire Scheider s'attendait à une enquête fastidieuse sur un accident du travail, avec les habituels ergotages sur les responsabilités, la manipulation, etc. Cette histoire insolite devient intéressante...

Il va donc interroger les deux malades.

Martin en premier. En dix minutes il arrive au fait principal de la journée du jeune apprenti. La coccinelle qui sentait mauvais.

– Elle sentait mauvais comment?

– L'ail...

Le médecin-chef sursaute :

– C'est l'odeur caractéristique de l'ypérite, commissaire.

– Bon, eh bien on tient le bon bout. C'était quoi cette voiture ?...

– Une coccinelle, c'est une jeune femme qui l'a apportée pour la faire laver.

– Tu la connais ?

– Non, monsieur, elle est pas revenue la chercher le soir, d'ailleurs.

Le commissaire Scheider se sert aussitôt du téléphone, et le garagiste lui donne le nom de la propriétaire du véhicule, qui est toujours là dans son garage : Rosa Gemen...

Le médecin se frappe la tête :

– C'est l'autre malade... commissaire, c'est elle...

Enfin le lien est établi : la coccinelle de Rosa est l'agent de transmission de l'intoxication. Mais comment et pourquoi ? Un accident ? Où cette voiture aurait-elle pu être contaminée par un gaz toxique ?

Le commissaire Scheider est maintenant au chevet de Rosa. Très affaiblie. La pauvre est allongée sur le ventre pour préserver les cloques des brûlures qui ont atteint son ravissant postérieur. Ses bras emmaillotés de gaze, le visage défait, elle respire mal.

Après avoir envisagé tous les circuits possibles de la coccinelle et écarté le hasard qui aurait pu la conduire dans un endroit où l'on traite ce genre de produit, ils sont rares Dieu merci, le commissaire s'interroge, perplexe. Ce qui l'intrigue surtout, c'est que lorsque le samedi soir Rosa a fermé sa voiture à clé, elle ne sentait pas l'ail... et elle ne l'a rouverte que le lundi matin.

– Il pourrait s'agir d'une tentative criminelle, mademoiselle Gemen... Quelqu'un vous en veut ?

– Non... enfin... après tout si... Miklos... peut-être Miklos.

– Qui est Miklos ?

Le commissaire est étonné, il n'a suggéré cette hypothèse que par principe. A sa connaissance les tentatives criminelles entre civils ne se font pas au gaz de combat...

– Miklos Bakony, c'est un garçon que j'ai connu, intimement.

– Il n'est pas allemand, avec un nom pareil ?

– Hongrois, mais je ne le vois plus.

– Racontez-moi...

– Écoutez, commissaire, c'est une histoire privée, enfin je veux dire que Miklos était amoureux de moi, il voulait m'épouser et j'ai refusé... ça s'arrête là...

– Vous êtes sûre ?

Rosa tousse et semble souffrir à chaque phrase un peu longue qu'elle prononce.

Mais le commissaire, comme la plupart des hommes, trouve Rosa très jolie, le genre de femme à susciter des passions. Lorsqu'il y a passion, il peut y avoir danger. Il lui faut plus de détails sur ce Miklos.

– Quelle a été sa réaction au moment de la rupture ?

– Assez folle, il m'a menacée de me tuer, c'est un passionné... Il avait un revolver ce jour-là. Il est même allé voir mon père en hurlant que c'était de sa faute si je ne voulais pas l'épouser. Mon père l'a fichu dehors. Mais vous savez...

Rosa respire avec de plus en plus de difficulté, et finit par supplier :

– Allez voir mes parents, ils vous expliqueront, je suis trop faible...

Le commissaire Scheider se retire. Mais ne perd pas de temps pour se rendre chez les parents de Rosa. Un amoureux éconduit qui se vengerait au gaz de combat, il n'a jamais vu ça, mais en matière criminelle, il se produit toujours quelque chose que l'on n'a jamais vu, un jour ou l'autre... L'imagination des fous est sans limites...

Devant le père de Rosa, c'est la première question que pose le commissaire :

– Vous le trouviez anormal ce garçon ?

– Moi, oui. Ma fille était plus... comment dirais-je, elle avait aimé ce garçon, disons qu'elle était un peu aveuglée, et prête à pardonner ses extravagances... mais pas moi. C'était pire que des extravagances, commissaire. Imaginez, ce garçon de vingt-sept ans, intelligent je le reconnais, agréable physiquement aussi, au début nous n'avions pas de raison de nous opposer à leurs relations, mais ma fille ne voulait pas se marier, c'était son droit, elle n'était pas sûre d'elle. Or voilà que ce garçon se transforme en fou furieux, d'abord il la menace d'un revolver, ensuite il se met à écrire une sorte de journal intime de leurs relations, et il vient me voir, moi, en me menaçant de le polycopier, et de le répandre dans la ville... J'ai d'ailleurs fait des démarches, à l'époque, pour qu'il soit interné. Ce garçon a des troubles mentaux évidents, seulement voilà... il ne le reconnaît pas, il se croit sain d'esprit, et on ne peut pas faire interner les gens comme ça...

– Je comprends, mais l'ypérite n'est pas à portée de main du premier venu... De plus, je suis passé au garage, j'ai examiné la voiture, et il n'y a aucune trace d'effraction, aucun débris de verre, quelque chose qui ressemblerait à une ampoule brisée par exemple... L'ypérite se transporte forcément dans un emballage hermétique... Je n'ai découvert que quelques taches visqueuses, sur le tapis de sol, côté droit. Le produit sûrement, qui a dû se volatiliser aussitôt... Ce Miklos s'était-il déjà servi de la voiture ?

– Jamais.

– Les clés n'ont jamais disparu ?

– Non. D'ailleurs Miklos ne s'est plus manifesté depuis quelque temps...

– Vous vous servez de la voiture ?

– Ma femme de temps en temps, mais c'est rare, quant à moi jamais...

– Je vous posais la question car la tentative criminelle pourrait être dirigée aussi contre vous, ou votre femme... Vous voyez une raison ?

– Pas la moindre. Nous menons une vie tranquille, je suis retraité de l'administration... ma femme ne travaille pas...

– Pardon d'insister, mais vous avez fait la guerre ?

– Oui. Comme tout le monde.

– Vous êtes engagé dans un parti quelconque, politique, une association d'anciens combattants ou quelque chose de ce genre ?

– Non. Cette guerre, commissaire, je l'ai faite contre mon gré, les nazis... enfin ce n'étaient pas mes convictions. Et depuis nous nous efforçons d'oublier. Quel rapport de toute façon ?

– La guerre, monsieur Gemen. Le gaz de combat... une vieille rancœur d'un ancien compagnon, je ne sais pas...

– Ne cherchez pas de ce côté, commissaire. Mes compagnons sont tous morts, ou ont disparu en Russie. Je n'ai pas d'ennemis. Je n'en ai jamais eu d'ailleurs.

Le père de Rosa est un homme digne, que le jeune commissaire salue.

C'est un peu l'impasse dans cette enquête. Il faut rencontrer ce Miklos. Il est étudiant, il fait partie d'une association d'étudiants à Marbourg, en Rhénanie. Le convoquer d'abord, pour voir s'il se présente, ce serait déjà un bon point en sa faveur.

Le lendemain, 14 septembre, Miklos Bakony comparaît devant le jeune commissaire Scheider. Un garçon de taille moyenne, au visage souriant, mais au comportement nerveux. D'un physique agréable, yeux verts, cheveux bruns bouclés, il a pourtant le type même du potache attardé dans des études interminables, et sans but bien défini. Il semble tomber des nues :

– Que se passe-t-il ? Je n'ai rien perdu, on ne m'a rien volé... pourquoi cette convocation ?

Le commissaire l'attaque de front.

– Vous êtes ami avec Rosa Gemen... c'est la raison de cette convocation. Vous n'êtes pas au courant évidemment, car les faits datent d'hier, mais votre amie a été victime d'une grave intoxication, étrange... J'interroge la famille et les proches, je cherche une piste...

– Comment ça une piste, on l'a empoisonnée, c'est ce que vous voulez dire ?

– En quelque sorte, oui.

– Volontairement ?

– Il semble bien... avec un gaz peu commun, l'ypérite... un gaz de combat... dans sa voiture.

– ... Elle... elle est morte ?

– Non... heureusement les médecins sont intervenus assez vite et elle s'est débarrassée de la voiture dans un garage... Il y a d'ailleurs une autre victime... Où étiez-vous hier ?

– A Marbourg, à l'université.

– Et la nuit précédente ?

– A Marbourg...

Le garçon s'agite un peu sur sa chaise, puis attaque :

– D'accord, je vois, vous me soupçonnez parce que Rosa a dû vous dire que je l'ai menacée, après notre rupture. J'ai eu un choc terrible, je le reconnais. J'en suis devenu à moitié fou même... Je déprimais tellement que j'ai dû me doper pour tenir le coup, ça n'arrangeait rien... une vraie catastrophe...

– Quel genre de dope ?

– De la Pervitine, je ne supporte pas ce genre de médicaments... heureusement je m'en suis aperçu à temps. Je vais beaucoup mieux maintenant... d'ailleurs je n'ai pas revu Rosa depuis des semaines... J'ai encaissé maintenant. Je ne vous dirais pas que c'est la joie, mais je tiens le coup... Je l'aimais... comme un fou... mais je n'ai rien fait ! De l'ypérite ! C'est insensé...

– Vous connaissez ce genre de gaz ?

– De réputation... On s'en est servi pendant la Première Guerre, c'est tout ce que je sais...

– Vous n'êtes pas né en Allemagne ?

– Non, je suis hongrois d'origine, je suis ici depuis six ans...

– Quel genre d'études faites-vous ici ?

– J'essaie de m'adapter, maths, physique, histoire... langues, je touche un peu à tout, j'ai une bourse...

– Et en Hongrie ?

– Je suis parti de Hongrie pour faire des études ici justement...

– Mais vous êtes parti d'une université pour obtenir une bourse, laquelle ?

– Budapest... je suis né là-bas.

– Merci, monsieur Bakony... vous pouvez rentrer chez vous...

– C'est... c'est tout ?

– Oui. Bien entendu. Je vais simplement, et comme d'habitude, vérifier que vous étiez à Marbourg les 11 et 12 septembre, c'est tout.

– Ah bon. Eh bien au revoir, commissaire...

Miklos se retire et le commissaire n'est guère plus avancé. Il a l'air sincère ce garçon, il a reconnu lui-même s'être complètement déglingué en se dopant, il avoue sa déprime, sa folie passagère... Les Hongrois sont des passionnés, dit-on, surtout en amour... Un gamin attardé, en quelque sorte, qui vient de subir son premier échec amoureux. D'où peut bien venir ce satané gaz ?...

Le commissaire vérifie l'alibi de Miklos à Marbourg, sans problème. Puis il lui vient une idée, parce qu'il n'en trouve pas d'autres à vrai dire. Une idée de routine toujours : Vérifier le passé de Miklos en Hongrie, à l'université de Budapest. Routine pure. Demande classique par télex et réponse quarante-huit heures plus tard.

Et là, le commissaire Scheider fait un bond. De rage. Ce Miklos l'a bien eu avec ses airs d'innocent amoureux, fou de désespoir...

Le télex dit :

« Bakony Miklos, né le 12 juillet 1939 à Budapest. Étudiant en chimie, passionné d'expériences, notamment sur les gaz asphyxiants. A quitté l'université de Budapest, après un accident de laboratoire, probablement involontaire, qui a failli entraîner la mort de plusieurs camarades. »

Pas de poursuites.

Miklos Bakony se retrouve devant le commissaire Scheider. Cette fois, deux policiers sont allés le chercher. C'est lui, bien sûr. Mais comment a-t-il fait ?

Durant des jours et des jours, Miklos nie obstinément. Bien que le commissaire sache maintenant que les études interminables et vagues qu'il poursuit, de la physique à l'histoire en passant par les maths et les langues, croisent aussi la chimie, et qu'à l'université de Marbourg on fait les mêmes expériences de laboratoire qu'à Budapest. De l'ypérite, il y en a. Elle sert à étudier les mutations génétiques sur les animaux, en milieu vivant comme on dit.

Pour un écologiste comme le commissaire Scheider, ce genre de chose est une horreur. Et Miklos n'avoue toujours pas, et le commissaire tient bon, jour après jour. Il sait, il sent il devine que ce garçon a effectivement des problèmes psychologiques graves, et qu'il va craquer. Il faut qu'il craque... L'usure nerveuse, la longueur de temps sont les seules armes du commissaire, qui par ailleurs n'a aucune preuve matérielle à sa disposition.

Deux semaines d'usure et d'interrogatoires viennent enfin à bout de Miklos.

Comment s'y est-il pris pour introduire l'ypérite dans la voiture fermée à clé ?

– J'ai pris le train de nuit, j'ai mis l'ypérite dans une seringue, avec une très longue aiguille. Dans la nuit de dimanche à lundi, je suis allé à pied de la gare au domicile de Rosa. J'ai repéré la voiture, elle la laisse presque toujours au même endroit. J'ai enfoncé l'aiguille dans la bordure de caoutchouc de la glace avant droite. Je suis reparti à pied jusqu'à la gare, j'ai pris le train suivant pour rentrer à Marbourg. Personne ne s'est aperçu de mon absence. Je regrette. Je demande pardon à Rosa.

C'est curieux, il y a les criminels qui ne regrettent rien, et ceux qui regrettent, mais on se demande ce que ça change. Pour les victimes en tout cas.

Rosa et le jeune Martin souffriront à vie des séquelles de ce gaz de combat.

Comme tant d'autres innocents dans ce monde guerrier.

– Saloperie d'invention, a dit le commissaire Scheider aux journalistes.

Et il a fait une déclaration d'écologiste, plus que de policier. Chacun son combat.

# LES COLLECTIONNEURS

Dix heures du matin, dans un commissariat de New York. Les patrouilles de journée sont déjà en route, l'inspecteur Calsoum parcourt rapidement les journaux du matin. Le président Truman vient d'annoncer que les forces américaines entreront en action pour défendre la Corée du Sud de l'envahisseur communiste, sous la conduite du général MacArthur. Ce mois de juillet 1950, pour l'Amérique, est encore un mois de guerre...

Calsoum a servi dans le Pacifique. La guerre, il connaît, et à New York, pour un policier de terrain, la guerre se fait tous les jours. Des bandes de jeunes s'affrontent le couteau à la main, noirs, portoricains, blancs des quartiers pauvres... et pendant ce temps, sur tous les écrans d'Hollywood, Ingrid Bergman joue Jeanne d'Arc, et McCarthy déclenche la chasse aux sorcières en proposant au Sénat une loi anticommuniste, tandis que les Russes font exploser leur première bombe atomique.

Le monde est une drôle de boule.

Le téléphone grésille sur le bureau de Calsoum. Il le décroche pensivement en repliant son journal, et n'entend rien à l'autre bout du fil.

– Commissariat Cinquième Avenue ouest, j'écoute...

Il y a une sorte de chuchotement, et Calsoum s'impatiente :

– J'écoute, bon sang...

Alors la voix chuchotante se décide :

– 2078, Cinquième Avenue...

– Et alors, qui êtes-vous ? Qu'est-ce qu'il y a au 2078 de la Cinquième ?

– Personne n'est sorti depuis un mois.

– Votre nom ?

Silence. Encore un anonyme. C'est fou ce que les anonymes occupent les lignes des commissariats de police. Anonymes pour dénoncer des voisins bruyants, anonymes pour signaler un cadavre dans une impasse, anonymes pour avertir qu'un voleur fracasse une vitrine devant chez eux. Le monde a peur de regarder la vie en face.

– D'accord, dites-moi au moins qui habite au 2078 ? Je vous entends respirer... Allez-y, bon sang...

Un déclic. L'anonyme s'est fondu dans le réseau téléphonique.

Calsoum appelle une patrouille mobile. Homère et Adam, voiture 26, sont les plus proches du 2078 de la Cinquième Avenue.

– On y va, chef. Qui habite là ?

– J'en sais rien, les gars, c'est une devinette.

– Quel genre d'intervention, chef ?

– J'en sais rien non plus, les gars, c'est l'anonyme de service.

Cinq minutes plus tard, Homère et Adam se garent devant le 2078. La Cinquième Avenue est l'une des plus riches du monde, comme chacun sait. Devant les deux policiers, un hôtel particulier de trois étages. Les volets sont clos. Vu le prix du terrain constructible à New York, les gens qui habitent là, sur trois étages seulement, ne sont pas pauvres.

Homère et Adam, deux grands gaillards, également bâtis comme des joueurs de base-ball, également blonds, également originaires du Wisconsin, sont partenaires de patrouille depuis longtemps. Ils jouent les interventions à pile ou face, avec une capsule de bière. Homère a gagné. Il va sonner à la porte du 2078, tandis qu'Adam contacte le chef Calsoum, par radio :

– Une bicoque de luxe, chef, les volets bouclés. Homère sonne mais personne ne répond. On dirait un blockhaus... C'est qui les richards ?

Calsoum lit la fiche que vient de lui tendre un adjoint :

– 2078, trois étages, hôtel particulier, de 1910. Propriétaires Frederic et Christian Barney, sans profession, diplômés de l'université de Columbia. Une note du service d'hygiène, sur plainte des voisins, rien n'a été relevé contre eux, l'enquête a noté seulement que le bâtiment était sans téléphone, sans eau, sans gaz, sans électricité...

– Shit !

La traduction de ce mot en bon français appartient au général Cambronne, et, dans la bouche d'Adam, exprime un étonnement compréhensible.

– Des richards sans téléphone ? Et tout le reste ? Ils habitent pas là alors ?

– C'est justement ce qu'on vous demande, bande de feignants, où en est Homère ?

Homère n'en est nulle part, sauf quelques constatations.

– La porte a l'air blindée, chef, du sérieux, serrures de sécurité dans le genre compliqué. Les voisins n'ont vu personne depuis des semaines.

– En voyage ?

– Il paraît que c'est pas le genre, chef... Deux types habitent là-dedans, des originaux. Qu'est-ce qu'on fait ?

– Vous restez là, je vous envoie un serrurier et j'arrive. Que l'un de vous continue l'enquête de voisinage.

La Cinquième Avenue de New York n'est pas devenue la plus chic de la ville par hasard. C'est la plus agréable. Elle borde Central Park sur une bonne partie de sa longueur, un bois immense en plein centre, où l'on fait du cheval l'été, du patin à glace l'hiver, et où tous les amoureux de New York, les enfants, les coureurs de marathon ou les simples promeneurs se retrouvent chaque jour. Le 2078 fait face au parc, où un prédicateur, ce matin de juillet, tente d'haranguer une petite foule, en lui parlant de Jéhovah.

L'inspecteur Calsoum étire ses longues jambes hors de la voiture de police et observe le serrurier qui déballe ses instruments. Homère revient de son enquête rapide et fait son rapport :

– Drôles de milliardaires, chef, ils habitent réellement là. Deux frères, la cinquantaine. L'aîné, Christian Barney, est aveugle, il ne sort jamais, les voisins ne savent même pas à quoi il ressemble. Ils ne voient que l'autre, Frederic Barney, il fait les courses lui-même, si on peut appeler ça des courses. Il paraît que ce type ne sort quasiment que la nuit, il fouille les poubelles avant le passage des chiffonniers. On m'a dit qu'il ne fréquentait pas les commerçants, il fait des kilomètres à pied pour se procurer du pain rassis et des déchets de viande. Des fois il se balade avec une voiture à bras, il ramène des tas de saloperies et d'objets bizarres. Il engrange tout ça dans la maison. Rien ne ressort... Ça doit être un drôle de capharnaüm, là-dedans...

– T'as pas repéré l'auteur du coup de téléphone ?

– Non, chef. Les gens d'ici s'en fichent un peu, il paraît qu'il y a des années que ça dure, y'a juste un concierge au 2080 qui m'a dit que les services d'hygiène étaient bons à rien... Qu'on devrait pas tolérer des brocanteurs dans la Cinquième...

Le soleil de juillet fait une jolie auréole dorée sur les arbres du parc mais tape sur la tête du serrurier qui transpire et s'échine devant la porte blindée.

– Impossible d'ouvrir, chef... L'huisserie est encastrée dans la pierre, c'est du blindage de guerre ce truc... J'en n'ai pas vu des comme ça depuis longtemps, mais c'est du solide. Trois verrous, des barres de sécurité, probablement un double blindage à l'arrière, même avec un chalumeau, y'en a pour la journée ! Qu'est-ce qui se passe là-dedans ? C'est Fort Knox ?

– Peut-être bien.

Calsoum réfléchit. Forcer une porte blindée sur un coup de fil anonyme l'obligerait à demander l'avis du procureur. Investir une propriété privée, c'est toute une affaire aux États-Unis. Il faut une plainte.

Elle arrive sans qu'il l'ait cherchée. Le concierge du 2080, décidément agressif, a rejoint les policiers, ravi de l'aubaine :

– Ça m'étonne pas qu'on vous ait signalé cette honte. On se plaint depuis des années, et rien !

– Les gens ont le droit de faire ce qu'ils veulent, tant que ça se passe chez eux... De quoi vous vous plaignez exactement ?...

– Des saloperies qu'ils enferment là-dedans. Vous savez qu'on a des rats? Sur la Cinquième Avenue, c'est le comble! Mais moi, je vous dis qu'il s'est passé quelque chose, c'est vrai qu'on n'a pas vu le dingue avec sa charrette depuis des semaines. Et l'autre est aveugle... Allez savoir ce qui s'est passé là-dedans... Ils ont peut-être crevé dans leurs poubelles, comme des rats!

Calsoum prend contact avec le procureur par radio, obtient l'autorisation d'investir les lieux, et lève la tête. Une fenêtre, c'est le plus simple, il faut une échelle, démonter les volets, casser un carreau et ouvrir de l'intérieur.

Il est onze heures trente, le soleil est encore plus ardent, et le serrurier, en haut de son échelle, peine à démonter le volet du premier étage. Enfin il parvient à desceller un côté, pratique un joli rond découpé dans une vitre, ouvre la fenêtre et redescend :

– A vous, chef... je vous préviens, c'est tout noir à l'intérieur, et ça pue...

Homère est désigné pour l'exploration. Il escalade rapidement l'échelle, enjambe la barre d'appui et disparaît, sa torche à la main, dans l'étrange maison.

Devant la porte blindée, Calsoum et l'officier Adam attendent qu'il vienne leur ouvrir. Mais les minutes passent, et aucun bruit ne signale l'arrivée d'Homère derrière cette maudite porte.

– Bon sang, qu'est-ce qu'il fabrique là-dedans?

Adam se dévoue :

– Je vais voir, chef?

– Okay, mais attention, s'il y a un problème, tu me le signales dans deux minutes à la fenêtre.

Adam grimpe à son tour lestement par la fenêtre, et une minute s'écoule, puis deux... L'inspecteur Calsoum et le serrurier commencent à s'inquiéter, lorsqu'un grincement les rassure enfin. Il faut une série de plusieurs grincements avant que l'énorme porte bouge enfin. Le serrurier avait raison, double blindage, double porte...

Finalement, dans la pénombre, la tête d'Homère puis celle d'Adam apparaissent. Ils sont couverts de poussière, hirsutes, et ont les yeux hors de la tête.

Calsoum les considère avec étonnement :

– Qu'est-ce qu'il y a? Vous avez rencontré le diable? ou le Ku Klux Klan?

Il fait un pas en avant, mais Homère s'écrie :

– Attention, chef! Gaffe, c'est plein de pièges là-dedans, j'ai failli me faire avoir... y'a pas de lumière.

Homère et Adam guident leur chef dans un étroit couloir où s'entassent des meubles, empilés les uns sur les autres, ne laissant le passage à un homme normal que de biais, ou presque. La carriole à bras dont on leur a parlé occupe l'entrée de ce couloir, qui se rétrécit de plus en plus, au fur et à mesure des entassements. Les lampes-torches des policiers découvrent des pans de murs sales. Homère s'arrête et désigne une bosse sous un tapis. Il soulève le tapis :

– Regardez, chef, un piège à loup, j'ai eu du pot de me méfier... et attendez c'est pas fini, là-bas, vous voyez... il faut monter sur cette porte de buffet, on vient de la poser avec Adam, c'est pour ça qu'il vous a pas fait signe à la fenêtre. Je l'ai rattrapé de justesse... On a eu une de ces trouilles!

Dans le halo de la lampe, avec précaution, les trois hommes avancent jusqu'à la porte de buffet, disposée à plat sur le sol. Calsoum demande :

– Qu'est-ce qu'il y a dessous?

– Le vide, chef... On voit rien, ça doit être profond, une cave peut-être... Adam a failli disparaître là-dedans... Il y a sûrement d'autres pièges. Il faut ouvrir les volets, c'est une maison de dingues.

Calsoum grimpe sur un meuble, en attendant que les deux hommes déblaient un peu le terrain devant lui. Les murs de la maison sont épais, et le silence est absolu à l'intérieur. Il y règne une odeur atroce, étouffante, une atmosphère épaisse, mélange de moisissure et de poussière. Le faisceau de la torche d'Homère éclaire progressivement le salon, au plafond très haut. La pièce paraît immense, mais encombrée d'un tel bric-à-brac qu'on ne peut y circuler, comme dans le hall, qu'en suivant un mince couloir semé d'embûches. Homère grogne, il ne parvient pas à atteindre les volets. Des meubles empilés devant, presque jusqu'au plafond, dans un équilibre dangereux, l'en empêchent.

Adam ressort pour récupérer un projecteur dans le coffre de la voiture de police et le brancher sur la batterie, puisqu'il n'y a pas d'électricité. Il en profite pour demander du renfort à une autre patrouille, car les curieux se pressent devant le 2078 de la Cinquième Avenue. Depuis le temps que les voisins s'interrogent sur ces deux milliardaires enfermés là-dedans... ils voudraient bien savoir.

Midi. Le soleil est haut dans le ciel de New York, lumineux, une splendide journée d'été. A l'intérieur c'est l'enfer. Le projecteur découvre le salon dans un halo de poussière. Un piano, puis un autre piano, un troisième piano, et Adam pousse à nouveau un juron :

– Shit!... regardez, chef, là, par terre, derrière le piano...

Calsoum s'approche prudemment en se retenant aux meubles et se penche. Un visage lui apparaît. D'une blancheur transparente, à demi noyé sous de longs cheveux gris, les yeux ouverts, fixes, et noirs.

– Ce doit être l'aveugle...

Calsoum promène sa propre torche sur le corps étalé. Un costume grisâtre, informe, râpé, rapiécé de toutes parts. L'homme a dû tomber du tabouret du piano, la position du corps semble logique à partir de cette hypothèse.

Avec dégoût, Calsoum tâte les poches du cadavre et n'en ressort que des objets bizarres et sans valeur. Un tortillon de papier, un chiffon qui a dû servir de mouchoir... des peaux d'orange desséchées, un morceau de métal provenant d'une boîte de conserve, et un croûton de pain minuscule.

Calsoum s'attarde alors sur le visage, presque momifié, et découvre dans les cheveux collés des traces de sang... Près du crâne, dans la poussière, une mare de sang séché.

Homère frissonne.

– Vous croyez qu'il a été tué, chef?

– Possible, mais il a pu tomber tout simplement du tabouret. Il devait jouer dans le noir, le clavier est ouvert, à moins qu'on l'ait attaqué par-derrière avec un objet quelconque... Il faudrait fouiller, bon sang on ne peut pas faire d'investigations dans ce foutoir... S'il y a des indices on va les piétiner...

– C'est peut-être le frère... Il est peut-être planqué quelque part dans les étages... ou alors il s'est barré...

– Possible, mais on ne bouge pas avant l'arrivée de la deuxième patrouille... Adam, vous prévenez le légiste et l'équipe de la criminelle. Homère, vous interdisez l'entrée à tout le monde, tant qu'on n'a pas réussi à ouvrir ces saletés de volets... et on procède en douceur, on met des gants, on ne déplace rien...

Homère grommelle :

– C'est bien ça le problème, justement, on peut rien déplacer... Le hall d'entrée est piégé sur dix mètres.

Il est quatorze heures. L'un après l'autre les volets bringuebalants ont claqué sur la façade dans un nuage de poussière, et le soleil de juillet envahit un décor hallucinant, qui n'a pas vu la lumière du jour depuis des années.

Il y a là, entassés, des mannequins cassés, des vieilles bicyclettes, des pièces d'automobiles, des cartons, des outils, des ampoules grillées en stock, des montres, des pendules déglinguées, des monceaux de chaussures dépareillées, de vaisselle, de chiffons, de vêtements pourris, des milliers de livres et de journaux, sous lesquels ont disparu des fauteuils délabrés et défoncés. Et au milieu de ce salon poubelle, cinq pianos en enfilade, surmontés de piles de journaux colossales.

Les deux autres étages sont dans le même état, ordures, déchets, fruits d'une récupération de plusieurs années dans les poubelles, des lits défoncés, des pneus, du matériel de cuisine, des tuyaux, des portes de réfrigérateurs, de voitures, de vieilles radios éventrées : une véritable décharge sur la Cinquième Avenue, la plus riche de New York. Mais aucune trace du frère du défunt.

Pour sortir le cadavre, les policiers ont dû pratiquer un passage en déplaçant les vieux meubles, démonter trois pièges, combler le vide du plancher, et la civière recouverte d'une couverture franchit enfin la porte blindée.

Le cadavre passe sous le nez des badauds, que la police fait reculer. Et le concierge du 2080 répand la nouvelle qu'il y a eu meurtre au 2078, et que le fou à la charrette, le milliardaire des poubelles est en fuite.

Le portier d'un immeuble voisin répond aux questions de l'officier Adam :

– J'ai jamais vu sortir l'aveugle. Y'a quatre ans que je travaille dans le quartier. Mais j'ai parlé avec son frère. Ils s'éclairaient au pétrole, et il faisait la cuisine sur un réchaud. Encore heureux qu'il y ait jamais eu le feu là-dedans... Ce type était obsédé par la peur de la misère. Il disait qu'ils se nourrissaient économique.

– Qu'est-ce qu'ils faisaient de leurs journées ?

– L'aveugle jouait du piano, le frère Frederic faisait ses courses la nuit, et le reste du temps, il lui faisait la lecture, ou alors il rangeait ses collections... c'est comme ça qu'il disait : « ses collections ». Un soir on a discuté, il revenait avec sa carriole bourrée de journaux, et je lui ai demandé pourquoi il collectionnait les journaux... Alors il m'a répondu comme ça : « Tous les milliardaires font des collections, de tableaux, d'œuvres d'art, de bijoux, moi, j'ai décidé de collectionner sans que cela me coûte un dollar... » Alors je lui ai redemandé pourquoi les journaux, parce que c'était son truc les journaux... plus que le reste. Il m'a répondu que c'était pour son frère, qu'il les lirait quand il aurait retrouvé la vue, pour savoir ce qui s'était passé pendant toutes les années où il ne voyait rien...

– Il était aveugle depuis quand ?

– Plusieurs années, mais le médecin n'est jamais venu. Le frère me disait que l'aveugle préférait une cure d'oranges aux traitements des médecins. Les oranges devaient lui redonner la vue un jour... Mais ce pauvre type n'avait que les raclures, la plupart du temps. Et le whisky aussi... il paraît que ça pouvait le sauver.

– Ils buvaient tous les deux ?

– Pensez-vous... à peine... De temps en temps, Frederic se procurait une petite bouteille, ils devaient la boire au compte-gouttes, comme un médicament.

Le médecin légiste fait un rapport succinct à l'inspecteur Calsoum.

– Chute, ou violence, difficile à dire, sans l'autopsie. Vous avez des raisons de croire à un meurtre ?

– Tout était bouclé, et l'autre a disparu, il n'y a que lui qui a pu refermer la porte blindée. On n'a pas trouvé de clés, mais vous me direz que dans ce b... un rat ne retrouverait pas ses moustaches. Il va falloir perquisitionner, rechercher s'il y a une famille proche, pour obtenir l'autorisation de le faire...

– Bon courage, Calsoum... Vous devriez peut-être faire appel à l'armée ?

Le légiste ironise, mais Calsoum est terriblement embêté. Ses hommes n'ont pu faire que le minimum, pour dégager le cadavre. Impossible de toucher au reste, sans l'autorisation d'un ou plusieurs héritiers. C'est la loi, tant qu'il n'y a pas preuve d'assassinat, le procureur ne peut rien autoriser de plus.

Deux jours plus tard, les journaux ont propagé la nouvelle, du Bronx à Manhattan. Toutes les polices de l'État recherchent le milliardaire Frederic Barney, en fuite, suspecté d'avoir assassiné son frère aveugle, Christian Barney.

Les deux frères étaient les enfants uniques d'un gynécologue réputé avant-guerre, qui leur a légué une fortune considérable, et pourtant ils menaient tous les deux, depuis des années, une existence sordide et ahurissante. Riches et diplômés tous les deux de l'université de Columbia, pourquoi ont-ils mené cette vie de clochards dans leur propre palais de la Cinquième Avenue ? Frederic a commencé par faire du droit, Christian était ingénieur et passionné de musique.

Ils n'ont pas exercé leur métier plus d'un an. Un journaliste révèle que Christian Barney avait envisagé de donner un récital un jour, loué une salle, et acheté plusieurs pianos dont il n'était pas satisfait. Il repoussait sans cesse la date de son concert, jusqu'au jour où il l'a annulé purement et simplement, en déclarant à l'organisateur qu'il venait d'entendre, pour la première fois, le virtuose polonais Paderewski. Après Paderewski, personne. En tout cas pas lui.

Le changement brutal du mode de vie des deux frères se situe il y a une vingtaine d'années. Plus d'électricité, de gaz et d'eau. Ils voulaient simplifier, et se délivrer du cauchemar des quittances à payer, de l'intrusion des employés releveurs de compteurs et des encaisseurs.

Ils allaient ainsi, à tour de rôle, chercher de l'eau à une fontaine de Central Park, à un kilomètre de chez eux. Un jour, Frederic se mit à sortir seul, et on ne vit plus Christian, devenu aveugle. Comment ? Mystère.

Et lentement la démence s'installa, en même temps que le capharnaüm dans leur hôtel particulier, sur l'avenue la plus chic de New York, à quelques pas des grands hôtels, des grands buildings, des boutiques de luxe...

La mort étrange du milliardaire aveugle passionne le public newyorkais et l'Amérique entière.

L'inspecteur Calsoum ne disposant que d'un vieux portrait de l'assassin supposé reçoit en quelques jours une montagne de renseignements bidons, signalant le passage du milliardaire en fuite à Chicago, Los Angeles, Hawaii...

C'est alors qu'ils arrivent...

Venus de tous les coins du pays, les cousins, les cousines, les héritiers à divers degrés des deux frères Barney. Visages méfiants, visages durs, comme des requins ayant flairé l'odeur du sang, ils ont deviné la bonne affaire... L'un est mort, l'autre assassin en fuite, en quelques tours de décisions juridiques, ils espèrent le magot.

Il y a dans le bureau de Calsoum ce jour-là :

Deux petits vieux rigides, en costume noir, accompagnés de deux matrones opulentes en robes violettes.

Un marchand de voitures d'occasion, en blouson à carreaux et casquette assortie.

Une prostituée à la retraite et repentante, rutilante de faux bijoux, coiffée d'une perruque rousse, et d'un bibi à plumes.

Tous s'observent avec méfiance. Calculant le degré de parenté possible des autres avec fureur.

L'inspecteur Calsoum en est écœuré.

– Mesdames, messieurs... merci de vous être présentés si rapidement... Votre cousin défunt est à votre disposition pour l'inhumation. Je suppose que vous vous en chargez... en l'absence de son frère ?...

Le marchand de voitures d'occasion à carreaux, l'air averti, demande :

– Et le rapport d'autopsie ? Nous avons le droit de savoir comment notre parent a été assassiné !

– Mort naturelle... D'après le légiste, il s'agit d'un décès dû à l'épuisement et aux privations...

La prostituée repentie en chapeau à plumes s'insurge :

– Hé ! Et le coup sur la tête alors, vous l'expliquez comment ?

– Il s'est blessé en tombant. Il est mort peu après sans doute...

C'est au tour des matrones de s'inquiéter avec véhémence :

– Et Frederic ? Où est-il ?

– C'est insensé, que fait la police ?

Calsoum les vouerait bien aux cent mille diables, mais il a besoin d'eux.

– Justement, il est possible que Frederic Barney, mort ou vif, n'ait jamais quitté la maison mais sans votre accord, nous ne pouvons pas entreprendre de déménager tout ce... enfin cette maison est bourrée jusqu'aux combles. D'autre part, nous n'avons pu inspecter les caves, elles sont inaccessibles pour l'instant. Pour perquisitionner, il faut tout enlever.

Tous les héritiers potentiels froncent les sourcils. Silence dans les rangs. Puis l'un des petits vieux rigides lève une main :

– Nous ne pouvons prendre une décision de ce genre aussi vite. Nous devons en parler entre nous.

– D'accord, parlez-en, je vous donne un quart d'heure.

Calsoum se réfugie dans son bureau vitré d'où il peut apercevoir les pinailleurs. Il n'entend pas mais il se doute. Appâtés par les articles de journaux, les gros titres annonçant : « Un milliardaire assassiné, l'autre en fuite »..., ils sont capables de se battre pour une petite cuiller supposée en argent. Même dans un tas d'immondices. On ne sait jamais...

Enfin, le petit vieux frappe à la porte.

Calsoum ouvre :

– Alors ?

– C'est non. Pas de déménagement.

– Et pourquoi ça ?

– Il nous faut d'abord faire l'inventaire des biens.

Un inventaire... ils sont fous.

– Vous êtes fous ? Il y en a pour des mois ! Et ça ne vaut pas le coup ! Vous allez trier une décharge ? Écoutez... je vous propose de déléguer l'un d'entre vous pour surveiller l'opération de déblayage et la perquisition. Il pourra faire une liste de chaque objet de valeur, s'il y en a, et s'il le juge intéressant.

– Pas question, monsieur l'inspecteur, c'est une question de principe, nous voulons un inventaire.

Calsoum est à bout de patience, et encore plus écœuré :

– Ben voyons... vous croyez qu'il y a un magot quelque part sous ce tas d'ordures, c'est ça ? Vous n'avez pas eu accès aux comptes en banque en l'absence de Frederic, principal héritier de son frère... mais je vous préviens... il n'est peut-être pas mort... ou alors il est mort lui aussi dans ce fouillis infernal... et si c'est le cas, je pourrais vous accuser d'avoir entravé l'action de la police... ou alors il est malade, blessé... et alors vous aurez affaire à la justice, pour refus d'assistance à personne en danger ! Qu'est-ce que vous dites de ça ?

Ils en disent que, quoi qu'il en soit, un inventaire...

Et l'inspecteur Calsoum passe outre, avec l'accord du procureur, et malgré les protestations obstinées de la « famille ». Il fait appel à une équipe de déménageurs et entreprend de déblayer, tant bien que mal, cette écurie de la Cinquième Avenue. Des monticules d'objets sans valeur s'entassent dans les camions, y compris quatorze pianos, deux clavecins en ruine et cinq violons.

Dix-sept tonnes d'oripeaux, de livres, de journaux, de chiffons et de ferraille sont déjà sorties de l'hôtel particulier des frères Barney, et l'inspecteur n'en voit pas le bout. De l'avis des déménageurs, il en reste encore au moins une cinquantaine de tonnes...

Les héritiers potentiels, pendant ce temps, s'activent à la recherche d'avocats, demandent un contrôle des chargements qu'ils n'obtiennent pas... téléphonent aux journaux... bref, vivent ce qu'ils croient être la grande aventure de leur vie mesquine.

Et puis, l'un des déménageurs repère un escalier qui descend à la cave. Il est impraticable, des marches ont été volontairement descellées, et remises en place, pour servir de pièges...

Calsoum fait éclairer la trappe, les déménageurs installent une échelle, on éclaire, un homme descend prudemment, et se retrouve dans une sorte de cellule, vaguement éclairée par une seconde trappe ouverte dans la voûte.

– Inspecteur Calsoum ? Faut que vous descendiez... Y'a un cadavre...

L'homme remonte en se pinçant le nez et en toussant.

– C'est pas beau, je vous préviens...

L'inspecteur Calsoum descend à son tour le long de l'échelle et, à ses pieds, découvre une forme allongée sur le sol, un corps rongé par les rats, mort depuis... bien trop longtemps pour que le spectacle soit descriptible.

Frederic Barney.

Quelques jours plus tard, Calsoum donne une conférence de presse devant une troupe de journalistes impatients.

– L'enquête est close. Nous avons pu déterminer que Frederic Barney est tombé accidentellement dans l'une des trappes qu'il avait pratiquées lui-même pour servir de pièges. La maison en était truffée. Il voulait interdire l'accès de chaque pièce. Il est tombé dans une sorte d'oubliette, et sa mort est survenue un mois avant celle de son frère Christian. Le décès est dû à l'épuisement, et à une lente asphyxie. Les blessures causées par la chute n'étaient pas très importantes mais l'ont empêché de sortir du piège. Il est probable que son frère aveugle, qui se tenait toujours dans l'un des salons à l'autre bout de la maison, n'ait même pas entendu d'appels. La voûte fait un mètre d'épaisseur. Il n'a pas vu revenir son frère, il est resté à sa place devant son piano, sans nourriture, sans assistance, il a tenu un mois, avant de mourir.

Ainsi les deux frères Barney sont morts, chacun dans leur solitude, à quelques mètres l'un de l'autre, cernés de pièges, de rats et d'immondices. Morts l'un après l'autre, sans savoir ce qu'il advenait pour l'un ou pour l'autre...

Aucun magot n'a été découvert officiellement au 2078 de la Cinquième Avenue. Un unique compte bancaire s'honorait d'une cinquantaine de dollars.

En passant sur la Cinquième Avenue à New York, vous ne trouverez plus de 2078. Le service d'hygiène a fait son office.

Paix aux déments, comme aux pauvres. Le royaume des cieux leur est ouvert, dit-on.

# TÊTE DE LINOTTE

C'est un lundi de septembre 1980, au bord du lac de Côme, en Lombardie. Non loin de la Suisse. Une matinée superbe, un soleil déjà haut, car il est onze heures et demie du matin, de légères brumes sur les montagnes environnantes, et un dégradé de bleus dans le ciel, en passant du bleu aigue-marine au saphir profond. Un décor de carte postale, que l'on aimerait bien contempler chaque matin, en ouvrant sa fenêtre. Comme monsieur et madame Garibaldi, comme leur fils aîné Oscar, et le petit dernier Giulio.

Les Lombards, peuple germanique, sont installés ici depuis le VI^e^ siècle. Si l'on examine un type de Lombard, Franco Garibaldi, le père, est un bon exemple. De haute taille, athlétique, brun de peau et de cheveux, les dents blanches, le sourire éclatant donc, un peu loup, et l'œil noir dans le style câlin, ou guerrier. Câlin lorsqu'il croise une jolie femme, guerrier lorsqu'il choisit une arme pour participer à un concours de tir. Franco est un champion. De nombreux trophées, gagnés à travers l'Italie, la Suisse et l'Allemagne, en font foi. Mais comme beaucoup d'amateurs de tir, c'est un calme, un paisible. Il exerce un métier de rond-de-cuir, dans l'administration où il dirige les services de la voirie. Un emploi tranquille et sans risque. Il s'y rend tous les matins, pour s'installer à son bureau, dès neuf heures, après avoir dégusté le capuccino que lui prépare amoureusement son épouse Yosépine.

Yosépine est une jolie femme douce qui n'a inventé ni la poudre ni le fil à couper le beurre, et n'a qu'un dieu : son époux. Franco, devenu « Coco » dans l'intimité, est assuré d'un dévouement total, du capuccino matinal à l'apéritif du soir.

Oscar, le fils aîné, seize ans, ne donne satisfaction à son père qu'en une seule matière. Il semble également doué pour le tir et a déjà remporté des tournois juniors. Pour le reste, tout le reste, c'est moins bien. Le physique d'abord. L'adolescent de seize ans ne présente pas les mêmes caractéristiques que le père. La ressemblance est là, mais en mou... Visage mou, épaules molles. Il est gentil, affectueux, en bonne santé, mais il grandit difficilement. On lui donnerait à peine quatorze ans. Son menton lisse et son peu d'empressement auprès des filles désolent un peu son père. Sa médiocrité scolaire a déçu sa mère. Les parents ont sorti le gamin de l'école pour le mettre en apprentissage dans un atelier d'armurerie, puisque c'était là son seul don évident.

Giulio, le dernier, neuf ans, promet davantage. Mais cette histoire le concerne peu. Sa mère l'emmène à l'école le matin, va le rechercher pour le déjeuner de midi. Il travaille bien, et joue avec le chien.

La jolie villa lombarde des Garibaldi, un bien de famille, n'est pas très grande, mais admirablement située.

A onze heures et demie, ce matin-là, comme tous les jours de la semaine, elle est déserte. Seul le chien ronfle au soleil, étalé sur le gravier, les pattes en l'air.

Où sont donc les Garibaldi ? Yosépine est allée au marché, elle va rentrer en ramenant Giulio de l'école. « Coco » est à son bureau qu'il quittera vers midi, et sera là un quart d'heure plus tard. Oscar est à l'atelier d'armurerie, où il est arrivé comme d'habitude avec du retard. Il flâne, il traîne, la ponctualité n'est pas son point fort. En se promenant à l'étage, on pourrait constater que les chambres sont rangées, les couvertures tirées, le ménage fait. Le salon, meublé en design, laque et acier, est impeccable, les trophées du père astiqués, le carrelage luisant. Yosépine est une excellente ménagère. La cuisine est plus étrange. Propre, certes, pas de vaisselle qui traîne, pas de reliefs du petit déjeuner. Un ordre parfait, où l'on remarque une installation bizarre qu'il faut décrire avec précision.

Un fil de lin traverse la cuisine. Il part du haut de la porte à laquelle il est fixé par un clou... puis tourne autour d'un piton enfoncé dans le mur... Puis un deuxième piton, placé de telle sorte que si le fil se détend et se tend, il viendra se placer derrière ce deuxième piton. Ensuite le fils passe au-dessus du plan de travail en formica, où sont soigneusement disposés un percolateur électrique, un mixeur et une rôtissoire. En suivant toujours ce fil, au-dessus du plan de travail, on le voit tourner derrière un troisième piton, et plonger sur l'évier en inox, où se trouve fixé un petit étau de serrurier. Là, serré entre les mâchoires de l'étau, un revolver. Et le fil aboutit à la gâchette du revolver. Le soleil inonde gaiement la cuisine, en passant au travers des rideaux de cretonne bleue et blanche. Il fait briller aussi l'acier du canon du revolver, braqué à hauteur de poitrine.

La main criminelle qui a installé ce piège dans la cuisine des Garibaldi a soigneusement calculé la trajectoire.

Mais le revolver ne vise pas la porte. C'est-à-dire que la première personne qui entrera, en poussant cette porte, ne prendra pas une balle dans la poitrine. Le dispositif est plus astucieux. Il faut que cette personne pousse le battant de la porte, afin que le fil se détende simplement. Il faut qu'ensuite ladite personne pivote pour refermer la porte, c'est là que le fil se tendra, viendra se glisser automatiquement derrière le deuxième piton, son trajet se trouvera alors allongé de quelques centimètres supplémentaires et, devenant trop court, le fil agira sur la gâchette, au moment où la victime fera face de nouveau au revolver, et le coup partira.

C'est ingénieusement simple. Mais qui est visé ?

Le revolver vise trop haut pour atteindre les neuf ans de Giulio, la balle lui passerait au-dessus de la tête. Les trois autres membres de la famille, c'est-à-dire, Yosépine, Franco et leur fils Oscar, eux, ne peuvent pas y échapper.

Or voici que grince la porte du jardin. Un pas sur le gravier. Si c'est Franco, le père, on devrait l'entendre dire : « Salut, le chien »... il le dit toujours. Et le chien gratte la porte tandis que son maître met la clé dans la serrure.

Ce n'est pas le cas. C'est donc la mère ? Elle est en général la seconde à rentrer à la maison tenant Giulio par la main. D'habitude Giulio braille une chanson quelconque, ou se roule sur le gravier avec le chien.

Ce n'est pas le cas non plus, on n'entend qu'un seul pas sur le gravier, et le chien ne se manifeste pas.

Admettons qu'il s'agisse d'Oscar, le repère auditif est simple. Avant de se rendre dans la cuisine, il se précipite sur son transistor, pour écouter, pleins pots, un rock nasillard qui écorche les oreilles du chien, et celles de n'importe qui d'ailleurs.

Pas de radio, pas de rock. Le chien a seulement remué la queue, en silence, le pas est rapide, pressé. La poignée de la porte de la cuisine tourne, une tête aux cheveux acajou et bouclés apparaît, un morceau de robe à fleurs froufroutante, c'est la mère, Yosépine, encombrée de sacs de provisions et d'un pack de bouteilles de bière. Elle est pressée : trop chargée, elle a choisi de déposer ses paquets avant de prendre Giulio à l'école. L'affaire de cinq minutes... elle a juste le temps.

Sans précipitation donc, mais d'un geste machinal et mille fois répété, elle pivote sur elle-même pour repousser la porte du pied droit et la refermer au nez du chien, toujours à l'affût d'une friandise rapportée du marché.

La porte se referme, et tandis que le nez du chien se plisse d'une déception habituelle, le coup part. Presque à bout portant, et si violent qu'il rejette en arrière Yosépine, touchée au-dessus de l'épaule gauche. La détonation fait vibrer les verres et la vaisselle empilés dans les placards, résonne dans le silence de la maison déserte, et fait bondir le chien au-dehors, et se desser ses oreilles.

La balle est ressortie à travers l'omoplate pour aller se ficher dans le mur.

Yosépine s'effondre sur le carrelage bleu et scintillant de soleil, où coule lentement un petit filet de sang vermeil.

Le silence s'installe. Puis le chien vient renifler la porte, gratter, grogner, aboyer. Il a conscience du drame, il court dans le jardin en aboyant, et croise un voisin qui, inquiet du bruit de la détonation, violente, et de l'agitation du chien, appelle aussitôt police-secours.

L'ambulance arrive très vite, ainsi que le commissaire Anselmi. Un autre type de Lombard, ce commissaire Anselmi. Une ombre silencieuse, discrète, en pantalon gris et blazer bleu, le cheveu gris, la cravate club, long et maigre, il marche souplement sur la pointe des pieds comme s'il ne voulait déranger personne. Élégant, racé, Milanais jusqu'au bout des ongles, malin.

Le commissaire Anselmi courbe sa haute taille sur la civière où Yosépine a repris connaissance. Mais le choc l'empêche de parler trop. Elle répète pour la deuxième fois au commissaire, d'une petite voix essoufflée :

– Je ne sais pas... je ne sais pas... qui a voulu me tuer.

Yosépine n'a effectivement aucune idée sur l'identité de l'agresseur. Elle n'a même pas vu le dispositif. Elle n'a vu personne et dans sa vie de petite épouse bourgeoise, il n'existe pas, à sa connaissance, d'ennemi décidé à la tuer. C'est inconcevable.

Le commissaire Anselmi laisse partir la civière et pénètre dans la cuisine à nouveau, pour examiner le bricolage ingénieux et criminel qui vient de blesser Yosépine. Blessée seulement c'est une chance...

Il n'a jamais vu ça, le commissaire Anselmi, et Dieu sait pourtant que dans la vie d'un policier, les astuces des criminels sont stupéfiantes. Une de plus. C'est alors qu'il découvre un élément passé inaperçu. Une enveloppe, probablement tombée à la suite de la déflagration. Elle est visible sous un pan de la nappe qui recouvre la table de la cuisine. C'est une simple enveloppe contenant une feuille de papier, sur laquelle est écrit :

« J'espère que ça a réussi ! Tu nous as assez emmerdé avec ton autorité ! Si c'est réussi, Mort ! Mort ! Mort ! »

L'écriture est contrefaite volontairement, et le texte, éminemment littéraire, a dû être écrit à la va-vite, sans que l'auteur y apporte beaucoup de réflexion.

Le commissaire Anselmi fait le tour de la maison et choisit d'attendre le père de famille au salon. Il ne saurait tarder, le voisin ayant précisé qu'il rentrait vers midi et quart.

Effectivement, vers midi et quart, Franco Garibaldi arrive à la hauteur de sa maison, immédiatement affolé par la présence d'une voiture de police et le commentaire du voisin.

Il fait une entrée brutale dans le salon design, en criant :

– Où est-elle ? Comment va-t-elle ?

La longue silhouette maigre du commissaire se déplie, à partir du canapé trop bas, pour se retrouver face à Franco Garibaldi. Il le regarde tout d'abord sans répondre, quelques secondes. Il aime bien examiner le visage des suspects en silence, lorsqu'il les voit pour la première fois. Pour se faire une idée. Or Franco est un suspect. Forcément, puisqu'il habite cette maison, et que seul un familier de cette maison a pu mettre au point un dispositif de ce genre. Doublement suspect, puisque les trophées alignés sur les étagères du salon trahissent sa passion pour le tir...

– Elle s'en sortira, monsieur Garibaldi.

Et le commissaire observe également la réaction sur le visage du suspect. Il n'y en a qu'une, d'impatience.

– Je veux la voir.

– Entendu, mais parlons d'abord quelques minutes. J'ai des questions à vous poser.

Le commissaire entraîne Franco dans la cuisine. Ouvre la porte, et là aussi observe sa réaction. Stupeur. Il n'est que stupeur.

– Qu'est-ce que c'est que ça... Le voisin m'a dit qu'on a tiré sur ma femme... Je ne m'attendais pas... mais qu'est-ce que c'est ?

Le commissaire Anselmi lui tape sur l'épaule.

– Ne m'en veuillez pas, je voulais voir votre réaction, je suis obligé de penser à tout dans mon métier... or il paraît que l'on vous voit souvent en ville avec une jeune femme, qui n'est pas votre épouse...

Franco Garibaldi, dépassé par les événements, se laisse tomber sur une chaise de formica, s'essuie le front. Est-il furieux ou désemparé ? Difficile à dire. Les deux, probablement.

– Ça, je sais d'où ça vient... C'est complètement stupide, commissaire... ça n'a rien à voir...

– Expliquez-moi ce qui n'a rien à voir avec qui ?

– C'est vrai, depuis quelque temps je fréquente une jeune femme... mais c'est sans importance... une passade, je n'ai aucun projet, surtout pas de me séparer de Yosépine... Un homme a bien le droit de...

Le commissaire caresse le revolver d'un mouchoir léger, se penche, l'examine, puis se redresse brusquement et sous le nez de Franco demande :

– Vous connaissez cette arme ?

Surpris, Franco examine à son tour le revolver :

– Non. Jamais vue.

– Et l'étau ?

– Non plus...

– Vous êtes champion de tir, monsieur Garibaldi...

– Oui, justement... si j'avais voulu tuer ma femme, j'aurais visé plus bas... Regardez la trajectoire du canon...

– Et cette écriture, monsieur Garibaldi ?

Franco Garibaldi ouvre des yeux stupéfaits sur le message. Se gratte la tête, puis se décide :

– On dirait... enfin ça pourrait ressembler à l'écriture du voisin.

– Quel voisin ? Celui qui nous a prévenus ?

– Exactement...

– Quelles raisons aurait-il de vouloir tuer votre femme?

– Je n'en sais rien... C'est un type bizarre, j'avais interdit à Yosépine de le laiser entrer dans la maison. Il y venait à tout bout de champ... Cela dit, c'est plutôt à moi qu'il devrait en vouloir. Il m'énerve! On peut s'attendre à tout avec lui, il est dingue... complètement dingue!

– Ça se traduit comment?

– Quand vous l'aurez vu deux minutes vous comprendrez... Ce type n'est ni chèvre ni bouc, asexué... une espèce de harpie, une concierge en pantalon. Il est toujours au courant de tout, sait tout. A croire qu'il a des yeux derrière la tête... Un fouille-merde...

– Capable de tuer?

– J'en sais rien, commissaire... avec ce genre de type on ne sait jamais rien de précis... des anguilles. Mais je dirais tout de même que le bricolage n'est pas son fort...

Franco examine encore le système, et répète:

– Pas son fort... ce genre de truc... ou alors il avait la notice. Le commissaire Anselmi entraîne Franco hors de la cuisine et fait signe à un policier de le conduire à l'hôpital. Penché une seconde à la portière de la voiture, il demande:

– C'est vous qui auriez dû rentrer le premier en principe?

– Oui. D'habitude je rentre avant ma femme.

– Merci.

Cette façon de poser des questions abruptes est une spécialité du commissaire Anselmi. Il compte beaucoup sur cette technique. Elle ne laisse pas le temps au témoin de réfléchir et, parfois, c'est intéressant. Mais en ce qui concerne Franco, le résultat semble l'innocenter.

Au tour du voisin. Portrait fidèle. Petit, chauve, rond et mou. Il se déplace avec précaution, comme si le sol était miné. Il roule des yeux de veau mâtinés de serpent, dans tous les sens. Peut-être en a-t-il effectivement derrière la tête... Les mains moites se frottent sans arrêt l'une contre l'autre. Les doigts boudinés ne serrent pas la main du commissaire, ils l'effleurent. La voix chuchote, précieuse. Les phrases sortent d'une bouche ronde et rose, ampoulées... susurrantes:

– Ce n'est un secret pour personne... Franco a une maîtresse en ville. Il ne s'en vante pas, mais tout le quartier est au courant...

– Tout le quartier c'est vous, monsieur?

– Oh je sais... il a dû me traiter de pipelette, ou de Dieu sait quoi d'autre... mais n'empêche... cette femme est l'épouse d'un conseiller municipal, un communiste! Vous vous rendez compte?

– De quoi dois-je me rendre compte?

– Franco fait partie de la démocratie chrétienne!... Et ce n'est pas tout, pour m'exprimer vulgairement, si vous le permettez... le « cocu »... doit le savoir. Je suis sûr qu'il sait! Seulement il ne dit rien, et savez-vous pourquoi il ne dit rien?... Je vais vous le dire, moi... Parce que ça l'arrange. Il dirige une entreprise de travaux publics, et Franco, lui, dirige les services de la voirie... Vous me comprenez?

Le commissaire examine le salon où le reçoit le voisin, des coussins, des coussins, et encore des coussins... des tapis et encore des tapis. Des rideaux de soie, des lampes, et trois chats siamois, aux yeux obliques, inquiétants d'immobilité.

– Dites, monsieur, pourquoi, selon vous, monsieur Garibaldi aurait-il voulu tuer sa femme?

– Ah, je n'ai pas dit ça... je n'ai pas dit ça...

Les doigts boudinés s'agitent, le corps mou s'affale sur les coussins mous.

– Comprenons-nous... commissaire. Franco n'a pas besoin de tuer sa femme. Vous voulez que je vous dise? Il s'en fiche! Elle rampe devant lui, que c'en est écœurant... Il est d'une autorité! Un vrai macho... Et elle est prête à tout avaler... Hier encore, tenez, il lui a fait croire qu'il allait à une séance de travail à la mairie... Pas du tout! Pas du tout! C'était du bidon... Il est allé dîner avec sa maîtresse, en ville, à une terrasse.

– Vous l'avez vu, je suppose?

– Je l'ai vu...

– Vous voyez tout, en somme?

– Vous savez, commissaire, dans la vie, il faut se méfier... toujours se méfier... La preuve, tout peut arriver...

Les yeux mi-veau mi-serpent font un tour complet dans les orbites. Cet homme est un paranoïaque. Simple. Délire de persécution, curiosité maladive... et probablement hypocondrie. Sur la table basse qui trône au milieu des coussins empilés, une théière, une tasse, et des boîtes de pilules de toutes les couleurs...

Un délire de paroles aussi. Lorsqu'il commence une phrase, difficile de l'arrêter.

– Cette femme, bien gentille, adorable... mais stupide, elle avale tout, je vous l'ai dit, il pourrait lui amener une maîtresse à dîner, elle croirait sur sa parole que c'est une amie rencontrée par hasard, et qu'il n'a pas revu depuis des années... mais à propos... j'ai vu l'installation dans la cuisine... et on m'a dit que le coup avait été tiré trop haut...; ce n'est pas elle qui était visée alors... mais le mari...

Le commissaire profite d'une respiration pour couper le fleuve de paroles :

– Justement! Si nous en parlions. Qui aurait voulu tuer Franco Garibaldi? Vous?

– Comment, qu'est-ce que vous dites, moi?

– Il vous a flanqué à la porte!

– Ah non... ah non... il ne m'a pas flanqué à la porte, il a dit à sa femme que je l'énervais! Vous vous rendez compte! Moi, je l'énerve, mais qu'est-ce que j'ai pu faire pour l'énerver, hein?

– Vous occuper de ses affaires privées, par exemple, et qui ne vous regardent pas... Pourquoi êtes-vous sûr que c'est lui que l'on visait ?

– Oh c'est simple, très simple, une déduction... issue de l'observation la plus élémentaire... Le matin, madame Garibaldi est chez elle, ou alors elle sort pour aller faire des courses. Dans ce cas, elle prépare le déjeuner, puis vers midi elle va chercher son fils à l'école. Pendant ce temps, le père arrive, le premier, pour le déjeuner, et le fils aîné en dernier... A propos du fils d'ailleurs, vous savez qu'il travaille chez un armurier ?

– Je le sais... mais vous en savez sûrement plus ?

– Il est apprenti chez le commandatore Allegranti. C'est une tête de linotte vous savez... un môme... Il ne fait pas son âge... Je ne vois pas pourquoi il aurait voulu tuer sa mère ou son père... Immature complètement cet enfant. Le père a bien du mal avec lui, mais il l'aime beaucoup... à cause du tir, toujours les armes à feu... brr... quelle horreur. Ils sont copains là-dessus, ils s'exercent ensemble. Tous les dimanches matin, on est réveillés par des détonations étouffées... Ils ont installé un stand dans leur cave, et ça tire, ça tire... des obsédés... D'ailleurs quand j'ai entendu le coup de feu, ça m'a frappé, ce n'était pas dans la cave, j'ai bondi !

Comment peut faire cette boule ronde et molle pour bondir ? Comme ses chats sans doute...

– Que faisiez-vous ce matin ?

– Un alibi ? C'est ça ? Vous me demandez un alibi à moi... Comme si j'étais un criminel supposé, un assassin.

– Vos horaires, et qu'on en finisse !

– C'est simple. J'ai un pédicure qui vient tous les lundis matin... Je souffre abominablement de cors sous les ongles, il est arrivé à neuf heures, il est reparti à onze heures... et avant cela, j'ai une femme de ménage, elle vient tôt, je n'ai pas bougé d'ici... vous pouvez vérifier... Giancarlo vous dira qu'il a eu du mal, surtout avec le pied gauche, regardez...

Et la boule molle d'exhiber des doigts de pied tout aussi boudinés, ornés de tampon de coton, vernis, roses...

Le commissaire abandonne le voisin. A ses angoisses, ses fantasmes, ses doigts de pied et ses chats. Pas le genre à tuer de cette manière. Mais Oscar... Oscar est plus passionnant à entendre. Oscar est rentré d'ailleurs, plus tôt que d'habitude. Il est là, assis sur le perron, avec son regard de bébé, son air candide, ses lèvres sans moustaches. Seize ans... Qui le croirait, avec ses joues de bébé, rondes et lisses ? Il y coule des larmes. Oscar paraît très affecté par le drame dont sa mère vient d'être victime.

– Comment va maman ? Elle ne va pas mourir, dites ?

– Pas du tout.

– Et papa où est papa ?

– Il est avec elle...
Le commissaire s'assied sur le perron à côté d'Oscar qui renifle.
– Tu rentres plus tôt que d'habitude, non?
– Oui, je suis sorti de l'atelier dix minutes avant l'heure de midi. Je voulais acheter un disque, mais le magasin était fermé.
– Et tu es arrivé au travail à quelle heure?
Oscar a l'air ennuyé. Il rougit un peu, tortille son pied :
– Je suis arrivé en retard. Au moins une heure...
– Pourquoi?
– Je me suis couché tard... C'est pas de ma faute, j'étais en Suisse, à un tournoi... et j'ai gagné... regardez!
Oscar se lève, entraîne le commissaire dans le hall et lui montre un trophée, magnifique objet d'art comme on dit... représentant un Guillaume Tell en laiton, sur socle de plastique. Il en est fier.
– Ça se passait où, ce tournoi?
– A Lugano... une rencontre junior, italo-suisse.
– Et tu es rentré quand?
– Dans la nuit, c'est pour ça que j'étais en retard ce matin... J'avais sommeil, c'est pas de ma faute...
Dans la cuisine, Oscar examine le dispositif, d'un œil interessé, la moue boudeuse. Le commissaire lui pose les mêmes questions qu'à son père :
– Tu connais cette arme?
– Non. Je l'ai jamais vue. On n'a pas ça à la maison.
– Et l'étau?
– Non plus...
– Qu'est-ce que tu penses de l'angle de tir?
– Je sais pas... Rien pourquoi?
– Si tu avais voulu tuer ta mère...
– Ça va pas? Qu'est-ce que vous racontez?
– Je répète : Si tu avais voulu tuer ta mère, avec ça, est-ce que tu aurais placé le revolver à cette hauteur?
Oscar renifle, jette un œil apeuré au policier, puis se décide.
– Ben non, c'est trop bas...
– Bon. Qui rentre le premier à la maison pour le déjeuner?
– Papa...
– Tous les jours?
– Ouais... tous les jours. Et s'il rentre pas il prévient le matin ou la veille. Ça arrive...
– Tu crois que c'est ton père qu'on a voulu tuer?
– Je sais pas moi...
– Réfléchis... Le canon est placé haut, ça ne convient ni à toi ni à ta mère. D'autre part, un dispositif comme ça est forcément destiné au premier qui rentre? Conclusion?
– Je sais pas moi... peut-être...
– Et qui voudrait tuer ton père?

– A part le voisin qui peut pas le blairer... je sais pas.

Le voisin. Encore le voisin. Il est vrai qu'il a une sale tête, mais le délit de sale tête ne doit pas exister. Et le commissaire n'y croit pas.

L'armurier, le commandatore Allegranti, est un officier du génie. Tout petit bonhomme, autoritaire, légèrement gâteux, mais sympathique et un rien rigolo. Il observe attentivement l'arme que lui tend le commissaire.

– Ma foi... si vous demandez si je connais ce type d'armes, je vous répondrai que oui... si j'en ai vendu, je dirais oui aussi... à qui je l'ai vendue, il faudrait que je puisse consulter mes livres... si on me l'a volée... c'est possible, d'après les guillochures sur la crosse, je dirais rapidement que c'est un modèle récent, et que j'ai pu en vendre des centaines... Après réflexion ça me fait sûrement quelques morts sur la conscience, mais que voulez-vous... je me console en me disant qu'il doit y avoir dans le lot plus de malfaiteurs quc de braves gens...

– Votre apprenti...

– Oscar? Le célèbre? Qu'est-ce qu'il a fait ce sagouin?

– Pour l'instant rien. A quelle heure est-il arrivé à l'atelier ce matin?

– Je ne sais pas. Je n'étais pas là, il faut demander ça au contremaître, je veux bien lui téléphoner, mais si je tombe sur sa femme, je raccroche, je vous préviens. On s'est engueulés, elle et moi, pas plus tard qu'avant-hier. A propos d'Oscar justement. Elle s'occupe de la comptabilité, elle voulait que je flanque Oscar à la porte, moi, j'hésitais... Son père est un ami, mais en fait elle a sûrement raison, voilà un gamin qui ne suit pas les cours techniques, qui sèche l'atelier, il est toujours dans la lune, infantile, tête de linotte et jamais à l'heure. On n'en tirera rien de bon. A part sa passion du tir, rien à en faire. Hier j'ai pris la décision, je le lui ai dit d'ailleurs, son père devait venir me voir pour en parler.

– Comment a-t-il réagi?

– Oscar? Mal, évidemment. Il a une trouille bleue de son père.

Au téléphone, le contremaître a une réponse fataliste:

– Oscar? Il est arrivé en retard comme d'habitude... une heure au moins. Et il est reparti en avance évidemment... Ça a dû lui faire une heure de présence en tout.

Oscar a donc quitté l'atelier à onze heures du matin. Or il a prétendu ne l'avoir quitté qu'à midi moins dix, pour aller acheter un disque.

Le contremaître ne l'a même pas empêché de filer. A quoi bon, il était fichu à la porte, ça n'avait plus d'importance...

Mais Oscar est décidément une tête de linotte.

Face au commissaire, à nouveau, cette tête de linotte prend un air apeuré.

– Je vous ai dit que j'allais acheter un disque. C'était fermé...

– A onze heures du matin?

– Non, il était plus de midi...

– Comment ça se fait, puisque le contremaître t'a vu partir à onze heures?

– Il était pas onze heures, il était midi moins dix et quand je suis arrivé au magasin...

– Oscar? Tu étais en Suisse dans la nuit de samedi à dimanche... n'est-ce pas?

– Oui... je vous l'ai dit, je suis rentré tard...

– Tu ne sais donc pas que chez nous, en Italie, dans cette nuit de samedi à dimanche, nous sommes passés à l'heure d'hiver... Là-bas, en Suisse, rien ne change... et ce matin, tu n'as pas changé ta montre. Fais voir ta montre?

La montre, effectivement, affiche une heure de trop.

C'est ainsi qu'il ne fut guère difficile au commissaire Anselmi de faire avouer la tête de linotte.

Oscar, le petit Oscar, l'enfant attardé, la tête de linotte, avait planté ses pitons le samedi. Le dimanche, il était allé gagner son Guillaume Tell en Suisse, était rentré dans la nuit, était arrivé en retard à l'atelier le lundi. Il en était reparti à l'heure choisie par lui. Avant midi, croyant que sa mère serait à l'école, et que son père allait rentrer le premier comme d'habitude. Il avait donc disposé son fil entre les pitons, orienté le canon, et il avait filé, après avoir griffonné le message de mort. En espérant faire accuser le voisin. Que l'on pouvait accuser de tout ou à peu près...

Seulement voilà, Oscar avait achevé son bricolage à onze heures et quart en réalité, au lieu de midi. Cette tête de linotte, pour ne pas avoir noté l'heure d'hiver, avait failli assassiner sa mère au lieu de son père.

En fait, il ne voulait assassiner personne selon lui. Seulement blesser son père, avec qui il s'entendait pourtant fort bien. Il voulait tout bêtement l'empêcher d'avoir cette conversation avec son patron. L'empêcher seulement, pas le tuer... Faire diversion en quelque sorte. Mais il reste que selon l'angle du canon de revolver, Franco Garibaldi aurait très certainement pris la balle en plein cœur, ou à quelques millimètres près. L'exactitude d'un piège comme celui-là peut en effet fonctionner sur la hauteur mesurée d'un individu, mais en largeur c'est le hasard qui joue. Tout dépend de la position du corps dans l'espace... un peu à gauche... un poumon... un peu plus à droite, un poumon et un cœur...

Mais l'intelligence d'Oscar n'allait pas jusqu'à tenir compte du hasard.

Des psychiatres se sont évidemment penchés sur cette intelligence puérile, pas plus de dix ans d'âge pour un gamin de seize...

Et Oscar s'est retrouvé en maison de santé. Il visait juste, il pensait faux. En admettant qu'il lui arrive de penser. Selon le voisin, lorsque l'on demandait à Oscar :

– A quoi tu penses, Oscar ?

– A rien, répondait Oscar.

Et là, il pensait juste, selon le voisin. Cette mauvaise langue.

# LE ROI DES LAPINS

Paris, dans les années soixante, en juillet. Un Paris où les vendeurs de journaux hurlent les gros titres, en zigzaguant entre les voitures qui bouchonnent déjà. Un Paris vidé par les vacances. Un Paris où les agents de police ont encore des vélos et font la circulation aux carrefours avec de jolis bâtons blancs.

Rue Ledru-Rollin, près de la gare de Lyon, un gardien de la paix règle la circulation devant un passage clouté. Un petit homme, portant une valise en carton, l'apparence légère, s'approche de l'homme en uniforme :

– Monsieur l'agent, je voudrais vous parler.

Monsieur l'agent a son sifflet entre les dents, le bâton tendu, et les voitures, attentives à son signal, ronflent déjà d'impatience. Il hoche la tête, en faisant signe au piéton de patienter à ses côtés. Mais le piéton insiste en le tirant par la manche. L'agent siffle, les voitures démarrent et, sur le bord du trottoir, il demande au petit homme :

– Qu'est-ce que je peux faire pour vous ?

Mais aussitôt, un gamin turbulent attire son attention en traversant hors des clous, il resiffle, agite le bâton, fait stopper une voiture, et le petit homme s'accroche de nouveau à sa manche, imperturbable :

– Dites, vous ne pourriez pas cesser de gesticuler comme ça ? C'est important ce que j'ai à vous dire.

Décontenancé par l'aplomb du petit homme, le gardien de la paix l'examine avec méfiance. Brun, modestement vêtu, la peau mate, les yeux sombres et brillants, une fine moustache. Le genre « rital » se dit l'agent.

– Et alors ? Vous voyez bien que je ne peux pas laisser tomber la circulation pour vous ! Allez-y, posez votre question, je vous écoute !

– J'ai pas de question à vous poser, monsieur l'agent, j'ai quelque chose à vous dire.

– Eh ben, dites-le !

Le gardien de la paix grogne entre deux coups de sifflet.

Et entre deux autres coups de sifflet, le petit homme articule :

– J'ai tué ma maîtresse.

Le sifflet se tait, les klaxons le remplacent, et le gardien de la paix fixe son interlocuteur, en silence d'abord, puis dit :

– Quoi ? Vous avez tué qui ?

– Ma maîtresse.

– Ah.

Bien que l'efficacité de l'agent de police se ressente de cette déclaration impromptue, il ne perd pas tout à fait le fil des voitures et des piétons, et, au lieu de s'exclamer, sourit légèrement. En se penchant de côté, pour ne pas perdre de vue son passage clouté, il demande malicieusement :

– Et vous l'avez tuée où ça ?

– A Lyon.

– A Lyon, hein ? Et pourquoi Lyon ?

– Parce que c'est là que j'habite.

Toujours sans y croire, l'agent continue son interrogatoire de complaisance :

– Et ça s'est passé quand ?

– Il y a quatre jours.

La précision et la tranquillité de l'information inquiètent tout de même le gardien de la paix. Voyons, que peut-on faire dans ces cas-là ? Le manuel ne l'indique pas. De toute manière il ne peut pas lâcher son carrefour pour ce qu'il suppose être un grain de folie. Mais comme le petit bonhomme et sa valise restent plantés là, au bord du trottoir, il faut bien faire quelque chose.

– Alors comme ça, vous avez tué votre maîtresse ? Elle vous enquiquinait je suppose ?

– Oh non. Mais il fallait que je la tue. C'était un ordre.

Diable... il est vraiment fou ce type. Une fois la circulation calmée, s'il est encore là, il serait peut-être bon de le coller dans une ambulance. En attendant, il vaut mieux le faire parler.

– Un ordre, hein ? Et un ordre de qui ?

– De Michel.

– Et qui est ce Michel ? Le mari, le copain, l'autre amant ?

– C'est un des lapins.

Bon. Il n'est peut-être pas fou à lier, il a l'air assez calme, mais il est tombé dans une bouteille, voire plusieurs. Un ivrogne avec une idée fixe. A ce sujet, c'est-à-dire les ivrognes, l'agent de police sait quoi faire, le règlement le précise. Manier le sujet avec calme, et lui dire :

– Mon ami, je crois que vous devriez aller vous coucher.

– Je suis pas malade, et je suis pas saoul... J'ai tué ma maîtresse.

Un coup de sifflet pour bloquer les voitures et l'agent prend la direction du dialogue :

– Bon. Pourquoi me dire ça à moi ?

– Parce que je ne peux plus m'expliquer avec Michel...

– Le lapin ?

– Michel, oui.

C'est l'heure des trains de banlieue, la cohue du matin à la gare de Lyon se précise, le carrefour se remplit, il est des moments où une décision s'impose, règlementaire bien sûr.

– Bon. Bougez pas de là, je vais appeler un collègue, il va vous emmener au commissariat.

Le petit homme ne bouge pas. Il pose sa valise entre ses deux jambes, laisse pendre ses deux bras le long du corps comme une marionnette fatiguée, et suit l'agent des yeux, lequel a bondi sur le trottoir d'en face, et rameute un collègue.

Le temps d'expliquer en vitesse :

– C'est un genre de dingue, ou alors il est bourré, il dit qu'il a tué une bonne femme à cause d'un lapin... Embarque-le, j'ai pas le temps.

Pietro Pizzani, effectivement Italien, exerçant à Lyon le métier de maçon, décline son identité au commissariat devant un secrétaire. Lequel, gentiment, demande :

– Racontez-moi ça...

Mais Pietro Pizzani refuse. Il n'en dira pas plus. En tout cas, il n'y a aucune raison qu'il se confie à un secrétaire.

– Écoutez, le commissaire n'est pas là...

– Alors je vais attendre. Un crime ça mérite un commissaire.

– A condition que vous ayez vraiment commis un crime, mon vieux...

Le secrétaire est agacé. Tous les mêmes, fous ou pas, ivrognes ou pas, ils veulent tous voir le commissaire, comme si c'était le Bon Dieu.

– Alors ? Ce crime ?

Une heure passe, et Pietro Pizzani s'incruste en refusant toujours de donner le moindre détail, en dehors de l'information capitale pour lui : Il a exécuté l'ordre de Michel le lapin.

A bout de patience, le secrétaire, qui a tout essayé, bu trois tasses de café, et rempli un cendrier, menace :

– Si dans deux minutes vous ne filez pas vous coucher, je vous colle en cellule !

– Mais je ne suis pas un ivrogne. Vous pouvez faire l'alcootest.

Après tout, l'idée n'est pas mauvaise. Le secrétaire saute sur l'occasion de confier l'individu quelque temps au médecin de service.

Mais l'alcootest est négatif. L'homme n'a rien bu. Donc il est fou. Mais s'il est fou, il a pu réellement tuer sa maîtresse, en dehors de toute histoire de lapin. Pour en avoir le cœur net, le secrétaire décide de téléphoner à la Police Judiciaire de Lyon. Le quartier où habite l'Italien, dit « le Gourdillon », n'étant pas très éloigné des bureaux de la P.J., le chef de la sûreté fait procéder à une vérification.

La matinée s'est écoulée, et c'est donc juste avant de déjeuner qu'un inspecteur de la P.J. descend de voiture devant l'une de ces hautes maisons lyonnaises, d'aspect sévère. Il grimpe les six étages de l'escalier et, au dernier, frappe à l'unique porte.

Une petite femme lui ouvre. Assez charmante, la quarantaine, de grands yeux naïfs, une magnifique chevelure noire, serrée en chignon sur la nuque.

Madame Pizzani fait entrer l'inspecteur, en dénouant rapidement son tablier. Mais le living-room est d'une crasse somptueuse. La pièce sert à la fois de salle à manger, de salon, et de chambre à coucher. Un style de taudis hybride, mi-taudis lyonnais, mi-taudis napolitain. C'est-à-dire qu'une sorte d'ordre tente d'ordonner le désordre. Comme le parquet doit être ciré, il l'est, mais par-dessus la poussière, les meubles aussi, ce qui leur donne une couleur indéfinissable, un ton inimitable, une crasse d'époque grisâtre.

L'inspecteur tâte le terrain avec précaution. Madame Pizzani est-elle au courant du comportement étrange de son époux qui a fait, à Paris, d'étranges aveux ?

Elle ne l'est pas. Madame Pizzani sait-elle si son époux avait une maîtresse ?

Elle sait. Une maîtresse tout à fait officielle, normale, comme tout Italien se doit d'en avoir. Comme Mussolini, Napoléon, ou Louis XIV, le maçon napolitain s'est offert une maîtresse en titre. Selon son épouse, ce n'est pas qu'il soit atteint d'une sexualité exigeante et hors du commun. Pas du tout. Au contraire... Pietro se serait bien contenté d'une femme unique pour le réchauffer, sans trop d'efforts. D'ailleurs il aime beaucoup son épouse. Seulement...

– Les lapins ont décidé.

L'inspecteur ouvre de grands yeux. D'une part parce qu'on ne lui a parlé que d'un seul lapin au téléphone et d'autre part parce que la réponse a de quoi intriguer un inspecteur de police judiciaire qui n'a pas souvent affaire à des lapins.

– Des lapins ? Vous pourriez préciser ?

– Nous élevons des lapins. Ce sont eux, les lapins, qui ont décidé que Pietro devait avoir une maîtresse.

– Excusez-moi, mais... vous et votre mari, vous parlez avec des lapins ?

– C'est très compliqué, monsieur... Je ne peux pas vous expliquer... mais j'aime mon mari... vous savez... seulement il est... (Elle chuchote tout à coup.) Il est sorcier... vous comprenez... je ne pouvais pas discuter la décision des lapins... je ne pouvais pas...

De toute évidence, cette femme n'est pas très intelligente, et, de plus, elle semble avoir peur de son sorcier de mari. Très peur même. Car elle ne veut pas en dire plus. L'inspecteur demande à visiter la maison. Madame Pizzani, confiante, le guide dans les autres pièces. Il y a le « laboratoire », dit-elle, et la « chambre des lapins ».

Le « laboratoire », est une pièce surprenante, un lieu exceptionnel, occupant une grande mansarde. La bibliothèque déborde de livres, dont peu sont en état, ou complets, car ils proviennent manifestement d'une patiente collecte au hasard des poubelles. L'inspecteur y devine des fragments de traités d'agronomie, de jurisprudence, de grammaire générale et comparée, d'électronique, de technique de propulsion des avions, de pathologie humaine ou vétérinaire. Des chapitres de romans pornographiques voisinent avec des morceaux d'ouvrages de théologie et de casuistique, de zoologie, de botanique, des comptes rendus de l'Académie des sciences. Le dernier ouvrage sur lequel le regard fasciné de l'inspecteur se pose enfin concerne la thermodynamique. Et la bibliothèque ne s'arrête pas là. Il y a d'autres étagères sur les autres murs, bourrées, débordantes de biographies sur de grands personnages, un prodigieux répertoire des crimes célèbres, glané et découpé dans la presse.

Pietro Pizzani n'a jamais acheté un livre, sans doute, mais il a soigneusement recueilli tout ce qu'il trouvait.

Le répertoire des crimes intéresse bien entendu particulièrement l'inspecteur.

– Il a tout lu?

– Tous ces livres, il les connaît par cœur, et celui-là aussi, il pourrait raconter pendant des mois, tous les procès, tous les crimes qui sont là-dedans.

Madame Pizzani semble fière de son génial époux. Respectueuse de sa science...

Les rares pans de murs qui ne sont pas encombrés d'archives sont couverts d'œuvres photographiques curieusement disposées et encadrées. Le repaire du Führer à Berchtengaden voisine avec Saint-Pierre de Rome, Einstein avec Brigitte Bardot, Eva Braun avec Nicky Lauda.

Quel homme étrange que ce petit maçon italien qui collectionne les catalogues de tous les musées du monde, la National Gallery, le Louvre, la pinacothèque de Munich, le musée de l'Ermitage, l'Accademia vénitienne et le musée d'Art Moderne de New York.

Quel rapport entre l'art et cette exposition des grands chefs militaires de la dernière guerre, également vénérés, sans ordre ni préférence, disposés dans un désordre géopolitique qui relève du surréalisme?

Le petit homme est un surréaliste. Peut-être sans le savoir, lui qui mêle les pures beautés dénudées des plus grands photographes aux girls naïves en maillot de bain qui lèvent la jambe sur les calendriers publicitaires. Qui expose Marilyn et sa splendeur épanouie à l'œil glacial d'Eisenhower et aux lunettes de myope de Jean-Paul Sartre. Quant aux encadrements, ils sont hétéroclites et chatoyants, selon une inspiration secrète et obscure. Pourquoi Garibaldi a-t-il écopé de trois ovales concentriques et vert acide alors qu'Eisenhower est doté d'une dentelure bleu pastel? Pourquoi Bismarck, entouré d'un rouge de crayon de couleur, alors que l'assassin anonyme du dernier fait divers a eu droit à une bandelette de papier doré ?

L'inspecteur de la Police Judiciaire de Lyon ne prend pas de notes, il lui faudrait un appareil photographique pour rendre compte de ce décor. Et madame Pizzani le suit, confite d'admiration devant le « laboratoire » de son époux, s'arrêtant où l'inspecteur s'arrête, contemplant ce qu'il contemple, sans un mot, sans un commentaire. Elle non plus ne doit rien comprendre à ce musée extraordinaire.

Reste la « chambre des lapins », que l'inspecteur demande à voir.

Difficile à décrire cette chambre des lapins. C'est une chambre, en effet, mais comment faire pour aligner, dans une mansarde, soixante clapiers ? Ils sont décalés, les uns par rapport aux autres, formant de véritables petits tunnels entre les cages, des couloirs, un labyrinthe impressionnant, avec des lapins dedans, dessus, devant, derrière, à côté... partout...

Madame Pizzani raconte à l'inspecteur :

– Pietro a emprunté un jour à un voisin qu'il n'aimait pas du tout, un couple de lapins.

– Emprunté ?

Madame Pizzani baisse les yeux.

– Il n'aimait pas ce voisin, il dit qu'il ne supportait pas cet homme, pour des motifs sociaux et esthétiques... Alors il a « emprunté » deux de ses lapins...

La pauvre femme ignore complètement le sens des motifs sociaux et esthétiques invoqués par son mari, elle répète comme un perroquet qui a appris par cœur.

– D'abord on a eu six couples, et puis une vingtaine, et puis quarante... On était obligés de manger du lapin tous les jours. On les nourrit avec des épluchures, je les ramasse dans les poubelles, et puis je vais aussi sur la colline de Fourvière ramasser de l'herbe.

– Mais... vous vouliez en faire quoi, de ces lapins ?

– D'abord mon mari voulait les vendre. Et puis ça a changé.

– C'est-à-dire ?

– Il restait enfermé avec eux des heures entières. On ne pouvait pas le déranger quand il était avec ses lapins. Même moi je ne pouvais pas. Mais je l'entendais murmurer, alors je savais qu'il leur parlait.

– De quoi ?

Effectivement, bonne question, de quoi peut-on parler à des lapins ? De l'actualité internationale ? De physique appliquée ? De droit criminel ? D'art et de littérature ? A en croire sa bibliothèque, Pietro Pizzani est un encyclopédiste...

– Je ne sais pas de quoi il leur parlait.

Mine de rien et sans sourire, l'inspecteur demande :

– Est-ce que les lapins lui répondent ?

– Sûrement, mais je crois qu'il n'y a que lui qui peut les entendre, et les comprendre, moi, je n'ai jamais réussi.

Au centre de ce labyrinthe de lapins de toutes les couleurs, trône une cage plus grande que les autres, circulaire, et posée sur des bornes de ciment. A l'intérieur un lapin énorme. Sautillant, alerte malgré sa taille impressionnante.

Madame Pizzani le présente :

– C'est Michel.

– Et qu'a-t-il de particulier ce Michel ?

Madame Pizzani ne sait pas de quels titres est honoré Michel, ni sa fonction exacte, ni les pouvoirs qu'il a sur son mari, mais ses pouvoirs sont certainement considérables, seul Pietro pourrait les définir.

L'inspecteur reste un instant perplexe devant l'énorme lapin. Ce lapin supposé avoir imposé une maîtresse à Pietro Pizzani. Supposé lui avoir ensuite ordonné de la tuer...

Histoire de fous, mais qu'il faut essayer d'élucider rapidement. Il est une heure passée, et l'inspecteur aimerait bien déjeuner après avoir fait son rapport.

– Madame Pizzani, est-ce que votre mari est sorti il y a quatre jours ?

– Non... non. C'était dimanche, il est resté à la maison toute la journée.

– Est-ce que quelqu'un est venu chez vous ?

– Oui... Carlotta...

– Carlotta est-elle... la maîtresse de votre mari ?

– Oui, bien sûr. Mais elle n'est pas restée, il l'a raccompagnée à la porte, je les ai entendus.

Madame Pizzani lève ses grands yeux naïfs pour demander :

– Mon mari va bien ?

Réponse difficile, mais, après tout, vu l'état des lieux et l'esprit de la demanderesse...

– Il va bien, madame Pizzani, on vous tiendra au courant.

Le rapport de la Police Judiciaire de Lyon mentionne que Pietro Pizzani est un original mais ne semble pas entrer dans la catégorie des assassins. Aucun cadavre chez lui. Au commissariat de la gare de Lyon à Paris, le secrétaire raccroche son téléphone, il est deux heures de l'après-midi, et lui n'a pas eu le temps d'avaler un sandwich. Pris entre une troupe de prostituées, deux voleurs à la tire, et le petit maçon obstiné, il choisit de se débarrasser du maçon obstiné.

– Voilà... Vous pouvez aller dormir tranquille, vous n'avez tué personne.

– Ah vous ne me croyez pas ? C'est trop fort ! Alors allez voir à Rome... J'ai emmené sa tête là-bas, je l'ai jetée dans le Tibre... C'est Michel qui me l'a conseillé.

Le secrétaire se bouche les oreilles. Puis appelle un gardien :

– Mettez-moi ça au frais, il me rend dingue.

Deux heures passent. Le secrétaire a eu son sandwich, les prostituées ont été évacuées sur Saint-Lazare, les voleurs à la tire vont passer devant le juge. Il règne au commissariat un calme relatif lorsque le téléphone sonne sur le bureau du secrétaire.

C'est la Police Judiciaire de Lyon.

– Vous avez toujours le dingue aux lapins ?

– Hélas oui...

– On vient de tomber sur un avis de recherche... Une jeune femme, prénom Carlotta, résidant à Rome, a disparu depuis quatre jours, après un voyage à Lyon... La maîtresse de votre dingue, c'est bien Carlotta ?

Cette fois, Pietro Pizzani et son histoire de fous et de lapins ont droit au commissaire.

Le petit homme s'installe sur la chaise, en face du commissaire, sa valise à ses pieds.

– Vous êtes le commissaire ?

– En effet.

Pietro Pizzani a un soupir de satisfaction. Il est enfin à pied d'œuvre. Le commissaire, lui, observe le regard vif, les yeux mobiles du Napolitain. Un regard étrange, dérangeant.

– Alors, vous auriez tué votre maîtresse Carlotta... et où avez-vous caché le cadavre ?

– Ça je ne peux pas le dire.

– Pour quelle raison ?

– Je ne veux pas que l'on ennuie Michel. Mais je l'ai déjà dit, vous pouvez retrouver sa tête à Rome, je suis allé là-bas la jeter dans le Tibre.

– Vous pouvez préciser l'endroit ?

– Bien sûr, je vais vous faire un plan...

Il esquisse un croquis, indique les noms des lieux, précise l'endroit.

Le commissaire transmet à Rome directement. Sans parler des lapins, le télex est déjà assez compliqué.

Pietro Pizzani retrouve sa cellule en attendant que les hommes-grenouilles, là-bas à Rome, explorent le fond du Tibre.

Le commissaire craint bien d'être ridicule et d'avoir mobilisé pour rien ses collègues italiens. Mais... Carlotta est portée disparue depuis quatre jours... et si sa tête se trouvait dans le Tibre ?...

Elle s'y trouve. Identification faite, il s'agit de Carlotta Gallerate, trente-huit ans, une tête ficelée dans un sac alourdi d'une pierre.

Retour de Pietro Pizzani dans le bureau du commissaire :

– Alors ? Où est le corps ?

– Je ne peux pas le dire.

Il fatigue ce petit homme. Il fatigue... Mais un policier doit forcément s'adapter au tempérament du criminel interrogé, sinon, il taperait dessus avec son encrier, ce qui n'est pas du tout une solution.

– D'accord, Pizzani. Alors racontez-moi comment vous l'avez tuée.

Il raconte, et un sténo prend note de sa déposition, toujours surréaliste.

– Ce jour-là, j'étais assis sur le toit de mon immeuble, et je prenais un bain de pieds dans la gouttière (!). Le soleil déclinait derrière le clocher de Notre-Dame de Fourvière, j'ai décidé alors de rentrer chez moi en passant par la lucarne de la chambre des lapins. Je passai devant la cage de Michel et le saluai. Michel est le plus ancien et le plus gros de mes lapins. C'est le roi de mes lapins en quelque sorte. Et comme tous les lapins, il communique directement avec l'au-delà. Il suffit de pouvoir les comprendre... Vous pensez peut-être que les lapins sont bêtes, mais je vous arrête, car c'est à la fois vrai et faux... les lapins...

Tête du sténo, enregistrant cette déposition en forme de conférence zoologique...

– Les lapins donc... ont une cervelle minuscule, une intelligence quasi inexistante mais, à cause de cela justement, ils sont en relation directe avec l'au-delà. Les hommes n'ont plus cette relation, ils ont coupé le cordon ombilical. Mais les lapins, non. De sorte que lorsqu'ils expriment une volonté, c'est Dieu qui s'exprime. Je regardais Michel, et il a commencé à baisser l'oreille gauche, à cligner de l'œil droit, ce qui signifiait qu'il voulait me parler... Je l'ai donc écouté. Je ne peux pas vous donner dans le détail la teneur de notre conversation, car il faudrait pour cela que je transcrive les battements d'oreilles et les clignements d'œil. C'est une traduction dont il faudra qu'un jour je fasse un lexique... peut-être, bien que je ne croie pas qu'il existe à notre époque des humains capables d'assimiler ce langage... bref... après une longue conversation, j'ai compris que je devais tuer Carlotta. Comme elle devait venir me voir, je l'ai attendue en compagnie de ma femme. Lorsqu'elle est arrivée, je l'ai conduite dans la chambre des lapins. Et là je lui ai fendu le crâne avec une hache. Tous les lapins ont assisté à la chose. Seulement, Michel m'avait recommandé le secret, entre lui et moi. J'ai donc fait semblant de raccompagner Carlotta à la porte, et sur le pas de la porte j'ai crié très fort : « Au revoir, Carlotta », pour que ma femme entende. Le lendemain, j'ai mis la tête dans une petite valise, j'ai pris le train pour Rome, et je suis allé la jeter dans le Tibre...

Fin de la description des circonstances du crime. Reste le mobile. Comment aborder le mobile ? Le commissaire choisit de rester dans le domaine des lapins.

– Dites-moi, pourquoi le roi des lapins vous a-t-il demandé de tuer Carlotta ? Et pourquoi jeter sa tête dans le Tibre ? C'est Michel qui vous l'a demandé ? Où a-t-il dit de mettre le corps ?

– Je ne peux pas le révéler, sauf si vous me promettez de ne pas faire d'ennuis à Michel.

– Je vous fais cette promesse, et nous la consignons dans le procès-verbal... C'est d'accord ?

Pietro Pizzani est d'accord. Il va dire la vérité, puisque Michel, le roi des lapins, est à l'abri.

Du moins peut-il toujours le croire, car pour vérifier ses dires, la Police Judiciaire de Lyon est bien obligée de démolir, à coups de masse, les supports de ciment de la cage royale de sa majesté Michel le Lapin. Dans la chaleur de juillet, six bornes de ciment, contenant chacune un morceau de Carlotta. Une jambe, un bras, une partie de tronc.

Sous le regard des lapins, sous le regard de Michel le roi, dont on a démoli le trône. Ce trône qu'il avait exigé de Pietro Pizzani le maçon, un trône qui fut digne de lui, c'est-à-dire un trône de chair humaine, et de préférence de chair féminine...

Ainsi en avait décidé le roi des lapins et ordonné également, en sa sagesse, à son vassal Pizzani, de ramener à Rome, où elle était née, la tête de la sacrifiée.

Et à chaque coup de massue, à chaque crime de lèse-majesté, le vieux roi Michel cligne de l'œil droit et baisse l'oreille gauche...

Dieu merci, c'est intraduisible pour le commun des mortels.

# LE VALET DE CHAMBRE A BESOIN D'ÉPINGLES

La vérité est pour chacun ce qu'il veut qu'elle soit, la réalité aussi... Vérité et réalité vont-elles ensemble ?

Vaste débat.

Cet homme, par exemple, la trentaine, qui marche gaiement vers son avion, un Beechcraft qui doit coter aux alentours d'un million de francs nouveaux. C'est un jeune châtelain, propriétaire d'importants vignobles dans le Val de Loire. Il est fortuné, jeune, élancé, désinvolte.

Est-il un beau garçon intelligent, affable, au cœur généreux, ou le même beau garçon, égoïste, arrogant, et pétri de conventions bourgeoises ?

Nous avons décidé de suivre l'avis de la presse populaire, qui, parlant de lui, le décrit comme un garçon parfaitement sympathique.

Cette option rend la suite de l'histoire d'autant plus cruelle.

Nous somme dans les années cinquante. L'appareil est un biplan. L'homme, jeune, désinvolte, riche et sympathique, donc, avance, d'une démarche souple vers son appareil, saute d'un élan sportif sur l'aile inférieure de son Beechcraft, se cale sur le siège, ajuste sa ceinture, et inspecte l'horizon d'un regard bleu clair.

Il décolle impeccablement. Un jeune homme si parfait ne saurait s'élever dans le ciel en trébuchant. Il est expérimenté, sûr de lui, son avion est parfaitement entretenu, il vient de subir une révision complète. Tout est parfait, tout est prévu, assuré, garanti, les moyens financiers du pilote le lui permettent.

Ce qui rend la suite de l'histoire d'autant plus troublante.

Le ciel lui-même est en accord avec le personnage et la quasi-perfection de l'image qu'il présente ce jour-là. Beau temps, tempête de ciel bleu, comme disent les pilotes.

Ce qui rend l'affaire encore plus étrange.

Du côté du plan de vol, tout est clair, déposé dans les règles, connu de tous. Liaison radio parfaite. Depuis son décollage, le pilote assure tous les contacts d'usage avec les stations survolées et ne signale absolument rien d'anormal. Sa voix est calme.

Ce qui rend la suite d'autant plus surprenante.

Le surprenant, l'étrange et le troublant surviennent au-dessus du Massif central.

C'est là, survolant les anciens volcans de ce massif primaire, rajeuni si l'on peut dire par le contre-coup du plissement alpin, que l'avion tombe à la verticale, comme une masse inerte, dit un journaliste, comme un caillou, dit un autre, en flèche dit un troisième. L'avion s'écrase au flanc de la montagne, et le pilote est tué sur le coup.

Un accident bizarre.

Quelque part en Touraine, il est non pas un château, mais une gentilhommière, à deux tours carrées couvertes de glycines. Le mauve sur la pierre grise est d'une rare beauté.

La jeune femme qui occupe ce jour-là l'un des salons de cette propriété charmante raccroche le téléphone. L'épouse du jeune pilote qui vient de perdre la vie est également décrite par les journalistes comme ravissante, jeune, et éperdument amoureuse de son brillant époux.

Toute cette perfection, toute cette beauté, tout ce bonheur et cette richesse élégante sont peut-être un peu exagérés par les rapporteurs de l'enquête de l'époque, mais créent un contraste théâtral avec le drame qui vient de survenir. La jeune femme, pâle, a beaucoup pleuré en apprenant la fin tragique de son jeune mari. Ils vivaient là, dans ce paysage enchanteur, dans cette demeure ancestrale, aux murs de pierre rassurants et épais, au milieu des coteaux, de la vigne ondoyante, des grappes mûrissantes et dorées. La famille du défunt possédait le domaine depuis des siècles. Un domaine difficile à gérer. La jeune et ravissante veuve pourra-t-elle assumer seule, désormais, ce lourd patrimoine ?...

Pour l'heure, une équipe d'experts précédée par deux gendarmes et un guide qui connaît chaque sentier, chaque rocher, chaque touffe de bruyère, avance à marche forcée vers les lieux supposés du sinistre. Ils atteignent enfin l'épave du Beechcraft.

Ils ont deux missions : récupérer le corps, bien sûr, et déterminer si possible les causes de cet accident incompréhensible.

Le corps du pilote est bien retrouvé, mais les enquêteurs ne s'y intéressent déjà plus. Il est mort, nul besoin d'autopsie. A quoi bon déterminer s'il a succombé d'une rupture des cervicales ou de la colonne vertébrale, ou d'une ou plusieurs hémorragies internes ? C'est l'avion qui requiert leur attention, car dès les premiers examens de la carcasse, fouillant ce qui reste du cockpit, l'un des experts demeure pétrifié d'étonnement.

– Vous avez vu ?

– Quoi ? demande l'autre, demeuré à l'extérieur, vu l'exiguïté de la cabine écrasée.

– Là, les cadrans, les aiguilles...

L'expert tapote de l'index les éléments du tableau de bord... puis ressort péniblement du cockpit, pour laisser pénétrer son collègue.

– Qu'est-ce qui s'est passé ?

– Vous voyez ce que je vois ?

Tapotement sur les cadrans... c'est incompréhensible.

D'une part les verres de protection sont demeurés intacts, et d'autre part, derrière ces verres intacts, les aiguilles sont complètement tordues, comme si une main malveillante les avait pliées. Tordues véritablement, c'est-à-dire pliées et repliées. Il est difficile d'attribuer cette étonnante découverte au crash. Si les verres étaient brisés encore... mais non.

Les deux experts se regardent sans comprendre, ils n'ont jamais vu cela de leurs vies, et pourtant ils en ont vu des épaves d'avions. Ils en ont consulté des cadrans de navigation aérienne.

A part ce fait inexplicable, aucun incident technique. Ajouté au fait qu'il n'y a pas eu erreur de navigation, que le pilote était sur sa route normale, qu'il avait assuré tout aussi normalement le dernier contact radio, l'accident reste un mystère qui ne peut qu'être associé à la bizarrerie de ces cadrans et de ces aiguilles tordues.

Il est impossible, logiquement, que le pilote ait décollé avec des cadrans dans cet état. Impossible également, inimaginable en tout cas, que le pilote lui-même, en plein vol, ait soudain décidé de retirer les verres de protection, de tordre les aiguilles et de remettre les verres en place...

Drôle d'affaire. Les deux experts prennent des notes, le guide et les gendarmes se chargent du corps du défunt qu'il faut redescendre dans la vallée.

Dans son petit château de Touraine, la jeune veuve, perdue dans sa douleur, confrontée aux problèmes des obsèques, erre ce soir-là dans les salons. Elle se trouve soudain face au valet de chambre, dans une position bizarre. Il est agenouillé au milieu de la pièce, il sanglote bruyamment, et la jeune femme l'entend gémir à plusieurs reprises en se tordant les mains :

– Mon Dieu, mon Dieu... Qu'est-ce que j'ai fait ? Qu'est-ce que j'ai fait ?

Et il s'enfuit en pleurant.

La maîtresse de maison ne comprend pas très bien cette scène. Anéantie par son chagrin, il lui vient vaguement à l'esprit que le domestique a cassé quelque chose... Peu lui importe d'ailleurs, la maison est bouleversée par la mort de son propriétaire, elle n'y prête guère plus d'attention.

Pourtant, ce domestique à genoux et en prières est responsable de son maheur. Elle ne s'en apercevra que bien plus tard.

Était-il amoureux de sa jeune maîtresse ? Avait-il convoité les précieux vignobles ? Les deux ? Sans doute.

Les deux experts qui ont constaté sur place l'étrange état des aiguilles des cadrans de navigation s'en sont allés, comme des orfèvres, soumettre leur conclusion à un troisième, un superviseur. L'étrangeté de cet accident les oblige à prendre des précautions et des avis techniques avant de remettre leur rapport.

Le superviseur les regarde comme s'ils descendaient de la planète Mars et non du Massif central.

– Vous plaisantez ? Vous voudriez me faire admettre que les aiguilles se sont tordues toutes seules et en plein vol ? Soyons sérieux.

– Nous sommes certains de nos constatations... Si cette « bizarrerie », je n'ai pas d'autre terme, s'était produite avant, le pilote aurait eu le temps de se poser et de prévenir par radio.

– Donc elles se sont tordues dans l'accident !

– Vous voyez comme nous que les verres sont intacts !

L'ennui, dans cette histoire, est que l'extraordinare semble prendre le pas sur la vérité. Ainsi, sans mettre en doute la parole de ces experts, très certainement compétents, on peut regetter qu'ils n'aient pas pris de clichés de ces fameux cadrans avec ces fameuses aiguilles tordues ?

Pourquoi est-il impossible de connaître dans la presse populaire où l'événement est rapporté, les noms du guide, de la brigade de gendarmerie, et ceux des experts eux-mêmes ? Il eût été intéressant de retourner voir l'épave de cet avion si mystérieusement écrasé, un jour de beau temps, avec un moteur en pleine forme et un pilote expérimenté.

Les semaines ont pasé. La vie dans la gentilhommière de Touraine a repris peu à peu son cours normal. La jeune châtelaine a assisté aux obsèques de son époux, soutenue de près par le valet de chambre, entourée, consolée, servie... Il est l'homme à tout faire de ce petit domaine, et nul pour l'instant ne songe à s'interroger sur son zèle.

Plus tard, il sera dit que la jeune femme s'était aperçue de ce zèle, et l'avait trouvé excessif... plus que le simple respect dû par un domestique dévoué à sa maîtresse, même en cas de malheur. Elle aurait fait abstraction de ce manège, par sagesse. Jusqu'au jour où le valet de chambre dépasse certaines bornes.

Ce jour-là, alors qu'il apporte un plateau de café, qu'il le pose délicatement sur le guéridon à côté du fauteuil de sa maîtresse, voilà qu'il tombe à genoux devant elle.

Cette fois, le domestique se lance dans une déclaration enflammée, fait étalage de sa passion secrète, et la jeune femme, gênée mais polie, tente de l'arrêter :

– N'allez pas plus loin... je vous en prie.

Mais le domestique n'entend pas. Il s'enflamme de plus belle.

– Calmez-vous s'il vous plaît! C'est indécent!

Comme ses protestations n'ont aucun effet, elle utilise cette fois le ton sec :

– Je vous ordonne de vous taire!

Cette fois, l'homme se relève et disparaît sans un mot. Étant donné qu'il demeure au service de la jeune veuve, il faut en déduire que la jeune femme a dû considérer la chose comme un égarement passager qu'elle était prête à pardonner s'il ne se renouvelait pas.

Quoi qu'il en soit, quelques semaines plus tard survient le quatrième personnage de cette histoire bizarre. Il s'agit d'un ami de la famille. L'éternel ami de la famille, en l'occurrence la quarantaine, célibataire, et probablement amoureux en secret de la jeune veuve, depuis longtemps. Dépassée par une gestion dont elle n'a pas l'habitude, la jeune femme a fait appel à lui pour prendre la direction du domaine.

Elle lui fait donc rencontrer le personnel, les gens du voisinage, les fournisseurs, les clients. Cet homme sera désormais leur seul interlocuteur pour tout ce qui concerne l'exploitation du domaine et les problèmes financiers. En clair, c'est un régisseur.

Parmi le personnel, dans le voisinage, il se trouve immédiatement des petits malins pour déclarer que le régisseur en question ne tardera pas à prendre en charge l'ultime responsabilité du domaine : la maîtresse de maison.

La vie se déroule alors à peu près comme avant, c'est-à-dire par exemple, qu'il y a jour de chasse, dans les collines surplombant le domaine. Au lever du soleil, les invités, le régisseur, les chiens, les fusils, toute cette armada, en costumes adéquats, s'apprête à traquer le gibier minuscule de la région. Lièvres, cailles, perdreaux, colombes s'enfuient aux premiers coups de fusils, mais ce jour-là... c'est un hurlement humain qui jaillit des fourrés.

Chacun des participants à la chasse n'en doute pas une seconde, aucun faisan, aucune vache même, ne pourrait hurler pareillement. Les invités se regardent, se cherchent, se comptent, et il faut bientôt se rendre à l'évidence, le seul manquant à l'appel, c'est le régisseur. Le nouvel arrivant, maître des lieux depuis peu, et déjà considéré comme le futur époux de la jeune et jolie veuve.

Mort. Un chasseur maladroit s'explique toujours maladroitement. Il a tiré, explique-t-il, parce qu'il a eu soudain l'intuition de la présence d'un gibier derrière lui. Une intuition, c'est peu. Un bon chasseur eût attendu de voir le gibier... Ensuite, le chasseur maladroit et assassin précise qu'en se retournant il a compris sa méprise, mais qu'il était trop tard, il avait appuyé sur la gâchette comme poussé par une force irrésistible.

Accident. Intuition, force irrésistible. Comme tout cela manque de clarté et de précision.

Si l'on ajoute ces imprécisions au mystère des aiguilles tordues, on ne peut que se demander dans quelle ambiance de parapsychologie, avec envoûtement et sorcellerie, les rapporteurs de cette histoire voudraient faire tomber le lecteur.

La réalité, en ce qui concerne la jeune châtelaine tourangelle, devient tout à fait déprimante. Elle tentait de retrouver le goût de la vie avec cet homme, et la voilà veuve à nouveau.

Cette succession de stress la rend d'abord malade, ce qui est malheureusement classique. Profondément déprimée, puis se sentant trop seule, trop isolée, sans affection, la jeune femme décide de prendre un chien.

Le chien est le recours en affection. Depuis qu'il s'est approché des premiers humains et de leurs cavernes, pour se nourrir de ses restes, il a fait du chemin. A présent il a une laisse, un collier, une niche, ou un canapé, voire le lit de son maître, un vétérinaire, et parfois même sa tombe dans un cimetière.

La jeune femme a choisi une chienne. Il semble que ce soit un berger allemand, mais les récits à ce sujet ne sont pas très clairs. Une grande chienne en tout cas, affectueuse et tendre, répondant au nom de Princesse.

Princesse et sa maîtresse font de longues promenades dans le domaine, Princesse dort au pied du lit de sa maîtresse, Princesse se couche à ses pieds où qu'elle soit. Princesse est la compagne idéale, toujours prête à exprimer sa tendresse, toujours prête à en recevoir en retour.

Mais les princesses sont comme les autres. S'il passe alentour un mâle de sa catégorie, au bon moment, les amours sont inévitables. Et Princesse est bientôt grosse. Le vétérinaire prévoit une grande portée. Effectivement, le jour de la délivrance, sa maîtresse accueille du ventre de Princesse sept petits princes en bonne et due forme. L'accouchement s'est passé sans difficulté, lorsque soudain la malheureuse chienne pousse des hurlements atroces. Des hurlements de douleur, insoutenables. Elle se roule à terre, cherche à se redresser, à se lécher, à se mordre le ventre, elle mordrait n'importe quoi d'ailleurs, tant la douleur est intense. Le vétérinaire parvient à constater que son utérus s'est noué.

– Je n'ai jamais vu une chose pareille. Il arrive que l'utérus se retourne, ce qui provoque des douleurs, mais Dieu merci, jamais si intenses... mais noué... le cas se présente une fois sur un million...

– Vous pouvez la sauver ?

– Elle s'en sortira, je vous le promets.

Tandis que le vétérinaire s'active auprès de Princesse, le jardinier du domaine, qui avait assisté à la naissance des chiots, repart s'occuper de ses massifs de rhododendrons.

Il revient au bout de quelques minutes, le visage décomposé.

– Madame... venez voir...

– Quoi ?

– Je vous en prie, je n'ose pas l'apporter jusque-là, venez voir vous-même...

La jeune femme suit le jardinier jusqu'à un massif proche, et le jardinier lui montre une chose étrange. En soit elle n'a rien d'étrange, il faut le préciser, c'est une chambre à air de bicyclette. Ce qui a provoqué l'effroi du jardinier, c'est la façon dont elle est nouée.

Un nœud dans ce boyau de caoutchouc, semblable, dit un journaliste, à celui qui s'était formé dans l'utérus du pauvre animal.

Semblable... Il se trouvera certainement des spécialistes pour discuter de la ressemblance entre un nœud de chambre à air et celui d'un utérus.

Mais le jardinier, lui, est persuadé de la relation :

– Princesse a été envoûtée, madame... envoûtée...

Madame doute, tout de même. Un envoûtement à base de chambre à air de bicyclette, destiné à une chienne de compagnie, c'est un peu énorme, a priori.

Mais le jardinier a vraiment peur. Il veut convaincre sa maîtresse. Il l'entraîne :

– Venez voir, madame, il faut que vous voyiez ça... Moi, j'en peux plus de rien dire... il faut que vous voyiez ça...

Le jardinier traverse la pelouse à grandes enjambées, tirant sa maîtresse derrière lui. Il grimpe quatre à quatre les étages qui mènent à l'appartement du valet de chambre.

– Je sais qu'il ne veut pas qu'on entre chez lui, mais justement, madame, cette fois, il faut que vous entriez là-dedans.

La porte est fermée. Le jardinier l'enfonce de trois coups d'épaule.

Devant la châtelaine du joli domaine tourangeau, fait de tant de douceur de vivre, d'air pur et de vin léger comme un caprice, s'offre alors un spectacle écœurant.

Le valet de chambre, terrifié, s'est réfugié au fond de sa chambre, cloué sur place, surpris en plein machiavélisme.

Sur un mur, la photo du régisseur, lardée de centaines de coups d'épingles...

Sur la table, une maquette d'avion, celle d'un bipian Beechcraft, transformée en véritable pelote d'épingles.

Et le jardinier, prudent, demeure sur le pas de la porte, il n'ose pas pénétrer dans l'antre de l'envoûteur.

Car il a envoûté, c'est lui l'assassin, qui aurait fait tomber l'avion en tordant ses aiguilles, c'est lui, qui aurait obligé le chasseur maladroit à appuyer sur la gâchette, comme « poussé par une force irrésistible »... lui qui aurait noué une chambre à air de bicyclette, pour que se torde l'utérus de Princesse...

Par jalousie, pour priver sa maîtresse adorée de tout amour autre que le sien...

L'envoûtement n'est pas reconnu par la science, il ne l'est pas non plus par la justice. Ce qui explique que malgré l'intime conviction de ceux qui approchèrent ces objets de près, qui furent témoins de l'accident d'avion, et de la mort du régisseur... malgré le trouble de la châtelaine devant cette succession de faits étranges, le valet de chambre envoûteur ne fut pas inquiété.

Il découle de cela que les auteurs ont conservé l'anonymat pour les personnages de cette histoire, et notamment, celui de l'envoûteur.

Certains journalistes purent cependant avancer le fait que cet homme vivait actuellement dans notre belle capitale et qu'il y exerçait son métier de valet de chambre dans un grand hôtel.

A-t-il toujours besoin d'épingles ?

# A LA SAINT-VALENTIN

Sur une route de Californie, un petit garçon court, court, et les voitures passent, passent. Aux États-Unis comme partout ailleurs dans le monde, les voitures ne s'arrêtent pas sur une autoroute. Même devant un petit garçon qui court, tout petit, si petit qu'il n'atteint même pas la barrière métallique de sécurité. Derrière lui un autre enfant court, plus grand, il dépasse un peu plus de la barrière de sécurité, et il crie en courant :

– Timmy, reviens! Timmy, où tu vas? Arrête-toi, Timmy.

Heureusement, des jambes de onze ans peuvent rattraper des petits mollets de quatre ans. La station-service est un bon endroit pour coincer Timmy, effrayé par les gros camions et qui ne sait plus quelle énorme roue contourner pour retrouver sa route.

Un instant, le pompiste examine les deux gamins.

– T'as un problème, gamin?

– Non, m'sieur.

– C'est ton petit frère qui traîne entre les camions comme ça?

– Ben oui, y s'sauve tout le temps.

Le plus grand prend le plus petit par la main, qui se met à pleurer.

– Je veux pas rentrer à la maison.

– Allez viens, Timmy... fais pas l'imbécile, j'en ai marre moi, de te courir derrière.

Le pompiste a autre chose à faire, et il n'entend pas la petite voix de Timmy tremblotante, il ne voit pas son petit visage aux yeux agrandis soudain, tendu vers l'autre visage, celui du grand frère.

– Patrick... je veux voir papa et maman... emmène-moi voir papa et maman...

Timmy s'accroche au jean de son frère, secoue la boucle de sa ceinture, tend les bras vers lui, grimpe après lui comme un petit singe affolé, en répétant : « Je veux voir papa et maman »...

– D'accord, Timmy. D'accord, je vais me faire engueuler, mais on y va. Je sais pas où, mais j'ai une idée... viens.

Patrick a un petit visage osseux, aux pommettes saillantes, sa tignasse lisse et sombre lui fait une auréole de cheveux flottants. Il est costaud pour ses onze ans. D'un seul élan il enlève le petit Timmy, le hisse sur ses épaules, et tous les deux continuent à marcher, le long de l'autoroute, en direction de la grande ville. C'est encore loin, il fait chaud, mais juché sur les épaules de Patrick, Timmy sèche ses larmes, essuie ses joues rouges, et s'agrippe à la tignasse de son porteur, rassuré.

A l'entrée de la ville, le premier poste de police a pour planton le gros Bobby Charles, et son superbe blouson de cuir. Le cuir craque lorsque l'énorme policier se penche sur les deux gamins, épuisés, qui lèvent le nez en l'air pour lui parler. C'est Patrick qui parle le premier :

– Voilà, c'est Timmy qui voudrait voir son père et sa mère.

Perplexe, l'agent Bobby Charles regarde alternativement les deux tignasses, également brunes, les deux bouts de nez, puis se décide à questionner :

– Tu dis qu'il voudrait voir ses parents, hein ? Et ils sont où ses parents ?

– Ben je sais pas, m'sieur, faut lui demander.

Le gros Bobby fait craquer à nouveau le beau blouson de cuir, car il doit se pencher plus bas pour demander à Timmy :

– Alors, kid, ils sont où, tes parents ?

– Je sais pas.

Timmy se frotte le nez, se gratte la tête, il a l'air si confiant et si perdu à la fois, que le gros Bobby baisse instinctivement le ton de sa grosse voix pour dire :

– Tu les as perdus ? C'est ça ?

Aussitôt Timmy se met à pleurnicher, ce que l'agent prend pour une réponse. Mais Patrick intervient :

– C'est pas ça, monsieur, c'est eux qui l'ont laissé tomber. Enfin abandonné je veux dire.

Bobby Charles a près de vingt ans de service dans cette ville, mais il n'a jamais dépassé le stade de planton ou de chauffeur du sergent. Il est donc encore plus perplexe. L'information a du mal à franchir son cerveau plus habitué aux matches de base-ball, aux petits dealers, et aux tire-couteaux. De vrais enfants, avec un vrai problème, c'est grave. Un abandon d'enfant c'est extrêmement grave, et sur la voie publique, cela ressemble bigrement à une urgence.

Il prend donc chaque enfant par la main, fait demi-tour, et pénètre dans le poste de police, en disant :

– Ça il faut en parler au sergent.

Le sergent est la référence de Bobby Charles, bien que le nez du sergent soit rarement accueillant en ce qui le concerne. Le sergent Pinter a le nez mince, c'est un pète-sec moustachu, efficace, qui souhaiterait une police athlétique, au cerveau ordinateur, ce que n'est évidemment pas le gros Bobby :

– Qu'est-ce que c'est encore ?

Il n'a pas levé les yeux du rapport de la patrouille du matin, mais il entend renifler. La vue du planton, un gosse pendant au bout de chaque main, l'attendrit cependant. Le sergent Pinter a trois enfants. Dans cette décennie des années quatre-vingt ce n'est pas facile de les élever, surtout en Californie, où l'on croirait que tout est permis sous le soleil. Un petit Timmy aux grands yeux bleus pleins de larmes, sous une tignasse noir d'encre, et haut comme le mollet du gros Bobby, a de quoi attendrir le sergent Pinter.

– Eh bien, eh bien, ne pleure pas, qu'est-ce que c'est Bobby ?

– Voilà... euh... c'est le plus grand là, qui amène le petit, qui voudrait revoir ses parents. Il paraît qu'il est abandonné.

Le sergent Pinter vient plier ses longues jambes maigres à hauteur de Timmy.

– Abandonné ? T'es sûr, tu t'es pas plutôt perdu au supermarché ?

– Non, je suis pas perdu, je veux voir papa et maman.

– Bon, ne pleure pas, on va les retrouver tes parents. Y'a combien de temps que tu es abandonné ?

– Hier.

Mais Patrick intervient aussitôt :

– C'est pas ça, monsieur, il dit toujours hier. Tout ce qui s'est passé avant c'est hier... Hier je lui ai demandé quand il avait goûté, il m'a répondu hier...

Le sergent Pinter se redresse, lui aussi a besoin d'ingurgiter les informations.

– Hier ? Tu étais déjà avec lui hier ? C'est ton frère alors ?

– Ben oui c'est mon frère.

– Bon. Résumons, tu es grand toi, tu peux répondre clairement. Vos parents vous ont abandonnés donc...

– Non... ses parents à lui...

– Ah... parce que ce ne sont pas les mêmes ?

– Ben non. On a le même papa, mais lui il dit qu'il a des parents en plus, et il arrête pas de pleurer pour les voir.

– Donc...

Le sergent Pinter n'y comprend goutte, et l'agent Bobby Charles s'en étonne. D'habitude le sergent Pinter comprend vite.

– Ne nous énervons pas, depuis quand ce gosse est-il abandonné par ses parents en plus ? Longtemps ?

Patrick fait la moue, et compte sur ses doigts.

– Je sais plus...

– Six mois, un an ?

– Oh non, m'sieur, pas plus de deux semaines... on a déjà eu deux dimanches.

– Bon. C'est déjà un point. Et les parents, ils sont où ?

– Ça je sais pas, monsieur. C'est Timmy qui dit comme ça, qu'il était dans une rue, il jouait, et puis une voiture s'est arrêtée à côté de lui, et un monsieur lui a dit de monter avec lui. Le monsieur a dit que son papa l'envoyait le chercher. Alors Timmy est monté dans la voiture.

Le sergent Pinter commence à prendre l'histoire très au sérieux. Une voiture, un homme qui emmène un enfant de quatre ans, en racontant que son père l'a envoyé le chercher, histoire connue.

– Bon sang, ce serait un kidnapping... Il était comment ce monsieur, Timmy ?

– Un grand monsieur.

Le détail n'est pas d'une précision fantastique, mais à quatre ans, Timmy se débrouille pourtant pas mal, car il raconte tout d'une traite.

– Le monsieur m'a emmené dans une maison en bois, il a dit qu'on allait faire une course. Y'avait deux autres garçons et une fille.

– Tu les connais ces enfants-là ?

Timmy lève le nez vers Patrick :

– Ben y'avait lui.

Le sergent Pinter se rend compte soudain qu'il mène son enquête à vif d'une manière totalement illogique. Qu'est-ce que c'est que cette histoire de frère qui n'en est pas un, de famille en plus, et qu'est-ce que Patrick a à dire là-dessus ?

– J'étais avec mon frère et ma sœur.

– Donc tu as un frère et une sœur. Bien. Qu'est-ce que vous faisiez dans cette maison de bois ?

– Ben c'est chez nous, c'est le chalet de week-end.

– Nous progressons. Le petit Timmy arrive donc chez toi, et que se passe-t-il ?

– Ben il pleurait. Il disait qu'il voulait voir son père et sa mère, ma sœur faisait le dîner, elle l'a consolé, nous on faisait nos devoirs mon frère et moi.

L'erreur du sergent Pinter, à ce moment de l'histoire, est de ne pas laisser continuer Patrick. Il comprendrait plus vite, mais aiguillonné par le soupçon de kidnapping, il s'adresse à nouveau au petit Timmy.

– Qu'est-ce qu'il t'a dit le grand monsieur quand il t'a emmené là ?

– Que j'ai plus de papa et de maman, ils veulent plus de moi, alors il va me garder, et il va être mon papa.

Nouvelle interrogation subite dans l'esprit pourtant vif du sergent Pinter.

– Dis-moi, Timmy, le monsieur qui t'a emmené chez Patrick... Il t'a fait du mal ?

– Non. Il m'a donné un hamburger, et puis des frites, et puis une glace. Il a dit que mon papa avait plus d'argent pour me donner à manger.

– Et il t'a laissé à la porte de chez Patrick, c'est ça ?

– On est rentrés dans la maison de bois, et la sœur de Patrick elle m'a raconté des histoires, elle voulait pas que je pleure.

Le sergent Pinter s'adresse à Patrick d'un air soupçonneux :

– Cet homme t'a dit que les parents du petit l'avaient abandonné, c'est ça ?

– Ben oui, papa l'a dit.

– Comment ça papa ? C'est ton père cet homme ?

– Ben oui, monsieur...

C'est ici que le sergent Pinter ne comprend plus. Quant à l'agent Bobby Charles, il se frotte le crâne obstinément. Jamais ses neurones de brave flic californien n'ont eu affaire à une équation pareille.

Patrick n'a que onze ans, et à onze ans, on ne dispose pas de la logique des adultes. On raconte une histoire dans un ordre de priorité. La priorité, pour Patrick, était que le petit Timmy pleurait depuis quinze jours, en réclamant son papa et sa maman. Patrick a bon cœur, il s'attendrit sur la misère des autres.

– Vous savez, monsieur, je vais me faire engueuler, parce que papa a dit que Timmy était notre petit frère maintenant, c'est vrai que ses parents veulent plus de lui, ils l'ont donné à papa parce qu'ils ont plus de sous pour lui donner à manger, seulement Timmy il préfère pas manger et revoir ses parents. Il veut même pas avaler ses corn-flakes le matin. Aujourd'hui il a même pas bu son verre de lait, quand je me suis aperçu qu'il s'était sauvé, j'ai couru pour le rattraper, et il était déjà loin, je l'ai coincé à la station-service. Je me suis dit qu'il recommencerait et comme il sait pas où c'est...

– Où est quoi ?

– Ben où c'est ses parents...

– Et toi non plus ?

– Ben non...

– Et ton père ne t'a rien dit à ce sujet ?

– Ben non. Juste qu'il fallait que Timmy s'habitue, qu'il devienne notre frère, que c'était comme ça.

– Et tu l'as cru ?

– Ben oui, monsieur...

– Il est gentil ton père ?

– Oh oui, monsieur.

Le sergent Pinter tournicote sa moustache un instant. Voyons... Kidnapping ? Ou vente d'enfant... Ça existe...

– Dis-moi, Patrick, est-ce que Timmy avait ses jouets avec lui, des affaires personnelles, ses vêtements... ?

– Non, monsieur. Papa l'a emmené comme ça. Après on lui a acheté des habits, et des jouets et tout, mais il pleurait quand même.

Timmy pleure quand même, et encore. Réfugié dans les mollets de l'énorme Bobby Charles, il se gratte la tête avec une telle énergie que le brave policier se penche avec circonspection en demandant :

– Il a des poux ?

Le sergent Pinter examine à son tour le crâne de Timmy, moustache froncée :

– Il n'a pas de poux, mais c'est bizarre, ses cheveux sont blonds à la racine...

Comme s'il s'agissait de la chose la plus naturelle du monde, Patrick explique :

– Oh ça... c'est papa qui l'a fait teindre.

– Et pourquoi ? demande le sergent Pinter, revenu à son diagnostic de kidnapping.

– Parce qu'il aime bien qu'on ait les cheveux noirs.

Le sergent Pinter décide d'aller voir à quoi ressemble cet homme qui aime les enfants aux cheveux noirs. Il est temps. Cette histoire ressemble à une histoire de fous, mais derrière les histoires de fous se cachent parfois des horreurs du genre prostitution d'enfants, et Dieu sait quels sévices. Avant de monter dans la voiture de ronde avec l'agent Bobby Charles, il s'assure cependant que Patrick n'a rien d'autre à dire avant d'affronter le père.

– Patrick, écoute-moi bien, si tu as dit la vérité...

– Je l'ai dite, monsieur...

– Eh bien si tu l'as dite, ton père a fait quelque chose de grave. Tu comprends ça ? Si Timmy a vraiment des parents ailleurs, il ne devrait pas être avec vous, c'est la loi, tu comprends ?

– Je sais pas ce que c'est, monsieur, la loi. Mais mon père va m'engueuler, c'est sûr...

– On lui dira que tu n'as pas rattrapé Timmy, et que c'est nous qui l'avons trouvé, d'accord ?

– D'accord, monsieur. Mais si papa est pas là j'aimerais mieux que vous parliez avec ma sœur et mon frère, comme ça je me ferais pas engueuler.

– Quel âge ont-ils ?

– Ma sœur, seize ans, c'est l'aînée, et mon frère quatorze.

Le sergent Pinter installe son petit monde dans la voiture :

– C'est où chez toi ?

Patrick indique la direction de l'autoroute :

– C'est tout droit, je sais la route, mais je sais pas dire l'adresse, y'a pas d'autres maisons à côté.

Sur l'autoroute, Timmy s'endort un peu, fatigué par le trajet qu'ils ont fait à pied une heure auparavant. Et le sergent Pinter poursuit son interrogatoire avec Patrick.

– Qu'est-ce qu'elle fait ta maman ?

– Elle est morte.

– Ah... il y a longtemps ?

– Oh ben oui, papa nous a dit que c'était trois mois après qu'ils se sont mariés.

– Et il s'est marié quand ton papa ?

– Quand il est revenu de la guerre du Viêt-nam.

– Mais ça fait presque vingt ans ! Tu n'étais pas né, et ta sœur non plus... alors ce n'était pas votre mère ?

– Ben si, puisque c'était la femme de papa.

Réponse logique et attendrissante, mais qui ne fait que compliquer l'équation.

Avec prudence, pour ne pas troubler Patrick, le sergent Pinter insiste :

– D'accord, c'était la femme de ton papa, mais pour que tu naisses, toi, et ta sœur, et ton autre frère, il a bien fallu une maman ? Qui est-ce ?

– Ça, je sais pas, monsieur, on a été adoptés.

– Tous ?

– Oui, monsieur.

Trois miles environ après la sortie de la ville, la voiture de police s'arrête près d'une ravissante maison basse de style californien, devant laquelle un jet d'eau tournoie dans un bassin. Des fleurs, du gazon touffu tout autour, une charmante oasis dans le désert aride. Un peu plus loin, entourée de cyprès, une piscine. L'ensemble dégage une atmosphère de sérénité, de luxe. Les policiers ne s'attendaient pas à cela. Ils pénètrent dans un hall dallé, qui s'ouvre sur un patio, où sèchent des tee-shirts jaunes portant tous le même nom : « Shields. » Le nom que Patrick a donné au sergent Pinter. Mais des Shields il en existe beaucoup. Le sergent Pinter n'avait pas fait la relation avec un certain Shields...

– Ils sont à vous ces tee-shirts ?

– Oui, monsieur, mon frère et moi on fait partie de l'équipe de basket.

Le sergent Pinter échange un regard avec son agent. Même Bobby Charles connaît le nom de « ce » Shields, si c'est lui...

Mais comment diable ce Shields-là, une des plus grosses fortunes de la région, serait-il mêlé à cette sombre histoire de kidnapping ? Ce ne doit pas être un kidnapping. Il y a sûrement une autre explication. Un homme comme Shields... c'est impossible. Ou alors il s'agit d'un autre Shields ?

– Qu'est-ce qu'il fait ton papa, Patrick ?

– Des affaires, monsieur, mais je sais pas ce que c'est les affaires, il faut demander à ma sœur.

A ce moment, une porte s'ouvre, et une jeune fille apparaît, brune, grande, sportive, vêtue d'un short et d'un tee-shirt, souriante.

– Ah, vous voilà tous les deux, mais où étiez-vous passés ?

Découvrant les policiers en uniforme, son visage devient grave.

– Qu'est-ce qu'il y a ? Que s'est-il passé ?

– Qui êtes-vous ? demande le sergent Pinter.

– Kay Shields... que se passe-t-il ?

– Votre père est ici ?

– Pas à cette heure de la journée, monsieur, il est à son bureau.

– Que fait-il ?

– Il dirige une chaîne de motels.

Cette fois, le sergent Pinter ne peut plus douter. Il s'agit de monsieur Shields, connu dans la région, les motels, les restaurants, une fortune confortable. Quelle histoire!

Apparaît alors le frère de Patrick et de Kay, Dustin. Il ressemble aux deux autres, grand, athlétique, souriant... des adolescents bien dans leur peau, heureux de vivre. Kay l'aînée a pris le petit Timmy dans ses bras, et l'embrasse avec affection, en le grondant doucement :

– Tu t'es sauvé sur la route, hein ? Je t'avais défendu de sortir du jardin, tu sais qu'il y a beaucoup de voitures, et si tu te fais écraser ? Tu veux faire de la peine à papa, et à nous tous... Timmy, mon chéri...

Une scène de famille attendrissante... dont le sergent Pinter et l'agent Bobby Charles sont les témoins médusés.

Le sergent commence même à se demander s'il n'est pas victime d'une farce... Ces gosses ont pu raconter n'importe quoi... allez donc savoir avec ces diables d'aujourd'hui... mais tout de même, il y a cette histoire de teinture de cheveux... et Timmy qui pleure...

Kay Shields, parfaitement à l'aise, confirme au sergent que Timmy a bien été abandonné par ses parents. Mais elle ignore où ils vivent, et qui ils sont. Quant à ses deux frères et elle-même, ils ont été adoptés.

– Dans les règles ? demande le sergent Pinter. Je veux dire, légalement ?

– Je suppose, monsieur, mais à vrai dire nous ne savons rien, nous n'avons jamais posé la question à papa.

– Quand avez-vous été adoptés ?

– Moi, je devais avoir trois ans... Dustin... quatre ans je crois... comme Patrick, et Timmy.

– Vous vous souvenez de votre famille ?

– Si peu... c'est très vague. Dustin c'est pareil... et toi Patrick ?

– Moi, je me souviens de l'école...

Le sergent Pinter se tourne alors vers Patrick. Il est effectivement plus logique qu'il se souvienne un peu plus que les autres. Il a onze ans, il n'a pas encore tout oublié de son ancienne vie.

– Dis-moi, Patrick, elle était où cette école ?

– Une petite ville, qui s'appelle Market. Je me souviens parce que Market, c'est comme le marché, le super-market où on va des fois avec papa.

Alors le sergent Pinter choisit un fauteuil, avise un téléphone, le désigne à Bobby Charles :

– Appelle-moi la police de Market.

L'agent Bobby Charles ne réagit pas immédiatement, il semble fasciné par quelque chose.

Il s'approche du sergent et lui glisse à l'oreille :

– Excusez, sergent, mais je peux faire une constatation ?

Le sergent Pinter se méfie des constatations du gros Bobby, les enquêtes ne sont pas son fort, d'habitude.

– Vas-y toujours...

– Ben voilà... les trois... là, Kay, Dustin et Patrick, ils se ressemblent... un air de famille... vous voyez... les yeux, le nez, et les pommettes surtout... mais le petit, il a pas du tout la même tête...

Le sergent Pinter examine les trois adolescents. Même peau mate, mêmes cheveux épais et noirs naturellement, c'est visible, le type mexicain en fait, alors que le petit Timmy a le teint clair, et le cheveu blond sous la teinture.

Kay, l'aînée, semble deviner l'interrogation du sergent.

– Je ne sais pas si papa a eu raison, mais il nous a expliqué qu'il préférait qu'il n'y ait pas de différence entre Timmy et nous, pour qu'il s'adapte mieux... vous comprenez... il est très sensible... nerveux... il a besoin qu'on l'aime beaucoup.

L'agent Bobby Charles demande la police de Market. Jusqu'ici les enfants sont restés calmes, nullement effrayés, pas même inquiets, persuadés que les policiers ne sont là que pour la fugue de Timmy, Timmy... leur petit frère, qu'ils aiment déjà, depuis quinze jours...

En attendant son collègue au téléphone, le sergent demande à Kay :

– Quand Timmy est arrivé chez vous exactement ?

– Le jour de la Saint-Valentin, monsieur...

Au bout du fil, le sergent Bardge, de la police de Market, écoute son collègue Pinter. Il se souvient rapidement d'une affaire qui n'est toujours pas close.

– Il y a sept ans, le fils d'un Mexicain, employé dans une conserverie locale a été enlevé. Pas de rançon demandée, rien, et les parents n'ont jamais perdu espoir. Ils cherchent encore, ils observent la télévision, les photos dans les journaux, ils ont fait le tour du comté, mis des photos partout... c'était...

La date fait sursauter le sergent Pinter.

– Merci, Bardge, je crois qu'on tient le fil, je vous tiendrai au courant. Il s'agit de vol d'enfants, je demande des renforts, j'interroge ce type, et je vous rappelle, attendez avant d'alerter les parents, mais d'ici peu, je vous confirme.

Les enfants ont compris. Du moins les trois grands. Enfants volés ? On parle d'eux ?

Kay, Patrick et Dustin se serrent les uns contre les autres, ils entendent le sergent Pinter demander du renfort, deux hommes pour garder la villa, deux autres pour s'assurer de la présence de monsieur Shields à son bureau, et la consigne de ne pas intervenir avant l'arrivée du sergent Pinter.

Kay, surtout, est affolée.

– Qu'est-ce que vous allez faire à papa ?

– Lui parler, Kay... ne t'inquiète pas. Parle-moi plutôt de cette femme qui est morte, votre « mère »... avant que vous soyez nés...

– Elle était belle. Papa me l'a dit un jour. Elle était mexicaine, il l'adorait, mais je n'en sais pas plus. C'est quelque chose de très douloureux pour lui, vous savez, il revenait de la guerre, ils se sont mariés, et trois mois après elle est morte. Elle est notre maman morte, c'est tout ce que nous savons d'elle...

Leur maman morte. L'agent Bobby Charles en a les larmes aux yeux. Les histoires d'amour le font toujours craquer. Il ne les rencontre qu'à la télévision, dans les feuilletons, mais cette fois-ci il en a une vraie sous les yeux.

Le sergent Pinter, lui, doit faire son métier de flic, histoire d'amour ou pas. Il cherche le mobile.

– Dis-moi, Kay, est-ce que tu sais pourquoi ton papa vous a... disons, adoptés, tous les quatre ?

– En souvenir de maman. Avant qu'elle meure, ils s'étaient juré d'avoir des tas d'enfants tous les deux...

Des tas d'enfants. Tous volés, le jour de la Saint-Valentin, une Saint-Valentin pour Kay, une pour Dustin, une pour Patrick, une pour le petit Timmy.

Ce jour-là, « papa » n'avait pas trouvé de petit Mexicain aux cheveux noirs comme sa femme, au teint mat comme sa femme, aux grands yeux noirs comme sa femme. Alors il avait teint les cheveux blonds de Timmy.

Shields était-il fou ?

D'amour c'est évident. De désespoir et d'amour.

# LE JOUEUR D'ÉCHECS

Seul, Douglas Kent l'a toujours été. La véritable solitude existe, au milieu des autres, parmi les autres, avec eux, malgré eux. Douglas est un solitaire de vingt-six ans. Des parents inexistants : une mère qui dérive, peut-être dans l'alcool, en tout cas dans la prostitution. Un père disparu, il ne sait même pas où... Douglas est un enfant affamé d'affection dans le désert de l'Amérique de 1960. John Kennedy vient d'être élu Président des États-Unis. La famille Kennedy s'étale dans les journaux, l'Amérique aime la famille, la prône, l'encense, mais lui, Douglas Kent, est un « sans famille ». Il est né du hasard de la rencontre et d'un homme inconnu, d'une femme inconnue, dont il se souvient à peine comme d'une ombre échevelée sur un trottoir, ou derrière un verre.

Après il y a eu d'autres inconnus, des éducateurs, des gens qui l'appelaient Kent, comme s'il n'avait jamais eu de prénom. Et puis des policiers, des gardiens de prisons, qui l'appelaient Kent eux aussi.

Un numéro, voilà ce qu'il est pour la société américaine. Un numéro sans adresse, sans souvenirs, sans photos d'enfance, sans grand-père ou grand-mère, sans racines, et sans histoire. Alors il s'en est faite une d'histoire.

Intelligent, c'est marqué sur les rapports des psychiatres. Mais que faire d'une intelligence solitaire, que personne ne forme n'éduque ? Cette intelligence se braque sur une idée fixe.

C'est la nuit. Douglas Kent est libre. La prison a refermé ses portes sur lui, de l'extérieur. Nouvelle solitude, nouvelle errance, il marche dans la campagne, il marche dans la ville, avec, en poche, son pécule et son billet de sortie.

Sept années de prison, pour attaque à main armée. Est-il un gangster, un dur ?

En tout cas, il sait où trouver une arme. C'est simple, il suffit d'entrer dans un magasin, de choisir, de payer et de ressortir. Aux États-Unis, la plupart des armes sont en vente libre. Personne ne vous demande pourquoi vous l'achetez, ni votre identité. A moins de s'offrir un canon ou une arme de guerre...

A quoi ressemble-t-il ce garçon en imperméable usé, en polo, en pantalon chiffonné... A rien. Un visage anonyme aux traits plutôt fins, aux yeux vifs et intelligents, au front haut. Rien d'autre de remarquable, ni laideur, ni beauté spéciale. Les mains sont blanches et fines elles aussi. La corpulence est moyenne, les épaules un peu maigres, le cou long.

En récupérant ses vêtements de sortie, Douglas s'est aperçu qu'il avait grandi, un peu, entre dix-huit et vingt-six ans, alors le pantalon est un peu court et les manches du polo remontent sur les poignets.

Il marche, à la recherche d'une famille. Il s'est fixé une mission, une vengeance extraordinaire, et pour cela il a besoin d'une famille.

Dans cette maison-là, il y a une famille. Il le devine à la silhouette d'une femme qui passe devant une fenêtre, à la voiture dans le garage, aux vélos d'enfants abandonnés dans le jardin. Il voit les reflets d'un écran de télévision, il sent l'odeur de la cuisine du soir. Qui sont-ils, ces gens ? Peu importe. Heureux ou malheureux, riches ou pauvres, il a seulement besoin d'eux.

La sonnette vient de retentir.

Edda Bowman va ouvrir. Kent a devant lui une petite-bourgeoise américaine de trente-trois ans, mère de trois enfants, femme au foyer, qui lit des romans d'amour, calcule les vitamines des repas de chaque enfant, va chez le coiffeur une fois par semaine, fait attention à sa silhouette, est fidèle à une marque de maquillage, et porte des bijoux de fantaisie. En ouvrant la porte, elle a pesté contre son mari qui n'a pas encore changé l'ampoule du lampadaire qui éclaire en principe le hall d'entrée. Elle ne voit donc presque rien du visage de l'inconnu qui a sonné. Elle remarque simplement qu'il est jeune et se tient légèrement penché en avant, dans une attitude timide, gênée.

– Pardon de vous déranger, madame... j'ai un petit accident, et il n'y a pas de cabine téléphonique par ici... est-ce que je pourrais ?

Ni un gangster, ni un tueur, ni un de ces hippies que l'on voit parfois traîner autour du drugstore du village. Rien d'inquiétant. Edda le laisse entrer sans objection. Andrew, son mari, a délaissé la télévision un instant, pour désigner au visiteur un guéridon dans l'entrée et l'appareil téléphonique. Trente-cinq ans, un peu chauve déjà, Andrew est un de ces cadres d'entreprise qui on souvent l'air tout nu sans leur attaché-case et leur cravate.

La porte est encore ouverte, Edda fait un pas en arrière pour laisser entrer le jeune homme. Kent avance et, sans se retourner, d'un geste brutal, referme le battant derrière lui en sortant un revolver qu'il braque sur le couple.

Sa voix est calme :

– Si vous faites du bruit, je vous descends.

Alors il apparaît dans la lumière du couloir, et les Bowman ont le sentiment d'avoir affaire à un martien. L'attitude a changé. Plus de timidité, mais une raideur et une froideur inhumaines, un regard méthodique, qui fait rapidement l'examen des lieux. Kenneth, l'aîné de la famille, dix ans, tout blond, le nez couvert de taches de rousseur, arrive au même instant. Il regarde le visiteur, et l'arme braquée sur ses parents, de ses grands yeux stupéfaits. Douglas Kent lui demande, toujours calme :

– Salut, bonhomme, tu es seul ?

– Non...

Le père ajoute :

– Il est avec son frère et sa sœur... Je vous en prie, laissez les enfants en dehors de ça...

Kent fait un pas dans le living-room, lui fait signe d'avancer :

– Ne vous inquiétez pas pour vos gosses, je ne leur ferai pas de mal.

– Mais qu'est-ce que vous voulez ? demande Edda, terrorisée. Nous n'avons pas d'argent ici...

– Je ne veux pas d'argent.

Dans le living-room, Susan, sept ans, une petite demoiselle déjà, affalée dans un fauteuil, saute sur ses pieds à l'entrée du visiteur menaçant. Le petit frère, Nicky, cinq ans, dort sur la moquette, à plat ventre devant la télévision.

Une famille classique. Un plateau sur la table basse, avec des reliefs de sandwichs et de pizza, du Coca-Cola, et du jus d'orange. La publicité qui défile sur l'écran, un journal qui traîne sur un divan.

Douglas Kent examine tout cela d'un œil froid. Toutes ces choses qu'il ne connaît pas. Il parle sans émotion :

– Je ne vous veux pas de mal, j'ai besoin que vous m'aidiez.

Il sort de sa poche un rouleau de grosse ficelle. Il pousse Andrew vers un radiateur de chauffage central, et tend le rouleau à sa femme :

– S'il vous plaît, attachez-lui les mains derrière le dos.

Paralysée par la peur, Edda ne bouge pas. Dans sa tête, elle imagine toutes les situations possibles. Ce garçon ne veut pas d'argent, c'est plus inquiétant que tout. Il va la violer, ou les tuer tous. Ce n'est pas un être humain, c'est une mécanique qui lui ressemble. Il n'élève pas le ton, ne crie pas, ne fait pas de gestes brusques, il menace calmement, sans violence apparente. C'est terrifiant. Comme elle reste paralysée, Douglas Kent insiste :

– Allons, faites ce que je vous dis, attachez-lui les mains derrière le dos, je vous prie.

Cette politesse, ce calme... sont plus effrayants encore. Andrew le mari comprend qu'il faut lui obéir, il tend ses deux poignets à sa femme, de lui-même, en lui tournant le dos, et Edda s'exécute, les larmes aux yeux. Le Rimmel lui brûle les paupières, ses joues s'ornent de petites rigoles noires, elle ne voit presque plus clair. Douglas Kent surveille son travail de quelques coups d'œil rapides, sans perdre de vue les trois enfants. Il la guide :

– Faites encore deux tours, encore un autre... Voilà, maintenant passez la corde entre les deux poignets... maintenant, passez la pelote derrière le radiateur, encore deux tours, c'est bien, faites un nœud maintenant...

Il surveille la confection du nœud, fait signe de serrer davantage, puis tend un canif à Edda :

– Coupez maintenant... très bien, au tour des enfants.

L'aîné, Kenneth, vient de comprendre qu'il se passe quelque chose de très très grave, qu'on ne joue pas comme à la télé. Il se précipite vers la porte du living pour fuir, mais Douglas le rattrape en trois enjambées, avec une rapidité de serpent.

– Reste là, toi... sinon je tue ta maman.

Toujours sans élever la voix, avec ce calme insupportable pour les autres, cette concentration sans faille.

Le petit garçon se débat comme un beau diable, mais Douglas le tient fermement par le col de son pyjama et le pousse contre sa mère.

– Allez-y, madame, attachez-lui les mains. Trois tours suffiront.

Edda, tremblante, s'empare des deux petits bras, les tire en arrière, et attache elle-même les poignets de son fils, fait un nœud, coupe la corde, en pleurant toujours. Son mari tente de discuter :

– Pourquoi attachez-vous les enfants, si vous ne leur voulez pas de mal ?

– Parce que je les emmène avec moi, et votre femme aussi.

– Mais pourquoi ? Où les emmenez-vous ? Où ? Pourquoi ?

– Ne vous énervez pas, monsieur, je les emmène à la prison de Lincoln, ils vont me servir d'otages.

– D'otages ?

Le père comprend, il a affaire à un fou, un évadé de prison, un maniaque, un terroriste, peu importe, mais un homme qui ose se servir d'une femme et de trois enfants en otages est un lâche...

– Prenez-moi en otage, moi, laissez-les tranquilles...

– Ce n'est pas ça le jeu, monsieur... pour prendre le roi, on se sert de ses troupes...

Les enfants sont attachés l'un après l'autre, dans le silence que seuls troublent les reniflements d'Edda, qui essaie désespérément de reprendre son calme.

C'est maintenant à son tour. Douglas Kent lui demande poliment de se tourner et de tendre ses poignets. Il l'attache lui-même. Il pose son revolver à bonne distance, quelques instants, et fait rapidement le travail. Puis il reprend l'arme, et d'un léger mouvement de canon désigne la porte.

– Allez-y... au garage, où sont les clés de votre voiture ?

Il la repère en posant la question. Elles sont là, posées sur le guéridon, avec l'attaché-case du père de famille, contre le mur. C'est logique, l'homme rentre de son travail, pose ses clés, sa mallette, et accroche son imperméable à la patère du couloir. Douglas Kenneth n'a jamais fait cela lui-même, il ne l'a jamais vu faire non plus. Mais il devine le processus classique des gestes, la logique, immuable, la routine. Il est intelligent. Il n'a pas eu besoin d'attendre la réponse. Il prend la clé et explique aux enfants :

– Quand nous serons dans la voiture, je vous détacherai les mains, et à votre mère aussi, nous allons faire une promenade. Je ne vous ferai pas de mal, absolument pas, si vous êtes sages, si vous ne bougez pas, et si vous ne criez pas.

Puis il s'adresse au père, de loin, le ton à peine plus haut :

– Quant à vous, n'appelez pas la police, si vous voulez revoir vos enfants et votre femme vivants...

Andrew a à ce moment-là un secret espoir, que le kidnappeur ignore. Ils attendent des amis, vers vingt et une heures. Or il est vingt et une heures quinze et les amis ne sont pas venus...

La porte de la maison se referme et, sans perdre une seconde, Andrew se met à se tortiller et à tirer comme un fou sur la grosse ficelle qui le relie au radiateur.

Pendant ce temps, dans le garage, Douglas Kent fait monter les enfants et leur mère à l'arrière de la voiture. Puis il ferme les portières et coupe les liens, ainsi qu'il l'a promis. Edda a un regard rapide sur le compteur d'essence. Ils n'iront pas loin, elle se souvient que son mari a parlé de plein à faire le lendemain.

La voiture roule lentement pour sortir du garage. Depuis la maison, Andrew, qui tire toujours sur sa ficelle, voit le rayon des phares, puis plus rien. Douglas accélère dès qu'il est sur la route, et sort très vite du village de Logan, un petit pays dans le Nebraska, où tout le monde se connaît de famille en famille, de génération en génération. Il fait doux au-dehors et chaud dans la voiture, car Douglas n'a pas baissé les vitres, pour éviter que les enfants n'appellent au secours. Ils croisent de rares voitures. La route est droite, la nuit sombre. Il ne parle pas, concentré, une main sur le volant, l'autre sur son arme.

Dans le rétroviseur, Edda observe le visage de leur ravisseur. Elle n'y voit paraître aucun sentiment, aucune émotion. Quel que soit son but, et sa folie, il reste impavide. Seuls ses yeux bougent de temps en temps, pour la surveiller, elle, ou jeter un regard vers la lunette arrière. Ou sur le compteur d'essence.

De sa voix uniforme, Douglas demande :

– La station de Bleu Wagon est ouverte ?

– Je crois.

– Faites passer le petit sur la banquette, à côté de moi.

Nicky est toujours à moitié endormi, il pleurniche sans comprendre.

– Calmez-le, dites-lui de se rendormir. Nous allons nous arrêter à la station. Je le garde près de moi. Si vous prononcez un mot, si vous faites un seul signe, je l'étrangle.

C'est aussi simple et clair que cela pour le kidnappeur. Il étrangle. Comme on retire un pion du jeu.

Edda ne sait pas s'il faut le croire ou non. Ce calme est déconcertant. Elle en doute un peu tout de mêmc. Mais la main de Douglas Kent se pose sur le cou de l'enfant, endormi sur le siège à côté de lui.

Quelques minutes plus tard, l'enseigne au néon de la station-service apparaît au loin. La voiture ralentit, se range sur le côté, et roule lentement sur la piste jusque devant les pompes. Douglas Kent baisse sa vitre et demande à l'employé.

– Le plein s'il vous plaît.

Edda n'a d'yeux que pour cette main, légèrement crispée sur le cou du petit garçon. Une main longue, fine, aux doigts nerveux, mais qui ne tremble pas. Simplement posée, comme un piège, sur la gorge tendre. Alors elle ne dit rien. Et la voiture se lance à nouveau sur la grande route droite et prend de la vitesse. Douglas pousse le moteur à son maximum, en silence. Après un moment d'hésitation, Edda se décide à parler :

– Où allons-nous ?

– Je vous l'ai dit, à la prison de Lincoln.

– Mais qu'est-ce que nous allons faire là-bas ?

– Je vous l'ai dit aussi... Vous allez me servir d'otages.

– Mais pourquoi ?

– Vous marcherez devant moi, j'aurai le revolver à la main, jusqu'à la cellule de Letcher.

La route qui défile, les phares qui éclairent l'étendue blanchâtre des champs de maïs, quelques lumières lointaines, et cette phrase insolite « ... jusqu'à la cellule de Letcher ». C'est un cauchemar. Edda vit un cauchemar. Elle, une petite femme simple, une petite-bourgeoise américaine sans histoires, sans grande imagination, elle qui attendait des amis pour une petite soirée sans éclat, qui avait mis sa robe à fleurs, et son collier de grosses perles de toutes les couleurs avec les boucles d'oreilles assorties... elle vit un cauchemar, et se dit tout de même que le plan de ce fou est un peu simpliste. Elle ne connaît des prisons que ce qu'elle en a vu au cinéma ou à la télévision. Mais elle sait que les portes, les grilles sont multiples, qu'il y a des gardiens armés dans tous les couloirs. Comment ce garçon pourrait-il franchir ces obstacles, en poussant simplement devant lui une femme et trois enfants ? Et pour quoi faire surtout ? Se rendre dans une cellule, celle d'un certain Letcher...

– Qui est ce Letcher ?

– J'ai partagé la même cellule que lui pendant dix-sept mois.

– Vous voulez le revoir ? Pourquoi ?

– Pour le tuer.

Edda ravale sa salive et se tait à nouveau. L'invraisemblable le devient encore plus. Ils sont en marche pour aller tuer un prisonnier dans une cellule. Et ensuite ? Lorsqu'il aura tiré, s'il y parvient... ensuite ? Il s'imagine qu'il ressortira tranquillement avec ses otages ?

– Pourquoi voulez-vous le tuer ?

– Nous avons un compte à régler.

Edda se tait. Parce que son fils aîné, qui faisait semblant de dormir sur son épaule, glisse lentement, lentement, jusque sur ses genoux. Il y reste quelques secondes immobile comme s'il y dormait toujours, puis glisse à nouveau et fouille sous la banquette du conducteur. Il en ramène doucement, comme un chat, sans bruit, la manivelle du cric, aux pieds de sa mère, puis la regarde.

Edda sent son cœur s'arrêter une demi-seconde, et le souffle lui manquer. Son fils de dix ans vient de lui indiquer le moyen de frapper le kidnappeur. Il suffit de se pencher, de s'emparer de l'outil, et de frapper par-derrière. Edda n'a jamais été violentée, elle n'a jamais frappé personne. Comment s'y prend-on pour assommer un homme ? Quelle force faut-il y mettre, comment lever le bras ? Frapper où ? Au-dessus du crâne, sur la nuque ? Elle n'est pas très adroite ni très forte, même en frappant de toutes ses forces ce crâne noir et immobile devant elle, il ne mourra peut-être pas. Il perdra connaissance peut-être. Et s'il perd connaissance, il faut pouvoir prendre le contrôle de la voiture. Il tombera forcément en avant, donc elle pourra se saisir du volant. Il lâchera peut-être l'accélérateur... mais si son pied reste coincé ? Il faudra alors le pousser de côté très vite, en faisant des prières pour que la voiture ralentisse, puis enjamber le dossier, et prendre la place du conducteur.

Toujours à quatre pattes dans les jambes de sa mère, Kenneth la regarde, interrogateur. A dix ans, il est fier d'avoir trouvé la solution, il savait que le cric était là... Que fait sa mère ? Qu'est-ce qu'elle attend pour être Superwoman ? Edda fait un léger signe d'encouragement à son fils, et le cric monte lentement le long de sa jambe gauche, jusqu'à son genou, elle le saisit, tâtonne pour trouver la meilleure prise, et se lève d'un bond pour frapper de toutes ses forces.

Mais il a dû la voir dans le rétroviseur, pressentir le geste, et, au moment où la manivelle va s'abattre sur son crâne, il freine à mort, dans un hurlement de pneus. Edda est projetée en avant, perd l'équilibre, et la manivelle vient frapper le tableau de bord, en faisant voler en éclat l'indicateur de vitesse.

La voiture zigzague un moment, tandis que Douglas tente de maintenir le volant de la main gauche, et arrache des mains d'Edda la manivelle qu'elle n'a pas lâchée. L'enfant qui dormait sur le siège avant est projeté sur le plancher, se cogne, et se met à hurler.

Mais Douglas rétablit la trajectoire de la voiture sans même l'arrêter. Sans en perdre le contrôle une seconde. Il baisse la vitre, jette la manivelle sur la route, referme la vitre, accélère à nouveau, et dit d'une voix sèche :

– Vous avez abîmé votre voiture. C'est très bête ce que vous venez de faire. Je vous ai dit que je ne vous voulais pas de mal, ni à vous ni aux enfants. Ne recommencez pas, ou vous allez m'y obliger. Vous ne pouvez pas comprendre ça ? C'est une règle simple. J'ai besoin de votre aide, si vous me la donnez je ne vous fais pas de mal, je l'ai dit dès le départ. Si vous ne voulez pas jouer le jeu, j'élimine un enfant.

A nouveau, la route interminable et droite, toujours les champs de maïs, et le silence. Edda tremble dans ce silence, de la tête aux pieds, de peur et d'épuisement. Elle a tenté ce qu'elle pouvait, c'est un effort terrible que de se décider à frapper dans ces conditions. Elle a eu peur aussi que la voiture ne dérape et ne se retourne, et qu'ils meurent tous dans l'incendie de leur voiture aux portières bouclées. Susan et Nicky, qui est repassé sur la banquette arrière, se sont recroquevillés en chien de fusil, terrorisés, et malgré cette peur ils s'endorment tous les deux, au bout d'un quart d'heure. Kenneth, l'aîné, est lové contre le flanc de sa mère, il tremble lui aussi. Edda fait un effort énorme pour reprendre son calme. Il faut qu'elle discute. Puisque cet homme discute, qu'il semble avoir une logique, peut-être peut-elle jouer avec sa logique de mère.

– Vous n'avcz pas besoin de nous comme otages, nous sommes quatre, et cela ne fait que vous encombrer. Laissez partir les enfants, moi, je resterai, je vous jure que je ferai tout ce que vous voulez.

– N'insistez pas, madame. Sinon, c'est vous que j'abandonne sur la route. Les enfants sont de bien meilleurs otages.

Logique, en effet.

Edda n'insiste pas sur ce sujet, mais il faut qu'elle continue à parler, ne serait-ce que pour faire passer cette peur, et qui sait... en parlant, elle trouvera peut-être une autre idée pour contrer cet homme.

– Pourquoi voulez-vous tuer ce Letcher ?

Le regard de Douglas Kent accroche le sien dans le rétroviseur. Longuement. Il veut voir la réaction de la femme :

– Parce qu'il triche.

– Vous voulez dire qu'il vous a volé ?

– Il triche aux échecs.

Aux échecs... Que viennent faire les échecs dans cette histoire ? Un homme qui triche aux échecs, et qu'un autre veut tuer.

– Je ne comprends pas... Vous faites tout ça, vous attachez mon mari à un radiateur, vous nous kidnappez, mes enfants et moi, vous faites cinq cents kilomètres en voiture, en pleine nuit, pour forcer la porte d'une prison, et tuer quelqu'un qui a triché aux échecs ?

– Oui. Il triche tout le temps...

Douglas Kent allait continuer, lorsqu'il aperçoit au loin, sur la route, quatre lumières blanches et des clignotements rouges. Alors il ralentit, sort le revolver de sa poche.

– C'est un barrage, sûrement pour moi. J'avais pourtant averti votre mari de ne pas prévenir la police. Si on m'arrête, tant pis pour vous et les enfants. Je lui ai dit. Il a triché lui aussi.

– Mais non... mettez-vous à sa place... Il a peur pour nous... Vous n'allez tout de même pas nous tuer froidement tous les quatre, vous ne pouvez pas faire ça...

Douglas Kent ne répond rien. Il est concentré sur cette nouvelle situation. Les lumières du barrage se rapprochent et, dans les premières lueurs de l'aube, Edda distingue deux voitures en travers de la route, et deux autres qui leur font face, tous phares allumés.

Douglas maintient la vitesse à quarante kilomètres/heure environ. Puis soudain, il donne un coup de volant, passe le fossé peu profond dans un sursaut du châssis, et se met à rouler à travers un champ de maïs. Puis il revient sur la route, et plusieurs policiers se précipitent dans l'intention d'encercler la voiture qui a ralenti sérieusement. Alors, par la vitre entrouverte, Douglas tire deux fois dans leur direction, et les policiers reculent. Ils savent très certainement que les otages sont dans le véhicule et ne ripostent pas. Deux d'entre eux tentent pourtant de s'accrocher aux portières arrière, dans l'espoir de les ouvrir, alors que la voiture est quasiment stoppée. Douglas crie :

– Lâchez ça ou je tue les enfants !

Les policiers lâchent, hésitent avant d'envisager une autre tactique, et Douglas en profite. Il accélère brutalement et lance la voiture à nouveau sur la route, à toute vitesse. Il prend de l'avance, largement, le temps que les voitures de police fassent demi-tour et tentent de le suivre. Il change de route, repart dans un champ de maïs, laisse des traces visibles pour que la police croie qu'il s'enfuit à travers champs afin d'éviter les barrages, c'est une tactique qui semble provisoirement porter ses fruits, car Edda ne voit rien derrière eux, et le jour se lève.

Et Douglas parle. Il va parler pendant cinquante kilomètres, raconter son enfance ce désert affectif. La solitude, sa première attaque à main armée dans un drugstore, il avait dix-neuf ans à peine. Il en avait marre de se nourrir de paquets de cacahuètes, arrachés aux machines à sous, marre de traîner de ville en ville, sans but, sans toit, sans famille, sans travail. Que sait-on faire en sortant d'un orphelinat ? On sait écrire et compter. On connaît par cœur le texte de la Constitution, on a appris vaguement la conquête de l'Ouest, George Washington et l'assassinat de Lincoln... c'est tout. Et ce n'est rien. Il manque une raison de vivre. L'essentiel. Une passion.

C'est en prison que Douglas Kent va trouver cette passion : les échecs. Durant toutes ces années en cellule il apprend, très vite, son cerveau semble être fait pour ça. Il devient rapidement un joueur acharné et hors du commun. Des joueurs réputés viennent l'affronter, jusque dans sa prison. Sa réputation franchit les murs du centre pénitentiaire de Lincoln. Des rencontres officieuses sont organisées, certains estiment que le prisonnier a l'étoffe d'un champion du monde. Le directeur n'est pas contre. Une réinsertion comme celle-là, pourquoi pas ? Quoi de plus pacifique que les tournois d'échecs ?... Peu à peu Douglas Kent est la vedette, la star de la prison, le futur champion américain peut-être... On lui permet d'affronter tous les grands joueurs qui le souhaitent. Et il gagne. Il est imparable...

– J'étais champion du monde, madame, champion du monde d'échecs, vous savez ce que c'est ?

Il ne l'était pas officiellement, bien sûr, pas encore, mais les chroniqueurs pariaient sur lui.

Edda ne joue pas aux échecs, et en ignore les règles. Mais elle sait comme tout le monde qu'un champion du monde d'échecs est un homme important. En Amérique, on parle régulièrement des confrontations entre champions russes et américains. Une sorte de guerre pacifique, qu'il est important de gagner.

Douglas Kent est allé au-delà de la passion du jeu. Les échecs sont devenus sa seule raison d'exister, un véritable sacerdoce. Les autorités pénitentiaires songeaient d'ailleurs à le libérer avant la fin de sa peine. Pour l'aider à s'entraîner on lui avait trouvé un compagnon de cellule, joueur d'échecs remarquable, lui aussi. Il s'appelait Letcher.

Or c'était une erreur. Une grave erreur. Car la cohabitation des deux joueurs est devenue très rapidement atroce, infernale. Ils gagnaient à tour de rôle, aucun ne s'avouant vaincu. Cette impossibilité à se départager, à prendre l'avantage, les poussait à s'accuser mutuellement de tricherie honteuse, puis de tentatives criminelles. Il veut m'empoisonner, il m'empêche de dormir pour que je ne tienne pas le coup à la prochaine partie...

Alors il fallut les séparer. Letcher se remit tout seul dans son coin à inventer des coups... et Douglas Kent, lui, devint fou. Sans bruit, sans hurlements, sans éclats. Personne ne s'en aperçut. Ce garçon psychiquement déséquilibré, depuis l'enfance, sans points d'appui, sans repères affectifs, a été libéré huit jours plus tôt, complètement fou. Ne songeant qu'à une chose, tuer Letcher. Le tricheur. Celui qui ne respectait pas les règles du jeu. Celui qui l'empêchait, en trichant, de devenir le meilleur, l'intouchable, le respecté, le fantastique joueur d'échecs qu'il savait pouvoir devenir.

Letcher devait mourir, disparaître, il était le pion sur l'échiquier de sa vie qui barrait sa route vers la gloire des champions suprêmes.

Et voici qu'un autre obstacle se dresse devant Douglas Kent. Un nouveau barrage de police. Cette fois, il adopte une autre tactique. Peut-être est-il au comble de l'exaspération. D'avoir raconté ses ambitions et sa hargne. Il fonce. Le pied au plancher. Susan et Nicky, les deux plus petits, sont ballottés sur la banquette arrière, et leur mère les oblige à se coller au soi. Puis elle fait s'accroupir l'aîné, le dos rond, la tête dans les mains. Elle retire ses chaussures et ramène ses jambes sous la banquette arrière. Cette fois, elle ne doit pas rater son coup. D'un bond elle se propulse sur le siège avant, et atterrit les quatre fers en l'air à côté du conducteur fou. Avant qu'il n'ait réagi, elle tourne la clé de contact, l'arrache et la jette à l'arrière de la voiture.

Douglas sent la voiture ralentir, il braque vers les champs de maïs, mais Edda se cramponne au volant pour l'en empêcher. La peur lui donne des forces insoupçonnées. De son pied nu, elle cherche la pédale de frein, ils se battent, la voiture fait des embardées de plus en plus molles dans le champ de maïs, et déjà les policiers sont autour, l'arme à la main. Douglas pourrait sortir son revolver, tenter l'intimidation comme la première fois, mais là aussi il change de tactique. En ouvrant brusquement la portière de son côté il tente de s'enfuir.

Il ne fait que deux mètres ou trois dans le champ de maïs, une nuée d'uniformes lui tombent dessus et le désarment.

C'est fini, on l'entraîne sur la route, vers les voitures de police, Edda suit avec les enfants, essoufflée, tremblante de l'exploit qu'elle vient de réussir. Douglas Kent est contraint de s'allonger à demi sur le capot d'une voiture, on le fouille sans ménagement, il n'a pas d'autres armes. On le redresse pour lui dire ses droits : « Vous êtes en état d'arrestation, vous avez le droit de garder le silence, tout ce que vous pourrez dire serait éventuellement retenu contre vous... »

On va lui passer les menottes, et il regarde Edda :

– Désolé de tous ces ennuis, madame. Pour vous et votre famille.

Stupéfaite, Edda a subitement pitié de lui. Elle dit alors ce que peut-être elle aurait dû dire avant pour le calmer, pour le rassurer, lui rendre le respect de lui-même.

– C'était pas la peine de le tuer ce garçon, je suis sûre que vous êtes plus fort que lui.

– Merci, madame.

Pour la première fois, un sourire éclaire le visage anonyme de Douglas Kent. Son visage de martien joueur d'échecs, sans émotion apparente, guettant le jeu de l'adversaire.

– Merci, madame.

Échec et mat.

# VERMEER BIS

A l'époque où les nazis occupaient la presque totalité de l'Europe, ils avaient retrouvé, avec une grande facilité, la mentalité du pillard. Les assassins et pillards vont très souvent de pair, et les officiers nazis ne se privèrent pas de voler un nombre considérable d'œuvres d'art. Des trains entiers chargés de tableaux, de sculptures, partaient pour l'Allemagne, précieusement gardés ceux-là, entourés de mille précautions. La technique allait du vol pur et simple à la spoliation des personnes déportées en passant par le pillage au coup par coup des musées et galeries d'art, et aussi à la vente secrète par filière clandestine.

Toutes les œuvres d'art européennes n'étaient pas exposées. Des collectionneurs inconnus se cachant par-ci, par-là, des indicateurs se spécialisèrent dans ce genre de renseignements. Trouver l'œuvre, et la proposer aux Allemands à l'achat. Ces collaborateurs n'attentaient en principe à la vie de personne, mais à la culture des peuples, au bénéfice des nazis, et au leur. Pas joli.

Goering, prénom Hermann, ministre de l'Intérieur du Reich, chef de la Gestapo, et grand orfèvre en matière de propagande nazie, fut le plus grand de ces voleurs. Le plus grand de ces pillards, et aussi, probablement, le plus grand parmi les acheteurs. Il s'était constitué un musée digne du Louvre, à faire périr de jalousie l'ensemble des amateurs texans, qui ne sont pas des moindres.

Dès la fin de la guerre, en 1945, des commissions d'enquête sont constituées. Police militaire et experts de tous les pays européens partent ainsi à la recherche des trésors volés.

Il s'agit de les restituer à leur propriétaire, de découvrir les complices des vols, et de les traduire en justice.

Dans une mine de sel, en 1945, près de Salesbourg, en Autriche, une de ces délégations néerlandaises assiste à l'inventaire d'une partie des trésors de Goering, enfouis là, en attendant des jours meilleurs... Et parmi ce trésor, une toile intitulée *Le Christ et la femme adultère.* Elle représente Jésus bénissant la pécheresse et lui donnant son pardon, devant deux personnages témoins.

Les experts néerlandais ont un haut-le-cœur. Ils ont immédiatement remarqué, en haut, dans l'angle et à gauche, la signature fantastique : « I.V. Meer. »

Cette toile est un Vermeer. Son authenticité ne fait aucun doute pour les experts, extasiés. Car les Vermeer sont très rares. Ce n'est pas un peintre comme les autres, ce Vermeer. Oublié durant près de deux siècles, il n'a été redécouvert qu'en 1860 par un critique d'art, admiré alors par les impressionnistes, et révélé en France par Marcel Proust. De nos jours, à peine quarante tableaux lui sont attribués. Il peignait très lentement. Chaque œuvre lui prenait des mois. A Delft, sa ville natale, il ne connut pas de grands succès, il était pauvre, mourut pauvre. Mais depuis le dix-neuvième siècle, une œuvre de Vermeer de Delft représente une fortune... Et la découverte d'un nouveau Vermeer est un événement considérable.

Qui a vendu à Goering ce tableau venant de Hollande et qui fait donc partie du patrimoine national hollandais ? Le vendeur collaborateur est coupable de haute trahison.

Un capitaine de l'armée néerlandaise interroge plusieurs intermédiaires dont la culpabilité a déjà été établie, et qui ont intérêt à rendre service. L'un d'eux connaît l'histoire du Vermeer.

– Goering l'a payé un million six cent cinquante mille florins, en nature.

– En nature ? Comment ça ?

– Il a rendu à la Hollande environ deux cents toiles, volées par les nazis, pour obtenir celle-là. Drôle d'affaire. Dans les deux cents qu'il a rendues il y en avait de plus intéressantes... *Le Christ et la femme adultère* valait beaucoup moins en valeur globale.

– Qui a servi d'intermédiaire ?

– Si je le savais je vous le dirais.

– Qui peut savoir ?

De nom en nom, de piste en piste, le capitaine de la police néerlandaise et son expert finissent par dénicher une adresse : 321 Keizergracht, à Amsterdam.

Là demeure un petit bonhomme étrange. Corpulence moyenne, il approche de la soixantaine, visage carré, expression froide, œil dur, bouche amère. Il s'appelle Van Meegeren.

Les deux enquêteurs examinent la plaque :

« Van Meegeren-Artiste-peintre. Antiquaire. » Ils observent aussi quelque temps les allées et venues du curieux bonhomme. Rien de suspect. Sinon que Van Meegeren n'a pas l'air d'un artiste, ni d'un peintre, ni d'un amateur d'art, encore moins d'un bohème. Il a l'air d'un petit fonctionnaire ronchon.

Le capitaine de police confie même à son équipier expert :

– Si Hitler avait fait profession d'artiste-peintre, il aurait cette tête-là, aujourd'hui.

Les deux enquêteurs se présentent donc à monsieur Van Meegeren avec une petite idée préconçue sur le personnage. Probablement peintre raté, sans envergure, ce ne doit pas être le bon intermédiaire pour un marché aussi gros avec Goering.

Utilisant la technique classique, qui a fait ses preuves, les deux hommes discutent avec l'antiquaire de la pluie et du beau temps en matière d'art et d'antiquité, déjeunent même avec lui, avant d'en venir franchement au but.

– Comment vous êtes-vous procuré *Le Christ et la femme adultère*?

Réponse étonnante :

– En Italie...

C'est lui. C'est bien ce petit bonhomme insignifiant.

– En Italie? Mais encore?...

– Un marchand de tableaux est toujours discret...

– Monsieur Van Meegeren... il s'agit d'un renseignement sans grande importance, banal, mais essentiel pour notre travail. Répertorier les œuvres, les restituer à leurs propriétaires véritables... c'est un véritable puzzle. A qui l'avez-vous acheté en Italie?

– Une famille aristocratique... C'était en 1937... Elle tenait cette toile d'un héritage familial.

– Pourquoi vendait-elle?

– Des antifascistes. Ils voulaient gagner les États-Unis. Et quand je leur ai dit qu'ils avaient là un Vermeer, car ils l'ignoraient, ils m'ont demandé de le négocier pour leur compte.

– Confidentiellement, monsieur... le nom de cette famille?

– Désolé. Vraiment je suis désolé. J'aurais préféré que vous ne posiez pas la question. Ils m'ont fait confiance, c'est impossible.

– C'est une information top secret, monsieur Van Meegeren... Nous nous engageons à ne pas la divulguer. Il s'agit de reconstituer l'itinéraire de la toile, sans plus...

Là, le petit bonhomme rond-de-cuir à l'air insignifiant révèle sa véritable personnalité. Il entre dans une colère hautaine, vindicative.

– Ah, n'insistez pas! J'ai dit que c'était impossible, c'est impossible! Ma parole devrait vous suffire! Vous n'avez pas le droit de forcer le secret professionnel!

– Parfait parfait... au revoir, monsieur Van Meegeren...

Mais la colère du petit bonhomme est suspecte. En temps normal, elle serait compréhensible. Pas en cette période exceptionnelle de justice, de condamnations, de règlements de comptes. Cet homme qui refuse de donner le nom d'une famille italienne, dont le simple témoignage pourrait l'innocenter, est très probablement le contact que les enquêteurs recherchaient, et de plus un homme de liaison entre les fascistes et les nazis, compromis dans un vol de chef-d'œuvre.

En voyant disparaître les deux enquêteurs, Van Meegeren respire. Car pour lui l'affaire est simple. Il ne peut pas donner la preuve de ce qu'il vient de prétendre. Mais ces deux-là ne pourront pas prouver qu'il ment.

Croit-il... car en Hollande, à cette époque, comme dans d'autres pays d'Europe, les dénonciations vont bon train. Qui dénonce Van Meegeren? On devine. Un anonyme.

Le 29 mai 1945, la police est dans son appartement. Van Meegeren n'a pas le temps de demander ce qui se passe. Il est arraché à son fauteuil sculpté, à son confort, à son honorabilité. Un mandat d'arrêt sous le nez, il ne peut que suivre les policiers jusqu'en prison. Et là, nouvelle colère. L'homme est infernal, acariâtre, égoïste. Son comportement étrange finit par attirer l'attention d'un médecin, qui découvre une partie du problème. Van Meegeren se drogue à la morphine. Il est en manque en prison, bien entendu. Et la police refuse de lui procurer quoi que ce soit, tant qu'il n'avoue pas.

– Alors... dites-le... on vous aidera un peu... Allez... D'où vient ce tableau?

– Allez vous faire voir! Vous vous conduisez comme des tortionnaires! Je n'ai rien à dire et je ne dirai rien.

Pendant ce temps, les témoins parlent, eux.

Un banquier d'Amsterdam notamment:

– En 1943, j'avais décidé de vendre ma maison. J'ai contacté Van Meegeren et la vente a été conclue. Il est venu souvent nous rendre visite, avec sa femme, pour prendre des dispositions sur l'ameublement. Il était très intéressé par les tableaux. Un jour, il m'a demandé de les présenter, lui et sa femme, à un antiquaire. La maison Goudstikker. Ils sont mondialement connus. Monsieur Mield, qui dirige cette maison, est hollandais. Il avait chez lui une collection de toiles, qui était destinée à Hermann Goering... Van Meegeren les a examinées, et les a trouvées médiocres. Il ne s'est pas privé de le dire. Quelques jours plus tard, il est revenu chez ce Mield, en disant qu'il connaissait une toile beaucoup plus intéressante à acheter. Une toile qui vaudrait deux millions et demi de florins. Mais il ne voulait pas dire de quel peintre il s'agissait. Puis il est revenu un autre jour, avec une boîte en bois plate. Il disait avoir fait spécialement le voyage d'Amsterdam pour montrer cette toile à monsieur Mield. Il ne fallait en parler à personne, c'était une trouvaille de sa part, et après quelques discussions que j'ignore, *Le Christ et la femme adultère* a été vendu pour un million six cent mille florins... Et là, en apprenant que la toile devait être expédiée en Allemagne très vite, Van Meegeren a insisté auprès de monsieur Mield pour qu'il l'échange contre d'autres toiles de valeur identique. Or, je sais que monsieur Mield regrettait beaucoup d'expédier cette toile en Allemagne sans la montrer à personne en Hollande. Et si Van Meegeren n'avait pas tant précipité ce marché avec Goering il l'aurait probablement achetée pour son compte. Mais la somme était énorme, et Van Meegeren insistait.

L'échange définitif, les enquêteurs le savent maintenant, a pris beaucoup de temps à Goering. Il fallut faire le choix des tableaux à ramener en Hollande, prévoir un convoi de chemin de fer. Bref, une banque versa à Van Meegeren la somme de un million cinq cent mille florins en espèces, et le solde fut payé par l'arrivée à Amsterdam d'un wagon bourré de toiles diverses pour une valeur de deux millions de florins. C'était au début de mars 1944.

Van Meegeren a donc fait un marché avec Goering. Mais d'où vient le Vermeer ? Plus les témoins défilent plus la filière se reconstitue sans pour autant révéler le nom de cette famille italienne et aristocratique qui l'aurait obtenu en héritage.

Van Meegeren est dans une très mauvaise position. En prison, convaincu de collaboration, de trafic d'œuvres d'art, il ne cesse de bondir de colère, sans avouer. Mais vient le jour où il se rend à l'évidence.

Où il passe pour un collabo. Où il passe pour un faussaire.

Le tout sans morphine. C'est dur de choisir. Mais finalement le faussaire l'emporte. C'est plus sain après tout d'être un faussaire, pour l'opinion publique. De plus, il a permis à la Hollande de récupérer deux cents toiles de maîtres, en refilant au maréchal Goering, le diable l'emporte, un superbe faux Vermeer.

Van Meegeren se dit donc « on va me libérer avec les honneurs ». Car il a vraiment peint ce faux Vermeer, superbe de technique.

Seulement il n'a pas peint que celui-là. C'est là le hic. En tout quatorze toiles, quatorze faux admirables. Des faux Vermeer, des faux Hals, des faux Hoogh, des faux Terborgh...

Pendant onze ans, Van Meegeren, le petit bonhomme aux airs de rond-de-cuir, a ridiculisé les critiques d'art, les experts, les amateurs, les marchands de tableaux, les collectionneurs, les journalistes, les professeurs, les conservateurs de musées, des diplômés, l'État, les profanes, le public, tous les milieux artistiques hollandais, européens, mondiaux.

Ses œuvres, achetées avec l'argent des contribuables et à prix d'or... se trouvent dans les musées nationaux.

Van Meegeren aurait mieux fait de se taire au fond. Il va révolutionner tant de choses... Tant de gens seront ridiculisés... Tant d'argent pour des faux. Quel coup de poignard dans le ventre rond du marché de l'art...

Seulement, tous comptes faits, Van Meegeren a choisi. Entre collaborateur et faussaire. Peut-être aussi entre la liberté et la morphine, entre les quatre murs d'une cellule, ou son fauteuil de salon.

Le 10 août 1945, il révèle tout.

Il vivotait, en 1932, comme peintre affichiste. On le propose comme président du Cercle Artistique de La Haye, mais sa candidature est repoussée, par un groupe formé des critiques d'art.

Ces satanés critiques d'art qui s'arrogent tous les droits selon lui. Il les hait. Il en ferait des papillotes. Tous ces experts de rien, incapables de tenir un pinceau, qui ergotent sur les chefs-d'œuvre d'autrui... Il va les confondre. On va voir si ces petits malins sont capables de juger le plus beau faux du monde.

Van Meegeren choisit comme modèle le peintre qu'il préfère, Vermeer de Delft. Il va monter un énorme canular.

D'abord il s'organise en fonction de cet objectif. Il ne fait officiellement que du travail alimentaire, juste de quoi avoir de l'argent, et s'imprégner du savoir-faire des maîtres flamands. Il étudie systématiquement. Il a trouvé deux œuvres littéraires extrêmement rares, *La Technique de Vermeer,* de Wild, et un ouvrage du professeur Alexis, *Au sujet des huiles grasses.* Ce dernier livre, s'il ne concerne pas spécialement l'art, lui donne l'idée du vieillissement artificiel, nécessaire afin de parer aux expertises éventuelles.

Il veut obtenir un support ancien, authentique pour son faux. Il déniche une toile médiocre, ratée, intitulée *La Résurrection de Lazare.* Datant visiblement du dix-septième siècle, dont les dimensions lui conviennent : 1 m 25 sur 1 m 27.

Il a l'intention de recouvrir la toile de sa propre peinture, en conservant le châssis.

Il rapporte chez lui un matériel hétéroclite. Des produits chimiques, de vieilles coupes d'étain ou de bois, des candélabres, des étoffes anciennes, et une armée de blaireaux.

Les blaireaux sont essentiels à son œuvre de faussaire. Il faut éviter qu'un expert découvre le moindre poil de soie de porc, utilisée dans les pinceaux actuels. Chaque blaireau servira une fois seulement, afin d'éviter l'usure des poils, et leur rupture, donc leur incrustation dans la peinture.

Madame Van Meegeren trouve étrange tous ces produits, tous ces blaireaux surtout. Mais son mari lui explique que tout cela doit servir à décorer leur maison. Alors elle ne s'étonne plus.

Le faussaire décide alors de quitter la Hollande pour accomplir son chef-d'œuvre. Le pays est trop petit, les gens se connaissent trop, les voisins sont trop curieux. Il ira sur la Côte d'Azur, soi-disant pour raisons de santé, et pour de meilleures conditions de travail. A cela non plus sa femme ne trouve rien d'étrange. La santé du peintre n'est pas si brillante, et la Côte d'Azur est au soleil...

Automne 1932, le ménage s'installe à Roquebrune dans une villa de rêve.

Là, Van Meegeren déclare à sa femme :

– Je ne veux pas de domestique, pas la moindre femme de ménage, débrouille-toi toute seule. J'ai besoin de calme, de solitude, et pas de visites intempestives.

En réalité, il a besoin d'éviter toute forme d'espionnage possible ce qui ne trouble pas son épouse. Elle a l'habitude des colères du maître...

Commence alors un incroyable travail de reconstitution. Van Meegeren fabrique lui-même ses couleurs, fait des essais de séchage de l'huile et du vernis. Il fabrique lui-même le fameux bleu Vermeer, devant lequel les experts se pâment. A base de lapis-lazuli commandé à Londres et broyé au mortier.

Pour donner le change, il fabrique aussi de véritables Van Meegeren qu'il signe de sa main. Des portraits, pour vivre. Et lentement il progresse dans la technique. Pour durcir sa peinture il utilise de l'huile de lilas. L'odeur est très forte, et il est obligé de la conserver dans des vases, fermés, qu'il cache soigneusement.

Vient le moment de supprimer la peinture originale de la croûte du dix-septième siècle destinée à servir de support. Il utilise le papier de verre et la pierre ponce. Il a, bien sûr, décloué la toile, et mis précieusement de côté les clous d'origine, forgés à la main, et les coins de cuir.

Ayant gratté la première couche, il passe un nouvel enduit, et met le tout au four pour obtenir un durcissement.

Le chef-d'œuvre approche. Il maîtrise la technique, les produits, il faut maintenant peindre. Mais Van Meegeren est fatigué, usé par des heures d'atelier. Il voyage en Hollande, en France, se rend aux jeux Olympiques de Berlin, et retrouve sa villa de Roquebrune en 1936.

L'hiver est là. L'artiste est en place. Il va peindre *Les Pèlerins d'Emmaüs*. Ce sera un faux, bien sûr. Mais un faux original. Pas une copie de toile existante. Et par bien des côtés il est moins le faussaire ou le plagiaire de Vermeer que son double.

Il est parvenu à durcir ses couleurs avec de la bakélite. C'est un risque, car ce produit n'a été inventé que deux siècles après Vermeer. Mais un étuvage dans la masse dure ne laisse que très peu de particules, quasiment irrepérables. Il a d'ailleurs, par prudence, fabriqué lui-même sa bakélite avec du phénol et du formaldéhyde.

Reste l'inspiration. Il n'a pas de modèles et n'a d'autres ressources que les autres toiles. Pour peindre les jeunes pèlerins, pas trop de problèmes. Le Christ c'est plus difficile. Il n'imagine pas du tout le Christ. C'est la panne. Tant de christs ont été peints, qu'il a peur de retomber sans le vouloir sur un Christ trop ressemblant à un autre Christ.

Dieu y pourvoie, puisque un mendiant se présente un jour sur la route de Roquebrune, alors qu'il fulmine, à bout d'inspiration. Le visage de ce mendiant, il le photographie dans sa tête. Ce sera celui du Christ de son Vermeer.

Six mois de labeur acharné et le faussaire en est au vieillissement de la toile. Une dernière fois au four. Puis il attache son œuvre autour d'un cylindre métallique pour la craqueler convenablement. La peinture étant placée du côté extérieur, il y infiltre de la poussière. Chaque craquelure a sa poussière...

Vient le final. Remettre la toile sur son châssis d'origine, avec ses clous d'origine, ses coins de cuir d'origine.

Un chef-d'œuvre de Vermeer est né. Le canular est splendide. Les critiques d'art hollandais vont mordre la poussière.

Mais il réfléchit tout à coup, le plagiaire. Et s'il faisait mieux qu'un simple canular d'école ? S'il faisait une affaire de ce travail de fourmi qu'il vient d'accomplir ?

Van Meegeren décide. Il emporte sa toile à Paris, la met dans un coffre au Crédit Lyonnais, en parle à un courtier en montant l'histoire de la soi-disant famille italienne... et suivront ainsi quatorze faux magnifiques, dont celui qui fut considéré comme le chef-d'œuvre de Vermeer de Delft par les experts : *Le Repas d'Emmaüs*, acheté par un collectionneur du nom de Van Beuningen.

Tout cela figure maintenant dans les annales et les dictionnaires...

Les représentations d'hommes sont rares chez Vermeer. On le considère plutôt comme le peintre des femmes. Qui est sûr que le célèbre *Peintre dans son atelier*, exposé au musée de New York, est bien de Vermeer de Delft, et pas de Van Meegeren ?... Ne faisons peur à personne, il y eut assez d'affolement comme ça, au moment des révélations du petit bonhomme dans sa cellule.

Les quatorze toiles dont il se reconnaît l'auteur figurent alors dans des collections particulières ou dans des musées. Elles ont été examinées, soupesées, expertisées. On s'est incliné devant les œuvres. On y retrouvait le fameux bleu Vermeer, l'authentique lapis-lazuli. Le bois, la toile, les clous, tout était sans failles et sans défauts.

Et les peintures l'étaient aussi. Car ce petit bonhomme, bizarre et coléreux, est un génie. Qui vient de provoquer une catastrophe avec ses aveux. Lorsqu'on songe que des musées ont confié à des restaurateurs de renom le travail de réfection de certaines toiles peintes par lui...

Van Meegeren attend, dans sa cellule, qu'on lui ouvre les portes de la liberté. Il a tout avoué, plus de problèmes de collaboration. Il fera face au reste.

Il perdra sa fortune, les autres perdront leur superbe.

Pas du tout. On ne le croit pas.

– Vous racontez des histoires pour vous venger...

Colère hystérique du peintre.

– Des histoires pour vous sortir d'affaire...

De nouveau colère hystérique.

Alors, un inspecteur de la police hollandaise se rend à Nice, avec l'accord de ses collègues français. Il fait une enquête dans la villa du peintre à Roquebrune, en s'excusant platement auprès du nouveau propriétaire. Nous sommes le 25 octobre 1945.

Dans deux pièces souterraines, il découvre une grande partie du mobilier du peintre, et son atelier.

Et parmi le bric-à-brac, il découvre les pots d'étain, les assiettes qui servirent de modèles pour des toiles. Il reste aussi un morceau du châssis original des *Pèlerins d'Emmaüs*.

Toujours effrayés à l'idée du scandale, les experts demandent à Van Meegeren de décrire les peintures originales qu'il a grattées pour les repeindre.

Il en décrit une. Par exemple il a peint la dernière scène du Christ sur une scène de chasse sans intérêt. Aux rayons X on retrouve la trace d'un museau de chien sur une perdrix...

Pour le reste, le travail de grattage était trop parfait.

Alors tout le monde s'énerve, les preuves sont insuffisantes, on se bagarre dans les musées, dans la presse, chez les marchands de tableaux, chez les experts. Il faut une preuve irréfutable.

– Van Meegeren, êtes-vous capable d'exécuter, sans modèle, un tableau identique au précédent. Pouvez-vous le faire ?

Il peut le faire.

Installé dans une pièce tranquille d'une maison d'Amsterdam, et sous un contrôle permanent, il exécute un tableau, au sujet tiré de la Bible, d'une facture identique aux autres. Aux quatorze autres.

Voici *Jésus au milieu des scribes*, de mémoire et sans modèle, un Vermeer...

Que l'on examine à la loupe, avec stupeur. Il faut bien admettre que tous les primitifs hollandais vendus par Van Meegeren entre 1936 et 1945 sont des faux. Archifaux.

Mais Van Meegeren rectifie :

– Des faux ? Vous ne voyez pas le problème sous le bon angle. Moi, Van Meegeren, je ne peux pas peindre autrement que dans mon propre style. Je ne comprends pas comment le monde entier a pu prendre *Les Pèlerins d'Emmaüs* pour un Vermeer...

Le 12 octobre 1947, Van Meegeren, libre, comparaît devant un tribunal d'arrondissement d'Amsterdam. La peine demandée par le procureur est de deux ans ferme. Il est condamné le 29 à un an, mais doit purger cette peine dans un établissement spécialisé, à la suite du rapport d'un psychiatre.

Le 31 octobre 1947, il meurt subitement.

Ce n'est pas la condamnation à un an de maison de santé qui a pu provoquer cette mort inopinée. Van Meegeren était las, fatigué, en mauvaise santé, et la drogue... Sa réputation avait finalement dépassé ses espérances. Et un mégalomane comme lui ne pouvait qu'en être heureux. Sa peinture était reconnue. L'artiste était comblé.

Il est donc mort exaucé. Il a son nom dans les dictionnaires. Vermeer bis c'est lui. Au diable les critiques.

# CAUCHEMAR EN ROSE

Une petite trace qui zigzague dans les dunes, à quelque cinq cents kilomètres au sud de Tatatouine.

Vu d'avion, c'est intéressant. D'un coup de coude, le copilote la montre du doigt au pilote, qui amorce aussitôt une descente. Nous sommes en septembre 1943, c'est la guerre dans ce désert, et la petite trace se révèle de plus en plus intéressante au fur et à mesure que l'avion perd de l'altitude. Des traces de pas. Celles d'un homme seul, que le vent du désert, une chance, n'a pas encore recouvertes. L'avion les suit pendant cinq minutes, ce qui représente au sol un certain nombre de kilomètres, et finit par découvrir un petit point minuscule, la silhouette de l'homme, qui agite les bras, et doit hurler des appels au secours. Il tourne en cercles de plus en plus larges, tombe, se relève péniblement, recommence. Il doit être fou d'angoisse à l'idée que l'avion reparte sans le voir. Mais l'avion lâche deux bidons d'eau, des rations de secours, bat des ailes, et retourne à Tatatouine pour alerter l'unité la plus proche.

Ce n'est que le lendemain matin, au lever du soleil, le 6 septembre 1943, que trois Jeeps en caravane retrouvent l'inconnu du désert, dans un état d'épuisement total. Brûlé par le soleil, il porte encore des lambeaux d'uniforme militaire britannique. L'officier de patrouille saute dans le sable, la main tendue, sourire aux lèvres :

– Salut, boy...

L'autre a du mal à parler, la bouche desséchée, il a avalé les deux bidons d'eau, les rations, il a mal au ventre, il est déshydraté, bien entendu, et la tête lui tourne. Il répond par un « salut » bredouillant.

L'officier lui tapote l'épaule :

– Tout va bien maintenant, soldat... je suis le sergent Broomfield.

L'homme, hébété, tente de se mettre au garde-à-vous, mais garde le silence, en clignant des yeux, comme s'il sortait d'un cauchemar. Il en sort sûrement. Depuis combien de temps erre-t-il seul dans le désert ? Plusieurs jours apparemment, vu son état.

Le sergent Broomfield, gentiment, en douceur, répète :

– Je suis le sergent Broomfield, et vous, boy ? Drôle d'idée de se balader dans le désert...

Mais l'homme ne répond toujours pas. Il semble profondément choqué, toujours planté dans un garde-à-vous approximatif et branlant.

– Repos, boy... repos... alors... qu'est-ce qui vous est arrivé ?

– Je sais pas...

L'homme s'écroule assis dans le sable, et un infirmier vient aussitôt s'occuper de lui :

– Mal à la tête ? Aux yeux ?

– Partout. Je sais pas où mais partout.

– Il vous est arrivé quelque chose ? Vous venez d'où ?

Il a l'air désolé, le pauvre gars. La tête d'un chien abandonné sur une plage au mois d'août.

– Je me souviens plus... de rien... rien...

– Comment vous appelez-vous ?

– Je sais pas.

L'infirmier a déjà entendu parler de soldats devenus amnésiques après un combat particulièrement rude, ou après une blessure. Au cours de cette bataille d'Afrique, il y a eu des affrontements effroyables. La chaleur, le soleil implacable, la soif, la fatigue, la solitude et le désespoir peuvent assommer un homme, seul dans le désert.

L'infirmier vérifie le crâne, pas de blessure apparente, mais un coup de soleil monstrueux qui a brûlé la peau, et l'a transformée en une croûte douloureuse par endroits. L'examen ne révèle rien d'autre. Il n'est pas blessé, il est abruti de fatigue. La seule chose qu'il sait, c'est qu'il marche depuis deux jours. Deux fois il a vu le soleil se lever dans le désert.

On le fouille, il n'a aucun papier, pas de gourmette militaire, aucun tatouage. Unique indication en dehors du fait qu'il parle anglais, un écusson de l'armée néo-zélandaise à moitié arraché qui lui pend sur l'épaule.

On l'installe dans une Jeep après les premiers soins, et le sergent Broomfield le ramène à Tatatouine.

– Allez, soldat, le plus dur est passé, on rentre à la maison.

Mais quelle maison ?

Douché, rasé avec précaution, repu, le soldat inconnu se repose quelques jours tandis que l'on diffuse son signalement à tous les corps d'armée néo-zélandaise, en se basant sur le lambeau d'écusson. Mais les recherches s'avèrent infructueuses dans le lointain dominion britannique. Aucun supposé mort ou disparu ne correspond au signalement qui, il faut le reconnaître, est assez banal.

1 m 75, cheveux blonds en brosse, yeux bleus, nez moyen, 72 kilos, stature athlétique.

L'inconnu a de plus une bonne tête sympathique. Ses nouveaux camarades dans le désert tunisien l'adoptent très vite, d'autant plus qu'il fait figure d'énigme vivante. Pas un soldat qui ne tente de faire surgir en lui un souvenir quelconque :

– T'as une bonne femme, sûrement... blonde ? brune... ?

– T'as des gosses ?

– Tu faisais quoi dans le civil ? Du foot ? T'as pas joué au foot, ou au tennis ?

– Et ta mère... tout le monde se souvient de sa mère...

Le pauvre garçon cherche désespérément, en souffre vraiment, et pique des crises de désespoir devant le trou noir de son existence passée. Trou noir, noir, noir...

Les médecins psychologues de l'armée, qui se penchent sur son cas avec l'intérêt que l'on devine, font un rapport qui conclut à un bon coefficient intellectuel. Il a dû subir un traumatisme psychologique important, dont il s'est débarrassé, comme tous les grands amnésiques, en s'empressant d'en oublier la cause. Le refuge dans l'oubli. L'ennui c'est qu'il a oublié aussi tout le reste. Tout ce qui faisait partie de sa vie d'homme, de civil.

En Angleterre, l'inconnu est envoyé à l'hôpital de Birmingham, où il est examiné par une bonne quantité de médecins. Tous passionnés, intéressés, les cas comme celui-là étant extrêmement rares, on espère toujours en apprendre davantage sur ce grand mystère du cerveau humain. On le tourmente tellement qu'une jeune infirmière le prend sous sa protection. Lilian Kelly, assez jolie, brune, des yeux de biche tendre, est une fanatique du dévouement. Ce pauvre garçon, qui, en plus, ne manque pas de charme, représente une cause idéale. Un homme sans passé, un enfant perdu. Lilian, orpheline, qui a déjà élevé deux frères et une sœur, soigne les blessés, milite dans tous les organismes de secours, s'attache tellement à l'inconnu, qu'elle en tombe amoureuse.

Elle l'a baptisé Adam comme le premier homme, et Asquith, du nom de sa mère. Il fallait bien nommer cet amour.

Adam Asquith coule finalement quelques semaines heureuses, dans cet hôpital de Birmingham, car pour l'instant il est hors de question de le renvoyer au combat. Lilian s'est débrouillée pour qu'il ait une chambre pour lui tout seul, elle s'ingénie à le nourrir de tout ce que Londres peut révéler de trésors de guerre alimentaires. Chocolat, thé, cigarettes. Le nouveau soldat Asquith est entre de bonnes mains, presque apaisé. Il en oublie son trou noir.

C'est à ce moment-là qu'il fait son premier cauchemar.

La scène se passe dans une chambre tendue de tapisserie rose. Les rideaux sont roses, les fauteuils recouverts de velours rose, et il est allongé sur un lit rose, tout nu... Il fixe la porte de la chambre avec angoisse. Quelqu'un doit entrer, et il en a peur. La porte s'ouvre, et une femme immense apparaît dans un tourbillon de gaze rose. Une femme énorme, forte, puissante, démesurée dans son cauchemar, et qui s'avance vers lui en tendant les bras, les mains en avant, les doigts écartés, comme de grandes pinces. Il voudrait fuir, mais il est cloué sur place. Il voudrait cacher sa nudité, mais ne trouve rien. Il se couvre la tête, supplie en silence qu'on le sauve, mais la femme s'abat sur lui et l'écrase de tout son poids, son visage contre le sien, difforme, deux grands yeux violets l'hypnotisent... Il crie, et se réveille.

Il est dans la chambre de l'hôpital de Birmingham, inondée de soleil, et il est seul en pyjama sur un lit de fer-blanc.

Lilian est déjà là, amoureuse, avec une tasse de thé.

– Tu vas bien ? Tu es couvert de sueur.

– Ça va... j'ai eu chaud cette nuit.

Va-t-il parler de ce cauchemar stupide ? Non. Un cauchemar en rose avec une énorme femme rose aux yeux violets... c'est ridicule. Et ça ne lui apprend rien. Quoique... il a tout de même le sentiment que cette femme correspond à quelque chose pour lui. Elle lui semblait familière dans le cauchemar, l'angoisse aussi était familière... et ce rose... ça ne le surprend pas tellement, lui. Il ignore pourquoi. Tout cela n'est qu'impressions vagues, mais il se tait. D'ailleurs cela ne servirait qu'à le précipiter sur le divan d'un psychiatre, qui le torturerait encore avec ses questions. Il en a marre des psychiatres. Il voudrait qu'on lui fiche la paix, le soldat Adam Asquith. Après tout, ce passé qu'on s'acharne à lui faire retrouver n'était peut-être pas agréable... Donc il se tait.

Et c'est avec une certaine réserve, une inquiétude secrète, qu'il apprend que l'armée va distribuer sa photo aux quatre coins du monde. L'armée ne renonce pas. Un soldat doit avoir un matricule, un nom, un grade, et rentrer dans le rang.

Asquith redoute cette publicité autour de son cas. Mais il ne peut s'y opposer. C'est généralement ainsi que l'on retrouve les familles des amnésiques.

Les jours suivant ce cauchemar en rose, Adam tourne en rond comme un lion dans une cage. Un soupçon affreux lui est venu subitement. Cette terrifiante Amazone en rose n'est peut-être pas un fantasme. S'il s'agissait d'une femme connue jadis ? Cette angoisse lui a paru familière, ce n'est pas une pure invention de l'esprit, plutôt le sentiment d'un moment vécu. Et s'il était marié ? Si ce monstre rose était en réalité une femme qui l'attend quelque part, qu'il a épousée, dont il a peut-être des enfants ?

C'est horrible. Il aime Lilian. Il aime sa nouvelle vie. Et comme certains amnésiques, il trouve plutôt confortable cet oubli. Ce nuage douillet dans sa tête... où n'existent plus ni regrets, ni remords, ni chagrins.

Convoqué une dernière fois chez le psychiatre, pour un ultime examen de contrôle, Adam Asquith s'installe dans le fauteuil de cuir et sourit.

– Toujours rien, dit-il...

– Pas une image ? Un rêve... même anodin ? Une sensation ?

– Rien. Je dors comme un bébé. Je ne me souviens pas de mes rêves, si j'en fais...

– Tout le monde en fait... On vole, on court, on se cache, on fuit parfois...

– Rien. Le trou noir.

– Adam, je vais devoir vous rendre à la vie civile, mais je dois vous prévenir, je crains que vous ne guérissiez jamais.

– Qu'est-ce que je vais devenir ?

– On vous aidera à trouver du travail, et il faut espérer que quelqu'un, un jour, se manifestera pour vous. Sans élément familier, il vous sera difficile, voire impossible, de retrouver le souvenir de votre passé. Car c'est toujours un véritable apprentissage, au début. Les souvenirs ne se manifestent pas tout seuls... Dans votre cas, nous n'avons pas le moindre élément de départ... Vous avez des projets ?

– Je... je vais peut-être épouser Lilian Kelly, si on me le permet... je ne sais pas comment, je n'ai pas d'identité.

– L'armée va vous aider. On vous donnera une identité provisoire, et vous pourrez exister normalement... si l'on peut dire. Vous êtes sûr de vouloir vous marier ?

– J'ai besoin de quelqu'un près de moi. Je me sens perdu.

– Je comprends, Asquith, on le serait à moins... Vous aurez votre bon de sortie demain. Bonne chance !

Adam Asquith passe donc devant une commission de l'armée qui lui délivre des papiers provisoires, le déclarant canonnier, c'est une supposition gratuite, mais l'on a vu des canonniers errer seuls et amnésiques après un bombardement particulièrement atroce. Le canonnier Asquith, donc, redemande une identité, toujours provisoire, à l'état civil, et il garde le nom d'Adam Asquith. Âge approximatif trente ans, célibataire supposé.

On lui propose un métier de laveur de carreaux. La guerre s'achève, il travaille dur, monte sa petite entreprise, et se prépare à épouser Lilian Kelly.

Il va l'épouser demain. Il enterre sa vie de garçon. Il dort seul pour la dernière fois dans son petit appartement londonien. Et voici que surgit le deuxième cauchemar.

Il est encore devant une porte, celle d'une petite maison de briques roses. Toujours ce rose. Il s'efforce d'entrer sans bruit dans cette maison, car il est en retard, il a travaillé tard, il est fatigué et voudrait dormir. Mais il a beau fouiller dans ses poches, il ne trouve pas de clé. Il a peur devant cette porte, car il lui faut sonner. Il faut qu'il sonne. Sinon il ne pourra pas dormir.

La porte de la maison de briques roses s'ouvre, et voici qu'apparaît l'énorme femme, en déshabillé rose, des voiles tout autour d'elle. Ses yeux violets immenses sont méchants, meurtriers, sa poitrine énorme se soulève en un souffle puissant. Elle dit :

– Tu as vu l'heure qu'il est ?

Et il se sent coupable. Il voudrait bien glisser le long du mur, éviter cette femme rose qui lui barre le passage. Il voit l'escalier qui monte à la chambre à coucher, où il voudrait courir... pour aller s'enfermer, dormir... mais l'énorme femme rose ouvre les bras, le serre contre lui, l'étouffe. Elle le déshabille, lui retire un à un tous ses vêtements, et il n'ose pas se débattre, il est hypnotisé, paralysé, elle joue avec la cravate de sa grosse main, lui serre un peu le cou, il a peur. Elle dit d'une voix forte :

– Le vilain garçon doit faire quelque chose à sa petite femme pour se faire pardonner.

Il tremble de panique, il est à l'intérieur de la maison, la porte se referme. Il se débat, il voudrait crier, mais il sait qu'il ne peut pas, car il y a dans la maison des gens qu'il ne faut pas réveiller. La femme est devant lui, c'est « sa » femme. Elle lui coupe le chemin, l'attire, le force, le pousse dans l'escalier en lui disant de se dépêcher. Il s'arrête à chaque marche, résiste, s'accroche à la rambarde, mais elle est plus forte. Ils arrivent en haut de l'escalier, et il voit une autre porte ouverte, la chambre rose, le lit rose, le velours rose des fauteuils, il voudrait fuir, mais il est trop tard, les yeux violets l'hypnotisent, elle l'attire, tout ce rose tourne à la folie autour de lui jusqu'au dégoût, elle lui arrache son pantalon, il hurle, et c'est fini.

Il est assis en pyjama sur son lit de célibataire, transpirant d'angoisse, au matin de son mariage avec Lilian Kelly.

C'est horrible. Cette fois, la rue, la porte, la maison de briques roses, il croit bien les avoir déjà vus. Ces gens qu'il ne fallait pas réveiller dans son cauchemar, il lui semble bien qu'une image s'y rapporte, peut-être un vieillard barbu... Un père; le sien ? Celui de la femme ? « Sa » femme ?

Et il y a autre chose de plus précis. Il se souvient, pour la première fois, que cette fatigue qui lui donnait tant envie de dormir dans son cauchemar venait d'un travail à l'atelier de chemin de fer de la ville. C'est sa première et unique certitude.

Il n'empêche qu'Adam Asquith se marie ce matin-là, ravi de retrouver sa Lilian en robe blanche. Le blanc est un soulagement. Dieu qu'il hait le rose... Ce rose lui donne la nausée.

Et il ne dit rien de ses cauchemars. La vie est simple et tranquille, cette paisible rumeur-là vient de la ville, où il s'enfonce, anonyme et marié, heureux, installé avec Lilian dans un petit appartement où rien n'est rose. Elle adore le beige, le cuir, le Chippendale, et les marguerites...

Un jour, alors qu'il n'a pas fait de cauchemars depuis longtemps, Adam Asquith sort de chez un client et croise dans l'escalier un petit homme rubicond, qui le regarde passer avec des yeux ronds. Sans y prêter attention, il descend l'escalier, puis sent que l'homme n'a pas bougé. Un curieux pressentiment l'envahit. Il accélère le pas, dégringole les marches quatre à quatre, et il est au rez-de-chaussée lorsque le petit homme, du quatrième étage, se met à crier :

– David ! David !

Adam Asquith débouche dans le hall, il entend le petit homme se lancer à sa poursuite, en hurlant toujours :

– David ! Vous êtes bien David Lester ? Hé, vous êtes David Lester ?

Adam Asquith se précipite dans la rue et court, court à toutes jambes comme s'il avait le diable aux trousses, comme si derrière le petit homme se profilait la monstrueuse silhouette de la femme en rose.

Il court si vite que le petit homme ne peut pas le suivre, et Adam Asquith se retrouve enfin dans la foule, à nouveau anonyme, perdu dans le brouhaha de Londres.

Ce n'était pas un cauchemar. Ça en avait tout l'air pourtant. Une angoisse affreuse empêche Adam de rentrer chez lui tout de suite. Il a besoin d'une bière, besoin de se calmer, avant de retrouver Lilian la douce qui prépare le dîner, le fauteuil de cuir, le tapis beige, et le vase de marguerites...

– Tu rentres tard, Adam... Tu es fatigué ? Tu veux un bain ?

Tout rentre dans l'ordre peu à peu dans la tête d'Adam Asquith, qui ne s'appelle pas David, encore moins Lester, le refuse en tout cas de toutes ses forces, et sourit à sa femme.

Une soirée tranquille, une tasse de thé. Ils vont se coucher, dans un lit blanc, normal, et Adam s'endort, sous le regard attendri de son épouse.

C'est son troisième cauchemar.

Le vieillard rubicond et barbu se tient devant lui, telle la statue du commandeur, les yeux plissés de méchanceté. Ils sont dans la petite maison de briques roses, à Northompton, dans le hall, au pied de l'escalier qu'il a déjà vu. Celui qui monte à l'affreuse chambre rose. Et le vieillard montre l'escalier du doigt. Il proteste, il s'entend dire d'une voix qui résonne en écho :

– Je vous dis que je ne veux pas d'enfants...

– Norma, elle, veut un enfant ! répond le vieillard méchant en montrant toujours l'escalier du doigt.

– Je vais partir à la guerre, c'est idiot de faire un enfant... si je ne reviens pas.

– Ce n'est pas idiot. C'est une raison de plus. Vous aurez au moins servi à ça, si vous ne revenez pas.

Alors il recule devant le vieillard méchant, en répétant : « Je ne veux pas, je ne veux pas. » Et le vieillard le retient par le bras, en lui soufflant dans le nez :

– Je vous ai donné cette maison pour que vous fassiez un enfant à Norma. Je vous ai trouvé du travail chez Alsthom, pour que vous fassiez un enfant à Norma. Vous avez tout ça parce que je veux le bonheur de Norma...

Et le vieillard l'attire, son bras a une force incroyable, il le pousse dans l'escalier, il lui crie :

– Norma vous attend!

Et il voit, en haut de l'escalier, le monstre rose, la femme immense, en déshabillé rose qui lui tend les bras.

Il monte l'escalier, il y est contraint, la femme tremble d'impatience, il voit les yeux violets, hypnotiques, la femme le soulève avec une force mystérieuse et depuis l'escalier, le jette sur le lit rose. Sa mâchoire heurte violemment le bois de lit. Il a mal.

Adam Asquith se réveille ce matin-là avec une affreuse rage de dents. La douleur qu'il ressentait à la fin du cauchemar, bien réelle, a dû provoquer le reste.

Assis sur le lit blanc, Adam Asquith se prend la tête dans les mains, désespéré. Il ne peut plus ignorer le voile qui se lève. Il s'appelle David Lester, il est anglais, il travaillait à l'atelier de mécanique des chemins de fer de la ville de Northompton, où il a une femme, un beau-père et une maison de briques roses. Et peut-être un enfant né pendant la guerre. Au début des hostilités, il était mécanicien pilote dans la RAF, on l'a expédié en Égypte, et là, la mémoire le lâche à nouveau. Le voile se referme. Il ne se souvient toujours pas de ce qui l'a amené à se retrouver seul dans le désert tunisien. C'est normal. Il faudrait que quelqu'un d'autre le lui raconte, et encore. Le blocage est là. Mais il s'en fiche, Adam Asquith, de ce qui est arrivé à David Lester. Il n'a aucune envie de redevenir ce David Lester-là... Son passé encore brumeux lui apparaît bel et bien comme un cauchemar vécu. Il aime sa nouvelle femme, il gagne bien sa vie, il veut rester Adam Asquith.

Lilian apporte le thé :

– Qu'est-ce qu'il y a Adam, tu as une sale tête, les traits tirés... hier déjà tu étais fatigué...

Lilian est toujours infirmière et le reste en dehors des heures d'hôpital, surtout pour son mari.

– J'ai mal aux dents...

– Tu vas aller chez le dentiste.

– Mais je n'en connais pas... c'est la première fois que j'ai mal aux dents... enfin je crois...

C'est vrai qu'il y a ces deux plombages en bas, au fond. Mais c'est un détail.

Lilian connaît un dentiste, elle l'appelle. La joue d'Adam est enflammée, c'est urgent. Le dentiste est très occupé, mais Lilian, qui n'a pas sa langue dans sa poche, insiste en ajoutant que son mari est le célèbre canonnier Asquith, celui dont tous les journaux ont parlé pendant la guerre, l'amnésique... Si bien que le dentiste ne refuse pas de le prendre entre deux rendez-vous.

Adam Asquith, déboussolé, la mort dans l'âme et flanqué d'une rage de dents douloureuse, se rend donc au cabinet d'un dentiste de renom. C'est une mauvaise journée. Il ne se doute pas à quel point.

Il faut lui arracher une dent de sagesse. Ça fait mal. Mais le dentiste promet de l'endormir.

Quelques instants plus tard, Adam sombre dans l'inconscience. Lorsqu'il revient à lui, la mâchoire encore douloureuse, et dure comme un morceau de bois, le dentiste lui sourit :

– Vous voyez ? Ça ne dure pas longtemps, vous êtes débarrassé. Rincez-vous...

Adam Asquith gargouille le désinfectant, se lève et le dentiste lui demande soudain :

– Vous connaissez le docteur Hamer ?

– Non.

– C'est curieux. Vous en avez parlé, quelques secondes après l'extraction... Or il se trouve que c'est un confrère de Northompton... je le connais très bien.

– Ah... ce doit être une coïncidence, je ne suis jamais allé à Northompton.

Adam Asquith enfile son imperméable, paie et se sauve. Mais il est à peine dans l'escalier, que le dentiste, lui, se précipite au téléphone. Comme tout le monde il a entendu parler du soldat inconnu du désert. Le cas est passionnant. L'homme est toujours amnésique, et il a parlé, sous l'effet du narcotique, il a dit un nom...

– Hamer, dites-moi, mon cher confrère... je voudrais vous faire la description de la mâchoire d'un client...

Quelques jours plus tard, le docteur Hamer de Northompton rappelle son confrère.

– J'ai une fiche qui concorde. Un ancien client. Le schéma correspond... deux plombages, molaire et prémolaire... en bas, un à gauche... l'autre à droite... Il s'appelle David Lester.

Cette fois, Adam Asquith ne peut plus se défiler. Car, tout fier de lui, le dentiste vient lui révéler la bonne nouvelle. Et c'est l'horreur. Il est bigame. Il déteste son ancienne femme, Norma, une grande et forte Walkyrie, aux désirs aussi intempestifs qu'impétueux... Il déteste ce beau-père qui l'a pris au piège avec ce travail, cette maison, en échange du bonheur de Norma... d'un bébé pour Norma... Peut-on l'obliger à revivre ce cauchemar ? Il est devenu un autre homme, il a trente-cinq ans, un autre métier, une autre femme, qu'il aime celle-là...

Justement, il faut en parler à Lilian. Lui raconter avant que quelqu'un d'autre ne le fasse.

Adam Asquith raconte les cauchemars d'Adam, et ce qu'il sait de David. C'est long, c'est terrible, et Lilian a les larmes aux yeux, mais c'est une femme aimante, droite, dévouée jusqu'au sacrifice :

– Tu dois y aller, Adam... A Northompton... il faut te faire reconnaître par ta famille... et par ta femme.

– Mais je ne veux pas...

– Moi, je veux. Nous ne serons pas heureux, si tu ne fais pas ça...

– Mais qu'est-ce qui va m'arriver, Lilian ? Imagine que cette... cette femme ait un enfant de moi ? Qu'est-ce qui nous arrivera à nous ?

– Adam... dans vingt-quatre heures tout le monde saura, le dentiste, ce Hamer, va parler... ta famille le saura, la police viendra te chercher... tu es David Lester. Et vis-à-vis de l'armée, tu seras déserteur si tu ne te présentes pas aux autorités. Pour la justice tu seras bigame... Il faut y aller... Adam...

Alors, la mort dans l'âme, Adam Asquith va rendre visite à David Lester à Northompton.

Par un matin pluvieux, il sonne à la porte de la petite maison de briques roses, celle de ses cauchemars. Et, comme dans ses cauchemars, la porte s'ouvre et une grande et forte femme apparaît. Vêtue de noir. Pétrifiée à la vue de cet homme, ce revenant. Les yeux violets s'écarquillent d'effroi, et elle appelle :

– Papa ! Papa !

Surgit alors le petit vieux rubicond et barbu aux yeux méchants. Méchants et soudain glacials. Il dit :

– Calme-toi, Norma... Vous désirez, monsieur ?

Adam Asquith fait un effort pour répondre :

– Je suis David Lester...

Mais il sent une résistance étrange dans le regard du vieillard :

– Vous croyez que vous êtes David Lester...

Surpris, Adam Asquith répond prudemment :

– Il paraît...

– Moi, je ne vous reconnais pas... et toi Norma, tu le reconnais ?

Norma mesure 1 m 80, son corps de lanceuse de poids est boudiné dans un pantalon et un pull-over noirs. Elle semble avoir du mal à respirer mais répond très vite :

– Non... euh non...

Alors le vieillard aux yeux méchants sourit à Adam Asquith :

– Vous voyez... elle ne vous reconnaît pas non plus. C'est la veuve de David Lester... vous comprenez ?

Adam Asquith en a la tête qui tourne. Bon sang, il est venu jusqu'ici comme s'il allait à l'échafaud, sûr de son identité, et cette femme, sa femme l'a reconnu. Il l'a bien vu à son premier regard... Que se passe-t-il ici ?...

Il se passe que Adam Asquith-David Lester est arrivé à un moment particulier. Depuis la disparition de son mari, Norman Lester n'avait touché aucune pension. Il n'était pas présumé mort, mais catalogué déserteur. L'armée est ainsi, sans nuance. Les années ayant passé, les autorités militaires se sont résignées à le considérer comme mort au combat. Norma Lester, sa veuve, allait donc toucher cinq ans d'arriérés de pension. Une somme coquette. Que l'on devait lui verser ces jours-ci...

Adam Asquith ignore tout cela en rentrant chez lui, auprès de sa femme, la vraie, celle qu'il aime en tout cas, et il ne l'apprendra que les jours suivants en faisant les démarches qu'il se doit de faire.

Il comprend. Norma n'aimait pas que le rose, elle était aussi fascinée par l'argent, et il devait travailler jusqu'à l'épuisement pour en gagner, avant de s'écrouler épuisé dans ce lit rose, où fort heureusement ne naquit pas de bébé rose...

Il comprend aussi que la grande silhouette masculine qu'il a aperçue en haut de l'escalier, derrière le vieillard, et qui n'a pas bronché lors de sa visite, est le nouveau condamné au rose...

L'opinion publique fut enthousiaste et divisée. La justice et l'armée dans un drôle de pétrin. Finalement, le second mariage d'Adam Asquith fut cassé. David Lester dut divorcer de sa première femme, et rééepouser légalement celle d'Adam Asquith.

Ils furent heureux. Norma Lester ne toucha pas de pension. La vie n'est pas rose tout le temps.

# LE VIDE-ORDURES AUX YEUX NOIRS

Monsieur Thorp titube légèrement. Il regarde par la fenêtre du premier étage de l'appartement de madame Donskoi, et a nettement, si l'on peut dire, l'impression que sa vision n'est pas nette justement. Trop de vodka. Caviar, blinis, saumon fumé, et vodka entre chaque plat. Monsieur Thorp étant le seul homme des quatre convives, il s'est cru investi du devoir des mâles de boire plus que les femmes. Résultat, il a l'impression d'être au quinzième étage de cette tour, et non au premier. Irina Donskoi, à qui incombait, ce soir, l'organisation de leur petite fête annuelle, a un rire charmant, qui lui résonne un peu dans les tempes. Ils ont dévoré la cagnotte de leurs parties de bridge à un centime le point. La seule distraction que puissent s'offrir ces célibataires et ces veuves peu fortunés, mais enragés au jeu. Monsieur Thorp doit affronter maintenant une nouvelle partie après ce repas copieux et malgré cette vodka qui lui tourne la tête. Ses trois partenaires féminines débarrassent déjà la table en riant, et monsieur Thorp fait un effort pour les aider courtoisement. Il prend une assiette, dans laquelle on a rassemblé les détritus du repas, et annonce :

– Je vais jeter ça dans le vide-ordures!

Titubant toujours, avec l'élégance un peu raide de ses soixante-dix ans, monsieur Thorp fait le point sur la sortie, vise, et s'ébranle vers la porte.

L'hôtesse, cette chère Irina, veuve solide d'une soixantaine d'années, supporte la vodka apparemment mieux que son invité :

– Laissez cela, Thorp... Je le ferai demain, voyons...

– Du tout, du tout, ma chère, un homme bien élevé se doit de rendre service...

En fait monsieur Thorp espère également profiter de l'occasion qui le mène au vide-ordures pour respirer une bonne goulée d'air frais au balcon extérieur.

Dans son dos, les trois femmes sourient :

– Vous croyez qu'il va trouver le trou?

– Ce cher Thorp, je joue avec lui ce soir, ça m'étonnerait que nous fassions des merveilles...

Monsieur Thorp, pendant ce temps, a vaillamment atteint la porte, traversé le couloir, n'a pas trouvé la lumière, mais s'est cogné dans une autre porte, celle du cagibi qui abrite le vide-ordures. Il est même parvenu à l'ouvrir ce vide-ordures, et il racle consciencieusement son assiette, à l'aide d'une fourchette. Si le concierge le voyait faire, il en entendrait de belles. On ne jette pas des détritus ainsi sans les enfermer dans un sac plastique!

Dans l'appartement, ces dames attendent le retour de l'aventurier. Car monsieur Thorp est un aventurier ce soir. Il est en train de vivre à cette minute l'aventure de sa vie. Dans un silence total, il s'est immobilisé, l'assiette dans une main, la fourchette dans l'autre, et il vacille. Le vide-ordures le regarde...

Cela ne fait aucun doute, le vide-ordures regarde monsieur Thorp, en face. Il a même des yeux noirs ce vide-ordures. La confrontation est impressionnante. Fascinante. Il est exactement vingt heures trente, le 22 juin 1974 à Nimegue en Hollande, et un vide-ordures ose regarder monsieur Thorp avec des yeux noirs...

Ces dames ayant achevé de débarrasser la table, ayant installé le tapis vert, le bloc et le crayon, se demandent tout de même s'il faut plus de deux minutes pour racler une assiette dans un vide-ordures, situé à un mètre de la porte de l'appartement. D'ailleurs elles n'entendent plus de bruit. Le silence. Que fait donc ce cher Thorp?

Il ne fait rien. Il est debout toujours, vacillant sous le choc, son assiette dans une main, sa fourchette dans l'autre, mais positivement hagard.

Irina se glisse dans le couloir, avec prudence. On ne sait jamais, ce cher Thorp a pu avoir un léger malaise, qu'il aura voulu dissimuler. Ne pas le vexer, mais s'inquiéter tout de même.

– Eh bien, Thorp? Qu'est-ce qu'il y a ? Un problème?

Elle ne le voit que de dos, statufié en apparence, devant le vide-ordures ouvert.

– Thorp? Qu'est-ce qui se passe?

Comme un automate, monsieur Thorp fait alors demi-tour, et avance de quelques pas vers la porte de l'appartement où se tient Irina... les yeux fixes, hébété.

– Thorp, je suis navrée... c'est la vodka, je vous avais prévenu... elle est polonaise... c'est la meilleure, mais tout de même... vous avez exagéré!

Monsieur Thorp fait un signe de tête négatif, puis ouvre la bouche, semble-t-il avec effort, pour dire :

– Le vide-ordures...

– Qu'est-ce qu'il a le vide-ordures? Il ne marche pas?

Monsieur Thorp fait un signe affirmatif :

– Si... mais il y a des yeux dans le vide-ordures...

– Thorp...

Madame veuve Irina Donskoi est gênée, désolée...

– Thorp... voyons que dites-vous là ?

– Des yeux, là, dans le vide-ordures, je les ai vus, ils m'ont vu...

Derrière Irina, les deux bridgeuses, impatientes, se retiennent de pouffer. Cette soirée est mémorable. Jamais monsieur Thorp n'a été aussi drôle... Et il est drôle pourtant d'habitude. Gai, optimiste, aimant la vie, les dames, la bonne chère et le bon vin...

– Allons, allons, qu'est-ce que vous nous racontez là ?... Voyons ce vide-ordures...

Irina et ses amies avancent, se penchent, regardent, l'une après l'autre, et les trois en même temps, puis se retournent vers ce pauvre monsieur Thorp.

– Eh bien, il est vide ce vide-ordures...

Monsieur Thorp se retourne, avance prudemment, regarde, et doit se rendre à l'évidence. Il a beau scruter le tuyau nauséabond, il ne voit rien.

– Euh... excusez-moi... c'était... hallucinant... bon dieu, j'ai bien cru...

Gêné, monsieur Thorp. Gêné... il a l'air malin. Mais son amie Irina, en bonne Russe qu'elle est, le console :

– Je me suis trompée, vous avez besoin d'un autre verre au contraire... Cher Thorp, comme vous m'avez fait rire ! Des yeux noirs dans le vide-ordures... On dirait une chanson tzigane...

L'incident étant clos, la partie de bridge se déroule gaiement, et monsieur Thorp rentre chez lui. La nuit sera peut-être un peu dure... Il se réveille en sursaut, persuadé que des yeux noirs le regardent du fond d'un vide-ordures... mais il se donne moralement deux gifles, boit un verre d'eau et se rendort.

Le lendemain soir, vers 20 h 30, madame veuve Irina Donskoi, seule dans sa cuisine, chantonne en pelant des pommes, et en regardant le journal télévisé d'un œil distrait. Elle confectionne l'une de ses compotes, avec citron, cannelle et sucre roux, dont elle raffole. Elle rassemble maintenant les épluchures soigneusement dans un sac en plastique, et s'en va chantonnant toujours vers le même vide-ordures que la veille. C'est le sien, celui de son palier du premier étage... Celui où, la veille, ce cher Thorp... a vu des yeux noirs.

Souriant à ce souvenir, Irina enfile sur son pyjama une robe de chambre au col de plumes d'autruches. On ne sait jamais qui on peut rencontrer sur le palier. A soixante ans, Irina, qui fut belle, et en garde des yeux bleus remarquables, ne désespère pas de séduire encore...

Le vide-ordures est toujours à un mètre de sa porte, c'est un ancien modèle, sans porte basculante, il s'agit d'un simple conduit, qui dessert tous les étages, et, à chaque étage, un trou, avec une porte légèrement inclinée. Irina transporte délicatement son sac plastique, le palier est désert, le col de plumes d'autruches et les cheveux blonds minutieusement coiffés ne feront pas de rencontre, ce soir.

Pourtant, en ouvrant la porte, elle entend un bruit. Il vient d'un étage supérieur, mais il n'a rien d'étrange. Quelqu'un, quelque part au-dessus d'elle, vient de glisser quelque chose dans le conduit, et ce quelque chose fait du bruit en se cognant aux parois du tunnel. Irina n'a pas le temps de retirer sa main, le quelque chose la heurte au passage. C'est l'inconvénient de ces anciens modèles, si on ne fait pas attention on récolte en direct les ordures des étages supérieurs... Irina retire sa main très vite, et d'étonnement écarquille ses beaux yeux bleus. Une flaque de sang s'étale sur sa main... écœurant.

Irina rentre chez elle, tenant sa main devant elle, loin de la robe de chambre, avec dégoût. Les gens sont décidément sans gêne, et le concierge a bien raison. Ils pourraient tout de même utiliser des sacs, grogne-t-elle en se lavant soigneusement les mains.

Et elle retourne à sa compote, et aux odeurs de cannelle.

Le lendemain, à la même heure, Irina attend la fin du journal télévisé, pour se rendre au vide-ordures. Elle a fini de dîner comme chaque soir, à la même heure, et comme la plupart des locataires de cette tour, devant les mêmes télévisions, le même journal, elle entend parler du nouveau président de la République française, monsieur Giscard d'Estaing, qui a décidé d'avancer la majorité des Français à dix-huit ans... de Bjorn Borg, le Suédois, qui vient de devenir le plus jeune champion de tennis... et de la mort de Darius Milhaud à quatre-vingt-un ans... La vie est une drôle de chose, en raccourci. Le journal terminé, Irina enfile sa robe de chambre aux plumes d'autruches, et sort sur le palier, direction le vide-ordures.

Or, à l'instant où elle jette son paquet dans le vide, elle entend ce même bruit, très exactement, comme la veille, qui signale la dégringolade de quelque chose aux étages supérieurs. Cette fois, Irina ne referme pas la porte et regarde. Juste pour vérifier si le malpropre inconnu a choisi de s'offrir des sacs plastique. Sinon... Irina se plaindra au concierge. Non mais!

Or, voici que devant le regard bleu et attentif de madame veuve Irina Donskoi, soixante ans, bien coiffée et dont le col s'orne de plumes d'autruches, passe... une jambe. Une jambe sanglante, dont elle apprécie à peu près la coupure à hauteur du genou. Quoi qu'il en soit c'était une jambe, avec un pied, une cheville et un mollet... C'était, car elle est passée très vite cette jambe. Et madame veuve Irina Donskoi en demeure blême et positivement terrifiée. Elle ferme les yeux un instant, en se disant : « Irina, ma vieille, tu as des hallucinations... » Mais, les yeux fermés, la vision est toujours là, inscrite dans la mémoire de ses prunelles. Elle a vu passer une jambe dans le vide-ordures.

Quelle histoire! Mon Dieu, quelle histoire! Que faire devant un cas semblable? Ne pas dormir de la nuit, c'est évident. Irina ne peut s'empêcher de revoir l'horreur devant ses yeux. Si bien que le lendemain matin elle se rend au poste de police le plus proche.

Ce n'est pas facile de déclarer au planton :

– J'ai vu une jambe dans le vide-ordures.

Car le planton incline la tête, sans rire, et la dirige vers un officier en uniforme, en déclarant :

– Madame dit avoir vu une jambe dans son vide-ordures.

Et l'officier, impassible, répète :

– Ah oui... une jambe...

Madame veuve Irina Donskoi lui apparaît comme une dame charmante, au regard bleu quelque peu exorbité, à la robe un peu fanfreluche, de toutes les couleurs, aux boucles d'oreilles de star, et aux cheveux serrés dans un foulard russe du plus bel effet. Sa mise en plis a souffert de cette mauvaise nuit, et le foulard est séduisant, selon Irina.

– Dites-moi, madame, vous avez fouillé dans les poubelles ?

– Ça non, je n'ai pas osé, en pleine nuit.

– Et ce matin ?

– J'y avais pensé figurez-vous, mais vous me voyez fouiller dans dix poubelles ? De toute façon, les éboueurs étaient passés, je me suis levée trop tard... Ce cauchemar... Vous comprenez... D'ailleurs il faut que je vous dise, hier, j'ai eu du sang sur la main... oui... oui du sang... et le jour d'avant, c'est mon pauvre vieil ami, ce cher Thorp... qui a vu des yeux noirs qui le regardaient dans le vide-ordures... D'abord nous ne l'avons pas cru, bien sûr... Il avait bu pas mal de vodka...

– Il boit de la vodka ce cher monsieur Thorp...

– Oh une fois par an... pour notre dîner de bridge... C'est ma faute, c'était de la vodka polonaise, à la cerise... une merveille, seulement il en a quelque peu abusé, le pauvre... c'est pour cela que nous ne l'avons pas cru... mais je me demande...

Le policier récapitule calmement :

– Vous vous demandez si des yeux noirs... du sang et une jambe, ne feraient pas un tout... Voyons... prenons les choses dans l'ordre, les yeux noirs... Vous admettez que votre ami avait abusé de la vodka ? Bien. Ensuite le sang... Vous admettez qu'il pourrait s'agir du sang provenant d'un morceau de bœuf quelconque ? Bien... Enfin hier soir la jambe...

Irina voit dans l'œil du policier une certaine désinvolture par rapport à son récit, elle se fâche :

– Une jambe, oui, coupée au-dessous du genou !

– Vous êtes sûre que c'était une jambe ?

– Dites donc... Je ne suis pas une vieille bique bigleuse... Vous remarquerez que je ne porte pas de lunettes, j'ai toute ma tête, et j'ai beau être russe, je ne me noie pas dans la vodka tous les soirs... Si j'ai vu une jambe, c'est que c'était une jambe, pied, mollet, jusqu'au genou. Il n'y avait pas le genou... mais il y avait du sang, et je l'ai vue passer devant mes yeux, en provenance d'un étage supérieur, et se cognant aux parois, c'est clair ?

Madame veuve Irina Donskoi, lorsqu'elle se met en colère, est impressionnante, pas question de la contrer, ce petit policier miteux n'en a ni les moyens ni la force, et elle est entêtée... donc...

Le commissariat expédie deux inspecteurs en civil interroger les soixante habitants de l'immeuble. Ils y passent la journée. Le front bas, le regard vague, le nez maussade, ils grimpent les escaliers, sonnent à toutes les portes, en répétant sans conviction et indéfiniment la même question :

– Avez-vous jeté hier soir dans le vide-ordures des morceaux de viande sanglante ?

La plupart des locataires, étonnés, affirment ne pas l'avoir fait. Mais le concierge a bien précisé :

– Si ça se trouve y vous diront rien, les salopiauds, je me bats tout le temps à cause de cette histoire de sac plastique...

Alors les deux inspecteurs insistent :

– Rien qui ressemble à une jambe ?

Moroses, peu convaincus et fatigués, les deux enquêteurs ne sont peut-être pas des lumières, mais ils ont de la méthode. La méthode, c'est la colonne vertébrale d'une enquête. Il en faut. Ils notent donc à chaque fois soigneusement si l'interlocuteur est un homme ou une femme, s'il est marié dans le premier cas, s'il a des enfants, si sa femme est là ou pas, si c'est une concubine, une amie, une voisine...

Le soir tombe sur cette enquête insolite et, vers dix-huit heures, aucun des habitants ne leur ayant paru suspect, ni dans ses réponses ni dans son comportement, les deux inspecteurs retournent au commissariat, en se raccrochant à la première explication venue.

Si bien que le lendemain, dans ce même commissariat, où elle a été convoquée, madame veuve Irina Donskoi s'entend déclarer par un commissaire :

– Nous n'avons pas retenu la déclaration de votre ami monsieur Thorp. Trop de vodka... excès d'alcool. De même le sang que vous avez reçu sur la main, rien d'exceptionnel. Par contre nous avons identifié la jambe...

Irina frémit. Enfin... quelle histoire, mon Dieu...

– Une locataire du huitième étage a jeté, hier soir, vers vingt heures trente, dans le vide-ordures, je la cite : « Une sorte de petit polochon en mousse plastique qui équipait le panier de son chat. » J'en déduis, d'après la description qu'elle en a faite aux deux inspecteurs, que ce petit polochon, de couleur indéterminée, tombant très vite dans le vide-ordures, et dans l'obscurité, a pu être confondu avec une jambe.

– Ça c'est extraordinaire ! Vous prétendez que j'ai confondu un polochon avec une jambe ? Je suis folle, c'est ça ?

– Mais pas du tout, pas du tout... Suivez-moi bien, et reprenons la succession des faits, méthodiquement... Avant-hier, lorsque vous avez entendu tomber quelque chose dans le vide-ordures, la déclaration de votre ami Thorp vous est revenue en mémoire. Il avait vu des yeux noirs, donc, par association d'idées, vous pensez à un visage humain. Toujours par association d'idées, vous vous rappelez avoir reçu du sang sur la main. Donc, inconsciemment, vous pensez au dépeçage d'un corps humain. Si bien que lorsque vous voyez passer devant vos yeux, dans l'obscurité du conduit, une forme allongée, cylindrique, molle et vaguement de couleur chair... vous voyez une jambe...

– Et ce n'était qu'un polochon... vous me prenez pour une idiote...

– Pas du tout... recommençons...

Fatigué le commissaire, mais courtois. Il ne prend pas Irina pour une folle, il s'est renseigné, c'est une jeune vieille dame, tout à fait digne, charmante, mais qui a cru voir une jambe... il le lui répète. Et le répète encore. Irina comprend qu'il n'y a plus lieu d'insister, et s'en va, rentre chez elle, et tourne en rond. Elle s'obstine à vivre comme avant, mais la seule idée de se rendre au vide-ordures la rend malade. Elle s'y refuse durant trois jours. Dieu sait quelle sorte de chose immonde lui sauterait aux yeux... Mais le quatrième jour, à la fin du journal télévisé, elle contemple pensivement les petits paquets de détritus de ses trois journées. C'est ridicule. Elle ne sait plus où les mettre, elle n'ose même pas frôler une poubelle le matin. Il faut prendre le dessus. Elle va tout jeter d'un seul coup. Elle y va, elle y est, devant la porte, elle l'ouvre et contemple l'appareil, en se morigénant. Si quelqu'un dépeçait un corps dans cet immeuble, au-dessus d'elle, et même s'il en jetait un petit morceau tous les jours, il y a tout de même peu de chance pour qu'il le fasse juste à ce moment-là, juste pour elle. Le hasard a tout de même ses limites.

Irina reprend sa respiration, rassérénée, et c'est à cet instant qu'elle entend quelque chose tomber dans le conduit, en provenance des étages supérieurs, et en se heurtant aux parois. Pétrifiée, le regard bleu exorbité, elle croit voir passer... une main.

C'est trop. Cette fois c'est trop. Elle en a la tête qui tourne. Elle doit s'appuyer contre la rambarde de l'escalier pour ne pas tomber, aux limites de l'évanouissement. Il lui faut un verre... Non pas de verre, on l'accuserait de boire... « Mon Dieu, se dit-elle, je suis folle, ce doit être ça... J'ai vraiment des hallucinations... une idée fixe... c'est impossible que quelqu'un jette tous les soirs, à la même heure, au moment où j'ouvre le vide-ordures, un morceau de corps humain. C'est moi qui suis folle à lier. »

Et Irina tremble, appelle son médecin, court le voir le lendemain, lui raconte l'affaire. Il l'envoie aussitôt chez un psychiatre et ce dernier, après l'avoir observée une quinzaine de jours, lui conseille tout bêtement d'aller se reposer chez sa sœur, qui vit à Nice. Elle oubliera au soleil. Il n'y a pas de vide-ordures chez sa sœur ? Parfait... Une bonne cure de repos sans vide-ordures lui fera le plus grand bien.

Madame veuve Irina Donskoi s'installe donc à Nice, où elle reste près d'un an. Elle oublie, peu à peu. A Nice, dans ce vieil appartement où vit sa sœur, il n'y a effectivement pas de vide-ordures, il faut descendre la poubelle le matin... et le matin tout est différent...

De retour dans son appartement de Nimegue, au mois de juin 1975, Irina entreprend de faire le ménage. La journée passe entre aspirateur, chiffons, poussière et astiquage. Le soir, après le journal télévisé, où l'on parle de Margareth Thatcher, première femme chef d'État, et de l'enfer de Beyrouth. Irina tente de résister, mais c'est plus fort qu'elle, elle se retrouve sur le palier, le sac plein de poussière de l'aspirateur à la main, plantée toute droite, devant le vide-ordures. Comme si quelqu'un l'avait entraînée là malgré elle. Une force irrésistible, venue du fond de son subconscient. Le sac n'est pas plein, elle aurait pu attendre, elle n'a pas pu. Elle est là, hésitante, et c'est plus fort qu'elle, les images reviennent, son imagination galope, mon Dieu, si jamais... si jamais elle voyait quelque chose, là, ce soir, précisément après un an d'absence... c'est qu'elle est encore malade. Et la meilleure façon de le savoir, c'est d'ouvrir ce satané vide-ordures, et de regarder. Le psychiatre avait dit : « Ne cédez pas à vos impulsions... » Tant pis, elle cède.

Irina ouvre la porte, vide le sac à poussière d'un geste sec, referme la porte... Sauvée ! Elle n'a rien vu. Elle en danse de joie sur le palier. Guérie. Enfin.

A ce moment, alors qu'elle tourne le dos au vide-ordures, prête à rentrer chez elle, survient un bruit étrange. Elle entend quelque chose tomber des étages supérieurs. Elle ferme les yeux, rentre la tête dans les épaules, frappée comme par la foudre, puis se retourne, mécaniquement. Ouvrira-t-elle ? A quoi bon, si c'est une hallucination... Mais si ce n'en était pas une ? Il y a le bruit, le même bruit, mais elle n'a rien vu, et la « chose » est déjà passée...

Alors Irina s'élance dans l'escalier, il faut qu'elle sache. Si « la chose » existe, elle se trouve dans la boîte à ordures. Irina galope, aussi vite que le lui permettent ses jambes de soixante ans et ses mules à talons. Incorrigible coquette, elle déboule dans l'escalier qui mène à la cave en se tordant les chevilles, allume, ouvre la porte métallique, et s'immobilise devant cinq poubelles pleines, et quatre vides. Au milieu, la poubelle en service, sous l'arrivée du conduit du vide-ordures, est déjà pleine à ras bord. Sur le dessus, elle entrevoit de la chair bariolée de sang.

Cette fois, il faut intervenir très vite, courir chez le concierge, l'arracher à son match télévisé, le traîner dans la cave, en lui expliquant sur tous les tons qu'il y a de la chair humaine dans la boîte à ordures, celle du milieu... Lui grommeler que cette histoire de chair humaine commence à lui...

Le concierge s'arrête, regarde de loin d'abord, puis prend une bouteille vide... approche le cul de la bouteille, touche, retourne, renverse, et manque de s'étrangler de dégoût.

S'il est impossible d'identifier précisément ce dont il s'agit c'est pourtant indéniable : ils ont devant eux un morceau de chair humaine.

Madame veuve Irina Donskoi offre au concierge un verre de vodka, ne s'en prive pas elle-même, et ils appellent de concert la police.

Ce fut un jeu d'enfant, cette nuit-là, de découvrir, au onzième étage de l'immeuble, un vieux petit monsieur tout à fait tranquille et poli, veuf déjà d'une deuxième épouse, décédée il y a un an, tout juste, et qui venait de tuer récemment la troisième... et qui la jetait tout tranquillement par morceaux dans le vide-ordures, comme la précédente, et peut-être la toute première... après l'avoir découpée en morceaux. Il faisait son petit ménage ainsi chaque soir à la même heure, après le journal télévisé, qu'il n'aurait manqué pour rien au monde...

Il lui restait encore une jambe, mais plus d'yeux noirs...

# LE SILENCIEUX

Tanger sous le brouillard d'automne. Soleil, vent et humidité mêlés font tousser un petit homme qui boitille sur le port.

Il n'a pas l'air de ce qu'il est. Un flic. Un privé. Trente ans de boulot dans ce port international où pullulent les trafiquants de cigarettes, de drogue, d'armes, de filles.

Il connaît tout. Il sait beaucoup, il parle peu. Si peu qu'on l'appelle le Silencieux.

Quelque part sur sa poitrine, une balle a glissé un jour et laissé une cicatrice douloureuse. Une autre fois, alors qu'il poursuivait une bande de trafiquants de cigarettes, il en a pris une autre dans la jambe.

Le Silencieux tousse et boite. Il déteste l'humidité. Il a soixante ans et depuis cinq ans il a pris sa retraite officielle de flic officiel, pour continuer son boulot en privé.

– Salut...

L'homme qui croise le Silencieux au bistrot du port n'attend pas de réponse. Il connaît l'homme. Il ne répond qu'aux questions essentielles, et ce salut n'est pas une question. C'est une entrée en matière.

– J'ai un job pour toi. Amène-toi à la terrasse.

Pour amasser les multitudes de détails insignifiants qui font les grands renseignements, il vaut mieux traîner au bar, devant le zinc, entre les pastis, les olives, la kémia et les ragots des marins.

Pour discuter boulot, il vaut mieux la terrasse. Venteuse, aux tables de métal rongées par la rouille.

Le Silencieux trimballe son anisette, et suit son interlocuteur au-dehors.

– Tu reprends du service. On n'a personne pour ce boulot, et les Américains font un foin du diable. On a Interpol sur les bras depuis des semaines.

– Ça veut dire quoi, personne pour ce boulot ? Y'a des flics à Tanger... Des inspecteurs, des commissaires...

– Te fous pas de moi, tu connais la nouvelle vague de l'indépendance. Des bleus. Faut tout leur apprendre. T'es partant ?

– Qui paie ?
– Personne. Des Ricains. Une famille.
– C'est pas officiel, alors ?
– Ça l'est et ça l'est pas. On peut pas te remettre sur les fiches de paie. On peut pas expliquer aux nouveaux qu'ils sont complètement nuls dans cette affaire... Alors on a dit aux Ricains qu'on aurait peut-être quelqu'un...
– D'accord.

Le Silencieux tend la main, son interlocuteur lui remet une grande enveloppe kraft.

– C'est tout ce qu'on a... Salut.

Le Silencieux ne répond pas. Il n'ouvre pas l'enveloppe. Il la fourre dans son vieux blouson de cuir, tire la fermeture Éclair, paie son anisette et s'en va en boitillant.

Il a entre les mains le sort d'Elisabeth Benton.

Vingt-deux ans, américaine, blonde, jolie, très jolie même. La photo est superbe. Même en noir et blanc.

Le Silencieux a sous les yeux le rapport d'enquête sur la disparition de cette jeune aventurière qui, partie des États-Unis, a voulu voir le Vieux Monde.

Une année de travail dans une firme publicitaire à Boston, le temps de gagner les mille dollars du voyage. Elisabeth Benton est arrivée en Europe dans le courant de l'été 1959. Au contraire de la plupart des jeunes de son âge relativement désargentés, Elisabeth ne fait pas d'auto-stop. Elle achète un vieux scooter en France, visite l'Italie, l'Autriche, repasse à Paris via l'Allemagne. Ses parents reçoivent les cartes postales classiques, le Louvre, la tour Eiffel, puis la Côte d'Azur, puis le Maroc, puis de nouveau la Côte d'Azur.

Le Silencieux examine les cartes postales, expédiées par Elisabeth, avant sa disparition.

L'une, de Gibraltar, le rocher, et les singes du rocher. Elisabeth y écrit à une amie :

« Je t'enverrai ma nouvelle adresse dès que je connaîtrai ma prochaine étape. J'ai abandonné le scooter aux singes de Gibraltar, et je m'embarque demain sur un yacht pour Casablanca. Mais nous ne resterons pas assez longtemps pour que tu m'y écrives. Si j'ai toujours le pied marin, le capitaine m'emmènera peut-être jusqu'à Tahiti, et en Orient... Je réalise mon rêve. Je t'embrasse. »

Sur une autre carte postale, toujours de Gibraltar, mais à un autre ami, la version est légèrement différente.

« C'est un peu insensé de ma part d'accepter de faire le tour du monde avec un homme que je connais depuis vingt-quatre heures... mais tant pis. Nous levons l'ancre demain matin. J'ai visité le Maroc, c'était merveilleux. Nous y retournons, et après... Tahiti ! J'espère... »

Quant à la carte postale destinée aux parents, elle est plus succincte :

« Je ne roule plus en scooter. Je vais jouer le premier maître à bord d'un yacht. En avant l'aventure des îles. »

Les parents n'auront plus jamais de nouvelles. Ils attendent jusqu'au 25 novembre 1959, jour où l'Amérique célèbre le Thanksgiving. Elisabeth n'a jamais manqué de se manifester à cette date. Mais cette fois, rien. Si bien que le 1er décembre, ils s'adressent, non pas à la police locale, qui ne pourrait pas grand-chose pour eux, puisque Elisabeth est majeure et hors des États-Unis, mais à leur congressman. Leur député en quelque sorte. Ce dernier alerte le Département d'État, équivalent des Affaires étrangères, le F.B.I., et contacte des relations en Europe, pour faire faire des recherches par les polices locales.

Et c'est à ce moment qu'un ami d'Elisabeth reçoit une lettre, postée le 14 octobre 1959, de Casablanca, et qui lui est parvenue avec un retard inexplicable.

Le Silencieux déplie un mince papier. L'enveloppe est adressée à James Davis, un camarade d'enfance.

« Cher Jimmy, je pense me rendre à Las Palmas où tu pourrais m'écrire. Fais-le vite, même s'il n'est pas impossible que j'y passe le reste de mes jours. Je dois quitter le yacht, je ne sais pas quoi faire. Peut-être trouver un autre bateau ? De toute manière je te donne l'adresse : Yacht-club de Las Palmas, Islas Canarias. Baisers. Elisabeth. »

En travers, un post-scriptum. « C'est merveilleux de naviguer, ça vaut largement le... »

Le mot est impossible à lire, même à la loupe, il a dû être barbouillé par l'encre du stylo au moment de la fermeture de l'enveloppe. Le mot suivant également. Ce qui donne une phrase mystérieuse. « Cela vaut largement le... d'être... »

Largement le coup d'être ... largement le risque d'être ... Mais d'être quoi ? Malade ? Mal accompagnée ? Méprisée ? ... ou bien abandonnée... larguée...

C'est peut-être sans importance, un mot banal, une expression littéraire... L'ennui c'est le tout petit mot en bas de la lettre, minuscule, presque invisible, et angoissant : « Help. »

Il mérite réflexion. Elisabeth aurait-elle écrit cette lettre sous contrôle, sous surveillance ? Elle aurait alors profité d'un moment d'inattention pour ajouter le minuscule message d'appel au secours.

Il court aux États-Unis, et en Europe aussi, toutes sortes d'histoires sur les jeunes filles kidnappées, la traite des Blanches en direction des pays d'Afrique. Si bien que ce petit mot a constitué le départ d'une enquête d'envergure, par toutes les polices du Bassin méditerranéen, de la côte occidentale d'Afrique, en liaison avec Interpol. Enquête extrêmement aléatoire, car le nom du yacht n'est donné dans aucune des cartes postales et ne figure pas sur la lettre.

Le Silencieux a maintenant en main un rapport de police, émanant de Casablanca, et consignant le témoignage d'un Américain de passage, vivant en Norvège, voyageur solitaire, qui est resté quelques jours ancré au port.

Ce navigateur déclare avoir remarqué sur le quai une jeune fille très jolie. La description qu'il en donne correspond à Elisabeth Benton. Grande, sportive, blonde, yeux clairs, une allure de mannequin en short et en tee-shirt de marin.

Il l'admirait, sans plus, lorsqu'un autre yachtman s'est approché, pour lui dire à peu près :

– Jolie, hein ?

– Oui, très jolie... a répondu l'Américain.

– Vous n'allez pas vers Tanger ou Gibraltar ?

– Non, pourquoi ?

– Parce que vous m'en auriez débarrassé, mon vieux...

– Je retourne en Norvège, mais je le regrette. Je l'aurais emmenée avec plaisir.

– Vous ne la connaissez pas. Moi, je l'ai embarquée à Gibraltar, et je le regrette déjà.

L'Américain s'est étonné d'une réflexion aussi brutale, et l'autre, assez fat et méprisant, a expliqué :

– Rien à en tirer... si vous voyez ce que je veux dire... et avec ça encombrante, intellectuelle, tout pour plaire, quoi !

La conclusion de ce témoignage concernant Elisabeth, si c'est elle, est qu'ayant embarqué avec un homme, elle lui a refusé sa couchette, alors qu'il ne voulait que cela. Classique.

Un autre témoin, entendu celui-là à Gibraltar, rapporte une discussion entre deux jeunes filles, une Américaine « style » Elisabeth Benton et une Anglaise. D'où il ressort qu'Elisabeth aurait en quelque sorte « raflé » à l'Anglaise le propriétaire d'un yacht, objet de leurs convoitises. C'est elle qui se serait embarquée à la place de l'Anglaise, furieuse, qui le lui reprochait.

Cette fois, la description de l'Américaine est moins précise, mais assez proche tout de même. Selon le témoin, il a rencontré le yachtman le lendemain, et lui a demandé où était sa passagère. Réponse : « Elle a trouvé le moyen de retourner à Tanger. »

Et toujours pas de nom de bateau, ou de capitaine.

Tanger. Port international, siège de tous les trafics et de toutes les aventures. Domaine du Silencieux. Voilà pourquoi on lui confie le dossier. L'ambassade des États-Unis est informée, Interpol également. Le Silencieux est engagé par les parents, sous surveillance des autorités. Car les enquêtes dans les grands ports supposent des relations, des indics, des compromissions et une parfaite connaissance de ce milieu. Dans un port, on arrive, on repart, on disparaît... Certains savent où et comment. Pas les autres.

Le Silencieux referme le dossier, pour réfléchir. Par où commencer ? D'abord faire le tour du port, et montrer la photo de celle qu'il cherche, aux bons endroits.

Le lendemain, 13 décembre 1959 à 11 heures, premier résultat foudroyant. Un coup de téléphone d'un indic :

– Va mettre ton nez au poste de police du quartier sud. Ils ont récupéré un cadavre. Une fille.

Le Silencieux boitille jusque-là. Ce cadavre l'intéresse puisque c'est une fille.

Il se retrouve en face d'un vieux bonhomme en haillons, un berger qui baladait ses moutons en lisière d'un bois à la sortie de Tanger. L'homme a découvert un sac de jute, fermé.

– Pourquoi tu l'as ouvert ?

– Le chien, il a senti... et moi aussi...

Le berger fait un geste pour expliquer s'il en est besoin que l'odeur venait de loin.

– T'as rien pris ?

– Je le jure...

Il semble qu'on puisse le croire, car les policiers l'ont fouillé sans ménagements comme d'habitude, et n'ont rien trouvé sur lui.

Le Silencieux demande à voir le corps.

Visage méconnaissable. Probablement déformé à coups de poings. Vêtue d'un sweat de jersey gris, d'une jupe et d'un chemisier brun de marque américaine. A part les cheveux et la corpulence, impossible d'identifier avec certitude. D'autant plus que le Silencieux ne dispose dans son dossier que d'une photo ancienne. Elisabeth avait alors dix-huit ans, elle en a vingt-deux. On change à cet âge.

Il attend patiemment le résultat de l'autopsie dans un café voisin de la morgue. Le toubib l'y rejoint une heure plus tard. Un Français, que le Silencieux connaît depuis longtemps, comme il connaît presque tout, ici, depuis bien longtemps. A tel point qu'il semble avoir pris la couleur des murs. Et parle toutes les langues.

– Salut...

– Alors, toubib ?

– On lui a défoncé le visage, à coups de poings. Pas d'arme. Un travail de pro. On l'a étranglée ensuite. Je me demande pourquoi « ensuite ». Un pro tue d'abord et déforme après... non ?

– Pas d'accord, toubib. Les macs qui se débarrassent d'une fille la cognent d'abord. Vierge ?

– Non. Pas facile d'en dire plus. Je l'ai fait remettre au frigo en vitesse, si vous avez une identification à faire, dépêchez-vous.

Le Silencieux n'a personne sous la main qui ait connu Elisabeth Benton. Alerter les parents est pour l'instant prématuré. Alors il a une idée. Une idée de Silencieux.

Il se fait remettre les vêtements de la victime, il habille un mannequin, et le fait placer dans la vitrine d'un magasin de Tanger, fréquenté par beaucoup de monde. Aussi bien par les autochtones que les touristes. On y trouve de tout, tabacs, parfums, bijoux... et le reste en sous-sol. Le patron est un vieil ami, à la nationalité indéfinie.

– Tu vas me ruiner le magasin... Silencieux... c'est pas un spectacle pour les touristes ton histoire, là...

Mais le Silencieux a prévu autre chose. Un autre copain, à la radio, rend compte de cette exposition bizarre en invitant la population à venir voir et à se mettre ensuite en rapport avec lui. Récompense à l'appui.

Et le Silencieux attend chez lui, tranquillement, à l'abri du vent qui décoiffe les palmiers.

Le jour même, il reçoit un coup de téléphone. Le directeur d'un grand hôtel de Tanger.

– Vos méthodes ne sont pas habituelles... mais je reconnais qu'elles sont efficaces. Je crois qu'il s'agit d'une cliente. Elle est partie sans payer. Passeport établi au nom d'Elisabeth Benton.

Le Silencieux se frotte les mains. Ça démarre bien. Que ses méthodes ne soient pas orthodoxes, c'est le privilège de sa situation marginale.

– Vous avez des détails ?

– Moi, non, mais vous pouvez voir, chambre 48 et chambre 125... deux touristes américaines. Cette fille leur a parlé.

Le Silencieux frappe à la porte du 48. Une brave dame en bigoudis, en pantalon corsaire et chemisier fleuri, l'abreuve aussitôt de commentaires.

– Cette fille ? Elle était prête à tout, n'importe quoi pour l'aventure... Dieu me préserve d'une enfant pareille.

Devant la photo, la femme hésite. Ça lui ressemble. Mais les cheveux étaient plus courts.

Le Silencieux frappe à la porte du 125.

– Elle ? Impossible d'en parler, qu'est-ce que vous voulez que je vous dise ? Entre Américaines on pourrait bavarder... Je ne sais pas moi, dire d'où on vient... ce qu'on fait, où vivent les parents... Elle était renfermée, timide... secrète.

Le Silencieux repart, déçu. Il n'a pas d'identification formelle. Et il ne dispose pas des empreintes de la jeune fille. N'ayant commis aucun délit, elle n'est pas fichée.

Le directeur de l'hôtel lui suggère alors une autre idée :

– La boîte de nuit de l'hôtel. Elle a dû y aller, comme les autres.

Le Silencieux passe donc une soirée effroyable à écouter un orchestre lui hurler du jazz aux oreilles. Puis un autre lui seriner de la musique andalouse, tandis qu'une danseuse de troisième catégorie agite un nombril couvert de perles et de voiles sous le nez des touristes.

Mais il est tout de même récompensé. Deux jeunes femmes américaines de passage à Tanger – elles y séjournent tout de même depuis trois mois – ont effectivement rencontré une jeune Américaine du nom d'Elisabeth Benton. Elles n'ont échangé que quelques banalités dans cette boîte de nuit, où elle était seule d'ailleurs. Elles pourraient la reconnaître.

Le Silencieux se lève aussitôt :

– Vous venez ?

– Où ça ?

– A la morgue.

Les deux filles se regardent, l'air dégoûté. Deux pimbêches, prétentieuses, aux cheveux ondulés, qui se prennent pour des stars, sirotent du gin, la moue pincée, et fument des Lucky Strike en soufflant par le nez. Le Silencieux se fait convaincant, patriotique et lyrique.

– Vous êtes les seules à pouvoir rendre service aux parents. Là-bas, en Amérique, ils attendent avec angoisse. Le Département d'État s'occupe de cette affaire. C'est un devoir pour vous, en tant qu'Américaines...

Ça marche. Sous la promesse que ce « devoir » patriotique ne durera que quelques instants.

Le Silencieux hèle un taxi, embarque ses deux témoins en robe du soir, et les fait entrer dans la petite salle de la morgue de Tanger.

On amène la civière roulante recouverte d'un drap.

Le Silencieux explique :

– Si vous ne pouvez pas reconnaître les traits, ils sont très déformés, examinez bien les cheveux, les oreilles, la couleur des yeux...

Il s'apprête à soulever le drap, mais l'une des pimbêches recule :

– Pourquoi déformés ?...

– Elle a reçu des coups de poings...

Et il saisit un coin du drap :

– On y va ?

– Ah non... je ne veux pas voir ça... mais vous êtes fou...

La pimbêche recule encore et l'autre fait comme elle :

– C'est horrible ce que vous nous demandez là.

Le Silencieux soupire. Il a bien envie de secouer les bouclettes de ces deux dindes en robe du soir.

– C'est une compatriote. Ce qui lui est arrivé pourrait vous arriver à vous aussi... Pensez aux parents...

– Ah non, non... pas question.

Et les deux pies-grièches s'enfuient. Sautent dans le taxi, abandonnant le Silencieux à sa grogne. Et à une nouvelle idée. Il fait faire des photos du cadavre et se présente le lendemain à l'hôtel, à l'heure du thé à la menthe de ses deux témoins. Il écarte les cornes de gazelle et les beignets au miel, pour leur fourrer sous le nez les photos en question.

Et les deux pimbêches de fermer les yeux d'horreur.

Il n'existe aucune loi qui les oblige à rendre ce service à l'enquêteur. Le Silencieux est obligé d'abandonner.

Il va fouiner dans la chambre occupée par Elisabeth Benton, et qu'elle n'a pas payée. Il y découvre la femme de chambre, laquelle accepte de lui confier une bouche d'oreille trouvée sous le lit. Elle l'avait mise dans sa poche, comme ça... mais le bijou n'est pas si précieux qu'elle ne puisse l'échanger contre cinq dollars.

La boucle est assez ordinaire mais, petite chance, un cheveu y est resté accroché.

Le Silencieux retourne à la morgue et compare son cheveu à ceux du cadavre. Il ne correspond pas. Il n'est d'ailleurs pas certain du tout que cette boucle d'oreille soit celle d'Elisabeth. Le Silencieux se méfie toujours de ce qu'on lui propose pour cinq dollars.

Alors il retourne au bar de l'hôtel. Les barmen sont des gens précieux.

– Je sais pas s'il y a un rapport avec votre enquête, mais c'est bizarre. Un type roux. Un soir, y'avait pas beaucoup de monde dans la salle... Il est déjà venu souvent. William Moore. Il était dans un coin tout seul à lire le journal. Et tout d'un coup je le vois défaire la ceinture de son pantalon... Drôle d'idée, je me dis... Je surveille, et le voilà qui prend la pointe de la boucle et cache ses mains sous la table. Je me demandais bien ce qu'il trafiquait ce type. Alors je m'amène pour voir... l'air de rien, et je vois du sang par terre! Un dingue! Il venait de se trouer la veine du poignet avec la pointe de la boucle... Je lui saute dessus, évidemment, je l'emmène dans un coin, je lui file un coup à boire, et j'essaie de le convaincre d'aller se faire soigner... J'avais pas envie d'une salade pareille dans mon bar, et, en plus, ce type est sympathique... Je l'ai baratiné sur le suicide, que rien n'en valait la peine et tout ça... Il a fini par accepter d'aller voir le toubib.

– Fric? Chagrin d'amour? Un poivrot?

– Je sais pas. Il m'a rien dit... Il voulait mourir, c'est tout ce que j'ai pu en tirer. Et puis j'avais autre chose à faire, moi...

Cette histoire curieuse s'est passée le soir du 14 décembre. Or, le 14 décembre, les journaux relataient la découverte du corps d'une inconnue. Le Silencieux s'en va donc en boitillant toujours, à la recherche de ce rouquin suicidaire nommé Moore.

Il atterrit dans un hôpital, où l'homme est en piteux état. La blessure a provoqué le tétanos. Il refuse de parler.

Le Silencieux attend sa sortie de l'hôpital et trois jours après le coince pour un interrogatoire officiel dans les locaux de la police de Tanger. Il a carte blanche, le Silencieux. Il n'est même pas obligé de dire pourquoi il interroge cet homme. Qui ne dit rien. Qui n'a jamais été vu en compagnie d'Elisabeth. Foi de barman, d'hôtelier, de cafetier, et de portier de nuit.

Moore est donc relâché par le Silencieux.

Depuis le temps qu'il fait ce métier, le Silencieux ne s'est jamais trouvé devant des difficultés semblables. Quelque chose ne tourne pas rond dans cette histoire.

Il fait transmettre, par l'ambassade américaine, l'empreinte des dents de son cadavre. Là-bas, aux États-Unis, les parents font vérifier cette empreinte, par l'université de Syracuse où Elisabeth faisait ses études. Les services médicaux retrouvent son dentiste, on compare les empreintes.

Le cadavre n'est pas Elisabeth Benton. Et le Silencieux se retrouve avec deux problèmes sur les bras.

Que faire ? Retourner fouiner à l'hôtel. Réinterroger les employés.

– Tiens, dit le concierge... la bibliothèque a fait reprendre des livres qu'une cliente n'avait pas rendus. Une fille qui est partie sans emporter ses bagages.

– Où sont les bagages ?

– A la réserve, mais y'a pas de nom dessus, et uniquement du petit linge, des choses sans intérêt.

Le Silencieux examine le « sans intérêt ». Il l'est vraiment. Il se rend donc à la bibliothèque de Tanger, où le bibliothécaire confirme. Il retrouve sa fiche et annonce au Silencieux :

– Barbara Ellen Muller...

– Vous êtes sûr du nom ?

– Certain, vous savez on prend une pièce d'identité.

– Vous pouvez la décrire ?

Grande, mince, sportive, jolie, blonde. Vêtue assez simplement. Elle mâchait du chewing-gum. Il a dû lui arriver quelque chose...

Le portrait ressemble à Elisabeth Benton. Barbara et Elisabeth, même style, même allure. L'Américaine type de cet âge. Barbara, dix-neuf ans, venait, elle, de New York. Voyage aux Açores, voyage au Maroc.

En remontant la piste de Barbara, le Silencieux comprend que les pistes se sont mélangées. Certains des témoins qui croyaient avoir vu Elisabeth parlaient de Barbara, et l'inverse. Les deux jeunes filles se sont peut-être rencontrées, mais ne se sont pas liées. Chemins d'aventure qui s'entrecroisent, sans plus.

Et d'aventure dangereuse. Barbara, à dix-neuf ans, ne craignait pas grand-chose. Deux lettres à ses parents, une des Açores, une autre du

15 novembre, postée de Tanger. Lettres banales, décrivant les paysages, sans plus. Et pourtant Barbara a confié à des amis marocains son intention de traverser le Sahara en voiture et d'aller jusqu'au Soudan. Que l'Algérie soit en pleine guerre à ce moment-là ne semblait pas lui faire peur. Elle a même demandé à deux Marocains possédant une voiture de lui faire passer la frontière en fraude, en proposant de payer l'essence.

Et puis Barbara a quitté l'hôtel, elle aussi. Non pas comme Elisabeth, sans payer sa note, mais en y laissant ses bagages et en oubliant de rendre les livres empruntés.

Barbara serait bien le cadavre du Silencieux. Ça lui fait une belle jambe, de boitiller à nouveau, à la recherche de tuyaux sur Barbara. Son correspondant officiel en a de bonnes.

– Tu peux nous faire les deux... charrie pas. Les types de l'ambassade t'en seront reconnaissants. Cette fille a des parents friqués à New York. Ils voudront savoir.

Alors le Silencieux lance ses indics sur Barbara. Et il retombe sur le rouquin. William Moore. On les a vus ensemble très souvent avant le soi-disant départ de la jeune fille.

Le Silencieux s'offre une perquisition en règle dans l'appartement de l'Américain. Il y découvre de la lingerie féminine, un carnet de chèques de voyages au nom de Barbara, pour une somme de six cent trente dollars.

William Moore est épinglé dans l'heure suivante. Et le Silencieux s'enferme avec lui, dans un bureau tranquille de la police de Tanger.

– Écoute-moi, l'Américain. Dans une demi-heure, je te refile aux poulets du coin. C'est pas rose. La prison ici n'est pas rose non plus, loin de l'oncle Sam. Raconte et je préviens ton ambassade que t'es dans la poisse. Sinon... je te promets rien, dans le genre règlements internationaux... avocat compétent et le reste... j'écoute.

Et Moore avoue avoir tué Barbara.

– C'était une garce! Elle sortait à peine de mon lit qu'elle m'annonce qu'elle file avec un Australien, pour visiter l'Afrique du Sud.

– T'avais besoin de la massacrer pour ça... ou alors c'est pour le fric?

– Je jure que c'est un drame passionnel...

– Jure ce que tu veux, mon gars. T'avais pas payé ton loyer, l'American Express a plus rien pour toi en dollars, tu traînes tes savates dans les bars d'hôtels à la recherche de bonnes poires pleines de fric... Tu t'en tireras pas facilement. Salut. Amuse-toi bien avec la locale.

Moore s'amusera en effet. Il échappe de peu au peloton d'exécution, que réclame la loi marocaine. En prison à vie.

Et le Silencieux repart en campagne sur le cas d'Elisabeth. Gibraltar. A présent, il y a de quoi faire le tri entre les témoignages. Toute l'affaire s'est compliquée du fait de la ressemblance entre les deux jeunes filles. Il est probable que la « garce », soulevant à une copine anglaise un propriétaire de yacht pour embarquer, c'est Barbara. Il est également probable que cette autre garce qui voulait se débarrasser d'un yachtman au bénéfice d'un autre qui la trouvait jolie, c'était encore Barbara. Barbara était une véritable aventurière, qui se servait des hommes, et aurait fait n'importe quoi pour l'aventure.

Pas Elisabeth.

Gibraltar. Territoire anglais. Le Silencieux y est moins à l'aise qu'à Tanger. Mais le territoire étant plus petit, et les habitants moins nombreux, il finit par trouver un témoin intéressant. Madame Blaircom réside à Gibraltar. Elle y fait du bateau. Elle a rencontré Elisabeth, en octobre 1959, dans une boutique d'accastillage.

– Je ne connais pas personnellement l'homme avec lequel elle s'est embarquée. Il ne réside pas ici. Il m'a paru excellent marin, averti. J'ai vu le yacht. Bien équipé, capable d'affronter une mauvaise mer. Évidemment il avait quelques défauts... et les avaries sont toujours possibles en mer. Entre ici et les Açores, nous avons des conditions météo assez redoutables parfois. Mais un bateau comme celui-là, même démâté, peut parfaitement dériver, ou rejoindre un port avec une voile de fortune. A l'époque où cette jeune fille devait embarquer, la météo était bonne, d'ailleurs.

– Ils s'entendaient bien, le capitaine et elle ?

– Je n'ai rien noté de spécial. Nous nous sommes rencontrés deux ou trois fois dans ce magasin... Lui, je ne l'ai vu qu'une fois.

Donc Elisabeth était libre apparemment, en s'embarquant à Gibraltar avec un inconnu. Que veut dire ce petit « help », en bas de sa dernière lettre ? Que s'est-il passé entre Gibraltar et Casablanca, d'où elle l'a postée le 14 octobre ?

Le Silencieux a beau faire le tour du port, il n'arrive pas à obtenir le nom du bateau. Un an s'est écoulé depuis l'embarquement d'Elisabeth sur ce yacht mystérieux. Et l'homme est tout aussi mystérieux. Une silhouette le décrit en pantalon blanc, pull marin et casquette. Taille moyenne. Rien d'autre. Excellent marin. On ne l'a pas revu au port.

Printemps 1960. Le Silencieux est obligé de s'avouer vaincu lorsque, de retour à Tanger, il obtient une information, par l'ambassade américaine, assez incroyable. Cette information provient du consul des États-Unis en Martinique. « Pas d'inquiétude pour Elisabeth Benton. » Un cargo hollandais a pris contact par radio avec un yacht à bord duquel elle se trouvait. La prochaine escale du yacht en question devait être Saint-Thomas aux îles Vierges. Le Département a dépêché un courrier à Saint-Thomas. Le yacht avait déjà levé l'ancre depuis deux jours. Ce yacht a changé plusieurs fois de nom, semble-t-il. Il a appartenu à des propriétaires différents. Nous n'avons pas la dernière dénomination. Il serait ancré, aux dernières nouvelles, à Antigua, dans les Caraïbes.

Les Caraïbes... c'est bien loin de Tanger. Le Silencieux n'a plus qu'à attendre, comme tout le monde, des nouvelles de sa disparue. Il a échoué. Il est tombé sur un autre cadavre, il a résolu une autre enquête, et pendant ce temps, Elisabeth Benton doit se faire bronzer aux Caraïbes en buvant du lait de coco... Il est morose, le Silencieux.

Et son contact lui donne enfin des nouvelles.

– On a envoyé un hydravion, pour rien. Le yacht signalé à Antigua n'est pas le bon.

– Qu'est-ce que vous décidez ?

– On laisse tomber. Et toi aussi. Tu me refiles le dossier.

Fini. Plus jamais de nouvelles d'Elisabeth Benton.

Partie à l'aventure, amoureuse, et décidée à abandonner totalement sa petite vie d'Américaine studieuse et conformiste ?

Partie à l'aventure, en faisant confiance à un inconnu qui...

Le Silencieux a pris sa retraite en France. Il aurait bien donné quelques années de pantouflage pour savoir ce qu'était devenue la belle Elisabeth.

Cette bouteille à la mer aura été son seul ratage. Ça énerve.

# LE VIEUX VÉLO

Toutes les huit minutes un « skymaster » de l'Us Air Force se pose sur l'aérodrome de Tempelhof, chargé de vivres et de médicaments. Le blocus de Berlin, décidé par les Soviétiques, intensifie la guerre froide.

Couper Berlin de l'Ouest. Faire de la partie de l'Allemagne qu'ils ont eu en partage une république socialiste soviétique ayant Berlin pour capitale. Voilà ce que veulent les Russes en 1948. Voilà pourquoi ils ont bloqué les transports et stoppé le ravitaillement qui, pour joindre Berlin aux zones occidentales, traversent le territoire sous influence soviétique.

Renicken Dorf, arrondissement de Berlin-Ouest, bureau des disparitions à l'Est. Le chef de la police, trois chefs de brigade, six chefs de service et deux spécialistes des disparitions à l'Est assistent à leur conférence habituelle.

Mademoiselle Gertrude, accrochée à sa machine de sténotypie depuis trois heures, enregistre scrupuleusement les conclusions d'un dossier sur lequel elle n'est pas d'accord.

Il s'agit de classer l'affaire Kreiss.

Le grondement d'un avion la fait toujours trembler. Celui-ci est américain, il n'a pas de bombes, mais il est des souvenirs, des sifflements, des explosions, des incendies et des ruines que l'on n'oublie jamais. De 1943 à 1945, mademoiselle Gertrude était à Hambourg. La ville aux bombes. Détruite à 90 %. Le dernier bombardement fut un enfer, une inutile démonstration de force, l'attaque d'un champ de ruines et de mort. Alors, à chaque avion qui passe au-dessus de Berlin, toutes les huit minutes, mademoiselle Gertrude frisonne.

Trente-cinq ans, grande, maigre, tailleur gris, chapeau de toile cirée noire orné d'une fleur mauve, mademoiselle Gertrude est une vieille fille. Le chef de la police la remarque à peine, les trois chefs de brigade, les six chefs de service et les deux spécialistes de l'Est, encore moins. Elle est la seule femme de ce bureau spécial, on ne lui demande pas son avis, alors soudain elle le donne :

– Je ne comprends pas pourquoi vous voulez classer l'affaire Kreiss.

– Il a disparu, comme des dizaines d'autres. Son cas n'a pas plus d'intérêt que ça.

– Je pense que vous avez tort.

– Vous n'êtes pas là pour penser, mademoiselle Gertrude.

Mademoiselle Gertrude enregistre scrupuleusement qu'elle n'est pas là pour penser. Qu'elle doit se satisfaire d'avoir un travail et un petit logement administratif en cette période de disette et de chômage. Que ces hommes sont d'incurables machos qui, non contents de s'être autodétruits pendant des années, au nom de leurs fichus principes, s'agrippent au plus stupide d'entre eux : une femme ne donne pas son avis devant une assemblée d'hommes.

Alors mademoiselle Gertrude ne parle plus du dossier Kreiss. Et ce soir-là elle rentre chez elle, dans ses vingt mètres carrés, retrouver sa plante verte, en étouffant une fois de plus ses souvenirs.

Mars 1952. Mademoiselle Gertrude écoute la radio dans sa cuisine. Le traité de Bonn ouvre une ère nouvelle dans les relations entre l'Allemagne et ses alliés. La RFA devient partenaire à égalité pour la défense de l'Europe. Journée historique, dit le speaker, qui ajoute : « Si les menaces furieuses proférées à l'Est ces derniers jours étaient mises à exécution, la ligne de démarcation serait remplacée par une véritable frontière d'État, Berlin serait un îlot impossible à sauver, sinon par le recours à des forces extrêmement importantes. Sommes-nous au début d'une crise grave entre l'Ouest et l'Est ? »

Mademoiselle Gertrude s'habille pour se rendre à son bureau. Elle ne porte plus de chapeau noir, ses cheveux blonds sont tirés en chignon, à la manière d'Eva Peron, la passionaria d'Argentine. Le new-look est à la mode, son tailleur est moins triste, mais les verres de ses lunettes se sont épaissis.

Dans ce bureau ils sont toujours treize hommes. Il y a toujours les spécialistes de l'Est, mais le directeur de la police a changé, les chefs de service sont devenus chef de brigade, et mademoiselle Gertrude est toujours derrière sa machine.

La conférence vient de faire le point sur les cas de disparition à l'Est non élucidés. Il est de nouveau question de classer l'affaire Kreiss.

Mademoiselle Gertrude retire ses lunettes et fixe le nouveau chef de la police.

– Vous n'êtes pas d'accord ?

– Non, monsieur le directeur.

– Il n'y a aucun fait nouveau.

– Madame Kreiss vient d'obtenir le divorce, nous l'avons consigné au dossier.

– Et alors ? Le motif est classique : « Abandon intentionnel, non-paiement d'entretien, séparation de corps. » Logique. Nous classons, mademoiselle Gertrude.

– Bien, monsieur le directeur.

Classer veut dire pas de fait nouveau, donc pas d'enquête. Mademoiselle Gertrude classe. En se demandant à quoi servent les enquêteurs, les chefs de brigade, et les spécialistes de l'Est. Il faut être un homme pour être dans la police, jamais les femmes n'auront accès à ce métier réservé aux mâles. Jamais.

Mademoiselle Gertrude a plusieurs plantes vertes. Son balcon est un petit jardin secret. Ses souvenirs aussi.

Mars 1960. Il y a un transistor dans la cuisine de mademoiselle Gertrude. En plastique crème avec un dessin rouge sur les boutons. Le programme américain de musique de jazz s'interrompt pour les informations matinales.

« Les services secrets israéliens viennent de réussir un exploit sans aucune aide étrangère. Ils ont arrêté le bourreau des juifs d'Allemagne, de Hongrie, de Tchécoslovaquie, de Pologne et d'Autriche : Adolf Eichmann, colonel de la Gestapo. »

Mademoiselle Gertrude enfile un pantalon et un pull-over. Elle a grossi avec les années. Ses cheveux blonds striés de fils blancs ne supportent plus le chignon. Elle les fera couper tout à l'heure, en sortant du bureau.

Un bureau qui s'occupe toujours, à Renicken Dorf, des disparitions à l'Est. Ou le chef a encore changé, les chefs de brigade et les chefs de service aussi. Mais la machine de sténotypie de mademoiselle Gertrude est toujours la même.

Le nouveau chef de la police envisage de changer cette machine qui a de plus en plus de mal à enregistrer les conclusions de la conférence sur les dossiers non élucidés.

– Affaire Kreiss... Rien. Nous sommes d'accord.

Mademoiselle Gertrude lève une main timide. Le nouveau chef est plutôt sympathique, la démocratie fait des progrès dans la fonction publique, mais une employée femme reste une femme.

– Vous voulez dire quelque chose ?

– Je... je ne suis pas d'accord.

– Ah. Vous avez un motif ?

– Oui, monsieur le directeur. J'ai connu Adolphe Kreiss. Ce n'était pas un homme à disparaître à l'Est, en laissant sa famille sans ressources.

– L'affaire date de 1948... Vous en avez parlé à mes prédécesseurs ?

– Ils ne me l'ont pas permis, monsieur le directeur.

– Ah... eh bien, de toute façon nous n'avons pas de fait nouveau...

– Madame Kreiss s'est remariée, monsieur le directeur.

– Oui, raison de plus pour ne pas reprendre l'enquête...

– Bien, monsieur le directeur.

Ils sont pressés. Ils ont assez de travail. Des tas d'espions brouillent les cartes, des disparus réapparaissent... d'autres se font tirer dessus, en passant les barbelés, en sautant dans le Rhin, en se faufilant dans le tunnel du métro. L'affaire Kreiss est une vieille histoire. Douze ans déjà...

Alors, en rentrant chez elle ce soir-là, mademoiselle Gertrude décide de s'en occuper. C'est pour elle l'année des grandes décisions. Couper ses cheveux, changer de logement, multiplier les plantes vertes, et ne plus enterrer les souvenirs. Bientôt elle sera trop vieille pour ça. Il est temps. Grand temps que mademoiselle Gertrude déclare son indépendance. Et puisque les hommes du service d'enquête des disparus ne veulent pas enquêter, elle agira seule. Marginale.

Adolphe Kreiss avait une fille, Ruth. Qui doit avoir seize ans, en 1960. Il est noté dans le dossier que sa mère l'a mise en pension dans une ferme du Schlewig. Un dimanche d'avril, mademoiselle Gertrude s'y rend. Alors que s'ouvre en Israël le procès du criminel nazi Adolf Eichmann, et que toute la presse le montre photographié dans sa cage de verre. Comme un insecte malfaisant. Les détritus de cette guerre abominable n'en finiront jamais de fumer, comme une immense décharge.

Ruth Kreiss ne vit pas son adolescence dans la réjouissante folie des sixties et du rock. Elle est vêtue comme une pauvresse, d'une vieille robe trop courte. En échange d'un lit et des repas, elle sert de souillon à la ferme. Son salaire est dérisoire. Ses cheveux blonds bouclés souffrent d'être si peu lavés. Elle ressemble à son père. Même regard bleu, même bouche un peu triste.

Un instant mademoiselle Gertrude ne sait pas quoi dire. Puis elle se décide devant l'interrogation muette de l'adolescente.

– Je... j'ai connu ton père pendant la guerre. Nous étions au même endroit... pendant le grand bombardement de Hambourg. Tu te souviens de lui ?

– J'étais trop petite... Je me souviens de rien, moi.

La lèvre boudeuse semble dire aussi : J'en ai marre de vos histoires de guerre. Vous en parlez tout le temps, vous, les adultes... en attendant je bouffe toujours des patates...

– Tu l'as revu après la guerre ?

– Mon père ? Vous rigolez, il était mort.

– Comment ça, mort ?

– Ben mort pendant la guerre...

– Qui t'a dit ça ?

– Ma mère... évidemment.

Mademoiselle Gertrude change de conversation, donne un peu d'argent à la gamine, en souvenir de son père. Puis s'en va furieuse. Vraiment furieuse.

En une seule démarche, la première, et en moins d'une heure, elle vient d'apprendre le fait nouveau qui soi-disant n'existe pas dans le dossier de l'affaire Kreiss. On a dit à cette enfant : « Ton père est mort à la guerre. » Pourquoi pas : « Ton père a disparu après la guerre » ?

Le lendemain, mademoiselle Gertrude rend une visite de politesse à un policier dont elle sait qu'il a jadis mené l'enquête préliminaire sur la disparition d'Adolphe Kreiss.

Il est à la retraite, asthmatique, et renâcle à rassembler ses souvenirs. Il ne veut pas d'ennuis. De quoi se mêle cette vieille fille en pantalon ?

– Bâclée, l'affaire Kreiss ? Vous me parlez de l'affaire Kreiss au bout de douze ans pour me demander si elle a été bâclée ?

– Vous auriez pu interroger sa fille.

– Sa fille, hein ? Elle avait quel âge sa fille quand il s'est tiré à l'Est, votre Kreiss ? Quatre ans ! Et sa mère l'avait mise en pension dans un orphelinat à cent cinquante kilomètres de Berlin...

Mademoiselle Gertrude se rend au tribunal. Elle est habilitée à faire des recherches administratives et a ses entrées dans presque tous les services. On veut bien ouvrir pour elle le maigre dossier qui contient la sentence de divorce de 1949. Il ne contient que cela d'ailleurs. Mademoiselle Gertrude s'en inquiète :

– Pas de certificat de domiciliation ? Vous n'avez aucune démarche administrative concernant Adolphe Kreiss ? En somme vous avez prononcé le divorce de l'ex-madame Kreiss, sans même savoir si son mari était vivant ou mort ?

L'employée s'insurge.

– Pardon... pardon... On a lancé un avis de recherche, on l'a invité à se présenter... Dans le cas de non-présentation le divorce est automatique.

– S'il était mort ? Il ne pouvait pas se présenter...

– Il n'était pas mort, puisque madame Kreiss voulait divorcer... Pourquoi elle aurait voulu divorcer s'il était mort ? hein ?

– Justement, je vous le demande...

L'employée reste coite une minute. Le temps de réaliser la supposition incluse dans le ton de mademoiselle Gertrude.

– C'est grave ce que vous dites... Cette madame Kreiss, c'est elle qui a signalé la disparition. Elle seule en effet...

Mademoiselle Gertrude note l'adresse de l'ex-madame Kreiss.

Une rue de banlieue, des HLM, des petites villas modestes. Elle fait le tour du voisinage, un ancien boucher à la retraite se souvient d'Adolphe Kreiss, au temps où il s'était installé dans cette grande maison toute neuve... après la guerre.

– Pour être surpris, j'ai été surpris qu'il passe à l'Est. Un type qui a été blessé à la bataille d'Ukraine, et qui ne porte pas les Russes dans son cœur... Si vous l'avez connu, vous savez qu'il les portait pas dans son cœur...

– Je l'ai connu avant qu'il ne soit blessé. Un peu...

– Sale blessure. Il a pas pu travailler pendant six mois après son retour. Quand il a retrouvé du boulot à la manufacture de tabac, il ne pouvait plus marcher. Même pour faire cent mètres, il se servait de son vélo... Courageux le bonhomme.

Une vieille dame se souvient aussi d'Adolphe Kreiss. De sa femme plutôt.

– Il était trop brave, trop calme. Elle le trompait à tour de bras... et lui il en savait même rien. Et quand les autres sont arrivés, tout a changé. Ils lui ont fait mener une vie de bâton de chaise...

– Quels autres ?

– Les jumelles et leur frère... Cette femme Kreiss, elle a deux sœurs jumelles, des gourgandines de la pire espèce. Elles se ressemblent comme deux gouttes de poison. Et le frère... un petit nain méchant. Pas plus d'un mètre cinquante... Tout ça passait son temps à boire, et lui à courir après les filles. Il y avait une vie dans cette maison !... Remarquez je comprends qu'il soit parti, le pauvre homme. Il était plus chez lui avec tous ces petits monstres... Mais tout de même, il aurait pu s'occuper de sa fille... la pauvre gosse. A l'orphelinat... on l'a jamais revu.

Mademoiselle Gertrude est devant la maison d'Adolphe Kreiss à présent. Un petit serrement de cœur. Il a vécu là. Il en est parti... peut-être, mais peut-être pas.

Comment aborder l'ex-femme ? Il faut un prétexte valable. Elle aurait beau jeu de l'envoyer promener, cette vieille fille employée d'un service qui a entériné la disparition de son mari depuis douze ans...

Mademoiselle Gertrude a une idée simple. Elle va se faire passer pour une enquêtrice des services sociaux de la mairie qui s'occupe du logement. La crise du logement pose de gros problèmes à Berlin. Après la guerre c'était inimaginable, les gens vivaient à dix dans un deux-pièces. Et en 1960, tous les problèmes ne sont pas résolus. L'administration regarde d'un sale œil les propriétaires ou locataires de logements trop vastes. Mademoiselle Gertrude en sait quelque chose, elle a mis deux ans pour obtenir dix mètres carrés de plus, dans son immeuble, à un autre étage...

Elle sonne. Nouveau petit serrement de cœur. Il a franchi cette porte, souvent. Son nom était là, avant, inscrit sous la sonnette.

La femme qui ouvre a dû avoir beaucoup de succès auprès des hommes. Grande, poitrine opulente, type méditerranéen très prononcé. Teint mat, regard de braise. Malgré une certaine vulgarité, elle doit se pavaner encore... Même si la robe de chambre est douteuse, et le corps un peu flétri. La voix est rauque, de tabac ou d'alcool.

– Qu'est-ce que c'est...

Mademoiselle Gertrude débite son histoire avec un aplomb dont elle ne se serait pas cru capable. La femme fait une grimace, aux mots « enquête sociale sur le logement ».

– J'habite pas seule ici... Mes deux sœurs et mon frère vivent avec nous. C'est leur domicile légal... Ils sont pas tout le temps là, mais c'est chez eux...

– Vous êtes bien née Leila Tarquina ? A Tunis en 1928, c'est ça ?

– Ben oui...

– Vous avez épousé en premières noces monsieur Kreiss Adolphe... disparu en... 1948 ? C'est ça ?

– Ben oui, c'est ça... il est passé à l'Est quoi...

La voix un peu traînante, le ton désagréable, elle voudrait bien se débarrasser de la visiteuse, mais n'ose pas trop.

A l'Est... en effet c'est dans le rapport. Vous avez une fille ?

– Ruth ? Elle va avoir dix-sept ans... Elle est en pension à la campagne... C'est mieux pour les gosses, la campagne...

– Actuellement, vous êtes remariée avec monsieur Shreider... depuis 1952. Vous avez d'autres enfants ?

– Ben non... Mais je vous répète que mes sœurs et mon frère habitent ici... Ils ont toujours habité ici, avant et après le départ de mon premier mari...

– La maison lui appartenait ? Je veux dire à monsieur Kreiss ?

– Elle est à moi, maintenant, légalement, depuis sa disparition.

– Oui, bien sûr. Je peux visiter ?

– C'est nécessaire ?

– Recommandé pour l'enquête... Disons nécessaire oui...

De mauvaise grâce, la femme s'écarte pour laisser entrer mademoiselle Gertrude dans un capharnaüm insensé. Non seulement ici personne ne fait le ménage, mais on y mange beaucoup et on y boit beaucoup aussi. La salle à manger est encombrée depuis la veille au soir manifestement. Une moitié de jambon traîne sur la table, une carcasse de poulet, des bouteilles vides... La cuisine est encombrée de caisses de bouteilles de bière et d'alcool.

Au premier étage, une chambre devant laquelle la femme s'arrête, le dos à la porte.

– C'est notre chambre. Mon mari dort encore.

Mademoiselle Gertrude jette un coup d'œil rapide à sa montre, il est près de midi. De sa voix traînante, la femme explique :

– Il est barman. Il se couche tard...

Les autres chambres, au nombre de deux, sont sans intérêt pour mademoiselle Gertrude. Elles ne font qu'authentifier la présence épisodique et désordonnée des deux sœurs et du frère de l'ex-madame Kreiss.

Dans le jardin, un appentis. Sous l'appentis un vieux vélo. Très vieux, tout noir, comme on n'en fabrique plus. Il est rouillé, crevé, la selle rongée par l'humidité. Mademoiselle Gertrude ne peut en détacher son regard. « Il ne pouvait pas faire cent mètres sans son vélo »... disait tout à l'heure le voisin. Le vélo d'Adolphe Kreiss... abandonné ici.

– Il est bien vieux ce vélo...

– C'était à mon mari. Il a au moins quinze ans... On le garde là on sait pas pourquoi... J'y tiens.

Elle ne dit pas pourquoi elle y tient. Sûrement pas pour le souvenir d'Adolphe. De cela mademoiselle Gertrude est vraiment persuadée. Son cœur bat plus vite. Elle vient de comprendre... Elle est sûre, et l'émotion la rend muette un instant... Le temps pour la femme de rassembler son peignoir sale sur un corps lourd, et de dire :

– A part ça, y'a le jardin... c'est tout.

Le jardin... oui. Mademoiselle Gertrude l'a vu. Il faut parler du jardin.

– Vous avez de la chance d'avoir un potager.

– Oh c'est pas moi qui m'en occupe... J'ai pas le temps, et j'y connais rien, mon mari non plus. C'est le voisin. Il vient deux ou trois fois par semaine... Il en a un aussi, mitoyen... Comme ça c'est pratique.

Le regard fatigué et ému de mademoiselle Gertrude erre sur les plantations... salades, légumes, choux... pas de fleurs.

En sortant, mademoiselle Gertrude sait. Elle s'efforce de marcher calmement, alors qu'elle aurait envie de courir. Elle sent le regard de l'autre dans son dos, comme si elle savait que mademoiselle Gertrude sait... mais non... elle a un sourire soulagé, claque la porte avec désinvolture...

Le lendemain, au bureau, mademoiselle Gertrude entre chez le directeur de la police d'un pas ferme :

– Il faut rouvrir le dossier de l'affaire Kreiss!

– Qu'est-ce qui vous prend ?

– Il me prend qu'en 1948 le mur n'existait pas. Pour passer à l'Est, il suffisait de prendre le métro. On pouvait même y aller à pied... La limite de zone est à moins de un kilomètre de la maison de Kreiss. Mais il ne pouvait pas se déplacer à pied depuis une blessure grave en Russie. Il se servait de son vélo. Toujours de son vélo, même pour faire cent mètres... Vous trouvez normal qu'il soit parti à l'Est sans son vélo ? Vous savez combien c'était précieux un vélo, en 1948, et à l'Est en plus ?

– Un vélo, mademoiselle Gertrude, ce n'est pas suffisant comme fait nouveau. Je reconnais que c'est intéressant, mais depuis douze ans...

– D'accord.

Mademoiselle Gertrude repart aussitôt. Il n'y aura pas de bureau aujourd'hui. Elle se rend chez le voisin, monsieur Adler, celui qui s'occupe du jardin. Un petit bonhomme osseux tout tordu, comme perpétuellement accroché à une bêche.

– Ce coin, là-bas... oh c'est madame Shreider qui veut pas qu'on y touche... Paraît qu'il y a dessous une canalisation de je sais pas quoi... d'eau peut-être ou de gaz...

– Vous vous occupez du jardin depuis quand, monsieur ?

– Oh ben depuis que ce pauvre Kreiss est plus là... fichu le camp à l'Est... Ça m'en a bouché un coin... ça... Je me demande comment il plante ses salades là-bas...

Le lendemain matin, très tôt. Le chef de la police était enfin sorti de son bureau. Dans une voiture de patrouille, il discute avec le voisin jardinier. Mademoiselle Gertrude n'est pas là.

Depuis la porte de sa maison, madame Shreider, ex-Kreiss, voit arriver une autre voiture de police, et deux hommes en tenue de campagne, armés de pelles et de pioches. Un policier en uniforme se dirige vers elle, un papier à la main. Il salue.

Il a ordre de creuser le minuscule petit coin de terre non cultivé, où repose depuis douze ans le corps d'Adolphe Kreiss... Tué de deux balles dans la tête, par l'affreux petit nabot. Parce que la grande sœur n'en voulait plus, parce qu'il empêchait tout le monde de danser en rond et de faire la nouba dans sa maison.

Au procès, il y avait aussi les deux jumelles, deux souris au regard fourbe. Et l'épouse. Qui avait saoulé ce pauvre Adolphe pour l'entraîner dans le jardin où l'attendaient le petit nabot et son revolver ? Toutes les trois. Et toutes les trois affirment en chœur qu'Adolphe Kreiss était invivable, que sa femme ne pouvait plus le supporter...

Mademoiselle Gertrude, dans son coin, bondit :

– Dites plutôt que vous vouliez la maison !

Parce que c'est ça... Ils voulaient la maison. Leur histoire ne trompe personne. Ils se défendent mal, parce que leur défense est impossible. Et l'ex-madame Kreiss hurle à l'intention de son accusatrice :

– Qu'est-ce qu'elle a celle-là à se mêler de tout ? Elle a couché avec Adolphe, ou quoi ?

Le soir du procès, mademoiselle Gertrude est rentrée chez elle, avec un poids sur le cœur. Elle n'avait pas répondu. Elle ne pouvait pas.

Comment dire qu'à Hambourg, pendant le grand bombardement, le grand incendie qui ne laissa pas une pierre sur une autre pierre... Adolphe Kreiss, en permission, avait été le seul homme de sa vie ?...

# LE DOUBLE CRIME DU MÉMORIAL

Monsieur Simenon écrivait, à propos de cette histoire :
« Je pense que cette inimaginable affaire restera dans les annales criminelles comme un exemple que l'on citera aux jeunes inspecteurs trop imaginatifs ou trop impatients... »

—

Venue d'un maître du récit criminel, cette réflexion porte à croire que les policiers qui l'eurent en charge furent en effet trop imaginatifs et trop impatients.

Examinons les faits, minutieusement, afin d'en obtenir la preuve.

Il est près de Chicago, Illinois, un endroit merveilleux où les parterres, les corbeilles fleuries sur des gazons somptueux côtoient des bois encore sauvages, parcourus d'immenses allées droites d'arbres plusieurs fois centenaires. Il est à peine connu des citadins, et très peu fréquenté, c'est pourquoi les amoureux de la nature et les amoureux de l'amour profitent tranquillement de ce cadre splendide qui les soulage de la ville monstrueuse, étalée au pied de ses terrasses. Le Parc du Mémorial est notre décor.

Le 22 décembre 1963, quarante-huit heures avant Noël, donc, un employé municipal, chargé du ramassage des feuilles mortes, marche dans une allée, en poussant son petit chariot devant lui, le balai en travers, la pelle sur le dos. Il fait frisquet à cette heure matinale.

Dans l'allée du Paradis, aussi loin que peut porter le regard de l'employé, deux taches... deux formes incertaines, et l'aboiement d'un chien.

L'employé s'approche, curieux, et se disant qu'il va probablement découvrir deux amoureux transis. A huit heures du matin, en plein hiver, l'amour doit avoir du mal à réchauffer les corps.

Il y a deux corps en effet. Deux cadavres, un jeune homme et une jeune fille. Les visages ensanglantés sont méconnaissables, et un pauvre épagneul couleur d'automne monte auprès d'eux une garde farouche. L'employé ne peut même pas approcher à un mètre. Il abandonne sa charrette et court au travers des allées, jusqu'au poste téléphonique des gardiens du parc. Lorsque la police arrive, une vingtaine de minutes plus tard, le chien aboie toujours et deux hommes le maîtrisent avec peine.

Les deux jeunes inconnus ont à peu près vingt ans, ils ont été tués de plusieurs balles dans la tête. Dans l'herbe, sept douilles de calibre 7.65, mais l'arme est introuvable, ainsi que les papiers d'identité des victimes.

Seul l'épagneul dispose d'une identité, son collier. L'adresse indiquée est celle de Miss Eleonor Dickwelle, productrice d'un show de télévision célèbre aux États-Unis.

Miss Dickwelle apprend brutalement la mort de sa pupille, Virginie Scott. Originaire du Colorado, la jeune fille lui servait de secrétaire, mais c'était aussi une amie.

– Une fille sympathique, indépendante, jolie... Tout le monde l'aimait... dit-elle aux policiers.

Une semaine plus tôt, Virginie assistait à un bal de la télévision, et y avait rencontré un jeune technicien, Jerry Hodgett. Jerry habitait à l'hôtel car il était venu de Denver, Colorado, pour faire un stage à Chicago. Un garçon courageux et particulièrement méritant.

Virginie et Jerry se sont plus, ils ont commencé à sortir ensemble, personne n'était contre, Eleonor approuvait.

Le mercredi précédent, ils sont convenus tous les deux d'une balade au Parc du Mémorial. Ils sont partis vers cinq heures.

Miss Eleonor explique :

– Hier, donc, Virginie est partie au volant de la Buick grise, que je lui prête d'habitude. Elle devait retrouver Jerry en ville... Depuis, je ne l'ai pas revue.

Au Parc du Mémorial, un gardien peut confirmer l'heure d'arrivée du couple dans la Buick grise. Ils sont entrés par la porte des Plaines, et le gardien a dû leur demander de déplacer leur voiture, mal garée, qui gênait le passage dans l'allée du Paradis.

Plus tard, un autre gardien a remarqué, au même endroit, et roulant à petite vitesse, un vieux taxi break, une Dodge noire et rouge. Le chauffeur avait une visière pare-soleil bleue, et transportait un client d'une quarantaine d'années, vêtu d'une gabardine bleu ardoise.

Le témoignage de ce gardien est retenu par la police, car il déclare que le client qui se trouvait dans ce taxi avait l'air aux aguets.

Un homme dans une voiture, guettant sur les lieux du crime, c'est évidemment important.

Cela permet d'établir une hypothèse, selon laquelle cet homme aurait premièrement congédié son taxi, se serait approché de la Buick où se trouvaient les deux jeunes gens, les aurait tués, puis aurait transporté les corps hors de la voiture, après quoi il se serait enfui avec la Buick, tous feux éteints, vers la porte des Plaines.

Car une voiture tous feux éteints a failli renverser un gardien qui se tenait à cette porte. Elle a filé ensuite pour franchir la rivière Fox.

La police apprend qu'un certain docteur X aurait fait une cour assidue à Virginie et proposé de divorcer pour l'épouser. Un jaloux, un mobile. Mais cette piste est abandonnée.

Deux camarades de Jimmy sont également interrogés longuement, sur le même mobile, la jalousie. Sans résultat.

Le récit de la découverte de ce double crime dans le Parc du Mémorial, à la veille de Noël, a ému considérablement le public. Car tous les éléments sont réunis pour susciter l'émotion. Deux jeunes gens, deux amoureux, beaux, intelligents, heureux, et leur chien « Upup », font des rêves d'avenir, et échangent des serments sous les arbres. Ils lisent des poèmes, car on a retrouvé un livre près d'eux. Le chien gambade dans les feuilles, c'est un tableau de bonheur idyllique. Et la mort survient. Le chien reste seul hurlant à la mort devant les cadavres de ses jeunes maîtres, refusant qu'on les approche, gardien fidèle de l'amour mort. C'est émouvant, et le public se passionne pour l'enquête.

Or, au deuxième jour de cette enquête, le chauffeur du taxi Dodge noir et rouge, largement décrit dans les journaux, et considéré comme le témoin capital, ne s'est toujours pas présenté à la police.

Mais un sergent de police a retrouvé la Buick. Elle est garée, feux allumés, dans une petite rue tranquille à proximité du parc, et à cinquante mètres d'un poste de police. Faute d'inattention sans doute. Alors que depuis deux jours le numéro d'immatriculation de cette voiture et sa description complète étaient publiés dans toute la presse... elle était depuis deux jours sous le nez, ou presque, de la police.

Bref. Le véhicule enfin retrouvé est soigneusement examiné. La glace avant droite, brisée par les projectiles, a été baissée par l'assassin, pour ne pas qu'elle soit remarquée, certainement. Il y a du sang sur la banquette avant, mais l'extérieur de la voiture a été nettoyé avec le manteau de fourrure de Virginie, que l'assassin a ensuite caché dans le coffre arrière, fermé à clé. Le sac de Virginie est resté sur le siège avant, ouvert. Il ne contient que de petits objets féminins, un carnet d'adresses, et un billet de deux dollars.

Il faudrait donc écarter l'hypothèse du crime crapuleux. Mais deux dollars ce n'est rien. Le voleur assassin a très bien pu les oublier, d'autant plus que l'on ne retrouve pas le portefeuille de Jerry, et que ses poches étaient vides, absolument vides.

Mais l'hypothèse du crime passionnel semble être la bonne, surtout si l'on considère les détails suivants.

Miss Eleonor sait que Virginie avait toujours dans son sac des photos, beaucoup de photos de ses camarades, garçons ou filles. L'assassin aurait fait disparaître les photos pour supprimer un indice. Ce serait donc un familier de la jeune fille. Il a pris également les clefs de la Buick et la carte d'immatriculation. Là on se demande bien pourquoi. Dans le cendrier de la Buick, un ticket d'entrée du parc permet de situer plus précisément l'heure d'arrivée du couple.

D'autre part, la distance entre les lieux du crime et la rue où a été retrouvée la Buick est d'un mille, mais sur un itinéraire assez compliqué. On peut donc supposer que l'assassin connaissait bien la région, qu'il l'habite peut-être, ou qu'il y travaille.

Au troisième jour de l'enquête, deux témoins se présentent. Ce jour-là, en fin d'après-midi, ils se trouvaient dans le Parc du Mémorial et ont vu descendre du fameux taxi noir et rouge un homme en gabardine. Ils ont remarqué la visière bleue du chauffeur.

Chicago compte six cents taxis de modèle Dodge, dont cent cinquante sont noirs, cinquante rouges, et vingt-cinq noirs et rouges.

Les chauffeurs de taxis Dodge deviennent la proie des policiers qui les interrogent sans relâche, et sans résultat.

Le commissaire Henry, chargé de l'enquête, en est donc là. Il refait le parcours du criminel. La Buick a une boîte de vitesses automatique. Celui qui la conduisait ce jour-là devait la conduire avec aisance, car il a accompli le parcours sans faute. Il fallait savoir en effet qu'à cette heure-là le passage à niveau de la sortie des Plaines n'est pas fermé. Ensuite, en garant la voiture dans la rue, il a soigneusement fermé la serrure antivol, et bloqué la direction. Peut-on en déduire que le criminel a l'habitude de conduire cette voiture-là, ou une autre du même modèle ?

La grande inconnue est de comprendre pourquoi le chauffeur du taxi ne se manifeste pas.

Il y aurait peut-être une explication à cela.

Le quatrième jour de l'enquête, le commissaire Henry entend des témoins de la sous-station de la Southern Pacific du Parc. Ils ont vu sortir le taxi Dodge, par le passage à niveau des Plaines. Et il n'était pas à vide. Il y avait un client sur le siège arrière qui a fait un signe de main, en passant la grille, pour remercier le garde.

Comme le chauffeur ne s'est toujours pas présenté à la police, changement d'hypothèse.

Le criminel a pu se rendre à pied dans le parc, il s'y trouvait déjà avant l'arrivée du couple.

Le commissaire Henry cherche à établir le plus précisément possible l'emploi du temps du couple, entre le départ de Virginie en voiture, et leur entrée au parc.

Premier point. Eleonor Dickwelle et tous les amis des jeunes gens excluent, dans leurs témoignages, une dispute ou un malentendu quelconque. Pas une fausse note, pas une allusion équivoque. Ces deux-là n'avaient que des amis, et ils s'aimaient.

Seule Eleonor Dickwelle semblait être au courant de leur projet de balade. Il faut donc vérifier dans le carnet d'adresses de Virginie si quelqu'un d'autre en était informé.

L'emploi du temps de toutes ces personnes est épluché. Ainsi que l'emploi du temps d'une quantité industrielle de suspects. Car, de bonne foi, beaucoup de témoins se présentent à la police. On signale des Dodge, ce qui provoque des descentes de police. On signale en foultitude des gabardines bleu ardoise.

Et voici que surgit dans ce fatras un homme en gabardine bleu ardoise. Dénoncé.

Monsieur Pea est ingénieur. Il a pris un taxi Dodge noir et rouge pour venir de son usine de Naperville livrer du matériel. Mais monsieur Pea n'a pas lu les journaux et tombe des nues. Il effectuait une livraison, certes, mais à onze heures du matin, et non vingt et une heures. Il a une gabardine, certes, comme tout le monde, mais elle n'est pas bleu ardoise. Vérification faite, le malheureux Pea est mis hors de cause. Le commissaire Henry se voit alors informé d'une autre piste sérieuse. Des collègues viennent d'arrêter un déserteur dans l'Indiana. Vingt et un ans, porteur d'un 7.65 qui a servi, et une lourde hérédité. Plusieurs vols, dont un vol de voiture. On l'a entendu proférer des menaces de mort à l'adresse d'une jeune fille inconnue. Et il était à Chicago le 22 décembre. On sait qu'il peut parfaitement conduire une Buick à boîte de vitesses automatique. On sait aussi qu'il s'intéresse au double crime, particulièrement.

Il y a souvent un déserteur, dans ce genre d'histoire. Le déserteur est soupçonnable de tout, puisqu'il déserte.

Mais il n'y aura pas d'erreur judiciaire avec ce déserteur-là. Le 21 décembre, jour du crime, heure du crime, il volait du linge quelque part dans le Missouri.

Le commissaire imagine le criminel comme un homme de sang-froid, possédant une certaine habileté technique. Soucieux d'éviter les fautes. Quelqu'un capable de tuer rapidement et d'une main sûre. Quelqu'un qui n'oublie aucune empreinte, qui prend le temps d'essuyer le sang sur le coffre. Un calme et un méticuleux qui verrouille la direction de la voiture, les serrures, allume les feux de position de la voiture avant de l'abandonner dans la nuit. Voilà le portrait psychologique du criminel, selon la police. Rien à voir avec un déserteur quelconque, un voleur à la petite semaine, incapable d'exécuter froidement et rapidement deux jeunes gens dans leur voiture, et d'accomplir le reste du parcours. Il s'agit d'un exécuteur professionnel implacable.

L'ennui c'est que... peut-être... on surestime ce criminel. Que l'imagination des policiers devant ce crime incompréhensible les emporte... trop loin.

L'assassin ne serait-il pas un médiocre ? Un minable ?

Voici venir des témoins dignes de foi, apportant une information capitale.

Ils ont vu rôder, aux alentours de la Buick grise dans le parc, des jeunes gens, minces, vêtus d'imperméables étriqués.

Une nouvelle hypothèse tombe dans le jackpot.

Il s'agirait du crime d'une bande de jeunes malfaiteurs qui ne craignent pas de tuer pour quelques cents.

Comment retrouver ce genre d'assassins?... C'est quasiment impossible. Aucun lien avec les victimes, dispersés dans la ville, il faudrait un miracle.

Or voici venir un drôle de miracle. Il est habillé de bêtise. D'une bêtise exceptionnelle, en or, en diamant, qui pèse des tonnes, gigantesque comme les pyramides, immense comme le Sahara, glacée comme l'Antarctique.

C'est triste la bêtise, infiniment.

Il existe à Chicago deux êtres habillés de cette monstrueuse bêtise, laide, méchante, désarmante et pitoyable. Le genre de bêtise qui soulève une folle envie de taper dessus.

Ceux-là la possèdent, ils en sont imprégnés. Pas fous. Non. Pas du tout. Normaux. Bêtes.

Le 12 janvier, la bêtise entre en scène.

Une voix qui téléphone aux Établissements Pecker, un petit constructeur de radio-T.V. à Chicago.

– Allô!... Ets Pecker... Ici la maison Amstrong et Finally. Préparez-nous quatre magnétophones. On passera les prendre demain.

L'homme qui vient de passer cette commande téléphonique dit s'appeler Fisher. Il prend livraison des magnétophones, mais trouvant que la charge est trop lourde, il laisse les piles.

Monsieur Pecker doit trouver la chose bizarre, les livreurs ont en général une voiture. Alors il téléphone aux Établissements Amstrong et Finally, qui existent bien, mais où ce Fisher est inconnu.

Sept jours plus tard, à l'autre bout de Chicago :

Un shérif de quartier transmet à un lieutenant du bureau central de la police un pistolet 7.65 qu'une voisine, madame Mariani, lui a confié. Elle avait peur que son fils fasse des bêtises avec cette arme.

Le lieutenant convoque le fils Mariani, histoire de le sermonner.

Pendant ce temps, le même jour à 10 heures, le dénommé Fisher téléphone à monsieur Pecker.

– Ici Amstrong et Finally. Je vous envoie notre livreur pour prendre trois postes T.V.

Monsieur Pecker raccroche, en trouvant le bonhomme « gonflé ». Il met au point un plan de bataille privé.

Le petit escroc sera introduit dans la salle d'attente. Aussitôt, les employés boucleront les issues. Et deux costauds coinceront Fisher.

A 10 h 25, le gardien de l'usine aperçoit Fisher au coin de la rue et donne l'alerte.

A 10 h 45, Fisher est traîné par les deux costauds devant monsieur Pecker. Il essaie de fuir, on le maîtrise et la police du district est alertée.

A 10 h 50, monsieur Pecker demande à son voleur :

– Si tu me dis où sont les appareils que tu as volés, je retire ma plainte.

– A la consigne de la gare de Southern Pacific. Je vous donne le ticket.

Et Fisher veut fouiller dans sa poche, mais un des costauds l'en empêche :

– Je le prends moi-même, lève les bras...

Fisher se débat aussitôt et prend une baffe car on découvre dans la poche intérieure de son veston un pistolet et deux chargeurs.

A 11 h 45, les inspecteurs de la police du district arrivent aux établissements Pecker. Ils emmènent Fisher au siège de la police et, dans la voiture, l'un des inspecteurs dit en plaisantant, devant le petit minable :

– Alors, l'assassin du Mémorial, c'est pas toi, par hasard ?

Et Fisher répond :

– Si.

L'inspecteur lui tape dans le dos méchamment :

– Ça va, hein... tu te foutras de nous un autre jour...

– Vous ne voulez pas me croire ? Regardez ça...

Et Fisher exhibe la carte d'immatriculation de la Buick et le permis de conduire de Virginie.

A 11 h 30, les policiers du central de Chicago ont identifié l'arme confisquée au fils Mariani. Elle a été volée à la Cartoucherie Wesson. Il est évident que le voleur ne va pas se présenter tout bêtement pour un sermon. On décide donc d'aller le chercher. Il n'est pas chez lui, dit la mère, il est à la cordonnerie de son oncle, juste à côté.

11 h 45 : Arrestation de Mariani à la cordonnerie.

12 h 00 : Au siège du district, Fisher est en train de confirmer ses aveux, il dénonce son complice Mariani. Des policiers foncent pour arrêter ce Mariani. On leur répond qu'il est à la cordonnerie de son oncle à côté...

Et non. Puisque à 12 h 30, Mariani est en train d'avouer devant les policiers du central de Chicago, le double crime du Mémorial...

Ce qui n'empêche pas les policiers du district, à 12 h 45, de se précipiter à la cordonnerie où on leur répond bien logiquement que Mariani vient d'être arrêté, trois quarts d'heure avant... par d'autres policiers.

Passons sur le méli-mélo des deux polices qui se marchent sur les pieds. Perquisition, confrontation, inculpation, les deux assassins du Mémorial sont écroués vers deux heures trente du matin, et leurs photos dans tous les journaux du lendemain.

Surprise. On attendait l'arrestation d'un criminel d'envergure. Un solitaire, un monstre froid et méthodique, au visage inquiétant, au regard dur. Un vrai, en somme. Un comme les policiers l'imaginaient depuis le début, un comme le décrivaient les journalistes...

Et voilà deux abrutis intégraux.

Fisher, photo de face. Bellâtre, toujours bien « sapé », petite moustache, lunettes de soleil prétentieuses, faux calme qui joue les durs. Surtout avec Mariani qu'il regarde d'un air méprisant et dominateur.

Mariani, photo de face. Du mou. Grand nez, grande bouche, le tout prêt à tomber, dirait-on. Imperméable avachi, sur un corps d'escogriffe avachi. Le tout d'une veulerie écœurante.

Fisher. Photo de profil. Nez long sans caractère, traits tombants. Veulerie du menton.

Mariani. Photo de profil. Insondable de niaiserie.

Comment ces deux tristes imbéciles ont-il pu commettre un crime semblable ?

On ne sait pas. On ne saura jamais. Il n'y a là ni mystère, ni explication, il n'y a que bêtise incommensurable.

On peut être bête par manque d'éducation et excusable. Mais dans leur cas, cette bêtise-là n'excuse rien.

Certes, il y a eu enfance lamentable. Les deux freluquets se sont connus à l'orphelinat. Fisher dominait Mariani. Il rêvait d'être chef de bande, un Al Capone, et de faire des hold-up...

Ils sont venus séparément à Chicago. Fisher, complètement mythomane, se prétendait patron d'une boîte d'électronique, et signait des papiers « Agent Général ». En réalité il vivait d'escroqueries minables, dans une chambre d'hôtel, où l'on retrouve pour six mille dollars de matériels, téléviseurs, postes de radio, rasoirs électriques, ou magnétophones.

Mariani, lui, vivait chez sa tante, était censé travailler chez son oncle, mais passait son temps au billard électrique voisin, en se prétendant atteint d'une maladie du cœur.

Un jour, les deux minables se retrouvent, pour des petits coups minables. Et ils décident d'organiser, « scientifiquement », dit Fisher, un grand coup dans un magasin la semaine de Noël. Il leur faut une voiture. Et comme ils sont l'un comme l'autre incapables de voler une voiture en bricolant les fils du contact, ils doivent voler une voiture avec la clé de contact.

Ils essaieront plusieurs fois. Ils se dégonfleront plusieurs fois.

Et puis, le 21 décembre, Fisher entraîne son double au Parc du Mémorial. Là-bas les promeneurs laissent souvent la clé sur le contact.

Et ce jour-là il n'y a qu'une voiture, arrêtée dans l'allée du Paradis, et deux jeunes gens à l'intérieur qui lisent ensemble un recueil de poèmes, à haute voix.

Les deux minables se cachent dans les broussailles, et attendent longtemps. Une sorte de panique les prend à l'idée de rentrer bredouilles. Ce serait la preuve qu'ils ne sont que des minus, des poules mouillées trimballant des rêves de gangsters trop grands pour eux.

Et Fisher dit :

– Y'en a marre, on y va.

Mariani marche vers la Buick, le revolver à la main, pour intimider le couple. C'est ce qu'il prétend. Car l'arme est chargée et il fait feu en arrivant à leur hauteur. Deux balles pour Virginie, deux balles pour Jerry.

Pourquoi tirer ? Pourquoi ne pas simplement s'emparer de la voiture ?

Au procès, le juge, effaré par la bêtise crasse qu'il a sous les yeux, pose tout de même la question, espérant une réponse logique.

– Parce que j'ai pas eu le courage de dire « haut les mains ».

Les deux minables ont prétendu, chacun de leur côté, être seul responsable du crime. Une sorte de gloriole lamentable, car il est établi que Mariani a tiré quatre fois, et Fisher deux, pour le coup de grâce. A Fisher aussi le juge demande pourquoi il a tiré deux autres balles :

– Pour être sûr de laisser des cadavres derrière moi. C'était une expérience intéressante.

Ils ont abandonné la voiture près d'un bureau de police, par défi, disent-ils. Mais Mariani dit : « On était dingues », et Fisher dit : « On avait peur », ou l'inverse.

Ils ont récupéré quatre dollars dans la poche de Jerry.

Fisher dit fièrement qu'il a donné un dollar à son complice, et gardé trois dollars en tant que chef de gang.

Que faire ?... Que dire ?...

Mariani écrit à sa tante :

– On est bien en prison, tout ça serait rien, sans la grosse bêtise qu'on a faite.

Et en fin de compte et au bout du procès, il déclare :

– Maintenant notre état d'esprit a changé. On ne ferait plus ça.

Comment les défendre ? L'avocat a une lourde tâche. Car ce sont des jeunes, certes, il peut toujours parler du mal de vivre et de l'errance... de l'époque et de la société qui, ou quoi...

Mais il se trouve que Virginie était une jeune fille du même âge que ses assassins, et Jerry aussi. Et qu'ils n'étaient pas riches, eux non plus. Qu'ils étaient venus à Chicago comme leurs assassins, pour réussir dans la vie, et qu'ils travaillaient à cette réussite, l'un avec une bourse pour un stage, l'autre secrétaire à petit tarif en espérant mieux.

Tout le monde a vingt ans. Tout le monde est pauvre, c'est un crime fratricide, dit le procureur de l'État.

Il aurait pu citer La Bruyère : « Si la pauvreté est la mère des crimes, le défaut d'esprit en est le père. »

Le 7 août, les avocats ayant épuisé tous les recours, Fisher et Mariani passent sur la chaise électrique.

Ce jour-là, une jeune fille inconnue a fait brûler deux cierges dans la nuit, au milieu de l'allée du Paradis.

# CES ÉTRANGES SOLDATS

En février 1915, Céline Marcot, douze ans, s'en va à l'école. Le vent d'hiver glacé rassemble les enfants sous le préau, comme une volée de moineaux amaigris, couverts de neige. Ils frappent du sabot, soufflent dans leurs moufles, le nez rougi, les doigts gercés par le rude hiver de l'Est de la France.

La maîtresse d'école tape dans ses mains, et la petite troupe entre dans la salle de classe, plus froide et humide qu'une cave.

Madame Luguet écrit au tableau : « Aujourd'hui : le sang. »

– Prenez vos cahiers, et écrivez...

Les petits doigts crispés sur les porte-plume font des pâtés, le souffle des écoliers fait de petits nuages de buée au-dessus des pupitres. Ils écrivent avec application, sous la dictée :

« L'homme adulte a sept litres de sang. Le sang " noir " provient des veines. Il est surchargé d'acide carbonique, car son oxygène a été brûlé pour fournir la chaleur vitale. Le sang rouge est le sang frais des artères, il a perdu son acide carbonique et s'est purifié dans les poumons avec une nouvelle provision d'oxygène empruntée à l'air respirable... »

Céline Marcot s'applique plus que les autres. Elle a promis à son père, parti au front en 1914, de passer son certificat d'études et d'être la première en classe.

La porte de la classe s'ouvre et la directrice fait un signe mystérieux à l'institutrice. Les deux femmes disparaissent un instant dans le couloir, puis l'institutrice revient, le visage sombre :

– Marcot Céline! Chez la directrice.

Toute la classe regarde Céline remonter l'allée, d'un air apeuré. Qu'a-t-elle fait de mal ? Une petite fille si sage avec des nattes brunes et de grands yeux noisette, qui sait toujours ses leçons par cœur...

Céline Marcot, les mains derrière le dos, se tient droite devant la directrice à l'air sévère.

– Mon enfant, tu dois rentrer chez toi, ta mère t'attend.

En ce temps-là, les écoliers n'ont pas le droit de poser de questions, ils ne peuvent répondre à la directrice que si elle les interroge.

– Ta mère a reçu ce matin une très mauvaise nouvelle. Ton père a été fusillé.

Pas le temps de pleurer ou d'avoir mal. Le mot fusillé a été prononcé d'une telle manière que Céline a senti le mépris l'envelopper.

– Si tu ne peux pas revenir en classe dans les jours qui viennent, je comprendrai très bien. Va maintenant.

Comme une poupée automate, Céline retourne en classe prendre son cartable.

L'institutrice semble avoir un peu pitié.

Les enfants pas du tout. C'est étrange. Céline quitte la classe du certificat d'études dans un silence murmurant, que l'institutrice sanctionne immédiatement :

– Tout le monde se tait ! Un peu de respect, je vous prie...

Au-dehors, Céline court aussi vite qu'elle le peut dans ses gros sabots qui dérapent sur la neige. Sur le chemin l'épicière lui crie :

– Cours pas si vite... Ta pauvre mère est chez le curé !

Céline court à l'église à présent. Avec le mot qui cogne dans sa tête. Fusillé. Fusillé. Fusillé. On ne fusille que les traîtres... L'institutrice leur a appris cela un jour. Elle s'en souvient très bien. Papa a été fusillé... Papa est un traître, c'est ce que voulait dire le mépris de la directrice, les murmures des élèves. Et le regard de l'épicière, et celui du bourrelier, et celui de la mercière...

L'église est sombre, une seule bougie l'éclaire tout au fond, près de l'entrée de la cure.

Madame Marcot est à genoux devant l'autel, en prières. Céline avance lentement dans l'allée, monsieur le curé la prend par l'épaule.

– Laisse ta mère prier mon enfant, pour le repos de l'âme de ton malheureux père...

Et monsieur le curé entraîne l'enfant à l'écart. Il murmure dans la grande église, mais Céline a l'impression que les phrases résonnent et que tout le village les entend.

– Ton père a été fusillé hier, il est passé en conseil de guerre, il s'est rebellé contre ses chefs. L'aumônier du régiment a fait une longue route pour apporter la nouvelle. Prie, mon enfant, à ton tour, pour obtenir son pardon.

L'infamie est entrée dans la maison du soldat Marcot, éclaboussant son épouse et sa fille. Madame Marcot n'est pas une veuve de guerre comme les autres, et Céline n'est pas une orpheline de guerre comme les autres.

La guerre continue ses ravages sur la Marne, dans le Nord, en Artois, en Italie, et aux Balkans. 1916 apporte d'autres morts glorieux au champ d'honneur. 1917 apporte d'autres morts moins glorieux, des mutinés, que la France et le maréchal Pétain condamnent durement. 1918... enfin les canons se taisent.

Madame Marcot et sa fille Céline ont dû vendre la petite maison du village et se réfugier dans une pièce meublée, à la ville. La mère est employée aux écritures, dans une droguerie, et Céline, qui a quinze ans révolus, n'a pas eu son certificat d'études. Elle fait de la broderie dans un atelier, dix heures par jour, pour un salaire d'apprentie, plus maigre que la recette des mendiants le dimanche.

Ainsi les années passent, les hivers rudes, les privations, les robes rapetassées, les chaussures ressemelées, et l'humiliation toujours.

Le printemps de 1922, frileux, voit Céline ouvrière dans une boutique de chapeaux. Sa mère, usée, ne compte plus que sur la paie de sa fille pour subsister. La veuve d'un traître ne touche pas de pension. Souvent Céline demande à sa mère :

– Pourquoi l'ont-ils fusillé, maman ?

– Je ne sais pas. L'aumônier a dit : rébellion. Il faut oublier, Céline...

– Mais papa n'est pas un traître !

– Je ne sais pas, Céline, nous ne saurons jamais...

– Et sa tombe, maman ? Pourquoi n'ont-ils pas dit où est sa tombe ?

– Les fusillés n'ont pas de tombe. On les enterre sur place. C'est ce qu'a dit le prêtre.

– Où est-ce, maman ? Je veux aller prier sur la terre où il est enterré.

– Même ça on ne nous le dit pas, Céline...

Sept ans ont passé. Madame Marcot a reçu officiellement un avis de décès concernant Augustin Marcot, son époux. Mais il n'est pas en règle, paraît-il. Car il n'est pas fait mention des causes du décès. Il n'y est pas inscrit, comme sur des milliers d'autres : « Mort au champ d'honneur ». Et lorsque madame Marcot doit le présenter à une administration quelconque, on la regarde bizarrement. Comme si elle n'était pas propre.

En ce mois d'avril 1922, un homme frappe à la porte de la chambre meublée de la veuve Marcot.

– Madame, je suis juge d'instruction. J'enquête sur la mort de votre mari.

Madame Marcot devient pâle. Que leur veut-on encore ?

– Je n'ai rien à dire. Mon mari est mort en 1915 c'est tout ce que je sais...

– Comment avez-vous appris cette mort ?

– Dans la rue ou presque. Un aumônier est venu du régiment de mon mari, il m'a annoncé qu'on l'avait fusillé. C'est tout.

– Vous n'avez pas reçu de lettre officielle du commandant du régiment ?

– Jamais. L'aumônier m'a écrit plus tard. Mais je n'en ai pas appris beaucoup plus. Peut-être valait-il mieux...

– Vous avez cette lettre, madame Marcot ?

– Vous êtes vraiment juge d'instruction ?

– Vraiment, voici ma carte. Ayez confiance, madame... Je ne suis pas là pour vous faire des ennuis, bien au contraire...

– Oh, les ennuis... vous savez... j'en ai eu mon compte. Je n'osais même pas porter le deuil de mon pauvre mari. J'avais peur qu'on me questionne dans la rue, les voisins... que dire ? Il y a tant de femmes qui portent la mort de leur époux comme une médaille, tant et tant... Moi, je n'avais pas le droit... une femme de traître...

– Ne dites pas cela... Votre mari n'était pas un traître. Puis-je voir cette lettre de l'aumônier, madame ?

La lettre tant de fois lue, pliée et repliée, dit ceci :

« Votre mari a été fusillé pour l'exemple, le 12 février 1915. Je me suis rendu sur sa tombe, près d'une ferme brûlée, à proximité d'un fleuve. Il est enterré à côté d'un grand arbre. Il a fallu les rigueurs d'une discipline de guerre et la malchance dans la sanction de responsabilité collective, en une période particulièrement critique pour amener ce résultat. Dieu vous bénisse, madame, et lui pardonne ses fautes. Je prierai pour le repos de son âme. »

Le juge d'instruction relit trois fois cette phrase sibylline : « Les rigueurs d'une discipline de guerre... et la malchance dans la sanction de responsabilité collective... » Il ne comprend pas très bien.

– Vous savez, j'ai pas fait d'études, monsieur le juge, et je n'ai jamais rien compris à cette lettre. Qu'est-ce que vous voulez faire ?

– Madame, le comité de défense des droits de l'homme a porté plainte. Je suis chargé d'une enquête. Je dois éclaircir les circonstances précises de la mort de votre mari. Je vous tiendrai au courant.

Quelques jours plus tard, le juge d'instruction rencontre l'aumônier du régiment du soldat Marcot.

– Je ne comprends pas très bien ce que vous avez écrit à sa veuve... Que vouliez-vous dire avec cette phrase « malchance dans la sanction collective » ?

– C'est un souvenir cruel, monsieur le juge.

– Il faut me dire ce que vous savez... Il y va de l'honneur de l'homme en question.

– Eh bien je sais peu de chose en vérité. Je n'ai pas assisté à l'acte d'insubordination, ni au conseil de guerre, bien entendu. Ce que je sais, c'est que nous étions cantonnés à trois kilomètres du front de la Marne.

– Vous étiez donc à l'arrière... au repos.

– On entendait les canons, on voyait la fumée des incendies, mais le régiment n'était pas prêt à retourner au combat. Il venait d'être cruellement éprouvé. Le commandant avait dû reconstituer ses troupes avec des hommes venus des dépôts de l'intérieur. Il ne les avait pas bien en main. Il a voulu établir une discipline de fer, montrer au régiment qu'il ne laisserait rien passer. Si l'on n'avait pas fusillé le soldat Marcot on en aurait fusillé un autre...

– Cette insubordination... monsieur l'aumônier, était dirigée contre qui ?

– Le sergent Beaussac.

– Quel genre d'homme ?

– Je ne juge personne... mais c'était un coléreux... disons le genre d'officier intraitable... pas un militaire de carrière en tout cas.

Le juge d'instruction retrouve le sergent Beaussac, dans l'épicerie qu'il tient au centre d'une petite ville de l'Est de la France. Visage carré, front bas, sourcils pointilleux.

– Je refuse de parler de ça... La guerre est finie, non ?

– Je ne viens pas vous parler de guerre, monsieur Beaussac, et je suis juge d'instruction, vous êtes tenu de répondre à mes questions.

– Mais qu'est-ce que c'est que cette histoire ? Moi, j'ai fait ce que je devais faire... c'est tout !

– Monsieur Beaussac, comprenons-nous bien, je vous pose une question et j'exige une réponse... Vous êtes un témoin dans une affaire de justice, est-ce clair ?

– Bon, allez-y...

Il est maussade, le sergent. Pas très bien dans sa blouse d'épicier au ventre rond. Il préférerait oublier, sûrement, c'est tellement plus facile.

– Ma question est la suivante : En quoi consistait l'acte d'insubordination du soldat Marcot ?

– Une histoire de pantalon... enfin... Marcot avait déchiré son pantalon de toile bleue... il râlait qu'il avait froid aux fesses... et qu'il en voulait un...

– Je suppose qu'en février 1915, dans la Marne, il ne faisait pas chaud...

– Le froid c'était pour tout le monde... et moi, je lui ai répondu que je savais pas où trouver un pantalon. C'est vrai ça... on n'avait plus rien... où j'allais dénicher un froc ?

– Que s'est-il passé ensuite ?

– Il est revenu à la charge quelques jours plus tard, il arrêtait pas de me tanner, alors je lui ai donné un pantalon. Je lui ai dit : « Tiens, prends ça, le voilà ton pantalon ! » Il en a pas voulu !

– Pour quelle raison, monsieur Beaussac ?

– Soi-disant qu'il était sale et plein de sang, et que je l'avais pris sur un cadavre... Alors je lui ai rétorqué : « C'est pas vrai, il est très bon ce pantalon, t'as qu'à le laver et il sera comme neuf. » Il en voulait toujours pas...

– C'était exact ? Ce pantalon venait d'un cadavre ? Il était déchiré ? Couvert de sang ?

L'épicier regarde à terre, ennuyé :

– Ben... j'en sais plus trop rien... Il avait qu'à le laver quoi... De toute façon, c'est le lieutenant Bertrand qu'a pris l'affaire en main. Il commandait la compagnie... moi c'était plus mon affaire.

– Avez-vous alerté le lieutenant sur le refus de Marcot ?

– Ah non... hein... c'est pas ma faute. Le lieutenant s'est pointé à ce moment-là... c'est tout ce que j'ai à dire...

Le lieutenant Bertrand exploite maintenant une minoterie dans une splendide forêt de pins. Grand, chauve, visage bronzé, regard froid.

– Juge d'instruction, vous dites ? Pour l'affaire Marcot ? Qu'est-ce que vous voulez que je vous dise moi... C'est fini tout ça...

– Non, monsieur Bertrand... ça commence.

Le minotier hausse les épaules...

– En voilà une affaire... pour un pantalon... je veux dire que Marcot en a fait toute une affaire, alors que rien ne justifiait une réaction pareille. Il était chiffonné ce pantalon, un point c'est tout. Il venait pas d'un cadavre...

– Venons-en au fait, monsieur Bertrand. Ma question est : « Est-ce bien pour avoir refusé ce pantalon que le soldat Marcot a été déféré en cour martiale ? »

– Oui... eh oui... mais il avait mis toute la compagnie sens dessus dessous... avec son pantalon. Une délégation est venue me trouver, le soldat Delapalud en tête. Ils protestaient au nom de toute la compagnie soi-disant... Je me suis trouvé en face d'une véritable mutinerie. J'ai dû en rendre compte au colonel, qui a réuni un conseil de guerre spécial...

– Monsieur Bertrand, en faisant cela, vous saviez, bien entendu, que Marcot pouvait être fusillé ?

L'homme hésite. La question le gêne visiblement beaucoup.

– Ben non, en fait. Moi, je croyais pas que ça irait aussi loin. On n'était pas au front... On pouvait pas considérer ça comme un refus d'obéissance... Enfin je sais pas. Je croyais que le commandant allait régler ça autrement... Je sais pas.

– Autrement ? Un conseil de guerre est un conseil de guerre... Vous deviez vous douter que le soldat Marcot risquait sa vie dans cette histoire, et pour un pantalon ?

– Mais toute la compagnie était de son avis...

Le minotier se balance d'un pied sur l'autre... Le souvenir qu'il évoque a dû beaucoup le déstabiliser sur le moment.

– En revenant de l'exécution... j'avais comme une angoisse... cette histoire avait été trop loin, alors j'ai demandé au commandant si j'avais eu tort de signaler le soldat Marcot pour ça... Et il m'a répondu : « A votre place, lieutenant, j'en aurais fait autant ! »...

Le minotier regarde le juge, en face :

– J'ai la conscience tranquille, moi !

Il n'est pas si sûr, de toute évidence.

Le juge d'instruction interroge ensuite le soldat Delapalud, qui menait la petite troupe de contestataires, en février 1915. Il a rempilé. Le juge le rencontre dans une caserne, où il attend son départ pour l'Indochine. Cette fois le dialogue est différent :

– Ça le fera pas revivre, votre enquête ! Mais ça soulage quand même... Enfin on se préoccupe de ce pauvre gars... Je vais vous dire une chose, monsieur le juge, ça me déplairait pas qu'on déballe tout ça sur la place publique... Vous pouvez compter sur moi pour vous aider... Je sais comment ça s'est passé... Faut comprendre comment on était à cette époque-là. On gelait, on pelait de froid, dans la boue et dans la neige... On bouffait des clopinettes. On s'était tapé juste avant une équipée contre les Fridolins... Un vrai désastre... Bref, Marcot avait quasiment plus de culotte sur les fesses. Des trous partout... Alors il va voir le sergent pour en demander une... c'est normal, je vous jure qu'on lui voyait les fesses, le pauvre... Le sergent lui en refile une au bout de je sais pas combien de temps... une horreur. C'était une culotte rouge, pleine de sang et d'excréments, toute chiffonnée, à vomir, monsieur le juge... alors le Marcot, il dit comme ça : « Je voudrais une culotte propre, lieutenant ! » Et le lieutenant : « Depuis plusieurs jours que vous en réclamez une... vous prendrez celle-là ! Et je vous préviens, n'insistez pas, vous allez vous mettre dans un mauvais pas... » Et Marcot, il répond : « Je veux pas me mettre dans un mauvais pas, lieutenant... je peux pas mettre une ordure comme ça... » Et le lieutenant il se fâche tout rouge : « C'est un refus d'obéissance devant l'ennemi !... »

Le soldat Delapalud ricane, en se tapant sur le front :

– Un refus devant l'ennemi... vous vous rendez compte ? Ce pauvre Marcot avait tout de même le droit d'avoir un pantalon convenable... Moi, je dis que pour aller se faire tuer c'est la moindre des choses d'avoir un pantalon convenable. En plus on n'était pas devant l'ennemi... Vous savez où on était, monsieur le juge ? Dans la merde... Ce colonel qu'on avait là, c'était pas une lumière de la stratégie, si vous voulez mon avis... On avait perdu 1 500 hommes, morts ou blessés... On n'avait pas le moral bien sûr et moi je dis que c'était de la faute du commandant... J'étais pas le seul à le penser, seulement, à la guerre, on la boucle. Pas question d'aller dire à un supérieur : « Commandant, vous voyez pas clair »... et le colonel, lui, il voulait remonter le moral des troupes, discipline de fer et tout le toutim... Il s'est mis à gueuler à Marcot : « Lisez-moi l'article du code militaire... refus d'obéissance en présence de l'ennemi... allez-y... » Et le pauvre Marcot il a lu. Jusqu'à la sanction qui dit : « Peine de mort ». Là-dessus le colonel a répété : « Vous persistez à refuser ce pantalon ? » Et Marcot, il a répondu oui.

Le soldat Delapalud a un geste de résignation.

– Vous savez, monsieur le juge... moi, ça m'a valu d'aller casser des cailloux en Afrique... pour être d'accord avec Marcot, mais lui... on l'a fusillé. Au début j'y croyais pas. Le lieutenant l'a fichu en prison pour huit jours, refus d'obéissance... C'était pas trop grave, au fond, on se disait que le colonel allait arranger ça. Mais moi j'ai compris pourquoi il a sauté sur l'occasion. Ce pauvre type voulait se venger de son erreur. Un malade du commandement. Il avait raté son mouvement sur le front, il fallait faire croire que le régiment était pas terrible, il fallait donner des sanctions, se couvrir quoi. Il a réuni la cour martiale, il paraît qu'il a dit avant même que la cour soit réunie : « Le peloton d'exécution va donner une leçon à ce foutu régiment ! »...

– Vous avez protesté ?

– On n'allait pas laisser passer ça. . tout de même. La nouvelle s'est répandue... On savait ce que ça voulait dire refus d'obéissance devant l'ennemi... On se fichait de nous... Marcot, il s'était battu comme nous tous, on n'allait pas le laisser se faire crever la peau pour rien. On est allés voir le lieutenant Bertrand, avec quatre copains, et mon camarade Colin. On lui a dit comme ça : « Mon lieutenant, on peut pas y croire. La compagnie vient d'apprendre que vous avez fait un rapport contre Marcot et qu'il va passer en cour martiale »... On était calmes, polis, on voulait tirer Marcot de cette sale histoire, en le soutenant... mais le lieutenant il nous répond : « Ce n'est pas ce qu'il mérite ? » Et on a eu beau lui dire que Marcot avait une femme, une gamine, il voulait rien savoir. Alors on s'est proposés pour laver le pantalon... C'était pas facile dans le camp. On n'avait que de la neige et pas de savon, rien pour faire sécher, à part un feu de bois. Mais on y serait arrivés, en le frottant dans la cendre... Le lieutenant a pas voulu. Alors on lui a dit que ça ferait mauvais effet sur la compagnie... Là il a piqué une colère... « De quoi ? Des observations ? » Et il nous a collés en taule, Colin et moi, parce qu'on avait parlé pour les autres. Et on a eu droit à la cour martiale, nous aussi...

Sept ans après cette histoire, le soldat Delapalud est encore furieux. Debout devant le juge d'instruction, les poings sur les hanches, le visage enfiévré, il raconte la suite. La monstrueuse suite :

– C'était le 12 février, le lendemain. On nous a traînés devant un conseil de guerre spécial. Il était trois heures de l'après-midi. Je m'en souviens comme si c'était hier. Le colonel présidait. Il avait désigné des juges. On n'y croyait pas, je vous jure... On se regardait avec Colin et Marcot, on se disait c'est pas Dieu possible qu'on est devant un conseil de guerre pour une connerie de pantalon !

– Il y avait un avocat pour la défense ?

– Il pouvait pas faire autrement le colonel, fallait bien que les règles soient respectées, en apparence... L'avocat c'était un officier...

je me rappelle plus son nom. Il a pas dit grand-chose. Ça a pas traîné de toute façon... Le colonel a fait appeler que deux témoins. Le sergent et le lieutenant. Ils ont répété tous les deux que Marcot avait refusé d'obéir, et que nous on l'avait soutenu dans sa rébellion. On a eu droit au verdict tout de suite après. Marcot, condamné à mort, moi et Colin, six ans de travaux forcés... Voilà, monsieur le juge. Colin il est allé se faire tuer en Orient après ça... et moi, je pars en Indochine, demain, ou après-demain... Je sais pas si j'en reviendrai. L'armée c'est tout ce que j'ai... même si elle me traite comme un bestiau. Mais si vous pouvez faire quelque chose pour la veuve à Marcot, ça serait que justice.

Il faudrait au juge d'instruction un autre témoignage, mais qu'il n'obtiendra pas. Le colonel Tenet n'est pas visible. Par contre le greffier qui a enregistré cette pantomime dramatique de jugement en cour martiale est maintenant juge lui-même, dans un tribunal de province. Il reçoit son confrère, avec d'autant plus de bonne volonté qu'il est à l'origine de son enquête. C'est lui qui a alerté la commission des droits de l'homme sur le cas du soldat Marcot.

– J'ai assisté au procès. J'étais commis greffier au conseil de guerre de la division. On m'avait mobilisé en 1915. Je me suis donc retrouvé devant le colonel, convoqué pour cette affaire. Le colonel m'a dit tout de suite :

– Sergent, je veux faire un exemple. Nous avons une rébellion sur les bras. Il faut que j'en tue un ou deux...

– Il a employé cette expression ?

– Je le répéterai sous la foi du serment. Il a dit : « Il faut que j'en tue un ou deux. » J'étais sidéré. Il me dit ensuite : « J'entends que tout se passe dans les formes, vous êtes magistrat, j'ai besoin d'un texte de loi imparable, étudiez le dossier, trouvez-moi ce texte. » En fait, il n'y avait quasiment pas de dossier. A part le rapport du lieutenant et la déposition du sergent. Il y était dit que Marcot avait refusé un pantalon sous prétexte qu'il était taché de boue. Condamné à huit jours de prison pour refus d'obéissance, il avait suscité des réclamations de la part d'un groupe de camarades de régiment. Bien entendu, je ne voyais là aucun motif pouvant amener à la peine de mort, mais le colonel insistait. « Il y a refus d'obéissance donc peine de mort! »... – « Mon colonel, on ne peut pas faire cela, vous allez trop loin... Il ne suffit pas qu'il ait refusé d'obéir à un ordre, il faut encore que cet ordre concerne le service, qu'il ait été donné à l'occasion du service... Quant à ses camarades, on ne peut pas les accuser de rébellion. D'outrages à officier à la rigueur, s'ils se sont emportés, ou ont parlé vivement, sans respect du grade »... – « Bon. D'accord pour les autres... J'abandonne le motif de rébellion, allez-y pour outrages, mais pour Marcot j'exige qu'il soit indiqué " refus d'obéissance " dans l'acte d'accusation. Et c'est moi qui présiderai... » – « Mon colonel, c'est impossible, c'est vous qui poursuivez... Il nous faut un autre président... Vous ne pouvez pas être juge et partie... » Là non plus je n'ai pas réussi à obtenir que la règle soit respectée. Il a tapé sur la table, en gueulant : « C'est moi qui présiderai ! » Voilà. Le conseil s'est tenu dans une baraque de tranchée, on était tous les uns sur les autres, les accusés, le président, le défenseur et un juge assesseur... C'était le secrétaire du colonel. Marcot a été condamné à mort, en quelques minutes. Le lendemain, l'aumônier est allé le chercher dans sa cellule. Ses camarades l'ont entendu pleurer. Il disait sans cesse : « C'est pas possible, c'est pas possible... »

Le juge d'instruction de 1922 regarde le commis greffier de 1915... bien dans les yeux :

– Vous savez que je n'ai pas pu rencontrer le colonel ? Savez-vous pourquoi ?

– Quand j'ai moi-même alerté la commission des droits de l'homme, à qui j'ai remis une déposition écrite, donnant tous les faits dans leur moindre détail, on m'a averti que je risquais des ennuis...

– Quel genre d'ennuis ?...

– Des ennuis de carrière... mais ça n'a pas été jusque-là. Je suis tombé sur des hommes révoltés par ce comportement militaire. Vous savez que nous ne pouvons guère parler de nos mutinés. Le sujet est tabou. Surtout pour ceux de 1917... Le maréchal s'est montré intraitable sur beaucoup de cas... qui ne méritaient peut-être pas autant de rigueur. Mais il s'agissait de révolte devant des officiers, de refus d'aller au combat, je ne me permettrais pas de juger. L'histoire s'en chargera. Par contre, cette histoire de pantalon... il ne faut pas qu'elle tombe dans l'oubli. Ce malheureux avait raison, personne au monde ne pouvait l'obliger à porter un pantalon maculé du sang d'un cadavre et de ses excréments. C'était une humiliation gratuite, immonde... Je tiens, pour l'honneur de cet homme, à sa réhabilitation.

– Le colonel ne témoignera pas... On m'a dit que le ministre, monsieur Maginot, voulait régler cette affaire lui-même...

– Instruisez le procès... Le scandale fera peut-être sortir le loup du bois. En tout cas, je ne crains personne en matière de justice au grand jour. Nous ne sommes plus dans une cagna de tranchée, entre militaires, nous sommes en public... Je tiens à dire que j'ai vu un innocent traîné par un peloton d'exécution contre le mur d'une ferme brûlée. Que je l'ai entendu pleurer le nom de sa fille... au moment où les douze balles le frappaient en pleine poitrine. Je tiens à dire le dégoût des hommes contraints d'appliquer cette sanction. Il faut savoir que le commandement de ce régiment était si peu fier après l'exécution de Marcot que l'on a interdit aux hommes de prononcer son nom, c'était un ordre. Toute la correspondance des hommes a été censurée, de crainte qu'ils ne parlent des circonstances aberrantes de ce jugement. Même l'endroit où il a été enterré a été interdit, tant que le régiment a été cantonné dans les lieux. Un homme qui s'était rendu coupable d'y installer une croix a dû se taire pendant des mois. Le régiment l'a soutenu en silence. C'est un crime. Il doit être jugé en tant que crime.

Le 12 juillet 1922, la cour suprême réhabilite enfin le soldat Marcot. Et les attendus de ce jugement de réhabilitation paraissent au Journal Officiel.

« Attendu enfin, que dans les circonstances ci-dessus relatées, l'injonction adressée au soldat Marcot ne peut être considérée comme ayant constitué un ordre de service donné pour l'accomplissement d'un service militaire en présence de l'ennemi, au sens de l'article 218, alinéa 1<sup>er</sup> du Code de Justice militaire, que le fait retenu à la charge de Marcot n'a point présenté les caractères constitutifs de ladite infraction, que par suite c'est à tort qu'il a été considéré coupable... Par ces motifs : Réforme dans l'intérêt du condamné le jugement du conseil de guerre spécial du 60<sup>e</sup> régiment d'infanterie en date du 12 février 1915;

Déclare que Marcot est et demeure acquitté de l'accusation du crime retenu à sa charge;

Ordonne l'affichage du présent arrêt dans les lieux déterminés par l'article 446 du Code d'instruction criminelle et son insertion au Journal Officiel;

Ordonne également que le présent arrêt sera imprimé et transcrit sur les registres du Conseil de guerre spécial du 60<sup>e</sup> régiment d'infanterie et que mention sera faite en marge du jugement réformé... »

Des mots, des articles de loi qui ne ramèneront pas à la vie le soldat Marcot, qui n'effaceront pas les années d'humiliation subies par sa veuve et sa fille.

Cinq mille francs de dommages et intérêts à la veuve.

Quinze mille francs à sa fille mineure.

Céline a dix-neuf ans, sa mère a tant vieilli qu'elle n'a plus d'âge, le jour ou, enfin, la ville fait au soldat Marcot des funérailles solennelles. Enfin... ce n'est pas peu dire :

Car la veuve ayant demandé que la dépouille de son mari lui soit restituée, l'armée a encore répondu : « Délais prescrits, dépassés. »

Et il a fallu rassembler des fonds pour la veuve, afin de transférer le corps, enterré comme un chien au pied d'un arbre, jusqu'au cimetière de sa ville.

Il y a des discours, au cimetière. Et des rumeurs :

L'Union des Mutilés et Anciens Combattants demande la mise en jugement du colonel responsable.

Un an après, le ministre répond :

« J'ai demandé des explications au colonel. Elles sont à ce point contradictoires avec celles de l'ex-officier qui l'accuse que dans l'intérêt de la vérité, je désire entendre contradictoirement les deux hommes. »

Mais la Ligue des droits de l'homme proteste vigoureusement dans un journal de l'époque, *le Quotidien*, qui a déjà publié une lettre de la veuve, émouvante et accusatrice. La ligue juge que le ministre ne peut avoir la prétention de s'ériger en juge d'instruction.

Un député s'insurge à la tribune de la Chambre. L'affaire fait des remous dans le monde politique. Des remous... puis de petites vagues... puis des vaguelettes... puis un rond dans l'eau qui s'épuise.

Car le colonel ne comparaîtra nulle part, devant aucune cour d'une quelconque justice militaire ou populaire. Le colonel est monté en grade. Il occupe des fonctions importantes au cabinet du ministre monsieur Maginot. Il a reçu la cravate de commandeur de la Légion d'honneur.

On lui a sûrement demandé poliment de prendre une retraite anticipée. Très poliment..., avec les égards dus à ses décorations et à son rang. Il l'a effectivement demandée en 1924, on la lui a effectivement accordée.

Ces étranges soldats font parfois d'étranges choses. Des caprices, qui ont droit de vie et de mort sur un homme.

Et ils conservent leur honneur, eux. Au point qu'aujourd'hui encore, il convient décemment de ne pas citer impunément le nom du colonel qui fit passer par les armes un pauvre troufion sans culotte, ayant eu l'audace d'en réclamer une propre, qui ne soit pas arrachée à un cadavre, qui ne suinte pas le sang et la mort d'un autre..

Mieux vaut être sans culotte que sans honneur, monsieur le colonel... X.

# LA DERNIÈRE FOIS

Simon Levêque a fait la guerre comme tout le monde. Il en est revenu, ce qui n'est pas le cas de tout le monde. Quatre ans de stalag et, en ce mois de décembre 1948, quatre ans de galère. Quelle différence y a-t-il à creuser de sa pioche de vieilles murailles, à empiler des briques, à gâcher du plâtre ou du ciment, bref à faire le maçon dehors par tous les temps ? La liberté ? Que vaut la liberté avec une pension de misère et un salaire à peine convenable. Et les deux enfants ? Et l'aîné tuberculeux ? Et l'autre qui traîne ses guêtres, comme jadis son père, dans les salles de boxe, en espérant devenir champion, comme Cerdan. Tu peux te regarder dans la glace de ta salle de bains minable, Simon Levêque, à quarante-huit ans, né avec ce siècle pourri, tu es quoi ?

– Tu n'es qu'un imbécile.

Simon Levêque a entendu mille fois cette diatribe. Et mille fois il a répondu :

– Poulette, tu sais pas ce que tu dis. Encore heureux que j'ai du boulot.

« Poulette », ça ne veut plus rien dire non plus. Au temps de la java et des dimanches sur les bords de Marne, « Poulette » avait la cuisse ronde et la taille cambrée. L'œil vif et la gouaille des midinettes. Aujourd'hui « Poulette » est entortillée du matin au soir dans un tablier de toile bleue. « Poulette » fait la concierge dans l'immeuble, râle après les poubelles, les escaliers, les paillassons, les chats qui traînent, les gosses qui crient, et après son mari.

– Demande donc une augmentation ! T'es qu'un imbécile.

Elle est pas méchante « Poulette ». Elle aime bien son ancien boxeur de mari, son nez de travers, son cou de taureau, et même l'estomac qu'il a pris depuis qu'il mange le ragoût à sa faim. Il était si maigre en rentrant de chez les « Boches ». Oui, elle l'aime bien. « Imbécile », ce n'est qu'un terme d'affection. Immédiatement suivi d'un « bois ton café, n'oublie pas ton cache-nez, boutonne ton manteau ».

Et Simon Levêque descend l'escalier de l'immeuble, dans le dix-septième arrondissement, près de la gare des Batignolles. Vers huit heures quinze, il descend la rue du Louvre. A huit heures trente il descendra les marches moisies de l'escalier de la cave où se trouve son chantier actuel. Simon Levêque descend toujours quelque chose depuis sa naissance. Une marche du podium, puis l'autre, puis l'échelle sociale comme on dit. Philosophe, il se dit qu'il ne descendra pas plus bas que le dernier échelon.

Ce en quoi il se trompe.

Le cache-col fait trois fois le tour de son cou, et il essuie de ses moufles la goutte qui s'obstine à dégringoler de son nez toutes les dix secondes. Un froid de chien. Rue Croix-des-Petits-Champs, le vent est glacial. Simon Levêque s'offrirait bien un café arrosé dans un bistrot des Halles. Mais il est huit heures vingt-cinq, et il a des principes. Toujours arriver le premier sur son chantier. Marcel, son commis, doit en prendre de la graine. Ce bon à rien et à pas grand-chose se débrouille tout le temps pour être en retard ou tirer au flanc.

Simon Levêque s'engouffre dans une porte cochère, rue Croix-des-Petits-Champs, salue le concierge, et descend l'escalier de la cave. Il a sacrifié son café arrosé à ses principes, pour rien. Marcel n'est pas à l'heure. Il lui passera un savon. Le couloir sent le salpêtre et l'air de la cave est irrespirable. Une atmosphère d'humidité épaisse. L'unique soupirail a été bouché pendant la guerre, alors que la cave servait d'abri. Il y fait noir comme dans un tunnel.

Simon déroule le fil de sa baladeuse, la branche à une prise du couloir, et examine son chantier. Il faut abattre une partie de la vieille voûte, pour permettre l'installation d'une chaudière de chauffage central, et préparer le conduit de départ des tuyauteries, pour les plombiers qui prendront la suite.

Il retire sa canadienne, l'accroche à un clou, soigneusement, enfile une combinaison bleue, et à la lueur de l'ampoule jaunâtre il voit les petits nuages de vapeur que forment son souffle. Toujours pas de Marcel. Le gredin ne perd rien pour attendre. Dans la main de Simon, le manche des outils est froid, il assure sa prise, entre les cals de ses paumes, et se met à creuser. Il en a creusé des trous au stalag. Depuis qu'il ne se sert plus de ses poings pour cogner et gagner sa vie, il s'en sert pour creuser. Comme dit « Poulette », « le jour où tu te serviras de ta tête, on aura peut-être du beurre dans les épinards... »

A dix mètres sous terre, le silence est total. Simon profite du retard de Marcel pour faire ce que lui a demandé le patron. Il va sonder un peu plus profond derrière le vieux mur. Au cas où il y aurait une poche d'eau. On ne sait jamais, le sous-sol parisien est un vrai gruyère, et les rivières souterraines, les égouts, la Seine qui se balade... Le patron est méfiant, avec tout ce salpêtre.

– Il doit y avoir un loup quelque part, Simon... Sonde jusqu'aux fondations, si on peut décrocher un boulot de consolidation, ça arrangera la facture.

La facture, mais pas la paie de Simon.

Simon attaque à la barre à mine le fond de la fouille déjà profonde, creusée la veille au milieu du vieux mur. Toujours pas de Marcel. Il va se faire botter les fesses le Marcel.

Simon cogne, et la barre à mine devient tiède, dans sa main, les vibrations lui ébranlent la tête. A chaque coup un nuage de poussière s'élève, le mortier et la vieille pierre crissent sous le va-et-vient de l'outil et coulent comme de la farine à ses pieds. Le mur ne tremble pas, il a l'air solide. Simon perçoit une résonance sourde. Il a soudain l'impression que les pierres du mur se rapprochent de lui. Il fait un pas en arrière, aveuglé par la poussière, et un pan de mur s'écroule devant lui. Un tas de moellons. Au-dessus de l'orifice, une pierre descellée se détache et tombe, rebondit, roule et disparaît de l'autre côté sans qu'il entende le bruit de sa chute.

En voilà une histoire... Il y a un trou derrière ce mur. Le patron avait raison. Peut-être une autre cave, mais en tout cas pas de poche d'eau. Simon aurait entendu le bruit de la pierre. Où est-elle passée cette pierre au fait? Sur quoi a-t-elle pu tomber comme ça en silence.

Et Marcel qui n'est toujours pas là. Il aurait pu se faufiler là-dedans, le sacripant. Simon étend le bras pour décrocher sa baladeuse et escalade lourdement le tas de moellons. La lumière lui fournit l'explication du mystère. Il y a là deux murs. Celui qu'il sondait, celui de l'immeuble où il travaille, et dont un pan vient de s'effondrer, et puis un autre mur, appartenant à l'immeuble voisin, qui lui n'a laissé échapper que quelques pierres. L'ouverture n'est pas énorme, soixante centimètres sur quarante environ. Pas de courant d'air, pas d'odeur particulière, à part une vague humidité, moins importante que dans la cave d'ailleurs.

Simon penche la tête par la cavité pour mesurer l'ampleur des dégâts qu'il devra réparer.

La baladeuse éclaire une vaste salle grise. Il devine au fond une porte métallique sur le mur opposé. Ça ressemble à une cellule souterraine. Des mauvais souvenirs.

Du regard, Simon cherche les pierres tombées. La dernière, la plus grosse qu'il a vu rebondir, a roulé près d'un tas de vieux papiers. Il doit la récupérer. Encore du boulot en plus, et ce salopiaud de Marcel...

Les quatre-vingts kilos de Simon sont restés souples. Il donne un peu de fil à sa lampe et se faufile dans le trou pour se retrouver dans un local étroit, effectivement bouclé par une porte métallique. Mais le sol est mou sous ses pieds, c'est étrange. Il a l'impression de marcher sur un tapis de feuilles mortes.

Simon ajuste la lampe, tâte de la main, ramasse ce qu'il prend pour une feuille morte, l'examine recto verso... et la stupéfaction le fait presque vaciller. Il vient de ramasser un billet de cent francs. Il se penche, en ramasse un autre, et encore un autre. Il est en train de marcher sur un tapis de billets. Une moquette, un édredon de billets. Il y en a de toutes sortes, des cent francs, des cinq cents francs, de mille francs... de 1948, des anciens comme on dit maintenant, mais qui à cette heure, entre les mains de Simon Levêque, sont tout à fait normaux, valables. De vrais billets. Des ballots de billets.

Simon lève la tête et voit le plafond à vingt centimètres de son crâne. Les ballots de billets atteignent le tiers de la hauteur de la porte. Il a sous ses pieds quelque chose comme un mètre cinquante d'épaisseur de billets. Il marche dessus, les piétine, les froisse, les écrase.

D'émotion, Simon se laisse tomber assis, sur le moelleux coussin, qui crisse légèrement sous son poids, et balade sa lampe autour de lui; en danseuse, en voltige, il éclaire des monceaux de billets.

Dans ses rêves les plus fous, il n'aurait pu imaginer une chose pareille. Que s'est-il passé?

L'incroyable. L'invraisemblable. L'inimaginable. L'immeuble où il travaille est mitoyen de la Banque de France. La voilà l'explication. Et ces billets, pour la plupart usagés, sont destinés à être détruits. Il est tombé par hasard dans l'un des sous-sols de la Banque de France où l'on déverse régulièrement les billets retirés du circuit.

Il y en a pour des millions. Peut-être des milliards... c'est fou! Complètement fou...

Ça tourne dans la tête de Simon Levêque comme un manège de 14 juillet. Ces billets ne serviront plus. A personne. Et pourtant ils sont tout à fait bons. N'importe quel commerçant les accepterait sans le moindre soupçon. Vieux, d'accord, mais valables. Certains ne sont que sales, ou un peu déchirés. D'autres tout juste froissés... personne ne les comptera plus jamais. Sinon ils seraient en liasse, et pas en vrac. Personne n'a relevé les numéros. Personne ne se soucie de savoir s'il y en a un milliard deux cent millions huit cent soixante-quatorze ou soixante-quinze...

Simon Levêque est un homme honnête, scrupuleux. Un imbécile, dit sa « Poulette », qui n'ose même pas réclamer une augmentation. Il ressemble à tout le monde. Et à n'importe qui. Or que ferait n'importe qui à sa place?

De quoi se méfierait-il? De la police? De la justice? Peut-être... mais pas longtemps. Car il n'y a personne dans ce trou, à part Simon Levêque – n'importe qui. Et personne ne l'empêche de ramasser une poignée de billets comme ça, juste pour le plaisir, de la jeter en l'air, pour rigoler, de regarder voleter autour de lui les billets de cent francs, de cinq cents francs..., de mille francs... De les toucher, de les caresser, de se rouler dedans...

Une poignée. S'il en prenait seulement une poignée. La société lui doit bien ça, pour lui avoir donné un fusil qui ne servait à rien. Une autre poignée pour avoir pourri dans un stalag, et une autre pour la France, une autre pour sa femme, pour son fils tuberculeux, pour son fils au chômage, une autre pour... personne, pour lui après tout. Juste une sixième poignée pour le pauvre.

Simon en est tout pâle. Il est en train de réfléchir à ne pas faire de trou aux endroits où il a prélevé des poignées de billets. Il pense aussi qu'il ne doit pas en prendre plus, sinon ce serait un vrai vol. Un vol grave. Mais quelques poignées dont personne ne s'apercevra jamais de la disparition. Qui feront de gros plaisirs pour Noël. C'est pardonnable. Ce n'est pas méchant. On n'est pas un vrai voleur pour ça. D'ailleurs il ne vole personne, Simon, avec ses six poignées de billets dans la poche, puisque ça n'appartient plus à personne.

N'importe qui à sa place ferait la même chose. Assuré de l'impunité, de ne léser personne. De profiter seulement du hasard.

Marcel est en retard, mais son retard ne va pas se prolonger indéfiniment. Il faut faire vite. Simon ressort du trou, il replace les moellons dans l'orifice. Gâche un peu de plâtre en vitesse, pour les maintenir provisoirement, et jette de la poussière dessus. Ni vu ni connu.

– Salut, patron.

– Salut, Marcel.

– Ben vous m'engueulez pas ?

– Si, je t'engueule. Évidemment. Qu'est-ce que tu fichais encore ? Me raconte pas que t'as soigné ta mère, ou que ta bicyclette a crevé...

Le cœur n'y est pas. Simon Levêque n'a plus du tout envie de botter les fesses de son apprenti. Qu'il coure les bals, si ça lui fait plaisir, et se couche à l'aube. C'est de son âge.

Le soir, Simon Levêque remonte la rue Croix-des-Petits-Champs, passe devant la Banque de France, et change de trottoir, avec respect.

Le chemin est long, et il fait froid, comme d'habitude, si bien que Simon retrouve sa « Poulette », un peu tard, et un peu éméché. La chose est rare. Les bonnes nouvelles aussi.

– Ma Poulette, on va fêter Noël en avance.

Simon a les bras chargés de paquets qu'il déverse sur la toile cirée à carreaux entre les assiettes et la soupière.

Des cadeaux somptueux, qu'on en juge :

Des bijoux de bazar, des chocolats, des boules de gomme, deux agendas pour les gamins, et une bouteille de champagne.

– Qu'est-ce qui te prend ? T'as fait un héritage ?

– Une idée, comme ça...

– Simon t'as bu !

– Ben oui... quoi... un peu pour une fois.

– Toi t'as touché une prime et tu l'as bue !

– Ben oui... j'ai touché une prime. Et non je l'ai pas bue ! Tu me vois picoler pour six mois de salaire ?

– Comment ça ? Qu'est-ce que t'as fait pour toucher une prime pareille ? Simon, je te cause ?

– Chut... voilà les gosses. Je t'expliquerai.

En fait, Simon s'était promis de ne rien dire à sa femme. Il aurait peut-être tenu sa langue s'il n'avait pas bu un verre de trop, par gaieté, de bonheur, pour fêter cette extraordinaire aventure qui lui est arrivée. Mais il en a déjà trop dit. En s'endormant, il marmonne encore qu'il expliquera. Il ne sait pas quoi. Un boulot exceptionnel, au noir. Il trouvera bien une idée en dormant.

Mais au matin, Poulette a fait les poches de son mari. Elle a trouvé des paquets de billets.

– Simon, réveille-toi... qu'est-ce que t'as fait ?

Simon grogne.

– Simon d'où vient cet argent ? Je te connais, tu as fait l'imbécile ?

Alors Simon Levêque se résigne à tout raconter. De toute façon, elle ne le lâchera pas, sans savoir. Et au fur et à mesure qu'il explique, il voit briller dans les yeux de Poulette le même rêve que le sien. Avec les mêmes questions et les mêmes réponses.

– Un matelas de billets haut jusqu'à la ceinture... mon Dieu, Simon... j'en pleurerais... Tu y retournes ?

– Il faut bien, j'ai pas fini mon chantier.

– Non, mais, tu y retournes vraiment ?

– Où ça, Poulette ?

– Fais l'idiot, Simon... s'il n'y a pas de danger, t'aurais tort de te gêner... T'as assez payé, non ? On te doit bien ça.

« On ». Les puissants, les riches, le gouvernement, les fonctionnaires, l'État. Bref les autres, et pour les représenter pourquoi pas les poubelles de la Banque de France.

Si bien que ce matin-là Simon se dépêche pour arriver de bonne heure sur son chantier, avant ce feignant de Marcel. Pour desceller les moellons, se glisser dans le trou, faire sa cueillette, en prélevant dans chaque ballot, sans faire de trou visible, et refermer très vite le coffre-fort sur lui.

Le soir, sur la table cirée, le fruit de sa cueillette fait briller les yeux de Poulette.

Elle compte. Et tire des plans sur la comète.

– Si t'y retournes encore une fois, tu pourras t'acheter une canadienne neuve, et un manteau en fourrure pour moi.

Le mercredi 20 décembre, troisième matin de sa découverte fabuleuse, Simon Levêque retourne à sa caverne d'Ali Baba.

En une demi-heure, il descelle les moellons, se glisse dans le réservoir à billets, prend son dû, referme, replâtre, et se remet au travail en enguirlandant Marcel pour le principe.

Il a sa canadienne en poche, et le mouton doré de Poulette. Avec un peu de chance, il restera quelques billets pour du parfum, ou du champagne à Noël. C'est si beau le champagne, le vrai. Doré, lumineux comme un trésor en bouteille.

Poulette compte les billets le soir, la cueillette de la journée semble la satisfaire.

– C'est la dernière fois, Poulette, demain je scelle les pierres convenablement.

– Simon ?

– Ah non... c'est fini.

– Une dernière fois, Simon... Juste pour le poste de radio, celui qu'on a vu au grand magasin... avec le tourne-disque dessus... S'il te plaît, Simon...

Pauvre Simon. Il est romantique. Les souvenirs de bals musettes, les orchestres d'avant-guerre, sous la ramure... Un poste de radio avec un tourne-disque pour sa Poulette qui se tue à faire des ménages et à briquer les escaliers des autres...

Jeudi 21 décembre, Simon Levêque fait donc une dernière fois ses emplettes matinales. Et il n'a pas le temps de sceller convenablement les pierres. Il le fera demain matin.

Dans l'après-midi, le patron visite le chantier, d'un œil impatient :

– Bon sang, c'est pas encore fini ? Vous me relevez ce mur les gars et qu'on en sorte. Ça traîne, ça traîne...

Simon rentre fourbu, harassé, comme d'habitude, mais sa musette est pleine. Et Poulette compte les billets.

– J'ai une surprise pour toi, Simon...

Une nouvelle musette, toute neuve, bien plus grande que l'autre.

– Tu pourras en mettre plus.

Simon Levêque regarde sa femme bizarrement. Elle ne se mettrait pas à snober les voisines par hasard ?

– Tu diras que t'as gagné aux courses ou à la loterie ?

– Pour quoi faire je dirais ça ?

– Si t'en ramènes assez, on pourrait se payer une Citroën... la 15 chevaux...

– Écoute, Georgette...

Il l'appelle Georgette dans les cas graves. Et ceci est un cas grave. Quelques poignées passe encore, on n'en est pas voleur pour autant, il se le dit et se le répète depuis quatre jours, mais prendre de quoi acheter une voiture !...

– Quelle différence ? Simon t'es qu'un imbécile. On te marchera toujours dessus, sans que tu protestes. Ça fera du mal à qui qu'on roule en voiture ? T'as fait la guerre pour rien ? Ton chantier va être fini... N'importe qui à ta place profiterait des derniers jours. Si c'était moi, tiens...

Le vendredi matin, 22 décembre, Simon Levêque s'en va travailler avec une nouvelle musette.

Il fait son marché. Refait son plâtre comme d'habitude, en se disant une fois de plus qu'il cimentera demain.

– Salut, patron.

– Salut, Marcel... faudra te payer une montre un jour.

L'apprenti rigole et se met au travail. A l'heure du casse-croûte, il s'assied par terre, et remarque :

– Vous en avez une grosse musette!

– Fous la paix à ma musette!

Trop tard, Marcel a tiré sur la bandoulière et tâté. Pas de casse-croûte. Du mou.

– C'est quoi?

– C'est rien, t'occupe!

– Hé là, faut pas vous fâcher... j'ai vu du fric là-dedans...

C'est fichu pour Simon. Il est bien obligé d'expliquer.

Et Marcel de réclamer :

– Ben et moi?

– On va partager ce qu'il y a là...

– Ça va pas non? Avec une montagne de fric à côté? Pas question.

– Bon d'accord, j'y retournerai demain, et tu viendras avec moi, mais je te préviens Marcel, c'est la dernière fois...

Samedi matin, 23 décembre 1948, Marcel est à l'heure. Plutôt en avance même. Il regarde son patron-maçon retirer les moellons du mur de la Banque de France, se glisser dans l'orifice, se rétablir de l'autre côté, et passer à son tour dans la grotte au trésor.

– Qu'est-ce qui se passe?

Simon Levêque a senti le ciment sous ses pieds. La salle est vide. Marcel est fou de rage.

– Vous avez tout piqué ou quoi?

– Tais-toi donc, imbécile... ils ont tout brûlé. Ils doivent faire ça en fin de semaine.

Tout à coup Marcel tape dans ses mains en rigolant :

– Hé... regardez, patron, ils en ont laissé...

Dans un coin de la salle cimentée, une poignée de quelques billets a dû glisser d'un ballot. Marcel tend une main avide, mais Simon l'arrête.

– Touche pas à ça... Ça se verrait.

– Pourquoi?

– Parce que les types qui les ont laissés tomber le savent. Ça doit arriver souvent. Ils s'en fichent puisque c'est pour brûler. Mais s'il n'y a plus rien, ils le verront forcément...

Marcel boude. Mais Simon le pousse hors du trou. Il a raison d'être instinctivement prudent. Il commence à raisonner en voleur. A quoi bon se faire repérer pour une poignée de billets de cent francs?

– T'énerve pas, Marcel. On va laisser passer Noël. On reviendra mardi. Je te parie que tu pourras te remplir les poches, et on refermera le mur.

Noël est un beau Noël chez Simon Levêque. Poulette est bien un peu déçue de la mésaventure, et Marcel inquiet de remettre sa visite à mardi. Mais pour Marcel, il le faut bien. Et cette fois, ce sera vraiment la dernière fois. De toute façon ils n'auront plus accès à la cave dans quelques jours, et il a promis au patron de remonter le mur mardi. Il a fait traîner exprès pour rafistoler les « petits dégâts » en dernier. Mais il faudra bien cimenter définitivement. Encore heureux que le patron n'ait pas songé à y regarder de près.

Mon beau sapin, roi des forêts... a chanté Poulette, en accompagnant le disque soixante-dix-huit tours.

Joyeux Noël et bonne année sont écrits partout aux devantures des bistrots.

Mardi 26 décembre. Joyeux Noël est passé. Reste la bonne année.

Marcel l'apprenti et Simon le maçon sont à nouveau au pied du mur. Ils passent l'un après l'autre la tête par le trou. La lampe jaunâtre de la baladeuse éclaire la salle, le silence est total. Quelques ballots de vieux billets dorment dans un coin.

Marcel chuchote :

– C'est pas beaucoup... je croyais qu'on marchait dessus ?

– Ça doit être à cause des fêtes. Allez dépêche-toi. On a du boulot.

C'est à ce moment-là que s'ouvre la porte métallique. Une lumière aveuglante les cloue sur place. Une douzaine de policiers les entourent.

Mardi 26 décembre 1948, Simon le maçon et Marcel l'apprenti sont au commissariat, à neuf heures du matin, sous l'œil attentif et bleu du commissaire Cardan.

Simon transpire. La tête basse. Marcel ricane.

– Moi, j'ai rien pris, hé... faudrait pas confondre...

Quelle différence entre celui qui a pris et celui qui allait prendre ? Elle est infime, moralement. Mais Simon s'est offert une canadienne neuve, un manteau pour sa femme, un poste de radio avec tourne-disque, des bijoux de bazar, des chocolats, deux agendas et du champagne à Noël... Simon le maçon est un voleur...

Le commissaire le regarde sous le nez, qu'il a cassé par des années de combats laborieux.

– Et vous vous imaginiez que ça allait durer longtemps comme ça ?

– C'était la dernière fois, commissaire...

– On dit ça...

– Je vous jure... Ça avait trop duré... Je voulais plus.

– Ah bon ? Et pourquoi avoir raflé une méchante poignée de billets, samedi dernier ? C'était le meilleur moyen de vous faire prendre !

Simon Levêque regarde Marcel.

– T'as fait ça ? Tu les as pris ? Pauvre imbécile...

Eh oui. Marcel l'apprenti, le bon à rien toujours en retard, a fait l'imbécile une fois de plus. Simon est sorti le premier ce matin-là, et il a raflé les billets dans son dos.

Maigre butin. Qui lui a permis tout juste d'offrir l'apéritif en trois tournées à ses copains de bistrot, et à frimer devant une fille avec un briquet façon cuir...

S'il n'avait pas fait le malin, Marcel, Simon aurait peut-être réalisé lentement, sûrement, sans aucun risque, le plus beau hold-up de l'année. Sans être un gangster pour autant.

On ne rêve pas. C'est fini, les murs de la Banque de France, mitoyens avec les caves des particuliers. Bien fini. Cette faille dans le système de sécurité de l'époque a d'ailleurs valu une certaine indulgence à Simon et Marcel. Les grands argentiers ne tenaient pas outre mesure à étaler l'histoire. Il fut même dit qu'il s'agissait là de pure invention des journalistes en mal de papiers juteux pour Noël...

De nos jours, c'est à Chamalières que tout se passe. En moderne, et très en sécurité. Avec circuit automatique et four crématoire inabordable.

On ne visite pas.

# SERMENT DE CHASSE

La chasse date du jour où l'homme eut à se défendre de l'attaque des animaux et à chercher sa nourriture ailleurs que parmi les végétaux. L'homme était une créature presque dépourvue de défenses naturelles et semblait fatalement destiné à servir de proie à des milliers d'ennemis. Son intelligence seule intervertit les rôles, et ce fut lui qui rendit le règne animal tributaire de sa force. Il arma sa main d'une massue, aiguisa le silex, puis mania le fer.

Son intelligence...

Au début était l'intelligence. A la fin le fusil.

Le 24 décembre 1957, département de la Moselle. Un petit village couvert de glace. Dix habitants de ce village s'en vont à la chasse au chevreuil. La chair du chevreuil est très appréciée. L'animal est joli, fin, l'un de nos meilleurs coureurs des bois, dit un spécialiste du dix-huitième siècle, amoureux des yeux tendres, de la peau dont on fait des culottes et des gants, et de la gracieuseté de la femelle, qui peut vivre de douze à quinze ans, pourvu que le chasseur lui prête vie.

Les dix chasseurs de Moselle ne sont poussés ni par la peur de l'animal, ni par la faim. Ils sont chasseurs pour le plaisir en ce siècle européen de nourriture abondante. C'est-à-dire chasseurs pour le geste... et pour le gigot de Noël.

Au lever du jour, ils sont donc partis, le fusil plié au creux du bras, frappant de la botte pour se réchauffer, avec dans leurs musettes le fromage ou le lard, et la goutte pour le froid. Il y a notamment parmi eux un chasseur émérite, un homme tranquille, menuisier de métier, père de deux enfants. Il a quarante-cinq ans, c'est un compagnon de fête et de chasse apprécié de tous : Nicolas.

Il y a aussi son vieux camarade, Thomas, le garde-chasse de la commune, soixante ans, une expérience à toute épreuve, d'une habileté et d'une adresse proverbiales dans la commune. Il connaît sa forêt et le gibier comme sa poche. D'un bout de l'année à l'autre on le voit parcourir la région, en costume de velours et leggins. Toute sa vie, toute son intelligence concentrée dans le regard bleu incisif. Thomas distinguerait sans hésitation un poil d'écureuil dans un feuillage d'automne. Le bout de son fusil, c'est son œil.

Il y a aussi le jeune Lucas. Il est mineur à Merlebach. Sa vie se passe dans les puits de charbon, une vie de cloporte, souterraine, étouffante. En Moselle, dans les années cinquante, le choix du travail se réduit souvent à la mine de charbon ou de sel gemme. C'est au plus profond de la terre que l'on arrache sa paie. Lucas n'est pas un chasseur émérite. Il n'a pas de permis de chasse, il est venu pour Noël en vacances chez sa mère, avec une furieuse envie de respirer l'air de la forêt, de s'en nettoyer les poumons. Il a tant insisté que les chasseurs l'ont accepté.

Ils ont marché longtemps, les dix chasseurs, dans la forêt glacée, enneigée, sur le sol rude, à travers les taillis cinglants. A midi, Nicolas le menuisier, Thomas le garde-chasse et Lucas le mineur, avancent tous les trois sur une même ligne, à travers une clairière. Ils sont à trente mètres l'un de l'autre, dans l'herbe haute. Brusquement, un chevreuil jaillit d'un fourré.

En lisière, le garde-chasse épaule mais ne tire pas. Il juge préférable de prendre l'animal à revers et s'enfonce dans les broussailles.

Nicolas le menuisier tire et manque l'animal.

Lucas, à son tour, épaule, tire...

Un millième de seconde, Lucas et le chevreuil se sont regardés dans les yeux. Souvent l'homme et l'animal s'affrontent ainsi, en silence, en un éclair d'incommunicabilité totale. Celui qui fuse entre le prédateur et la proie.

Puis le chevreuil, indemne, oblique et fonce vers la forêt. Lucas le suit du bout de son fusil. C'est la seconde d'exaltation, celle où le chasseur se sent puissant, dominateur, où il se voit déjà ramassant le gibier en triomphe. Lucas n'échappe pas à la règle, qui veut que dès que l'homme a un fusil, il jouit de ce moment fugace, où il est, croit-il, maître du monde.

Lucas tire.

Nicolas entend la détonation et ressent un choc. Debout à la lisière de la forêt, il regarde autour de lui. Qui a tiré ? Puis une douleur atroce le saisit au ventre. Il lâche son fusil et s'agenouille lentement, au ralenti, chaque mouvement de muscles lui arrachant une grimace. Il n'a rien vu.

Lucas avance vers lui, lentement lui aussi, la bouche ouverte, soufflant un nuage de buée tiède, le regard fixe d'incompréhension. Puis il voit la tache rouge qui s'élargit sur le ventre de Nicolas. Et il bredouille :

– C'est moi ? C'est moi qui vous ai fait ça ? Dites ? C'est moi qui ai fait ça ?

Nicolas comprend qu'il est touché à mort. Il bascule dans la neige, recroquevillé sur sa blessure.

Dans les fourrés, la galopade effrenée de Thomas écrase les branches sur son passage. Il arrive le premier dans la clairière. Hors d'haleine, il se penche sur le blessé.

– Nicolas ? Qu'est-ce que tu as ?

– Je suis foutu, Thomas.

La voix du blessé est faible mais assurée. Lucide.

Thomas, le garde-chasse, écarte les deux bras repliés :

– Fais voir. Ne bouge pas. Reste tranquille.

D'une main habile il déboucle le pantalon, l'ouvre, écarte la chemise et le maillot de laine. Mais tout est si plein de sang qu'il devine à peine l'énorme plaie. Son visage devient blême. Il a compris. Un regard à Lucas, paralysé d'épouvante, son fusil à la main. Déjà les autres arrivent, en se battant dans les ronces et les broussailles. Ils ont entendu le coup de feu, puis le silence. Ils ont compris sans autre explication. Car si le coup avait été heureux, ils auraient entendu le cri de triomphe, l'appel aux autres.

A côté du mourant, Lucas sanglote. Ses cheveux blonds cachent son visage, ses mains aussi. Il a jeté son fusil par terre, et le canon fume encore légèrement sur la neige.

Thomas ordonne au plus fort de l'équipe :

– Prends-le par les pieds. Moi, je vais prendre les épaules. Lucas, tu vas courir jusqu'aux voitures, ramène la mienne, par le sentier des bûcherons, approche-toi au plus près, fais vite...

A terre, Nicolas s'agite. Il parvient à se retourner à demi et désigne Lucas d'un geste de la main :

– C'est lui... Thomas, il est assuré ?

Stupéfaits par le réflexe du mourant, les neuf chasseurs se regardent, atterrés, et Lucas répond :

– Non.

Il fait le tour des visages, comme un enfant puni, pris en faute, et répète :

– Non, non !... je suis pas assuré.

Nicolas tend la main vers Thomas, qui s'agenouille près de lui. Sa voix est encore plus faible, mais toujours ferme, et l'esprit est incroyablement lucide :

– Thomas, écoute-moi... ce maladroit, c'est toi qui nous l'a amené. C'est à toi d'aider ma femme et mes gosses... Écoute bien, tu vas dire que c'est toi qui as tiré. Tu m'entends ? C'est toi qui m'as tué ! Tu m'entends ?

– Je t'entends Nicolas...

– Jure-le. Fais-le pour ma femme et les gosses...

– Je le ferai, Nicolas. Compte sur moi.

– Tu le jures sur l'honneur ?

– Je te le jure...

Alors Nicolas se détend brusquement, comme s'il n'avait attendu que cela pour mourir dans l'herbe gelée, tache rouge sur la neige. Un dernier nuage de buée s'échappe de ses lèvres, entrouvertes sur sa dernière supplique.

Et les chasseurs font silence. Le pâle soleil à travers les nuages chargés de neige donne une clarté bleuâtre à cette scène de chasse où le gibier à terre est un homme.

Quelque part dans la forêt, un chevreuil galope et bondit dans les fourrés. Il vivra peut-être de douze à quinze ans... Il retrouvera peut-être la saison des amours au printemps, et celle de la chasse à l'automne.

Nicolas Oppenweiler, quarante-cinq ans, époux et père de deux fils, est mort à sa place.

Thomas a retiré sa casquette. Les autres chasseurs attendent. C'est à lui de décider quoi faire.

Lucas fait un mouvement pour aller chercher la voiture, mais il le retient.

– Attends. Il faut qu'on parle, tous.

Un chasseur proteste :

– C'est pas le moment, Thomas, faut prévenir les gendarmes... Le gamin est pas assuré... C'est pas avec sa paie qu'il pourra compenser... Faut les gendarmes, Thomas...

– Non, attendez... Vous avez entendu ? J'ai juré sur l'honneur de m'accuser, pour sa femme, pour ses gosses, il faut que vous soyez d'accord.

La voix enrouée de Thomas, brisée par l'émotion, a du mal à retrouver son autorité bon enfant habituelle.

Un autre chasseur remarque :

– Parce que tu crois que les gendarmes vont avaler ça ?

Un autre encore :

– Regarde la blessure... en plein ventre... personne ne pourra croire que tu as tiré aussi bêtement !

Thomas se mouche, dans un immense mouchoir à carreaux, reprend son calme, remet sa casquette :

– Pourquoi pas ? Ça fait trente-cinq ans que je chasse. Je peux avoir un accident. C'est arrivé à d'autres.

– A d'autres... mais pas à toi justement. Et les chevrotines ? T'as pensé aux chevrotines ? Ils vont les identifier...

– Et alors ? C'est moi qui lui ai fourni les munitions.

– Moi, je dis que l'assurance va se méfier. Ils se méfient toujours ces gars-là. On est neuf, t'es le meilleur, et lui ? Qu'est-ce qu'on va dire pour lui ? Pas de permis, pas d'assurance, qu'est-ce qu'il faisait là avec nous ?

– Il était en vacances, en balade. Il a pas tiré un coup de fusil, c'est simple.

– Je te dis que les assurances vont se méfier...

– Eh ben qu'elles se méfient ! Elles ne pourront rien prouver si tout le monde est d'accord. Si tout le monde dit la même chose que moi.

Silence chez les chasseurs. Thomas insiste :

– C'est important que vous disiez exactement la même chose que moi...

Nouveau silence. Les hommes se regardent, et Lucas baisse la tête, coupable, affolé, sans défense et sans idées. C'est vrai qu'il est incapable d'assumer la responsabilité de son geste. Totalement. Un geste qui vient de faire une veuve sans ressources avec deux enfants à élever. Que peut-il faire ? Il a tué. L'horreur de cette réalité a du mal à entrer dans son crâne.

Thomas fait le tour des hommes, pas à pas :

– Si ça vous gêne, vous n'avez qu'à dire que vous n'avez rien vu... Que vous ne savez pas. D'ailleurs, vous n'avez rien vu... c'est vrai. Vous n'avez plus qu'à faire comme si vous n'aviez rien entendu... Nicolas était mort quand vous êtes arrivé. C'est simple. Comme ça ils seront bien obligés de me croire... Je vous en prie... pour sa femme, bon sang, pour ses gosses, vous pouvez bien faire ça... Il faut jurer.

Alors ils jurent. L'un après l'autre, imitant le geste de Thomas, le bras tendu au-dessus du corps de Nicolas. Ils jurent sur l'honneur de respecter le secret.

Mais Lucas se tient à l'écart.

Thomas le tire par la manche :

– Toi aussi. Tu dois jurer. Nous, on saura pourquoi tu as juré. Pour sauver sa famille. Tu lui dois bien ça. Qu'est-ce que tu pourrais faire d'autre ? Te dénoncer ? La belle affaire pour sa femme... Allez courage, jure.

Lucas quémande l'avis des autres :

– Vous êtes sûrs ?

Ils acquiescent, sans un mot.

Puis ils portent le corps jusqu'à la voiture de Thomas. Le déposent sur la banquette arrière, et se mettent en caravane pour sortir lentement de la forêt et reprendre la route qui mène au village.

En somme, Lucas vient d'être jugé. Il n'est condamné qu'au silence. Le mort lui-même l'a jugé et condamné. Et la sentence est plus terrible qu'on ne l'imagine. Être coupable et le dire, l'avouer, c'est un soulagement... Ce soulagement est refusé à Lucas, puisqu'il n'a pas les moyens de payer.

Payer. La chasse est devenue aussi cela. Il faut payer un droit de chasse, payer une assurance. Payer ce bizarre plaisir de porter un fusil pour tuer, comme on paie pour rouler en voiture sur la route. Payer la mort d'avance.

La caravane de trois voitures des chasseurs roule si lentement dans le village que les paysans s'étonnent et se rassemblent très vite pour les suivre jusqu'à la gendarmerie.

Quelques instants plus tard, deux gendarmes s'en vont prévenir la femme de Nicolas. Échevelée, en larmes, elle court dans le vent glacial de Noël jusqu'au corps de son mari. Les enfants restent seuls, devant le sapin.

Trois heures sonnent au clocher du village. Les neuf chasseurs ont rempli leurs dépositions, ils ont signé, ils peuvent rentrer chez eux, raccrocher les fusils.

Ce soir, c'est Noël. La crèche est dans l'église et dans toutes les maisons. On attend minuit pour déposer un petit jésus de plâtre ou de celluloïd entre le bœuf et l'âne.

François et Jacques, onze et neuf ans, attendaient cette veillée de Noël comme tous les gosses de leur âge. Papa avait caché les cadeaux. Leurs souliers étaient déjà alignés devant le sapin. Demain devait être une fête.

En sortant de la gendarmerie, leur mère s'était promis de ne rien dire avant le lendemain, pour ne pas les effrayer un soir comme celui-là. Courage impossible et inutile. Elle a craqué en rentrant.

Le corps de Nicolas est ramené par l'ambulance municipale, déposé dans la chambre, et sa femme l'habille soigneusement pour cette veillée funèbre de Noël 1957.

Chez Thomas, Noël est aussi sinistre. Dans la grande cuisine où le sapin a pris sa place, sont réunis son fils et sa fille, et ses huit petits-enfants. Thomas doit affronter les yeux des enfants, tristes, décontenancés. Papy n'est plus le héros des bois. Le fusil de papy pend comme une menace au râtelier du couloir. Grand-mère s'agite en mettant la quiche et le pâté au four.

– Enfin, Thomas, comment ça s'est passé ? C'est pas possible une chose pareille... Comment tu t'y es pris ?

– Tu m'as déjà posé la question dix fois... C'est arrivé, c'est tout.

Le plus dur pour Thomas, c'est le regard de son fils. Il a du mal à y croire. Il a écouté sa version des faits d'un air incrédule, puis réprobateur.

– Je comprends pas. Toi, un si bon tireur... si prudent... toi qui dis toujours que tu repères un poil d'écureuil dans les feuilles mortes... ça je ne me l'explique pas... papa... ou alors...

Le fils ne finit pas sa phrase, mais le vieux père la complète silencieusement dans sa tête : « ou alors tu deviens gâteux »... en gros c'est cela.

Il a perdu l'estime de son fils. Il n'est plus le même grand-père pour les petits, le même mari pour sa femme. Et sa fille pleure. On dit au village que Thomas pourrait bien aller en prison.

Toute la veillée de Noël, Thomas serre avec rage une pipe entre ses dents. Il a du mal à ne pas courir à la gendarmerie, pour leur dire. Les gendarmes sont ses amis, en plus, et eux aussi le regardent maintenant comme un meurtrier maladroit. La pire des choses pour un chasseur. Être un tueur maladroit. Mais il pense à la femme de Nicolas. A la menuiserie déserte. Aux gosses, à leurs études, à leurs assiettes vides s'il parle. Vides pour longtemps.

Chez Lucas, c'est un peu différent. Sa mère est si contente de l'avoir pour Noël qu'elle ne comprend pas son attitude. Un homme est mort à la chasse, c'est vrai. Un homme qu'elle estimait, c'est triste. Mais pourquoi Lucas est-il tellement choqué par cet accident, au point de taper sur la table de son poing fermé, de grommeler des phrases sans suite, de ne pas toucher à son dîner de Noël, pas même au gâteau de marrons qu'il aime tant ? Vers onze heures du soir, une bande de copains vient frapper à la porte, en chantant à tue-tête. Ils veulent emmener Lucas au café du village pour une partie de billard. Lucas n'a pas envie. Ils insistent, le tirent de force :

– Allez quoi ? Qu'est-ce qui te prend ? Tu vas pas rester seul un soir de Noël...

Mais au café où les discussions vont bon train et où l'alcool coule à flots, Lucas est incapable de jouer correctement. Il revoit ce sang rouge, il entend la voix de Nicolas résonner à ses oreilles : « C'est lui... il n'est pas assuré... »

– Oh Lucas! A quoi tu penses? Tu joues ou tu rêves?

Il ne rêve pas Lucas, il cauchemarde. Il pense aux enfants et à la femme de Nicolas, à trois maisons de là. Seuls avec un cadavre. Par sa faute. Sa connerie. Faire le malin avec un fusil, se prendre pour le chasseur bravache... Voilà le résultat, il est joli le résultat.

– Je pense à Nicolas... à sa famille.

– Allons... Nicolas est mort, mais tu le connaissais pas vraiment... Tu vas pas nous en faire une maladie...

Lucas perd très vite sa partie de billard et rentre chez lui pour pleurer.

Dans la nuit sa mère l'entend gratter à la porte de sa chambre, puis le voit surgir torse nu, l'air égaré.

– Mon Dieu, Lucas, qu'est-ce que tu as?

Lucas brandit une poignée de billets :

– Tiens... c'est cinquante mille francs... c'est ma paie de décembre, demain tu iras les porter à madame Oppenweiller...

– Lucas... voyons... Ne prends pas les choses à cœur de cette façon...

– Prends ça, je te dis.

Et Lucas retourne dans sa chambre. Il ne dormira pas. Il ne sortira pas de la maison, le jour de Noël. Il ne dormira pas la nuit suivante.

Le 26 décembre, le village enterre Nicolas. Ils sont tous là, derrière la veuve en noir, chancelante, le front dans ses mains. Thomas aussi est là, et les gens s'écartent instinctivement devant lui. L'isolent comme un pestiféré.

Quelques pas en arrière, Lucas, perdu dans le cortège, assassin solitaire. Les autres se sont disséminés. Porteurs d'un serment difficile, ils ont même peur de se trouver ensemble. Peur de se regarder.

Et dans le cortège, les langues vont bon train. On parle toujours beaucoup aux enterrements, et celui-là s'y prête encore plus.

– Tu crois que c'est Thomas?

Le boulanger est sceptique. Le maire logique :

– Pourquoi il s'accuserait si c'était pas lui ?

Le facteur, près d'un chasseur, se montre trop curieux :

– Tu l'as vu Thomas, toi, au moment de l'accident ?

– J'étais pas là... pourquoi tu me demandes ça ?

– Parce que j'arrive pas y croire. Faudrait l'avoir vu pour y croire... Il est tellement prudent, et cet accident est tellement stupide...

– C'est toujours stupide un accident. Personne n'est à l'abri. Thomas comme les autres.

Au cimetière, tandis que la foule des villageois se regroupe pour écouter l'oraison du curé, le doute circule de plus belle.

– Je comprends pas les gendarmes. Ils auraient dû demander une autopsie.

– Pour quoi faire ?

– Et si c'est pas Thomas ?

– C'est idiot ce que tu dis. Si c'était pas Thomas, il se serait pas dénoncé aux gendarmes. Il l'a fait tout de suite.

– Moi, je dis que c'est pour couvrir quelqu'un. Ça c'est déjà vu dans les histoires de chasse.

– Couvrir qui ?

– J'en sais rien... Mais regarde la tête qu'ils font tous...

– N'empêche que je vois pas qui il couvrirait et pourquoi...

La rumeur enfle et se propage tant et si bien qu'en vingt-quatre heures il arrive ce qui devait arriver : les gendarmes se rendent chez Thomas.

– Écoute... tu sais ce qu'on dit dans le village... que ce serait pas toi qui a tiré sur Nicolas. Peut-être qu'il y a du vrai là-dedans... Entre nous, un vieux de la vieille comme toi, dont c'est le métier... on te voit pas pointer ton fusil sans voir...

– Il était caché, il s'est redressé au moment où je tirais...

– A d'autres, Thomas... On a dit « sans voir ». Personne t'as jamais vu tirer sans voir la cible ou le gibier... C'est ça qui grince dans ton histoire... Il faut dire la vérité, Thomas. C'est ton honneur qui est en jeu.

– Fichez-moi la paix avec mon honneur. Y'a que moi qui sait où il est.

Les rumeurs courent toujours, et les gendarmes interrogent séparément les neuf chasseurs. A Lucas, ils demandent :

– C'était la première fois que vous alliez à la chasse ?

– Oui.

– Vous êtes le plus jeune, un novice, il n'y aurait rien d'étonnant à ce que vous ayez commis une maladresse...

Lucas ne répond pas.

– Un accident c'est pas un crime. A condition de l'avouer et de ne pas laisser quelqu'un d'autre s'accuser à sa place... dans ce cas, le mensonge est grave vis-à-vis de la loi... Vous savez ça ?

– Je sais.

En fin de journée, madame Oppenweiler vient elle-même trouver le vieux Thomas. Les bruits qui courent à son sujet sont parvenus jusqu'à elle.

– Thomas... je t'en ai voulu... mais tu sais ce qu'on raconte au village... On dit que c'est pas toi. Dis-moi la vérité, Thomas. A moi... tu ne peux pas me mentir.

Il y a tant d'espoir dans le regard de cette femme. L'amitié entre Thomas et son mari était si forte. Elle attend, elle va jusqu'à prendre la main du chasseur dans la sienne, en le suppliant :

– J'ai le droit de savoir... Je suis veuve, Thomas...

– Je suis désolé... c'est moi Anne, c'est moi qui ai tué Nicolas.

La veuve retire brutalement sa main.

– Tu étais son meilleur ami... J'espère pour toi que c'était le hasard... Un affreux hasard, Thomas...

Elle s'en va. Peut-être ne pourront-ils plus jamais se parler, se croiser tout simplement dans la rue, à l'église, sans que Thomas ne prenne en plein cœur ce silence accusateur.

Les jours passent. Le Nouvel An arrive. Et voici qu'Adolphe Schuller, un des neuf chasseurs, réunit tous les autres.

– Voilà. J'ai attendu que les gendarmes nous fichent un peu la paix. Mais j'ai pensé à tout ça. Je suis sûr qu'on tiendra pas longtemps. On en a tous conscience. Et, tôt ou tard, les gendarmes sauront la vérité. Ils la devinent déjà. Tout le monde la devine. Et tout ce qu'on a fait sera inutile. Les assurances ne paieront pas. On sera accusés d'avoir bafoué la justice, Lucas passera au tribunal, dans des conditions plus difficiles encore pour lui...

– Où veux-tu en venir ? demande Thomas.

– Ah ça... on est obligés de tenir le serment, mais pas à la lettre... on peut respecter l'esprit. Avant de mourir, Nicolas ne pensait qu'à une chose, sa famille. Sa femme, ses gosses. Si on décide de s'engager à assurer leur avenir, nous-mêmes, on respecte sa dernière volonté, et on est déliés du serment... On est neuf... ça ne représente pas un gros effort pour chacun.

Les huit autres réfléchissent. Adolphe a peut-être raison, ils ne tiendront pas longtemps. Et si une véritable enquête était décidée, sur plainte ou dénonciation... comment se comporterait Lucas ?... Seulement voilà. Payer... ça veut dire quoi ? Combien, plus exactement.

Adolphe a son petit carnet, il a calculé :

– Moi, j'ai pensé que soixante mille francs par mois, c'est raisonnable. Ça représente une paie d'ouvrier. Nicolas gagnait pas des mille et des cents avec sa menuiserie...

Chacun refait le calcul dans sa tête... en fonction de ce qu'il gagne lui, de ce que gagnent les autres, de la soustraction qu'il faudra faire tous les mois sur la paie de chacun... pendant combien de temps ?

Adolphe Schuller est commerçant. Il sait compter. Il a des enfants, il sait ce que ça coûte :

– On pourrait dire qu'on paiera plus que deux tiers à la majorité de l'aîné. Il a onze ans, ça nous mène à dix ans pour soixante mille, et les deux tiers la onzième année. On pourrait dire aussi qu'on ne donnera plus qu'un tiers à la majorité du petit, il a neuf ans... en fait la douzième année on serait à un tiers de soixante mille, c'est-à-dire vingt mille francs pour la veuve.

Assis autour de la table, dans la salle à manger d'Adolphe Schuller, devant un verre de mirabelle, les neuf chasseurs font à nouveau leurs comptes.

Soixante mille divisés par neuf... ça nous fait... six mille six cents et des six qui n'en finissent pas... disons six mille six cents tout rond, chacun pendant dix ans... ensuite de quoi, la onzième année, deux tiers chacun de six mille six cents francs... on divise par trois on multiplie par deux... ça nous donne quatre mille quatre cents... et la douzième année... deux mille deux cents... ça tombe pas juste pour faire vingt mille pour la veuve... on arrondit...

Adolphe a déjà fait les comptes, lui.

– Alors ? Qu'est-ce que vous en pensez ?

Lucas intervient :

– Vous voulez que je donne deux parts ? C'est normal après tout...

Thomas intervient à son tour :

– Moi aussi je donne deux parts. C'était mon ami, et c'est de ma faute au fond, j'aurais jamais dû lui laisser un fusil...

Adolphe Schuller se fait pressant :

– Alors... décidez-vous, il reste plus que cinq parts... à diviser par sept... Cinq parts seulement... vous avez tous juré... vous étiez tous d'accord la semaine dernière... Un serment c'est un serment...

Thomas et Lucas sont hors circuit dans la discussion. Ils ont avancé leurs parts.

Adolphe, initiateur de cette transaction étrange, est d'accord d'emblée. Il donnera tous les mois sa part divisée par sept et multipliée par cinq... quatre mille sept cents francs environ...

Restent les six autres. A niveau de vie à peu près égal. Censés se priver de manière égale. Sauf que peut-être... celui-ci a du bien... l'autre a une terre, le troisième un salaire d'usine avec des heures supplémentaires... Le quatrième doute que la solution soit la meilleure. Partisan des assurances...

– Les assurances ça se remplit les poches toute l'année... on les paie... nous... pourquoi elles paieraient pas pour nous...

Et le cinquième trouve le marchandage un peu sordide...

La discussion est longue, âpre, ni plus ni moins qu'à la foire, au fond. Chacun argumentant avec son tempérament. L'un bourru, l'autre désinvolte, un autre à contre-cœur, un autre hésitant, un autre enthousiaste, un autre agacé... On pèse le pour et le contre, et le contre du pour et le pour du contre.

Que diront les femmes ? Et si quelqu'un est au chômage ? Qui prendra sa part ? Si quelqu'un meurt ? Est-ce qu'il faut signer un papier ?

Adolphe est partisan d'établir un protocole d'accord, immédiatement.

– Faut en finir les gars. Demain on ira porter ça chez le notaire.

– On n'a pas de notaire ici...

– On fera venir celui de la ville, je le connais.

– Et après ?

– Après on commence à payer à partir du 1er janvier 1958, pour simplifier. Et Thomas et Lucas se débrouillent avec la gendarmerie.

Le 3 janvier 1958, un notaire de la ville est venu authentifier l'accord des neuf chasseurs.

Le 4 janvier, Thomas et Lucas se rendaient enfin à la gendarmerie, ensemble.

En 1762, Jean-Jacques Rousseau écrivait à la plume d'oie, pour l'éducation d'Émile : « La chasse endurcit le cœur aussi bien que le corps. »

C'est la faute à Rousseau ?

# SPIDER MAN

C'est une maison bleue, à deux étages, un grenier, un jardin, un garage, et un rideau d'arbres qui la sépare de la maison voisine. On l'appelle la maison bleue, à cause des volets bleus. Monsieur et madame Bowman l'habitent depuis tant d'années, ils ont repeint les volets en bleu tant et tant de fois, que même la pierre de la maison a fini par se teinter de bleu, légèrement, de ce bleu délicat qui orne les murs de treilles, lorsqu'on sulfate le raisin.

Bleue aussi la glycine, et bleus aussi les rideaux. Une jolie maison, pour une histoire d'amour qui dure depuis cinquante ans, en 1941. Martha et Julius Bowman n'ont pas eu d'enfants, mais ils sont heureux. Julius, ancien directeur de banque, est à la retraite, et Martha fait des tartes aux cerises. Ils écoutent la radio, ils dansent même parfois une vieille valse viennoise ou un tango argentin.

Dans ce quartier résidentiel de la banlieue de Denver, capitale du Colorado, aux pieds des montagnes Rocheuses, le couple Bowman est connu, apprécié. Ils sont si heureux que c est un bonheur de les voir se promener ensemble, en se tenant par l'épaule. Julius, soixante-treize ans, Martha, soixante-douze.

Martha descend l'escalier, d'un pas encore alerte. Elle vient de s'habiller pour la promenade et appelle :

– Julius, tu es prêt ?

– Je t'attends déjà...

Martha Bowman a un joli rire que Julius entend soudain se transformer en cri. Puis un bruit de dégringolade, un autre cri, et plus rien. Il se précipite dans le hall, pour voir sa femme étendue sur le sol, le souffle coupé, le visage creusé de souffrance...

– Martha... qu'est-ce qu'il y a eu ?

– Je suis tombée dans l'escalier... Mon Dieu, Julius, j'ai eu comme l'impression que mon pied se dérobait... comme si on m'empêchait de le poser par terre... J'ai mal, Julius...

Monsieur Bowman appelle ses voisins au secours. Il s'affole un peu, Martha a sûrement la jambe cassée, elle est bizarrement tordue sous elle. Les voisins, un couple plus jeune, les Carson, appellent aussitôt une ambulance et calment le vieux monsieur.

– Allons, allons, monsieur Bowman... ce n'est rien une jambe cassée...

– Ils vont l'emmener à l'hôpital, vous ne vous rendez pas compte, elle ne m'a jamais quitté... et puis une jambe cassée à son âge...

Le médecin, lui, est moins inquiet.

– Une jambe cassée, même à son âge, ça se ressoude, monsieur Bowman, votre femme est en bonne santé.

Ainsi, monsieur Bowman accompagne son épouse et revient le soir de l'hôpital, si triste, si seul que les Carson prennent pitié de lui.

– Venez dîner avec nous... vous serez moins seul.

– Elle en a pour quinze jours à l'hôpital...

– Eh bien, vous dînerez avec nous pendant quinze jours...

Julius Bowman accepte avec reconnaissance. Et durant les huit jours qui suivent, il se présente ponctuellement, à sept heures, pour le dîner.

Le neuvième jour, il est en retard, et madame Carson s'inquiète au bout d'une demi-heure.

– Si j'allais voir ce qu'il fait?

Son mari hausse les épaules.

– Il est rentré plus tard de l'hôpital, ou bien il s'est endormi...

– Tout de même, ce n'est pas son habitude. Je vais voir.

Betty Carson enfile un imperméable, noue un foulard sur sa mise en plis, et sort dans le vent frais de l'automne. Il y a du brouillard, une sorte de crachin désagréable annonciateur de l'hiver, les lumières des maisons sont fantomatiques. Elle frissonne en traversant la pelouse qui les sépare de la grande maison des Bowman.

Aucune lumière, fenêtres closes. Betty se met à l'abri sous l'auvent de la porte d'entrée et aperçoit le garage. Le volet roulant est ouvert... Elle aperçoit le pare-chocs de la voiture, donc Julius Bowman est rentré, il devrait être là... Dans ce quartier on ne sort pas à pied, surtout le soir. La ville et les commerçants sont à plus de six kilomètres. Quant aux rares boutiques du coin, elles sont fermées à cette heure. A moins qu'il ne soit sorti sans sa voiture... Mais il aurait fermé la porte du garage, c'est un homme méticuleux... Betty appuie encore sur la sonnette, sans obtenir de réponse, lève la tête vers les fenêtres du premier étage... Il lui a semblé qu'un rideau frissonnait, mais c'était un effet de lumière, une voiture vient de passer sur la route en éclairant la vaste maison d'un faisceau rapide.

Betty tambourine. Inquiète, elle ne sait trop pourquoi. C'est la maison d'habitude si sympathique, si agréable avec tout ce bleu. Elle ressemble ce soir à une maison hantée. Vide, lugubre, sinistre. C'est le temps, la pluie, se dit Betty, qui se décide à en faire le tour pour examiner les autres fenêtres. Toutes fermées. Seuls les volets ne sont pas abaissés. De même la porte de la cuisine et celle du living-room, qui communiquent avec le jardin. Fermés.

Une autre voiture passe, balayant à nouveau de ses phares les fenêtres closes. Betty en profite pour jeter un œil à travers la baie du living-room.

Un cri de frayeur lui reste dans la gorge. Elle l'a vu. Monsieur Bowman est à terre, allongé, inerte, dans une position qui fait peur à voir... Betty court, court sous la pluie fine et maussade. Elle a le sentiment que monsieur Bowman est mort. Et qu'elle le savait. Une sorte d'intuition...

Une dizaine de minutes après l'appel des Carson, le sergent de police Don Carruthers pénètre dans la maison bleue, avec deux de ses hommes.

Don Carruthers est grand, mince, une sorte d'oiseau au regard aigu et à la voix étonnamment grave. Il bougonne en se mettant à genoux devant le corps de Julius Bowman :

– Dites au toubib de ne pas se presser, sergent, le pauvre vieux est mort depuis un moment.

Julius est en pantalon de velours et veste d'intérieur. Sa main droite tient un revolver, une flaque de sang commence à se coaguler derrière sa tête.

Don Carruthers marmonne encore :

– Il n'a pas eu le temps de tirer, le pauvre vieux... sergent, cherchez-moi quelque chose de lourd qui aurait pu faire ça...

Puis Don Carruthers fait le tour de la maison, tandis que ses hommes la fouillent minutieusement. Il a une drôle d'impression lui aussi.

– Madame Carson... vous dites que tout était fermé de l'intérieur ?

– Oui, sauf les volets roulants.

– Donc il a peut-être été tué alors qu'il faisait encore jour. C'est une supposition. Ce qui m'ennuie c'est l'assassin. Ou il est encore dans la maison, ou il avait la clé.

– Personne n'a la clé. Pas même nous.

– Comment ce type a-t-il pu se débrouiller pour tout refermer de l'intérieur alors ?...

Don Carruthers renifle... inspecte... il fait peur à madame Carson et à son mari.

– Vous croyez qu'il... qu'il est dans la maison, en ce moment ?

– S'il y est on va le trouver...

L'un des hommes surgit :

– Chef, on a trouvé ça en haut d'une armoire, près de la cheminée du salon.

« Ça » c'est un tisonnier énorme et taché de sang. Un lambeau de peau et quelques cheveux y sont même restés collés.

Don Carruthers se remet à genoux pour examiner la blessure, puis fouille les poches de Julius Bowman. Il en sort son portefeuille, des dollars en billets, de la monnaie. Au bras gauche le vieil homme porte encore sa montre, une montre de prix, offerte par ses employés le jour de son départ à la retraite. Que voulait donc l'assassin ? La maison n'a pas été fouillée, rien n'est en désordre. On n'a rien volé.

Ce « on » a dû faire du bruit, le vieillard est allé chercher son revolver, dans un tiroir du buffet, qui est encore ouvert. Il n'a pas eu le temps de tirer. Ensuite « on » serait reparti, car les hommes ont beau fouiller la maison, jusqu'au grenier, il n'y a personne, et pas la moindre trace de fuite. Donc, ce « on » avait une clé. Don Carruthers a beau tourner et retourner les solutions dans sa tête, à part le mystère de la chambre jaune... il ne voit pas d'autre hypothèse que celle de la clé. « On » ne savait probablement pas que monsieur Bowman était attendu à dîner. « On » espérait qu'il ne serait pas trouvé avant longtemps. Cela n'éclaircit pas le mobile.

– Ces gens n'avaient pas d'ennemis ?

– Vous savez bien que non... vous les connaissiez comme nous. Ils sont si adorables.

Pauvre madame Bowman qui ignore tout dans sa chambre d'hôpital.

Don Carruthers et ses hommes ont achevé leurs investigations, le corps de Julius Bowman est emmené. La maison refermée sur son mystère.

Car il y a un mystère. Quelque chose que les policiers n'ont pas vu. Ils sont pourtant passés si près...

La maison bleue dort tous volets clos sous la pluie d'automne. Depuis chez elle, madame Carson en devine le toit derrière le rideau d'arbres et dit à son mari :

– C'est la maison du malheur...

– Allons, Betty, une série noire c'est tout.

– Moi je te dis que c'est la maison du malheur, elle a l'air hanté...

– Allons bon, il ne manquait plus que ça... Tu adorais cette maison comme tout le monde dans le quartier... et maintenant c'est la maison hantée ? Tu as vu un fantôme ?

– Non... pas exactement, mais j'ai eu une drôle d'impression, et le policier aussi. Comme s'il y avait une présence invisible.

– Très bien, ajoute cela au malheur de cette pauvre Martha Bowman, et la série sera complète...

Cette pauvre Martha, justement, clouée à l'hôpital, ne peut même pas assister aux funérailles de son mari. Lorsqu'elle quitte enfin son lit avec des béquilles, elle va se recueillir sur la tombe de Julius et décide de partir vivre quelque temps chez des amis en Californie. Pour échapper aux souvenirs trop présents, au bonheur perdu dans la maison bleue.

L'enquête n'a rien donné. Le mystère est total. Martha n'a pas pu éclairer les policiers, au contraire. Elle ne voit pas du tout qui pourrait avoir une clé de chez eux. Si quelqu'un en possède une, il l'a faite en secret. Julius savait peut-être, mais il est mort, pour rien. Sans mobile apparent.

La maison bleue est vide, pendant plusieurs mois. L'hiver passe, le jardin est triste, la glycine dénudée, les pièces immenses, meublées à l'ancienne de canapés, de guéridons, de vieilles commodes, de pendules, d'armoires profondes, ne résonnent plus du rire de Martha, de leur musique, de leurs danses, de leur bonheur.

Au printemps, le retour de madame Bowman ne passe pas inaperçu. Le facteur est le premier à lui dire bonjour, et d'un air pénétré lui confie :

– Vous savez... votre maison... tout le monde dit qu'elle est hantée...

Martha Bowman a un petit sourire.

– Qu'est-ce que vous racontez, un fantôme ? Il se serait installé pour l'hiver c'est ça ?

– Vous savez, moi, ce que j'en dis c'est pour vous tenir au courant...

– Mais au courant de quoi ? Vous avez remarqué quelque chose ?

– Moi non, mais vos voisins, oui... et puis d'autres... vous verrez...

Martha Bowman ne croit pas aux fantômes. Elle est solide, de corps et d'esprit. Son veuvage est un grand malheur, mais elle le supporte bravement, en optimiste, en amoureuse de la vie qu'elle est depuis toujours, en passionnée du bonheur même. Elle vivra seule avec le souvenir de Julius, et des années passées... puisque le destin en a décidé ainsi. Mais qu'on ne lui parle pas de fantôme. Que la police retrouve l'assassin plutôt.

Betty Carson vient rendre visite à sa voisine. Et l'on reparle de fantôme.

– Vous aussi, Betty ?

– Non. Je suis comme vous, je ne crois pas aux fantômes, j'ai eu ce soir-là une mauvaise impression, mais c'est fini. Ce sont les enfants qui ont accrédité cette histoire. Des gamins prétendent qu'ils ont vu plusieurs fois de la lumière à une fenêtre, à la nuit tombée. Une fenêtre du grenier. La police a même fait quelques rondes, mais ce devait être une impression... Des phares d'automobiles... C'est fou ce qu'ils éclairent à cet endroit...

Un autre voisin vient saluer madame Bowman, et on reparle de fantôme.

– Vous savez, ma femme ne vous en parlera peut-être pas de peur d'être ridicule, mais il lui est arrivé une drôle d'histoire en passant devant chez vous l'autre jour. Vous n'étiez pas encore rentrée. C'était un matin, elle revenait de faire ses courses, et en passant elle s'est mise à hurler, à courir jusqu'à la maison, elle est arrivée comme une folle en disant qu'elle avait vu un visage qui regardait par la fenêtre du grenier. Un visage tout blanc, comme si c'était le fantôme de votre mari. Elle était vraiment très impressionnée. Mais en fait elle reconnaît maintenant qu'elle a pu être victime d'une illusion. Avec toutes ces histoires de maison hantée que l'on raconte depuis le drame... Dites-moi, vous avez fait fouiller la maison de fond en comble ?

– Non seulement je l'ai fait fouiller, mais nettoyer. J'ai engagé une femme de ménage, à mon âge, je ne peux plus m'en occuper, la maison est trop grande. Je vous assure que ni au grenier ni derrière les armoires, je n'ai vu de fantôme.

Madame Bowman aussi est passée devant le mystère. Et elle aussi n'y a pas prêté attention. Comme les policiers.

Curieusement elle reste insensible à l'étrange atmosphère qui entoure sa maison. En fait il y a plusieurs raisons à cela. La première étant que madame Bowman, ancien professeur de géographie, est d'un tempérament optimiste, un esprit pragmatique, et que les tables tournantes, les fantômes, ou les apparitions n'entrent pas dans son univers intellectuel. Martha n'a peur que des choses réelles. Comme de tomber dans l'escalier, par exemple. Voilà une chose à laquelle elle doit faire très attention, à présent. Sa jambe n'est plus très solide, et elle évite les étages de la grande maison. L'autre raison est que sans bien vouloir l'admettre, elle est devenue un peu dure d'oreille, avec le temps. Ce léger inconvénient, qui ne la tracasse pas vraiment d'ailleurs, fait qu'elle est très étonnée des réflexions de sa nouvelle gouvernante :

– Madame... j'entends des glissements... là-haut...

Sarsuella, une jeune Mexicaine au chignon noir comme l'encre, occupe une chambre au second étage depuis qu'elle est au service de madame Bowman. Comme tous les Mexicains, elle entretient avec la mort des rapports tout à fait particuliers. La mort est présente dans la vie de tous les jours, les morts nous tiennent compagnie, et l'existence d'un fantôme de Julius Bowman lui paraît tout à fait vraisemblable.

– Madame... Vous avez entendu ?

– Non, Sarsuella, quoi encore ?

– On dirait que quelqu'un marche là-haut... J'ai entendu des craquements...

– Allons, allons, Sarsuella c'est votre imagination qui travaille.

Et madame Bowman se remet à sa lecture, à son tricot, à ses feuilletons radiophoniques, ou à sa musique classique sur le vieux pick-up.

Le soir, le vent fait frissonner le rideau d'arbres et agite sur les murs l'ombre des feuillages. Les phares des voitures éclairent parfois les grandes pièces d'un éclair brutal et les vieux meubles ont l'air de jaillir de l'ombre, formes étranges et menaçantes.

Sarsuella, elle, écoute, entend, voit, ressent, devine, et un beau jour déclare :

– Madame, la maison est hantée, moi, je reste pas...

Au bureau de placement, madame Bowman fait une nouvelle demande en précisant :

– Je ne suis pas du tout sectaire, ni raciste, mais je ne voudrais pas d'employée mexicaine. Elles sont trop superstitieuses, vous comprenez ?

Sans vraiment comprendre, ce qui n'a pas d'importance, le bureau de placement propose à madame Bowman une gouvernante anglo-saxonne, solide, énergique, aux pieds plats, et aux cheveux courts, qui a l'habitude des personnes âgées, et ferait peur à un régiment de fantômes.

Il n'empêche, au bout d'une semaine de travail, elle quitte le service de madame Bowman. Et se rend à la police.

– C'est mon devoir de le dire. J'ai vu un fantôme. Il est monté du pied de l'escalier jusqu'au premier étage. Une sorte d'être répugnant. J'ai crié et il a disparu.

Le policier qui enregistre sa déclaration demande ironiquement :

– Vous portez plainte ?

Mais Don Carruthers, qui fut chargé de l'enquête, un an plus tôt, sur la mort mystérieuse de Julius Bowman, prête une oreille attentive à ce discours. Il va rendre visite à madame Bowman :

– Vous parlez d'un fantôme répugnant, chez moi ? Sergent... ne me dites pas que vous croyez aussi aux fantômes... La mort de mon pauvre Julius n'est pas éclaircie, je ne vous en fais pas le reproche, mais je crois sincèrement que ce mystère entretient des idées stupides dans le quartier. C'est déjà assez pénible pour moi, cette solitude, et si ces racontars continuent, je ne trouverai plus personne pour m'aider...

– Il ne s'agit pas de cela, madame Bowman... Je voudrais savoir si vous êtes sûre que quelqu'un ne pénètre pas chez vous, de temps en temps, à votre insu...

– Je vous l'ai dit et redit, sergent. Je n'ai jamais rien constaté d'anormal. Si quelqu'un vivait chez moi, je m'en rendrais compte tout de même...

– Il y a cette histoire de portes fermées de l'intérieur, la nuit du crime... Ça m'a toujours turlupiné.

– Vos hommes ont fouillé la maison de fond en comble à ce moment-là...

– Je sais... Me permettriez-vous de recommencer ?

– Si vous y tenez, et si cela doit faire cesser ces racontars stupides... je suis d'accord. Mais à condition que vos hommes ne fassent pas de dégâts. J'attends une nouvelle gouvernante dans quelques jours, soyez gentil d'attendre qu'elle soit là pour tout remettre en ordre après votre passage...

Don Carruthers accepte. Rendez-vous est pris dans une huitaine.

L'idée de Don Carruthers relève d'une certaine logique policière. La vieille dame est dure d'oreille, un clochard peut très bien profiter de cette grande maison, en se dissimulant facilement. Entrer et sortir sans qu'elle le sache. Peut-être l'assassin... Peut-être tout simplement un individu qui a profité de la maison vide après le meurtre... puisque ces histoires de fantômes sont nées durant l'absence de madame Bowman.

Mais dès le lendemain, les événements se précipitent. Don Carruthers est à son bureau lorsqu'un agent y pénètre en coup de vent :

– Chef... on a madame Bowman au téléphone. Elle est retombée dans l'escalier! Elle a réussi à se traîner jusqu'à l'appareil, on envoie une ambulance, mais on l'a gardée en ligne, elle veut vous parler en attendant.

Don Carruthers prend l'appareil et entend la voix essoufflée de Martha Bowman :

– Je crois que vous aviez raison, sergent... Je commence à avoir peur... il y a quelque chose... venez, je vous en prie...

– J'arrive!

Don Carruthers est auprès de la malheureuse femme quelques minutes plus tard. Allongée sur une civière, grimaçant de douleur, Martha explique :

– C'est la même jambe... Vous savez la première fois... je me souviens... j'avais trouvé bizarre la façon dont j'étais tombée... je l'avais dit à ce pauvre Julius... comme si quelqu'un m'avait fait un croche-pied... ou que l'on m'ait empêchée de poser le pied sur la marche... c'était assez étrange comme sensation, mais lorsqu'on dégringole plusieurs marches, on oublie vite le reste, tellement le choc est important.

– Que s'est-il passé cette fois, madame Bowman, vous avez vu quelqu'un ?

– Non. Personne, sergent, mais avant de tomber, j'ai senti quelque chose me heurter la cheville...

– Vous étiez où, à l'étage, au grenier, au sous-sol ?...

En posant cette question depuis le parvis de la maison, Don Carruthers lève machinalement les yeux vers la façade, et reste coi. Il vient d'apercevoir une main blanche, maigre, relever lentement le rideau de la fenêtre du second étage, puis le laisser retomber brusquement.

Il en est sûr, maintenant. Bon sang, il y a quelqu'un dans cette maison, qui y vit, qui s'y cache, et Martha Bowman l'ignore.

– Qu'est-ce qu'il y a, sergent, vous avez vu quelque chose ?

– Non... non... mais s'il y a quelqu'un nous allons le trouver, ne vous inquiétez pas...

Inutile d'angoisser cette pauvre femme, d'autant que le médecin vient de dire à Don Carruthers qu'après cette deuxième fracture encore plus grave, elle ne remarcherait sans doute jamais normalement.

Don Carruthers fait signe aux ambulanciers de partir et s'élance vers la porte d'entrée en ordonnant à l'un de ces hommes de le suivre.

– Il y a un type là-haut. Méfie-toi, il est probablement dangereux.

Don Carruthers sort son arme, l'agent Simon aussi. Simon est un colosse, un mètre quatre-vingt-dix, catcheur à ses heures, au club sportif de la police. Don Carruthers ne l'a pas désigné au hasard.

Les deux hommes s'élancent maintenant dans l'escalier, qu'ils grimpent quatre à quatre. Dans le couloir de droite, la première porte est celle de la chambre de la gouvernante. Elle est inoccupée en ce moment.

Au fond du couloir, une sorte de demi-porte, celle d'un débarras, fermée à clef. Les vis ne résistent pas longtemps à la poussée de l'agent Simon. Mais ce n'est qu'un débarras, ou madame Bowman a visiblement rangé les affaires de son mari. La salle de bains est vide. La chambre d'amis est vide. Le grenier est vide...

Les deux hommes tournent en rond dans un couloir obscur attenant au grenier et qui semble ne mener nulle part. Soudain, Don Carruthers aperçoit, tout au fond, un panneau de contre-plaqué, comme une petite porte, qui bouge... Un pied nu apparaît et, à tâtons, cherche le premier barreau d'une échelle. Don fait signe à l'agent Simon, silencieusement...

Simon s'approche, fléchit légèrement sur ses jambes pour prendre son élan, et saute les deux mains tendues pour attraper le pied au vol. Dans l'ombre, Don Carruthers ne voit pas très bien, mais Simon semble tenir sa prise, car il reste un moment suspendu, puis grogne de douleur. L'homme doit lui frapper les mains avec violence, il est contraint de lâcher et retombe lourdement sur le sol.

– Bon dieu, sergent, qu'est-ce que c'est?

Don Carruthers grimpe à l'échelle sans perdre de temps, et rattrape le pied quelques barreaux plus haut. Il tire aussitôt violemment et le tout s'écroule dans un hurlement de douleur. Lui, l'échelle, et l'homme au pied, qu'il n'a pas lâché.

Sur le plancher du grenier, une silhouette s'agite faiblement. Les deux policiers se penchent. C'est un fantôme.

Le visage est cadavérique, barbu, chevelu, les yeux fous chavirent, le corps est d'une maigreur impressionnante, recouvert d'oripeaux qui laissent entrevoir des membres décharnés, squelettiques. Puis le fantôme ne s'agite plus, les yeux se ferment, il est évanoui. En attendant à nouveau l'ambulance, Don Carruthers examine l'antre du fantôme. Une soupente minuscule, infestée de toiles d'araignées, où l'on ne peut tenir qu'assis ou couché. Il y a un semblant de lit, fait de vieilles couvertures entassées et de vieux coussins, des boîtes de conserve, des bouteilles vides. Le tout ne mesure guère plus d'un mètre cinquante de long, et la moitié de large.

Le panneau de contre-plaqué a dû être posé il y a longtemps pour masquer ce trou à rats, au niveau de la toiture. Il devait y avoir là, dans le temps, un œil de bœuf qui a été bouché, pour l'isolation. Le fantôme se cachait là-dedans. Depuis longtemps. Et si personne n'a fait attention à ce panneau, c'est qu'il est minuscule, on ne peut imaginer quelqu'un derrière. De plus, le contre-plaqué a pris la couleur du grenier, gris poussiéreux, et il est apparemment vissé. En fait, il ne reste que deux vis pour le refermer de l'intérieur. De l'extérieur on le distingue à peine.

L'un des hommes de Don Carruthers n'en revient pas.

– Chef, la première fois qu'on a fait le tour de la maison, le soir du meurtre, j'ai vu ça. J'ai cogné dessus, j'ai essayé de tirer, mais ça tenait bon... j'aurais jamais pensé...

Personne n'y a pensé. Madame Bowman moins que les autres. Ce trou avait été « bouché » depuis tellement longtemps.

Le fantôme est examiné par le médecin de la police qui n'a jamais vu un cas semblable.

– Il est dans un état de faiblesse extrême, il souffre de dénutrition et probablement d'un problème aux poumons. Cette chute l'a quasiment achevé. Je ne crois pas que vous puissiez l'interroger avant plusieurs jours, s'il reprend connaissance...

Don Carruthers fait faire quelques photos de l'antre du fantôme et du fantôme lui-même, et se rend au chevet de madame Bowman, pour les lui montrer.

Madame Bowman réfléchit... Ce visage émacié, barbu, presque mort déjà, ne lui dit rien... ou alors... mais...

– Mon Dieu, c'est presque impossible... on dirait Jackson, Edward Jackson... il avait dix-huit ans quand nous l'avons connu... c'était dans les années vingt...

– Quelles relations aviez-vous avec lui ?

– Il jouait de la mandoline, nous aimions bien le recevoir. Il était venu à Denver pour sa santé, il était tuberculeux, et il lui fallait l'air des montagnes Rocheuses... Un jour nous n'avons plus entendu parler de lui. Il a disparu. Nous pensions qu'il était retourné chez sa mère. Et puis nous l'avons revu, mais des années plus tard, il était devenu représentant de commerce. Il disait qu'il se portait bien. Il a disparu à nouveau, je crois bien, pendant deux ans... et lorsque nous l'avons revu, il avait terriblement changé. Il devait avoir trente-cinq ans, il en paraissait cinquante. Il était maigre, désespéré, solitaire... sa mère était morte... D'après ce que nous avons compris à l'époque cette femme avait été dépouillée par son deuxième mari, et le pauvre garçon n'avait pas un sou. Julius et moi nous lui avons proposé de l'aider, mais il a refusé ! Nous l'aimions bien pourtant. Ce refus nous a étonnés. Il est parti, nous ne l'avons jamais revu.

Pourtant si, ils l'ont revu. Sans le savoir.

Quelques jours plus tard, les journaux publient les déclarations d'Edward Jackson à la police. Il est surnommé « Spider Man ».

Spider Man haïssait les Bowman, tout simplement. Il les haïssait parce qu'ils étaient heureux. Il faisait une fixation sur ce bonheur insupportable, lui qui se croyait persécuté, mal-aimé, rejeté par le monde entier. Un véritable délire de persécution. Si on parlait près de lui à voix basse, c'était pour dire du mal de lui. Si on le regardait en souriant, c'était pour se moquer de lui. Si on oubliait de le saluer, c'est qu'il était indésirable. Si on lui serrait la main, c'était par pitié.

Cette forme de maladie mentale est terrible. Car le sujet se croit lucide, conscient, objectif. Alors qu'il ne cesse de tourner contre lui le moindre geste ou la moindre parole d'autrui.

Edward Jackson était attiré par le bonheur des Bowman, dans leur grande maison bleue, et il le haïssait en même temps. C'était une sorte de contemplation perpétuelle de sa déchéance. La source de son délire de persécution, il l'avait trouvée là.

La dernière fois qu'il a vu les Bowman, il a remarqué que la réserve de vivres était toujours fournie. Âgés et à la retraite, Julius et Martha faisaient leurs courses le moins souvent possible. Dans la cuisine, le réfrigérateur toujours plein était facilement accessible, comme le bureau de monsieur Bowman, qui y conservait toujours un peu d'argent liquide.

Edward Jackson décida alors de se retirer du monde, et de vivre chez eux, secrètement, dans le grenier.

Il y avait passé des semaines, des mois, dans la minuscule soupente, avec la chaleur de l'été, et le froid de l'hiver sous le toit. De temps en temps il allait se nourrir, volait dans le réfrigérateur, subtilisait des provisions dans la réserve, empruntait un livre, une lampe à pile. Et de temps en temps aussi, surtout après la mort de Julius, dans la maison déserte, il regardait par une fenêtre... l'espace d'une seconde un visage fantomatique, puis plus rien.

Un jour, malade de haine, il avait glissé une canne entre le pied de madame Bowman et la marche de l'escalier.

Pendant qu'elle était à l'hôpital, seul avec Julius Bowman dans la maison du bonheur, il avait compris soudain qu'il pouvait le détruire, ce bonheur. Il s'amusait à suivre Julius, sans bruit, comme une ombre, de pièce en pièce, se délectant de sa solitude provisoire. Et à ce jeu, un jour, il avait pris trop de risques. Julius Bowman l'avait aperçu, ne l'avait pas reconnu, avait pris peur, et couru chercher son revolver.

Edward l'avait assommé avec un tisonnier. Mortellement.

Puis il avait continué à vivre, comme un rat, dans la maison du bonheur, seul, et, au retour de madame Bowman, la haine avait resurgi, plus virulente encore. Cette femme qui voulait continuer à vivre, qui surmontait son veuvage avec courage, qui écoutait toujours de la musique, qui lisait, tricotait, souriait... C'était insupportable. Elle n'avait pas le droit de se moquer de lui. Elle le persécutait encore par ce bonheur retrouvé.

Alors il a rejoué la première scène de l'escalier. Mais cette fois... la canne était moins bien cachée. Madame Bowman a senti l'intervention du fantôme...

« Spider Man », qui passionna les journalistes quelque temps, fut déclaré sain d'esprit au procès... Ce qui veut dire en réalité conscient de ses actes, au moment de leur exécution. Mais l'expression sain d'esprit peut toujours surprendre.

Quoi qu'il en soit, condamné à vie, il est devenu bibliothécaire en prison, où il a fini ses jours.

Comme un rat, toujours.

# LE VAGABOND DE POLOGNE

Nous sommes au fin fond de la Pologne, c'est l'hiver, le dégel. Le village le plus proche est à deux heures de route à pied. Deux heures à travers des chemins boueux, bordés par la dernière neige gelée. C'est triste, sombre, un paysage de brouillard désespérant.

La Pologne des années 50, celle qui perd peu à peu le souffle de vie, qui courbe le dos sous la politique antireligieuse, l'industrialisation forcée à la mode soviétique. En ville le niveau de vie est au plus bas, des émeutes se préparent, elles seront réprimées dans le sang. A la campagne, dans ce hameau perdu, le niveau de vie est bien en dessous des tonnes de boue qui la recouvrent.

L'hiver 1955 a été particulièrement dur, et le dégel l'est aussi.

Un groupe de paysans, emmitouflés dans des bonnets de laine, se réchauffent à un feu de bois fumeux, près d'un torrent glacial.

Ils ont coupé du bois humide, puis creusé un trou dans la terre pour le faire se consumer lentement, et en retirer du charbon. Les pelles sont plantées à côté d'eux.

Ils se reposent, en parlant de misère. Puis se remettent au travail.

C'est en forçant la terre encore gelée, d'un coup de sa godasse de cuir sur la pelle, que l'un d'eux aperçoit le bout d'une autre chaussure qui ne lui appartient pas. Puis le reste.

Au bout d'une vingtaine de minutes d'efforts les quatre paysans ont dégagé le cadavre d'un homme. Raide, couvert de boue et de neige durcie.

– Il faut appeler le prêtre, dit l'un, en retirant son bonnet, pour un signe de croix.

– Moi, je préviendrai la police, camarade, dit un autre, en s'agenouillant.

Le prêtre et le policier mettront autant de temps à faire le trajet, depuis le bourg.

Mylos Ptock est policier. Le père Wiseck est prêtre.

Tous deux emboîtent le pas du paysan qui les guide, jusqu'au torrent d'eau froide qui ruisselle, au milieu des branches d'arbres brisées par le gel.

Le policier se distingue des autres par son bonnet d'astrakan, son pantalon de ville, ses chaussures trop légères qui dérapent dans les ornières.

– C'est là, dit le paysan édenté, en retirant son bonnet.

La fosse n'est pas très grande. Le corps n'a été enterré qu'en surface.

Le policier grommelle, en soufflant dans ses mains :

– Il n'est pas là depuis longtemps.

Le paysan hausse les épaules.

– Bien sûr. On n'a pas pu l'enterrer avant le dégel, sinon il n'aurait pas été possible de creuser un trou. Ça gèle profond par ici.

Le père Wiseck s'est agenouillé dans la boue, il prie pour cet homme dont la mort fut violente. Il prie pour celui qui lui donna la mort.

Le policier se penche sur le cadavre avec moins de dévotion. Et beaucoup de dégoût. L'odeur le fait grimacer. Il fouille les poches du cadavre. L'homme est âgé d'environ soixante ans, le visage est marqué de rides, décharné. Habillé modestement, comme un vagabond, pourtant les vêtements paraissent en bon état et devaient être chauds.

Dans la poche de la grosse veste de drap, un portefeuille.

Des papiers d'identité.

– Vous connaissez cet homme ? demande le policier, en dévisageant les quatre paysans.

Les visages sont fermés, les regards fuyants le deviennent plus encore. Dans cette région reculée de la Pologne, on n'aime pas la police, la politique, et d'une manière générale tout ce qui vient de la ville.

– Regardez-le bien...

Les têtes se retournent puis font chacune un signe de dénégation.

Le prêtre a terminé sa prière. Il demande l'autorisation de faire transporter le corps en un lieu plus décent. L'église, par exemple.

Mais le policier refuse. Il insiste auprès des paysans :

– Les papiers de cet homme, si ce sont les siens..., indiquent qu'il se nomme Mickiewicz...

Le prêtre fait remarquer qu'un poète polonais porte ce nom, qui a écrit : « Mieux vaut un instant en avril, qu'un long mois en automne... »

– Celui-là s'appelle Josef... et ce n'est pas votre poète, même si nous sommes en avril.

Le prêtre retourne à sa prière. La police et les prêtres, en Pologne, ne se comprennent pas souvent.

Les paysans, eux, se regardent. Apeurés. Ils connaissent ce nom, mais ce n'est pas celui d'un homme.

La maison là-bas, à cinq cents mètres de la route, abrite une vieille femme dont le nom est Mickiewicz. Elle n'a pas d'homme, on ne lui en a jamais connu. On ne voit plus le sentier qui mène à sa baraque, noyé qu'il est sous la neige fondante et les mottes de boue.

– Vous la connaissez bien ?

Ils ne connaissent que son nom. Elle n'est pas d'ici, c'est l'une de ces transplantées qui ont surgi après la guerre et à qui personne n'a demandé où étaient ses racines.

Le policier Mylos Ptock fait à pied les cinq cents mètres du sentier bourbeux.

Il a recommandé aux paysans de ne pas toucher au cadavre, mais de le recouvrir provisoirement de neige et de branches, pour éviter que le soleil de printemps n'aggrave l'odeur.

Trois hommes s'en occupent tandis que le quatrième propose :

– Je vais vous raccompagner avec ma charrette, père...

Là-bas, le policier parvient à la chaumière de la vieille Mickiecwicz. La cheminée laisse échapper un filet de fumée grise, ça sent le chou. L'ensemble est misérable. Le policier gratte ses chaussures crottées, secoue le bas de son pantalon raide de boue, et frappe.

– Camarade Mickiewicz ?

La vieille femme, qui vient d'ouvrir, a le dos courbé, un front sans âge sous le fichu noir, d'où s'échappent en désordre quelques cheveux blancs.

– Qu'est-ce que vous voulez ?

– Je suis de la police de Toulonear. Je dois vous parler.

La vieille s'efface, ouvre plus grand la porte de bois, et l'odeur de chou devient insistante.

L'intérieur est classiquement pauvre. Une cheminée où fument deux bûches de bois récalcitrantes, une bouilloire de fer-blanc pour le thé, et une marmite noirâtre à l'origine de l'odeur de chou. Le long d'un mur sale sont alignés un buffet, un évier, et la réserve de bois. De l'autre côté, une table avec un banc. Sur le quatrième mur des portemanteaux accrochés, supportant quelques vêtements d'hiver. On devine dans une petite pièce, séparée de la première par un rideau, un lit.

C'est dans ce décor que se raconte l'histoire. Comme une pièce de théâtre à deux personnages.

Le policier s'assied au bout du banc. La vieille reste debout, ses mains calleuses et rouges croisées sur son ventre. Ses petits yeux, sous les sourcils grisâtres, sont curieusement blancs, délavés. Ils furent bleus peut-être, jadis...

– Camarade...

Le policier est brutal.

– ... Vous avez reçu il y a quelque temps la visite d'un vieil homme.

Non, fait la vieille en silence.

– Si... il faut faire un effort pour vous souvenir. Je ne sais plus quel jour c'était... mais ce devait être au début du printemps...

Non, fait encore la vieille en silence.

– Vous vous moquez de moi, madame Mickiewicz?

Non, fait la vieille toujours en silence.

Le policier, qui a une idée derrière la tête, bien entendu, se lève et tourne autour de la vieille femme, qui ne tremble pas, n'a même pas l'air impressionnée par le manège.

– Vous vivez seule ici...

Oui. Fait la vieille en silence.

– Vous ne pouvez pas oublier une visite en ce cas? N'est-ce pas?

Les yeux blancs n'ont pas cillé.

– Cet homme était vêtu d'un pardessus de laine marron, doublé de lapin... et d'un bonnet de lapin.

La vieille se dirige lentement vers la marmite, en soulève le couvercle, et un nuage de vapeur envahit la pièce froide.

Elle mélange le contenu de la marmite, puis referme le couvercle, avant de reprendre sa place au centre de la pièce, ses mains sur son ventre.

Le policier a eu le temps de trouver une idée. Il va mentir, pour voir...

– Madame Mickiewicz... vous mentez... ou alors vous n'avez plus de mémoire? Je sais que cet homme vous a rendu visite... Je le sais parce que, depuis la route, des gens l'ont vu marcher sur ce sentier et s'arrêter chez vous.

La vieille décroise les mains et remet en place son fichu noir. Enfin elle se décide à parler :

– Qui l'aurait vu cet homme que vous dites?

Le policier invente un nom, celui de quelqu'un de connu dans la région, et capable de l'impressionner :

– Le camarade Buchezick... vous le connaissez... c'est le directeur de l'hôpital de Zyrardow.

La vieille courbe la tête, remet encore une fois en place son fichu qui n'en a nul besoin. Elle se frotte le front, paraît réfléchir.

– Oui... maintenant je me souviens. C'est peut-être l'homme qui a frappé à ma porte... il faisait nuit... c'était six heures... camarade Buchezick a de bons yeux...

Elle est méfiante. Ses petits yeux délavés interrogent le policier :

– C'était peut-être l'homme que vous dites...

– Vous l'avez vu quand?

– Je ne sais plus... il y a deux semaines, peut-être plus... vers les six heures je vous dis. J'avais mangé et j'écoutais la radio. J'ai fait très attention, parce que je vis loin des autres maisons, et seule. C'est rare qu'un étranger se perde par ici. Alors je lui ai pas ouvert. J'ai demandé : « Qu'est-ce que vous voulez? » Il a répondu : « C'est encore loin le village de Toulonear? » Alors j'ai répondu : « Vous en avez pour deux heures »...

La vieille observe le policier. Elle essaie manifestement d'orienter son récit, dans un sens ou dans l'autre.

– Et après ?

– Je me souviens plus bien...

– Madame Mickiewicz... vous devez vous en souvenir très bien au contraire. Vous l'avez fait entrer. Le camarade Buchezick a eu le temps de le voir entrer. Parce que, voyez-vous, il avait crevé une roue de sa voiture, et il était en train de la changer sur la route.

– Si c'est ce que vous voulez savoir, il est entré. J'allais vous le dire...

– Vous n'aviez plus peur donc ?

– C'est qu'il a dit comme ça : « Je ne pourrais pas arriver à Toulonear avec cette nuit noire. Je vais me perdre, et sur cette route, il y a peu de maisons... » Alors j'ai ouvert la porte, par charité, et il est entré.

Le policier attend. Il a ce qu'il voulait. La vieille a admis que l'homme était entré. A présent, il ne peut plus invoquer de mensonges, pour savoir le reste. Il faut écouter ceux de la vieille, car elle va mentir. Il en est sûr.

Alors il attend. Le silence est une menace souvent efficace, il oblige l'autre à se dévoiler.

– Alors il est entré et il a dit : « Je vous remercie de tout cœur... » Voilà ce qu'il a dit. Il avait l'air d'un homme brave et simple. Et moi je l'ai fait asseoir près de la cheminée, sur le tabouret, presque là où vous êtes... et il a posé son sac à ses pieds...

Le policier sourit.

– C'était une bonne action. L'homme devait avoir froid et faim, il venait sûrement de loin ?

– Oui, c'est ça, je lui ai demandé : « Vous venez de loin ? » – « De très loin » qu'il a répondu. Alors moi j'ai dit : « Vous devez avoir faim... » et je lui ai donné à manger.

– Vous avez partagé votre repas avec lui...

– La soupe et un morceau de saucisse. Et je lui ai versé du thé.

Jusque-là, elle n'a probablement pas menti. Le policier sourit toujours :

– Alors, madame Mickiewicz... pendant que vous partagiez ce repas et que vous buviez du thé... de quoi avez-vous parlé ?

La méfiance est de retour dans les yeux délavés. Pourquoi ce policier demande-t-il de quoi ils ont parlé ? Est-ce que les choses que l'on dit à un voyageur sont intéressantes ? Que veut-il ce policier... au fond ?

– On a parlé de pas grand-chose... il a demandé mon nom.

Le policier se détourne vers le feu, il fait mine de se réchauffer les mains et de ne pas prêter une attention particulière à cette information. Car c'en est une, bien qu'elle paraisse banale.

– Il vous a demandé votre nom, et vous lui avez répondu, bien sûr, tout ça ne fait pas une grande conversation, n'est-ce pas ? C'est quoi votre nom, madame Mickiewicz ?

– Jelena.

– Vous le lui avez dit?

– Ben oui... c'était pas méchant... Je lui ai même dit que j'étais veuve...

– Vous êtes veuve depuis longtemps, madame?

– C'est-à-dire que je pense ça... parce que mon mari est parti y'a plus de trente ans... C'était bien avant cette guerre. Alors comme je l'ai pas revu...

– Vous pensez que vous êtes veuve... bien sûr...

– Y'a eu les Allemands. Et puis après les Russes. Le Bon Dieu sait ce qu'il est devenu... Il est mort, c'est ce que je me dis.

– Pourquoi est-il parti il y a trente ans?

– Pour ce que j'en sais... Courir le monde, il disait. Et moi, je suis restée seule, et j'ai dû venir ici, louer cette baraque, je pouvais plus tenir la ferme toute seule. C'est tout ce qui me reste, cette baraque, avec le jardin autour.

– Donc vous avez raconté votre vie à cet étranger?

– Oh, j'ai pas raconté du tout. J'ai dit seulement ce qu'il en est, et ce que je vous dis. C'était pour causer.

– Et lui? Comment s'appelait-il? Vous vous en souvenez, madame Mickiewicz?

– J'en sais rien du tout. Je lui ai même pas demandé, je crois bien.

Cette fois le policier s'immobilise, les mains jointes devant le feu. Il croyait avoir affaire à une sombre histoire minable, et voilà que... est-ce qu'elle ment?

Il se retourne, et, sévèrement :

– Il ne vous a pas dit son nom?

– Ben non. Il l'a pas dit. C'est que je lui ai pas demandé non plus... voilà. J'y ai pas pensé... Qu'est-ce que ça pouvait faire son nom?...

Elle a parlé rapidement, instinctivement, ce doit être vrai ce qu'elle dit. Elle n'a pas demandé son nom à cet homme. Voilà qui changerait toute l'histoire...

– Tout de même, il a dû vous parler de lui?

– Ah ben... il a parlé un peu oui... mais pas grand-chose. Que la vie avait été dure pour lui, et qu'il avait travaillé un peu partout. Qu'il avait pas toujours mangé à sa faim, ou couché dans un lit... mais ça... tout le monde connaît, par chez nous... alors j'ai eu pitié.

– Pitié? C'est-à-dire?

– Je lui ai dit de dormir là. Il pouvait pas repartir dans la nuit... et avant Toulonear y'a pas d'auberge. Alors je lui ai mis un matelas sur la table.

– Et après?

– Il a dormi, et au matin il est parti.

– Il ne vous a rien donné en remerciement?

La vieille enfonce ses mains dans son tablier, elle hésite à répondre, puis lâche d'un coup :

– Un peu d'argent.
– Combien ?
– Cent zlotys.
– Et il est parti ?
– Au matin, comme je vous l'ai dit...
Le policier se lève du tabouret et recommence son petit manège circulaire autour de la vieille.
– Allons, madame Mickiewicz... il faut me dire la vérité !
Et brutalement il la secoue par les épaules, le regard dur :
– La vérité, camarade, car je suis policier, et je la connais déjà. Vous avez tué cet homme !
La vieille fait non de la tête, apeurée.
– Si, vous l'avez tué. Avec la hache qui est là...
Elle jette un regard furtif sur la hache posée sur le tas de bois, et secoue toujours la tête avec effroi :
– Pourquoi ? C'est pas vrai ce que vous dites. C'est pas vrai, je l'ai pas tué... Pourquoi je l'aurais tué ?...
– Je vais vous raconter la vérité, madame Mickiewicz... la vraie vérité. Parce que vous m'avez menti tout le temps. Cet homme n'était pas un étranger. C'était votre mari. Votre époux, celui qui est parti il y a trente ans, qui vous a laissée seule, dans la pauvreté, la souffrance, la guerre. Et voilà qu'il revient, le maudit ? Alors vous lui avez fait des reproches, vous vous êtes disputés, peut-être que vous vouliez le mettre à la porte, et qu'il ne voulait pas... vous vous êtes mise en colère et vous l'avez frappé avec cette hache !
La vieille écarquille ses yeux délavés, une horreur indicible lui tord le visage. Puis elle se calme, et un sourire bizarre lui vient aux lèvres.
Le policier s'énerve à nouveau :
– Vous l'avez tué, et enterré là-bas, près du torrent, on vient de retrouver son cadavre. Il s'appelle Mickiewicz... Vous ne le saviez pas ? Vous vous moquez de moi ? Vous savez qu'il ne faut pas se moquer d'un policier ?
– Je me moque pas, camarade policier. Mais vous vous trompez...
– Ah, je me trompe ? Cet homme là-bas dans son trou ne s'appelle pas Mickiewicz peut-être ?
La vieille va s'asseoir sur le banc d'un air las et misérable. Ce qu'elle a à dire, le policier n'y croyait pas. Il y avait pensé une seconde, mais la chose lui paraissait tellement improbable...
– Il m'a pas dit son nom, camarade, je lui ai pas demandé, c'est vrai. C'était un étranger, c'est tout. Quand j'ai installé le matelas sur la table, il a sorti de son sac un paquet, pas gros, dans du papier journal avec de la ficelle. Il m'a dit : « Garde-moi ça, jusqu'à demain. » Alors moi, j'étais étonnée, j'ai dit : « Pourquoi ? Vous risquez rien, ici. » « C'est parce que j'ai des crises la nuit, je suis bien vieux et malade à présent. Et si je venais à ne pas me réveiller, cela vous

appartiendrait. » Alors j'ai mis le paquet sous mon oreiller, et il s'est endormi. Moi, je n'arrivais pas à dormir. Ça me tracassait ce paquet. Je me demandais ce qu'il y avait de précieux dedans. Pourquoi il voulait le protéger, et pourquoi il me le confiait à moi ? J'ai tourné et retourné ça dans ma tête, puis j'ai sorti le paquet de dessous l'oreiller. On aurait dit des billets de banque. Je me disais que ça faisait une vraie fortune, et que cet homme était presque riche... Ça me démangeait d'ouvrir. J'ai regardé en déchirant un peu le papier dans un coin. C'étaient des billets...

Elle soupire, la vieille, en repensant aux billets. Et le policier l'imagine, rêvant cette nuit-là à sa vie qui changerait avec cet argent. Rêvant à une maison bourgeoise dans la ville, au chaud. Plus besoin de trimer au jardin été comme hiver, pour une poignée de légumes, au risque d'en mourir de froid, un jour.

La vieille hoche la tête, avec toujours ce sourire bizarre. Elle regarde le policier en face, elle n'a plus peur.

– J'ai pensé que je pouvais le voler... mais qu'il se laisserait pas faire, qu'il irait voir la police au village. Et puis je me suis dit que je pourrais le garder ici cet homme. Il avait personne au monde, et moi non plus... Seulement ce genre d'homme qui voyage, je sais ce que c'est... le mien était parti pour ça...

– C'était votre mari, madame Mickiewicz, qui dormait là sur votre table ? Vous jurez que vous ne le saviez pas ?

– Je l'ai pas reconnu.

– Vous n'avez pas fouillé son portefeuille ?

– Je pensais pas qu'il en avait un, puisqu'il avait mis cet argent en paquet, comme ça, dans un papier...

– Il n'a rien dit qui puisse vous faire douter ? Rien ?

– Rien... Cette nuit-là, je me suis même dit que je pourrais me remarier... le garder ici, le retenir, le prendre au piège... l'épouser, et comme ça j'aurais au moins une partie du magot... mais ça prendrait du temps... les papiers, et je n'étais pas veuve...

– Pas encore... en effet... mais vous l'avez tué.

– Il avait dit que s'il se réveillait pas, le paquet serait pour moi. J'y ai réfléchi... réfléchi... personne ne l'avait vu entrer... je le croyais... si personne ne le voyait sortir, qui saurait qu'un étranger s'était arrêté chez moi ?... Je me suis décidée. Il dormait profondément. Je le devinais dans le noir, j'ai même pas allumé la lampe à huile. La cheminée était éteinte, j'y voyais à peine. J'ai pris la hache.

– Vous l'avez enterré la nuit même ?

– Non, le lendemain soir. J'ai mis le corps dans la brouette, je suis allée jusqu'au torrent, et j'ai creusé un trou. La terre était dure... mes mains en ont saigné.

– Et vous n'avez pas fouillé dans ses vêtements avant de l'enterrer ?

– Non.

– Vous l'avez enterré sans savoir ?

– Sans savoir. Je l'ai jamais reconnu, pas une minute, le Bon Dieu m'est témoin... trente ans... et il était pas là par hasard... il était revenu...

La vieille a un rictus de souffrance, la réalité la frappe à nouveau.

– Il revenait à la maison... tout simplement.

– Pourquoi n'a-t-il rien dit, madame Mickiewicz ? A votre avis ?

La vieille regarde ses mains rouges et calleuses, les porte à son visage flétri, rabat le fichu noir sur le front ridé.

Elle ne sait pas. Ou ne veut pas savoir. Allait-il repartir ?... Allait-il rester ?... Finir de vieillir à ses côtés ?

Qu'est-ce que ça change, à présent ? Elle est veuve.

# L'ORIGINAL

Personne n'attend Larry Cotton Adams sur le quai de Papeete. En avril 1951, le rêve que représente Tahiti est plus lumineux encore qu'en cette fin de vingtième siècle, car les voyages organisés et le tourisme l'ont un peu détruit. Au milieu de ce siècle, les aventuriers et les navigateurs qui avait fréquenté ce paradis terrestre en rapportaient des récits émerveillés. Les autres se contentent d'en rêver.

Larry Cotton Adams, lui, vient de débarquer dans l'île, il est américain, et c'est un drôle de bonhomme. Âge indéterminé, entre cinquante et soixante ans. Moustachu, un corps trapu et velu, vêtu d'un jean et d'une chemise délavés, les pieds nus dans des espadrilles, un petit foulard autour de son cou massif. Il regarde le port, les voiliers, la mer, le ciel, il pose son sac, un instant. Puis il va se mettre en règle au consulat des États-Unis à Papeete.

Le consul n'a pas beaucoup de travail à l'époque, il a le temps de parler à ses concitoyens.

– Que faisiez-vous aux States, monsieur Adams?

– J'habitais un faubourg industriel important, positivement hideux... tous les faubourgs industriels se doivent d'être hideux... Mais au-dessus de moi s'élevait un monument en tout point admirable...

Le consul est ravi. Son compatriote a une manière d'évoquer les choses, on dirait qu'il les peint.

– Oui... admirable, non seulement par son élégance, mais par le rationalisme de ses formes... C'était une cheminée. Et cette cheminée, voyez-vous, dominait l'installation de chauffage urbain la plus moderne de l'État. J'en étais l'ingénieur en chef. On ne voyait rien sortir de cette cheminée. Aucune fumée, car elle était munie d'installations que j'avais mises au point. Cette invention neutralisait les gaz délétères et récupérait le noir de fumée. C'était une chose admirable... vraiment. Donc pour répondre à votre question, j'étais le patron d'une cheminée qui ne fumait pas.

Un peu déconcerté tout de même par le ton désabusé de son interlocuteur, le consul lui demande si ce travail de patron de cheminée qui ne fume pas l'intéressait.

– Au début. Lorsque l'usine s'est construite, oui, évidemment, c'était intéressant. Ensuite... tout cela m'a paru profondément inutile et ennuyeux. Ce quartier était sinistre, des docks interminables, de murs lépreux, et le ciel avait beau rester propre, il était sans espoir. Tous ces gens qui vivaient autour de moi devaient être sans espoir eux aussi. Parfois je me demandais à quoi ils pensaient, et même s'ils pensaient... or, voyez-vous, ils pensaient. C'est étonnant, mais ils pensaient même intensément, courageusement. Ils pensaient comme des forçats, je dirais meme comme des croyants...

– Des croyants ? En quoi croyaient-ils ?

– Tous à la même chose. Ces gens estimaient qu'ils devaient faire le lendemain plus que le jour même. Leur croyance était le rendement. Et pourquoi, allez-vous me demander ? Dans le but de mériter le paradis ? Pas du tout. La plupart ne croyait pas à un quelconque paradis dans l'au-delà. Alors, ils espéraient l'âge d'or ? Non plus. L'amélioration de leurs conditions de vie ? Oui, mais sans espérer y trouver le bonheur. Alors ? Eh bien ils n'avaient aucun but. C'était un réflexe conditionné, sans plus, qui leur donnait ce courage, cette obstination à vivre là et à travailler de plus en plus. Je trouvais cela insupportable.

– C'est pour cela que vous êtes parti ?

– Oui.

Larry Cotton Adams a pris son passeport, qu'il a fourré dans la poche de son jean, remis son sac sur l'épaule, et il est parti à la recherche d'une goélette qui le conduirait dans une île voisine.

Là non plus personne ne l'attend. Le lagon est si clair, si beau, qu'il y traîne un moment ses espadrilles usées. Puis il va discuter avec un pêcheur et loue un farré. Une de ces maisons coiffées d'un toit de palmes, aux murs à claire-voie, où l'on sent passer le vent doux et l'air de la mer.

Larry vit des jours paisibles. Des jours qui coulent, pareils aux autres. Il pêche dans le lagon, et chaque soir il va boire un verre dans l'unique bistrot de l'île. Il fréquente les vahinés, mais ne répond guère aux questions des hommes. C'est un Américain silencieux. Personne ne se doute du mystère qu'il représente. Il vit modestement, et chaque mois se rend à Papeete, avec la goélette, pour retirer à la banque quelques milliers de francs. Des francs anciens. Pas la fortune. Au bout d'un certain temps, il finit par échanger quelques mots avec le directeur de l'agence, un Français, qui le considère avec sympathie, mais plutôt comme un clochard intelligent, misanthrope, à la fois un peu fou et sage, en tout cas un type étonnant. Si bien qu'un jour, histoire de faire la conversation, il lui montre un rectangle de papier percé de trous.

– Vous voyez ça ? Qu'est-ce que c'est à votre avis ?

Larry regarde, et dit :

– De toute évidence c'est un morceau de papier avec des trous.

– Oui, mais c'est génial.

– Ah?

– C'est le projet de chèques mécanographiques de la City Bank. Génial je vous dis! Gain de temps, économie de main-d'œuvre, diminution des risques d'erreur, calcul permanent et automatique des comptes! C'est l'avenir... le gars qui a trouvé ça n'est pas le dernier des imbéciles...

Larry grogne:

– Oui... bien sûr, c'est chouette votre truc... Je suppose que vous aimeriez l'avoir inventé?

– Ça oui, alors... je suis pas près d'avoir ça dans ma banque... mais je fais ce que je peux, voyez-vous, j'ai mis au point, tout seul, un système modeste, certes, qui ne vaut pas celui-là... mais qui devrait...

Larry se racle la gorge, en enfournant les quelques billets dans la poche de son blue-jean, de plus en plus délavé, et coupe la parole au directeur de la banque:

– Qui devrait vous rendre immortel?

Surpris par le ton désinvolte, l'autre demande:

– Pardon? Que voulez-vous dire?

– Je dis un système qui vous rendra immortel?

– Mais... je ne vous suis pas...

– Alors excusez-moi. J'avais mal compris. En vous voyant si ému devant ce petit bout de carton avec des trous, je pensais que l'on venait de vous annoncer que, grâce à lui, on pouvait devenir immortel. C'est le seul progrès qui m'intéresse, voyez-vous, le seul valable, en tout cas le seul que je souhaite.

– Vous plaisantez... je ne comprends pas.

– Je m'explique. Le jour de votre naissance, quelque part dans le monde, est né un autre homme, celui qui, plus tard, devenu fossoyeur, creusera votre tombe...

Le banquier ouvre des yeux stupéfaits. Il ne suit toujours pas.

– Je m'explique encore: Un gland est tombé d'un arbre qui a fait pousser le chêne, dans lequel un menuisier tournera le manche de la pelle qui creusera votre tombe. Un employé a écrit le jour de votre naissance, dans un registre, afin de pouvoir, un autre jour, écrire le jour de votre mort, et l'emplacement de votre tombe... Mais tout cela est archaïque. Aujourd'hui « l'efficacité commande », elle commande que le manche de la pelle soit en plastique ou en fibre de verre, que le fossoyeur soit remplacé, c'est déjà le cas, par une pelle mécanique, que l'employé de l'état civil écrive avec une machine, et bientôt les registres seront remplacés par des cartes perforées. C'est grâce à tout cela probablement que l'on pourra vous enterrer beaucoup plus sûrement, avec beaucoup plus d'efficacité, plus rapidement, et en économisant la main-d'œuvre...?

Le banquier voudrait bien sourire, prendre la chose comme une plaisanterie d'original, mais il y a quelque chose dans ce discours qui le touche profondément... et qui le met mal à l'aise aussi.

Larry continue, en mâchonnant une cigarette sous sa moustache :

– Si vous saviez avec quel amour l'ingénieur étudie le moule dans lequel on coulera le manche de la pelle... Et quelle extraordinaire recherche représente le fer de cette pelle, une efficacité remarquable... Il faut qu'il soit justement incurvé, suffisamment souple, suffisamment rigide, lisse, pour que la terre y glisse le mieux possible, et d'un tranchant parfait pour mieux la pénétrer, afin que l'homme fasse le moins d'efforts possible, et que l'angle de l'emmanchure soit tel qu'en faisant levier, avec un minimum d'énergie, le fossoyeur soulève un maximum de terre... Voyez-vous, mon ami... cher banquier... il va de soi, c'est évident, et très important, que votre tombe doit être creusée avec le minimum de coups de pelle, et le maximum de soin. Car il faut que les bords soient nets, réguliers, afin que le cercueil en descendant n'accroche pas une motte désordonnée... et il faut également que le fond de cette tombe soit plat, afin que vous n'ayez pas les pieds plus hauts que la tête... ou l'inverse.

Larry s'est lancé dans un de ses rares discours fleuve, il ne s'arrête plus :

– ... De même, mon ami, il est capital à notre époque de pouvoir – grâce aux cartes perforées – calculer rapidement le temps moyen qu'il faut en moyenne pour enterrer un citoyen moyen, et calculer aussi la durée moyenne de sa vie, la moyenne de la moyenne des autres, et il est capital aussi que le coût d'un enterrement moyen, soit le moyen... le plus efficace de faire perdre le minimum de temps à la famille, avec un minimum de décorum pour un prix de revient minimum, mais en lui prenant le maximum d'argent... J'ajouterais qu'il est également vital que l'on sache au Centre National de la Statistique et à l'Unesco que vous êtes mort et enterré. C'est pourquoi il faudra mettre votre propre fiche perforée à l'abri, afin qu'une prochaine guerre ne la détruise pas. Ce serait éminemment dommage de s'être donné tant de mal pour constituer une fiche avec des trous mentionnant que vous êtes mort et enterré, à tel âge, de telle chose, et à tel endroit, si une guerre stupide la détruisait... Vous ne pensez pas ?

– Monsieur Adams...

Le banquier se sent maintenant vexé. Ce type se moque de lui, et le prend pour un imbécile.

– Monsieur Adams, est-ce que vous êtes fou ? Je crois que vous l'êtes !

– Il me semble difficile que vous pensiez autrement...

– Mais enfin, vous êtes vexant !

Larry secoue une épaule, avec fatalisme. Et s'en va. Désormais, le banquier ne lui adressera plus la parole, lors de ses visites mensuelles, s'efforçant de l'éviter. Ce qu'il regrettera plus tard.

Les années s'étirent, et dans son île Larry est de plus en plus solitaire. De clochard il devient véritablement ermite. Il s'efforce de ridiculiser ceux qui tentent de l'approcher ou de lui parler, par des discours incohérents. A force de vivre seul, il ne parle plus qu'à lui-même. Il ne se lave plus. Se plonger dans le lagon une fois par jour, à la recherche d'un poisson, lui paraît suffisant pour effacer la crasse. Et le vent seul fait le ménage dans son farré, et l'eau de pluie seule lave le plancher, et le soleil se charge de sécher sur lui sa chemise trempée de sueur et de blanchir son jean.

Quinze ans vont passer ainsi. Faisant de Larry Cotton Adams une épave, une loque, que le patron du bistrot de l'île accueille le sourcil froncé, en lui servant son verre à l'autre bout du bar. Les vahinés l'appellent « Boule puante ».

Boule puante assiste donc, comme les autres, mais un peu à l'écart, aux fêtes de juillet, qui en Polynésie sont toujours mémorables et copieusement arrosées.

Cette fête de juillet 1967, Larry mange et boit, comme si plus jamais la terre n'allait porter de cochons grillés, ni la mer de poissons.

Tant et si bien que les deux gendarmes de l'île le retrouvent, au matin, sous les cocotiers, raide mort, déjà froid sous le soleil. Une belle mort en somme pour un clochard désabusé.

Mais qui est ce clochard? Jusque-là, personne ne s'était inquiété de le savoir vraiment. D'où venait-il, avait-il de la famille? La chose était sur l'île sans importance. Du moment qu'il ne commettait pas de délits, qu'il n'ennuyait vraiment personne... Il avait un permis de pêche, il payait ses fournisseurs, on ne lui reprochait, ces dernières années, que son odeur, et une odeur n'est pas une offense prévue par la loi. Mais si Larry est mort, son odeur doit être enterrée. Il faut donc procéder à un minimum d'enquête, prévenir la famille s'il y en a une, le consulat des États-Unis à Papeete, son banquier...

C'est alors que l'on découvre le mystère de Larry Cotton Adams. Il n'a ni parents, ni alliés, ni ascendants, ni descendants. Il est seul, unique au monde, mais il a un coffre dans une banque de New York. Et ce coffre contient, à la surprise de l'agent de Papeete, qui lui délivrait chaque mois quelques malheureux billets... quatre millions de dollars. L'équivalent, dans les années soixante, de deux milliards de centimes. Il s'agit de titres divers, accumulés depuis quarante ans, de la façon la plus légale, et qui ont donc légalement rapporté une fortune. Mais Larry Cotton Adams étant mort dans l'ivresse et le dénuement le plus total, sans laisser de testament, ni le moindre désir quant aux formalités d'inhumation, l'administration décide de l'enterrer dans l'île. En effet, à qui adresser sa dépouille en cercueil plombé et recommandé? De plus, il faut faire vite, il n'y a pas de chambre froide, et le menuisier de l'île n'a pas de chêne pour le cercueil.

Larry, le mystérieux milliardaire sera donc enterré au soleil de

Polynésie, là où il pérorait sur l'inanité du monde et son ambition, à l'ombre d'un palétuvier.

Mais aux États-Unis, comme ailleurs, les journalistes, ont la passion des histoires de clochards milliardaires. Le public aussi. Adams est un nom aussi banal que Dupont en France, mais le jour de l'enterrement dans l'île, une tribu de Adams se présente aux obsèques. Outre la population de l'île, cela fait du monde. Des hommes et des femmes, une cinquantaine de Adams ont débarqué la veille à l'aéroport de Faratea. Les plus rapides, les plus malins. Les autres ont écrit, télégraphié et se sont adressés à l'administration locale en prétendant à l'héritage de cet Adams-là, qu'ils réclament comme père inconnu, frère déserteur, cousin disparu, voire mari infidèle...

Devant ce déferlement de ferveur héritière, l'administration baisse les bras et abandonne le problème à la justice américaine.

Vu l'importance du magot et la flopée de réclamations... trois magistrats new-yorkais sont chargés de déterminer l'origine de ces quatre millions de dollars. S'ils revenaient à l'État, se serait pain béni...

On découvre ainsi, simultanément, l'existence et la mort d'un certain Rod Cornwall, un inventeur, à qui Larry, semble-t-il, devait sa fortune. L'inventeur lui a fait une procuration quelques jours avant de quitter ce monde en mars 1951. Son désir était d'être incinéré. Sans famille, sans héritiers, Rod Cornwall est donc jeté dans les flammes, devant un public restreint.

Mais il se trouve que ce Rod Cornwall ressemblait comme un frère jumeau à Larry Cotton Adams. Même corps trapu, même visage bourru... D'autre part, il apparaît aux magistrats enquêteurs que Larry Cotton Adams n'existait nulle part, avant mars 1951, date à laquelle il hérite de l'inventeur, assiste à son enterrement, et disparaît en Polynésie.

Tout porte à croire qu'ils ne font qu'un. Rod Cornwall ayant changé de nom pour disparaître, et orchestré sa propre mort, afin de se survivre en toute tranquillité. Efficace, aurait-il sûrement dit...

Après six années d'enquête laborieuse et sévère, un avocat se présente devant les magistrats enquêteurs, et déclare :

– Messieurs, monsieur l'attorney général, je vous présente Albert Ambrose Adams. Il a quarante-huit ans, il est ouvrier plombier à Brooklyn, père de trois enfants, et j'affirme qu'il est le seul héritier de Larry Cotton Adams...

Albert Ambrose est un peu gêné. Il a mis son plus beau costume, s'est brossé les ongles, a serré son cou dans une cravate. Petit, râblé, il hoche la tête à chaque mot de l'avocat, sans oser lui-même ouvrir la bouche. Il est un peu terrorisé par le regard inquisiteur de l'attorney général, qui a déjà renvoyé dans leurs foyers, humbles ou non, une bonne centaine de Adams prétendants à la succession.

– Asseyez-vous, monsieur Ambrose... Adams.

Un de plus, se dit l'attorney général en souriant diaboliquement à l'avocat :

– Je vous écoute, maître... Allons-y...

L'avocat sort de sa serviette un morceau de papier imprimé :

– Cette coupure de journal parle pour nous...

Le « nous » rappelant discrètement à son client plombier que l'avocat aurait droit à dix pour cent de l'héritage...

L'attorney prend la coupure de journal avec lassitude. On lui a fait tant de numéros différents en six ans d'enquête. Pourquoi pas celui-là...

– Cette coupure, monsieur l'attorney général, date de 1920. Elle relate un événement considérable...

L'événement considérable est en réalité un fait divers de l'époque, où il est dit qu'un certain jeune homme étudiant, se nommant Rod Cornwall, a fait un léger scandale en voulant sortir de l'orphelinat un jeune enfant, le petit Albert Ambrose Adams, en affirmant qu'il était son père.

L'attorney général doit convenir que l'information présente tout de même un certain intérêt...

Une enquête de police révèle qu'en 1918 Rod Cornwall était effectivement étudiant. Il avait vingt ans. On se souvient de lui à l'université, sa fiche y est encore. Il avait des amis. Et ses amis racontent une drôle d'histoire.

Rod était en ménage avec une jeune fille. Cette jeune fille était enceinte de lui. Ils décidèrent de garder l'enfant, courageusement, et parce qu'à l'époque, il n'y avait rien d'autre à faire... Sans argent, sans situation, les deux jeunes gens avaient bien du mal à vivre, et il fut convenu que lorsque Rod aurait une situation, il régulariserait leur union, et donnerait un nom à l'enfant.

Mais les dollars ne venaient pas, et la jeune femme se lassa d'attendre. Un beau jour, préférant sans doute se faire une nouvelle existence, elle disparut, sans laisser d'adresse, mais en laissant l'enfant sur les bras de Rod. Affolé, comme la plupart des hommes à qui l'on joue ce mauvais tour, le malheureux étudiant, incapable de s'occuper du marmot et ne voulant pas révéler à sa famille cette paternité, se précipite dans un orphelinat. L'un de ces orphelinats compatissants où, à l'époque, on ne demande pas d'explication, on tend les bras, et on s'occupe du moutard en attendant des jours meilleurs pour lui. Rod a donc abandonné son enfant. Sans fournir la moindre explication sur son identité, lâchement, comme dans les romans. Et comme dans les romans, pris de désespoir et de remords, voilà qu'un beau jour il décide de récupérer son fils. Ce n'est pas une mince affaire. Il faut d'abord découvrir le nom que l'administration a donné à l'orphelin. Au prix de difficultés sans nombre, et probablement de pourboires ou d'indélicatesses, Rod apprend enfin que son fils est étiqueté Albert Ambrose Adams. Un nom banal, c'est la coutume, ainsi que deux prénoms différenciés, afin de ne pas confondre, entre Adams. Et trois lettres de départ identiques, comme un code A.A.A. : Albert Ambrose Adams. Lorsqu'un nom ne tombe pas des nues, il faut bien avoir un peu d'imagination.

En 1921, Rod Cornwall se rend à l'orphelinat, en prenant garde de ne point être reconnu. Il s'y est présenté l'année précédente pour abandonner A.A.A., et veut rester anonyme.

Il prétend vouloir adopter un petit garçon.

– Je sais que je ne pourrais pas avoir d'enfant, je suis jeune, j'ai un bel avenir devant moi, et voilà... pourquoi ne pas élever un enfant... défavorisé ?

Le directeur, peu convaincu par l'argument de ce jeune étudiant habillé comme l'as de pique... prend des précautions.

– Ah bon... et, un enfant de quel âge ?

– Euh... un an, par là...

– Suivez-moi... jeune homme.

Étonnant ce jeune garçon solitaire qui vient tout de go se présenter comme « adopteur ». Le directeur le mène au dortoir. Rod fait le tour des enfants, s'arrête devant Ambrose et déclare sans hésiter :

– C'est un enfant comme lui que je désirerais... exactement...

L'affaire se passe en 1921, mais les lois américaines sur l'adoption sont déjà très strictes.

– Je ne peux pas vous affirmer que vous nous confierons cet enfant-là précisément, jeune homme, mais en attendant, si vous me présentiez votre certificat de mariage ?

– Euh... eh bien c'est-à-dire...

– Bon, alors un engagement de location de votre appartement ? Un titre de propriété peut-être ? Ou un certificat de votre employeur ? A moins que vous ne disposiez que d'une carte d'identité de farceur ? Vous vous croyez dans un chenil pour animaux ? Vous arrivez, vous choisissez, vous emportez ? L'adoption est une chose sérieuse... Si vous n'êtes ni marié, ni logé, ni employé, mieux vaut ne pas y penser. Et si c'est une farce, elle est de mauvais goût !

Alors, Rod Cornwall craque. Il se présente, tente de se faire reconnaître, s'explique... C'était il y a dix mois maintenant... il faut le lui rendre. C'est son fils, sa chair, il est à lui...

– Jeune homme, si l'adoption est une chose sérieuse, un abandon l'est aussi. En nous confiant cet enfant, vous avez accepté certaines conditions. Vous avez renoncé sur l'honneur à le réclamer un jour, ou à intervenir dans sa vie d'une manière quelconque. Vous l'avez abandonné... définitivement...

– Écoutez-moi, je vous en supplie...

– Non, monsieur... vous violez une loi établie dans l'intérêt même de l'enfant. Si vous insistez j'appelle la police.

– Mais vous ne pouvez pas faire cela, c'est mon enfant, personne ne pourrait l'élever mieux que moi...

– Vous n'avez plus d'enfant.

Rod se précipite alors vers le petit Ambrose pour l'arracher à son lit et l'emporter. Le directeur appelle la police, les journalistes rapportent le fait divers, et c'est fini. Plus jamais Rod Cornwall ne reverra son fils. Quel que soit le stratagème inventé, il s'est fait trop remarquer, jamais l'administration ne cédera.

– Ce serait trop facile, déclarait avec véhémence le directeur de l'orphelinat. On pose un paquet et on le reprend quand ça vous chante ?

Les années s'écoulent. Rod finit ses études d'ingénieur, invente des systèmes de chauffage, d'aération, dépose ses brevets, contemple cette usine et cette cheminée sans fumée, monument admirable et inutile. En fait, déçu par la société, sa rigidité, ses valeurs qui ne le concernent plus, il devient fou, lentement, sûrement, après avoir renoncé à la vie.

Le jour où il décide de disparaître, il prend symboliquement le nom d'Adams, celui de l'enfant qu'il a abandonné. Symbole, ou espoir qu'un jour l'enfant hériterait de ses biens... qui sait ?

C'est ainsi que le petit plombier trapu, Albert Ambrose Adams, entend l'attorney général lui déclarer qu'en qualité de fils naturel du milliardaire Rod Cornwall, il hérite bel et bien de quatre millions de dollars...

Moins les taxes.

Moins le pourcentage de l'avocat...

Il en reste encore suffisamment pour être un plombier heureux.

Mais qui était vraiment l'homme incinéré sous le nom de Rod Cornwall en 1951 ?

Ça... ce n'est pas une autre histoire, simplement un autre mystère.

# LA VIERGE DE CASALEMONTE

Casalemonte, village de Haute-Provence, site touristique, sa place, son église, son café-hôtel.

Six cents âmes en 1953, dont une bonne moitié le dimanche matin se tourne vers le Seigneur, et l'autre, vers le café-hôtel de monsieur Pitoin.

Il est malin, monsieur Pitoin. Chauve, rondouillard, commerçant et bavard. Il le faut dans son métier.

Madame Pitoin promène une masse imposante de l'église au café et du café à l'église, également adoratrice des vertus de la religion et de celles du commerce, équitablement réparties.

Ce dimanche, après la messe, monsieur et madame Pitoin, endimanchés, se rendent à une vente aux enchères, dans un village des environs, histoire de prendre l'air avant le coup de feu de l'apéritif du soir.

– Une fois, deux fois... trois fois... j'ai dit trois... Adjugé!

Quelques instants plus tard, monsieur Pitoin reçoit dans ses bras la statue de sainte Anne qu'il vient d'acheter pour mille deux cent cinquante francs anciens. Douze francs cinquante.

C'est une statuette en bois polychrome, d'environ quatre-vingts centimètres de hauteur, représentant sainte Anne, laquelle considère d'un air profondément navré une enfant à l'air complètement idiot, censée être la Sainte Vierge, suivant d'un doigt débile les Saintes Écritures, rédigées en latin de cuisine approximatif, sur un livre grossièrement représenté.

Que le lecteur catholique et croyant ne voie aucune irrévérence dans la description. Il s'agit de préciser honnêtement la pauvreté artistique de l'objet, et la médiocrité de son auteur.

Monsieur Pitoin contemple le chef-d'œuvre. Pourquoi l'a-t-il acheté?... Il n'en sait rien lui-même, sinon qu'il fallait bien acheter quelque chose, pour justifier la présence de monsieur et madame Pitoin à cette vente aux enchères. Mais l'encombrante statue le laisse aussi perplexe qu'une grenouille devant un bœuf.

Madame Pitoin s'extasie :

– C'est beau quand même...

– M'moui..., répond monsieur Pitoin, sceptique.

– Elle a vraiment l'air d'une sainte, tu ne trouves pas ?

– M'moui...

– En tout cas, elle est en bon état !

La chose est indiscutable cette fois. Laide mais en bon état.

Madame Pitoin recommande à son époux de ne pas la casser, d'y faire attention dans la rue, de ne pas la poser comme ça sur le siège arrière...

– Regarde... enfin... les doigts sont fragiles et fins...

– Eh bien, porte-la...

Madame Pitoin fait le voyage en voiture, la sainte sur ses genoux douillets. Le doigt fragile pointé dans la direction du pare-brise. Madame Pitoin protège ce doigt de sa main grassouillette.

– Ne freine pas brusquement... surtout.

A chaque virage ou ralentissement, monsieur Pitoin regarde ce doigt...

Peut-on dire que l'illumination de monsieur Pitoin vient de là ?... Il y a de fortes chances.

Casalemonte n'est pas une plaque tournante du tourisme. La clientèle importante du café-hôtel de monsieur Pitoin est exclusivement composée des habitants mâles du village. Il leur sert moult pastis, quelques sirops d'orgeat aux enfants, une grenadine par-ci, un bock de bière par-là... mais le restaurant ne rapporte pas. Madame Pitoin se tourne souvent les pouces dans sa cuisine, et l'hôtel est vide trois cents jours par an.

Ce n'est pas Saint-Tropez, ce n'est pas Lourdes. Ce n'est même pas Notre-Dame-de-Laghet, lieu de pèlerinage voisin, dans l'arrière-pays niçois. Madame Pitoin y a traîné son mari, le mois dernier, afin d'y admirer les ex-voto, la boutique de souvenirs, et monsieur Pitoin constatant l'absence de bistrot s'est dit : « Dommage... »

Il s'ennuie, monsieur Pitoin, dans son café. Il a trente-cinq ans, et il a déjà fait le tour de son imposante épouse. On lui a proposé d'être conseiller municipal, mais l'activité n'étant pas rémunérée, il y a renoncé. Ce qui lui plairait, c'est de remplir son hôtel. Mais depuis le temps qu'il y songe, il réalise qu'aucune Brigitte Bardot ne viendra ici se dorer au soleil, qu'aucun Picasso ne choisira la place de l'Église pour y jouer aux boules. Et à moins d'espérer un crime épouvantablement juteux qui attirerait les journalistes, il ne se passera rien à Casalemonte.

C'est pourquoi, ayant installé sainte Anne près de la caisse, ayant constaté qu'elle tend les bras aux clients, et que les clients sont toujours aussi rares, il a une idée géniale.

La mise en œuvre de cette idée suppose une petite préparation. Le lendemain de Noël, dans l'après-midi, vers seize heures, monsieur Pitoin joue aux cartes avec ses amis, Bricoux dont la pipe empeste,

Sabatini le vétérinaire en retraite, et le boulanger Saturnin dont la casquette éternellement de travers protège la nuque et non le front. C'est un peu la partie de cartes de Raimu, à cela près que les quatre amis jouent au poker, et que monsieur Pitoin a son idée derrière la tête.

Après avoir perdu trois fois de suite, il se lève, en colère.

Bricoux suçote sa pipe :

– Te fâche pas, quoi!

Sabatini ricane :

– T'es assez riche! Qu'est-ce que c'est que deux francs pour toi?

Saturnin tournicote sa casquette sur un tour et demi, afin de lui laisser reprendre son sens inverse.

– Alors quoi... tu joues? Qu'est-ce qu'il est mauvais perdant!

Pour se calmer, monsieur Pitoin marche de long en large, puis, comme saisi d'une idée lumineuse, revient s'asseoir avec la statue de sainte Anne dans les bras. Il la pose près de lui, sur le sol.

– D'accord. On va voir si elle porte bonheur. Au moins elle servira à quelque chose... Parce que vous... comme porte-guigne!

Le boulanger fait faire un nouveau tour et demi à sa casquette :

– On plaisante pas avec la religion. T'as le droit d'être païen, mais respecte les idées des autres...

Comme si ce manque de respect avait éloigné de lui les grâces de sainte Anne, monsieur Pitoin perd à nouveau trois fois de suite. Cette fois il se lève brutalement et renverse sainte Anne d'un coup de pied.

– Oh... fait le boulanger.

– T'as fait du joli, marmonne Bricoux dans sa pipe.

Monsieur Pitoin relève la pauvre sainte, dont le doigt tendu s'est brisé.

Sabatini se lève le premier. Saturnin l'imite, et Bricoux fait de même à regret.

– Ben quoi... fait monsieur Pitoin...

– Comment ben quoi? Dans ces conditions finie la partie... dit Saturnin.

– Ça te portera pas bonheur, ajoute Sabatini.

Et Bricoux suit les deux autres, en hochant tristement la tête.

Monsieur Pitoin jubile. Si le doigt de sainte Anne s'est brisé en tombant, c'est qu'il l'a préalablement cassé, puis recollé à moitié.

A la nuit tombante, alors que madame Pitoin fait office de cuisinière de Noël chez les voisins, monsieur Pitoin se pique volontairement le pouce, fait couler une bonne et large goutte de sang dont il étale une partie sur le doigt fracturé de la statue.

Le lendemain, à l'heure du percolateur et des petits blancs secs, monsieur Pitoin crie à sa femme :

– Viens voir!... Viens voir...!

La grosse madame Pitoin, en robe de chambre, découvre, l'œil exorbité, le doigt de sainte Anne maculé d'une tache rougeâtre.

– Mais on dirait du sang...

– Mais c'est du sang... regarde bien...

Madame Pitoin recule, émerveillée, les mains jointes.

– C'est un miracle...

Et les voilà tous deux parcourant le village pour rameuter la foule des témoins de sainte Anne.

– Venez voir, la statue perd son sang... Un miracle...

L'unique spectateur clairvoyant de cette comédie, c'est évidemment le curé de Casalemonte. Un brave vieux curé qui dévisage sans frémir le front chauve et extasié de monsieur Pitoin.

– On m'a dit ça, oui. Elle saigne. Eh bien vous n'aurez qu'à passer la serpillière de temps en temps...

– Mais, curé... c'est un miracle.

– Que je ne te jette pas hors de cette église, voilà le miracle.

Monsieur Pitoin, dépité mais persévérant, tourne donc les talons, pour aller porter sa bonne nouvelle ailleurs.

Or cette mystification parfaitement grossière va prendre des proportions inimaginables. Une semaine après le miracle, les pèlerins se pressent au village, et les journalistes, et les photographes. C'est la gloire.

L'envoyé d'un grand hebdomadaire français, photo à l'appui, lui donne une ampleur considérable, avec une crédulité qui dépasse l'entendement.

Au café-hôtel de monsieur Pitoin, l'extrait de presse est affiché, encadré, fleuri. Chacun peut y lire le texte suivant :

« Le lendemain de Noël, les six cents habitants de Casalemonte, un petit bourg de Haute-Provence, ont été bouleversés par un prodige. Monsieur Pitoin, patron du café-hôtel de Provence, jouait au poker avec des amis, le boulanger du bourg et son mitron. Il perdait. Par plaisanterie et pour forcer la chance, il plaça à côté de lui la statuette de sainte Anne, joua et reperdit. De rage il donna un coup de pied à la Sainte, qui tomba, et dont l'index se brisa. Monsieur Pitoin dit : " Bah, elle se recollera toute seule. "

« Le lendemain, lundi, à dix heures, il balayait la salle du café lorsqu'il remarqua une tache rouge sur la table. Des gouttes de sang tombaient du doigt brisé. Stupéfait, il appela aussitôt les voisins et le docteur Rohner. Pendant une demi-heure, ceux-ci virent tomber trente gouttes de sang qui furent recueillies dans un verre et portées au pharmacien pour analyse. Le même soir, il était vingt heures cinquante, le facteur Marcel Reylis entra brusquement dans le café en s'écriant : " Il y a une lueur bleue au-dessus du toit. "

« Au même moment on constata que le doigt brisé s'était remis à saigner. Il y avait deux centimètres de sang dans le verre. La statue a saigné une troisième fois le jeudi matin à six heures.

« Monsieur Pitoin avait acheté cette statuette pour mille deux cent cinquante francs, le 29 novembre, dans une vente aux enchères. On a su depuis qu'il s'agissait d'une pièce de musée du seizième siècle. Son précédent propriétaire, un collectionneur brésilien, l'avait payée cinq marks à Munich en 1912, plus de cent mille francs d'aujourd'hui. »

Le press-book de sainte Anne ne fait que commencer.

En fait, la fameuse lueur bleue n'est qu'un feu de Bengale, allumé par monsieur Pitoin, qui ne craint pas de préciser à sa clientèle ébaubie :

– C'est le voile de la Vierge qui s'étend sur nous.

A la faveur de la nuit, il arrose ses clients trop candides d'une pluie mystérieuse, alors que le ciel est scintillant d'étoiles. Et il professe :

– C'est encore un miracle, vous recevez actuellement une aspersion divine, c'est sûr.

Le miracle fait donc son office et remplit le café-hôtel de monsieur Pitoin. Quant à madame Pitoin, elle va régulièrement rendre grâces à l'église et au ciel de cette présence miraculeuse sur le comptoir.

Et monsieur le curé n'est pas content. De chaque côté de la place, lui et monsieur Pitoin se font une concurrence invisible et déloyale.

Monsieur le curé reste sourd aux appels des fidèles, ne répond pas à leurs questions, encore moins à celles des journalistes, à qui il refuse l'accès de son presbytère. Officiellement il se tient sur la réserve. Et obstinément il jette des regards furieux à madame Pitoin, en extase dans sa propre église.

Et monsieur Pitoin a beau créer l'événement, d'étranges explosions avec de la poudre à fusil... faire pleuvoir par temps de canicule... il sent que l'ardeur des fidèles a besoin d'être réveillée.

Quelque temps plus tard, un autre article, du même grand hebdomadaire français, figure, encadré et fleuri, sur la vitrine de monsieur Pitoin :

Et chacun peut y lire la chose extraordinaire qui suit :

« Jeudi dernier, à midi, un homme quittait furtivement l'hôtel de la petite ville de Casalemonte, portant une grande valise jaune, scellée de deux cachets de cire rouge. C'était monsieur Pitoin, patron de l'hôtel de Provence et heureux propriétaire de la statuette miraculeuse de sainte Anne, mère de la Vierge Marie. Cette statuette est devenue objet de pèlerinage et baptisée par la renommée populaire : Vierge de Casalemonte. Monsieur Pitoin l'emportait à Paris où elle sera exposée, car cette année encore, veille de Noël, l'humble statue de bois a été visitée par un nouveau prodige.

« Nous présentons ici, en exclusivité, le positif de la radiographie que le docteur Rafioni a fait de la statuette, à la demande de monsieur Pitoin, afin de prouver que le prodige du doigt coupé n'était pas le résultat d'une supercherie.

« Après examen, le docteur Rafioni a déclaré : “J'affirme, en engageant ma réputation, que la statuette ne présente aucun signe suspect, et que l'écoulement sanguin reste inexplicable. " On devait par la suite constater que le sang ne se coagulait pas sur le doigt brisé. Ce dernier, un an après le miracle, est encore humide. Enfin, il y a quelques semaines, en examinant le cliché que lui avait remis le médecin, monsieur Pitoin y vit l'image étrange que nous montrons ici. »

Et chacun ayant lu se reporte à la photographie, colonne suivante, où l'on voit une radiographie faisant apparaître une figure étrange, masculine, émaciée, les yeux mi-clos, ressemblant comme deux gouttes de sang au visage que l'on imagine être celui du Christ.

Après quoi, chacun peut prendre connaissance de la fin de ce grand article, du célèbre hebdomadaire français :

« Le docteur Rafioni, alerté, ne put cette fois encore donner d'explication naturelle à ce phénomène. Les autorités ecclésiastiques ne se sont pas encore prononcées, mais des membres de la commission du Saint Suaire de Turin sont arrivés à Paris pour enquête. Après son séjour dans la capitale, la statuette retournera à Casalemonte. D'ici là monsieur Pitoin aura accompli sa première communion. Pour tous ceux qui l'ont connu libre penseur, cette conversion constitue le troisième miracle de la Vierge de Casalemonte. »

Et chacun ayant lu pieusement, de se tourner vers la Vierge revenue sur son comptoir, le doigt emmailloté d'un énorme pansement, sur lequel un huissier a déposé des scellés.

Le miracle de la Vierge de monsieur Pitoin a commencé en 1953... La crédulité, à l'époque, était-elle aussi grande ? Celle de la grande presse l'était-elle encore plus ?

Devenons-nous plus intelligents ou plus circonspects lorsque les progrès de la science nous montrent en cette fin de siècle que, justement, le fameux Saint Suaire de Turin, dont il est question à l'époque comme d'une référence, ne date pas du tout de l'an 33 après Jésus-Christ... Carbone 14 dixit ?

Monsieur Pitoin lui-même est étonné de son succès. A tel point que ce succès finit par l'inquiéter. Et qu'il profite d'un séjour à Paris pour rendre visite au sculpteur Alphonsi de Alphonsi, qui dirige une galerie de peinture. Il est le véritable auteur de la statuette et, ayant reconnu son œuvre datée soi-disant du seizième siècle, dans les photos publiées par la presse, il a écrit à monsieur Pitoin.

Non pas pour le fustiger, mais pour lui proposer de racheter éventuellement la statue.

Rusé, l'œil oblique, l'artiste porte lavallière, et le ridicule ne saurait l'achever.

Monsieur Pitoin est d'accord pour vendre.

– J'en ai marre. Ras le bol de cette histoire. J'ai l'intention de tout dire aux journalistes.

– Comment ? Mais cher monsieur Pitoin... je suis intéressé par l'achat de la Vierge de Casalemonte ! Celle qui saigne, qui fait des miracles. Je n'ai rien à faire d'une statue de sainte Anne, que j'ai fabriquée moi-même... Qu'est-ce que vous voulez que j'en fasse, si elle ne saigne plus pour les journalistes ? Hein ?

Monsieur Pitoin et l'artiste ont une discussion âpre et longue, à l'issue de laquelle monsieur Pitoin, ayant convenu que l'intérêt de la statue était lié au miracle, il tairait son secret. Il annoncera simplement au bon peuple qu'il a confié la statue à un sculpteur célèbre... afin que les habitants de la capitale n'en soient pas privés.

De son côté, celui-ci louera son œuvre à monsieur Pitoin, cent mille francs par mois.

Une nouvelle carrière se prépare pour la Vierge de Casalemonte.

Alphonsi de A., pour résumer le patronyme, exhibe en bonne place dans sa galerie la Vierge miraculeuse.

Il y a longtemps qu'elle n'a pas saigné la malheureuse, et Alphonsi de A. se garde bien de renouveler l'expérience des rayons X.

Mais c'est une bonne affaire. Il fait imprimer des images pieuses, expédiées à domicile, accompagnées de lettres ronéotypées faisant appel à la charité, et les mandats qui lui reviennent sont modestes, mais nombreux.

Encouragé par ce succès, il met alors en vente des lambeaux de linge maculés du sang miraculeux, qui suintent du doigt de la Vierge. Il en vend aux quatre coins de France, et même à l'étranger.

C'est insuffisant. Car le maître fréquente un cercle de jeux où s'évanouissent régulièrement les dons charitables du pauvre peuple des croyants.

Et il lui vient, à lui aussi, une idée somptueuse. A la mesure de son art. Il va frapper un grand coup en produisant un long métrage, intitulé *Le Miracle de Casalemonte.*

Pour cela il emprunte de l'argent à une star de cinéma française, mondialement connue. A des hommes politiques. A un coiffeur de renom. A un grand restaurateur... ainsi qu'à une concierge du septième arrondissement, et à un abbé de Saint-Thomas-d'Aquin, qui croit dur comme fer aux miracles, malgré les mises en garde répétées de l'archevêché.

Quelques mois plus tard a lieu, sur les Grands Boulevards, la première du film : *Le Miracle de Casalemonte.*

On croit rêver.

Le premier soir, la salle est à moitié pleine, le deuxième elle est à moitié vide, le troisième, il n'y a que quatre bigotes, pour se battre en duel avec leur missel.

C'est un four. Le désastre magnifique. Mais le miracle a ceci de formidable, c'est qu'il peut s'exploiter en feuilleton. En 1958, le maître est en pourparlers avec on ne sait qui – des agents artistiques ou religieux ? – afin d'exposer la Vierge de Casalemonte au Venezuela et dans les grandes villes d'Amérique du Sud.

Le voilà parti pour la Belgique où il doit traiter son affaire, la Vierge dans le coffre à bagages.

A la frontière, un douanier français l'arrête.

– Quelque chose à déclarer ?

On ne déclare pas un miracle.

– Ouvrez le coffre...

Le douanier considère l'objet avec les yeux d'un douanier. Pas ceux d'un critique d'art.

– Mais c'est un objet d'art... Il vous faut un permis des Beaux-Arts pour l'exporter !

Il est bien embêté, le maître. Comment prétendre que son œuvre n'est pas un objet d'art ? Ce serait reconnaître trop de choses intimes. De plus, c'est un objet de culte, qui ne passera pas la frontière comme ça, sans papiers.

Alphonsi de A. revient donc à Paris, furieux, et des amis haut placés le tirent de ce mauvais pas. Ce qui lui permet de passer la frontière, le permis en poche. Et les douaniers belges n'ont aucune, mais vraiment aucune objection à formuler...

Que se passe-t-il alors ? La Vierge de Casalemonte en a-t-elle assez d'être prise pour une imbécile ? Le miracle a-t-il fait long feu ? La foi se perdrait-elle ?

Voici que certains commanditaires du film portent plainte pour escroquerie. Pas tous. Certains ne se manifesteront jamais. Pudeur, prudence, piété obstinée... crainte du scandale ? Le juge d'instruction évalue cependant le montant des escroqueries à environ un million et demi de francs.

Et Alphonsi estime qu'il vaut mieux se cacher. Il ne croit pas aux miracles. D'autant plus que dans son coin monsieur Pitoin grogne. Depuis plusieurs mois il n'a pas reçu le montant du loyer de la Vierge. Pas un centime, pour la location de sainte Anne regardant Marie, déchiffrant les Saintes Écritures... Un scandale !

Monsieur Pitoin décide lui aussi d'agir. A sa manière, à sa façon. Il propose à un grand hebdomadaire français, pas celui-là, mais l'autre... de publier ses Mémoires, contre argent sonnant, et afin qu'elles soient plus sensationnelles encore, il y avoue son imposture.

Deux ans passent. La Vierge de Casalemonte ne montre plus rien de son doigt cassé. Elle est bouclée aux archives judiciaires, avec une étiquette infamante : « Pièce à conviction numéro 1. »

Devant la treizième chambre correctionnelle, monsieur Pitoin, cafetier, le docteur Rohner, médecin de Casalemonte, et Alphonsi de Alphonsi, artiste, comparaissent piteusement.

Chacun son art, ils adoptent un système de défense différent.

Monsieur Pitoin :

– C'était une blague... quoi... y'a pas de quoi fouetter un chat... et je suis sûrement pas le premier...

Le président estime que cette blague lui a rapporté de l'argent.

– Parlons-en... des cierges, des pastis, des grenadines... d'ailleurs, j'ai fini par dire la vérité.

Le président estime qu'il a pris son temps pour la dire, et qu'il est allé jusqu'à faire sa première communion...

– Bon d'accord. J'ai jeté le bouchon un peu loin. C'était pour les journalistes. Mais quand je l'ai vu écrit noir sur blanc... eh ben je me suis dégonflé.

Le président est fâché. Est-ce la communion... non c'est l'escroquerie. Il tape sur son pupitre avec véhémence :

– Cette escroquerie morale est littéralement odieuse. Je suis stupéfait que les autorités locales n'y aient pas mis un terme!

Pan dans le jardin des édiles.

Alphonsi, lui, est devenu croyant... Bizarre.

– Pitoin m'a convaincu. J'y croyais!

Le président prend son temps pour examiner les yeux obliques et le nez rusé.

– C'est vous qui l'aviez faite pourtant...

Et Pitoin de hurler :

– Ça oui, alors! Une horreur, et il me l'a rachetée en plus!

Alphonsi est toujours croyant :

– La Vierge n'a-t-elle pas choisi d'apparaître souvent aux filles les plus humbles? Pourquoi n'aurait-elle pas choisi ma modeste statuette?

Quant au malheureux docteur de Casalemonte, il est victime, dit-il, de l'énorme farce de Pitoin. Abusé, non coupable.

L'avocat évoque alors un certain nombre d'escroqueries que la justice ne punit guère, ou ne repère pas, ou ignore... Les bijoux magnétiques, les anneaux du bonheur, les bouquins qui vous font réussir dans la vie, les tiercés magiques, les...

En somme rien de plus banal. Tout récemment encore... Mais ceci est une autre histoire.

Il plaide, cet avocat, en faisant remarquer que conforter la foi chez ses semblables, c'est les aider à mieux supporter la vie... et, mon Dieu, ce n'est pas punissable...

Le président grogne :

– En somme, cher maître, vous voudriez nous faire admettre que le seul grief que l'on puisse faire à monsieur Pitoin est d'avoir avoué... donc d'avoir déçu ceux qu'il avait trompés. Et que, dans ce genre d'escroquerie, il faut aller jusqu'au bout...

Jolie morale en effet.

Trois mois de prison ferme pour l'artiste. Treize mois pour monsieur Pitoin, dix avec sursis pour le docteur de la Vierge de Casalemonte.

C'est peu.

Qui retrouvera un jour, dans une brocante, la sainte Anne en bois polychrome, regardant d'un air navré la jeune Marie, déchiffrant les Saintes Écritures en latin de cuisine sur un livre grossièrement ébauché ?

Il faudrait un miracle...

# L'INDICE MIRACULEUX

Jerry Gene Simons est en apparence un jeune homme de vingt et un ans, mince, athlétique, au visage fin, aux yeux noirs.

En réalité, c'est un chat.

Il est en apparence étudiant à Houston, au Texas. Fils unique, son père est décédé et sa mère est souvent absente.

En réalité, c'est un matou.

Enfin, il n'a jamais eu affaire à la police, ne se fait pas remarquer, n'a aucun signe particulier, aucun caprice apparent, pas de psychose. Et il est intelligent.

En réalité, c'est un horrible félin.

Les chats sont adorés ou détestés. Pour leurs défauts comme pour leurs qualités. Ce chat-là a tous les défauts du chat, et toutes les qualités du chat.

La souplesse de la démarche, la rapidité dans la fuite, l'instinct du danger, la méfiance. L'hypocrisie, le ronronnement de circonstance, le coup de patte imprévisible. Tendance au vol, à la paresse, à la manipulation.

En 1961, au Texas, Jerry le chat est l'auteur d'un crime parfait. Crime gratuit, d'une méchanceté insoutenable, parce que inutile. Crime de profit inexcusable.

Jerry Gene Simons fait semblant d'étudier, d'être le fils de sa mère, et de n'être remarquable en rien. Mais il traîne dans les coins mal famés de Houston, avec des garçons comme lui et des filles faciles. Il n'est pas connu de la pègre locale pour autant car il ne fréquente jamais assez longtemps quelqu'un pour être repéré. Il se drogue, de façon épisodique, et change de fournisseur à chaque fois, ce qui empêche les dealers de le considérer comme client régulier. Pour satisfaire ce triste plaisir, il vole, cambriole mais n'a jamais laissé d'empreintes, revend sa marchandise très loin de chez lui, et aucun receleur ne le connaît suffisamment pour l'identifier.

Jusqu'ici, il n'a jamais tué. Tout arrive. Mais là encore, son crime se devait d'être insoupçonnable. Le crime parfait, que définissait ainsi un commissaire français de la police judiciaire :

« Commis à mains gantées, sans sadisme ni viol, au coin d'un bois, sans être vu, sans laisser d'empreintes de pas, sur une personne que l'on ne connaît pas et à laquelle on ne prend rien. »

Ce genre de crime, confié au meilleur des policiers, a de bonnes chances de rester impuni. Il a de quoi décourager une armée de limiers. Et pourtant Jerry le chat a écopé de quatre-vingt-dix-neuf ans de prison. Il tourne encore en rond dans un pénitencier du Texas, alors qu'il approche de ses cinquante ans, et que les faits remontent à 1961.

C'est encourageant.

Jerry, ce matin-là, s'est étiré dans son lit avec la flemme habituelle qui le caractérise. Sa mère est venue l'embrasser avant de s'en aller travailler. Une mère qui aime son fils sans se douter qu'elle couve un monstre. Comme un chat affectueux, Jerry a entouré le cou de sa mère de ses longs bras souples, et déposé un léger baiser sur sa joue. Il a même ronronné :

– Je n'ai pas cours ce matin, mamy. J'irai faire du vélo. Passe une bonne journée...

Et la mère est allée gagner leur vie, le prix des études de Jerry, de son confort, de sa tranquillité.

Jerry est effectivement sur sa bicyclette, une heure plus tard, après une toilette soignée, un petit déjeuner confortable. Il se balade au soleil. Le vélo est surchargé de chromes et dispose d'un changement de vitesse à dix paliers. Une belle mécanique, bien graissée, silencieuse, rapide. Jerry s'engage dans le quartier résidentiel de Houston, Magnum Road. Il roule une centaine de mètres, et tourne dans une allée.

Là, caché derrière une haie, comme un chat guettant un oiseau, il observe la seule maison donnant sur cette allée. La somptueuse résidence de Robert Cook, un riche fabricant de matériel agricole. Il en a repéré l'adresse dans un journal local.

Personne ne remarque la présence du chat aux yeux noirs, aux aguets derrière son fourré. Les paupières mi-closes, dans l'attitude caractéristique du félin qui a le temps, tout le temps d'observer sa proie, Jerry assiste au départ de monsieur Cook dans sa voiture. Puis quelques instants plus tard, madame Cook et ses deux filles, à bord d'une seconde voiture, s'éloignent de la maison, dont elles ont fermé la porte à clé.

Alors Jerry s'étire, se lève, sort un passe-partout de sa poche, et se dirige à pas feutrés vers la porte de la cuisine qu'il ouvre sans grande difficulté. Il ne laisse d'empreintes nulle part. Gants de cycliste et pattes de velours. En laisserait-il d'ailleurs, que cela n'aurait guère d'importance, il est inconnu des fichiers. De plus il ne s'agit ce jour-là que d'une visite de reconnaissance. La maison recèle des objets intéressants, facilement négociables, mais il est hors de question de les emporter à bicyclette.

Après avoir fait le tour de la maison des Cook, repéré le matériel transportable, ouvert les placards, et inspecté les tiroirs, Jerry met dans sa poche un rouleau de pièces de monnaie, entouré d'un papier kraft, dont le total représente cent soixante-six dollars. Rien n'est plus anonyme qu'un rouleau de pièces de monnaie. Les Texans s'en servent de préférence aux billets, tout le monde en possède, et l'absence de cent soixante-six dollars ne se remarquera pas dans le tiroir d'un milliardaire.

C'est la force et l'intelligence du chat qui ne prélève sur le bien des autres que le minimum. Il ne vole pas un rôti entier, il n'en dérobe qu'un morceau.

Jerry referme la porte de la cuisine derrière lui, reprend son vélo dans le buisson et traverse la ville pour rentrer chez lui, dans un quartier plus modeste. Il n'opère pas sur son propre terrain, précaution élémentaire.

La semaine suivante, un mercredi également, n'ayant pas cours, Jerry a décidé logiquement de procéder au cambriolage. Il sait que monsieur Cook sort à telle heure, madame Cook et ses filles à telle heure, que la bonne prend son jour de congé. Il est prêt.

Sa mère le quitte de bonne heure comme d'habitude, pour aller travailler. Jerry ronronne comme d'habitude :

– Bonne journée, maman...

Sa mère partie, il fait une toilette rapide cette fois, et se rend au garage où se trouve la Buick familiale. Une grosse Buick de la série « Le Sabre », dont elle se sert rarement. Il la sort, et roule bientôt vers Magnum Road.

Avant de s'engager dans l'allée privée, il attend que s'éloigne la voiture de madame Cook. Il aperçoit à l'arrière la chevelure de l'une des filles qui parle beaucoup et chahute probablement avec sa sœur.

Prudemment, Jerry s'engage dans l'allée, constate que la voiture de monsieur Cook est déjà partie. La maison est silencieuse, calme, et ne comporte pas de clôture, selon la coutume du Texas. Jerry pénètre donc tranquillement dans la propriété avec la Buick, et tranquillement va ouvrir le garage à l'aide d'un tournevis. Il y range sa voiture, de manière à pouvoir la charger tranquillement. Il abandonne le tournevis sur place. Pas d'empreintes, un modèle répandu à des milliers d'exemplaires, qui ne représente aucune possibilité d'identification.

La Buick est rangée en marche arrière, prête au départ. Jerry referme le garage derrière lui et pénètre dans la maison, par le même chemin que lors de son repérage. Au salon, il prend tout d'abord un superbe poste de télévision couleurs, neuf, et va le déposer sur la banquette arrière de la Buick. Il y retourne ensuite, car il a remarqué des chandeliers d'argent. Il est devant la porte, il tend la main pour l'ouvrir, et là Jerry le chat s'immobilise, œil noir aux aguets, échine tendue, il vient d'entendre un bruit. Tout proche. Il se situe derrière la porte. Quelqu'un s'apprête à ouvrir cette porte, il ne peut plus reculer, c'est donc à lui d'attaquer. Il pousse brutalement le battant et se retrouve face à une jeune fille brune, aux cheveux très longs, et au visage blanc de surprise et de peur.

D'une voix enrouée, à peine audible, elle demande :

– Qu'est-ce que vous faites là ?

Martha-Anne a seize ans. Fille aînée de la famille, elle est restée à la maison, ce matin-là, légèrement grippée.

Le chat observe la souris. Deux secondes. Il fait un pas en avant, puis un autre, et la souris recule, car le silence et le regard félin sont également inquiétants.

Finalement Jerry ordonne :

– Retournez dans votre chambre.

Et Martha, comme fascinée, obéit. Jerry la suit, tranquillement, jusqu'à la chambre à coucher, s'empare d'un bas nylon qui traîne, et s'approche de la jeune fille.

Martha veut se débattre, mais elle n'est pas de taille, ni de force. Jerry le chat a le coup de patte redoutable. Il ligote les bras de sa victime avec les cordons de rideaux, la bâillone, et se sert d'une corde à sauter pour entraver les jambes.

La lutte a été courte. Il domine à nouveau la situation et doit prendre le temps de réfléchir. Mais voici que le téléphone sonne. Surprise. L'appareil insiste quelque part dans la maison. Il est dix heures trente du matin. Madame Cook prend peut-être des nouvelles de sa fille. Jerry fixe intensément la jeune fille allongée sur le lit et qui a cessé de se débattre. Va-t-il décrocher ? La sonnerie persiste, il faudrait se mettre à la recherche du téléphone qui doit se trouver au salon, donc abandonner sa proie. Même si elle est ligotée sur son lit, c'est un risque. Jerry le chat pèse les risques, mais la sonnerie s'arrête. Il se détend. Prudence tout de même. Quelqu'un a pu croire s'être trompé de numéro, et le téléphone va sonner à nouveau. Si c'est le cas, il devra abandonner les lieux, car un appel sans réponse inquiéterait au moins une personne, madame Cook. Jerry ne veux prendre aucun risque. Si bien que lorsque le téléphone sonne pour la troisième fois, il n'a pas quitté la jeune fille des yeux, et sa décision est prise.

Il va l'emmener avec lui, puisqu'elle peut le reconnaître.

Il la prend dans ses bras, l'emporte jusqu'au garage, l'oblige à s'allonger sur le tapis de sol à l'arrière de la voiture, la télévision sur la banquette au-dessus d'elle.

Il entend toujours la sonnerie du téléphone. Alors il bondit dans la maison, décroche l'appareil dans le salon, et retourne au garage.

Il quitte la propriété des Cook sans se faire remarquer, par l'allée privée, et emprunte l'autoroute.

Il y aura bien quelques témoins plus tard, mais ils seront incapables de donner des précisions suffisantes sur la voiture, ou sur Jerry lui-même.

Le chat doit tuer la souris. C'est indispensable.

Jerry conduit la Buick sur un chemin mal entretenu, qui conduit à une rivière profonde, baptisée le Green Bayou. Bayou comme les marécages de la Louisiane toute proche.

Le Green Bayou a un courant assez rapide, l'endroit est isolé, les voitures n'y viennent pas, car les suspensions en souffriraient trop. La Buick de la mère de Jerry est solide, haute, elle ressent durement les secousses, mais passe sans casser.

Jerry descend de voiture et s'assied une minute au bord de la rivière. Il n'a pas d'arme, il doit donc noyer Martha. Pour s'éviter des efforts inutiles il avance la voiture le plus près possible de la berge, ouvre la portière arrière, et traîne sa proie sans ménagements par les pieds.

Elle se débat comme elle peut, malgré les liens, et le chat n'a pas envie de jouer. Il la pousse du pied, la fait rouler jusqu'au bayou, et la fait tomber à l'eau.

L'eau n'est pas assez profonde à cet endroit, et la jeune fille qui se contorsionne avec l'énergie du désespoir, parvient à surnager, et à gagner le milieu de la rivière.

Jerry le chat déteste être obligé de se mouiller. Mais il le faut. Il entre à son tour dans l'eau, fait basculer le corps de Martha qui flotte sur le dos, et l'oblige à se maintenir le visage vers le fond. Il s'installe à cheval sur son dos, et contemple les bulles qui remontent à la surface. Environ une minute pour noyer Martha. Il se relève lorsqu'il n'y a plus de bulles depuis une autre minute. Il est alors certain d'être assis sur le dos d'un cadavre.

Il lui faut maintenant envisager un autre problème. L'endroit est désert, il n'y a pas de témoin, mais il lui faut prévoir un certain temps pour ramener la Buick au garage de sa mère, se changer, et retrouver ses habitudes de chat ronronnant. De chat tranquille.

Il ne faut pas que l'on découvre le cadavre avant. Dans ce cas, la police pourrait barrer les routes, et il n'est pas en état vestimentaire adéquat pour répondre à la moindre question.

Jerry traîne le cadavre de Martha sur la berge. Le traîne le long du bayou, à la recherche d'un endroit plus profond. Il le trouve. Il ôte alors la corde qui liait les jambes de la jeune fille, retourne à la Buick, met le moteur en marche, et approche le véhicule le plus près possible du cadavre.

Il doit sacrifier la télévision couleurs. A regret car elle représente, sur le marché, l'équivalent de plusieurs doses de drogue. Il attache l'appareil au pied de la jeune fille. Il place la télévision à l'extrême bord du rivage, la fait basculer, tout en poussant du pied le corps de Martha.

L'ensemble disparaît dans le fond du bayou.

De cette façon, Jerry vient de dissimuler à la fois le corps du délit et le mobile. Si la police cherche une télévision, elle ira la chercher partout, chez les receleurs, mais surement pas dans le bayou.

Jerry fait tranquillement demi-tour, puis ramène la Buick sur l'autoroute, en refaisant en sens inverse le chemin cahoteux. Peu importent les traces de pneus. Personne ne sait qu'il y a eu un crime par ici, personne ne se souciera d'examiner de près les marques dans les ornières et, si c'était le cas, par un hasard extraordinaire, encore faudra-t-il penser à la Buick de la mère de Jerry, dormant dans son garage la plupart du temps, et que personne n'a remarquée.

Un crime parfait vient donc d'être commis par Jerry le chat, qui roule tranquillement sur l'autoroute, à la vitesse réglementaire. Il n'y a ni empreinte, ni viol, ni sadisme. Il a été perpétré dans un lieu désert, sans témoin, sur une personne que l'assassin ne connaît pas, et à laquelle il n'a rien pris.

Jerry le chat ne devrait pas croupir dans un pénitencier du Texas pendant trente ans.

Ce jour-là il rentre chez lui très tranquillement. Il met son pantalon boueux et sa chemise dans la machine à laver en compagnie d'autres vêtements qui s'y trouvaient déjà, et appuie sur le bouton. Ce qu'il était d'ailleurs censé faire, en l'absence de sa mère, qui rentre pour le déjeuner et trouve son fils propre et sec, devant la table de la cuisine. En pleine forme, très tendre, ainsi qu'à son habitude avec sa mère, surtout depuis qu'elle est veuve. Le père de Jerry est mort d'un cancer.

Ils déjeunent ensemble, comme ils le font souvent, en écoutant de la musique à la radio. En bavardant de choses anodines.

Au garage, la Buick a été dépoussiérée, les pneus nettoyés, elle a retrouvé son aspect habituel. L'essence qui manque dans le réservoir ne peut même pas attirer l'attention de madame Simons. Elle ne s'en préoccupe presque jamais et ignore même la capacité du réservoir.

Comme elle n'a pas vu son fils habillé le matin, elle ne peut pas se rendre compte qu'il a changé de tenue. Le ferait-elle, que la chose serait sans grande importance. Jerry est un chat coquet, sale à l'intérieur, mais propre sur lui.

Même l'échec de son cambriolage ne le tourmente pas. S'il use de la drogue, c'est avec une relative modération, il n'est pas en manque. Le serait-il qu'il pourrait s'en procurer avec son argent de poche.

Ce soir-là donc, et les jours qui suivent, le chat Jerry dort et ronronne sur ses deux oreilles. Il va rôder la nuit pendant que maman dort, s'encanailler avec quelques matous d'un quartier mal famé, et retourner dans son lit, sur ses pattes de velours, incognito, pour s'éveiller le matin, s'étirer et dire en souriant, matois, chafouin :

– Bonjour, mamy, bien dormi ?

Ce que la pauvre mère prendra pour de l'affection et de la tendresse pure.

Le jour du crime, chez les Cook, le coup de téléphone intempestif qui dérangea Jerry venait de Sandra, la sœur cadette. Il n'était pas très important, et lorsque la jeune fille rappelle un peu plus tard, le téléphone est occupé. C'est donc que Martha téléphone à une amie, que tout va bien, si bien que la jeune fille et sa mère rentrent tranquillement vers midi vingt, à l'heure où Jerry déjeune, et qu'il a déjà effacé toutes les traces de son expédition au bayou.

A l'heure où le même Jerry achève tranquillement son dessert, une crème à la pistache, une escouade de policiers passe la maison des Cook au peigne fin. La télévision disparue, le garage forcé, Martha envolée, le téléphone décroché, le lit aux draps froissés par la lutte, les cordons de rideaux qui manquent, sa corde à sauter accrochée au mur qui n'est plus là, tout laisse à penser que la jeune fille a été kidnappée. D'autant plus qu'elle n'a pas pris ses lunettes, ni ses verres de contact, alors qu'elle est myope et ne pourrait sortir sans l'un ou l'autre. Le comble n'est-il pas dans cette histoire que Martha sans ses lunettes ou ses verres de contact, aurait eu bien du mal à reconnaître Jerry le chat ? Elle n'a dû voir de lui que le halo d'un visage...

La police constate également qu'elle n'a pas pris son sac ni ses papiers d'identité, six dollars en billets sont encore sur la commode de la chambre à coucher. Il ne manque aucun vêtement, sauf la robe de chambre bleue et le pyjama beige qu'elle portait le matin.

Les voisins sont d'une médiocre utilité.

Une femme qui étendait du linge dans son jardin a aperçu entre dix heures trente et dix heures quarante-cinq, une grosse voiture vert foncé, qui sortait de l'allée privée à reculons. Elle donne sans hésiter la marque du véhicule, « une Pontiac ».

La Pontiac et la Buick « Sabre » se ressemblent un peu, il est vrai. Mais les enquêteurs sont lancés sur une fausse piste.

Un camionneur déclare qu'en circulant dans Magnum Road, il a failli heurter une Pontiac entre dix heures quarante-cinq et onze heures. Il est sûr de lui, la voiture était en excellent état, elle luisait de propreté, il n'a pas pu apercevoir le conducteur, car sa cabine est trop haute. L'ennui est que s'il a bien croisé une Pontiac à cette heure-là, ce n'était pas Jerry qui se trouvait déjà loin dans sa Buick sur l'autoroute.

Un avis de recherche est donc lancé pour retrouver Martha Cook dans une voiture Pontiac de luxe, vert foncé. Il y en a des milliers dans l'État du Texas.

La ligne téléphonique est placée sur table d'écoute dans l'attente d'une demande de rançon éventuelle.

Et le policier chargé de l'enquête déprime considérablement. Il a le FBI sur les bras, des fausses pistes qui n'aboutissent nulle part, et lui font perdre son temps. Pas d'indices, pas de témoins, pas de mobile. La télévision des Cook a disparu en même temps que leur fille, ce qui n'arrange rien, sur le plan des déductions. Comment imaginer qu'un kidnappeur kidnappe aussi une télévision ? Comment imaginer qu'un voleur de télévision kidnappe une jeune fille ?

Les jours défilent, le corps de Martha n'est pas retrouvé, l'enquête ne progresse pas, et Sam Butler, enquêteur en chef sur ce coup impossible, mange mal, dort encore plus mal, se fait secouer par le FBI, le shérif et les autorités locales, alors que Jerry fréquente tranquillement l'université, dort sur ses deux oreilles, vit sa vie de matou de nuit, circule même parfois dans la Buick avec sa mère en toute impunité, et ne sait pas qu'il va se faire piéger.

De même que Sam Butler ignore qu'il va pouvoir le piéger. Comment aurait-il le moindre espoir ? Il n'a pas l'ombre d'une piste.

L'exposé du détail qui va suivre est à ce point réconfortant qu'il mérite d'être conté :

Voici un personnage qui n'a rien à voir avec l'assassin, ni avec la victime.

Un Texan, pure race, de haute taille, sourire superbe sur dents blanches et haleine fraîche, Roberto Ricondo, dirige le supermarché du quartier où habite Jerry le chat. C'est là le seul lien entre eux.

Ricardo est un collectionneur fanatique. De bottes de cow-boys superbes, de chapeaux texans, et aussi de pièces de monnaie. C'est une habitude que la plupart des Texans ont abandonnée aujourd'hui, mais à l'époque elle se pratiquait encore. Il était très rare alors de voir circuler des billets dans l'État du Texas. L'État le plus vaste de l'Union ne faisait confiance qu'à l'or ou l'argent, et méprisait le papier monnaie. Les vrais Texans passaient alors leur temps à échanger dans les banques ce vilain papier contre des pièces de vingt dollars en or, ou de un dollar en argent. Même les demi-dollars en argent se collectionnaient dans les coffres, en espèces sonnantes et trébuchantes qui rassuraient les cow-boys.

En 1961, le Texas est le dernier État où quelques collectionneurs acharnés perpétuent encore cette tradition. Et Roberto Ricondo est l'un d'eux.

Le soir, il fait le tour des caisses de son supermarché et échange avec les caissières les quelques rares pièces d'argent données par les clients. Ricardo prélève les billets nécessaires à cet échange sur son salaire de directeur. Il fait également le tour des machines à laver automatiques, des appareils à sous les plus divers, des distributeurs de cacahuètes, ou de cigarettes, ou de mouchoirs en papier. Inlassablement, il récupère les pièces d'argent, les roule dans du papier et les range dans son coffre.

En dehors de cette passion qui lui prend déjà pas mal de temps, Roberto n'a pas une minute à lui. Il travaille beaucoup, commence tôt le matin et finit tard le soir.

Plus d'un mois après le crime de Jerry le chat, alors que Sam Butler déprime considérablement devant une bière, en expliquant au shérif le niveau zéro de son enquête, Roberto Ricondo, lui, s'affale dans un vieux fauteuil de cuir, aux environs de dix heures du soir, et prend machinalement un journal pour le parcourir. C'est un journal vieux d'un mois. La disparition de la jeune Martha Cook y est relatée. Ainsi que les maigres constatations de la police.

Soudain Roberto relit un passage. Puis le relit encore. Puis il pose le journal et retourne au drugstore. Il traverse le grand magasin fermé, se dirige vers son coffre, et examine sa collection de rouleaux de pièces d'argent.

Et il se précipite sur le téléphone, à la recherche du policier chargé de l'anquête.

Sam Butler décroche l'appareil du bar où on vient de l'appeler. Il écoute, avec morosité. Fait la moue, finit sa bière, met son chapeau, et se rend mollement chez Roberto Ricondo, directeur du supermarché, à onze heures du soir.

Roberto lui montre le journal où il est dit que le plus jeune fils de la famille Cook, qui n'était pas là au moment de la disparition de sa sœur, a déclaré à la police qu'on lui avait dérobé un rouleau de pièces d'argent qu'il conservait dans le tiroir de son bureau. Cent soixante-six pièces de un dollar.

– Et alors ? demande Sam Butler.

– C'est moi qui les ai, ces cent soixante-six dollars. Dans leur rouleau. Un jeune type me les a échangés à la caisse du supermarché, directement. Je le connais de vue, il se sert chez nous, il habite pas loin d'ici. C'est moi qui lui ai proposé l'échange quand j'ai vu qu'il avait ce rouleau dans la main.

– Et alors ? Ce sont des pièces de monnaie, vous parlez d'un indice... Ça court partout, ces trucs-là, et rien ne prouve qu'il s'agit de celles du gamin Cook.

– Oh si...

Car le gamin Cook, collectionneur acharné lui aussi, avait pris une précaution importante. Afin que ses sœurs ne lui « piquent » pas ses pièces, que son père ne s'en serve pas par mégarde, il les avait bien entendu soigneusement roulées dans un papier, et il avait écrit à l'intérieur du papier en tout petit : « Tom Cook, propriétaire ».

Ce que Jerry n'avait pas vu. Ce que seul un collectionneur pouvait voir, en déroulant le papier pour compter les pièces, avant de les rouler de même pour les enfouir dans son coffre.

Jerry le chat devait être ainsi confondu, au débotté. Le rouleau avait été en sa possession, il l'avait échangé devant témoins au supermarché.

Il s'est affolé. Il a tout avoué, dans la nuit même, sous le regard de sa mère, complètement dépassée par la découverte de ce fils qu'elle ne connaissait pas. Un voleur, un drogué, un malfaisant qui traînait dans les bars de prostituées, un assassin au sang-froid insupportable qu'elle avait regardé parfois dormir le matin, attendrie comme une mère chatte devant son petit.

C'est pourquoi Jerry Gene Simmons, convaincu d'assassinat, reconnu coupable le 1er mai 1962 par le jury de la cour criminelle de Houston, a été condamné à quatre-vingt-dix-neuf ans de prison.

C'est pourquoi il est probablement, à ce jour, l'un des plus vieux condamnés à vie d'un pénitencier du Texas.

Pour cent soixante-six dollars d'argent, propriété de Tom Cook, collectionneur de dix ans.

Cette histoire est dédiée par Sam Butler, policier du Texas, à tous ceux ou celles qui croiraient encore au crime parfait. Il arrive que la chance soit du bon côté. Et que les chats ne retombent pas sur leurs pattes.

# LE PHILTRE D'AMOUR

Constantine, avril 1957, une caserne. Alain Sabeco, troufion ordinaire, accomplit son service militaire en Algérie. Pas de chance. Vingt et un ans, deux années d'études de droit, et l'appel.

C'est l'heure du courrier.

– Hé Sabeco, c'est ta fiancée ?

– Ça te regarde ?

– Oh non... Savoure, mon pote, savoure, quand tu rentreras... si tu rentres... elle en aura peut-être trouvé un autre...

Le camarade de Sabeco a été baptisé Lulu la Frime, par la chambrée. Il joue les affranchis. En réalité, il ne peut que se nourrir des lettres des autres : lui n'en a jamais. Ni père ni mère, et bien trop de filles de hasard, pour qu'au hasard l'une d'elles pense à lui écrire.

Il s'assied par terre, contre le mur au soleil, à côté de son copain, pour feuilleter un journal.

Alain Sabeco, plongé dans la lecture de sa lettre, reste silencieux. Il la referme et sort de sa poche un petit paquet.

– T'as un paquet en plus ?

– Ben oui...

– Hé, écoute ça... une interview du F.L.N... Nous combattons pour conquérir l'indépendance nationale... Les méthodes réformistes ont fait faillite, seule reste la lutte armée... C'est quoi une méthode réformiste ?

– Fiche-moi la paix... je réfléchis.

– T'as un problème ?

– Non.

– Alors t'es amoureux, ça rend idiot.

– Lulu... t'as connu des tas de filles...

– Il en a connu Lulu, et il a pas fini...

– T'as déjà pris des trucs aphrodisiaques ?

– Tu rigoles ? C'est pour les vieux jetons ces machins-là... Remarque, ça dépend, quoi...

Alain Sabeco contemple l'enveloppe, la tourne, la retourne... et le copain Lulu, dévoré de curiosité, voudrait bien savoir. Mais Alain n'est pas très bavard. En général, c'est un garçon plutôt discret, raisonnable, enfant unique élevé par sa mère, il affronte pour la première fois la vie en communauté. Et la communauté des casernes peut être à la fois le pire et le meilleur. Lulu n'est pas son meilleur camarade, trop déluré... Mais justement aujourd'hui, à propos de cette lettre, Lulu pourrait être de bon conseil.

– Et les philtres d'amour, tu connais ?

– Philtre ? On nage dans le romantique, là... c'est ta bergère qui te balance des contes de fées ?

– Rigole pas...

– Je rigole pas... Moi y'a une fille qui m'a offert la médaille d'amour, un jour... le genre aujourd'hui moins qu'hier.

– Plus qu'hier et bien moins que demain...

– C'est ça... eh ben, je l'ai filée à la suivante, et ça a drôlement marché...

Alain Sabeco sourit à l'affreux Lulu la Frime.

– T'as jamais été amoureux vraiment. Janine, c'est une vraie jeune fille, tu vois, sérieuse et tout. C'est pour ça que je comprends pas...

– Montre à Lulu. Il va t'expliquer, le copain Lulu...

– Tu te ficheras pas de moi ?

– Non... Lulu respecte l'amour...

Il faut qu'Alain Sabeco soit troublé pour qu'il se confie ainsi. D'ailleurs il hésite un peu, puis tend la lettre.

– Tiens, lis ça, dis-moi ce que tu en penses.

Lulu la Frime, fier de la confidence, déplie soigneusement une feuille de papier à lettres, ordinaire.

Il lit :

« Mon chéri,

Bientôt, mon Alain chéri, tu seras de retour en France. Je compte les jours qui nous séparent et, en attendant, je repense à nos baisers fous... Tu te rappelles, le soir sur la route de Saint-Césaire ? Comme on était bien tous les deux. Je ne vis plus qu'en pensant que bientôt nous serons mariés, nous serons toujours ensemble. Ce sera merveilleux. Avec quelle ardeur nous nous aimerons. Pour que tu sois encore plus amoureux, plus passionné, et que tu conserves toujours ton amour pour moi, je t'envoie en même temps que cette lettre un flacon qui contient un philtre d'amour merveilleux. »

Lulu la Frime tourne la feuille, en sifflant :

– Ben dis donc... c'est la petite brune sur la photo qui t'écris ça ? T'es un gus heureux... où il est ce philtre ?

Alain Sabeco sort de sa poche le petit paquet. Un petit flacon, empli d'un liquide brunâtre. Avec une jolie étiquette collée dessus : « Pour mon amour ».

– C'est peut-être de la gnôle... fais voir ?
– Mais non c'est pas de la gnôle. Ça sent la tisane...
Lulu renifle, fait mine de goûter, mais Alain lui arrache le flacon des mains :
– Donne-moi ça... Si j'avais su je t'aurais pas montré la lettre...
– Allez, t'emballe pas... Qu'est-ce qui te tracasse ? C'est mignon tout plein cette histoire... Voyons voir la suite...

... « un philtre d'amour merveilleux. Bois-le, mon chéri, comme je te l'ai indiqué sur la notice, et il te procurera de beaux rêves. Tu me verras dans tes bras ou tu auras l'impression de m'avoir contre toi, comme si nous étions vraiment l'un près de l'autre... »

– Elle a de l'imagination ta chérie, dis donc... Tu vas pas t'ennuyer en rentrant.
– Elle n'a jamais écrit des choses comme ça.
– Mon pote, les femmes, on les connaît jamais... Alors, c'est pas fini, qu'est-ce qu'elle raconte encore ?...

« Ce breuvage te donnera beaucoup de vitamines et tu reviendras plein de force pour notre mariage. Moi, j'en ai bu. J'ai vidé d'un trait une fiole entière, comme celle que je t'envoie. Depuis je fais des rêves sensationnels. Je t'aime comme il est pas possible de l'imaginer. Janine. »

Lulu resiffle.
– Des vitamines... pour prendre des forces en vue du mariage...
– Tu crois que c'est aphrodisiaque ?
– Si c'est ça, elle est vicieuse, ta julie. Qu'est-ce que tu vas en faire dans ce fichu bled ?
– Mais ça existe vraiment ce genre de produit ?
– Sûr que ça existe... Tiens, j'ai un pote qui a essayé un truc comme ça une fois.
Et Lulu de raconter en long en large et en travers l'effet extraordinaire qui occupa son camarade une nuit entière, et le fit triompher d'une armada de jolies dames.
– Par contre, le philtre... j'y crois pas des masses... c'est des trucs de gitanes ça. Elle est gitane ta Janine ?
– Oh non... Janine, c'est... on dirait une poupée de porcelaine, tu vois ?
– Alors tu l'avales ton truc d'amour ?
– Je sais pas...

– T'as qu'à lui répondre que tu l'as avalé, et que ça t'a fait sauter au plafond.

– T'es bête. Je ne veux pas lui faire de peine. J'y crois pas, mais... enfin, je trouve ça bizarre. Une drôle d'idée quoi.

– Je vais te dire une bonne chose, mon gars. Si j'avais seulement une nana en métropole qui prenne le temps de me fabriquer un truc d'amour, de me l'envoyer par-dessus la mer pour que je l'avale en pensant à elle, ça me déplairait pas...

Ainsi s'achève la conversation entre Alain Sabeco et son camarade Lulu la Frime, quelque part sous le soleil de l'Algérie en guerre, dans une caserne de Constantine.

Quelque temps plus tard, en France, un homme en costume civil bleu marine, portant une lourde serviette à la main, gravit l'escalier de la 14e brigade de gendarmerie mobile de Montpellier. Il a rendez-vous avec l'officier principal Naudaris. L'homme est juge d'instruction, il arrive de Constantine.

Les deux hommes se connaissent. Naudaris redoute, en voyant la grosse serviette, qu'on lui rapporte encore une triste affaire de désertion.

– Cette fois, c'est un crime, Naudaris... un drôle de crime.

Le juge ouvre un dossier cartonné dont il sort tout d'abord une photo.

– Sabeco Alain. Deuxième classe, ni bien ni mal noté, apprécié de ses camarades. Vingt et un ans.

L'officier Naudaris voit un visage jeune, front intelligent, sourire gentil, nez droit, un grain de beauté sur la joue gauche.

Le juge d'instruction sort une lettre, avec son enveloppe, ordinaire. Deux feuillets d'une écriture encore un peu enfantine.

– Sa fiancée, Janine Pelletier, dix-neuf ans, lui a envoyé ça en avril dernier. Le mieux est que vous lisiez.

L'officier Naudaris lit rapidement. Puis regarde le juge, étonné :

– Un philtre d'amour, à notre époque ?

– Certains journaux sont pleins de ce genre de publicité, mais là nous sommes dans l'artisanat. Et psychologiquement ça marche. Le soir même, le malheureux garçon a avalé le contenu du flacon d'un trait, comme il est indiqué sur la petite notice que voici, écrite de la même main : « A boire d'un trait sans respirer. » Doux euphémisme, car le malheureux est tombé dans le coma presque aussitôt. Il est mort une vingtaine d'heures plus tard. L'armée a refusé le permis d'inhumer. L'autopsie a révélé que le soi-disant philtre d'amour était un poison violent à base de phénobarbital. Un médicament assez courant, utilisé dans les crises de dépression nerveuse. Mais au-dessus de zéro gramme soixante, le corps humain ne le tolère pas. Et si le barbiturique est administré rapidement, c'est la mort.

– La lettre ?

– Postée de France, le paquet aussi. J'ai enquêté sur place auprès de ses camarades. Il a parlé de cette lettre, il s'en est même étonné. Un camarade m'a même dit qu'il en était un peu gêné. Il ne comprenait pas bien ce qui s'était passé dans l'esprit de sa fiancée. Il ne croyait pas au philtre, mais il a demandé des précisions sur l'existence des aphrodisiaques. Évidemment, on lui a répondu que ça existait. Les idées reçues sur ce sujet ne sont pas près de disparaître. Bref, bien que surpris, il l'a bu. Autre chose l'étonnait aussi, d'après ses camarades : les gravures galantes qui enveloppaient le flacon. Les voici.

L'officier de gendarmerie examine une *Toilette d'Esther*, une *Naissance de Vénus*... Botticelli ou le Titien n'ont jamais figuré dans l'iconographie porno...

– C'est le genre de reproductions qu'on trouve dans les revues d'art ou les dictionnaires de peinture, vous appelez ça des images galantes ?

– Justement, le jeune homme s'en est étonné. Il ne comprenait pas pourquoi sa fiancée avait découpé ce genre d'images.

– Une fiancée n'envoie pas de femmes nues à son promis. C'est plus sage comme image. Vous me direz qu'une fiancée ne devrait pas non plus envoyer de poison par la poste. Vous l'avez interrogée, la fiancée ?

– C'est à vous que l'enquête est confiée maintenant, Naudaris. Moi, je ne l'ai eue qu'au téléphone. Elle vient d'avoir vingt ans, elle est employée dans une bonneterie. Elle affirme que ce n'est pas elle qui a envoyé la lettre. Elle peut mentir si elle l'a vraiment fait, quoique vouloir empoisonner quelqu'un et lui écrire de boire le poison me paraît éminemment stupide. Mais elle peut mentir aussi si elle se sent coupable de cette histoire. Elle a pu vouloir fabriquer réellement un philtre d'amour et se tromper dans la préparation. Quelqu'un a pu la « conseiller ». Se servir d'elle. Bref je ne pouvais pas en savoir plus au téléphone, j'ai besoin de vous pour établir le dossier d'instruction. Je repars demain pour Constantine.

L'officier Naudaris va donc reprendre l'enquête. La première chose à savoir concerne le philtre lui-même. Qu'est-ce qu'un philtre d'amour ? Et une amoureuse le confectionnant elle-même peut-elle empoisonner sans le vouloir ? Un accident en somme.

Le très vieux pharmacien auquel s'adresse l'officier Naudaris lui fait une liste des composantes de ce fameux philtre.

– Chaque « sorcier » a sa recette mais, a priori, un philtre dit d'amour, ou une tisane dite aphrodisiaque, est en réalité composée de plantes « sacrées ». Par exemple, le fenouil, le thym, la marjolaine, la menthe sauvage, le clou de girofle, la cannelle... rien de mortel. A moins que l'on ajoute de la ciguë. Mais il faut être expert pour la trouver et s'en procurer.

– Et le phénobarbital ?

– Là, il ne s'agit plus de plantes. Je suppose que le philtre était liquide. On a pu faire macérer des plantes comme celles que je viens de vous citer dans une solution, liquide elle aussi, de phénobarbital. Ça, vous le trouvez dans n'importe quelle pharmacie. Mais dans ce cas, il ne peut s'agir d'un accident. Car le phénobarbital à petites doses produit l'effet contraire, et le préparateur de cette mixture ne peut pas l'ignorer. L'intention de nuire est évidente.

Avant de rencontrer celle qui a eu l'intention de nuire, a priori, c'est-à-dire, la fiancée, l'officier Naudaris se rend chez la mère de la victime, afin de rassembler le maximum d'informations. C'est tout de même étrange de vouloir tuer de loin celui qu'on aime... Jalousie, déception, rupture ? D'après ce que disait Alain Sabeco à ses camarades de caserne, il n'était pas question de cela.

Madame Sabeco occupe un appartement bourgeois, au décor un peu prétentieux et figé. Les fleurs dans les vases sont artificielles. Les napperons de dentelles sur les tables et les dossiers de fauteuils sont amidonnés. Les coussins sur le canapé infroissables, et infroissés.

C'est une petite femme de cinquante ans, aux cheveux gris tirés en chignon. Vêtue de noir. Déjà veuve d'un époux dont le portrait trône sur un guéridon, dans un cadre doré. Lorsqu'elle fait entrer au salon l'officier de police Naudaris, il a l'impression de déranger le silence et l'immobilité du décor étouffant. Madame Sabeco faisait des mots croisés. Sur un coin de table, un magazine replié à la page de la grille, ses lunettes, un crayon, une gomme. Sur une desserte, une pile de publications du même genre. A l'évocation de son fils, elle fond en larmes, et Naudaris attend qu'elle se calme avant de poser sa première question :

– Comment étaient vos rapports avec Janine, la fiancée de votre fils ?

– Excellents... C'est une fille simple, irréprochable. D'un milieu modeste évidemment. Je n'étais pas très enthousiasmée par ce mariage, mais que faire ? Alain l'avait choisie, et c'est une brave petite...

– Madame Sabeco, comment expliquez-vous cette histoire de philtre ? Ce n'était pas le genre de Janine, d'après ce que j'ai cru comprendre ?

– C'est une fille simple, je vous l'ai dit. Je comprends aujourd'hui que cette simplicité rejoint la bêtise. Elle a dû vouloir fabriquer une mixture. Dieu sait dans quel but, mais pas celui de le tuer en tout cas. Je suis persuadée que c'est un accident. Une bêtise mortelle.

Madame Sabeco fond en larmes à nouveau, en secouant la tête et en répétant : « Une bêtise... Elle est d'un milieu si simple, une petite ouvrière en bonneterie... Dieu sait ce qu'elle a lu, ou entendu raconter par une amie un peu plus dévergondée... »

Dieu est accroché au cou de madame Sabeco, au bout d'une double chaîne qui ressemble à un chapelet. Dieu est au mur de sa chambre, au mur de celle de son fils, sous forme de crucifix. Madame Sabeco survit entre Dieu et les mots croisés, dans le silence et l'immobilité d'un appartement qu'elle semble occuper sur la pointe des pieds pour ne rien déranger.

L'officier de police la laisse à son chagrin, en compagnie de Dieu et de ses mots croisés. Il va voir la jeune fille simple, la criminelle par bêtise mortelle.

Et il rencontre d'abord la patronne, une grosse femme, à la voix forte et menaçante, qui règne sur des mannequins de tissus, habillés de gaines, de soutien-gorge, de corsets. Ici on fabrique de la lingerie sur mesure. Janine y est employée. Sa place à l'atelier est vide.

– Elle a trop de chagrin, elle n'est pas là. Je l'ai renvoyée chez elle. Elle m'a tout raconté. Elle adorait ce garçon, elle ne vivait que dans l'attente de son mariage. Mais de là à lui envoyer un philtre d'amour!

– On m'a dit qu'elle n'était pas... enfin... qu'elle était un peu naïve...

– Simplette, oui, on peut le dire. Gentille, il y a pas plus brave... Jamais une idée pareille n'aurait pu germer dans son esprit. Un « philtre d'amour »! Je t'en ficherais moi des philtres d'amour... Elle ne savait même pas ce que c'était, j'ai dû lui expliquer.

– Vous voulez dire qu'elle prétend ne pas avoir envoyé ce flacon?

– Elle ne prétend rien, elle ne sait même pas de quoi on lui parle. Tout ce qu'elle sait, c'est que son Alain est mort. Elle en a pour la moitié de sa vie à le pleurer. Et moi, je vous dis que je connais cette gamine. Elle n'a pas pu imaginer une seconde une bêtise pareille. Elle lui aurait envoyé un porte-bonheur, une médaille de la Vierge, une patte de lapin, mais pas un philtre! Elle ne connaissait même pas le mot...

L'officier Naudaris recule devant l'énorme fabricante de corsets et de gaines amincissantes. Il recule sous le flot des explications véhémentes, et s'en va sous les recommandations non moins véhémentes :

– La brutalisez pas, surtout. Lui faites pas plus de chagrin qu'elle en a... Pauvre gosse.

Un immeuble modeste, un appartement de deux pièces. Une salle à manger, une table avec une toile cirée. Un bouquet de vraies fleurs, fraîches, devant le portrait du fiancé.

La mère et la fille sont assises côte à côte. Naudaris aurait bien voulu rencontrer la jeune fille seule, mais la mère ne la quitte pas d'une semelle. Des gens simples effectivement, simples de métier. La mère est employée dans une quincaillerie, sa fille ouvrière en bonneterie. Mais leur simplicité est chaleureuse. Leur pauvreté honorable. Janine a les yeux gonflés de chagrin, elle tortille un mouchoir, un peu égarée. La mère est plus calme. Naudaris lui montre la lettre, en la faisant glisser dans sa direction sur la toile cirée. Il observe attentivement la réaction.

La mère lit, un peu étonnée. Plisse les yeux... cherche ses lunettes, ne les trouve pas, et dit à sa fille :

– On dirait ton écriture... non ?

A Naudaris :

– On dirait son écriture. Mais puisqu'elle dit qu'elle ne l'a pas écrite, cette lettre.

Naudaris reprend les deux feuillets et les glisse maintenant vers la jeune fille qui recule, comme effrayée. Elle ne veut pas la toucher, elle ne veut pas lire. Son pauvre petit visage au teint de porcelaine et ses yeux innocents font effectivement penser à ceux d'une poupée.

Une poupée qui aurait vu un serpent.

– Je n'ai pas écrit ça... je vous le jure.

– Écoutez, mon petit, cette lettre n'est pas forcément un crime. D'ailleurs il n'y a peut-être pas de crime non plus, mais un simple accident. Il faut me dire la vérité.

Naudaris sort de sa serviette le flacon du philtre d'amour et les reproductions qui l'enveloppaient.

Janine éclate en sanglots.

– C'est pas moi, monsieur, je vous le jure... Ça ressemble à mon écriture, mais ce n'est pas moi.

La mère se lève et va fouiller dans un tiroir. Elle revient avec un petit paquet de cartes postales, quelques lettres, parmi lesquelles elle en choisit une.

– Tenez voilà une lettre de la petite, c'était l'année dernière lorsqu'elle était en vacances.

Simplicité innocente ou naïveté ? Bêtise ou rouerie ? Cette lettre va permettre une analyse graphologique de comparaison avec l'autre. Et, à première vue, les écritures sont semblables. La mère, elle, ne démord pas de son idée :

– Si elle dit qu'elle l'a pas écrite, c'est qu'elle l'a pas écrite. Ma fille ne ment jamais. En plus où voulez-vous qu'elle ait déniché ces peintures de femmes nues ? On n'a pas ça chez nous...

La mère contemple d'un air dégoûté *La Naissance de Vénus* et *la Toilette d'Esther*. Les chefs-d'œuvre de la peinture ne sont visiblement pas son fort. Sa fille n'a pas de réaction particulière devant ces reproductions. Cette femme qui sort d'un coquillage, une main sur la poitrine, ses longs cheveux dissimulant à peine le bas-ventre. C'est Botticelli ? Et cette femme allongée, seins nus... Le Titien ? Les noms lui sont inconnus. L'art et le lyrisme lui en échappent. Même si elle a pu prendre ces images en couleurs pour des représentations érotiques, où les aurait-elle trouvées ?

L'officier Naudaris regarde autour de lui. Pas de livres, pas de journaux. Pas même ce genre de romans-photos que l'on pourrait s'attendre à trouver chez une jeune fille simple et romantique...

L'idée. Elle vient à Naudaris d'un coup.

Alors il s'en va, en présentant ses condoléances. Et il retourne aussitôt chez la mère d'Alain, madame Sabeco. En entrant il vérifie son idée. D'un simple regard autour de lui. Puis s'assied, satisfait.

Madame Sabeco, toujours de noir vêtue, avec son chignon gris serré, son chapelet, ses mots croisés, semble ne pas avoir bougé depuis le matin. Les mots croisés sont à leur place sur un coin de la table vernie, ainsi que le crayon, la gomme, les lunettes.

Pendant qu'elle parle, Naudaris observe son visage. Les yeux noirs, cernés de bleu, creusés, la bouche mince, le menton légèrement proéminent.

– Vous avez vu... Janine ? Alors ? Elle a avoué ?

– Non, madame.

Le menton a un mouvement de dépit.

Une larme se profile, un sanglot s'insinue dans la voix :

– Ça ne me rendra pas mon fils, je sais. Mais si elle est responsable, il faut la punir. Même si c'est une bêtise.

L'officier Naudaris laisse passer le sanglot.

– Je peux vous poser une question, madame ?

– Oui, bien sûr.

– Avez-vous un... voyons je ne trouve pas le mot... vous savez ces appareils qui servent à tendre les rubans...

– Les rubans ? Je ne vois pas...

– Mais si... vous avez sûrement ça chez vous... si je vous disais le nom vous comprendriez tout de suite... ça s'appelle un... un... ah c'est idiot... vous n'auriez pas un dictionnaire ?

Madame Sabeco se lève machinalement et se dirige vers la bibliothèque mais s'arrête en route :

– Désolée... je n'ai pas de dictionnaire.

– Vraiment ?

– Non. Je n'en ai pas.

– C'est impossible, madame Sabeco. Vous avez forcément un dictionnaire.

– Je vous dis que non. Qu'est-ce que ça a de si extraordinaire ?

– Madame Sabeco, je viens d'apprendre par votre voisine de dessous que vous aviez gagné l'année dernière le concours de mots croisés du *Midi libre*. Vous faites ça à longueur de journée. Il y a des mots croisés partout ici. Lorsque je suis entré tout à l'heure, vous étiez plongée dans vos mots croisés, comme ce matin, et comme tous les jours si j'en crois votre marchand de journaux... et vous me dites que vous n'avez pas de dictionnaire ?

– Je vous dis que je n'en ai pas. Je travaille de mémoire.

– Voudriez-vous vous asseoir, madame Sabeco, et me permettre de faire entrer deux de mes hommes, afin de perquisitionner votre domicile.

– Il n'y a rien chez moi. Voyez vous-même. Je ne comprends rien à votre histoire de dictionnaire... ma bibliothèque...

– Je ne parle pas de votre bibliothèque, madame Sabeco. Je vois bien qu'il n'y a pas de dictionnaire. Mais je suis prêt à parier qu'une femme comme vous a la collection du Larousse illustré. Et que ces livres précieux sont quelque part.

Madame Sabeco devient grise. Peau grise sous ses cheveux gris, au-dessus de sa robe noire. Une transformation étonnante se produit sur son visage. Comme si un masque le remplaçait. C'est indescriptible. Certains malades mentaux sont capables de transformer si brutalement leur visage. Tout se crispe, tout change, ils deviennent méconnaissables.

Dans la cave de madame Sabeco, les deux policiers découvrent une collection de dictionnaires.

Naudaris n'a qu'à vérifier, tout bêtement, à Botticelli, au Titien. Les reproductions de leurs œuvres les plus célèbres manquent. Découpées.

Et Naudaris les a en mains.

Madame Sabeco est muette. Elle ne peut plus nier. Et pourtant elle refuse encore de parler. Alors c'est Naudaris qui parle :

– Vous trouviez ça érotique, madame Sabeco ? Il faut être une bigote convaincue pour trouver de l'érotisme dans un Botticelli ou un Titien... Vous avez préparé soigneusement votre crime, vous avez empoisonné votre fils pour le punir de vous échapper, de vous préférer cette petite Janine un peu simplette, ouvrière gentille, sans prétention, sans instruction, sans niveau social comme vous dites... Vous avez imité son écriture... Elle vous a écrit l'année dernière depuis son lieu de vacances, gentiment, comme à une future belle-mère. Vous aimez les mots croisés, l'écriture... les mots... c'était facile pour vous d'imiter une écriture aussi enfantine, et de respecter même les fautes d'orthographe... J'ignore si le graphologue se serait laissé abuser, mais les gravures érotiques de vos dictionnaires... madame Sabeco... Même votre fils s'en est étonné.

Le visage se reforme, lentement, ses traits de petite-bourgeoise coincée, bigote se remodèlent. La main sur le Christ qui pend à son cou, madame Sabeco dit méchamment :

– Mon fils est un imbécile. Je savais qu'il avalerait ça d'un trait... la preuve...

– Vous êtes folle, madame Sabeco ? Je veux dire, êtes-vous atteinte d'une maladie mentale que l'on soigne ?

– Sortez de chez moi !

– Qu'y a-t-il dans votre pharmacie ?

– Rien qui vous regarde... Ce n'est pas parce que j'ai empoisonné mon fils que je suis folle... Qui vous permet de dire une chose pareille ? Folle, moi ? Ce sont eux... lui, elle... ils sont bêtes... Mon fils était bête, sa stupide petite dinde aussi... Épouser une cousette ! Il faisait du droit, il aurait pu devenir notaire, avocat, juge... au lieu de s'amouracher d'une petite ouvrière de quartier.

Il a fallu l'ambulance et deux infirmiers pour emmener madame Sabeco, non pas en prison, mais dans un hôpital psychiatrique.

Elle était folle, irresponsable. Et ça ne se voyait pas. Une dame si conformiste, si pratiquante, si cultivée, qui connaissait tous les mots, ou presque, du dictionnaire. Qui en fabriquait même, pour son plaisir.

Un mot de six lettres. Complainte funèbre...

Thrène, du grec threnos, lamentation funèbre. C'était le dernier mot trouvé sur sa grille de mots croisés du jour.

L'officier Naudaris, lui, ne sait même pas s'il existe un mot définissant les machines à tendre les rubans. Ni même si ça existe. Il avait dit ça au hasard.

# CET HOMME NE NOUS RESSEMBLE PAS

C'est une société particulière, théâtre secret, où le comportement des hommes ne ressemble pas à celui du commun des mortels : c'est l'armée. Les officiers de cette armée sont installés dans le mess qui leur est réservé. Il s'agit d'un aéroport militaire allemand, de la République Fédérale, intégré à l'OTAN. Dans ce lieu ultra-secret vivent les pilotes des célèbres avions F.104 G. Lockheed, les « Stars Fighters ». Célèbres pour de tristes raisons puisqu'on les surnomme les « cercueils volants ».

Depuis leur mise en service, jusqu'en 1970, date de cette histoire, deux cent vingt avions se sont écrasés.

Les officiers pilotes de ce lieu étroitement gardé représentent une caste particulière. Leur mess est une sorte de club privé, où n'entre pas qui veut.

Ce jour-là, trois commandants, quelques capitaines et lieutenants, tous pilotes, se sont réunis pour une discussion. Un seul des commandants, Henrich Wolf, ne pilote plus depuis trois ans : il préside la réunion.

Il y a à peine une vingtaine d'années, à leur place, leurs aînés de la Luftwaffe se réunissaient ainsi, entre officiers de bon rang, de bonne éducation, devant le même schnaps, la même bière, et si le discours politique n'était pas le même, l'esprit demeure. Un esprit chevaleresque, certes quelque peu guindé, conventionnel, propre à l'armée, propre surtout à l'aviation militaire allemande. Honneur, combat, dignité, et toutes ces sortes de règles d'élégance morale qui n'appartiennent qu'à eux, les officiers, pilotes de « Stars fighters », ceux qui ne craignent pas, même en période de paix, de risquer leur vie, mais jamais leur honneur.

Il y a chez eux des convenances verbales, une certaine raideur, la pratique d'un humour glacial, policé, et quelque peu arrogant il faut bien le dire.

Le mess est confortable, enfumé, la discussion animée, mais correcte et respectueuse des grades.

Le commandant Wolf, l'aîné, qui préside à cette discussion, représente tout à fait l'idée qu'un civil peut se faire d'un officier de l'air allemand. Grand, impérieux, les tempes blanchissantes, un regard bleu sous des paupières fatiguées, d'une précision toujours aiguë. Il parle, un léger sourire aux lèvres :

– Je comprends parfaitement, messieurs... je sais combien cela peut paraître injuste à certains d'entre vous. Mais je ne crois pas que nous puissions autoriser l'adjudant-chef Herbert Thiel à fréquenter notre mess. En êtes-vous d'accord, capitaine Halligen ?

Le capitaine Halligen n'en est pas d'accord justement, et le commandant ne l'ignore pas.

Halligen se lève lentement, repousse son fauteuil, en frottant ses mains l'une contre l'autre, devant lui, de la paume à l'extrémité des doigts, comme s'il s'apprêtait à prier. Il fait quelques pas devant ses camarades silencieux, qui respectent sa réflexion. Halligen semble chercher les arguments d'une plaidoirie qu'il va improviser.

– Je n'ignore pas, mon commandant, qu'il s'agit là en effet d'une demande inhabituelle de notre part, voire incongrue... Aussi bien, ne demandons-nous pas une décision officielle. Mais une simple tolérance suffirait, et ceci dans l'intérêt de l'adjudant Thiel, mais aussi dans le nôtre... Il est exact qu'habituellement les sous-officiers pilotes acceptent sans dépit visible de ne pas accéder à notre mess. Il reste que l'adjudant Thiel s'est présenté plusieurs fois à notre porte, nous obligeant ainsi à le refouler. C'est éminemment regrettable, j'en conviens, mais le fait est là...

Le commandant Wolf opine d'un léger signe du menton, à deux reprises. Il approuve donc « l'éminemment regrettable », ainsi que le fait en lui-même.

Halligen continue :

– Il est une chose que nous ne pouvons nier... l'effet produit sur les autres sous-officiers, le personnel à terre, les employées de l'aérodrome, et même sur la population civile, n'est pas sans inconvénients. Je veux dire que notre attitude, dans l'esprit de ces gens, pourrait évoquer... je pèse mes mots, cet esprit prussien que l'Allemagne s'efforce actuellement d'oublier...

L'auditoire approuve toujours en silence ; le commandant Wolf se contente d'un léger sourire crispé.

– Plus précisément, c'est un véritable sentiment d'injustice que doit ressentir l'adjudant-chef Thiel... Il a derrière lui une expérience que peu de pilotes possèdent. Il a eu entre les mains tous les appareils mis en service dans notre formation, et nul ne me contredira devant cet autre fait indéniable : Personne ne démontre une habileté de manœuvre supérieure à la sienne...

Halligen, sur ces mots, se tourne vers ses camarades, constate leur approbation muette, et termine en s'adressant directement au commandant :

– C'est pourquoi, mon commandant, nous demandons que sa présence soit tolérée ici, à notre mess.

Cela étant dit, Halligen va se rasseoir dignement, alors que quelques commentaires fusent, qui vont dans le sens de son laïus.

Lorsque le commandant se lève à son tour, le silence revient immédiatement. Il sourit, le commandant, et il fait « non » de la tête. Comme une évidence. Puis de sa voix calme, légèrement enrouée par le cigare, il conclut :

– J'admets vos sentiments, capitaine, ainsi que ceux de certains de vos camarades... Je l'ai dit précédemment d'ailleurs. J'admets également n'avoir sur vous que l'avantage d'une plus longue expérience. Je crains que l'expérience, aujourd'hui, ait cessé d'être un argument. Je n'ai donc pas l'intention de m'opposer indéfiniment à votre requête. Une chose pourtant... différons cette décision, messieurs, reparlons-en le mois prochain, voulez-vous ?

Halligen serre les lèvres, il espérait beaucoup de son intervention mais, comme ses camarades, il s'incline.

Et la conversation change de sujet, immédiatement, on parle boutique, armement, vols d'essais, et femmes de temps en temps... C'est tout à fait bien vu, à condition de ne pas s'attarder sur ledit sujet.

Sur cette scène de théâtre étrange, le premier acte de l'histoire de l'adjudant Thiel vient de s'achever.

Or ces messieurs les officiers viennent d'entériner une décision lourde de conséquences, en fait.

Petit intermède dans cette pièce à plusieurs personnages, et en lieu clos. Il se passe à l'extérieur, et n'a, pour l'instant, aucun rapport évident.

Une fusée air-air type Sidewinter, un engin de près de trois mètres de haut, d'un poids de soixante-quinze kilos, destiné à l'interception d'avions ennemis, dort quelque part dans cette base, sous un hangar sévèrement gardé. Des barbelés sur trois rangs, et des chiens méchants. Elle dort d'un sommeil de tête chercheuse au repos.

Un mois plus tard, dans le même mess, identiquement enfumé et confortable, une vingtaine de lieutenants, de capitaines et de commandants sont réunis, ainsi qu'à leur habitude, autour du commandant Wolf. Le lieutenant Ernst Floss prend cette fois la parole.

– La situation est extrêmement grave, nous n'avons pas eu d'exercices à tirs réels depuis la dernière livraison de ce type de fusée, commandant. Faut-il en déduire qu'elle a été volée ?

Un officier se tape sur les cuisses, sans rire :

– Ça ne se transporte pas dans une valise... et volée pour en faire quoi ?

– La livrer aux Soviets !

– Par quel moyen je te prie ? Comment la sortir du territoire ? D'ailleurs rien ne prouve matériellement qu'elle est seulement sortie du terrain !

– En ce cas, nous devons pencher vers une manœuvre secrète qui nous aura échappé. Une mission ultra...

– Ou bien vers une véritable histoire d'espionnage. Il est fort possible de la démonter, la photographier dans ses moindres détails, et faire parvenir un microfilm à Moscou. Personnellement je pencherais pour cette éventualité, il est impossible de faire passer un engin pareil et en entier à l'Est!

Le commandant lève son verre :

– En tout état de cause, messieurs, je crains que nous ayons très vite sur le dos ces voyous du contre-espionnage, alors... buvons à notre santé, en ignorant la leur...

Après ce toast d'humour collectif, le commandant repose son verre et se lève. Mais le capitaine Halligen se redresse :

– Un mot, commandant, si vous permettez ?

– Je vous écoute, Halligen.

– Nous étions convenus, le mois dernier, de prendre aujourd'hui la décision de tolérer ou non, à nos côtés, la présence de l'adjudant Thiel. Voulez-vous que nous en parlions ?

Le commandant Wolf est ennuyé, visiblement, mais il se rassoit.

– Si vous le souhaitez, Halligen...

– J'ai réfléchi, commandant, certains d'entre nous ici pensent comme moi. Nous n'avons aucune raison valable d'interdire l'entrée du mess à Thiel. C'est un homme correct, extrêmement méritant. Il vient récemment d'être nommé président de la société d'équitation. Vous connaissez ses membres, or ils ne tarissent pas d'éloges à l'égard de Thiel. J'ajouterais que dernièrement il s'est comporté en excellent camarade.

– Ah ? De quelle manière, Halligen ?

– Eh bien, nous avions découvert un nid de guêpes, suspendu au toit de l'écurie, nous ne savions comment en venir à bout. C'est lui qui s'en est chargé sans hésiter. Il est monté sur la poutre maîtresse, il a décroché rapidement le nid et l'a jeté dans un sac en plastique. Son intervention a été d'une efficacité étonnante. De plus il était en équilibre sur cette poutre, et s'il avait raté son coup, des centaines d'insectes l'auraient attaqué en même temps. Il risquait bel et bien sa vie. Nous avons tous jugé son action remarquable.

Le commandant, impassible, allume un cigare, dont il contemple un instant le bout incandescent. Puis répond :

– Puis-je vous faire remarquer, Halligen, que parmi les rampants que nous croisons tous les jours dans cette base, beaucoup sont capables de ce genre d'intervention, avec la même rapidité et la même efficacité ? Nous ne les acceptons pas pour autant dans notre mess ?

– Exact, commandant, mais ils ne sont pas pilotes.

– Et Thiel est un pilote, je vous entends, Halligen. Mais il n'est pas officier, et sans doute ne le deviendra-t-il jamais.

– Mes camarades et moi-même avons évoqué cette différence, commandant, mais pourquoi Thiel n'est-il pas officier ? Parce qu'il n'a pas fréquenté les écoles supérieures, qu'il n'est pas né coiffé, qu'il n'a pas de culture étendue, et ne dispose pas d'une intelligence de surdoué. Mais il possède tout le reste !

– Expliquez-vous sur ce reste, Halligen.

– Il est courageux et connaît parfaitement son métier.

– J'en conviens, et nous en avons déjà débattu. Écoutez, Halligen, vous le défendez fort bien, c'est tout à votre honneur, mais il lui manque quelque chose. Voyez-vous... lui et nous ne sommes pas pareils. Thiel ne nous ressemble pas.

Cet argument bizarre étonne même les officiers dont l'avis se range à celui du commandant. Que peut-il bien manquer à Thiel ? En quoi ne leur ressemble-t-il pas ?

Ils attendent avec curiosité, tandis que le commandant tire sur la première longue bouffée de son cigare, avec délicatesse.

– Ce n'est pas aisé à définir, messieurs. Bien évidemment il ne s'agit pas d'argent. Bien qu'il soit parfaitement injuste qu'en tant que sous-officier Thiel gagne cinq cents marks de moins que vous... Ce n'est pas son physique non plus. J'admets qu'il est plutôt bel homme, une certaine classe même, il présente bien... et je le crois aussi, comme vous, capable de se comporter en héros. Mais il faut affiner cette idée... Je dirais qu'il se comporte en héros, moins par sens du devoir... que parce que... voyons... il ne reculerait devant rien. Même les gestes les plus fous. Démesurés dirais-je... En fait messieurs, ce qui lui manque, c'est le don que nous avons d'inspirer à nos supérieurs une confiance absolue. Thiel a le regard trop agile, le réflexe trop rapide, l'instinct trop visible... Je ne voudrais pas vous désobliger... messieurs, mais cette rigidité que nous devons tous à notre éducation, qui peut faire sourire parfois, dans le civil, cette rigidité garantit notre fiabilité...

Après cette longue explication au cours de laquelle le commandant a cherché ses mots avec prudence et circonspection, il lève la séance sur cette conclusion :

– Voilà, messieurs, pourquoi Thiel ne nous ressemble pas. Et pourquoi je souhaite encore reporter cette décision au mois prochain. Je n'ai pas exprimé d'avis définitif, soyez-en sûrs, je ne suis pas têtu à ce point. Observons encore...

La rigidité « fiable » que vient d'évoquer leur commandant fait que les officiers approuvent en silence.

Le deuxième acte de l'histoire de l'adjudant Thiel s'achève sur ce baisser de rideau.

A l'extérieur, loin du mess des officiers, hors de la base elle-même, se vit une parenthèse qui en principe n'a toujours pas de rapport évident avec ce débat.

L'action se déroule sur une autoroute. Une voiture, banale, transporte un chargement qui ne l'est pas. La fameuse fusée air-air type Sidewinter, trop longue pour se loger dans la voiture de ses voleurs, les a contraint à défoncer la vitre arrière, afin de laisser dépasser la tête chercheuse. Qu'ils ont tranquillement enveloppée d'une couverture et d'un vieux tapis, en prenant la précaution d'accrocher un mouchoir au bout, afin de signaler le dépassement aux automobilistes. La voiture a fait ainsi cinq cents kilomètres, nul ne s'en est préoccupé, pas même le pompiste de la station-service.

Et la voiture disparaît dans un garage anonyme et loué à l'avance. Le démontage commence.

A la base, les conversations vont bon train. La presse s'est emparée de l'affaire de la fusée volée, on ricane sur le système de protection, les barbelés, les chiens, on précise que le vol a été découvert par un officier, à qui sa femme avait demandé d'aller chercher du persil, planté près de la clôture, afin d'agrémenter leur omelette. Un petit jardin ne fait de tort à personne, à l'abri des barbelés de l'OTAN. C'est donc en cueillant son brin de persil que l'officier a découvert les barbelés cisaillés, que nul n'avait remarqués jusqu'alors.

Peut-être pour ne pas piétiner le persil.

Au mess, le camouflet est sévère. D'autant plus que les dernières nouvelles parviennent directement de la radio.

Un speaker ironique raconte en effet que la tête de la fusée a tout simplement été expédiée par la poste, en direction de Moscou. Un simple paquet postal... Au nez des douaniers, des vopos, au nez de l'OTAN, au nez du monde entier, le nez de la fusée air-air a franchi le rideau de fer, emballée comme un vulgaire fromage.

Le speaker continue :

– C'est grâce à l'un de ses agents à Moscou que les services de renseignements de la Bundeswer ont réussi à arrêter l'expéditeur. Il s'agit d'un certain Wielfried Rumennige, qui se dit architecte et semble plutôt play-boy.

Silence après les informations. Le commandant Wolf fronce les sourcils :

– Cet homme, ce Rumennige, est-il connu sur le terrain?

Les officiers se dévisagent, aucun n'a entendu ce nom auparavant.

– Il fallait bien un complice à l'intérieur, pourtant. Ces voleurs ont pénétré dans la base en cisaillant les barbelés, sans effrayer les chiens, ils ont ouvert le hangar avec une clé! Un comble. Et transporté la fusée sur son propre chariot... Il fallait donc un complice à l'intérieur de la base.

Un officier se décide :

– Les types du contre-espionnage ont leur petite idée là-dessus... commandant. D'ailleurs, sauf votre respect, vous devriez deviner.

– Thiel?

Le capitaine Halligen bondit.

– Parbleu! C'est évident! Il leur faut un bouc émissaire! Quelqu'un qui ait le même accès et les mêmes libertés, ou presque, dans la base, mais qui ne soit pas officier! C'est clair! Personnellement je trouve cela ignoble.

Le commandant ramène le bouillant officier à plus de calme :

– Allons, allons, Halligen, des soupçons? De simples soupçons ne font pas une accusation. Le contre-espionnage enquête, c'est normal.

– Leur enquête est déjà très avancée, commandant!

Halligen foudroie son camarade informateur du regard, mais le commandant, intéressé, l'interroge :

– Dites-nous ça! Pourquoi, selon eux, Thiel aurait-il agit ainsi?

– Il semble que ce soit pour de l'argent, commandant. Ils ont examiné sa situation financière, elle n'était pas très brillante. Il est divorcé, et il verse chaque mois trois cent cinquante marks de pension alimentaire à sa femme. Cent cinquante marks pour l'entretien de son cheval de selle, qu'il a en copropriété avec le chef des pompiers de la ville. Trois cents marks pour sa Porsche, quatre-vingts pour le loyer de sa chambre meublée, puisqu'il vit seul et n'est pas logé à la base. Deux cents marks pour son habillement. Le compte est facile à faire. Il ne gagne que mille quatre cents marks par mois, ses dépenses paraissent bien somptueuses pour un tel salaire. Il ne lui reste pas grand-chose pour le reste. Les filles qu'il fréquente se plaignent de son avarice.

Halligen tente une fois encore de voler au secours de son protégé.

– Tout cela est bien facile. Il souffre terriblement de n'avoir pu accéder au grade d'officier. Sa femme elle-même m'a confié un jour qu'il en faisait un véritable complexe d'infériorité. Il a compensé par le sport hippique, où il est brillant. Je sais parfaitement qu'il agit parfois un peu légèrement. Par exemple ses dépenses pour ses vêtements civils... En dehors de la base, il porte systématiquement des vêtements civils et cela lui coûte cher. Mais il faut comprendre, un pilote de star fighter est considéré a priori comme un officier. Et lorsqu'il est en civil, personne ne lui demande son grade. Si on l'appelle « lieutenant » il ne rectifie pas. Quant à sa Porsche, nous sommes bien une dizaine ici à en posséder une. Pourquoi pas lui? Il pilote les mêmes zincs, pourquoi pas la même voiture? Ce sont des ragots, et je regrette qu'ils aient autant d'impact. J'estime au contraire que nous devrions agir comme s'il était l'un d'entre nous. Le soutenir, l'aider dans ce moment difficile, et témoigner en sa faveur.

Halligen claque des talons devant le commandant et va se réfugier au fond du mess.

Mais il entend dans son dos la déclaration ferme de son supérieur :

– Messieurs, je suis d'un avis différent. Je propose au contraire que nous n'évoquions plus le cas de l'adjudant Thiel avant la fin de l'enquête. Correct?

Correct. La plupart approuvent. Les autres fuient le regard du commandant. Mais quoi qu'il en soit : correct.

Dernier acte. Au mess des officiers, malgré la recommandation du commandant, le « cas » de l'adjudant Thiel est à nouveau évoqué. Librement. Car tout est dit cette fois. L'enquête du contre-espionnage a précisé ce que la presse avait monté ironiquement en épingle.

Certes, il est vrai que les officiers, mariés, vivant sur la base avec leurs épouses, cultivent de petits jardins, et notamment du persil. Mais le persil n'a jamais représenté un danger d'espionnage... Sauf lorsqu'il pousse devant un barbelé cisaillé, maladroitement remis en place, et que l'on ne va pas vérifier pour ne pas écraser les plants odorants et dentelés.

Ils étaient trois voleurs ce jour-là, dont Wielfried Rumennige, l'architecte... Thiel l'a rencontré dans une brasserie et lui a confié la construction d'une nouvelle écurie, pour son club d'équitation. L'homme avait l'air riche, Thiel espérait peut-être s'en faire un ami, qui pourrait éventuellement le tirer de ses difficultés financières. Effectivement, Rumennige lui propose un jour de quitter l'armée pour une place de pilote civil à cinq mille marks mensuels. C'est tentant. Thiel envisage de démissionner. Et le tentateur lui précise alors que sa compagnie ne l'engagera qu'après une épreuve de confiance. C'est ainsi que Thiel mord à l'hameçon de l'espionnage soviétique, et s'acoquine avec Rumennige et un troisième larron, pour voler une fusée. Cette histoire épique, invraisemblable, rocambolesque, fit rire beaucoup en Europe, un peu jaune tout de même. Leur équipée avait été presque sans danger. Le gardien du mirador avait regardé ailleurs, le barbelé avait à peine résisté, même sur trois rangs, et ils avaient pris grand soin de ne pas piétiner le persil...

Ils avait atteint en rampant le bâtiment de la fusée, à cinquante mètres de là.

Comme tout dépôt normalement constitué, ce bâtiment était orné d'une serrure. Le troisième larron était serrurier. Il s'était servi, non pas d'une clé, comme le pensaient les enquêteurs, que Thiel aurait pu fournir... non. Tout bêtement d'un simple passe. Un serrurier professionnel capable d'ouvrir un coffre peut ouvrir un dépôt de fusées, en silence ou presque. Aucune sentinelle n'avait jailli dans leur dos. Ils avaient franchi ainsi une première porte, celle d'un dépôt de munitions, puis une autre, et encore une autre pour aboutir à la chambre de la fusée. Dans sa caisse, bien à l'abri, avec inscrit dessus : « air-air, type Sidewinter. Haut et Bas. Danger. Précaution. »

Avec précaution, ils avaient décloué la caisse sur le côté et, fait glisser l'engin sur le chariot spécial destiné d'ailleurs à son transport.

Et vogue... la fusée sur l'autoroute, le nez dépassant de la vitre arrière et orné d'un petit chiffon. Un déménagement en quelque sorte. Ensuite les pièces détachées avaient été emballées dans des caisses et expédiées par fret aérien à Moscou, via Copenhague.

L'architecte prenant seul l'avion pour Moscou, le serrurier disparaissant dans la nature avec sa prime de risque, et l'adjudant Thiel restant à sa base. Roulé. Les deux autres s'étaient partagé l'argent et ne lui avaient accordé que mille malheureux marks de récompense.

Pourtant Thiel ne s'est pas révolté. Il croyait avoir entamé une carrière prometteuse, dont les récompenses iraient en augmentant régulièrement. Habitué à faire ses preuves, il acceptait. Il ne s'est même pas affolé en apprenant l'arrestation de Rumennige. Pas question de s'enfuir. On ne le mit aux arrêts qu'une semaine plus tard, alors que l'on discutait ferme, la veille encore, son admission au mess des officiers. Il s'était entre-temps rapproché de son ex-femme, en lui promettant des lendemains enchanteurs. Il avait même participé à une course d'obstacles, en veste rouge et pantalon blanc, et remporté le premier prix.

Et du fond de sa prison, il adressa une lettre à son cercle hippique, en ces termes :

« Certains événements m'obligent malheureusement à donner ma démission de président, qui prend effet immédiatement... »

Voici que le rideau va tomber définitivement : plus besoin de discuter de la présence de l'adjudant Thiel, au sein du mess des officiers pilotes de la base.

Il devrait tomber en silence. Mais l'officier Halligen a sa dernière réplique à placer.

Dans le silence, il l'énonce courageusement :

– Si nous nous étions comportés différemment avec lui depuis le début, je suis persuadé... enfin... peut-être tout cela ne serait-il pas arrivé.

Le commandant Wolf se doit de conclure.

– Détrompez-vous, capitaine Halligen. Je vous demande lequel d'entre nous, ici, aurait pu songer une seule seconde à expédier une fusée à Moscou par la poste ? Non... la façon d'agir de Thiel démontre clairement que les individus de ce genre ne doivent pas et ne peuvent pas être officiers. Ils sont habités par trop de rêves, pétris de trop d'imagination, de trop de fantaisie et de fantasmes ! Devant un problème précis, Halligen, dix solutions s'offrent à eux, dix ! Mais pas pour nous, Halligen ! Nous, nous avons par nature et par éducation des choix limités et canalisés. L'armée sait d'avance ce que nous allons faire dans une situation donnée. Voilà pourquoi elle peut compter sur nous. Voilà pourquoi, lui et nous ne sommes pas pareils. Il n'était pas notre semblable.

Correct ?

# LA FIN DU PROGRAMME

C'est étrange une histoire d'amour. On nous dit en cette fin du vingtième siècle qu'il s'agit en réalité d'une histoire chimique. Les petites éprouvettes dissimulées dans notre cerveau se chargeraient de l'affaire sans que nous en soyons vraiment conscients. Dans cette hypothèse, lorsqu'une jeune fille rencontre un garçon, et que ce garçon lui sourit, si elle lui rend ce sourire, ce serait la faute d'une molécule, au nom barbare de phényléthylamine, qui provoquerait une euphorie particulière et déclencherait le sentiment amoureux...

L'amour programmé d'avance en quelque sorte.

La théorie est pour l'instant très controversée, on s'en doute, car une émotion aussi complexe que l'amour ne peut reposer qu'en partie sur la chimie du cerveau... Conservons tout le reste... le hasard des rencontres, la couleur d'un œil, une main qui en effleure une autre, un frisson sur la peau...

Chimie, hasard... Pierre rencontre Sylvie, au snack d'entreprise. Il est plutôt pour la chimie et contre le hasard, ce garçon-là, pour la logique plus que pour l'ivresse amoureuse. Il est programmateur. Il vit sa vie sur le principe des ordinateurs, il la planifie, la codifie, et respecte le programme.

Sylvie, elle, est une rêveuse. Secrétaire dans une usine de textiles, jolie brune aux yeux noisette, un charmant cheveu sur la langue, elle croit à l'amour-amour, pas au programme, et pas aux molécules. Ce garçon sérieux, un peu chauve déjà, avec ses lunettes, est attendrissant. Si raisonnable, si précis. Il parvient même à calculer le nombre de calories dans une assiette de thon-mayonnaise. Toutes les théories scientifiques du monde n'y changeront rien, un sourire donné est un sourire rendu, et la logique amoureuse amène Pierre et Sylvie devant monsieur le maire, puis à l'église.

Et Pierre a mis dans son programme la naissance d'un bébé, deux ans plus tard. Un garçon si possible. C'est un programme classique qui n'a rien de contraignant. Sylvie promène donc son ventre rond, le temps qu'il faut, puisque ces choses sont programmées d'origine.

Dans la petite ville de Provence où ils habitent et où vivent également leurs parents, le soleil et le ciel bleu font également partie du programme, et le gynécologue a lui aussi programmé la naissance pour un jour de juin.

Soleil donc, clinique bleu pastel et rose bonbon, sourires de la famille, Sylvie doit accoucher ce matin d'un petit, que l'on appellera Jean-Pierre.

Nous sommes encore au temps béni des surprises. Pas d'échographies pour révéler à l'avance le sexe du bébé attendu. Le pendule du grand-père a dit garçon... en tournant en rond sur le ventre rond... Le désir du futur papa a dit aussi garçon... Les deux belles-mères ont approuvé. Un garçon c'est bien comme aîné d'une famille... Sylvie, elle, n'a rien contre, rien pour. C'est son bébé qu'elle attend, le premier, toute une aventure dans la vie d'une femme.

Il naît une Marie-Louise. Une ravissante petite déception, qui sait rapidement la faire oublier.

Et le papa poursuit son programme. Deux ans plus tard, guirlandes, sapins et à nouveau clinique bleu pastel et rose bonbon, sourires de la famille, on attend cette fois un petit Jean-Pierre, comme son papa. Les calculs de probabilité du papa sont en sa faveur.

L'arrivée d'une petite Christine-Paule flanque à nouveau le programme par terre.

C'est étrange les histoires d'amour... Après quatre années de mariage, Pierre et Sylvie sont toujours amoureux certes, mais il y a ce fichu programme dans la tête du papa programmateur.

Et un garçon manque au programme. C'est pourquoi, deux ans plus tard, à nouveau, dans la joie et la bonne humeur, toute la famille attend de reprendre le chemin de la clinique radieuse, rose pastel et bleu bonbon, ou l'inverse.

Sylvie et son petit ventre rond est la seule à ne pas tirer de plans sur la comète. Il est très possible qu'elle accouche encore d'une fille et, si c'est le cas, elle a choisi le prénom de Sylvie-Louise. Dans l'autre cas ce sera évidemment Jean-Pierre.

Dans la salle d'attente du gynécologue, des futures mamans tricotent en bleu ou en rose. Sylvie ne tricote pas d'avance. Elle possède déjà une panoplie, à peine usée. C'est la première raison. Et la deuxième est une sorte de superstition. Pas de couleur, bonne couleur. Elle aimerait tant faire plaisir à son mari. Elle aimerait aussi arrêter là le programme. Trois grossesses en six ans lui paraissent une bonne contribution à la santé démographique de la France. Elle en a un peu marre, Sylvie, d'avoir le cheveu terne, des cernes sous les yeux, mal aux reins, et la poitrine qui joue à l'accordéon.

Le gynécologue armé de son stéthoscope, écoute attentivement le petit cœur du fœtus. Il écoute... et voici qu'il se redresse, un sourire encourageant sur les lèvres :

– Vous avez de la chance, Sylvie...

– De la chance ?

– Je crois bien que nous nous trouvons avec des jumeaux...

Sylvie se demande si c'est vraiment de la chance. Les deux souricelles de quatre et deux ans qui ont envahi l'appartement ne sont pas encore autonomes. Deux de plus...

Mais la famille est enthousiaste. S'il y en a deux... Ce sera selon le programme de Pierre, deux garçons... ou à la rigueur un garçon et une fille... Le pourcentage de chance se trouve augmenté.

Le mois suivant, le stéthoscope espionne à nouveau le ventre un peu plus rond.

– Sylvie... je crois bien que j'entends trois petits cœurs...

Des triplés. Le programme devient intéressant, les statistiques sont en faveur de l'arrivée probable d'un mâle... Pierre en est persuadé. Il chouchoute son épouse, dont la mine un peu fatiguée et le dos las méritent bien un petit déjeuner au lit le matin, et une bouillotte le soir.

Le mois suivant, c'est en tremblant un peu que Sylvie se retrouve dans la salle d'attente. Elle a lu des tas de livres sur les triplés. Son ventre est un mystère, qu'elle offre à l'examen du gynécologue en fermant les yeux. Il est inquiet lui-même, l'accoucheur. Il étudie longtemps, promenant sur la peau tendue son appareil espion, à l'écoute de la régularité des battements de cœur de chacun... Il écoute en haut à droite, en bas à droite, en haut à gauche, en bas à gauche, il réécoute au-dessus, en dessous... et cherche une formule adéquate pour dire ce qu'il est obligé de dire :

– Mon petit, fini le bureau, le travail, la machine à écrire, je vous mets au repos complet. Nous allons travailler pour vous. La nation va vous faire une rente, il y a là quatre petits cœurs qui battent...

Celui de Sylvie fait un bond dans sa poitrine... Quatre individus en gestation, là... dans ce ventre qui lui paraît si petit pourtant... Quatre en cinq mois d'auscultation. On dirait qu'à chaque fois le gynécologue en rajoute un. C'est terrifiant tout de même, cette inflation. Pierre n'est pas de cet avis.

– Ça n'a rien de terrifiant, voyons... il dit que tout va bien, il dit que tu es en bonne santé. Tu vas simplement t'arrêter de travailler, il faut du repos pour mener à terme cette kyrielle de petits garçons... Tu te rends compte ? Ils pourront jouer au tennis en double !

Oh que oui, Sylvie se rend compte. Les jambes lourdes, le dos qui tire, les reins qui n'en peuvent plus. La chaise longue est la bienvenue pendant ce sixième mois. Et il lui est difficile d'en sortir, pour la visite de rigueur. Pierre doit presque la traîner chez le gynécologue.

– J'ai peur, il va encore m'en annoncer un autre...

– Mais non... c'est fini. Il les a tous entendus à présent, nous avons atteint le sixième mois... Tu penses bien qu'il n'a pas pu laisser échapper un indice...

C'est le cas pourtant. Les quadruplés se transforment en quintuplés lors de cette visite, et Sylvie en pleurerait presque. La famille l'entoure, la cajole, la rassure, ils sont émus, les futurs grands-parents, d'un tel événement. C'est rare les quintuplés... Il en naît, selon les statistiques, dit Pierre, une fois sur cinq millions...

Le soir, il remplit des pages d'écriture. Il aligne des colonnes entières de prénoms, en essayant de les combiner pour obtenir des appellations à la fois harmonieuses et aussi originales que possible. Marie-Louise, Louise-Marie, Marie-Paule, Paule-Marie, Marie-Jeanne, Jeanne-Marie ? Liliane-Louise, ou Louise-Suzanne ? Et aussi Pierre-Jean, Jean-Marie, Jean-Patrice ou Jean-Jacques...

En regardant la télévision depuis sa chaise longue, Sylvie ironise :

– Pourquoi pas Léon ou Théodule ? ou Célestine et Ursuline ?

Elle refuse de participer à ce petit jeu qui occupe non seulement son mari, non seulement la famille, mais aussi les voisins, les collègues de bureau, les commerçants, les amis, les relations...

Un journaliste local n'est-il pas déjà venu pour s'assurer du jour de la naissance des cinq ? Une jolie photo, un gentil article la courageuse maman...

Pas tellement courageuse, la maman. Sans enthousiasme et sans passion. Elle attend ces nouvelles naissances comme une fatalité. La famille doit s'occuper de tout, et le mari, jamais pris au dépourvu, toujours organisé, a encore une fois établi des programmes. Agrandissement du garage, agrandissement de la chambre des parents, pour en faire une nurserie. Réinstallation de la cuisine, avec ustensiles adéquats, bouilloire programmatrice de biberons, pèse-bébé doubles, placards pour les couches... toutes les allocations y passent. Il a établi un programme de croissance des bébés, en fonction du poids initial, fait une étude sur les différentes qualités des laits en poudre, et des petits pots... la Blédine revient en force, doit-on ou non donner une alimentation solide à partir du troisième mois ? Que doit-on penser des vaccins ? Liste des maladies infantiles...

Sylvie dort. Le sommeil est un refuge provisoire. Et à ceux qui s'étonnent de ce manque d'intérêt pour un événement aussi extraordinaire, Pierre explique que la psychologie d'une future maman passe par des rythmes irréguliers, de la petite dépression, due au manque de calcium, au retrait sur soi-même, dû à la fonction de couveuse...

Il se démène, le pauvre.

Mais c'est une Sylvie sans enthousiasme qu'il amène à la clinique bleu pastel et rose bonbon, une semaine avant l'accouchement. Sylvie s'y rend comme à l'abattoir. Il ne lui reste plus qu'un espoir. Au moins que ce soient des garçons.

Elle attend les premières douleurs comme une fatalité. Que ce ventre se vide enfin, qu'il en sorte des fils, et qu'on n'en parle plus.

Il en sort une fille. Puis une deuxième, une troisième, une quatrième... et une cinquième.

Fatalité, en effet. Il y a un éclair de panique dans le regard du père. Deux, cinq, sept filles... saleté de génétique, est-il responsable de cette féminité permanente ? Ou bien Sylvie ?

La génétique est un hasard, sur lequel les hommes commencent à se pencher avec leurs grosses mains maladroites et leurs cerveaux orgueilleux. Un jour, ils sélectionneront, programmeront, un jour, ils enverront le hasard aux orties, et leur âme au diable.

A l'époque de la naissance des sept filles de Sylvie, le hasard est encore le maître. Il faut s'incliner.

Pierre a vite récupéré de cette minute d'angoisse et de stupeur. Il a demandé un congé spécial, pas question de perdre les pédales. Et il a d'autant plus de mérite que sa femme est effondrée. Complètement absente même. Une pauvre petite chose au fond de son lit d'accouchée, aux yeux noisette un peu hagards, à la tignasse en bataille. Lorsqu'elle se relève de ses couches difficiles, elle traîne en savates et en robe de chambre dans l'appartement-nurserie où s'affaire son ordinateur de mari, avec l'aide d'une infirmière puéricultrice.

Le médecin se penche sur son cas et diagnostique une dépression post-natale. C'est classique, mais il est inquiet tout de même de l'ampleur de cette déprime et recommande de veiller sur Sylvie. Pour éviter une aggravation, il prescrit des tranquillisants.

Pierre l'époux en aurait bien besoin lui aussi. Entre sept filles, dont l'une va à l'école, la seconde qui balance ses jouets par les fenêtres, les cinq autres braillent alternativement ou ensemble, en essayant de récupérer le poids normal et adéquat, et sa femme, en pleine dépression, il a du mal à suivre son programme. Levé à l'aube, couché à minuit, réveillé entre-temps, il lui arrive secrètement de demander secours au ciel.

Si seulement la mère de famille retrouvait le sourire, la force de soulever un nourrisson, le désir d'en bercer un ou deux. Si seulement elle prenait en charge les deux premières... ou même une seule...

Mais Sylvie erre dans le capharnaüm qu'est devenue sa vie, passe devant les berceaux, indifférente, et lorsqu'elle examine, le soir, l'alignement des berceaux, le monceau de couches, la machine à laver qui déborde, le sèche-linge qui rend l'âme... elle le fait avec une passivité surprenante.

Et elle disparaît.

Corps et âme. Elle se volatilise dans la nature. Elle rejoint les statistiques des disparus dont on dit qu'ils sont des milliers chaque année.

Plus de Sylvie. Elle est partie un beau matin, vers huit heures, dépeignée et l'œil vague, en savates, sans emmener un seul vêtement, sans papiers, sans brosse à dents, sans explication.

Les gendarmes ont beau fouiller l'appartement à la recherche d'un indice, d'un embryon de piste... rien. Elle n'a même pas pris son sac, ou de l'argent, un chéquier, aucune agence de voyages ne lui a délivré de billet. La poste n'amène aucune lettre, les jours passent. La gendarmerie enquête, puis la police. La silhouette de Sylvie en savates, vêtue de la seule robe qui manque à sa penderie, hante l'esprit de son mari du matin au soir.

Il s'accroche, le malheureux, il essaie encore d'appliquer son programme, ballotté entre sa mère et sa belle-mère en larmes, il ne sait plus ou donner de la tête. D'ailleurs, il n'en a plus de tête. Il réagit quand même, au coup par coup, au plus pressé, au plus urgent, mais les urgences se bousculent. Il n'est plus que bras et jambes. Pour monter cent fois par jour, et redescendre l'escalier de leur duplex, pour courir du commissariat à la mairie, de la mairie chez le pédiatre, du pédiatre à la pharmacie, de la pharmacie au supermarché, à la maison, à l'école...

Et voici qu'un jour un gendarme se présente. Il n'est pas à la noce. Il serre la main du père affairé, dépassé, crevé, sans repos, sans sommeil depuis des semaines.

– Toujours pas de nouvelles de votre femme ?

– Non. Aucune... vous avez quelque chose ?

– Rien de précis, vous savez...

Pierre n'aime pas l'imprécis. Il n'y a pas d'imprécis dans un programme.

– Mais encore ?

– Pensez-vous que votre femme ait pu se suicider ?

– Sylvie ? Jamais de la vie...

– Tout de même, le médecin la soignait pour une dépression...

– Due à l'accouchement, c'est classique. Sylvie n'a pas de tendances neurasthéniques, j'en suis sûr... enfin j'en étais sûr...

Il y a un petit silence entre le gendarme et cet homme accablé.

– Vous savez, dit enfin le gendarme, ce n'était qu'une supposition, je voulais juste savoir si, à votre avis, c'était une chose possible...

– Autrefois, certainement pas, mais maintenant...

Après un silence, Pierre demande, angoissé :

– Il y a quelque chose ?

– Ne vous affolez pas. Simple routine... ce n'est sûrement pas elle, mais il faut vérifier. On m'a demandé d'identifier le corps d'une femme retrouvée ce matin, noyée dans la Durance. C'est un pêcheur qui l'a ramenée au bout de sa ligne. La femme était complètement nue. Elle a dû séjourner dans la rivière, car le corps est meurtri. Il a dû heurter les rochers sur des kilomètres.

– Mais le visage ? Vous avez vu le visage ?

– Difficile... elle est à la morgue. Il faudrait que vous veniez avec moi...

– Je ne peux pas... je ne pourrai jamais... ce n'est pas elle j'en suis sûr, ça ne peut pas être Sylvie, qu'est-ce qui vous fait penser que c'est elle ?

– La seule femme disparue dans la région depuis trois semaines est la vôtre. Et le médecin légiste a estimé la mort à environ trois semaines. La taille, le poids approximatif, l'âge, la couleur des cheveux correspondent... mais le visage est boursouflé, difficilement reconnaissable.

Dans le dos de Pierre, deux petites filles s'accrochent à sa veste. Dans la pièce voisine, on entend gazouiller, pleurer... Demander à ce père écrasé de venir identifier un cadavre inconnu paraît soudain inhumain au gendarme.

– Écoutez... je vais voir les parents de Sylvie. Restez chez vous, après tout ce n'est qu'une hypothèse, et vous n'avez pas besoin d'un choc comme celui-là.

Le père et la mère de Sylvie se chargent donc de l'affreuse démarche. On leur a dit que ce serait rapide, une simple formalité.

C'est rapide en effet. Un personnage lugubre dans un décor lugubre roule vers eux un chariot recouvert d'un drap blanc. Il attend le signe du gendarme. Il soulève rapidement un coin du drap, pour découvrir le visage de la morte, bouffi, méconnaissable. La mère se cache la tête dans les mains en sanglotant. Elle ne peut pas regarder. Le père a une vision d'horreur.

– C'est elle.

Et la civière repart sur ses roulettes. Et le cadavre retourne dans sa boîte.

L'enterrement a lieu le 6 mai 1970, devant une foule nombreuse et accablée. Le beau roman d'amour s'effondre.

Pierre, l'époux, tient bon comme il peut. Il y a les enfants. Il doit réorganiser sa vie, refaire un programme. Alors sa belle-mère prend les quintuplés, provisoirement, sa mère les deux aînées. Et Pierre se met en quête d'une nouvelle maison, plus grande, afin que ses parents puissent venir habiter avec lui. En quête d'une nurse, que les allocations familiales vont payer. Un veuf avec sept enfants, qui doit reprendre son travail, ses ordinateurs et ses programmes, qui doit assurer l'avenir matériel de sa famille, ce n'est pas simple comme planning.

Chaque jour, le matin ou en fin de journée, Pierre passe au cimetière et s'arrête sur la tombe de Sylvie. Il y dépose une fleur et prie. Il ne comprend pas ce qui est arrivé. Tout s'est passé dans un engrenage infernal, qu'il n'a pas pu maîtriser en réalité. La mort de Sylvie n'était pas au programme.

Quelques mois plus tard, un collègue de bureau s'arrête devant Pierre.

– Ça va ? Tu reprends le dessus ?

– Il faut bien. J'ai tout réorganisé. J'ai trouvé la maison, la nurse, les enfants sont à nouveau ensemble, mes parents s'occupent de l'intendance, et je travaille.

– Ça fait quatre mois déjà... que Sylvie...

– Oui.

Quatre mois, depuis l'enterrement, le 6 mai 1970.

Sur la petite place de la ville, par un matin d'automne, une jeune femme descend de l'autobus. Elle est brune, les yeux noisette, vêtue d'un petit tailleur de toile. Dederrière sa vitrine, la boulangère l'aperçoit, et sursaute en appelant une cliente :

– Venez voir... cette femme, on dirait Sylvie... mon Dieu comme elle lui ressemble...

La cliente sort du magasin, avec ses croissants, et s'adresse à une femme, descendue du bus, elle aussi :

– Vous avez vu ? On aurait dit...

– Ça m'a fait la même impression. Je l'ai remarquée, elle ressemble à Sylvie, c'est fou !

– On jurerait que c'est elle !

– Oui. Mais Sylvie était plus grande...

– Ah vous croyez ? Vous lui avez parlé ?

– J'en avais bien envie, mais je n'ai pas osé... Qu'est-ce que je pouvais lui dire : vous ressemblez à une morte ?...

Au loin sur la place, la jeune femme brune en tailleur blanc suit la rue principale, la rue De-Lattre-de-Tassigny, et s'arrête devant le 18, l'ancienne adresse du couple.

Elle appuie sur le bouton de l'interphone et demande :

– Monsieur A... s'il vous plaît.

– Ah, il n'habite plus là, il a déménagé. Il habite rue Saint-Isidore, mais vous ne le trouverez pas à cette heure-ci, il travaille.

– Merci.

La jeune femme s'éloigne, et la nouvelle locataire regarde par la fenêtre avec curiosité. Elle en est récompensée.

– Ça alors, on aurait dit...

La jeune femme se dirige vers la mairie, à l'autre bout de la place. Elle y pénètre, cherche le guichet de l'état civil, et se plante devant le comptoir, face à un vieux monsieur qui s'apprête à rouler une cigarette :

– Bonjour...

Le vieux monsieur lâche son tabac et ouvre des yeux ronds.

– Vous me connaissez, monsieur ? Je suis bien Sylvie A. ?

– Ben, c'est-à-dire... bon sang... je ne sais pas...

Il ouvre un registre, cherche une année, une date, le retourne et le montre à la jeune femme :

– Regardez... si c'est vous, vous êtes morte...

Pendant ce temps, au bureau de Pierre, un collègue s'approche, l'air bizarre :

– Dis donc, tout à l'heure, y'a quelqu'un qui t'a demandé... On ne t'a pas trouvé ; où tu étais ?

– Aux archives, pourquoi ?
– C'était une dame... Dis donc ta femme n'avait pas une sœur ?
– Non... pourquoi ?
– Ben elle lui ressemblait comme deux gouttes d'eau... Ça m'a fait drôle.
C'est au tour du père de Sylvie d'ouvrir la porte sur un fantôme. Ses cheveux se dressent sur sa tête.
– C'est toi ?
– C'est moi, papa...
Sylvie veut se jeter dans ses bras, mais il recule, épouvanté, tandis que du fond du couloir la mère de Sylvie demande :
– Qui est-ce ?
Et le père de répondre, sans se rendre compte de l'énormité qu'il assène :
– C'est Sylvie.
La mère accourt, affolée, aperçoit sa fille et s'écroule.
Il est midi. En sortant du cimetière où il a déposé sa fleur quotidienne, Pierre monte dans sa voiture et roule vers le centre ville. Il est calme. Son esprit organisé a retrouvé enfin un cadre convenable. Il lui reste ses souvenirs. Il s'est efforcé de penser que Sylvie était morte d'une sorte de maladie. Il faut voir les choses de manière positive. Il y a les filles. Sept souvenirs vivants de son histoire d'amour. Sept tignasses brunes, sept regards noisette. De quoi remplir toute une vie.
Une voiture le double en faisant des appels de phares, et en klaxonnant.
Pierre se range sur le bas-côté, en se demandant ce qui se passe. Son pot d'échappement, ses lumières ? Mais la voiture s'arrête aussi, et un ami qu'il reconnaît lui crie :
– Pierre, ta femme te cherche partout !
– Qu'est-ce que tu dis ?
– Ne t'énerve pas. Garde ton calme. Je répète : Ta femme te cherche partout !
Le pauvre Pierre s'accroche au volant. Il arrive à peine à passer la première vitesse. Puis il fonce jusque chez lui, comme un dingue.
Son père est dans le jardin.
– Tu es au courant ?
– Attends, Pierre, il faut que je t'explique...
Mais Pierre l'a déjà bousculé, il est déjà dans la maison, les yeux fous. Il se cogne à la nurse :
– Monsieur... il y a...
– Où est-elle ?
– Là-haut avec les enfants...
– Vous l'avez laissée seule ?
– Mais elle dit qu'elle est votre femme...
– Ce n'est pas possible, pas possible, vous êtes folle, ils sont tous fous.

Pierre se jette dans l'escalier qui monte aux chambres des enfants, et s'arrête soudain. Là-haut, Sylvie, sa tignasse brune, ses yeux noisette, elle descend lentement vers lui.

La mort de Sylvie n'était pas au programme. Le malaise cardiaque de sa mère non plus. Le retour d'une morte non plus.

Pierre s'effondre sur une marche d'escalier, dépassé, on le serait à moins par l'événement.

Sylvie ne pourra pas raconter grand-chose au début. Elle s'est enfuie dans un moment de folie, de désespoir. Elle a vécu quatre mois à Nice, dans une amnésie presque totale. Elle a fait des ménages. Le jour où on lui a demandé ses papiers, elle s'est souvenue tout à coup d'une ville, de ses parents, de son mari, et de ses sept filles. Elle n'arrivait pas à y croire. Que faisait-elle là ?... Elle avait sept filles... sept... Il fallait bien se rendre à l'évidence. Et l'évidence peu à peu s'intégrait, entrait dans son cerveau, y trouvait sa place. Elle était épouse, mère de famille... il fallait retourner affronter la situation. On n'abandonne pas une maison et un homme seul avec sept filles.

Il a fallu un an et un jour pour que l'état civil la déclare vivante à nouveau devant un tribunal.

Pierre n'ose plus faire de programme, ni de plan d'existence. Il lui arrive de regarder sa femme, et de se dire :

– Qu'est-ce qui va se passer demain ?

Demain est toujours un autre jour.

# SANS LETTRE D'ADIEU

Le grand hôpital d'une ville de la République Fédérale d'Allemagne. Service des urgences, 24 février 1952, quatre heures du matin. L'ambulance freine en souplesse devant la porte de verre, les infirmiers sautent à terre, descendent une civière, la placent sur le chariot, et foncent à travers un couloir jusqu'au service de réanimation.

Sur la civière, le corps puissant d'une femme brune de quarante-cinq ans, inerte, les yeux clos. La peau est livide. Un peignoir de bain mal fermé la recouvre. Les cheveux sont encore humides et ondulés.

L'infirmière de garde s'active immédiatement, masque à oxygène à la main. Elle le fixe sur le visage bouffi, soulève une paupière, prend le poignet, cherche le pouls, dégage la poitrine, se penche sur un sein blanc et lourd, écoute...

A l'instant même où le médecin de service arrive en courant, elle se retourne vers lui :

– Elle est morte.

– Réanimation cardiaque ?

– Elle est morte depuis un moment...

Le médecin procède lui aussi à un rapide examen et baisse les bras.

– Il est trop tard. Elle était déjà morte quand ils l'ont prise en charge, ces idiots. Où sont les brancardiers ?

Les deux brancardiers, qui attendaient dans le couloir avec leur civière, lèvent les yeux au ciel.

– Qu'est-ce qui s'est passé avec cette femme ?

– Un suicide, docteur. On l'a trouvée dans sa baignoire, elle a pris du poison. C'est le mari qui nous a dit ça...

– Et vous n'avez pas vu qu'elle était morte ?

– Ben, on a fait vite, et le mari disait qu'on pouvait la sauver, vous savez ce que c'est...

– Quel poison ?

– Du cyanure, il a dit...

– Depuis le temps que vous faites ce métier, vous ne savez pas encore que le cyanure a un effet instantané, ou presque ?

Le médecin ronchonne en s'éloignant :

– Les gens sont tous les mêmes. Pas de morts chez eux... A l'hôpital les morts... Un hôpital c'est pourtant fait pour les vivants, bon sang...

Le corps de la femme reste entre les mains de l'infirmière, qui la recouvre d'un drap blanc. Elle regarde sa montre. Appeler la police à cette heure de la nuit, pour constater un suicide, eux aussi vont râler. Tout le monde râle en ce moment. Cette pauvre femme peut attendre le lendemain.

Deux brancardiers viennent reprendre le corps, longent les couloirs silencieux d'un sous-sol, prennent un ascenseur immense à double porte, descendent encore deux étages, et roulent maintenant dans un autre couloir, sinistre, cimenté, sans peinture, jusqu'au service de la morgue. Un employé fatigué, aussi blême que les cadavres qu'il a en garde, prend le papier qu'on lui tend. Il s'assied à un petit bureau métallique, sort une fiche cartonnée munie d'une petite ficelle bleue. Il inscrit sur la fiche le nom du cadavre : Reuter Maria. Il y ajoute un numéro d'enregistrement, la date et l'heure. Il tamponne le papier et le rend aux brancardiers.

Le corps de Maria Reuter change de chariot. Les brancardiers regagnent les étages et l'air libre, et l'employé reste dans sa cave, son souterrain de la mort. Il pousse lentement son chariot métallique jusqu'à une petite alcôve, aux murs recouverts de carreaux blancs. Installe le corps sur un socle, dallé lui aussi de carreaux blancs, et s'en va en tirant un rideau derrière lui.

Le reste de la nuit s'écoule, comme d'habitude, dans cet univers clos et froid. Chaque alcôve avec son cadavre, derrière son rideau.

A six heures du matin, le gardien ouvre sa thermos de café, s'installe devant le bureau métallique, s'empare d'un sachet de brioches, et déjeune. Il attend sept heures. A sept heures, le légiste fait sa tournée. Il vient contrôler les arrivages.

L'organisation de la mort dans notre monde moderne prend souvent des allures d'abattoir. On range, on numérote, on met en réserve. Puis on examine, on découpe, on décortique éventuellement. On prend des notes. Ensuite on lave, on remet en ordre, on empaquette, et on range à nouveau. Dans l'alcôve de présentation aux familles, si famille il y a. Dans un tiroir bouclé sinon.

Sept heures. Le légiste longe le couloir cimenté, s'arrête devant une porte de placard métallique, enfile une blouse, un bonnet, des gants. Un masque à la main, il pénètre dans la morgue.

– Bonjour, Hans...

– Bonjour, docteur.

Hans fait disparaître sa thermos, essuie les miettes de son déjeuner, et guide le légiste vers les nouveaux arrivés. Les morts de la nuit.

Trois ce matin. Chiffre moyen pour le grand hôpital d'une grande ville. Un vieillard décédé à l'hôpital d'une embolie pulmonaire. Examen rapide, dossier rempli. Signature. Un adolescent, accident de moto, mort à l'hôpital des suites d'une fracture du crâne, et d'un éclatement de la rate. Dossier rempli. Signature.

Une femme, en provenance des urgences, réanimation impossible. Suicide par noyade et cyanure.

Le légiste se penche. Examine le visage bouffi. Tâte les cheveux humides, retourne le corps pour noter les marques post mortem. Elles sont situées au niveau du bassin, du fessier et aux coudes. Mort en position allongée sur le dos, donc. Les poumons ne contiennent pas d'eau. La rigidité est déjà importante. Des marques diverses sur la peau indiquent probablement que le corps a été transporté.

Hans a son carnet devant lui, il récite :

– Décédée avant le transport à l'hôpital.

Le légiste comprend que les marques sont celles des mains des différentes personnes qui ont manipulé le cadavre. Sans grand intérêt.

– Mettez-la au labo, Hans. Je ferai l'autopsie dans la journée. Ne notez pas d'heure, j'en ai deux en attente...

– Bien, docteur.

– Vous m'avez dit cyanure ?

– Oui, docteur, mais c'est une indication de l'extérieur. La famille sûrement.

– Prévenez mon assistant de faire l'estomac. Je gagnerai du temps... A demain, Hans...

Hans a fini sa nuit, il passe les consignes à son collègue de jour et regagne la surface.

Au bureau de l'administration de l'hôpital, la fiche de Maria Reuter, annotée par l'infirmière des urgences et signée par le médecin de garde, est placée dans un classeur d'attente.

La secrétaire tape des rapports, il est huit heures trente du matin le 25 février 1952. Le téléphone sonne. Depuis le standard, une voix demande :

– Reuter Maria, vous avez ça ?

– Oui...

– On a le mari au téléphone, il demande s'il peut s'occuper des obsèques.

– Non. Elle est en autopsie. Qu'il rappelle ce soir ou demain matin...

La secrétaire raccroche. Nouvel appel deux minutes plus tard.

– Reuter Maria... c'est encore le mari, il veut vous parler.

La secrétaire prend la ligne avec un soupir.

– Oui, monsieur, en autopsie, c'est la règle pour les suicides au poison... Je suis désolée... Oui, je comprends, mais ne vous faites pas de souci, l'hôpital se charge des démarches administratives puisqu'elle est arrivée chez nous aux urgences... Non, ne vous inquiétez pas, nous avons un ordonnateur des pompes funèbres, il prendra contact avec vous... Pour la date, je suis désolée, je ne peux rien confirmer, nous comptons vingt-quatre heures en général... dès que le permis d'inhumer sera signé... vous serez prévenu... au revoir, monsieur.

Quinze heures au sous-sol. Même jour.

Le médecin légiste enfile sa blouse blanche, puis un survêtement de plastique, des gants, un masque et un bonnet.

Il a déjà effectué deux autopsies dans la matinée. Il a déjeuné entre treize heures et quatorze heures trente.

Il se dirige vers le laboratoire. Son assistant l'accueille d'un sourire morose.

– J'ai fini l'estomac, monsieur.

– Vos conclusions ?

– Forte quantité de cyanure... Sentez vous-même...

– Merci, je vois... Quoi d'autre ?

– Repas ingéré la veille, aux environs de vingt et une heures. Saucisses, bière, choux, et crème de gâteau.

– Dose d'alcool ?

– Normale.

– Bien, voyons les poumons... et le reste...

Le légiste fait son travail, vérifie celui de l'assistant. Deux heures plus tard, le corps de Maria Reuter, recousu et lavé, enveloppé d'un drap immaculé, la petite étiquette à la ficelle bleue attachée à la cheville, regagne l'alcôve de présentation aux familles.

Dix-sept heures, au bureau administratif. La secrétaire enregistre les conclusions du légiste. Puis elle décroche le téléphone et appelle les services de police.

– Un suicide déclaré par la famille. Transport aux urgences, mort antérieure au transport. Empoisonnement au cyanure de potassium. Je tiens le dossier à votre disposition... Qui ? Commissaire Khol ? Entendu... merci...

Au sous-sol, dix-huit heures. Maria Reuter n'attend plus de visite. Personne n'est venu et Hans, qui prend son service, range le cadavre au froid. Il retire le drap, le jette dans un bac destiné à la désinfection. Le cadavre nu de Maria Reuter roule sur un chariot jusqu'à une cabine, parmi d'autres cabines. Hans actionne une manette. Le corps glisse à l'intérieur, il referme la porte métallique.

A la morgue, les morts ressemblent étrangement à des bagages déposés dans une consigne.

26 février 1952, le commissaire Khol sonne à la porte du luxueux appartement de l'ingénieur Reuter.

Il a vingt-quatre heures de retard dans cette histoire, il le sait, et ces vingt-quatre heures vont certainement jouer un rôle important.

L'homme qui le fait entrer est de taille moyenne, environ cinquante ans, le front haut, le regard intelligent et mélancolique. Le cheveu blond est rare. Il est vêtu d'un costume gris foncé, sobre, de bonne qualité et de bonne coupe, sans un gramme d'originalité. Il précède le commissaire dans un bureau où se tient déjà un homme d'un certain âge, que le policier reconnaît. Le directeur de la plus grande fonderie de la ville : Klaus Reuter y travaille en tant qu'ingénieur.

Le directeur se lève, courtois :

– Bonjour, commissaire, ma présence est-elle gênante ? Voulez-vous que je m'en aille ?

– Pas du tout, monsieur, à moins que votre ingénieur veuille tenir des propos confidentiels ? C'est à lui d'en juger.

Klaus Reuter fait un signe de dénégation, et le directeur reprend sa place, tandis que le commissaire retire son pardessus. Il s'assied dans un fauteuil de cuir rond et lisse, pose sur un guéridon le mince dossier qu'il possède :

– J'ai demandé à vous voir, monsieur Reuter, parce que la chambre criminelle vient d'être appelée par l'ordonnateur des pompes funèbres qui devait procéder à l'enterrement de votre femme. Elle a quarante-cinq ans, c'est exact ?

– Oui.

– Elle s'est noyée dans sa baignoire ?

– Oui.

– Je suis navré de vous importuner dans un pareil moment, mais j'y suis contraint. L'hôpital a commis une erreur. Une erreur de pure forme, mais qu'il convient de réparer. Lorsque votre femme a été transférée à l'hôpital, on a constaté qu'elle était morte. Il s'agissait d'un accident tragique, mais ce genre d'accident doit toujours être considéré avec la plus grande attention. L'hôpital a refusé de se dessaisir du corps. C'est ce qui a motivé l'appel de l'ordonnateur des pompes funèbres au service administratif.

– Mais... de quelle erreur s'agit-il exactement, je ne comprends pas ?

– L'erreur de l'hôpital a été de ne pas me prévenir plus tôt, alors qu'il est de son devoir de le faire chaque fois qu'on lui amène des personnes dont l'état résulte d'un accident anormal, coups et blessures, par exemple... Je suis donc contraint, mais c'est une simple formalité, de vérifier les termes de la déposition que vous avez faite au médecin et à l'agent de service qui ont fait les premiers constats. Je dois rédiger un rapport officiel que vous devrez signer... Vous comprenez ?

– Bien entendu.

– En ce cas, allons-y... C'est fastidieux, vous m'en excuserez. Donc vous vous appelez Reuter Klaus, vous êtes ingénieur à la fonderie, vous avez quarante-neuf ans, et vous êtes marié depuis ?

– Dix-huit ans.

– Merci. Vous pouvez me résumer les faits ?

– Eh bien... commençons par le début... Voilà, ma femme souffrait malheureusement de neurasthénie. Elle ne pouvait avoir d'enfants. Elle a subi plusieurs opérations, sans résultats, et ces derniers temps ses accès de mélancolie se répétaient.

– A son âge, elle n'espérait plus une maternité je suppose ?

– Bien entendu. Mais ce manque d'enfants la tourmentait toujours. Elle se disait inutile. Enfin toutes les choses qu'une femme neurasthénique peut ressasser dans ces cas-là. En 1951, le soir de Noël, elle a tenté de se suicider. Elle est allée vers le Rhin, mais j'ai pu la rattraper. Il y a trois semaines, elle a fait une autre tentative, cette fois avec des somnifères. Je suis arrivé à temps pour la faire vomir. Mais avant-hier soir, je ne pouvais pas me douter. Nous avons joué aux cartes tous les deux après dîner, en buvant un verre de vin...

Le visage de Klaus Reuter se crispe, il exprime à ce moment une émotion sincère.

– ... pardonnez-moi... commissaire. Vers vingt-trois heures j'ai pris un bain avant d'aller me coucher. Quand je suis revenu dans la chambre, j'ai croisé ma femme en peignoir, elle se dirigeait vers la salle de bains également. J'ai pensé qu'elle allait prendre un bain... Vers quatre heures du matin je me suis réveillé, la lampe de chevet était toujours allumée de son côté. Je me suis levé pour aller la chercher, et je l'ai trouvée dans la baignoire, étendue sur le ventre, le visage tourné vers le fond, les jambes repliées, les pieds sortant à l'autre bout... et j'ai compris tout de suite. En entrant, j'ai été frappé par une odeur de cyanure de potassium.

– Comment avez-vous deviné qu'il s'agissait de cyanure ?

Klaus Reuter, un peu étonné, se tourne vers son directeur, qui explique :

– Vous savez, commissaire, c'est une odeur très caractéristique, surtout pour un ingénieur qui a fait des études de chimie...

– Je comprends... Mais dites-moi, monsieur Reuter, d'où venait ce cyanure ? Vous le savez ?

– Ma femme a vécu la fin de la guerre à proximité du front de l'Est. Elle s'était procuré une capsule de cyanure au cas où elle serait tombée entre les mains des troupes... Enfin vous voyez ce que je veux dire, ce genre de choses étaient connues, c'était une vraie terreur pour les femmes. Je sais qu'elle avait gardé cette ampoule.

– Dans ce cas, vous auriez dû la confisquer.

– Je l'ai fait. Mais j'ai eu tort de ne pas la détruire. Elle l'a retrouvée.

Le commissaire prend quelques notes, dans le silence du bureau luxueux. Puis enchaîne :

– Quel a été votre premier geste ensuite ?

– La sortir de la baignoire.

– Et puis ?

– Je l'ai portée à travers la cuisine, le couloir, et le living-room, jusqu'à la chambre à coucher.

Le commissaire Khol feuillette le mince dossier quelques secondes :

– Quel est le poids de votre femme ?
– Environ soixante-dix kilos...
– Je vois ici soixante-quinze kilos, d'après l'hôpital.
– C'est possible. Elle avait beaucoup grossi ces derniers temps. D'ailleurs je n'ai pas eu la force de la mettre sur le lit, j'étais épuisé. Je ne pouvais plus la soulever.

Le commissaire Khol jette un regard rapide sur l'ingénieur. Il lui paraît bien mince, et bien fragile, pour transporter soixante-quinze kilos de chair inerte. Il feuillette à nouveau le dossier.

– C'est exact, je vois là, écrit : « Le médecin appelé par le mari de la victime a trouvé celle-ci entre le lit et le mur, dans un espace de soixante-cinq centimètres, la tête penchée en arrière. » C'est ça ?
– Exactement.
– Merci... voyons, je passe à la dernière phrase du rapport de l'agent de service... je lis : « D'après les constatations faites, il n'y a aucun doute qu'il s'agisse d'un suicide... »

Le commissaire Khol lève les yeux vers l'ingénieur, prend un temps de silence, puis :

– Je n'ai pas du tout l'intention de modifier cette conclusion... Il faut au contraire la rendre définitive... car... telle qu'elle ressort des premiers constats, elle paraît un peu légère...
– Comment ça ?
– Eh bien, l'agent de service a pu être impressionné par votre assurance, votre situation exceptionnelle, la présence de votre directeur, qui est venu aussitôt à votre appel... Il a lui-même confirmé la bonne entente de votre couple, il a rappelé les tentatives de suicide que vous lui aviez racontées... Quant au médecin de police secours, j'imagine que l'odeur de cyanure lui a paru la cause évidente... Mais tout cela ne constitue pas une preuve formelle de suicide.

L'ingénieur paraît surpris. Le directeur aussi. Et ce dernier intervient :

– Je comprends, commissaire, mais l'autopsie a démontré qu'il n'y avait pas d'autre cause, ni noyade ni crise cardiaque... On nous a dit « forte quantité de cyanure dans l'estomac »...
– Justement... c'est ce point qui accroche le plus.
– Je ne comprends pas...
– Il est assez étrange que madame Reuter ait fait deux tentatives de suicide, inefficaces, alors qu'elle disposait d'une capsule de cyanure qui lui aurait donné la mort en quelques secondes... sans possibilité d'échec... A moins que les premières tentatives n'aient été que des simulations, de sa part, une façon d'attirer l'attention ?

Klaus Reuter intervient :

– Non... Ça c'était à l'époque où j'avais caché le cyanure...
– Où l'aviez-vous caché ?
– Dans un livre de la bibliothèque.
– Puis-je voir ce livre ?

L'ingénieur désigne un livre assez gros, que le commissaire examine. Il n'est pas déformé. Ne montre aucune trace.

– Il n'a pas écrasé la capsule?

– C'était une capsule de verre, commissaire.

– Ah... bien. Nous devrions retrouver les débris en ce cas... Voulez-vous me montrer la salle de bains et la chambre à coucher?

Les trois hommes se lèvent, et les voilà cherchant les débris de la capsule de verre. Le commissaire explique :

– Voyez-vous, l'effet du cyanure étant foudroyant, elle n'a pas eu le temps de faire grand-chose après l'avoir cassée et avalée. Nous devrions donc la retrouver à proximité de la baignoire, dans le peignoir, ou dans la salle de bains... à la rigueur dans la chambre, si elle l'avait encore en mains, mais j'en doute...

Les débris de verre sont introuvables. Le commissaire abandonne les recherches :

– Tant pis. Ce n'est qu'un détail... mais nous aurions pu avoir ses empreintes, et la quantité...

De retour dans le luxueux bureau, le commissaire reprend son dossier et ses notes, et s'assied :

– Sans vouloir vous vexer, monsieur Reuter, une chose m'intrigue. Vous ne me paraissez pas d'une constitution suffisante pour transporter facilement le corps de votre femme à travers tout l'appartement.

– Justement. Ça n'a pas été facile.

– Ce qui me paraît impossible, c'est que vous ayez réussi à l'étendre dans un endroit quasiment inaccessible, entre le lit et le mur.

– Si je ne l'avais pas placée là, pourquoi l'y aurait-on retrouvée?

– C'est justement la question que je me pose, monsieur Reuter... et je peux y répondre par toutes sortes d'hypothèses, par exemple qu'elle soit morte à cet endroit.

Klaus Reuter semble avoir un peu de mal à rester calme, mais il prend sur lui pour argumenter :

– Mais l'eau? Elle était toute mouillée.

– Non, justement. Pas mouillée... humide seulement. Les cheveux avaient encore une certaine ondulation... c'est noté ici. Il est également noté qu'il n'y avait pas d'eau sur le carrelage de la cuisine. En la déplaçant elle aurait dû perdre énormément d'eau, ce n'est pas le cas. Elle peut donc être morte après avoir pris un bain, tout simplement...

L'ambiance devient tendue dans le luxueux bureau. Il est très désagréable de se voir soupçonner de la sorte. Le visage de Klaus Reuter a changé de couleur. Ses mains tremblent légèrement, et le directeur fait une moue de réprobation.

– Je comprends votre souci d'exactitude, commissaire, mais tout de même...

– Je suis navré, il y a autre chose... Si le corps de votre femme, monsieur Reuter, avait séjourné dans l'eau, dans la position que vous avez indiquée tout à l'heure, les marques que nous appelons « post mortem » auraient dû se situer sur la poitrine et sur le ventre. Or le légiste a noté qu'elles se trouvaient au bassin arrière et aux coudes... Elle était donc étendue sur le dos... vous comprenez ?

L'ingénieur se tait. Il allume une cigarette et, à la première bouffée, sa pomme d'Adam monte et redescend nerveusement. Le commissaire Khol sent qu'il peut le déstabiliser complètement, sans trop d'efforts.

– Le médecin que vous avez appelé en premier, avant police secours, c'est celui de la fonderie ?

– Oui.

– Il n'a pas pu se déplacer mais vous a conseillé d'appeler la police criminelle, pourquoi ne l'avez-vous pas fait ?

– Je ne voulais pas de scandale. Je suis d'une vieille famille protestante, le suicide y est une chose honteuse.. Vu ma position, à la fonderie... Je reconnais que j'ai eu tort.

– En effet. Voyez-vous, monsieur Reuter, en trente ans de métier j'ai appris au moins une chose. Lorsqu'on omet de prévenir la police dans un cas de disparition ou de suicide, c'est qu'il y a quelque chose qui cloche, généralement... Je dis « généralement »... pas toujours. Généralement, on craint une enquête...

– Je n'ai rien à craindre, commissaire. Pour quelles raisons aurais-je tué ma femme ?

L'ingénieur semble avoir récupéré. Ou alors il dit la vérité.

Le commissaire se lève :

– Je ne vois en effet aucune raison. Je vais donc vous laisser tranquille. La commission criminelle examinera les quelques questions demeurées sans réponses... A ce sujet, votre femme n'a pas laissé de lettre d'adieu ?

– Non.

– En général, je dis bien en général... ce n'est pas courant, un suicide sans lettre d'adieu...

Le commissaire prend congé, fort courtoisement :

– Mes respects, monsieur le directeur... Merci, monsieur Reuter...

Devant la commission criminelle qui doit déterminer s'il y a lieu ou non de suspecter un assassinat, l'ingénieur comparaît, en costume sombre, regard mélancolique et grave, la voix triste, lente et calme.

Depuis son siège, le commissaire l'écoute avec une attention pointue.

– Il s'est produit, je crois, un quiproquo, monsieur le commissaire, lors de mes premières déclarations. J'étais affolé. J'ai dit que j'avais trouvé ma femme morte dans la baignoire, noyée après avoir avalé du cyanure. D'où l'on en déduit que la baignoire était pleine d'eau. Or c'est inexact. Il ne restait que très peu d'eau. La baignoire devait être pleine quand elle s'est noyée, vers vingt-trois heures environ. Mais à quatre heures du matin, elle avait eu largement le temps de se vider, et le corps de ma femme de sécher en partie.

Le commissaire convient, en silence, du poids de l'argument. Il est pourtant convaincu de la culpabilité de cet homme.

L'ingénieur ajoute tristement :

– Ma femme a rendu beaucoup d'eau pendant que je la transportais, surtout dans la cuisine, mais je l'ai essuyée avant l'arrivée de police secours.

– Pour quelle raison, monsieur Reuter ? Ce n'était pas important, dans des circonstances pareilles...

– N'y voyez pas un souci de propreté quelconque, étrange en effet dans un moment pareil, mais nous utilisons dans cette pièce un radiateur électrique comme chauffage d'appoint, et je sais que le fil est mal isolé. J'avais peur de provoquer un court-circuit.

Le commissaire Khol comprend que l'homme lui échappe. La commission ne retient pas de culpabilité. Et pourtant, comment un homme de sa taille pouvait-il transporter soixante-quinze kilos à travers l'appartement ?... Pour prouver que c'est impossible, il faudrait une reconstitution. Impossible, sans l'inculpation de Reuter. D'autre part il n'y a pas de mobile apparent. Ni héritage, ni assurance-vie. Pas de relation extra-conjugale connue. Mais le commissaire Khol, en étudiant tous les détails, pense le contraire. Il convoque deux de ses inspecteurs :

– Voilà les gars. Regardez cette carte. Avant d'avoir ce poste important à la fonderie, notre homme a travaillé ici dans cette ville, à l'Institut de Métallurgie. Il y est resté quatre ans. Comme il n'avait pas d'appartement confortable sur place, sa femme est restée dans notre ville. Or d'ici à ici... il y a cent trente kilomètres... Reuter venait voir sa femme pour le week-end. Elle, elle ne s'est déplacée qu'une fois. Une seule fois... vu ? C'est clair, il faut chercher une femme. Elle existe, à cent trente kilomètres de chez nous. Si vous faites du bon boulot vous devez me trouver cette femme.

Huit jours plus tard, les deux inspecteurs déconfits rapportent le résultat de leurs investigations.

– Y'a bien une femme, commissaire.

– Il a couché avec ?

– Oui...

– Ben alors, pourquoi ces têtes d'enterrement ?

– Parce qu'on n'est pas convaincus. Elle est bibliothécaire. Elle louche, elle boite du pied gauche...

– Et alors ?

– Elle est pas belle, commissaire. On peut pas croire qu'il ait tué sa femme pour elle... Il a dû coucher avec, pour lui faire plaisir, ou par pitié, un truc comme ça...

Évidemment, ce n'est pas ce genre de maîtresse qu'espérait le commissaire Khol. Il s'acharne alors à reconstituer la personnalité de Maria Reuter. Neurasthénique et suicidaire, dit le mari...

Il a tout faux. On la décrit comme quelqu'un d'enjoué, d'aimable, respirant la joie de vivre. La veille de son suicide, elle fêtait un anniversaire dans sa belle-famille. Elle y a raconté de bonnes blagues... avec de grands éclats de rire, et elle a même chanté.

Le médecin de famille réfute la neurasthénie. Et le suicide. Maria ne s'est jamais plainte de quoi que ce soit. Elle donnait plutôt l'impression d'aimer la vie au point de l'avaler sans complexe sous forme de choucroute, de bière, de bon vin blanc et de pâtisserie. Une gourmande.

Elle économisait pour offrir un piano à son mari. Sans le lui dire, elle a versé des arrhes chez un marchand. Le piano était fort cher.

Alors le commissaire rend une petite visite au directeur de la fonderie. Et lui raconte son enquête sur ce personnage soi-disant neurasthénique, désespéré de ne pas avoir d'enfants... jusqu'au suicide.

Le directeur est gêné :

– Je dois reconnaître que mon premier réflexe a été de témoigner en faveur de Reuter. C'est un ingénieur extrêmement brillant. Je ne doutais pas de la bonne entente du couple.

– Une entente à sens unique peut-être...

– C'est possible. Je dois dire aussi, que deux faits me paraissent importants. Le premier, c'est que Reuter aurait pu se procurer du cyanure à la fonderie, sans aucune difficulté. Le deuxième, c'est que son comportement m'a parfois intrigué. Un jour, en janvier 1952, il m'a demandé vingt-quatre heures pour se rendre de nuit à Munich. Il devait procéder à la vente d'une maison en zone Est... m'a-t-il dit. Il est rentré la nuit suivante, en me priant de répondre à sa femme, qu'il s'était absenté pour le service. Ça m'a intrigué sur le moment, puis j'ai oublié. Le jour de la mort de sa femme, il est parti à midi, pour ne revenir qu'à vingt-trois heures. J'étais un peu inquiet.

– Quelles conclusions ?

– C'est à vous d'en tirer, commissaire...

– Eh bien, disons que par deux fois il est allé rendre visite à une femme. La première fois il est revenu bien décidé à reprendre sa liberté. La deuxième fois, il est allé informer cette femme qu'il était enfin libre.

– Hypothèse rapide, commissaire.

– Moi, elle suffit à me convaincre. Mais pas à l'arrêter. Je vais le faire surveiller. Téléphone, correspondance... le grand jeu...

Quinze jours de grand jeu ne donnent rien. Klaus Reuter se montre d'une sagesse exemplaire. Il ne sort pas, n'écrit pas, ne téléphone pas.

C'est un peu trop...

A l'usine, il est difficile de surveiller les communications.

Convaincu que l'homme agit par prudence, le commissaire demande une inculpation.

Son opinion sur la psychologie du personnage est la suivante : Calme en apparence, et intelligent, Reuter dissimule une nature passionnée. Il se sait capable d'exagérations, et s'est forgé une personnalité volontairement neutre. En fait, c'est un mélancolique, il est mal dans sa peau.

C'est justement cette mélancolie, dont Reuter accusait sa femme, que le commissaire craint. A tel point que lors de l'arrestation de l'ingénieur, il fait procéder à une fouille corporelle approfondie. Persuadé que le côté suicidaire dont il affublait sa femme est en réalité le sien. Cette intuition du commissaire Khol se révèlera remarquable.

La reconstitution tourne au désavantage de Reuter. En refaisant le parcours à travers l'appartement, il s'essouffle à traîner le corps d'une employée féminine de la police, qui pèse pourtant quelques kilos de moins que sa femme.

Il est incapable, ce pauvre Reuter, de disposer le corps entre le mur et le lit, dans soixante-cinq centimètres de large. Il prétend, que bien sûr, ce jour-là ses forces étaient décuplées par la peur et l'espoir de sauver sa femme.

Le soir de la reconstitution, le commissaire Khol a une conversation avec Klaus Reuter, dans son bureau. Il n'interroge pas, il parle.

– Alors, monsieur Reuter ? Qu'est-ce que vous pensez de cette journée...

– Je l'ai trouvée dure. Épuisante. Je suis fatigué.

– Voulez-vous voir un médecin ?

– Non. Mais mon directeur si c'est possible.

– Je n'y vois pas d'inconvénient.

Le commissaire Khol fait lui-même le numéro de téléphone, parle rapidement et raccroche.

– Il arrive. Un quart d'heure pas plus. Vous voulez manger quelque chose ?

– Non, merci.

– Vous êtes sûr que ça va ?

– Oui, oui. Absolument. Merci.

Dialogue étrange entre un commissaire et un suspect. Mais Khol est un vieux routier. Il sait qu'un moment de détente peut dénouer certaines choses. Reuter demeure silencieux. Ses traits sont tirés et son costume froissé par les efforts de la journée. A l'arrivée de son patron, il dit :

– Commissaire, il y a une lettre dans ma cellule, que je voudrais lui remettre. Je suis innocent, mais on ne sait pas ce qui peut arriver. Il s'agit de mon testament.

Le commissaire sursaute.

– Vous n'avez pas l'intention de vous suicider ?

– Je tiens à vous remercier pour les égards que vous avez eus envers moi...

– Écoutez-moi, Reuter. Mon métier n'est pas de condamner des innocents... Je tiens à la vérité. Si vous êtes innocent, j'en ferai la preuve, et vous serez libéré. Je ne vous demande qu'un peu de patience, et de me laisser faire mon métier... d'accord?

– D'accord. Puis-je remettre la lettre maintenant?

– Bien entendu...

Klaus Reuter regagne sa cellule, remet la lettre au commissaire, qui la transmet devant lui au directeur. Puis il se prête comme d'habitude à la visite corporelle, d'autant plus minutieuse que le commissaire craint vraiment le suicide de son suspect.

Et dans la nuit, le gardien le retrouve mort. Il s'est coupé l'artère de la gorge avec une demi-lame de rasoir. Il avait réussi à la dissimuler dans le talon d'une chaussure.

Le commissaire Khol est dans tous ses états. Il a peut-être poussé un innocent au suicide... C'est une catastrophe. Alors il poursuit son enquête avec un acharnement redoublé. Il fait vérifier toutes les fiches des hôtels de la ville où il suppose que Reuter pouvait s'être rendu en prétendant aller à Munich.

Le travail est long, minutieux, parfois désespérant. Mais l'intuition de Khol s'avère positive.

Klaus Reuter a passé la nuit dans un hôtel avec une femme qu'il a présentée comme son épouse. Le signalement ne correspond absolument pas à la malheureuse bibliothécaire, qui d'ailleurs ne reconnaît pas être jamais allée à l'hôtel avec lui.

Après ce premier résultat, Khol demande le dépouillement de toutes les fiches de communication extérieures de la fonderie, à l'Office des Téléphones. Là aussi, le temps est long. Le dépouillement est compliqué. Jusqu'au moment où apparaît le nom d'une femme inconnue à la fonderie. La communication a été établie avec elle, par l'intermédiaire d'un grand magasin où elle est vendeuse. Dans la ville même où Reuter a pris une chambre à l'hôtel.

Stéphanie R. Vendeuse. Rayon parfums et bijoux fantaisie.

Le commissaire Khol la rencontre trois semaines après le suicide de Klaus Reuter.

C'est une jeune femme douce, aimable, sans grande culture, ni grande intelligence. Assez jolie. L'annonce de la mort de Reuter la prend de plein fouet.

Elle l'ignorait. Elle l'attendait toujours. Il lui avait promis le mariage.

– Sa femme était atteinte d'un cancer, et quand il a quitté la ville pour travailler dans cette fonderie, on ne se voyait plus que très rarement. Il me donnait parfois des nouvelles. Je savais que sa femme était condamnée par les médecins, qu'elle n'avait plus que quelques mois à vivre. Le 24 février, il est venu m'annoncer sa mort. Une embolie. Il m'a demandé de ne plus l'appeler, de ne pas écrire pendant quelque temps. C'était normal... la décence... Quelques mois plus tard je devais le rejoindre, nous aurions vendu l'appartement où sa femme était morte, nous aurions commencé une nouvelle vie... Il était si bon, si doux... Je ne comprends pas... Il n'a pas laissé de lettre d'adieu ?

– Non. Un testament pour sa famille directe.

Et le commissaire présente ses condoléances. Il est soulagé. Il n'a pas laissé un innocent se suicider. Ce n'est pas une bavure.

C'est un assassinat sans lettre d'adieu.

# LA MONTAGNE NOIRE

Octobre 1965. Sybil Brown est assise devant un standard téléphonique anglais. Elle est opératrice. Elle porte à ses oreilles le casque d'écoute, et entend des bruits bizarres. Difficiles à identifier au premier abord. Il lui semble pourtant reconnaître au bout d'un instant des sanglots, des hurlements d'enfant... On dirait une petite fille. Sybil est saisie d'angoisse, elle crie dans son micro : « Qu'est-ce qu'il y a ? Qu'est-ce qui se passe ? » Mais la petite fille ne l'entend manifestement pas, car elle continue à sangloter et à hurler de plus belle, un désespoir terrible. Alors Sybil se dit que peut-être l'enfant est dans un taxiphone, et lui crie d'appuyer sur le bouton...

C'est idiot. Si la petite fille n'avait pas déjà appuyé sur le bouton, elle ne l'entendrait pas... mais Sybil, curieusement, ne s'arrête pas à ce détail logique, elle répète plusieurs fois très fort : « Appuie sur le bouton! Appuie sur le bouton! »

Mais l'enfant ne l'entend toujours pas, et continue à hurler de terreur. C'est affreux ce sentiment d'impuissance, d'incommunicabilité totale, en face de ces cris. Sybil cherche de l'aide autour d'elle. Une autre opératrice, quelqu'un... mais il n'y a personne, le standard est désert, elle est seule, désespérément seule à entendre cette voix d'enfant, qui envahit sa tête jusqu'à la faire éclater.

– Sybil... Sybil, réveille-toi... Sybil, tu rêves!

Sybil Brown se redresse sur son oreiller. Un cauchemar. Son mari lui tape doucement sur l'épaule, un peu inquiet.

– Ça va?

Elle fait signe que ça va, se retourne et se rendort.

La voici maintenant dans une rue très sombre, aux murs gris qui s'allongent à l'infini. Une petite fille s'avance lentement vers elle, elle est nue, les bras en l'air, croisés au-dessus de sa tête comme pour se protéger d'un danger venu du ciel, d'en haut. Son visage est ruisselant de larmes, et elle avance vers Sybil. Il n'y a personne d'autre dans cette rue sombre. Soudain une masse noire, gigantesque, grande comme une montagne, glisse à l'horizon de la rue sombre, bouchant tout, noircissant tout. Sybil entend alors la voix d'un journaliste de télévision qui dit : « Tout le monde est dans la maison. »

Et la petite fille nue sur la route sombre se met à hurler, un cri déchirant, qui envahit sa tête jusqu'à la faire éclater.

Cette fois Sybil Brown se réveille complètement. C'est impressionnant ce genre de cauchemar, des cris d'effroi, du noir, un enfant nu... Elle en frissonne. Elle ne peut s'empêcher d'y repenser en préparant le petit déjeuner, en faisant la vaisselle, en retournant à son travail, et en remettant l'écouteur sur ses oreilles, pour répondre aux abonnés. Elle y repense encore le lendemain matin, 21 octobre 1965, vers onze heures, au moment de partir en week-end dans sa famille à Southampton. Son mari sort la voiture du garage, et elle l'attend, appuyée contre la barrière du jardin, en bavardant avec ses voisins. Elle raconte son cauchemar, elle a besoin de s'en défaire comme d'une chose pesante, étouffante.

– C'est drôle, je n'arrive pas à m'y faire. Ce n'était pas un cauchemar comme les autres.

– Vous croyez à une prémonition ?

– Je ne sais pas. Je n'ai jamais eu de prémonition. J'ai déjà fait des cauchemars comme tout le monde, mais celui-là... il est bizarre. Il est insistant, je ne sais pas comment le définir autrement. Pas comme les autres...

Sybil Brown monte dans la voiture et part en week-end. Elle n'oubliera jamais ce cauchemar. Jamais.

Constance Milden, de Plymouth, est une spirite convaincue. Elle a quarante-sept ans, des rentes, et le temps de se pencher sur les mystères de ses rêves ou de ceux des autres. Elle reçoit régulièrement des amis, intéressés comme elle par les phénomènes paranormaux, admiratifs devant leur hôtesse, qui a souvent des choses extraordinaires à leur raconter. Ils sont sept ce jour-là, le 20 octobre 1965. Sept à siroter une tasse de thé fumante, en écoutant Constance Milden leur faire part de sa dernière prémonition.

– Il m'est apparu un énorme tas de charbon.

Les invités sont surpris. Les questions fusent. On veut savoir s'il s'agit d'un tas de boulets de charbon dans une cave, ou de charbon de bois...

– C'était énorme. Noir, une véritable montagne. Cela n'avait rien de commun avec ce que vous dites. Je me souviens d'avoir vu, étant enfant, dans les gares, des tas de charbon réservés aux machines. Eh bien c'était cent fois, mille fois plus énorme. Une colline haute comme la tour de Londres...

– Et alors ?

– J'ai vu un mineur avec son casque et sa lampe. Il était à côté d'un petit garçon en larmes. Et il lui demandait : « Comment t'appelles-tu ? » L'enfant était blond, merveilleusement blond, avec une frange qui lui tombait sur les yeux. Il répondait au mineur, et le mineur lui parlait encore. Mais je n'entendais plus, car il y avait un grondement sourd, une vibration qui venait du sol...

– Un tremblement de terre ? demande un invité.

– Non. Ce qui doit précéder un tremblement de terre. Un grondement et une vibration intenses... et je n'ai entendu qu'une phrase du mineur : « Mon pauvre petit, disait-il, tout le monde t'a oublié. »

Les sept invités, fascinés, tiennent un instant en l'air leurs sept tasses de thé, puis les reposent lentement, presque en même temps, dans un tintement discret. Il y a un silence religieux. Puis quelqu'un dit :

– Mon Dieu... Mais qu'est-ce que cela veut dire ?

Un autre :

– Comment s'appelait le petit garçon ?

– Je n'ai pas entendu, je vous l'ai dit.

– Et le lieu. Où était-ce ?

– Je l'ignore. Je n'ai vu que la montagne de charbon. Rien autour. Le seul symbole, c'est le costume de mineur. Mais des montagnes de charbon, il y en a beaucoup en Angleterre, et des mineurs aussi. Je ne vois pas le rapport avec un enfant blond, que tout le monde aurait oublié...

Constance Milden soupire, en reposant à son tour la délicate tasse de thé sur un guéridon.

– De toute façon, dit-elle, nous saurons très vite de quoi il s'agit. Vous savez que mes prémonitions sont à court terme.

Alexander Venn vit à Combe Martin dans le Dyvon. Une maison basse, un jardin, et un atelier d'artiste. Il est peintre du dimanche. Habituellement il se contente de fleurir sa toile, de paysages anglais, de chats endormis, de bouquets de fleurs sans histoires. Ce matin du 20 octobre 1965, il a une sale mine. Quelque chose dans la tête, comme une sourde angoisse.

Sa femme l'observe un instant. Puis conseille :

– Tu devrais manger quelque chose, tu n'as pas l'air en forme. Des œufs ?

– Non, merci. Ça ne passerait pas.

– Tu as mal quelque part ?

– Non.

– Tu es fatigué ? Tu as mal dormi ?

– Non. Ça ne va pas. Mais je ne sais pas si c'est dans la poitrine, dans le crâne, j'ai comme un poids... comme si j'avais la trouille.

– La trouille ? Mais la trouille de quoi ?

– Je te dis que je n'en sais rien...

Alexander est bien nerveux ce matin. Il s'en excuse rapidement :

– Pardon. Ne m'en veux pas, mais j'ai besoin d'être seul. Je vais à l'atelier.

– Tu vas peindre?

– Sais pas.

Dans son petit atelier qui donne sur le jardin où fleurissent les dernières roses d'automne et les premiers chrysanthèmes, Alexander Venn allume sa pipe et s'assied devant une toile vierge. Il reste là longtemps, à ne pas savoir quoi faire, puis tout à coup lui vient l'envie de peindre ce qu'il ressent. Pour lui, peindre une émotion ce n'est pas évident. Son style est figuratif. Mais quelque chose ne va pas dans sa tête, qui est pleine d'obscurité. Il ne voit rien du tout, du noir, rien que du noir, et le noir n'est pas une couleur pour un peintre. Que faire avec du noir?

Cette toile blanche l'énerve. Elle est trop blanche justement. Alors il attrape ses pinceaux et se met à barbouiller la toile de traînées noires. Mais ce n'est pas ce qu'il a en tête, ça ne colle pas. Il reste du blanc, il ne doit pas rester de blanc.

En peu de temps, Alexander Venn se retrouve devant une toile complètement noire. Trop. Dans sa tête le noir est différent, crasseux, grumeleux, comme de la suie ou du brouillard... C'est une vague de brouillard noir crasseux... Voilà.

Il travaille à ce noir crasseux et, l'ayant obtenu, reste tout bête devant le résultat. Ça ressemble à quoi? Ça veut dire quoi? Il manque quelque chose, dans ce brouillard noir et crasseux. L'image d'un enfant lui apparaît comme une évidence. Le visage d'un petit garçon qu'il brosse rapidement en blanc sur le noir crasseux.

Ce n'est pas encore ça. On dirait que ce gosse émerge d'une salle de bains. Il est trop blanc... Alors d'un coup de pinceau rageur, Alexander Venn projette une pluie de peinture noire sur le visage de l'enfant.

Il rallume sa pipe, regarde cette œuvre bizarre. Il ne l'aime pas. Alors pourquoi a-t-il fallu qu'il la peigne? Cette toile le gêne. Mais il ne peut pas l'effacer. Il la pose contre le mur de l'atelier, elle restera là jusqu'à ce qu'il décide ce qu'il va en faire. Il se sent un peu mieux. Mais ce n'est pas la grande forme aujourd'hui. Il ne peindra plus aujourd'hui, et choisit d'aller à la pêche.

A Stackteads, dans le Lancashire, 20 octobre 1965 : monsieur John Arthur Taylor parcourt un magazine dans le salon de sa maison. Les enfants discutent entre eux. Ils ont dix-huit, quinze et douze ans. Trois fils qui parlent moto, rugby, cinéma, et se chamaillent tranquillement, alors que leur mère s'escrime à préparer le déjeuner.

Ce magazine est idiot. Rien d'intéressant. Une ride verticale barre le front de monsieur Taylor, signe de réflexion intense. En passant près de lui sa femme y pose un doigt :

– Des soucis, Arthur?

– Non.

Puis brusquement il fait taire ses trois fils.

– Aberfan, ça vous dit quelque chose ?

– Pourquoi ? Qu'est-ce que c'est ?

– Si je le demande c'est que je n'en sais rien...

Sa femme sourit :

– Alors pourquoi le demander ?

– Parce que ça me turlupine depuis ce matin. C'est bizarre. J'ai vu ce mot écrit dans un rêve.

– Écrit ? Sur quoi ?

– Sur rien, dans l'espace, dans le vide, en lettres de feu, c'était étrange, angoissant, et puis j'entendais un grondement sourd, et je voyais l'horizon devenir tout noir, ça bougeait comme une énorme bête, en se déplaçant lentement.

– Quelle bête ?

– Il n'y avait pas de bête, ça me donnait l'impression d'en être une, comme une pieuvre énorme qui avance... sans que je ne voie rien d'autre que du noir et ce mot bizarre.

– Tu as mangé trop de harengs hier soir, Arthur...

John Arthur Taylor reprend son magazine stupide. Peut-être en effet a-t-il mangé trop de harengs hier soir...

Après le déjeuner, il fait un tour dehors et rencontre son voisin qui fait le même tour, après le même déjeuner probablement...

– Si je vous dis Aberfan, Peter, ça vous dit quelque chose ?

– Vous écrivez ça comment ?

Monsieur Taylor épèle : A.B.E.R.F.A.N., avec un point entre chaque lettre.

– Il me semble que j'ai déjà entendu ce nom-là... Ça doit être un bled quelque part, mais le diable m'emporte si je sais où... pourquoi ?

– J'ai ça dans la tête. Impossible de savoir à quoi ça peut correspondre.

– C'est comme les rengaines qu'on entend à la radio. Des fois on se colle un truc dans la tête, et impossible de s'en débarrasser.

A Woking dans le Surrey, Miss Monica Mac Bean est secrétaire de direction. Elle ne fait jamais de rêves prophétiques, n'a jamais de pressentiments. La seule chose qu'elle puisse deviner quand elle éternue, c'est qu'elle a pris froid.

Ce matin, elle n'est pas bien en sortant de chez elle. Pâle, la tête qui tourne. En arrivant à la British Air à Londres, où elle travaille, une collègue la croise et s'arrête devant elle :

– T'en as une tête toi... t'es malade ?

– Je sais pas. Je me sens drôlement mal.

– T'aurais pas dû venir... Hé, tu vas tourner de l'œil ?

– Je crois pas... mais... ça tourne.

Dans la salle de repos, Monica fait allonger sa collègue, lui tend un verre d'eau.

– Tu veux qu'on appelle un médecin ?

– Non... c'est ridicule... écoute, je n'ose plus fermer les yeux... dès que je les ferme, je vois une vague noire, immense, qui déferle et engloutit des enfants...

– T'as vu un film d'horreur ?

– Non... c'est arrivé comme ça... j'ai peur d'être dingue...

Londres. 20 octobre 1965. La City. Le temple des affaires. Miss Pamela Healey dirige un service bancaire. Caractère redoutable, sèche, efficace, autoritaire, elle règne sur le personnel du service d'un froncement de sourcil. Et pourtant, elle a l'habitude des prémonitions. Elle se souvient en avoir eu beaucoup, depuis des années. Parmi lesquelles, cette sensation affreuse qu'elle a ressentie quelque temps avant l'assassinat du Président Kennedy à Dallas. Depuis longtemps elle ne craint plus de prévenir ses collaborateurs de ce genre de chose. Qu'ils la croient ou non, peu importe. Miss Pamela Healey estime que l'on doit exprimer ses sentiments prémonitoires. C'est la seule manière de pouvoir les vérifier ensuite, et convaincre les incrédules.

Cet après-midi, à son bureau, trois de ses collaborateurs s'entendent annoncer :

– Il va se passer quelque chose, je le sens. Je suis déprimée, profondément, comme chaque fois qu'il y a une catastrophe ou un accident grave.

Autour de Miss Healey on ne fait pas de commentaires. Chacun sait qu'en cas de dépression prémonitoire, le chef est particulièrement insupportable.

Miss Healey abandonne son bureau, prend son manteau, son parapluie, et dit en substance :

– Je sors. Je vous appellerai dès que j'irai mieux. J'espère que ce ne sera pas trop long, et que vous finirez ce rapport sans moi. Je sais par expérience que lorsque je me sentirai soulagée, le moment du drame sera proche...

Les trois collaborateurs de Miss Pamela Healey courbent la tête sur leur travail. Elle sort. Et quelqu'un dit :

– Le jour où elle sentira venir la Troisième Guerre mondiale, on l'enferme.

Un autre proteste :

– Moi ça me fait pas rire du tout. Pour Kennedy, elle a fait une de ces déprimes...

Quelque part en Angleterre est une petite fille, du nom de Eryl

Mai, âgée de six ans. Dans la nuit du 20 au 21 octobre 1965, elle dort dans la petite chambre d'une petite maison, sa petite tête sur l'oreiller. Soudain elle se redresse, et crie :

– Maman, maman...

Presque aussitôt, la mère se précipite dans la chambre et la prend dans ses bras.

– Allons, allons, Eryl, mon bébé, qu'est-ce qu'il y a ? Sois sage, il est tard... Tu devrais dormir depuis longtemps...

La petite fille sanglote.

– Maman... un grand nuage tout noir, tout noir, il me prend, il veut m'emporter.

– Allons, bébé... ce n'est rien, un cauchemar... il faut dormir.

– Reste...

La maman d'Eryl Mai berce sa fille quelques instants. Les sanglots se calment, la tête repose à nouveau sur l'oreiller, maman reste, elle est là, elle passe la main sur le front moite, jusqu'à ce que l'enfant s'endorme. Calmée.

Alors seulement elle retourne dans sa chambre où son mari demande :

– Elle est malade ?

– Un cauchemar, ce n'est rien...

La petite maison retrouve son calme dans la nuit. Et puis tout à coup, alors que l'aube n'est pas encore levée, des cris à nouveau :

– Maman ! Maman !

La mère court en chemise de nuit, affolée, allume et prend Eryl Mai dans ses bras.

– Maman, c'est le nuage noir, il est revenu, il m'emporte...

Puis elle se calme à nouveau dans les bras de sa mère, qui s'allonge auprès d'elle. Eryl Mai couve quelque chose. Pas de fièvre. Le petit front a retrouvé sa fraîcheur après le cauchemar. Le souffle est régulier, le teint rosé. Une jolie petite fille de six ans qui dort, rassurée, puisque maman est là.

21 octobre 1965. Retour en arrière sur tous les personnages de cette histoire noire.

A la City, les collaborateurs de Miss Pamela Healey voient clignoter le signal rouge qui les convoque dans le bureau de la chef de service.

– Tiens, elle va mieux, dit quelqu'un.

– Ou alors on va apprendre quelque chose, dit un autre.

Dans le grand bureau de Miss Pamela Healey, ils se tiennent debout. Regards ironiques mal dissimulés pour la plupart.

– Bien. Nous allons reprendre ce travail là où nous l'avons laissé. Je vais mieux. Ma dépression est passée. Vous auriez tort d'en sourire, car cela signifie hélas que la catastrophe va se produire incessamment. Peut-être même en ce moment...

Silence dans les rangs, chacun se remet au travail.

Sur la route du week-end, Miss Sybil Brown rêvasse dans la voiture, aux côtés de son mari. Elle tourne machinalement le bouton de la radio, écoute, et se cache la tête dans les mains. La voiture s'arrête sur le bas-côté. Le mari de Sybil, impressionné, attend qu'elle se calme.

Dans le charmant salon de Constance Milden, spirite convaincue, le téléphone sonne. Une amie, la voix pleine d'émotion, lui dit :
– Constance... écoutez la radio... ce que vous aviez dit... c'est arrivé !

John Arthur Taylor bricole dans son garage lorsqu'un de ses fils arrive en courant.
– Papa... Aberfan...
– Quoi Aberfan ? Qu'est-ce qu'il y a ?
– Le mot que tu cherchais... C'est une ville au pays de Galles, viens écouter la radio, c'est affreux ce qui se passe...

Chez Alexander Venn, le peintre du dimanche, on écoute aussi la radio, et soudain Alexander se lève, court dans son atelier, et revient en brandissant une toile devant sa femme :
– Regarde, mais regarde ! C'était Aberfan...

Dans son bureau de la City, Miss Pamela jette sur ses collaborateurs un regard désespéré, lugubre :
– Je vous l'avais dit...

Et la collègue de Monica Mac Bean, à la British Air, surgit dans le bureau du secrétariat, les yeux exorbités :
– Monica, la vague noire, les enfants... c'était une prémonition, c'est arrivé, là...

C'est arrivé. Le 21 octobre 1965, à neuf heures quinze du matin. A Aberfan.
Les enfants étaient réunis dans la cour de l'école, leurs imperméables ruisselants de pluie, et la cloche sonnait pour l'entrée en classe.

Derrière eux, au-dessus d'eux, très très haut au-dessus de leurs têtes, le sommet de l'immense terril, amas de terre noirâtre, de poussières, de déchets de charbon, extraits de la mine voisine.

L'un des instituteurs a vu, sous la pluie diluvienne qui tombait depuis deux jours déjà, bouger la montagne noire. Il a crié. Tout le monde a levé la tête. Lentement, sûrement, inexorablement, le gigantesque terril s'est mis à avancer, comme une bête monstrueuse qui prend son élan, puis plus rapidement, de plus en plus vite, il s'est mis à couler, à courir, à se précipiter sur ceux qui le regardaient, pétrifiés. L'horizon est devenu noir, une vague gigantesque a déferlé, et recouvert la ville.

En quelques secondes, Aberfan était pratiquement englouti sous un demi-million de tonnes de terre noire granuleuse, sale, visqueuse. Il flottait au-dessus un brouillard de suie.

Cent quarante victimes, en majeure partie les enfants de l'école.

Le monde a vu la catastrophe sur les écrans de télévision. Des petits cercueils alignés, à quelques centaines de mètres de la montagne noire enfin immobilisée.

Sur l'un des petits cercueils, une plaque de cuivre portant le nom de Eryl Mai Johns, âgée de six ans. Avec ce texte : « Le grand nuage noir l'a emportée, pourtant Dieu, dans sa miséricorde, l'avait prévenue. »

C'est terrible et impressionnant. Enquêtant parmi toutes les personnes qui affirmaient avoir eu des prémonitions du drame, un psychiatre londonien a fait un travail de fourmi. Il a retenu trente-six témoignages qu'il jugeait authentiques.

Les autres étaient trop embrouillés, trop stupides, ou se situaient après la catastrophe, et non avant.

Ce psychiatre, passionné par le sujet, a expliqué à la presse qu'il ne s'agissait en aucun cas de discuter de l'authenticité de chacun de ces rêves ou prémonitions, mais que l'important était de les recenser. Il suggérait que les gens puissent alerter un organisme central de ce qu'ils pensaient être des prémonitions. Regroupés sur un ordinateur, ces témoignages pourraient faire ressortir les événements les plus plausibles. On pourrait espérer, de cette manière, prévenir certaines catastrophes. Surveiller les points sensibles que trop de prémonitions signaleraient.

Il existe effectivement désormais, à Londres et à New York, un bureau des prémonitions.

Hélas, les résultats ne sont pas évidents. Les responsables de cette entreprise, qui a ses détracteurs évidemment, estiment que leur bureau est encore mal connu, et que le nombre des prémonitions enregistrées ne permet pas de dresser de statistiques valables. Les détracteurs, eux, nient l'exemple d'Aberfan, où les témoignages recueillis étaient pourtant uniquement ceux déclarés avant le drame et devant témoins. Le témoignage humain ne vaut rien. Trop fragile, trop émotionnel, trop aléatoire, trop tout.

Mais que dire de l'inscription sur la tombe de la petite écolière d'Aberfan, Eryl Mai Johns, six ans...

« Le grand nuage noir l'a emportée, pourtant Dieu dans sa grande miséricorde, l'avait prévenue... »

Que dire ? Contre un témoin mort à six ans ?

# CROCODILE MAGIQUE

Digne descendant du docteur Livingstone, le chef du district de Chikwawa est un Anglais interminable, en short kaki au ras des genoux, en chaussettes de coton blanc, le tout surmonté d'un casque colonial à trous.

C'est ainsi, nul n'y peut rien : Le chef Devil a le « look » de ce qu'il est. Un Anglais administrateur d'une colonie lointaine, sauvage, en plein Nyassaland.

Aujourd'hui, le Nyassaland, indépendant depuis 1964, s'appelle le Malawi. Mais ses habitants sont toujours des Bantous. Il existe plusieurs sortes de Bantous : les Angonis, les Ngamyas, les Chewas et les Tumbukas. Même religion pour tout le monde : l'animisme.

Çà et là quelques pasteurs anglicans ont bien tenté de faire entrer le protestantisme dans l'esprit bantou. Mais le Bantou résiste, il tient à sa culture. Voilà d'ailleurs toute l'histoire. Ceci est une histoire extraordinaire de culture, au fond.

Le décor : Celui de l'Afrique intérieure, aux confins de la Zambie, de la Tanzanie et du Mozambique, à deux cent cinquante kilomètres tout de même de l'océan Indien.

Le lac Malawi, immense, d'un bleu indigo selon Livingstone, existe toujours. De même qu'il est toujours peuplé de poissons délicieux, agité de tempêtes monstrueuses, peuplé sur ses bords de villages nombreux, et alimenté par des rivières où grouillent les crocodiles, plongent les éléphants, gargouillent les hippopotames.

Les hommes, eux, cultivent le coton, se nourrissent maigrement de sorgho, de manioc de cassave, de poissons et de galettes d'insectes. Les femmes portent un anneau, immense, trouant la racine inférieure du nez, et les hommes des tatouages bizarres.

Au temps de ce cher Livingstone, ils étaient vêtus d'un morceau de tissu ridiculement exigu. Depuis l'avènement du protectorat, on leur offre des shorts.

Nous sommes à l'époque du chef Devil, du district de Chikwawa, en l'an 1962, au mois d'août. Les carpes du lac, appelées ici mpasa, se prennent pour des saumons et remontent le courant pour aller frayer ailleurs. Accessoirement, nous sommes à l'aube de l'indépendance.

Le chef est assis à son bureau de chef. Dans sa case de chef, devant une tasse de thé de chef. Il tient sa cour en ce matin glorieux, et les canards sauvages font un raffut du diable non loin de là, sur les bords du fleuve.

Un individu se présente à lui. Noir. Du plus beau noir, mince, athlétique, il se nomme Ellard Chippendale, en anglais et Sirwawa en bantou. Du temps de ce cher Livingstone, nombre de ses ancêtres furent lâchement kidnappés par les marchands arabes, qui après les avoir assommés les vendaient comme esclaves. Sans aucun doute, Sirwawa a un cousin à Harlem, qui danse peut-être des claquettes et joue du saxophone. Mais lui, il vient porter plainte.

– Chef... il y a quatre saisons de mpasa (traduction : en août 1959), j'ai loué mes services de crocodile magique à un villageois du nom de Kansoche. Connais-tu Kansoche ?

Le chef ne connaît pas intimement Kansoche. Le district est vaste. Par contre il sait que le crocodile magique existe.

– Ce villageois m'a demandé de tuer sa petite-fille appelée Mponda Simenti. Pour ça je lui ai demandé, moi, quatre livres et dix shillings. Il n'a pas payé.

L'accusation est d'importance. Habituellement, les gens d'ici font leur justice eux-mêmes, et n'ont recours à celle de l'Anglais qu'en cas de force majeure. Car la justice de l'Anglais pend les gens comme elle respire. Il n'y a pas si longtemps, deux femmes accusées de sorcellerie ont été brûlées vives par leurs concitoyens. Et l'Anglais en a fait toute une histoire. Il a fait pendre ceux qui avaient brûlé les sorcières. Il faut donc que le plaignant ait aujourd'hui du mal à faire justice lui-même, sinon il ne mêlerait pas l'Anglais et sa justice à son histoire de dette.

Le chef Devil est impressionné. Non pas par la demande, qui lui paraît, dans sa conception occidentale, parfaitement ridicule... Quatre livres et dix shillings... Une misère. Mais par le motif de cette dette.

Sirwawa, lui, a une bonne raison de demander secours à l'Anglais et à son tribunal. Ici, un homme peut vivre avec toute sa famille pendant presque un mois, avec dix shillings. Quatre livres et dix shillings représentent cinquante mois de subsistance... Et l'homme qui les doit ne les a pas payés, le tuer pour cela, en lui refilant un poison quelconque, ou en l'embrochant d'un crochet à pêche, ne servirait à rien. Sirwawa veut les quatre livres et les dix shillings, et un mort ne paie pas ses dettes.

Le chef Devil enregistre soigneusement la plainte de Sirwawa, tribu Ngamyas, dit Ellard Chippendale, appelé aussi « crocodile magique ».

– Ainsi tu n'as pas été payé du tout ?

– Presque rien, chef. On avait dit quatre livres et dix shillings et Kansoche n'a donné que dix shillings.

Le chef Devil enregistre la somme donnée. A ses côtés, son assistant bantou, qui n'a pas le droit de prendre parti, s'indigne. Kansoche est une fripouille.

Le chef demande le calme, car la discussion sur la malhonnêteté de Kansoche pourrait durer jusqu'au coucher du soleil.

– Tu dis avoir fait ton travail ?

– Je l'ai fait, chef. Il n'y a pas de dispute là-dessus.

– Bien. Nous porterons ton affaire devant la cour du chef Chapananga.

La cour du chef Chapananga est l'échelon le plus bas de la juridiction locale. Une sorte de tribunal de simple police. Ses membres sont payés par le gouvernement anglais, elle est constituée d'autorités indigènes, du chef de district et de ses conseillers. Elle a le pouvoir de traiter toutes les infractions à la loi et aux coutumes.

Il s'agit en l'occurrence d'une infraction à quoi ? Pour l'instant aux coutumes. Un crocodile magique loue ses services exactement comme un tueur à gages. On lui désigne sa victime, il l'exécute, et se fait payer le prix convenu.

Quoi qu'en pense le chef Devil, il faut donc convoquer les deux parties devant le tribunal local afin de déterminer si oui ou non, l'un doit quatre livres à l'autre.

La petite fille exécutée par crocodile magique n'entre pas dans cette législation. Et pourtant il s'agit d'un meurtre.

En admettant, se dit le chef Devil, que crocodile magique ait fait son travail. Dieu et la Reine fassent qu'il mente...

Le chef Devil applique des tampons divers sur la plainte. Et Sirwawa s'en retourne satisfait.

La cour du chef Chapananga se réunit donc afin de traiter cette plainte ordinaire pour dettes, le 17 août anglais 1962. La maison commune, en fibrociment et tôle ondulée, sert de tribunal. En principe. Car les magistrats préfèrent se tenir à l'extérieur où il fait moins chaud, tout compte fait, que sous la tôle ondulée du protectorat.

Le chef Devil s'assied sur un fauteuil de moleskine, où il fait encore plus chaud, et les autres par terre, dans la poussière. Le chef Chapananga, qui sert de conseiller culturel et juridique en matière d'us et coutumes bantous, a le privilège de disposer d'une peau d'antilope sur un tabouret de bois. Les anciens du village assistent aux débats. Pour information. Ainsi qu'un détective sergent de police, venu de Blantyre, la grande ville la plus proche.

Kansoche est assis à gauche, face au tribunal. C'est l'accusé. Sirwawa est à droite, c'est le plaignant.

Tous deux appartiennent à la même tribu Ngamya. C'est-à-dire qu'ils mesurent près de deux mètres, tout en muscles lisses et vigoureux. Leur peau d'un bronze noir luit au soleil torride. Ils s'observent de leurs yeux obliques, leur élégance naturelle confondrait le chef anglais s'il en avait conscience une minute. Mais le chef anglais ne connaît que l'élégance britannique. Et la loi.

– Ellard Chippendale, faites votre déposition sous serment!

Sirwawa déplie son long corps, frotte son nez droit et racé, tire sur sa chemise de circonstance, et vient déposer devant le tribunal qui l'écoute en silence :

– Il y a quatre saisons de mpasa, Kansoche m'a demandé de tuer sa petite-fille Mponda. J'étais crocodile magique, et j'ai accepté le marché, pour quatre livres et dix shillings. Quelques jours après cette conversation, je me transformais en crocodile magique, et je guettais la petite fille dans la rivière Mwanza. Je l'ai entraînée dans les flots. Je l'ai poignardée deux fois, dans les côtes, et à ce moment un coup de fusil m'a attaqué. Alors je me suis arrêté sur-le-champ. Mais j'ai cassé sans le vouloir le bras de la petite fille. J'ai nagé contre le courant, jusqu'à l'endroit où Kansoche m'attendait, et je lui ai dit que j'avais accompli ma mission. Alors, Kansoche m'a donné dix shillings pour le « goût du sang », et il m'a promis le reste pour plus tard. Quatre saisons ont passé et il n'a rien payé.

Cette déposition faite, sous serment, le plaignant Sirwawa va reprendre sa place dans la poussière.

Un observateur non averti pourrait s'interroger, à ce moment des débats.

Qu'est-ce qu'un crocodile magique?

Qu'est-ce que le goût du sang?

Un observateur sensible, et toujours non averti, se demanderait de plus, avec horreur, comment un grand-père peut demander à un homme crocodile de tuer sa petite-fille de huit ans. Et pourquoi?

L'observateur non averti trouvera les réponses à ces questions un peu plus loin.

Pour l'instant, c'est au tour de l'accusé de déposer sous serment. Quel serment d'ailleurs? Nul ne le sait, puisqu'il n'est pas formulé. Gageons qu'il est sous-entendu par la loi de l'Anglais, qui n'en demande pas la démonstration, ce serait trop compliqué.

Kansoche ne conteste pas les faits.

– Tout ce que dit l'homme crocodile est vrai. Sauf la somme promise. Je n'ai jamais dit que je le paierai quatre livres et dix shillings, mais seulement deux livres et dix shillings...

La cour enregistre, les déclarations sont consignées dans le livre, et chacun vient signer le texte afin de reconnaître son exactitude. Étant donné que les deux plaideurs ne savent ni lire ni écrire la langue de l'Anglais, leur confiance est totale lorsqu'ils barbouillent laborieusement une croix sur le livre de cour.

Puis vient la sentence du tribunal. Après consultation des sages et du conseiller, la cour estime que l'homme crocodile a bien accompli sa mission, mais contre des honoraires de deux livres et dix shillings seulement. Kansoche ayant donné dix shillings, il doit donc payer deux livres sur-le-champ.

La sentence est consignée. On resigne. Kansoche donne deux livres à l'homme crocodile, en échange d'un reçu officiel.

En ce qui concerne la culture bantoue, l'affaire est close.

En ce qui concerne le sergent de police anglais qui assistait au procès, elle commence.

Le détective Harps serre la main du chef de district Devil. Un shake hand poisseux sous ce maudit soleil d'Afrique. Même casque, même short, mêmes chaussettes, ils vont ensemble siroter le whisky bienfaisant sous la case au toit de papyrus. Il y fait frais.

– Je vais faire un rapport à l'officier supérieur en poste à Chikwawa. En attendant, il conviendrait d'établir l'existence de cette enfant de huit ans, et les circonstances de sa mort.

Le chef Devil opine du verre. Il se rendra lui-même avec ses assistants au village près de la rivière, afin d'établir les faits. La justice anglaise est en marche. Les rites bantous auront du mal à survivre.

Au village, quelques jours plus tard, le chef Devil et ses deux assistants, plus grands que lui, plus noirs aussi, et parlant la langue, procèdent donc à leur enquête.

Première question : Qui est le père de Mponda ?

Kansoche, qui a payé deux livres et dix shillings pour faire mourir sa petite-fille, désigne son fils, Lyton.

Lyton, cueilleur de bambous, pêcheur de carpes, âgé d'environ trente ans, reconnaît effectivement être le père de Mponda.

– Qu'est-il arrivé à Mponda ? demande le chef Devil.

– Mponda a été enlevée par un crocodile, il y a quatre saisons de carpes.

– Est-elle restée dans la rivière ? Le crocodile l'a-t-il mangée ?

– Non, les villageois ont pris le corps de Mponda et l'ont préparée pour le faire brûler. Lui, Lyton, n'a pas vu le corps.

Le chef Devil fait ensuite le tour du village, et chacun lui confirme qu'en effet Mponda a été prise par un crocodile.

– C'était un crocodile magique ?

– C'était un crocodile.

Qui peut dire qu'un crocodile est magique ou pas, puisque c'est un crocodile ?...

– Avez-vous essayé de tuer le crocodile ?

– Le chef est venu avec son fusil de chasse, il a tiré un coup de fusil sur le crocodile. Le crocodile a lâché l'enfant et a disparu dans les flots. L'enfant était morte, et on l'a brûlée.

– Où est le chef ?

– Le chef est mort.

– Pourquoi n'avez-vous pas prévenu la police ?

– C'était un crocodile. Des tas de crocodiles mangent des tas d'enfants, sans qu'on prévienne la police.

– Mais ce crocodile était magique!

– Personne ne le savait.

– C'est une chose défendue par la loi...

Silence. Quelle loi? Celle du chef Devil? Ça ne regarde pas les villageois.

Le chef Devil se rend dans la case du nouveau chef du village. Il demande à voir où est enterrée Mponda.

Le cimetière du village est un vaste champ, sans pierres tombales, et il faut l'aide des femmes pour retrouver la sépulture de Mponda. Elles l'ont ensevelie, à quatre, et s'en souviennent parfaitement.

Le chef Devil photographie l'emplacement, et s'en retourne au rapport.

Les deux parties ayant confirmé, sans aucune hésitation, l'un être l'homme crocodile, l'autre le mandataire, le procès peut avoir lieu. Mais avant cela il convient de faire examiner le cadavre, afin d'apporter la preuve du meurtre. Si c'est possible.

Un photographe de la police, le directeur du laboratoire de Santé publique, le conservateur du Musée du Nyassaland, le chef Devil, et le médecin du district, sont présents pour l'exhumation.

Le chef Devil ordonne de déterrer le cadavre. Ce qui est assez effroyable pour la culture bantoue.

Le corps brûlé a été enveloppé d'une natte de roseau et enterré à huit pieds environ de profondeur. Il est complètement décomposé, ainsi que la natte et les vêtements. Chaque pouce du sol doit être soigneusement tamisé, afin de retrouver les petits os, mélangés aux brindilles, aux racines et à la terrre, le tout de même couleur.

Le médecin, pathologiste distingué, anglais... estime cependant les restes suffisants pour reconstituer les morceaux de l'avant-bras droit, qui a été fracturé. Ainsi que l'a affirmé l'homme crocodile. Sans le faire exprès, a-t-il ajouté. Les femmes reconnaissent les perles et les boucles d'oreilles de Mponda. Le médecin, lui, détermine qu'il s'agit du corps d'une fillette d'environ huit ans. Dont la mort remonte à plus d'un an.

Le dossier d'instruction est clos. Le procès peut s'ouvrir.

On se souviendra longtemps chez ces Bantous-là, du procès en haute cour de l'homme crocodile. Il débute à neuf heures du matin, le 20 mars 1963 de l'ère anglaise.

C'est-à-dire à moins d'un an de l'indépendance du pays.

Il est présidé par Sir Geoffrey Unsworth, chief-justice du Nyassaland, futur Malawi. Sir Geoffrey siège avec trois assesseurs Ngamyas. Le règlement veut en effet que le magistrat de sa majesté britannique juge sans jury, mais qu'il soit assisté de trois personnes de bonne réputation, provenant de la même tribu que l'accusé, dont il peut solliciter l'avis, et qui ont le droit de poser des questions directes à l'accusé.

Le tribunal est tout neuf. En ciment. Il vient d'être terminé.

Vu les déclarations préalables de l'accusé, il n'y a pas de témoins à charge ou à décharge.

L'homme crocodile, crocodile magique, est en prison depuis un an. Mis à part Sir Geoffrey, à la logique toute britannique, chacun dans la salle, y compris les trois assesseurs, est persuadé qu'il s'agit bien d'un homme crocodile.

Tout le galimatias juridique n'intéresse personne.

En revanche, la déposition de Ellard Chippendale est passionnante.

Sir Geoffrey demande :

– Êtes-vous un homme crocodile ?

– Je suis un homme crocodile.

– Quand devenez-vous homme crocodile ?

– Quand je veux.

– Devenez-vous librement un homme crocodile ?

– Librement, je deviens un homme crocodile.

– Comment devenez-vous un homme crocodile ?

– Avec la magie.

– En quoi consiste cette magie ?

– J'attache des brindilles de roseau autour de ma taille. Je revêts une écorce d'arbre, et je me transforme en homme crocodile.

L'un des assesseurs prend la relève de Sir Geoffrey.

– Qui vous a enseigné la magie de l'homme crocodile ?

– Mon oncle. Il m'a appris pendant des années.

– Lui aussi se transformait en homme crocodile ?

– Oui.

– Vous vous transformiez ensemble ?

– Oui.

– Pour faire quoi ?

– Surtout pour aller chasser des poissons dans la rivière.

– Jamais pour chasser des humains ?

– Si. Mais pas beaucoup.

– Pouvez-vous vous transformer en homme crocodile ?

– Ah non ! Les policiers m'ont arrêté. J'ai abandonné la magie. Je ne peux pas redevenir homme crocodile. Et puis il faut le faire souvent, en prison je ne pouvais pas faire l'homme crocodile.

– Y a-t-il un langage des hommes crocodiles ?

– Oui. Quand j'étais crocodile, je parlais la langue crocodile.

– A qui ?

– A mon oncle, et aux crocodiles !

– Pouvez-vous parler crocodile maintenant ?

– Ah non ! Je peux parler crocodile quand je suis crocodile. Quand je suis homme, non. Les crocodiles et les hommes n'ont pas la même gorge.

Sir Geoffrey reprend la parole à son conseiller. Il n'est tout de même pas là pour une conférence ethnologique ni pour un débat sur les hommes crocodiles. Il veut savoir :

– Pourquoi cet homme vous a-t-il demandé de tuer sa petite-fille ?

– L'homme crocodile ne pose pas de questions. Kansoche voulait tuer sa petite-fille, l'homme crocodile accepte.

Le conseiller se penche alors vers Sir Geoffrey, pour lui souffler :

– J'ai cru comprendre que le grand-père avait l'assurance que son fils n'était pas le père de cette enfant... et qu'il nourrissait une bouche qui n'était pas de lui...

Sir Geoffrey en a les épaules qui tombent et la perruque qui frémit. Il demande à entendre le psychiatre.

Car il y a un psychiatre, mesdames, messieurs, dans cette affaire d'homme crocodile. Et les Bantous vont l'entendre.

Sir Geoffrey prend quelques précautions oratoires :

– Docteur, je vous demanderai d'être assez concis... Je crains que vos propos ne soient, disons... pas suivis aisément par tous les membres de cette cour. Je crains notamment les termes scientifiques...

Les trois conseillers de la culture et des us et coutumes bantous inclinent la tête en signe d'assentiment poli. Qu'est-ce qu'un psychiatre pour eux, si les autres ne savent pas ce qu'est un homme crocodile ?

Le psychiatre, anglais, s'efforce d'expliquer sérieusement le psychisme de l'homme crocodile... Un psychisme qui en somme ne s'écarte pas, dit-il, à ce point de la moyenne.

– L'accusé Chippendale est un homme d'intelligence moyenne, il n'a jamais souffert de maladie mentale. Il n'en souffre pas actuellement.

Sir Geoffrey grimace :

– Pouvez-vous nous expliquer pourquoi il se prétend homme crocodile ?

– Pourquoi pas ? Je donnerai en exemple à la cour des peintres médiocres qui lisent sur leurs œuvres l'empreinte du génie... Des politiciens qui s'imaginent avoir l'étoffe de chefs d'État. Des savants qui croient avoir découvert l'invention du siècle... Des militaires qui affirment que leur guerre est une croisade... Des terroristes qui se croient Robin des Bois... Des voleurs, Arsène Lupin... Des dictateurs qui jurent que leur régime est un rempart entre la vertu et le désordre... Des cabotines qui se prennent pour Sarah Bernhardt... Des danseurs qui se croient Nijinsky... Chippendale, lorsqu'il nage avec son écorce de bois et ses aiguilles de bambous, se prend pour un crocodile. Cela s'appelle prendre ses désirs pour des réalités, c'est infiniment courant, et c'est pourquoi je parlais de psychisme moyen...

Si les trois conseillers bantous n'ont pas tout compris, ils ont deviné que le psychiatre ne trouvait en somme rien à redire à ce qu'un homme se prenne pour un homme crocodile... Leur sorcier n'aurait pas dit mieux.

Le deuxième accusé, le grand-père nommé Kansoche, qui a payé deux livres et dix shillings, à regret il faut bien le dire, pour que l'homme crocodile tue sa petite-fille, n'a pas de déclaration superflue à faire au tribunal.

– Pourquoi avez-vous demandé à Chippendale de tuer l'enfant ?

– Parce qu'il était crocodile magique.

– Mais pourquoi la faire tuer par un crocodile magique ?

– Parce que c'est la coutume, des fois.

– Dans quel cas ?

– Quand on peut payer le crocodile magique...

On ne lui tire pas grand-chose d'autre, à part un détail.

– Pourquoi ne pas l'avoir payé ?

– Parce qu'il réclamait quatre livres et dix shilling, et que le marché était de deux livres et dix shillings...

Voilà. La discussion a duré près de deux ans... jusqu'à la plainte devant le chef Devil.

Mais les deux hommes sont passibles de la peine de mort.

Et Sir Geoffrey pose alors trois questions à ses conseillers bantous :

– Croyez-vous que le crime ait été commis par magie ?

– Oui.

– Croyez-vous que cette enfant ait été tuée par un crocodile magique ?

– Oui.

– Croyez-vous que Chippendale est un crocodile magique ?

– Oui.

Nanti de ces trois avis distingués, Sir Geoffrey, homme juge et responsable de la loi devant sa très gracieuse majesté en ce territoire lointain du Nyassaland, condamne les deux accusés à être exécutés par l'homme bourreau.

Dieu sauve la reine, mais ne fait pas revivre la petite Mponda. Il en fut fait ainsi.

# LE COMPAGNON DE LA PRINCESSE

Irina Natalia Bestemianova regarde son miroir. Le même miroir depuis bien des années, fait de nacre et d'ébène, serti d'argent, orné d'un oiseau de paradis aux ailes d'ivoire et au bec de rubis. Une merveille baroque, fabriquée par un orfèvre de Saint-Pétersbourg, il y a plus d'un siècle. Et ce maudit miroir répond toujours la même chose. Tu es la plus vieille. Irina Natalia, ma chère, tu as quatre-vingt-seize ans, le diable t'emporte.

Cette constatation a le don de mettre la princesse dans une colère noire. Sa dame de compagnie, qui a le malheur de ne compter que soixante-dix printemps, en subit les conséquences, sous forme de représailles aussi injustes que violentes :

– Sophie, où est cette crème américaine que vous m'aviez promise ?

– Votre parfumeur viennois n'a pas reconstitué son stock, princesse...

– Vous n'êtes qu'une imbécile. Faites venir mon chirurgien !

– Il est en vacances à Megève, princesse.

En réalité le chirurgien refuse depuis longtemps de retoucher quoi que ce soit au désastre de ce visage qu'il a tant de fois rafistolé. Les yeux obliques sont de lui, les pommettes étirées vers les tempes également. Les coutures tout autour du crâne et derrière les oreilles sont de son cru, les plis du menton, les rides des joues, les plissures du cou, il a tout revu, tout recousu et n'en peut plus. Même les pauvres seins ont connu ses soins attentifs et s'en souviennent encore. Mais on ne remonte pas indéfiniment le moral d'une peau qui s'obstine à flétrir, ainsi qu'il est de coutume en ce monde.

C'est pourquoi le miroir baroque ne peut répondre à ce visage tout aussi baroque que par la vérité. Meurt donc, vieille peau, et que l'on n'en parle plus.

La princesse bondit sur sa chaise roulante.

– Qu'est-ce que vous dites, Sophie ? Je vous ai entendue... Ah ! je suis une vieille peau ?

– Je n'ai rien dit, princesse, je vous jure !

– Je vous déshérite !

Ce n'est pas grave. Sophie, la pauvre, est déshéritée à peu près tous les matins, et tous les soirs. Sa milliardaire de maîtresse devrait être mise sous tutelle depuis longtemps à son avis. Hélas il n'y a plus d'héritiers directs et légitimes, elle les a tous enterrés. Et sa folie ne faisant jusqu'ici de mal à personne, la princesse Irina Natalia Bestemianova fait exactement et absolument tout ce qu'elle veut.

Si elle désire des dents neuves, elle y met le prix, et les dentistes de Vienne se précipitent à son chevet. Les perruquiers aussi. Les masseurs, les maquilleurs, les couturières. Irina tape du pied, paie et tout est dit. Cette petite bonne femme d'un mètre soixante est depuis quatre-vingt-seize ans le dictateur le plus éhonté d'Autriche.

– Je veux, dit-elle...

Et Sophie est déjà au garde-à-vous. Mais la suite ne vient pas. Le silence se prolonge. La tête surmontée d'une perruque rousse, les oreilles alourdies de boucles d'oreilles d'or et de diamants, le cou enveloppé de soie piquée d'une broche d'émeraude, tout s'effondre d'un coup.

– Princesse ?

Si la princesse pouvait répondre, elle agonirait d'injures sa gouvernante esclave. Comment peut-on laisser mourir ainsi sa maîtresse à dix heures du matin, sans s'en rendre compte, et sans avoir fini de la vêtir décemment ?

Les funérailles ont lieu presque aussitôt. Le temps pour le menuisier de réaliser les deux cercueils commandés par le notaire de la princesse.

– Y'a deux morts ? a demandé le maître de cérémonie.

– Occupez-vous de ce qui vous regarde, a répondu le notaire.

Il est las, le notaire, et furieux. Depuis la fin de la dernière guerre, il a pris en charge la fortune et les intérêts de la princesse, croyant s'en faire une amie, et pourquoi pas un bout d'héritage. Tous ces millions, ces propriétés, ce manoir, l'or en banque, les bijoux...

Il a connu la princesse en 1950, elle avait alors soixante-seize ans, un bel espoir... Vingt ans plus tard, en 1970, il est épuisé d'avoir attendu pour rien. Les deux tiers de la fortune colossale de cette vieille dame indigne vont à des œuvres de bienfaisance. La gouvernante hérite de son chien. Et le dernier tiers est confisqué pour une disposition testamentaire totalement folle, qu'il voudrait bien oublier, et faire oublier.

C'est pourquoi il envoie vertement promener les fossoyeurs qui s'étonnent d'avoir à descendre dans le caveau deux cercueils identiques. L'un fermé, contenant les restes enfin sages de cette acharnée de la vie. Le second ouvert, nanti d'un matelas capitonné et d'un coussin de soie rouge. Vide.

Les quelques curieux, journalistes et voisins qui assistent à ces funérailles bizarres ne s'en étonnent pas pour autant. Encore un caprice de la vieille.

Il pleut des cordes ce jour-là. Elle n'aurait pas aimé cela. La fidèle Sophie, qui a bien du mérite, s'incline une dernière fois devant le somptueux caveau, dont on referme les portes de bronze.

Un journaliste lui demande :

– Vous étiez très proches? Pourquoi ce cercueil double?

Et Sophie vend la mèche.

Quelques jours plus tard, cette mèche va prendre feu, dans un petit bistrot des environs de Vienne.

Kurt Krombichler interroge son verre de bière. Le même depuis un mois. Et le verre de bière lui répond : « Mon pauvre vieux, tu es dans la dèche... boire pour oublier n'est pas une solution. »

Ce grand gaillard de Kurt sombre dans la déprime depuis qu'un supermarché de meubles s'est installé à cinq cents mètres de sa menuiserie. Marié, père de six enfants, il s'était endetté pour monter sa petite industrie artisanale, et voilà que le plus gros de sa clientèle se détourne de lui, au profit de cet étalage de meubles de catalogue, en bois mort et vernis, tous pareils, mais moins chers. Les fins de mois de Kurt se font de plus en plus difficiles. Et lui qui ne buvait guère vient oublier sa misère devant un verre de bière, le regard vague, interrogeant inlassablement la mousse : « Comment m'en sortir? Comment nourrir mes six gosses, payer les dettes et le loyer? »

En face de lui, le cabaretier s'esclaffe.

– Quelle vieille folle! C'est pas possible, c'est une blague...

Kurt demande de quoi l'on cause, et le cabaretier lui montre le journal, posé sur le comptoir.

– La vieille dingue du château. Elle a trouvé moyen de faire parler d'elle après sa mort. Huit milliards et demi, tu te rends compte?

Voilà, c'est le son chaleureux de ces huit milliards et demi qui a sorti le brave Kurt de la contemplation de sa mousse. Huit milliards et demi de shillings... pour la France, à la bourse de 1970, cela représente à peu près trois millions sept cent mille francs. Nouveaux. Trois cent soixante-dix millions de centimes, comme on dit encore au Loto.

Largement de quoi tirer d'affaire le brave menuisier Kurt et sa famille nombreuse.

– Fais voir ce journal?

La princesse Irinia Natalia Bestemianova, décédée à l'âge de quatre-vingt-seize ans, milliardaire, a légué une grande part de sa fortune à des sociétés de bienfaisance et réservé le reste à l'accomplissement d'un souhait pour le moins peu ordinaire. Il sera donné huit milliards et demi de shillings à l'homme qui acceptera de passer un an à ses côtés, dans le caveau où elle est inhumée. Un an près d'elle, enfermé, pour lui tenir compagnie dans la mort. Cette disposition qu'aucun héritier direct n'a pu contester demeure valable selon le notaire que nous avons interrogé, en droit, mais non en fait, car personne ne s'est proposé, bien évidemment, pour remplir les conditions requises. Maître Wagner, notaire à Vienne, a d'ailleurs précisé que ces conditions étaient particulièrement redoutables et impossibles à respecter. Le compagnon de la princesse n'est pas encore né.

La princesse, dont la fortune considérable..., etc.

Le menuisier Kurt vide sa bière, et demande un annuaire. Il cherche les W., appelle l'étude de maître Wagner et se présente :

– Je suis le compagnon de la princesse. Je voudrais un rendez-vous.

Maître Wagner espérait bien être tranquille avec cette histoire. Il a reçu quelques demandes de cinglés, qu'il a découragés sans difficulté en leur lisant les conditions à respecter. Il ne peut pas refuser de recevoir celui-là. Car celui-là semble prêt à tout, même à informer les journaux si l'on refuse de le recevoir.

Il faut être fou ou escroc pour tenter l'aventure, et maître Wagner examine le menuisier Kurt des pieds à la tête.

Un honnête homme, d'apparence modeste. Grand, les yeux bleu clair, direct, il n'a l'air ni fou ni malhonnête. Et pour maître Wagner c'est encore plus embêtant. Il répond aux questions sans grand enthousiasme, et en y mettant le moins de conviction possible.

– C'est impossible. Il faut séjourner un an dans le caveau.

– Comment est-il ce caveau ?

– Parfaitement sinistre, imaginez une petite chapelle en pierre de trois mètres sur trois, avec des portes de bronze fermées par un verrou.

– On y tient debout alors ?

– A condition de ne pas être trop grand, pour vous ce serait très juste.

– Qu'est-ce qu'il y a à l'intérieur ?

– Mon Dieu, ce que comporte généralement un caveau, deux cercueils, côte à côte. Celui de la princesse est fermé et plombé, car elle ne désirait pas être enfouie sous une pierre tombale. L'autre est ouvert, inoccupé. Nous avons installé les deux cercueils dans une fosse, au centre du caveau, profonde d'environ deux mètres et à ciel ouvert, bien entendu.

– Ciel ouvert sur quoi ?

– Sur le plafond de la chapelle. On n'y voit goutte.

Le menuisier Kurt réfléchit un moment, il fait un croquis des lieux dans sa tête. Et se dit après tout que dormir dans un cercueil capitonné plutôt que dans son lit pour huit milliards et demi de shillings, ce n'est pas le diable.

– Pourquoi a-t-elle voulu ça ? C'est sérieux ? Y'a pas d'entourloupe ?

– C'est on ne peut plus sérieux malheureusement, car l'argent est bloqué dans ce but. La princesse avait une peur horrible de la solitude. Elle ne dormait jamais sans son chien, sa dame de compagnie et les lumières allumées. Dans la journée, elle menait une armée de secrétaires et de domestiques. L'idée de se retrouver seule lui était insupportable. L'idée de n'avoir personne sur qui passer ses nerfs surtout... Bref elle est venue me voir un jour pour discuter de cette histoire. Au début elle désirait une armée de volontaires en permanence, qui se relayeraient pour lui tenir compagnie. Des bénévoles... c'était absurde. Comment trouver des volontaires pour tenir compagnie à un cercueil ? Je vous le demande. Alors elle a suggéré qu'on les paie. Elle voulait que j'engage, avant sa mort, des gardiens salariés, avec un planning de surveillance jour et nuit. Et pour l'éternité. Je voyais mal mon étude assumer l'organisation d'une pareille entreprise. Pourquoi pas appeler SOS cimetière, pendant qu'on y était. Alors elle s'est résignée à rechercher quelqu'un pour une période de un an. Elle avait lu quelque part, dans je ne sais quel magazine, que la première année est la plus terrible pour un cadavre... Pour l'aider à passer cette année difficile, elle a eu l'idée géniale de réserver un tiers de sa fortune au compagnon qui accepterait de l'aider à passer ce cap. Inutile de vous dire qu'elle n'a trouvé personne de son vivant, d'ailleurs elle se gardait bien de parler de la mort en dehors de mon cabinet, elle en avait une peur bleue. J'étais censé trouver la perle rare... Depuis bientôt six mois qu'elle attend, la pauvre doit être dans tous ses états...

– Vous m'avez trouvé, j'accepte.

Kurt le menuisier n'a pas souri une seconde au laïus ironique du notaire. C'est grave. Il veut la place.

– Écoutez, mon ami, je ne peux pas refuser, et si vous le décidez vraiment, je vous mettrai en relation avec l'huissier chargé du contrôle de l'opération. Mais réfléchissez... C'est long un an. Trois cent soixante-cinq jours, et autant de nuits, dans un caveau sinistre, avec interdiction d'en sortir... Pour une fortune, je ne le ferais pas, et j'étais pourtant le mieux placé pour me présenter le premier.

– Vous êtes tranquille, vous. Vous avez des sous, du travail, une maison, et vous êtes célibataire. Moi... j'ai une femme, six gosses, des dettes. Et aucun espoir de m'en sortir. Si je vends ma menuiserie, ça ne paiera même pas les dettes, et si je trouve un travail d'ouvrier, je ne nourrirai pas six gosses en finissant de les payer. Alors ? J'assassine un Crésus ou je passe un an dans un caveau ? Je vais vous dire ce que je fais : Je signe. J'ai besoin de cet argent. L'avenir de mes gosses en dépend. Un an pour assurer leur avenir ? C'est moins que j'ai trimé depuis que j'en ai l'âge...

– Bon... mais patientez encore un peu, je dois préparer un protocole, ça vous donnera le temps de réfléchir. Parlez-en à votre femme. Appelez-moi quand vous aurez mûrement réfléchi. Pensez-y bien, un caveau dans un cimetière, c'est pire que la prison...

Le menuisier Kurt semble bien décidé. Le notaire doit l'admettre.

La femme du menuisier non.

– Tu es devenu fou! C'est une plaisanterie?

– Huit milliards et demi, ce n'est pas une plaisanterie... Lea.

Lea a trente-sept ans, elle connaît son Kurt de mari depuis une quinzaine d'années de mariage, et les six enfants autour de la table sont une preuve d'amour suffisante pour elle.

– Kurt, si tu fais ça je divorce.

– Ah oui? Tu divorces toujours quand on n'est pas d'accord. Il y a longtemps qu'on devrait être séparés.

– Justement, un an... toi dans un cercueil et moi ici. Tu as pensé aux enfants? Tu veux que je les emmène en promenade au cimetière le dimanche? Voir papa dans son trou?

– Les enfants peuvent comprendre que chaque jour passé loin d'eux, dans ce trou, nous fera vivre ensemble pendant des années. Lea, regarde les choses en face.

– Je te regarde toi en face, et je me dis que tu es fou. Fou à lier. Vends la menuiserie. Trouve du travail.

– Nous vendrons la menuiserie, ton frère s'occupera de vous pendant mon absence. Je lui en ai déjà parlé, il est d'accord.

Pauvre Lea. Pauvres enfants. Kurt passe la nuit à leur expliquer tout ce qu'ils feront avec ces huit milliards et demi de shillings. Et comme ils seront fiers de lui. Car il y arrivera, c'est une question de volonté. Uniquement.

Quarante-huit heures plus tard, Kurt signe chez le notaire le protocole qui règle son travail. Comment appeler cela autrement? Il est compagnon, gardien, il commencera demain, et il voudrait bien une petite avance, pour Lea et les enfants.

– Impossible. Le testament est formel. L'argent ne sera versé qu'après un an de présence.

– Avec une petite avance, j'éviterais la faillite...

– Impossible.

La mort dans l'âme, on l'aurait à moins, Kurt signe le protocole, sans la moindre avance. On lui présente l'huissier, qui ne trompe pas son monde, en ce sens qu'il a une tête de croque-mort. Un visage triangulaire, des lèvres minces sur des dents de belette.

Il adore son métier. Il aime bien cette histoire. Ça lui plaît de voir quelqu'un vendre une année de sa vie.

– Un an dans un cercueil... laissez-moi rire. Vous craquerez dans trois jours, et encore je suis optimiste. Demain neuf heures, au cimetière. A partir de ce moment, un gardien payé par mon étude, vérifiera régulièrement votre présence. Vous n'aurez le droit de sortir que deux fois par jour, et un quart d'heure à chaque fois, pour aller aux toilettes. Les toilettes sont situées à cinquante mètres du caveau. Elles sont rudimentaires. Prévues pour les visiteurs de passage, et non pour les sédentaires. La moindre entorse à ce règlement correspondrait à une rupture de contrat. Vos repas vous seront déposés chaque soir. Nous nous en chargeons. A demain, monsieur le compagnon.

L'huissier aux dents de belette sourit au notaire, de l'air du chat qui aurait croqué un canari.

– Il ne tiendra pas. D'ailleurs je ferai mon possible pour le décourager. J'appliquerai à la lettre les conditions du testament. Plus vite nous en aurons fini avec cette folie, mieux ça vaudra... Je me charge de son séjour.

A l'enterrement d'un menuisier fou, des tas d'escargots s'en vont. Il pleut le jour de la descente au caveau du menuisier Kurt Kromblicher. Il pleut alors qu'il est venu en costume d'été, une valise à la main, rasé de frais, se présenter à la porte de bronze du caveau de la princesse. Lea, sa femme, s'était instinctivement vêtue de noir. Il l'en a dissuadée :

– Ce n'est pas un enterrement, c'est une épreuve d'endurance. Mets ta jolie robe, il y aura des journalistes.

Lea a donc revêtu une jupe blanche et un chemiser rose. Les enfants sont restés à la maison. Lea leur a dit sans sourire :

– J'accompagne papa à son travail, et je serai là pour déjeuner. Soyez sages.

Il n'y a pas de journalistes. L'huissier belette s'est bien gardé de convoquer la presse, dont il connaît trop les méfaits. Ces gens-là seraient bien capables de s'installer dans le cimetière et de tenir compagnie à l'accompagnateur. Or c'est interdit. Hors de question. Un cimetière est un lieu de repos sacré. C'est tout juste si quelques-uns, bien informés, arrivent à se hisser sur les murs pour voir la descente au caveau.

Kurt embrasse son épouse et disparaît derrière la porte de bronze que l'huissier referme avec une clé compliquée.

Il éclaire un instant le caveau de sa lampe torche, pour permettre au compagnon de la princesse de prendre place dans son cercueil, par deux mètres de fond et dans le noir.

– Vous y êtes ? Je vous éclaire le temps de descendre.

– Hé, il n'y a pas de lumière ?

– Non, il n'y a pas de lumière. Vous avez un peu de jour qui filtre par les aérations ménagées dans la porte de bronze. C'est tout. Descendez le petit escalier. Parfait. Vous voyez le cercueil ? Allongez-vous. Il est à vous. Attention j'éteins. Je vous souhaite un agréable séjour...

Et plouf, le noir total. Au bout de quelque temps, Kurt s'habitue à la faible lueur qui filtre deux mètres plus haut. Ça ne l'avance guère. Il ne voit que l'ombre qui poudroie, les araignées qui chatoient, et rien d'autre. Le gardien vient de temps à autre vérifier la bonne tenue du compagnon de la princesse. Chargé par l'huissier de l'espionner sans relâche les premiers jours afin de lui faire la vie encore plus impossible, dans ce tombeau.

– Hé là-bas... Vous ne devez pas monter à l'échelle, vous devez rester en bas.

– Je peux m'asseoir, quand même ?

– Ça je m'en fiche, mais ne m'obligez pas à vous parler dans le caveau, c'est un lieu de silence et de repos, vous ne devez pas troubler la princesse.

A la nuit tombante, le gardien lui tend une gamelle, remplie d'une sorte de goulasch avec beaucoup de pommes de terre et peu de viande. Kurt ne dit rien. Il ne veut pas risquer de rompre le contrat, et sa détermination est ferme. Il tiendra. Pour les millions sauveurs. Pour l'avenir, pour sa femme, ses enfants, et au nom de sa décision. On a son orgueil tout de même.

Lea tente de lui rendre visite à la fin de la semaine. Elle est impitoyablement refoulée par le gardien.

– Pas question. Le contrat interdit la moindre visite au compagnon de la princesse.

Et les jours passent. Dans le noir et le silence du caveau. Quinze jours, durant lesquels Kurt dort, sort deux fois par jour, comme un hibou égaré pour aller aux toilettes sous la surveillance du gardien, et retourne à son cercueil, mange son goulasch de pommes de terre.

Le seizième jour, le gardien entend des insultes, par deux mètres de fond.

– Vieille pie... Tu l'as fait exprès... C'était pour me tenter, hein ? Tu voulais que Kurt vende son âme au diable, va au diable toi-même !

Kurt se défoule. Il agonit sa compagne d'injures. La traite de tous les noms d'oiseaux. L'accuse de tous les défauts, bref lui sert une oraison qui pose un problème au gardien.

– Monsieur l'huissier, il l'injurie du soir au matin. Il lui dit des horreurs. Il a le droit ?

– Nous allons vérifier.

Le notaire vérifie. Rien, dans la jurisprudence, n'interdit à quelqu'un de tenir compagnie à un mort dans un cimetière, ça c'est une chose acquise. Mais rien non plus ne l'empêche de l'injurier s'il en a envie. Le caveau est d'ailleurs un domicile privé. Ce qui se passe entre les deux occupants ne regarde personne. Les seules interdictions faites au compagnon sont respectées. Il ne parle à personne d'autre, il reste dans son compartiment cercueil.

La troisième semaine, Kurt change de registre et se met à chanter des cantiques. Toute la journée, à s'en érailler la voix. Lorsque le gardien le sort de son trou pour l'emmener aux toilettes, il marche sur la pointe des pieds, comme pour ne réveiller personne, une main sur les yeux pour éviter la lumière, et recommence à couiner des requiem, et tout le répertoire des cantiques de son enfance, dès qu'il a retrouvé son matelas et son coussin rouge. Il est devenu effrayant. Il ne se lave pas, alors qu'il le pourrait un peu au robinet d'eau froide des toilettes. Il n'est plus rasé, alors qu'il dispose d'un rasoir dans sa besace, accrochée à son cercueil. Il est vrai que dans le noir, il se couperait le cou en essayant de viser le moindre poil de barbe. Il ne mange plus guère. Son pot à eau lui sert de bénitier pour des messes bizarres, qu'il récite en marmonnant des prières sans queue ni tête. Un journaliste passe une tête par dessus le mur, puis un autre, le gardien et l'huissier sont débordés malgré eux, ils ne peuvent empêcher la presse de circuler dans le cimetière de jour, et de constater les faits. Bientôt tous les journaux autrichiens parlent du menuisier Kurt et de son défi insensé. On publie des enquêtes et des sondages.

A-t-on le droit de laisser un homme risquer sa santé mentale et physique dans ces conditions ?

Doit-on intervenir, même contre son gré ?

Au bout du premier mois, il y a foule autour du caveau de la princesse Irina Natalia Bestemianova. Qui devrait s'en trouver ravie, elle qui avait si peur de la solitude...

On photographie, on discute, on interviewe. On réussit même à tendre un micro au bout d'un fil, par deux mètres de fond, au compagnon de la princesse.

– Voulez-vous sortir ?

– Non, hurle le menuisier.

Deux mois. Lea intervient. Son mari est devenu fou. C'est un mort vivant dans son cercueil tapissé de rouge, qui hurle des obscénités à sa compagne princière, l'adjure de lui donner ses millions, lui chante des berceuses ou se cogne la tête contre les murs du caveau. La police intervient, les blouses blanches d'un hôpital psychiatrique également.

Un beau matin, dans le soleil insupportable de la vie au grand jour, quatre infirmiers musclés déboulent dans le caveau princier, s'emparent du compagnon de son altesse, lui passent une camisole, et le transportent au quartier des agités.

Le menuisier Kurt n'en sortira que deux mois plus tard. A l'issue d'une profonde déprime.

Il ne touchera pas le moindre shilling.

Irina Natalia Bestemianova voulait de la compagnie, elle en a eu pour son grade pendant deux mois. On a même craché sur sa tombe.

Quelle époque mouvementée nous vivons là !

# ARGUS AVAIT LU FREUD

Leipzig, 1908. La deuxième ville du royaume de Saxe était jadis un simple village de pêcheurs slaves. En une dizaine de siècles elle est devenue le point central de la culture allemande. Tous les livres s'y retrouvent à la foire de Pâques. Et en 1908, avant la grande guerre, lorsque commence la foire de Leipzig, toute la ville chôme pour ne s'occuper que de cela.

Une ville de lecture, comme nous n'en avons plus, une ville symbole de littérature, une bibliothèque de plus de cinquante mille volumes, une université remarquable, des étudiants, des professeurs, des imprimeurs, plus de trente, et des libraires, plus de cent trente... Le cœur du savoir intellectuel allemand. Chaque libraire du pays a son commissaire à Leipzig et, en cette année 1908, il s'échange un nombre considérable d'ouvrages. C'est donc la ville du commerce de livres, où l'on dit que chaque habitant est dévoré de l'envie et du besoin de lire. En ce temps-là, le plus petit éditeur, on dit libraire à l'époque, publie au moins six cents exemplaires de chaque livre. Le « best-seller » y est roi.

Goethe, Schiller, et aussi Freud...

Freud a déjà fait paraître *L'interprétation des rêves*, et la *Psychopathologie de la vie quotidienne, Le Mot d'esprit dans ses rapports avec l'inconscient*, découvert le complexe d'Œdipe. Cette année-là, on trouve à la foire de Leipzig les deux derniers écrits du maître : *Trois Essais sur la sexualité* et *Gradiva.*

Dans la librairie de monsieur Weber, on peut trouver tout Freud. Qui n'a pas lu Freud à Leipzig en 1908 ? On en parle dans les cercles littéraires qui abondent, il y a des conférences, des discussions publiques.

Car la télévision et Bernard Pivot ne sont pas encore là pour le faire.

Chez monsieur Weber, ce matin de septembre 1908, le courrier s'accumule. Propositions de manuscrits, lettres de commandes, factures, imprimés... C'est l'effervescence de la Grande Foire de la Saint-Michel.

Monsieur Weber trie les imprimés, les factures, fait une pile des lettres de contrats signés. Il reste finalement sur son bureau une grande enveloppe blanche, sur laquelle son adresse est écrite à la main. Mais il ne reconnaît pas l'écriture. Et l'enveloppe est mince, ce n'est ni un contrat, ni un manuscrit.

Il y est écrit en travers : « personnelle et confidentielle ». A l'intérieur, trois feuillets couverts d'une écriture assez large, régulière.

Monsieur Weber aime lire, c'est son métier. Mais il n'aime pas les lettres, surtout lorsqu'elles sont longues, verbeuses, et écrites à la main. Ça existe les machines à écrire en 1908!

Il se dit : « Quelle barbe! », en lisant au début : « Très honoré Monsieur ». Et, à la fin, la signature : Argus R.

Une lettre anonyme. Il aime encore moins ça, monsieur Weber, et il s'apprête à la jeter au panier, lorsqu'un mot accroche son regard : « Assassinat ». Il déchiffre la phrase complète : « Il s'agit de plus de vingt assassinats, que j'ai moi-même commis, dont trois à Leipzig, l'année dernière. »

Il se décide donc à lire le tout. Les lignes ont tendance à s'élever de gauche à droite, mais les lettres sont penchées à gauche. Curieux équilibre.

« Très honoré Monsieur,

Je vous ai choisi dans la liste des libraires de la ville car vous m'avez paru le plus compréhensif, le plus dynamique et, pour tout dire, le plus intelligent.

La proposition que je vous fais mérite toute votre attention, car elle peut vous être d'un énorme profit. Par contre votre refus de vous conformer aux prescriptions ci-dessous pourrait vous faire courir un grave danger, à vous-même et aux vôtres.

Voici cette proposition : L'auteur de la présente lettre vous offre de publier un ouvrage comme le monde, sans doute, n'en a jamais connu. Un ouvrage éminemment moderne et actuel, qui ne peut manquer de soulever partout l'émotion la plus vive. Je vous propose en effet une description saisissante et réaliste d'une vingtaine d'assassinats, que j'ai moi-même commis, dont trois à Leipzig l'année dernière.

Vous ne trouverez peut-être pas les victimes assez importantes, car il s'agit d'un facteur, et d'un couple de vieux rentiers de la Kaiserstrasse. Mais ces pauvres héros n'en sont pas moins dignes de figurer dans la liste de mes crimes : c'est la manière dont on tue qui intéresse, et guère les sujets eux-mêmes...

Pour en arriver aux conclusions pratiques, vous devrez déposer, comme première avance, une somme de 5 000 reichmarks entre les mains d'un marchand de journaux, place de l'Ancien-Théâtre. Cet argent, en billets de 100 marks, devra être contenu dans un paquet, et le marchand de journaux ne devra remettre le paquet qu'à la personne qui le lui réclamera au moyen d'un billet écrit sur un papier bleu.

Si vous ne respectez pas les conditions ci-dessus, vous serez vous-même et votre famille sous le coup d'une sentence de mort et la police sera impuissante à vous protéger.

Croyez, très honoré Monsieur, à mes respectueuses salutations.

Argus R. »

Monsieur Weber est estomaqué. C'est le mot. Jamais, au grand jamais, on ne lui a proposé de manuscrit émanant d'un criminel patenté. (En 1908, la mode n'est pas encore aux récits de ce genre, et les « best-sellers » de l'époque, sont, ainsi qu'il convient, à base de littérature pure et de poésie, de philosophie, de religion, de sciences, d'histoire, de géographie... le meilleur de la nature humaine donc, et non le pire.)

Est-ce un fou ? Un fabulateur ? Ou un véritable criminel en liberté ? La somme de 5 000 reichmarks est énorme en tout cas. Et assortie de menaces.

Monsieur Weber ne peut pas fermer boutique à la Saint-Michel en pleine foire des libraires, mais il peut faire venir son ami le commissaire Manson, grand amateur d'art, de littérature et de criminels.

Deux heures plus tard, le commissaire Manson prend donc connaissance de la lettre bizarre, et résume :

– C'est un fou. Il est peu vraisemblable qu'il ait accompli une telle série de crimes. Mais je dois reconnaître que les deux derniers cités posent un problème. Ils ont effectivement eut lieu, l'année dernière, et nous n'avons pas arrêté l'assassin. Ce fou peut donc être un criminel. Vous allez devoir prendre des précautions pour la sécurité de votre famille, mais, d'autre part, j'aimerais bien que vous entriez dans son jeu, pour ne pas perdre le contact et me permettre de remonter jusqu'à lui

– Mais comment ? demande le brave monsieur Weber..

– Vous faites l'avance des 5 000 reichmarks, et moi, je prends le bonhomme en filature quand il viendra chercher l'argent chez le marchand de journaux. Je le surveille sans arrêt, jusqu'à ce qu'il vous fasse parvenir son manuscrit. Cela constituerait des aveux, je n'aurais plus qu'à vérifier...

– Manson... vous rêvez.. cinq mille marks... c'est une somme ! Et si le manuscrit est impubliable ? Si les crimes sont faux ? Ou même, s'il n'y a pas de manuscrit du tout ? Je perdrais définitivement cet argent... D'ailleurs, entre nous, c'est à la police de prendre ce risque...

– Weber, vous rêvez aussi... La police n'a pas les moyens de risquer une somme pareille. D'autant qu'il s'agit sans doute d'une fumisterie. Je ne convaincrai pas mes chefs avec ça...

Il brandit la lettre devant lui, l'examine encore.

– C'est dommage tout de même... Quel piège extraordinaire... si c'était vrai, et que je le coffre...

– Si c'était vrai et que je publie les aveux de vingt crimes...

Les deux hommes conviennent alors, assez piteusement, de risquer un billet de cent marks dans l'opération. De cette manière, ils ne perdront pas grand-chose, et le correspondant anonyme, lui, comprendra que l'éditeur ne refuse pas définitivement le marché, mais qu'il lui faut de plus amples détails sur l'affaire.

Les cent marks dans un paquet sont déposés chez le marchand de journaux. Et disparaissent dans la nature. Le policier en faction n'a pas vu l'homme, le marchand l'a entr'aperçu, mais est incapable de le décrire. Si on l'avait prévenu, évidemment... Mais comme il pouvait être complice, on ne l'a pas mis dans la confidence. Si bien que le signalement de l'inconnu Argus n'est relevé par personne.

La chose ne présente pas pour l'instant de gravité essentielle. Le commissaire Manson est à peu près sûr qu'il s'agit d'un escroc minable. Et au cas, très improbable selon lui, où l'affaire serait sérieuse, Argus reprendra contact.

Quelques jours plus tard, en effet, une nouvelle enveloppe blanche ressort du courrier de monsieur Weber. Et cette fois, le jeu semble plus dangereux.

« Très honoré Monsieur,

Vous comprendrez que pour le mince billet octroyé, je ne vous donnerai que de minces détails. Suffisants cependant pour emporter, je le souhaite pour vous, votre décision de me publier.

Le 8 septembre dernier, après avoir réfléchi toute une nuit, je me suis placé dans un corridor obscur, armé d'un énorme marteau, afin d'y guetter l'arrivée d'un facteur de " lettres chargées ". J'ai frappé l'homme par trois fois sur la nuque, et deux fois sur le sommet du crâne, car il s'était retourné. Je puis vous donner le chiffre exact de la somme en espèces que j'ai trouvée dans la sacoche du facteur, à l'intérieur des lettres " chargées " : 8 223 marks et 66 pfennings.

Vous pourrez vérifier les détails dans la relation faite par les journaux à l'époque.

En ce qui concerne les cinq mille marks, vous les déposerez, cette fois, chez la caissière du café de l'Ancien-Théâtre. Dans un paquet. J'irai les chercher en me faisant passer pour votre coursier, mettez donc votre propre nom dessus.

Croyez, très honorable Monsieur, à mes salutations respectueuses.

Argus R. »

Dieu merci, le système des lettres « chargées », qui obligeait les malheureux facteurs à transporter de l'argent liquide trop souvent, n'existe plus. Nous n'aurions plus beaucoup de facteurs.

Cette fois, le commissaire Manson est ébranlé. La précision des chiffres devrait pouvoir se vérifier.

Malheureusement, à cette époque, si le système des postes à Leipzig marche remarquablement pour le commerce, il n'est pas équipé d'ordinateurs. Et les employés ont bien du mal à confirmer le chiffre annoncé par Argus. Il est à peu près voisin, 8 000 marks environ. Mais il reste la possibilité que l'auteur anonyme ait avancé la somme au « culot ».

Le commissaire Manson revient à son idée de piège.

– Cette fois, Weber, vous allez investir les cinq mille marks. N'ayez pas peur, la police tendra une embuscade. Si nous l'arrêtons quand il viendra chercher le paquet, vous récupérerez votre argent. S'il nous file entre les pattes, il vous enverra probablement son manuscrit. Et nous y trouverons, je l'espère, des indices pour le coincer.

– Parfait... Mais s'il n'envoie pas le manuscrit ?

– Weber, j'ai consulté un psychologue de nos services. Il dit ceci : Argus est certainement fou, mais sa folie présente une certaine logique, et une certaine morale. Il serait étonnant qu'il prenne l'argent sans rien donner en échange. Dans son esprit, c'est une avance. On décèle dans sa correspondance, en plus du désir d'obtenir de fortes sommes d'argent, un certain exhibitionnisme, un besoin de raconter, voire de justifier ses crimes...

– Et alors ? Freud est passé par là... d'accord, mais ça n'empêchera pas le gaillard de filer avec l'argent sans rien donner en échange.

– Il reprendra contact, d'une manière ou d'une autre. Notre psychologue l'affirme. C'est un personnage qui a besoin de s'exprimer.

Monsieur Weber se résigne. Il avance les cinq mille marks, et les dépose lui-même entre les mains de la caissière du café de l'Ancien-Théâtre.

Et rien ne se passe. La police attendait au café... et ne voit rien. Trois jours plus tard :

« Très honoré Monsieur,

Je suppose que vous avez pu récupérer votre argent, si toutefois vous avez accepté, comme je vous le conseillais, de le remettre à la caisse du grand café de l'ancien théâtre. En effet, je ne suis pas allé le chercher, car j'ai compris que vous aviez alerté la police. J'en ai tiré les trois conclusions suivantes :

Première conclusion : Vous doutez encore de la réalité de mes affirmations. Afin que vous n'en doutiez plus, je vous confirme que j'ai assassiné l'année dernière, dans la Kaiserstrasse, un couple de pauvres vieux rentiers. Certains se sont étonnés à l'époque d'un crime aussi misérable, en voici l'explication : J'avais loué chez eux une chambre. Je m'y suis adressé une lettre recommandée. Mon intention étant d'y guetter, tuer et dépouiller le facteur de lettres « chargées » qui l'apporterait. M'étant rendu compte alors que les deux vieillards allaient me gêner, je les ai supprimés. Malheureusement le facteur est venu avec un collègue, j'ai dû renoncer à mon projet et me rabattre sur les économies très maigres de ce vieux couple. Comme preuve vous trouverez ci-joint l'engagement de location de la chambre.

Deuxième conclusion : C'est parce que vous doutiez jusqu'à présent de la véracité de mes affirmations que vous avez averti la police. Lorsque vous aurez acquis la certitude que je suis réellement l'auteur d'une vingtaine de crimes, vous comprendrez qu'il vaut mieux tenir la police en dehors de tout cela. Je suis parfaitement capable de tuer un membre de votre famille, votre fille par exemple, si gracieuse, ou votre garçon, sur lequel vous fondez je présume de légitimes ambitions. J'ai soigneusement noté leurs horaires d'entrées et de sorties à l'école. Votre femme peut également me servir de cible, au cours de ses promenades, de ses visites, ou de ses achats.

Troisième conclusion : Lorsque vous aurez acquis la certitude que je suis réellement l'homme que je prétends être, vous aurez compris que votre argent ne sera pas perdu et que le manuscrit que vous aurez en échange vous permettra au contraire de réaliser d'importants bénéfices en le publiant.

Bien que je sois actuellement un peu démuni, je préfère vous laisser le temps de vérifier l'authenticité de l'engagement de location, et de réfléchir. Je reprendrai contact avec vous pour de nouvelles instructions. Cette fois la somme sera plus importante. Vingt mille reichmarks. Sachez que je n'abandonne jamais une partie, que je tiens absolument à réussir cette opération et qu'il ne passe pas un jour sans que j'observe l'un ou l'autre membre de votre famille, à commencer par vous-même.

Recevez, très honorable Monsieur, mes salutations respectueuses.

Argus R. »

Argus R. vient de marquer un point. L'engagement de location est authentique. Il faut donc prendre ses menaces très au sérieux. Car s'il est fou, il est intelligent. Son style, l'autorité et la précaution de ses informations donnent froid dans le dos.

Monsieur Weber est dans une situation infernale. Il souhaiterait se débarrasser à présent de la police. Mais à l'époque, la police n'a pas encore admis le principe qui consiste à laisser agir à sa guise une famille menacée. Le commissaire Manson ne peut donc accepter d'abandonner l'enquête. Au contraire... Il lance la police de Leipzig dans une opération de grande envergure. On fouine dans les bas-fonds de la ville, on interroge, on arrête, on surveille la maison de l'éditeur, on met un policier derrière les pas de sa femme, de sa fille, de son fils, et de lui-même. On interroge les voisins, les amis, les domestiques, les gardiens, les libraires, les auteurs... Une foule de gens se retrouve au commissariat pour interrogatoire, pour être relâchée ensuite.

Et ce brave monsieur Weber s'inquiète de la réaction d'Argus, devant ce déploiement de forces.

D'autre part, son conseiller littéraire lui recommande de ne pas céder au chantage. Quelles que soient la liste et la description des crimes commis par Argus, le style qu'il utilise n'est remarquable que dans une correspondance administrative. Il n'a aucune qualité propre à assurer un succès littéraire. Si la police ne récupère pas les vingt mille marks ils seront perdus.

Il ne suffit pas d'exposer des faits, aussi étonnants soient-ils, pour faire un succès de librairie à Leipzig et en Allemagne. Il faut un talent littéraire...

De 1908 à 1990, les critères ont bien changé...

Ce brave monsieur Weber édite donc de préférence un ouvrage de Schiller, un traité des tulipes en Hollande, une anthologie de la poésie prussienne et une étude sur le comportement des chenilles en Basse-Saxe. Mais tente d'oublier Argus.

Et Argus se manifeste à nouveau.

« Très honoré Monsieur,

Lorsque vous lirez ces lignes, je viendrai tout juste de commettre un crime de plus. Quelque part dans Leviastrasse, les badauds s'empresseront autour d'un cadavre encore chaud. J'ai l'intention de tuer, cette fois à titre de démonstration, une bourgeoise quelconque. Le gibier ne manque pas. Peut-être pourrez-vous le vérifier dans les journaux ce matin même.

J'espère que vous serez définitivement convaincu du sérieux et de l'intérêt de ma proposition, et que vous aurez compris qu'il vaut mieux laisser la police de côté. Je reprendrai contact.

Acceptez, très honorable Monsieur, mes salutations respectueuses.

Argus R. »

Monsieur Weber se précipite sur un journal, et pâlit d'émotion. Il relate en effet l'assassinat, survenu la veille au soir, d'une vieille dame élégante, nantie d'une bourse cossue. La bourse est restée dans son sac, le crime est attribué à l'un de ces vagabonds qui hantent fréquemment ce quartier et cette rue. La presse réclame des mesures de rigueur pour que la ville soit débarrassée de cette engeance inutile, nauséabonde, voleuse et criminelle.

Or, la lettre d'Argus est oblitérée de la veille, à une heure où la pauvre bourgeoise vivait encore.

Cette fois, monsieur Weber décide de ne pas en parler à la police et à son ami Manson. Et d'expédier sa femme et ses enfants à la campagne.

Le pauvre ne peut pas imaginer que, le lendemain, la presse se ferait l'écho d'une lettre d'Argus, dont lui seul malheureusement peut apprécier la valeur.

« L'auteur de la présente lettre déclare, de la façon la plus formelle, que les mendiants de Leviastrasse n'ont aucune part dans l'assassinat de cette madame Wagner. Si un mendiant l'avait tué, il aurait pris l'argent, mobile de son crime. Notre ville de Leipzig semble décidément devenue le lieu de réunion de tous les crétins, qu'ils soient journalistes ou policiers. Pour des raisons qui me sont personnelles je me dois de revendiquer ce crime que j'ai commis.

Signé Argus R. »

Encore plus inquiet, monsieur Weber se rend le surlendemain à la gare en automobile, où il dépose sa femme et ses deux enfants. Il surveille le wagon, le compartiment, le quai, regarde partir le train, et remonte dans son automobile. Il n'a pas roulé cinq cents mètres qu'une main se pose sur son épaule.

– Bonjour, monsieur Weber, je suis Argus R. Pouvons-nous avoir un entretien ?

D'émotion, monsieur Weber manque d'écraser un vieillard et sa canne, ce qui n'arrange pas la réputation des véhicules à moteur.

Derrière lui, il y a un jeune homme, correctement vêtu, un revolver à la main, qui dit en souriant :

– Pourriez-vous rouler jusqu'à un faubourg tranquille, pour cette conversation ?

C'est effectivement dans un faubourg de Leipzig, tranquille, à l'abri de l'effervescence commerçante, que monsieur Weber écoute dans son dos le jeune Argus expliquer son cas.

– Après la mort de mon père je me suis trouvé dans l'obligation de faire vivre ma mère et mes sœurs. Je travaillais alors dans un atelier, et mon salaire n'aurait jamais pu nous suffire. Il était donc de mon devoir de trouver un autre moyen de subsistance. J'ai tout d'abord essayé le jeu. Malheureusement j'ai forcé peu à peu les mises et je n'ai fait que perdre davantage. J'ai donc analysé la situation. Je m'appauvrissais en voulant gagner plus alors que d'autres s'enrichissaient à mes dépens... Vous me suivez? Prendre de l'argent à quelqu'un qui n'en a déjà pas beaucoup, comme moi, est un acte malhonnête. Mais il n'est pas interdit par la loi! Donc la loi n'est pas morale. La loi n'est qu'une simple organisation que la majorité des hommes s'impose comme moyen de réaliser un but. Or, pour réaliser le mien, la loi n'est qu'une gêne. J'avais donc le droit de ne pas l'approuver. J'ai décidé de ne pas approuver la loi, et de conserver à son égard la plus grande indépendance. Est-ce que je me fais bien comprendre?

Monsieur Weber ose un regard vers le jeune homme. Taille moyenne, mince, blond, les yeux vifs, une physionomie intelligente. Il a des mains d'ouvrier, énormes et calleuses, pas très propres, mais son costume est impeccable, presque élégant. C'est un fou, sans aucun doute. Mais, ainsi que le déterminait le psychiatre de la police, il est d'une logique implacable, de laquelle n'est pas exclue une certaine morale. Morale qu'il s'est fabriquée lui-même, évidemment, et qui l'arrange. Il est également bavard.

– Donc, étant condamné à assurer la sécurité des miens, en m'élevant dans l'échelle sociale le plus possible, j'ai compris que je devais commencer par mieux me connaître. J'ai lu la revue de psychologie, et les théories de Freud...

Monsieur Weber se dit : « Tiens, Freud est encore passé par là... »

– J'ai conclu de cette lecture enrichissante que jamais les autres n'auraient souci de ma personne, que moi seul comptais, que je ne devais conserver aucun égard pour les hommes, et que dans ma situation toute sentimentalité serait une faute grave...

Et monsieur Weber de penser cette fois : « Pauvre Freud... »

– N'étant qu'un ouvrier apte seulement à des besognes manuelles et à des efforts physiques, je cherchais quels étaient les gestes, les actes physiques élémentaires pouvant donner le plus grand profit. J'en conclus tout naturellement que c'était le vol, ou le crime...

Monsieur Weber constate que le jeune homme est souriant, qu'il se tait, et qu'il attend manifestement des questions. Il s'efforce donc d'en poser, malgré le revolver braqué sur lui.

– Vous avez vraiment commis une vingtaine de crimes?

– Oui.

– Alors vous devriez être riche?

– Non. Hélas non.

– Pourquoi?

– Ah, cher monsieur, je n'ai pas réussi à me débarrasser de l'épouvantable manie que la société m'a inculquée autrefois. Je joue. Je joue aux courses notamment. C'est un gouffre.

– Ah. Et que comptez-vous faire pour rétablir votre situation financière?

– Nous y sommes, cher monsieur Weber. Le manuscrit que je me propose de vous faire parvenir est le récit de cette évolution psychologique, dans un bon style, avec la description saisissante de tous mes crimes et de mes attentats. Vous avez pu le constater j'ai réussi jusqu'à présent à échapper à la police. J'y réussirai encore. Dans ces conditions, je pense que notre marché est raisonnable, puisque je vous donne en échange de votre argent une marchandise de valeur.

– J'ignore si le lecteur appréciera...

– Vous avez une excuse valable vis-à-vis de la société, des blâmes, et des critiques. Un argument inattaquable. Vous cédez au chantage pour sauver votre famille... que vous avez envoyée à la campagne...

Argus est éminemment convaincu de la logique superbe de son argumentation. Il fixe donc un rendez-vous à monsieur Weber, afin que ce dernier lui remette les vingt mille marks. En attendant, il n'est pas contre une petite avance. Il sollicite la remise immédiate des cent marks dont dispose monsieur Weber à ce moment-là. Puis il se fait déposer tout simplement dans le centre ville, et disparaît dans la foule.

Monsieur Weber se sent piégé. Il l'est. Ce garçon est fou. Pas question de risquer la vie de sa famille. Il se rend à la banque, retire vingt mille marks, et rentre chez lui.

Une heure plus tard, le commissaire Manson est devant lui.

– Je rêve... Vous avez été contacté par Argus ?

– Mais non... absolument pas...

– Ne niez pas mon ami, vous avez retiré vingt mille marks à la banque tout à l'heure.

Fichu. Inutile de nier. Monsieur Weber raconte. La philosophie discutable, la morale approximative, la logique à sens unique de son ex-futur auteur. Et sa passion pour les courses. Et les cent marks.

Le commissaire Manson réfléchit une seconde, en se mettant à la place d'Argus. Si on accorde foi à ce qu'il dit, il va consacrer la moitié de cette somme à sa famille, et jouer l'autre moitié aux courses.

– Mon cher ami, je vous propose d'aller aux courses. S'il est sur le terrain demain, vous me le désignez, et nous l'arrêtons. S'il n'y est pas, vous serez libre d'agir comme vous l'entendez. C'est un marché. Conclu ?

– Conclu.

Le lendemain, aux courses, le commissaire Manson et monsieur Weber guettent à proximité des guichets.

Au bout d'une demi-heure, Argus apparaît. Et en quelques secondes il est « fait aux pattes » comme on dit dans les meilleures polices.

Il ne cherche pas à se défendre. Il cherche à savoir si monsieur Weber est là, si c'est bien lui qui l'a dénoncé. Et il parle. C'est un parleur acharné :

– Ah, monsieur Weber, vous faites une mauvaise affaire. Vous n'aurez pas mon manuscrit. De plus, vous rendez un bien maigre service à la société. La police aurait fini par me prendre un jour, vous savez. Elle est assez stupide, mais obstinée.

Il s'appelait Charles Coppius, cet auteur raté. Il fut condamné à mort. Et même plusieurs fois, selon l'étrange coutume de la procédure allemande, sans compter d'innombrables années de prison supplémentaires.

Il était intelligent, certes fou, mais aussi naïf et profondément vaniteux.

Au banc des accusés, où il proclamait son mépris triomphant pour l'humanité, il dut bien reconnaître qu'il n'avait tué que quatre fois.

Quatre petits crimes misérables, médiocres, et absolument pas rentables. Un malheureux facteur, deux vieux rentiers, et une bourgeoise qu'il n'avait même pas dévalisée, pour la « démonstration ».

Il lui aurait fallu inventer les autres crimes laborieusement, pour en faire un manuscrit tout aussi laborieux, lequel n'avait de toute façon aucune chance d'aboutir sur le marché de la célèbre foire de la Saint-Michel à Leipzig, temple de la littérature allemande en ces années bénies d'avant-guerre.

Et où Freud se vendait comme des petits pains.

# TABLE DES MATIÈRES

Cet ouvrage a été imprimé en France par

CPI
Bussière

à Saint-Amand-Montrond (Cher)
en août 2009

ISBN 978-2-8461-2260-3
Dépôt légal : août 2009.
N° d'édition : 14683/NED01. — N° d'impression : 091752/4.